敦煌文獻合集

敦煌經部文獻合集

張涌泉 主編 審訂

第十一册

小學類佛經音義之屬（二） 張涌泉 撰

附録 敦煌經部文獻卷號索引

中華書局

小學類佛經音義之屬（二）

金光明最勝王經音

斯六六九一（底一）　斯六五一八（底二）　斯三一〇六（底三）
斯三九三三（底四）　伯二二三四（底五）　斯二五二二（底六）
北一八二〇（巨三〇）（底七）　俄弗一二九（底八）　斯五一七〇（底九）

【題解】

《金光明最勝王經》十卷，唐代高僧義浄譯於武周长安三年（公元七〇三）。該經是在北凉曇無讖譯《金光明經》（四卷）、隋寶貴等譯《合部金光明經》（八卷）的基礎上增補添加而成的，是『金光明三譯中最後出而最完備者』（丁福保《佛學大辭典》），後世流傳極廣。敦煌文獻中有該經的寫卷約三千件左右。除了《金光明最勝王經》經本以外，敦煌文獻中還有四百多件載有該經經音的寫卷。根據各經音寫卷的完缺情況，我們選定以下各本作爲校録的底本：

底一編號爲斯六六九一。該卷正反兩面抄，正面爲《大佛頂經音義》（擬）和《金光明最勝王經音》、《般若波羅蜜多心經》；背面爲《般若波羅蜜多心經》、《金剛般若波羅蜜經》。以前都把只抄佛經的部分定作正面，而把抄録佛經音義的部分定作背面，誤（説詳《大佛頂經音義》『題解』）。本篇接抄在《大佛頂經音義》之後，首題《金光明最勝王經音》，每卷經音上部大字單行標列『弟一』、『弟二』……『弟十』等經文卷數，但『弟三』、『弟五』卷僅有卷數而無音注條目（此二卷改以底二、底五爲底卷，參下説明）。卷數下爲音注内容，字頭單行大字，注文雙行小字。注文以注音爲主，僅個别條目下有辨析字形的内容。

底二編號爲斯六五一八。原卷爲《金光明最勝王經》卷第三，首尾全。首題『金光明最勝王經滅業障品第五』，『五』字右下角小字標卷數『三』，下署『三藏法師義浄奉▨▨（制譯）』；卷末題『金光明最勝王經卷苐三』。末題後另行有經音三條，爲底一所無，兹據以校録。

底三編號爲斯三一〇六。原卷爲《金光明最勝王經》卷第四，首殘尾全，始『善男子，譬如寶須彌山王饒益一切』句，經文中有經音四條（與底四同），末題『金光明經卷第四』。末題後另行載該卷經音四條，後四條經音爲底一及各參校本所未見，兹據以校録。底一及該卷若干參校本所載的『枳』字條音（參看校記〔三七〕），則爲該本所未見。

底四編號爲斯三九三三。原卷爲《金光明最勝王經》卷第四，首尾全。首題『金光明最勝王經最浄地陁羅尼品第六』，『六』字右下角小字標卷數『四』，下署『三藏法師義浄奉制譯』，卷末題『金光明經卷苐四』。末題後有『枳』字條音。經文中出注音四條，爲底一所無，兹據以校録。

底五編號爲伯二二三四。原卷爲《金光明最勝王經》卷三至五（卷三前部缺），第五卷首題『金光明最勝王經蓮花喻讚品第七』，『七』字右下角小字標卷數『五』，下署『三藏法師義浄奉制譯』，末題『金光明經卷苐五』。末題後爲該卷經音一行，凡四條，爲底一所無，兹據以校録。

底六編號爲斯二五二二。原卷爲《金光明最勝王經》卷第六，首尾全。首題『金光明最勝王經四天王護國品第十二』，『二』字右下角小字標卷數『六』，末題『金光明最勝王經卷苐六』。末題後爲該卷經音三行，内容與底一略同。經文中另出經音一條，爲底一所無，兹據以校録。

底七編號爲北一八二〇（巨三〇）。原卷爲《金光明最勝王經》卷第七，首部十餘行下部略有殘損，首題『無染著陁羅尼品第十（該行下殘）』，末題『金光明經卷第七』。末題後爲該卷經音兩行，内容與底一略同。經文中另出經音十四條，爲底一所無，兹據以校録。

底八編號爲俄弗一二九。原卷爲《金光明最勝王經》卷第八，首尾全。首題『金光明最勝王經大吉祥天女品第十六』，末題『金光明經卷苐八』。末題後爲該卷經音兩條，内容與底一同。經文中另出經音三條，爲底一所無，兹據以校録。

底九編號爲斯五一七〇。原卷爲《金光明最勝王經》卷第九，經文首部略殘，末題『金光明最勝王經卷苐九』。末題後爲經音一行，内容與底一略同。經文中另出經音兩條，爲底一所無，兹據以校録。

除了上揭底卷以外，敦煌文獻中還有大量的異本可供比勘，其中底一第一卷、第二卷、第四卷、第六卷、第七卷、第八卷、第九卷、第十卷經音可用於比勘的異本分别有三十六、四十、二十八、三十一、二十九、二十七、三十四、三十九件，凡二百六十六件。底二經音可用於比勘的異本有三十八件，底四經音可用於比勘的異本有五十九件，底五經音可用於比勘的異本有二十九件，底六經音可用於比勘的異本有四十件，底七經音可用於比勘的異本有六十一件，底八經音可用於比勘的異本有三十三件，底九經音可用於比勘的異本有四十三件。扣除重複，合計參校本達四百四十八件之多。由於校本繁多，將在每卷下相關條目校記中分别加以介紹，兹不詳述。

上揭經音寫卷中，底一是匯集《金光明最勝王經》各卷經音而成的專書，而相對於底一的二百六十六件參校本的經音則皆附在經文各卷卷末，爲該卷難字的集中注音，但底一和這些參校本同一卷下的條目皆大同小異（相『異』的往往只是極個别文字的不同），顯然是出於同一來源。但底一是匯集經文各卷卷末經音而成的呢，還是先有底一這樣的經音專書，再被人摘抄分注於各卷經文之末呢？這却是一個疑問。

考上揭可與底一參校的二百六十六件《金光明最勝王經》經音寫卷中，斯四二六八、斯六〇三三號、中村七七號第一卷經文末經音二行（内容與底一第一卷經音略同）、斯三七一二、三八七〇號第八卷經文末經音二條（内容與底一第八卷經音略同）後皆有『長安三年歲次癸卯十月己未朔四日壬戌』三藏法師義浄奉制於長安西明寺譯經題記，『長安』爲唐武后年號，長安三年爲公元七〇三年，這一年既是《金光明最勝王經》譯經的年份，自然也就是上揭經音産生的最早年代，如果這五個寫卷就是長安三年抄寫的，那麼上揭經音很可能就是同時由譯經者附注的。但另一種可能性是義浄所譯《金光明最勝王經》卷一、卷八之末原本有譯經題記，上述寫卷的題記不過是傳抄者照抄罷了，『長安三年』并非這幾個經本的實際抄寫年代。從斯四二六八、斯六〇三三號、中村七七號第一卷經文末、斯三七一二、三八七〇號第八卷經文末以及北一七五號第五卷經文末皆有同一譯經題記的情况來看，似當以後一種可能性爲大。再考伯二二七四號《金光明最勝王經》第七卷經文末有經音二行（内容與底一第七卷經音略同），其後又有『大中八年五月十五日奉爲先亡敬寫，弟子比丘尼德照記』題記，『大中』爲唐宣宗年號，大中八年爲公元八五四年，這一年份應即該卷經文及其經音的抄寫年份，那麼上揭經音的産生時間至遲當不晚於唐大中八年。另外斯一一七七號《金光明最勝王經》第一卷經文末有經音三行（内容與底一第一卷經音略同），其後又有『大唐光化三年庚申歲六月九日』太夫人張氏爲亡男抄寫《金光明最勝王經》一部題記，『光化』爲晚唐昭宗年號，『光化三年』相當於公元九〇〇年，可供比勘。

但底一的抄寫時間，似乎晚於這一經音産生的時間。底一同卷正面《般若波羅蜜多心經》末署『福王寫』字樣，土肥義和指出『福王』亦見於伯三三三六號《寅年瓜州節度轉經付諸寺唯那曆》，乃報恩寺唯那，『寅年』大約爲公元八二二年或八三四年，『福王』九世紀前半葉在世，這兩個『福王』有可能是同一個人。底卷《楞嚴經音義》、《金光明最勝王經音》的抄寫時間應在其後的《般若波羅蜜多心經》之前，慶谷壽信據此推斷底卷《楞嚴經音義》的抄寫時代應在九世紀前半葉以前（《敦煌出土の音韻資料（中）——〈首楞嚴經音〉の文獻學的考察》，載東京都立大學中國文學科《人文學報》九一號，一九七三年二月出版）。這一時間倒是和上文所推斷《金光明最勝王經音》産生的時間頗爲接近。但是《大佛頂經音義》寫卷『丙』、『秉』、『世』、『𨗨（遘）』、『渫』、『旦』等字不避唐諱；但『愍』字或作『慜』，或其右上部的『民』缺末筆，『遘』或作『𨗨』，『葉』或作『𦯋』，『緤』或作『𦁛』，則顯然與避唐諱有關。從多數唐代諱字不避的情况來看，《大佛頂經音義》寫卷有可能是五代以後的抄本。至於出現個别避唐諱的字，可能所據音義底本（或即作者稿本）爲唐代人所抄，這少數避唐諱的字，不過是唐人寫本的孑遺而已。至於《般若波羅蜜多心經》末署的『福王』，與《寅年瓜州節度轉經付諸寺唯那曆》的『福王』未必爲同一人，慶谷壽信據以推斷甲卷《大佛頂經音義》的抄寫時代應在九世紀前半葉以前，其説未必可靠。如果我們的這一推斷可以成立，則接抄在《大佛頂經音義》寫卷之後的《金光明最勝王經音》自然也應是五代以後的抄本。而如前所説，附有經音的《金光明最勝王經》抄本至遲唐大中八年已經出現，據此似可斷言，底一當是匯集經文各卷卷末已有的經音而成的，而非先有底一這樣的經音專書，再被人摘抄分注於各卷經文之末。底一在經文第三、第五卷下之所以只標『第三』『第五』字樣而其下空白未出經音，大概并非作者認爲這兩卷經文本身没有需要注音的難字，而很可能是因爲抄者手頭没有這兩卷經文，自然也就無法把經本附注的經音輯録出來，所以也就只能留空以待日後增補了。

這些經音大體可以分爲兩類，一類是每卷難字的集中注音，切語多不標『反』字，注文間或關涉形義；另一類是散見於經文中的隨文標注的切音（多見於經本卷四、卷六、卷七、卷九的咒語下），反切末多標『反』字，注文不涉及字形字義。前一類經音大約是後來的研讀者施加的，後一類經音則可能出於譯經者自注。這些經音大體與《切韻》系韻書的注音相吻合，但也有一些自己的特點，如鄰韻字互注、歌麻二韻字互注、齊韻與止攝字互注等，都與《切韻》系韻書不同。它們是研究中古音的寶貴材料。另外這些經音所依據的經本大抵是義浄譯出不久的抄本，係該經最早的傳本，對研究當時的俗字及經文的整理校勘，也有着重要的參考價值。

敦煌本《金光明最勝王經音》發現以後，一直没有得到人們足夠的重視。一九二六年，許國霖據所見北京圖書館藏敦煌寫本，輯成《金光明最勝王經音義》一種，收入《敦煌石室寫經題記與敦煌雜録》，計收録寫卷凡十八號。後張金泉又在許氏的基礎上加以增補，續輯相關經音凡十一號，并詳加校勘，收入《敦煌音義匯考》一書（以下簡稱《匯考》）。但由於當時條件的限制，二書所録均遠未完備，個别經音的校録也有待商榷。兹在上揭二書校録的基礎上，增補其未備，據《英藏》等影印本，并參考《大正藏》本《金光明最勝王經》（簡稱《大正藏》本）、慧琳《一切經音義》卷二九所載《金光明最勝王經音義》（以下簡稱慧琳《音義》），校録於後。底卷一般標目字用大字，注文用雙行小字，兹改注文為單行，而用比標目字小一號的字排列。

《金光明最勝王經音》

弟一　溼失入。〔一〕　瞖弗号。〔二〕　駃所史，從史。〔三〕　愽補各反。〔四〕　瘂厄下。〔五〕　蚋而稅。〔六〕　瞖弗（燕）計。〔七〕　鷦即遥。〔八〕　鵰多簫。〔九〕　鵂，許尤。〔一〇〕　鶹力求。〔一一〕　堨偈竭。〔一二〕　紫即委。〔一三〕　憊蒲界。〔一四〕　荼室加。〔一五〕　蛭之日。〔一六〕

弟二　礦古猛。〔一七〕　錬蓮見。〔一八〕　鎔欲鍾。〔一九〕　渟大丁。〔二〇〕　桴霞于。〔二一〕　鎖蘇果。〔二二〕　罥古縣。〔二三〕

弟三　闠胡對。〔二四〕　穆莫六。〔二五〕　暨其器。〔二六〕

弟四　枳姜里反，又諸氏反。〔二七〕　擻貞里。〔二八〕　噱巨略。〔二九〕　窒丁戾。〔三〇〕　謎莫計。〔三一〕　底丁里反。下皆同。〔三二〕　體天里反。〔三三〕　莎蘇活反。〔三四〕　蚶火含。〔三五〕

弟五　奕盈益。〔三六〕　齅許救。〔三七〕　窒丁结。〔三八〕　稔任甚。〔三九〕

弟六　胝陟尸。〔四〇〕　敞昌兩。〔四一〕　敵亭歷，從文（攵）。〔四二〕　整之郢。〔四三〕　殿田見。〔四四〕　蝕乘力。〔四五〕　掠良灼。〔四六〕　讒士咸。〔四七〕　窶劬矩。〔四八〕　麽摩可。〔四九〕　颯蘇合。〔五〇〕　薜薄閉。〔五一〕　撦車者。〔五二〕　拏奴加。〔五三〕　窣孫骨。〔五四〕　臘盧盍。〔五五〕　呬虛致。〔五六〕　鞔末般。〔五七〕　叡以芮。〔五八〕　袜麻八反。〔五九〕

弟七　䫘多可。〔六〇〕　澀色立。〔六一〕　蝱麥庚。〔六二〕　蔆力徵。〔六三〕　鬚粟俞。〔六四〕　謎迷計。〔六五〕　攞羅可。〔六六〕　葺役（侵）入。〔六七〕　蠶昨含。〔六八〕　叱瞋失。〔六九〕　杞欺已。〔七〇〕　底丁耶。〔七一〕　莎蘇活。〔七二〕　蚶火甘。〔七三〕　底丁里。〔七四〕　智貞勵反。下同。〔七五〕　荼亭耶反。〔七六〕　蚶火甘。〔七七〕　酸蘇活。〔七八〕　蚶火甘。〔七九〕　帝貞勵。〔八〇〕　底丁里。下同。〔八一〕　跇丑世反。〔八二〕　企輕利反。〔八三〕　昏火根。〔八四〕　酸蘇活。〔八五〕　點丁焰引。〔八六〕　囉魯家。〔八七〕　底丁利。〔八八〕

弟八　擻陟履。〔八九〕　柱誅主。〔九〇〕　蚶火含。〔九一〕　勸駈問。〔九二〕　攝之涉。〔九三〕

弟九　耄毛報。〔九四〕　痰徒甘。〔九五〕　瘖於禁。〔九六〕　玃俱縛。〔九七〕　枳居尒。〔九八〕　弭弥氏。〔九九〕　媲普詣。〔一〇〇〕　睇啼計。〔一〇一〕　梢所交。〔一〇二〕　底丁里反。下同。〔一〇三〕　沓徒洽。下同。〔一〇四〕

第十 諰去例。〔一〇五〕航胡郎。〔一〇六〕鵿仕于。〔一〇七〕擒巨今。〔一〇八〕鋌庭頂。〔一〇九〕瘠精昔。〔一一〇〕哽古杏。〔一一一〕

拉拭。無粉。〔一一二〕

【校記】

〔一〕第一卷經音據底一校録，并以斯一一七七、一九一六、一九七四、二〇九二、二七四六、二八七五、二九三四、三四五四、四二六八、五三八六、六〇三三、六五五八、六七〇八、七四三四號、上博二〇號、上圖三八號、俄敦三六六+三六七A號、俄敦五六九六+八八一〇號（該二卷係筆者綴合，二卷綴合後存二行上半，每行上部二條大體完整，下部各缺二條）、北一四三七、一四三九、一四四一、一四四三、一四四八、一四五一、一四五六、一四六六、一四七一、一四七二、一四七八、一四七九、一四八一、一四八二、一四八五、一四八九、一四九三號、中村七七號《金光明最勝王經》經本卷一末所附經音參校。諸參校本除俄敦五六九六號僅存四條無從比勘外，大致可分二類，一類是注文僅見切語，而無辨析字形結構的內容，屬這一類的寫卷有斯五三八六、七四三四號、上博二〇號、北一四四一、一四六六、一四七八、一四九三號七件；另一類注文除切語外，若干條下還包括辨析字形結構的內容，其餘的二十八件皆屬此類，其中大抵有三條注文涉及字形結構。底一僅『駚』一條注文涉及字形問題，兼於二者之間。底一與各參校本字序基本一致，但和各難字在經文中實際出現的先後順序却不盡相同，據《大正藏》經本，各字在經文出現的順序依次爲：濕、醫（瞖）、瞖、駚、荼、博、啞、駚、揭、蚋、蛭、鵂鶹、鵄鵶、嘴、憊。『溼』字斯三四五四號作『濕』，斯二八七五、五三八六、六五五八、七四三四號、上博二〇號、北一四三七、一四四三、一四七二、一四七八號本作『濕』，其餘各本與底一略同。《大正藏》經本卷一有『具壽婆濕波』句，應即此字所出，經文中的『濕』字斯一一七七號等經本同，斯二七四六號等經本作『溼』。『溼』字見《說文》，右部從一從土，㬎省聲。段注云：『今字作濕。』『溼』『濕』古今字，『濕』當是受『溼』、『濕』的交互影響產生的俗字。注文『失入』，《廣韻·緝韻》

切語同。慧琳《音義》出『婆淫波』條，注云『淫，音深入反』，音同。

〔二〕⿱殹言，《大正藏》經本卷一有『⿱殹言羅葉龍王』句，其中的『⿱殹言』字斯一九一六、二七四六、二九三四號、上圖三八號等經本同，應即此字所出；斯一一七七號經本作『醫』，慧琳《音義》出『⿱殹土羅葉』條，云『上嬰雞反，⿱殹土羅是梵語，西方木名也；葉是唐言』，即⿱殹土羅鉢多大龍王名也』，『⿱殹言』、『⿱殹土』、『醫』爲梵語譯音用字之異。注文『弗号』，斯一一七七、一九一六、二〇九二、二七四六、二八七五、三四五四、四二六八、五三八六、六〇三三、六五五八、六七〇八、七四三四號、上博二〇號、俄敦五六九六+八八一〇號、北一四三七、一四三九、一四四一、一四四三、一四四八、一四五一、一四五六、一四七一、一四七二、一四七八、一四七九、一四八一、一四八二、一四八五、一四八九、一四九三號、中村七七號皆作『燕兮』，上圖三八號作『燕子』，斯一九七四號似作『弗兮』，『弗』疑爲『燕』的俗體，『号』、『子』則應皆爲『兮』字之訛。『兮』字俗書多寫作『亐』（上揭各本經音即多作此形），進而又有寫作『⿱丷亍』形的。斯一〇號《毛詩鄭箋》有『旄丘之葛兮，何誕之節兮』，其中『兮』字底卷即寫作『⿱丷亍』。『⿱丷亍』字寫得較爲潦草時，上面兩畫一連，便訛成了『子』字；另外『亐』上部與『口』旁的草書相似，抄書匠不及細看，便易誤認作『号』字。《廣韻·齊韻》『⿱殹言』字音『烏奚切』，慧琳《音義》『⿱殹土』字音『嬰雞反』，並與『燕兮』反同音。

〔三〕駚，斯一一七七、一九七四、二八七五、四二六八、六五五八、六七〇八號、上圖三八號、俄敦三六六六+三六七A號、五六九六+八八一〇號、北一四三七、一四四一、一四四三、一四四八、一四五六、一四八二、一四八五、一四八九號、中村七七號作『駛』，其餘各本大抵同底一。《大正藏》經本卷一有『持駚水龍王』句，又有『恒河駚流水』句，應即此字所出，其中的『駚』字斯二七四六、二九三四、三四五四號等經本同；斯四二六八、六五五八、六七〇八號等經本皆作『駛』；上圖三八號經本前例作『駚』，後例作『駛』；斯一一七七號經本前例作『駛』，後例作『駚』。注文『所史，從史』，北一四五一號同，斯一一七七、一九一六、一九七四、二〇九二、二七四六、二八七五、四二六八、六〇三三號、上圖三八號、俄敦五六九六+八八一〇號、北

一四四八、一四五六、一四七一、一四八一、一四八二、一四八五、一四八九號、中村七七號作『所吏，從史』，斯二九三四號作『所史，從吏』，斯六五五八、六七〇八號、北一四四三、一四七九號作『所吏，從吏』（斯三四五四號似同，斯六七〇八號『從』字訛作『徒』），北一四三九號本作『正吏，從史』，斯五三八六號、上博二〇號、北一四四一、一四七八、一四九三號作『所吏』（斯七四三四號下字模糊不清）。綜合各本異文，此條字頭當以作『駛』爲是。《廣韻・止韻》踈士切：『駛，疾也。又音去聲。』『踈士切』與『所史』反同音，《廣韻》去聲一讀與『所吏』反同音。『正吏』反屬章紐，『所吏』反屬生紐，唐代有正齒音二、三等不分的現象，但章紐、生紐異切未見其例，『正』字疑誤。『駛』字或體作『駛』。《龍龕・馬部》：『駛，俗；駛，正：音使，水流速也。』故『從史』、『從吏』實即一字之異。但本條注文仍以作『從史』爲是。斯六五五八、六七〇八號寫本的『從吏』應爲『從史』之誤，該二本經音前的經文皆作『駛』字可證。至於各本或作『駃』者，雖則此字古書多有用同『快』者，但據『所史』反或『所吏』反的切音而言，則必爲『駛』字之訛無疑。慧琳《音義》出『持駛水』條，注云：『駛音使，去聲字也。《蒼頡篇》云：駛，疾也；水流速也；急也。《古今正字》從馬、史聲。經從夬，非也。』可參。

〔四〕慱，斯一九一六、二〇九二、二八七五、二九三四、四二六八、六〇三三、六七〇八號、上博二〇號、俄敦五六九六＋八八一〇號、北一四四〇、一四四八、一四七一、一四七二、一四八一、一四八二號、中村七七號作『博』，其餘各本大抵同底一。《大正藏》經本卷一有『以佛威力，其室忽然廣博嚴淨』句，應即此字所出，其中的『博』字斯二〇九二號等經本同，上圖三八號等經本作『慱』。『慱』即『博』的俗字。《正字通・心部》：『慱，俗博字。』注文『補各反』，參校各本皆無『反』字，按例亦不必有。《廣韻・鐸韻》『博』音補各切，與本條同。斯一一七七、一九一六、一九七四、二〇九二、二七四六、二八七五、二九三四、三四五四、四二六八、六〇三三、六五五八、六七〇八號、上圖三八號、俄敦三六六＋三六七A號、北一四三七、一四三九、一四四三、一四四八、一四五一、一四五六、一四七一、一四七二、一四七九、一四八一、一四八二、一四

八五、一四八九號、中村七七號「補各」後另有「從十」二字（俄敦五六九六＋八八一〇號存一「從」字），斯五三八六號、上博二〇號、北一四七八、一四九三號本無，斯七四三四號本條注文殘缺，從所缺空間看，似亦無「從十」二字。

〔五〕瘂，斯一九七四號作「⿸广亞」，斯一一七七號作「啞」，其餘各本大抵同底一。《大正藏》經本卷一有「啞者能言」句，應即此字所出，其中的「啞」字斯一一七七號等經本同，上圖三八號等經本作「瘂」。「瘂」、「啞」爲古異體字，「⿸广亞」則應爲「瘂」字俗省。《集韻·馬韻》：「啞，瘖也。或作瘂。」注文「厄下」斯六五五八號作「厄下反」，「反」字不必有。《廣韻·馬韻》「瘂」字音「烏下切」，與「厄下」反同音。

〔六〕蚋，北一四七一號本作「呐」，爲「蚋」的形近之訛。《大正藏》經本卷一有「假使蚊蚋足」句，應即此字所出。「蚋」字古作「蜹」。《集韻·祭韻》：「蜹，蟲名。《説文》：秦、晉謂之蜹，楚謂之蚊。或省（作蚋）。」慧琳《音義》出「蚊蜹」條，注云「而鋭反……《説文》形聲字也」。《廣韻·祭韻》「蜹」字亦音而鋭切，「而鋭」、「而稅」切音相同。

〔七〕瞖，斯一一七七、二九三四、三四五四號、上圖三八號、上博二〇號、北一四五一、一四六六、一四七八、一四八一號作「醫」；北一四八五號作「瞖」，當爲「瞖」字的形近之訛；其餘各本大抵同底一。《大正藏》經本卷一有「大雲破醫菩薩」句，其中的「醫」字斯一一七七、二九三四、四二六八、六五五八、六七〇八號等經本同，上圖三八號經本作「翳」，斯一九一六號經本作「瞖」，應即此字所出。從詞義上看，「破翳」或「破瞖」皆可，「翳」、「瞖」爲同義詞。《説文》：「翳，華蓋也。」引申指一種眼病，白翳。「瞖」爲白翳的後起本字。慧琳《音義》出「破瞖」條，注云：「嬰計反，《考聲》目中瞖也，從目、殹聲。」準慧琳所見，則以作「破瞖」爲是。注文「⿱弗土計」，其他各本皆作「燕計」（斯六〇三三號本條注文殘缺），「⿱弗土」疑爲「燕」的俗字（參上校記〔三〕）。《廣韻·齊韻》「瞖」音「於計切」，「於計」、「嬰計」、「燕計」切音相同。

〔八〕鵻，斯五三八六號作「⿰烏鳥」，乃「鵻」的同字類化俗字。《大正藏》經本卷一有「假使鵻鶉鳥」句，應即此字及下『鷦』字所出。慧琳《音義》出『鷦鷯鳥』條，注云『上音焦』；《廣韻・宵韻》鷦音『即消切』，並與『即遙』反同音。

〔九〕注文『多簫』斯一一七七、二九三四、五三八六、六五五八、六七〇八、七四三四號、上博二〇號、俄敦五六九六+八八一〇號、北一四四八、一四七一、一四七九、一四八五號作『了蕭』，斯一九一六、一九七四、二〇九二、二七四六、二八七五、三四五四、四二六八號、上圖三八號、北一四三九、一四四一、一四四三、一四五一、一四六六、一四八二、一四九三號、中村七七號作『了簫』（北一四三七、一四七二號下字作『簫』，上字不清；北一四七八、一四八一號上字作『了』，下字不清），北一四五六號作『子蕭』；『蕭』、『簫』形近音同，『子』字當爲『了』字的形近之誤；『鷯』字慧琳《音義》『音遼』，《廣韻・宵韻》音『落蕭切』，並與『了蕭（簫）』反同音；而『多』屬端紐，爲舌頭音，『了』屬來紐，爲半舌音，『多』字似誤，蓋『了』字形近誤作『丁』，又因『丁』與『多』同屬端母，好事者遂又改『丁』爲『多』，於是便有了『多簫』一切。

〔一〇〕鵂，除北一四七二號爲濃墨遮覆，不可考，其餘各本同。《大正藏》經本卷一有『烏與鵂鶹鳥』句，應即此字及下『鶹』字所出。注文『許尤』，斯一九七四、二〇九二號、北一四四八、一四七二號作『許九』，斯二九三四號作『力求』，北一四七九號作『計尤』，北一四九三號作『尤反』（蓋漏了反切上字之故，該卷其下各字注音皆帶『反』字）；其餘各本與底一略同；『力求』蓋涉下『鶹』字切音而誤；『計』當爲『許』的形近誤字；『九』即『尤』字，《正字通・九部》：『九，尤本字。』慧琳《音義》出『鵂鶹』條，注云『上音休，下音留』；《廣韻・尤韻》『鵂』音許尤切，與『休』字屬同一小韻。

〔一一〕鶹，北一四四八號『鶹』字左下部多四點，顯是受右『鳥』旁影響之故，屬同字内部的偏旁類化。『鶹』字慧琳《音義》音『留』，《廣韻・尤韻》音力求切，與『留』字屬同一小韻。

〔一二〕揭，斯六七〇八號作『楬』，其餘各本與底一略同（北一四九三號不出該字注）。《大正藏》經本卷一有『揭樹羅枝中』句，應即此字所出。『楬』蓋『揭』字形近之訛。注文切音上字『愆』斯四二六八、六七〇八號作

『愆』，皆爲『愆』的俗體。《干祿字書》：『愆愆：上俗下正。』『愆』又『愆』的換旁俗字。慧琳《音義》出『揭樹羅』條，注云『上蹇謁反』，《廣韻·薛韻》『揭』字音『丘謁切』，與『愆竭』反紐同韻近。

〔一三〕柴，斯六七〇八號作『觜』，其餘各本與底一略同（或有將下部『束』旁封口作『朿』，俗寫）。《大正藏》經本卷一有『以嘴銜香山』句，其中的『嘴』字斯一一七七號等經本作『柴』，斯六七〇八號等經本作『觜』，應即此字所出。『嘴』字較早用『柴』字，稍後亦借用『觜』，至唐代前後纔開始在『觜』的基礎上增旁作『嘴』（參《敦煌俗字研究》下編一四六頁）。慧琳《音義》出『柴銜』條，注云：『上醉髓反，鳥喙也。或作觜。』注文『即委』的『委』字北一四四八號近似『香』字，上部構件相同而誤書。《廣韻·紙韻》『柴』同『觜』，音即委切，與本篇切音用字同，與『醉髓反』同音。

〔一四〕僃，斯一一七七、一九一六、一九七四、二〇九二、二七四六、二八七五、二九三四、四二六八、五三八六、六〇三三、七四三四號、上圖三八號、北一四四三、一四五六、一四四八、一四七一、一四八二、一四八五、一四八九、一四九三號作『僃』，中村七七號作『僃』，斯六五五八、六七〇八號、上博二〇號、北一四三七、一四三九、一四四一、一四五一、一四七八、一四七九、一四八一號作『僃』，上圖三八號作『僃』，斯三四五四號作『𠌥』。《大正藏》經本卷一有『亦無便利羸僃之相』句，其中的『僃』字斯一一七七、三四五四號等經本同，斯六五五八、六七〇八號等經本作『僃』，上圖三八號經本作『僃』，各異寫皆爲『僃』的俗體。《廣韻·至韻》：備，俗作僃。可參。注文『蒲界』，『蒲』蓋『蒱』字俗訛，斯一一七七、一九一六、一九七四、二〇九二、二七四六、二八七五、二九三四、三四五四、四二六八、五三八六、六〇三三號、上圖三八號、上博二〇號、北一四三七、一四三九、一四四一、一四四三、一四四八、一四五一、一四五六、一四七一、一四七九、一四八二、一四八五、一四八九號、中村七七號作『蒱拜』，北一四九三作『蒱拜反』，斯六七〇八號作『薄拜』；按《廣韻·怪韻》作『蒲拜切』，『界』、『拜』同屬怪韻，『薄』、『蒲』、『蒱』同屬並母，三切讀音並同。可見當時反切上下字用字比較隨便，還沒有定型。

〔一五〕 茶，斯一九七四、二七四六、四二六八號、上圖三八號、北一四三七、一四五六、一四六六、一四七一、一四七九、一四八九號下部訛作『佘』（北一四八二號似亦作此形），北一四三九號又訛作『今』；北一四五一號上部贅畫作『艹』形，其餘各本同底一。《大正藏》經本卷一有『復有四萬九千揭路荼王』句，其中的『荼』字斯六七〇八號等敦煌寫經皆作『茶』，應即此字所出。《説文・艸部》：『荼，苦荼也。从艸，余聲。』徐鉉注：『此即今之茶字。』『荼』『茶』古今字。注文『室加』斯五三八六、七四三四號、上博二〇號、北一四三九、一四四一、一四七八號作『宅加』，斯一一七七、一九一六、一九七四、二〇九二、二七四六、二八七五、三四五四、四二六八、六七〇八號、上圖三八號、北一四三七、一四四三、一四四八、一四五一、一四五六、一四七一、一四七九、一四八一、一四八二、一四八五、一四八九號、中村七七號『宅加』後另有『從示』二字（斯六〇三三號注文存『宅』『從』二字），斯六五五八號作『宅加反，從示』；北一四九三號作『宅加反』；斯二九三四號作『宅加之至從示虫日』，應是誤連下條『蛭，之日』爲一，『蛭』字誤分作『虫』『至』二字而又有竄亂。底一『室加』應爲『宅加』之誤，蓋抄者因『宅』與『室』意義相近而錯用。又『茶』字從『余』聲，斯一一七七號等本注『從示』，貌與下部訛作『佘』者合，但與其字得聲之由無關，可謂『俗』文字學。『茶』字《廣韻・麻韻》有宅加切一讀，與斯五三八六號等本切音用字同。慧琳《音義》出『揭路荼王』條，『荼』字未注音。

〔一六〕 蛭，經本卷一有『假使水蛭蟲』句，即此字所出。慧琳《音義》出『蛭蟲』條，注云『上音質』；『蛭』字《廣韻・質韻》音之日切，與『質』字屬同一小韻。

〔一七〕 第二卷經音據底一校録，并以斯九八〇、一二二三、一三七二、一七三二、二一〇一、二一七八、二二九〇、二八九一、三三八一、四三九一、六四六六、六八八四、六九一四號、俄弗一三三號、北一四三七、一四九八、一五〇一、一五〇二、一五〇三、一五〇五、一五〇六、一五〇八、一五一一、一五一三、一五一五、一五一六、一五一七、一五一八、一五一九、一五二一、一五二二、一五二三、一五二四、一五二六、一五二八、一五三一、一五

五五、一五七〇、一五七一、一五七五、一五七七號經本卷二末所附經音參校。所音七字先後順序與經文中所見序次合。《大正藏》經本卷一有『譬如有人願欲得金，處處求覓，遂得金礦』句，應即『礦』字所出。注文『古猛』北一五七五號作『古孟』。『礦』字《廣韻·梗韻》音古猛切，與底卷合。『猛』字《廣韻》上聲梗韻音莫杏切，『孟』字在去聲映韻，音莫更切，唐五代西北方音濁上變去，故『古猛』『古孟』切音相同。

〔一八〕鍊，北一五三一號誤作『鏈』，二字形音皆近。《大正藏》經本卷一有『擇取精者爐中銷鍊』等句，應即此字所出。注文『蓮見』斯九八〇、六八八四號作『連見』，紐同。『鍊』字《廣韻·霰韻》音『郎甸切』，切音同。

〔一九〕鎔，《大正藏》經本卷一有『譬如真金鎔銷治鍊，既燒打已無復塵垢』句，應即此字所出。注文『欲鍾』，北一五七七號作『欲種』，切音同。《廣韻·鍾韻》『鎔』字音『餘封切』，與『欲鍾』反同音。

〔二〇〕渟，《大正藏》經本卷一有『譬如濁水，澄渟清浄』句，應即此字所出。注文『大丁』，北一五〇二、一五一一、一五二五、一五三一號作『火丁』，斯一二三三、四三九一號作『丈丁』，『火』『丈』當皆爲『大』字形近之訛；《廣韻·青韻》『渟』字音『特丁切』，與『大丁』反音同。

〔二一〕桴，斯二一〇一、二一七八號、北一五〇五、一五一九、一五二四、一五二六、一五五五、一五七七號作『捊』，斯一二三三、二八九一、四三九一、六八八四號、俄弗一三三號、北一四九八、一五〇二、一五一一、一五一三、一五一五、一五一六、一五二三、一五三一、一五七一號左側作『才』形，其餘各本大抵同底一；『扌』旁『木』旁俗書相混，皆可寫作『才』形，使之看來既像『木』旁，又似『扌』旁。注文『霞于』，『霞』字北一五〇一、一五一七、一五一九、一五二一、一五二四、一五二六號同，斯九八〇、一二三三、一三七二、二一〇一、二一七八、二二九〇、三三八一、四三九一、六九一四號、北一四三七、一四九八、一五〇二、一五〇三、一五〇五、一五〇六、一五〇八、一五一一、一五一三、一五一五、一五一六、一五二八、一五五五、一五七〇、一五七五、一五七七號、俄弗一三三號作『覆』，『霞』即『覆』的俗字。《大正藏》經本卷一有『見一婆羅門，桴擊金鼓，出大音聲』句，應即此字所出；據經本下文『我於夢中見婆羅門以手執桴，擊妙金鼓』、『有一婆羅門，以桴擊金鼓」等句，知『桴擊金鼓』句的『桴』即『以桴』的『桴』，爲名詞，指鼓槌。『桴』字《廣韻・虞韻》音『芳無切』，與注文『覆于』反同音。『捊』字《集韻》亦有『芳無切』一讀，『擊也』，爲動詞，與經義不合，從『扌』旁者當誤。

〔二〕鎖，北一五一五、一五一九、一五二八號作『鏁』，俗字；斯六九一四號、北一五〇五、一五〇八號作『銷』，形誤字。《大正藏》經本卷一有『若受鞭杖枷鎖繫，種種苦具切其身』句，應即此字所出。注文『蘇果』，斯二二九〇、六八八四號、俄弗一三三號、北一五〇一、一五〇五、一五一六、一五二一、一五三一、一五七〇、一五七五號作『蘓果』，『蘓』即『蘇』的偏旁易位俗字。『鎖』字《廣韻・果韻》亦音蘇果切。

〔三〕罥，斯四三九一號、北一五七七號上部作『曰』形，俗訛。《大正藏》經本卷一有『生死罥網堅牢縛』句，應即此字所出；慧琳《音義》引作『罥』，注云『決兖反，《廣雅》：罥，罘兔罟也。經文作羂，通』，『罥』『羂』古異體字。注文『古縣』，斯四三九一號、北一五七一號作『古懸』，斯九八〇、六八八四號、北一五二一號作『古緣』。按『縣』字《廣韻》平聲先韻有胡涓切一讀，『懸』字在同一小韻，即『縣』的後起分化字，『緣』字在平聲仙韻，先、仙二韻同用。但『羂』字《廣韻》在上聲銑韻，音姑泫切（與慧琳『決兖反』讀音略同），同『罥』，而後者《廣韻》去聲霰韻又有『古縣切』一讀，據此，則底卷『古縣』的『縣』似亦應讀作去聲（『縣』字《廣韻》去聲霰韻又音黄練切，『緣』字又音羊絹切，亦有去聲一音）。

〔四〕第三卷下底一僅行端題『弟三』二字，其下空白未書，兹據底二校録經音三條；斯一五四一、二二三八、二七九八、二八八一、三〇五九、三〇五九、三六三六、四九四三、五〇七四、五一三六、六八六三、六九三一號、伯二〇二六號、俄弗一三一號、北一四三七、一五八九、一五九〇、一五九一、一五九二、一五九三、一五九五、一五九八、一五九九、一六〇〇、一六〇一、一六〇三、一六〇七、一六一〇、一六一三、一六一五、一六一九、一六二六、一六二七、一六二八、一六三〇、一六三六、一六四二號、《中國書店》六三號《金光明最勝王經》第三卷經本之末亦皆載有此三條經音，兹取以參校。所音三字先後順序與經文中所見序次合。

《大正藏》經本卷三有『無作無動遠離闠鬧』句，即『闠』字所出。切語『胡對』《廣韻・隊韻》同。

〔三五〕穆，《大正藏》經本卷三有『更相親穆』句，即此字所出。切語『莫六』《廣韻・屋韻》同。

〔三六〕暨，《大正藏》經本卷三有『嘉名普暨』句，即此字所出。注文『其嚣』，『嚣』字斯二七九八、四九四三號、北一五九一、一六〇一號作『器』，其餘各本大抵同底二；『嚣』即『器』的俗字。慧琳《音義》出『普暨』條，下字音『其寄反』；《廣韻・至韻》『暨』字音其冀切，並與『其器』反切音相同。

〔三七〕第四卷下底一僅『枳』字一條經音，兹據以校録，并以斯一八七、一一七六、一九四八、二〇九七、二七六五、三七七四、三九三三、六三九〇、六五九三號、北一四三七、一六四五、一六五〇、一六五二、一六五三、一六五六、一六五九、一六六三、一六六六、一六六八、一六七一、一六七五、一六八五、一六九九、一七〇三、一七〇五、一七〇六、一七〇七號、浙敦一五號《金光明最勝王經》經本卷四末所附該條經音參校。『枳』字各寫本左部或作『扌』或『才』形，因俗書木旁與手旁相混無別，故此不一一標出。《大正藏》經本卷四有『怛姪他，憚宅，枳般，宅枳』等句，應即此字所出。注文『姜里反，又諸氏反』與底卷上下文注音之例不合，疑有誤，斯一八七、一一七六、一九四八、二〇九七、二七六五、三七七四、六三九〇、六五九三號、北一四三七、一六四五、一六五〇、一六五三、一六五六、一六五九、一六六六、一六六八、一六七一、一六七五、一六九九、一七〇三、一七〇五、一七〇六、一七〇七號、浙敦一五號作『姜里，從木』，可參；北一六五二號作『姜里，從大』，北一六八五號作『姜里，從衣』；『衣』『大』當皆爲『木』字形訛；斯三九三三號、北一六六三號本作『姜里反，從木』，『反』字不必有。『枳』字《廣韻・紙韻》音諸氏切，又居帋切，底卷『姜里反』屬止韻，『居紙』『姜里』紐同韻近（紙、止二韻《廣韻》同用）。

〔三八〕『[扌致]』下四條底一無，兹據底三校録。其餘各本無此四條經音。所音四字先後順序與經文中所見序次合。底三經文有『羯喇[扌致]高喇[扌致]』等句，即『[扌致]』字所出。『[扌致]』應爲『[扌致]』的俗字（『致』右部本從夂，俗書作『攵』，而『攵』本爲『攴』的隸變形，故『攵』又或回改作『攴』），《大正藏》本經文正作『[扌致]』。『[扌致]』字《廣韻・止韻》有『陟里切』一讀，與『貞里』反音同。

〔二九〕嘘，底三經文有咒語『阿蜜栗多嘘漢你』句，其中的『嘘』字伯二二三四號、斯一八七、一一七六、二〇九七、二四九三、二七六五、三七七四、三九三三、四六九二、六三九〇號、北一六五二、一六五六、一六六一、一六六五、一六六七、一六六八、一六六九、一六七五、一六七七、一六八一、一六八四、一六八五、一六九一、一六九六、一六九八、一七〇一號、浙敦一五號同，應即此字所出；斯一九四八、六五九三、北一六四五、一六四八、一六五〇、一六五三、一六五九、一六六二、一六六三、一六六六、一六七〇、一六七一、一六九七號及《金藏》、《大正藏》本等後世刻本作『唬』，當誤。『嘘』字《玉篇・口部》同『噱』，音渠略切，正與底卷『巨略』反同音。而『唬』字《廣韻》去聲禡韻音呼訝切，又入聲陌韻音古伯切，並與『巨略』反讀音不合。

〔三〇〕窒，底三經文有咒語『窒步底』，應即此字所出。『窒』字《廣韻・屑韻》有丁結切一讀，『戾』字同韻有練結切一讀，則『丁結』、『丁戾』同音。

〔三一〕謎，底三經文有咒語『跋噓謎』，應即此字所出。《廣韻・霽韻》『謎』字音莫計切，與底卷切語同。

〔三二〕『底』以下至『蚶』四條底一無，茲據底四校録，又斯四三、一八七、一一七六、一九四八、二〇九七、二四九三、二七六五、三一〇六、三七七四、三九三三、四六九二、四九三五、四九三八、五〇一二、五四三四、六三九〇、六五九三、六六四八號、伯二二二四號、北一四三七、一六四五、一六四八、一六五〇、一六五二、一六五三、一六五六、一六五九、一六六一、一六六二、一六六三、一六六五、一六六六、一六六七、一六六八、一六六九、一六七〇、一六七一、一六七五、一六七七、一六八一、一六八二、一六八四、一六八五、一六九一、一六九二、一六九三、一六九四、一六九五、一六九六、一六九七、一六九八、一六九九、一七〇一、一七〇二、一七〇三號、浙敦一五號各經本亦存有該四條經音之全部或部分，茲取以參校。所音四字先後順序與經文中所見序次合。底四經文有咒語『阿婆婆薩底』，『底』字下原注『丁里反。下皆同』，即『底』條所本。『底』字《廣韻・薺韻》音都禮切，端紐蟹攝，底卷『丁里反』在止韻，端紐止攝，唐五代時期止攝各韻與齊、薺、霽、祭各韻已出現合用的趨勢，故止韻、薺韻可以互切。

〔三三〕體，底四經文有咒語「俱藍婆喇體」，「體」字下原注「天里反」，即此條所本。「體」字《廣韻·薺韻》音他禮切，透紐蟹攝，底卷「天里反」在止韻，透紐止攝，二攝通用。參上校。

〔三四〕莎，底四經文有咒語「莎悉底」，「莎」字下原注「蘇活反」，即此條所本。「莎」字《廣韻》音蘇禾切，戈韻果攝，底卷「蘇活反」在末韻，山攝，此二攝未見通用之例。

〔三五〕蚶，底四經文有咒語「跋囉蚶麼莎」，「蚶」字下原注「火含」，即此條所本。注文「火含」，北一六五六、一六六二、一六七〇、一六八四、一六八九號等寫本作「火合」，「合」當爲「含」字形近之誤；斯六六四八號、北一六五〇、一六六六、一六六八、一六九二號等寫本作「火甘」。「蚶」字《廣韻·談韻》音呼談切，曉紐咸攝；「火甘」反與「呼談切」切音相同；「火含」反屬覃韻，覃、談二韻同用。

〔三六〕第五卷下底一僅行端題「第五」二字，其下空白未書，兹據底五校録經音四條；斯一七、九二四、一一八〇、二一六六、六四三七號、敦博四〇號、北一四三七、一七一〇、一七一一、一七一三、一七一四、一七一五、一七一六、一七一九、一七二一、一七二二、一七二三、一七三三、一七三四、一七三五、一七三七、一七三八、一七四五、一七五一、一七五二、一七五四、一七五五號、北敦八九八五、九〇三〇號《金光明最勝王經》第五卷經本之末亦皆載有此四條經音，兹取以參校。所音四字先後順序與經文中所見序次合。「奕」字斯一七、九二四、一一八〇、二一六六號、北一七一一、一七一三、一七一四、一七一九、一七二二、一七三三、一七三八號、北敦八九八五、九〇三〇號作「弈」，其餘各本同底五。《大正藏》經本卷五有「赫奕猶如百千日」句，應即此字所出；慧琳《音義》出「赫弈」條，云「下音亦，《毛詩》云：奕奕，輕麗廣大皃也。鄭箋《毛詩》云：赫奕，光明皃也。形聲字也」，注文中又皆作「奕」；「奕」「弈」音同義通，據經義，當以作「奕」爲長。《廣韻·昔韻》「奕」字音「羊益切」（與「弈」「亦」同一小韻），底卷「盈益」反，切音同。

〔三七〕齅，此字右部「自」下底五有一「田」形構件，蓋涉左部「鼻」旁類化贅增，兹據各參校本録正。《大正藏》經本卷五有『鼻根恒嗅於香境』句，其中的『嗅』字斯一七號、北一四三七號等敦煌經本皆作『齅』，應即此字所出；慧琳《音義》出『恒齅』條，注云『休又反，《字統》云以鼻就臭曰齅，會意字也』；『齅』『嗅』古今字。『齅』字《廣韻·宥韻》音許救切，與底卷切語同。

〔三八〕 窒，《大正藏》經本卷五有咒語『壹窒哩，蜜窒哩』，應即此字所出。『窒』字《廣韻·屑韻》有丁結切一讀，與底卷切語同。

〔三九〕 稔，《大正藏》經本卷五有『飢饉惡時能令豐稔』句，應即此字所出。注文『任甚』，敦博四〇號作『任其』，『其』當是『甚』字之誤；斯九二四、二一六六、六四三七號、北一七二三、一七一四、一七一九、一七三四、一七三五、一七五五號、北敦八九八五號作『甚任』，則當是『任甚』誤倒；其餘各本同底五。『稔』字《廣韻·寢韻》音如甚切，與『任甚』反同音。慧琳《音義》出『豐稔』條，云『下任枕反，賈注《國語》云：稔，熟也。《說文》穀熟曰稔。從禾從念，會意字也』。

〔四〇〕 第六卷經音除末條外皆據底一校録，并以斯二六七、一二五二、一五〇一、二三二七、二二八九、二五二二、四一七〇、五二三九、六六五一、六八七四、六九〇三號、俄敦五五四、一〇六八四號、定博四號、北一七六二、一七六四、一七六六、一七六九、一七七〇、一七七一、一七七八、一七八六、一七九〇、一七九四、一七九六、一七九九、一八〇〇、一八〇一、一八〇九、一八一一、一八一三號經本卷六末所附經音參校。被注字在經文中所見順序依次爲『胝、殿、敵、敞、整、讒、蝕、掠、薜、拏、寠、颯、麼、搐、呬、袜、窣、囉、輓、叡』，序次不盡一致。『胵』同『胝』，《大正藏》經本卷六有『我於過去百千俱胝那庾多劫，修諸苦行』句，其中的『胝』字斯二三二七、六九〇三號、北一七六二、一七六四號等經本皆作『胵』，即此字所出；北一七六六號作『伭』，則爲『低』字異寫，經中應爲『胵』字抄誤，該本卷末的經音本條字頭仍作『胵』可證。『胝』字《廣韻》音丁尼切，端紐脂韻，底卷『陟尸』屬知紐脂韻，上古舌頭與舌上不分，底卷注音者以『陟尸』切『胝』者，蓋因當時知紐端紐尚未分化。

〔四一〕敞，斯一五〇一、二二八九、四一七〇號、北一七七一、一七八六、一七九四、一七九八、一七九九、一八〇〇、一八〇九號同，斯二六七、五二三九號、北一八〇一號右部作『殳』形，俗書；斯一二五二、二五二三、六六五一、六八七四、六九〇三號、俄敦五五四號、定博四號、北一七六二、一七六四、一七六六、一七六九、一七七〇、一七九〇、一七九六、一八一一、一八一三號、俄敦一〇六八四號作『敝』，皆誤。《大正藏》經本卷六有『先當莊嚴最上宫室王所愛重顯敞之處』句，即此字所出；其中的『敞』字，敦煌經本亦有誤作『敝』（如斯二五二三、六六五一號、北一七六二號等）或右部作『殳』形的（如斯五二三九號）。注文『昌兩』，『兩』字各本有寫作『雨』形者，因俗書二字往往不分也，此不一一標出。慧琳《音義》出『顯敞』條，注云『下昌兩反，《蒼頡篇》云：敞，高顯也。又云：平治高土可以遠望。從攴，尚聲』。《廣韻·養韻》『敞』字亦音『昌兩切』，皆與底卷切語同。

〔四二〕敵，此字各本左部或作『商』形，右部或作『殳』形，皆俗書，不一一校出。《干禄字書》：『商商，上俗下正。』可以比勘。《大正藏》經本卷六有『隣國怨敵興如是念』句，應即此字所出。注文『從文』各本多同，唯俄敦五五四號、定博四號、北一七九〇、一七九八、一八〇一、一八一一號七本作『從攵』，兹據録正；『敵』字《説文》從攴，而『攵』即『攴』的隸變形。『敵』字《廣韻·錫韻》音徒歷切，與『亭歷』反音同。

〔四三〕整，北一七九〇、一七九六號字形與底卷略同，它本左上部或作『来』，右上部或作『力』、『支』，下部或作『止』，皆爲『整』字俗書，斯二三二七、二五二三、二五八九號、北一七九八、一八〇〇號、俄敦一〇六八四號諸本即作『整』形（右上部或作『攴』，爲小篆隸定形）。《大正藏》經本卷六有『備整軍儀，盛陳音樂』句，即此字所出。注文『之郢』，其餘各本均作『征郢』（斯六九〇三號『征』誤作『往』），紐同；《廣韻·静韻》『整』字音之郢切，切語與前者同；慧琳《音義》出『備整』條，注云『下征郢反，鄭注《禮記》云：整，正也。《説文》齊也，從束、支（攴），正聲。經從止作整，非也』，切語與後者同。

〔四四〕殿，此字右部斯二五二三、北一七八六號同，斯六八七四號、北一七九八、一八一三號作『支』形，斯一五〇

一、北一七六四、一七六九、一七七一、一七七八、一七九八、一八〇〇號、俄敦一〇六八四號作『攴』，皆爲『攴』旁俗訛，斯二六七、一二五二、二三二七、二三八九、四一七〇、五二三九號、定博四號、俄敦五五四號、北一七六二、一七六六、一七七〇、一七九〇、一七九四、一七九六、一八〇一、一八〇九、一八一一號各本即作『攴』形（各本左上部『尸』或贅點作『户』形）。《大正藏》經本卷六有『城邑宮殿，皆得第一不可思議最上歡喜寂静安樂』句，即此字所出。注文『田見』，斯二六七號、北一七九〇、一八〇一號作『四見』，誤；《廣韻·霰韻》『殿』字音堂練切，與『田見』反切音同。

〔四五〕蝕，《大正藏》經本卷六有『兩日並現，博（薄）蝕無恒』句，即此字所出。慧琳《音義》出『薄蝕』條，注云『上傍莫反，下音食，案日月薄蝕者，虧缺也』。注文『乘力』，《廣韻·職韻》切語同，與『食』字在同一小韻。

〔四六〕掠，此字各本略同，唯斯一五〇一號左部作木旁，又北一七九八號本條重出，前一字頭左部作『才』形，後一字頭左部作木旁，按作木旁者俗訛，『掠』爲『掠』的俗字。《干禄字書》：『京京：上通下正。』可參。斯四一七〇號脱此條。《大正藏》經本卷六有『多有他方怨賊侵掠』句，其中的『掠』字敦煌各經本多作『掠』，應即此字所出。慧琳《音義》出『侵掠』條，注云『下力尚反，又音略……《考聲》云強取也。……准經義，時俗並音略』。《廣韻·藥韻》『掠』『略』並音离灼切，與底卷『良灼』反音同。

〔四七〕讒，《大正藏》經本卷六有『殺害瞋諍，互相讒諂』句，應即其字所出。注文『士咸』，定博四號、北一七九〇、一七九六、一八一一號作『力咸』，餘本同底卷；『讒』字《廣韻·咸韻》亦音士咸切，『士』屬崇紐，『力』屬來紐，『力』字或誤。

〔四八〕寠，斯二六七、五二三九號、北一八〇一號作『寠』，其餘各本同底卷。《大正藏》經本卷六有『寠怒寠怒』句，其中的『寠』字斯二六七、五二三九號寫本同，定博四號、斯二二八九、二五二二、四一七〇、六六五一、六八七四、六九〇三號、北一七六二、一七六四、一七六六、一七六九、一七七一、一七七八、一七八六、一七九〇、一七九六號作『寠』，應即此字所出。『寠』字後起，實即『寠』的換旁俗字。慧琳《音義》卷八一《南海寄歸内法傳》第一卷音義：『貧窶，劬禹反，《考聲》云居無財以備禮者也。《説文》從宀、婁聲。傳從穴作窶，非。』可參。注文『劬矩』，斯二六七、五二三九號、北一八〇一號作『㓜矩』，其餘各本同底卷（北一七九四、一七九八號『矩』訛作『短』）；『㓜』通常爲『幼』的俗字，但此處『㓜』應即『劬』字俗訛（『劬』字左部俗作『勾』，本條『劬矩』的『劬』字左部定博四號、北一七七〇號即作『勾』，『㓜』左部的『幺』即『勾』旁形訛）。『窶』字《廣韻·麌韵》音其矩切，與『劬矩』反同音。

〔四九〕麽，《大正藏》经本卷六有『羯囉莫訶毘羯喇麽』句，應即此字所出。注文『摩可』北一七七〇號誤倒作『可摩』。『麽』字《廣韻·果韻》音亡果切，『摩可』屬哿韻，『亡』『摩』俱明紐，果、哿二韻《廣韻》同用。

〔五〇〕颯，北一七七〇號作『颭』，其餘各本同底卷，『颭』即『颯』的偏旁易位字。《大正藏》經本卷六有『颯嚩颯嚩羯囉』句，其中的『颯』字北一七七〇號等各敦煌寫本皆同，即此字所出。注文『蘇合』，『蘇』字各本或作『蘓』，偏旁易位俗字，説已見上文，此不再一一校出。『颯』字《廣韻·合韻》亦音蘇合切，切語同。

〔五一〕薜，《大正藏》經本卷六有咒語『南謨薜室囉末拏也』句，即此字所出。注文『薄閉』，北一七九〇、一八〇一、一八〇九、一八一一號作『薄閇』，『閇』即『閉』的俗字；斯二六七、五二三九號誤作『薄閑』。『薜』字《廣韻·霽韻》音蒲計切，與『薄閉』反切音同。

〔五二〕撦，各本有作木旁者（如斯五二三九、六九〇三號），俗訛。《大正藏》經本卷六有咒語『阿揭撦』等，即此字所出。『撦』字《廣韻·馬韻》音昌者切，與『車者』反切音同。

〔五三〕拏，《大正藏》經本卷六有『南謨薜室囉末拏也』、『汝可速去日日與彼一百迦利沙波拏』等句，即此字所出。『拏』字《廣韻·麻韻》音女加切，底卷音『奴加』反，『女』屬娘母，『奴』屬泥母，上古舌頭與舌上不分，延至唐代泥娘二母仍有混用的情形，此亦其一例。慧琳《音義》出『迦利沙波拏』條，未注音。

〔五四〕窣，斯一五〇一、二二三七、二二八九、二五二二、四一七〇、六六五一、六八七四、六九〇三號、俄敦五五四、一〇六八四號、定博四號、北一七六二、一七六四、一七六六、一七六九、一七七一、一七七八、一七九〇、一七九四、一七九六、一八〇〇、一八〇一、一八〇九、一八一一、一八一三號同，斯二六七、二二五二、五二三九號、北一七七〇、一七八六、一七九八號作『窣』；《大正藏》經本卷六有咒語『窣䌫吐窣䌫吐』，其中的『窣』字斯二六七、二三三七、二五二二、六八七四、六九〇三號、北一七六四、一七六九、一七七〇、一七七一、一七七八、一七八六、一七九〇、一七九六、一七九八號寫本同，斯二二八九、四一七〇號、北一七六六號作『窣』，斯二二八九、五二三九、六六五一號、定博四號、北一七九四、一八〇〇、一八〇一號前字作『窣』，後字作『窣』，應即此字所出；作『窣』者應即『窣』字俗省。『窣』字《廣韻・曷韻》音蘇骨切，與底卷注文『孫骨』反切音同。

〔五五〕⿰口巤，俄敦五五四號、斯四一七〇號、北一七六二、一七六四、一八一三號作『⿰口巤』，北一七九八號作『臘』，其餘各本同底卷。《大正藏》經本卷六有咒語『跋⿰口巤婆也』，其中的『⿰口巤』字各敦煌經本皆同，應即此字所出。《龍龕・口部》：『⿰口巤，盧盍反。』按此字與『臘』字讀音完全相同（『臘』字《廣韻・盍韻》亦音盧盍切，北一七九八號異文作『臘』，亦可證），應即在『臘』的基礎上增加口旁而成的佛經譯音用字（佛經咒語漢譯多有在普通漢字的基礎增加口旁以單純表音的），而『⿰口巤』又即『⿰口巤』字訛省，與《廣韻・葉韻》音良涉切表『⿰口巤聲』的『⿰口巤』同形異字。《漢語大字典》等字書混而爲一，非是（參看鄭賢章《龍龕手鏡研究》二五九頁）。注文『盧盍』斯四一七〇號作『盧去』，『去』當爲『盍』字訛省；北一七九八號作『去盍』，『去』又當爲『盧』字涉下『盍』字而誤抄。

〔五六〕呬，《大正藏》經本卷六有『呬哆振哆』、『醫呬醫呬磨毘藍婆』等句，即此字所出。注文『虚致』，『致』字右部底卷作『攴』形，各寫本亦或作『攴』『犮』等形，皆即『致』右部所從『夂』的訛變形，兹徑録正，不一一校出。『呬』字《廣韻・至韻》音虚器切，與『虚致』反切音同。

〔五七〕鞔，《大正藏》經本卷六有『手足鞔網遍莊嚴』句，即此字所出。注文『末般』，『末』字斯二二二七、二二二八九、二五二二、四一七〇、六八七四號、俄敦五五四號、定博四號、北一七七〇、一七八六、一七九九、一八〇

○、一八○一、一八一一號同，斯六六五一、六九○三號、俄敦一○六八四號、北一七六二、一七六四、一七六六、一七六九、一七七一、一七七八、一七九四、一七九六、一八○九、一八一三號作『未』，斯二六七、一二五二、一五○一號、北一七九○號則兼於二字之間，『末』屬明紐，『未』屬微紐，『輓』字《廣韻・桓韻》音母官切，與『末般』反同音，『未』有可能即『末』字之誤，但古無輕唇音，唐代微母仍多有讀作明母的，故也不能排除注音者以『未般』切『輓』字的可能性。慧琳《音義》出『網輓』條，注云『下莫安反，案網輓者，唯佛有之，手十指之間有肉網，猶如鵝足，《説文》從革、從免聲也』，『莫安反』屬明紐寒韻，寒、桓二韻《廣韻》同用。北一七九八號脱此條。

〔五八〕叡，此字右部各寫本有作『殳』（如斯一二五二號）、『支』（如北一七九○號）、『攴』（如北一七九六號）等形，皆俗訛。注文『以苪』，『苪』字斯六八七四、六九○三號、俄敦五五四、一○六八四號、北一七六二、一七六四、一七六九、一七七○、一七七一、一七七八、一七九○、一七九四、一八一一、一八一三號作『芮』，斯二六七號、北一八○一號作『留』，皆誤。『叡』字《廣韻・祭韻》亦音以芮切，與底卷切語同。慧琳《音義》出『聰叡』條，注云『下營歲反』，音同。

〔五九〕『袜』字條底一無，茲據底六校録，并以斯二六七、三三○、一三二七、二二八九、三六六六、四一七○、五二三九、六六五一、六七三○、六八七四、六九○三號、定博四號、津藝一九二號、北一七六一、一七六二、一七六四、一七六五、一七六六、一七六七、一七六八、一七六九、一七七○、一七七一、一七七八、一七八○、一七八三、一七八六、一七九○、一七九二、一七九四、一七九六、一七九七、一七九八、一七九九、一八○○、一八○一、一八○五、一八○六、一八○七、一八○八號《金光明最勝王經》經文中所出該條經音參校。底六經本卷六有咒語『袜喇娑袜喇娑』，前一『袜』字下注『麻八反』，即本條所本；其中的『袜』字斯四一七○、五二三九、六六五一、六八七四、六九○三號、北一七六一、一七六五、一七六六、一七六九、一七七一、一七七八、一七八三、一七九○、一七九四、一七九七、一八○一、一八○六號經本及《大正藏》本作『袜』，應爲『袜』字之訛，其餘各參校本及《中華大藏經》影印《金藏》本作『袜』不誤。參看上文校記〔五七〕。注文『麻八反』，北一八〇七號無『反』字。『袜』字《廣韻·末韻》音莫撥切，『麻八反』在黠韻，並屬明紐山攝，二切紐同韻近；慧琳《音義》卷九四《續高僧傳》第二十五卷『袜頟』條云『上蠻八反』，則與『麻八反』紐韻皆同。

〔六〇〕『頞』以下至『杞』字據底一校録，并以斯一八、七二〇、一四〇九、二〇四〇、二三三九、二五四三、二八〇四、三一四六、三五八八、四二一〇、四二八三、四九八六、五一九〇、六五六六、六七九八號，伯二二七四號，俄弗一二八號，北一八一九、一八二〇、一八二一、一八二四、一八二七、一八二八、一八二九、一八三八、一八四五、一八五一、一八五四、一八五五號等《金光明最勝王經》經本卷七之末所附經音參校。『頞』字各寫本同，然經文卷七未見，《大正藏》本相應位置有『蘇三鉢囉底瑟恥哆』、『蘇鉢喇底瑟恥哆』句，『哆』『頞』《廣韻·哿韻》皆有丁可切一讀，與『多可』反同音，疑『頞』即『哆』字音譯用字之異。

〔六一〕『澀』以下至『躐』字先後順序大抵與經本相合。《大正藏》經本卷七有咒語『補澁跛僧悉怛囉』『怛姪他補澁閉』等，『澁』乃『澀』的俗字，北一八二〇號、斯二〇四〇號等敦煌經本類皆作『澀』，即此字所出。注文『色立』，《廣韻·緝韻》切語同。

〔六二〕蝱，《大正藏》經本卷七有『乃至蚊虻悉不爲害』句，其中的『虻』字北一八二〇號、斯二〇四〇號等敦煌經本類皆作『蝱』，慧琳《音義》出『蚊蝱』條，注云『下陌耕反，正體字也，俗作䖟』，『虻』『䖟』皆爲『蝱』的簡俗字，即此字所出。注文『麥庚』，『麥』字北一八二九號上部有草頭，增旁俗字。『蝱』字《廣韻·庚韻》音武庚切，微紐，底卷『麥庚』、慧琳『陌耕』皆屬明紐，中古前無重唇音和輕唇音的區別，故微母與明母可以互切。

〔六三〕蓤，據切音，此字應爲『蓤』字俗寫，《廣韻·蒸韻》力膺切（與『力徵』反同音）：『蓤』同『蔆』，亦作『菱』。但上揭諸字經本卷七皆未見，而相應位置『香藥三十二味』有『零凌香』，其中的『凌』字敦煌經本多作

『淩』（如北一八二〇號、斯二〇四〇、二八〇四號等），疑此『蔆』即『淩』或『凌』增旁異寫（『凌』『淩』『陵』《廣韻》俱在力膺切小韻，音同字通，而『零凌香』爲香草名，故俚俗贅增草頭）。注文『力徵』，斯四九八六、五一九〇號、北一八一九、一八二八號作『力微』，『微』應爲形誤字。

〔六四〕⿰镸頁，此字右上部各寫本或作二撇及『ク』『夕』等形，皆俗寫之變；『⿰镸頁』爲『鬚』的簡省字（參看《敦煌俗字研究》下編髟部『鬚』字條）。《大正藏》本經文卷七『香藥三十二味』有『龍花鬚』，其中的『鬚』字北大六四號經文同，其他各本多作『⿰镸頁』（如北一八二〇號、斯二〇四〇、二八〇四號等），即此字所出。注文『粟俞』，斯二三三九、三五八八、四九八六、六七九八號、北一八一九、一八二一、一八三八、一八五四號本作『粟俞』，其他各寫本同底一，『粟』應爲形誤字。『鬚（須）』字《廣韻·虞韻》音相俞切，與『粟俞』反音同。

〔六五〕謎，此字各寫本多作『謎』形，俗寫，《大正藏》經本卷七有咒語『三謎，毘三謎』，其中的『謎』字敦煌各經本亦多作『謎』形，即此字所出。注文『迷計』，《廣韻·霽韻》『謎』字音莫計切，音同。

〔六六〕攞，《大正藏》經本卷七有咒語『窒哩輪攞波爾』『尼攞建佗也』等，其中後一『攞』字字序與底卷合，應即此字所出。注文『羅可』，《廣韻·哿韻》『攞』字音來可切，音同。

〔六七〕葺，此字下部斯二八〇四、三一四六、三五八八、四二一〇、四二八三號，伯二三七四號、北一八二四、一八二八號等本作『咠』，俗寫（與『胥』旁俗寫同形）；《大正藏》經本卷七有『葺茅爲室在中居』句，即此字所出。注文『役入』，『役』字俄弗一二八號作『使』，北一八五一號作『得』，皆形訛字，斯一八、七二〇、一四〇九、二〇四〇、二三三九、二四五三、二五四三、二八〇四、三一四六、三五八八、四二一〇、四二八三、四九八六、五一九〇、六五六六、六七九八號、伯二三七四號、北一八一九、一八二〇、一八二一、一八二四、一八二八、一八二九、一八三八、一八四五、一八五四號皆作『侵』，『侵』字是，茲據校改。慧琳《音義》出『葺茅』條，注云『上侵入反，《考聲》云茅草覆屋也。從草，咠聲』，可參。《廣韻·緝韻》『葺』字音七入切，與『侵入』反同音。

〔六八〕 蠶，此字上部底一作二『天』形，俗寫，兹徑録正；斯四二八三號、北一八二一、一八五四號作『蝅』，俗省；其他各本略同底一。《大正藏》經本卷七有『常著青色野蠶衣』句，其中的『蠶』字敦煌經本上部亦多作二『天』形，應即此字所出；北一八二五號經本作『蝅』，又爲『蝅』字俗省，可參。注文『昨含』，斯四二一〇號、俄弗一二八號本同，斯一八、七二〇、一四〇九、二〇四〇、二三三九、二四五三、二五四三、二八〇四、三一四六、三五八八、四二八三、四九八六、五一九〇、六五六六、六七九八號、北一八一九、一八二〇、一八二一、一八二四、一八二八、一八三八、一八四五、一八五一、一八五四號、伯二二七四號作『作含』，北一八二七、一八二九號作『作合』，『合』爲形誤字。『蠶』字《廣韻·覃韻》音昨含切，合於前者。慧琳《音義》出『野蠶』條，『蠶』字『雜含反』，亦與『昨含』反同音。『昨』屬從母濁音，『作』屬精母清音，唐五代西北方音濁音清化，故『蠶』字亦可用清音的『作』作反切上字。

〔六九〕 叱，《大正藏》經本卷七『香藥三十二味』有『叱脂』，應即此字所出，但『叱脂』經文在『苟杞根』、『零凌香』之後，『龍花鬚』之前，字序有錯亂。注文『瞋失』，北一八二〇號作『瞋失反』，蓋衍『反』字，其餘各本同底一。『叱』字《廣韻·質韻》音昌栗切，與『瞋失』反音同。

〔七〇〕 杞，此字右部底一作『巳』，因俗寫『己』『已』『巳』不分，兹徑録正；斯六五六六號作『巴』，又由『巳』訛變；俄弗一二八號字頭作『欺』，則涉注文而誤。《大正藏》經本卷七『香藥三十二味』有『狗杞根』（『狗』字敦煌各寫本皆作『苟』），應即此字所出；但『狗杞根』經文在『乃至蚊虻悉不爲害』句之後，『零凌香』之前，字序有錯亂。注文『欺已』，斯一四〇九、三五八八、四二一〇、四二八三、六五六六、六七九八號、北一八二八、一八五一號同，斯一八、二〇四〇、二五四三號、俄弗一二八號、北一八二一、一八五四號作『欺己』，斯二三三九、二八〇四、五一九〇號、伯二二七四號、北一八一九、一八二〇、一八二四、一八二七、一八二九、一八四五號『欺巳』，『已』『己』『巳』《廣韻》皆在止韻，韻同；北一八二〇號作『欺巳反』，蓋衍『反』字。『杞』字《廣韻·止韻》音墟里切，與『欺已』反等音同。慧琳《音義》出『苟杞』條，注云『上溝藕反，下音起，木名也；亦是藥，四時所採各異，春採葉，秋採實，冬採根，亦名地骨，白皮，從木，己聲也』，可參。北一八三八號無此條。

〔七二〕『底丁耶』以下至『底丁利』十七條底一無，兹據底七經文中注音擬補，并以斯一八、二九四、四三二、一一七八、一四〇九、二〇四〇、二三三九、二三八二、二四五三、二五四三、二八〇四、三一四六、三五八八、四二一〇、四五六五、四九一〇、四九八六、五一九〇、五二三八、五四三四、六四六九、六五五〇、六五六六、六七九八號，伯二二七四、二三三三、三三三〇號，北大六三、六四號，俄弗一二八號，北一八〇五、一八一八、一八一九、一八二〇、一八二一、一八二二、一八二三、一八二四、一八二五、一八二六、一八二七、一八二八、一八二九、一八三〇、一八三一、一八三二、一八三四、一八三六、一八三七、一八三八、一八三九、一八四〇、一八四一、一八四五、一八四六、一八四七、一八四八、一八四九、一八五〇、一八五五號等經本參校。底七經本有咒語『鉢唎底蜜窒囇』，『底』字下原注『丁耶』，即本條所本。『耶』字右部北一八三七號作『巳』，俗寫；下同。『丁耶』北一八二五、一八二六號作『丁礼』，其餘各寫本同底卷，《大正藏》本作『丁履反』，校記引宋《資福藏》、元《普寧藏》、明《嘉興藏》本及日本宮内省圖書寮本作『丁里切』；底卷下文『底』字又音『丁里』『丁利』二反。按『底』字《廣韻·薺韻》音都禮切，與『丁礼』反同音，屬蟹攝；『里』『利』『履』三字《廣韻》分别在止韻、至韻、旨韻，俱屬止攝，唐五代時期止攝、蟹攝近韻可以相切或通押。慧琳《音義》卷七〇《阿毘達磨俱舍論》第三十卷『嗢底迦』條下云『底』字『丁履反』，可參。但『丁耶』一音端紐麻韻，麻韻只有二等，不可與端紐相配（《廣韻·麻韻》中没有端紐字）。俄弗九二號《大佛頂如來密因修證了義諸菩薩萬行首楞嚴經》咒語中有『南無薩婆勃陁勃地薩跢鞞弊』，『弊』音『毗迦反』；《廣韻》『弊』字在去聲祭韻，屬蟹攝，而『迦』亦爲麻韻字，與此處『底』讀『丁耶』的情况相似。但『毗』爲奉紐字，奉紐只有三等，不可與二等麻韻相配，所以『毗迦反』在音理上也是不通的。事實上，佛經咒語本皆爲梵語，不少讀音很難與漢字一一對應，所以和尚在翻譯時，有時就不得不用附注反切的辦法來彌補，如據『丁耶』可以拼出diɑ音，據『毗迦反』可以拼出biɑ音，但要找出與之相配的漢字却是困難的，所以只能用一個讀音近似的常用字來頂替。這也是底卷同一個『底』字在不同的咒語中却有『丁耶』『丁里』『丁利』三種不同的切音的原因所在。所以，佛經咒語切音與被切字的實際讀音不合，也就是自然而然的了。但念經的和尚或傳抄翻刻的人不明箇中緣由，見切音與被切字的實際讀音不合，便臆加更改，於是就有了『丁礼』、『丁履』、『丁里』等的歧異，雖於字音較合，而注音者的本意却被湮没，離經文的實際讀音自然也就愈趨愈遠了。（試想如果僅僅追求切語與字音相合，爲什麽作者偏偏只給『鉢唎底蜜窒囇』咒語中最常用的『底』字注音呢？）

〔七二〕莎，底七經本有咒語『鉢唎婆莎囇』，『莎』字下原注『蘇活』，即本條所本。『蘇』字各寫本或作『蘓』，偏旁易位俗字，説已見上文，此不再一一校出。參看上文校記〔三三〕。

〔七三〕蚶，底七經本有咒語『惡姪蚶嘌荼』，『蚶』字下原注『火甘』，即本條所本。『蚶』字《大正藏》、《中華大藏經》所據《高麗藏》本作『甜』，誤。蓋『蚶』字『虫』旁上部古寫本多有一撇，其形與『舌』相近，因誤而爲『甜』。經本屢屢爲此字注音者，正在於避免被誤認作『甜』字。北一八一九號經本卷七有咒語『跋囉蚶魔布囇，跋囉蚶末泥，跋囉蚶麽揭鞞』，其中的三處『蚶』字北一八二〇號、斯二〇四〇、二八〇四號等經本同，北一八一八號經本及《大正藏》、《中華大藏經》所據《高麗藏》本誤作『甜』，亦其例。注文『火甘』北一八二九號同，斯一八號、俄弗一二八號、北一八二九號等其餘各本多作『火含』，斯二八〇四號作『水含』，北大六三號本作『火舍』，又爲『火含』之誤。參看上文校記〔三五〕。

〔七四〕底，底七經本有咒語『劫毗羅末底』，『底』字下原注『丁里』，其餘各本同，即本條所本。參看上文校記〔七一〕。

〔七五〕智，底七經本有咒語『索揭智毗揭智』（斯四三三二號『智』作『知』），前一『智』字下原注『貞勵反。下同』，即本條所本。注文『貞勵反』，『貞』字斯二二三九號誤作『上』；『勵』字右部斯四三三二、一一七八號本作『刂』旁，俗寫；其餘各本皆同底卷。『智』字《廣韻·寘韻》音知義切，知紐止攝，經本『貞勵反』在祭韻，屬知紐蟹攝，唐五代時期止攝各韻與齊、薺、霽、祭各韻已出現合用的趨勢，故寘韻、祭韻可以互切。

〔七六〕荼，底七經本有咒語『毗揭荼伐底』(『荼』字《大正藏》、《中華大藏經》所據《高麗藏》本作『茶』)，『荼』字下原注『亭耶反』，其餘各本略同，即本條所本。注文『亭耶反』，『耶』字右部斯二九四號作『巳』，俗寫，説已見上文。『荼』字《廣韻·模韻》音同都切一讀，與『亭耶反』紐同韻異；麻韻又有宅加切一讀，與『亭耶反』韻同紐異，根據《高麗藏》本作『茶』的異文來看，此處或當以後一讀音爲是，但『宅』字屬澄紐，『亭』字屬定紐，這二紐唐代前後互切或通押的情況極爲少見。所以經本以『亭耶反』切『荼』，也有可能屬於譯音者因没有對應的漢字而採取的變通辦法。

〔七七〕蚶，底七經本有咒語『跋囉蚶摩寫莎訶』(北一八二五號及《大正藏》、《中華大藏經》所據《高麗藏》本『蚶』誤作『甜』)，『蚶』字下原注『火甘』，即本條所本。注文『火甘』北一八一八、一八二五號同，斯一八、四九一〇號、俄弗一二八號、北一八二九、一八四八、一八五五號作『火含』，斯三一四六、北一八二三、一八四一號僅注『火』一字，當脱反切下字；其餘各寫卷此字下無切音。參看上文校記〔三五〕。

〔七八〕酸，底七經本有咒語『南无薩囉酸底』句，『酸』字下原注『蘇活』，即本條所本。注文『蘇活』，『蘇』字各本或作『蘓』，偏旁易位俗字，説已見上文，此不再一一校出，參看上文校記〔七三〕；『活』字斯一一七八號作『治』，形誤字。『酸』字《廣韻》音素官切，在平聲桓韻，底卷『蘇活』反在末韻，皆屬心紐山攝。

〔七九〕蚶，底七經本有咒語『跋囉蚶摩奴末覩莎訶』(北一八二五號及《大正藏》、《中華大藏經》所據《高麗藏》本『蚶』誤作『甜』)，『蚶』字下原注『火甘』，即本條所本。注文『火甘』北一八一八號同，斯一八、四九一〇號、俄弗一二八號、北一八二三、一八二九、一八四八、一八五五號作『火含』，斯三一四六、一八四一號僅注『火』一字，當脱反切下字；其餘各寫卷此字下無切音。參看上文校記〔三五〕。

〔八〇〕帝，底七經本有咒語『阿伐帝阿伐吒伐底』，『帝』字下原注『貞勵』，即本條所本。注文『貞勵』，斯一八、二九四、四三二、一四〇九、二〇四〇、二二三九、二五四三、二八〇四、三一四六、三五八八、四二一〇、四九

八六、五一九〇、六四六九、六五六六、六七九八號、北一八二一、一八三六、一八四五、一八四七號作『貞厲』，其餘各本大抵同底七；『厲』、『勵』音同。『帝』字《廣韻・霽韻》音都計切，端紐；『貞勵（厲）』反屬知母祭韻，祭、霽二韻《廣韻》同用，以知切端，則亦古音舌上舌頭不分之例。

〔八一〕底，底七經本咒語『阿伐帝阿伐吒伐底』的『底』字下原注『丁里。下同』，即本條所本。注文『丁里』，北一八二五號作『丁里反』，其餘各本同底七。按『底』字《廣韻・薺韻》音都禮切，屬蟹攝；『里』字屬止攝，唐五代時期止攝、蟹攝近韻可以相切或通押。參看上文校記〔七一〕。

〔八二〕跐，底七經本有咒語『盧迦逝瑟跐』，『跐』字下原注『丑世反』，即本條所本。注文『丑世反』，斯一八、二九四、四三一、二三三九、二四五三、二五四三、二八〇四、三五八八、五一九〇、五四三四、六四六九、六五六六號、伯二二七四、北大六三號、北一八一九、一八二一、一八二四、一八二八、一八三六、一八三七號作『刃世反』，斯一一七八、三一四六號、北一八三八、一八四五、一八四九號作『刀世反』，斯六七九八號作『彐世反』，其餘各本大抵同底七；『刃』『刀』『彐』皆爲『丑』之形誤字。『跐』字《廣韻・祭韻》有丑例切一讀，與『丑世反』同音。

〔八三〕企，底七經本有咒語『毗麽目企』，『企』字下原注『輕利反』，即本條所本。注文『輕利反』，『輕』字右部各寫本或作『至』『圣』等形，皆俗寫；『利』字斯五四三四號作『里』，其他各本皆同底七。『企』字《廣韻》上聲紙韻音丘弭切，去聲寘韻又音去智切，與『輕』字俱屬溪紐；『里』字《廣韻》在上聲止韻，『利』字在去聲至韻，《廣韻》止、紙二韻同用，又至、寘二韻同用，故二切皆與『企』字音近。

〔八四〕昏，底七經本有咒語『鉢喇底近唎昏拏』，『昏』字下原注『火恨』，即本條所本。『昏』字斯一一七八號作『昬』，古異體字，唐代避李世民諱，流行『昏』字；注文『火恨』，北一八二一號作『火佷』；其他各本皆同底卷。『昏』字《廣韻》音呼昆切，在平聲魂韻，『火恨』反在去聲恨韻，『火佷』反在上聲很韻，俱屬曉紐臻攝，異調。

〔八五〕酸，底七經本有咒語『薩羅酸點』句，『酸』字下原注『蘇活』，即本條所本。注文『蘇活』，『蘇』字各本或作『蘓』，偏旁易位俗字，説已見上文，此不再一一校出。參看上文校記〔七八〕。

〔八六〕點，底七經本有咒語『薩羅酸點』，『點』字下原注『丁焰，引』，即本條所本。注文『丁焰』，斯四九一〇、五四三四號、俄弗一二八號、北一八二六、一八二九、一八四一、一八四七、一八五五號作『丁錟』，北一八四五號作『丁焰反』，北一八二五號作『丁錟反』，其餘各本同底七；『焰』爲『錟』的後起簡俗字。『點』字《廣韻》上聲忝韻音多忝切，『丁焰（錟）』反在去聲豔韻，俱屬端紐咸攝，異調。

〔八七〕囉，底七經本有咒語『羯囉滯雞由囉』，『囉』字下原注『魯家』，即本條所本。注文『魯家』，『魯』字北大六三號誤作『曾』，其餘各本同底七。『囉』字《廣韻·歌韻》音魯何切，『魯家』反在麻韻，歌、麻主要元音相近，唐代前後多有混用之例；《集韻》『囉』字又有利遮切一讀，則與『魯家』反紐韻全同。

〔八八〕底，底七經本有咒語『南无薄伽伐底』，『底』字下原注『丁利』，各本皆同，即本條所本。這是『底』在經咒中的第三種讀音。參看上文校記〔七二〕。

〔八九〕『擻』和下『柱』二條據底一校録，并以俄弗一二九號、俄敦六六五五號、斯八一四、一九九九、三三二一、三七一二、三八七〇、四二二四、四九六六、四九八九、六三八六、六四一四號、北一八四三、一八五八、一八五九、一八六〇、一八六二、一八六三、一八六四、一八六五、一八六六、一八六七、一八八二、一八八五、一八九二、一八九八號、酒博四號《金光明最勝王經》經本卷八末所附經音參校。『擻』字斯六三八六號似作『擻』，其他各本同底一；《大正藏》本卷八有咒語『末捨羯擻捺擻矩擻』，其中的『擻』字上揭各敦煌經本亦多作『擻』形（唯後一『擻』字北一八四三號與《大正藏》本略同），『擻』即『擻』的俗字（參看上文校記〔二八〕），而『擻』又爲『擻』的訛變形，應即此字所出。但經本上揭咒語在下『柱』字所在經文之後，字序不同。注文『陟履』，北一八五八、一八八五號作『陟履反』，『反』字不必有；北一八六四號作『涉履』，『涉』當爲『陟』字形誤。『擻』字《廣韻·旨韻》有『豬几切』一讀，與『陟履』反音同。

〔九〇〕柱，此字左部底一及北一八五九、一八六〇、一八六二號作『才』形，俄敦六六五五號、斯三八七〇、四二一四、四九八九號、北一八六六、一八六七、一八九二、一八九八號作『拄』，其餘各本皆作『柱』；查《大正藏》經本卷八有咒語『拘柱拘柱，睹柱睹柱』，其中的『柱』字斯六四一四號字形與底一略同，北一八六七號作『拄』，其餘各本皆作『柱』，應即此字所出，俗書木旁扌旁不分，此處當以作『柱』爲是，故徑據録正。注文『誅主』，北一八五七號作『誅主反』，『反』字不必有。『柱』『拄』《廣韻·麌韻》俱音知庾切，與『誅主』反音同。

〔九一〕『蚶』以下三字底一不載，兹據底八經文中注音校録，并以斯八一四、一二五五、一九九九、三七一二、三八七〇、四二一四、四四六九、四九六六、四九八九、六三八六、六四一四號、北一八四三、一八五六、一八五七、一八五八、一八五九、一八六〇、一八六一、一八六二、一八六三、一八六四、一八六五、一八六六、一八六七、一八六九、一八八二、一八八五、一八八六、一八八七、一八九〇、一八九二、一八九四號、酒博四號各本參校。底八經本有『南謨跋囉蚶摩也』句，『蚶』字下原注『火含』，即本條所本；斯三八七〇號、北一八五八、一八六二、一八八二號『蚶』字作『甜』，形誤字，其餘各本大抵同底八。注文『火含』，斯一二五五號作『火甘』，其餘各本大抵同底八。參看上文校記〔三五〕。

〔九二〕勸，底八經本有『單荼典勸苐』句，『勸』字下原注『駈問』，即本條所本；斯三八七〇號『勸』字作『歡』，形誤字，其餘各本大抵同底八。注文『駈問』，北一八五六號作『駈門』，『駈』爲『驅』的俗字，『門』『問』形音皆近。『勸』字《廣韻·願韻》音去願切，『去』『驅』同屬溪紐；『勸』屬山攝，『問』『門』屬臻攝，主要元音相近。

〔九三〕攝，底八經本有『旃荼攝鉢攞』句，『攝』字下原注『之涉』，即本條所本；『攝』字斯一二五五、四四六九、四九六六號、北一八八二號同，斯六四一四號、北一八六五、一八九二號作『欇』，斯八一四、一九九九、三七一二、三八七〇、四二一四、四九八九、六三八六號、北一八四三、一八五六、一八五七、一八五八、一八五九、

一八六一、一八六二、一八六三、一八六四、一八六六、一八六七、一八八五、一八八六、一八八七、一八九〇、一八九四號、酒博四號作『⿰礻聶』，《中華大藏經》影印《高麗藏》本作『襵』（《大正藏》正文誤刻作『攝』），俗書衤旁多寫作『礻』形，故『⿰礻聶』應即『襵』字俗寫，而『攝』『欇』則疑爲『襵』字形訛；『襵』字《廣韻・葉韻》音之涉切，正與經本切語相合。

〔九四〕『耄』以下至『梢』九條據底一校録，并以斯五〇、一八〇、六四九、一一七九、二〇三八、三五八七、四七八六、五一七〇、六四一六、六四三二、六六二五、六七二四號、俄弗一三四號、敦研三三〇號、北一九〇〇、一九〇二、一九〇三、一九〇五、一九〇六、一九〇七、一九〇八、一九〇九、一九一一、一九一二、一九二三、一九二四、一九三六、一九三七、一九四五、一九五六、一九五七、一九五八號、北敦九〇一二號、《中國書店》三九號《金光明最勝王經》經本卷九末所附經音參校。『耄』字北一九〇二號作『老』，訛省字，其餘各本同底一。《大正藏》經本卷九有『然已衰邁老耄虛羸（羸）』句，即此字所出。慧琳《音義》出『老耄』條，注云『下毛報反，鄭注《禮記》云：耄，惛忘也。……《古今正字》從老、毛聲』，與底卷切語同。『耄』字《廣韻・號韻》音莫報切，音同。

〔九五〕痰，斯五〇、三五八七號作『⿸广炎』，其餘各本同底一，『⿸广炎』應即『痰』的簡俗字（俗書從疒從广相混）；《大正藏》經本卷九有『風黄熱痰癊』『何時動痰癊』『謂風熱痰癊』等句，其中的『痰』字敦煌各經本大抵同，唯敦研三三〇號次句『痰』字作『⿸广炎』，應亦『痰』之俗字，即此字所出。『痰』字《廣韻・談韻》音徒甘切，與底卷切語同。參下校。

〔九六〕癊，各本同，乃『癊』的隸變俗字，《大正藏》經本卷九有『風黄熱痰癊』『何時動痰癊』『謂風熱痰癊』等句，即此字所出；其中的『癊』字敦煌各經本大抵作『癊』，唯北一九一二號分別作『隂』『癊』『隂』，『癊』即『癊』字俗省，而『隂』則爲『陰』的隸變俗字。『痰癊』又作『痰陰』『淡陰』『淡飲』『痰飲』，中醫病癥名。慧琳《音義》出『痰癊』條，注云『上音談，下陰禁反，案痰癊字無定體，胸鬲中氣病也，津液因氣凝結不散，如筋膠引挽不斷，名爲痰癊』，可參。『癊（癊）』字《廣韻・沁韻》音於禁切，切語同。

〔九七〕 貜，斯五〇、六四九、一一七九、三五八七、六四一六、六四三二、六七二四號，敦研三三〇號，北一九〇三、一九〇五、一九〇六、一九〇七、一九〇九、一九一一、一九二三、一九三六、一九四五、一九五六號同，斯一八〇、二〇三八、四七八六、五一七〇、六六二五號，俄弗一三四號，北一九〇〇、一九〇二、一九〇八、一九一二、一九二四、一九五七、一九五八號、北敦九〇一二號作『玀』；《大正藏》經本卷九有『見諸禽獸豺狼狐玃鵰鷲之屬』句，其中的『玃』字斯五〇、一八〇、一一七九、二〇三八、三五八七、四七八六、六四一六、六四三二號，俄弗一三四號，敦研三三〇號，甘圖一七號，伯三六六八號，北一九〇一、一九〇五、一九〇六、一九〇七、一九〇九、一九一一、一九二三、一九三五、一九三六、一九三八、一九四五、一九四六號同，斯六四九、一五五一、五一七〇、六六二五、六七二四號，北一八九九、一九〇〇、一九〇二、一九〇三、一九〇四、一九〇八、一九一二、一九二四、一九三七、一九四二號作『玀』；按『玀』爲『玃』字俗省，『玀』則爲『貜』字俗省，『玃』『貜』皆見於《説文》，前者釋『母猴也』，後者釋『㸚貜也』（段注本改作『㸚貜』），段玉裁注以爲二字『義别』；但從豸從犬義近，故古書實際應用中『玃』『貜』多混而爲一，上揭經文正文各本皆從犬作『玃』，而卷末經音則皆從豸寫作『貜』，即『玃』『貜』混同之一例。慧琳《音義》出『狐玃』條，注云『下俱籰反，郭注《尒雅》云：玃似獼猴而大，蒼黑色，能攫持人，故以爲名，好顧眄，此等種類甚多，各别異名，《説文》母猴也』。所引郭注『玃』字今本《爾雅》『貜父善顧』下作『貜』，亦可參證。注文『俱縛』反，與慧琳『俱籰反』同音，《廣韻・藥韻》『貜』『玃』音居縛切，讀音亦同。

〔九八〕 枳，此字底一作『扨』形，各參校本亦『扨』『枳』雜出，按俗書從木從扌不分，《大正藏》經本卷九有咒語『僧塞枳儞』，即此字所出，故徑據録正。注文『居尒』，斯一一七九號、北一九〇七號同，斯一八〇、二〇三八號、北一九五六號作『居示』，斯六四九、五一七〇、六六二五號、北一九〇八、一九二四號作『居你』，其他各本作『居尔』；『示』爲『尔』字形誤，『尔』爲『尒』字手寫之變。『枳』字《廣韻・紙韻》有居帋切一讀，與

『居尔(尒)』反同音;『你』字《廣韻》在止韻,止韻、紙韻《廣韻》同用。

〔九九〕弭,《大正藏》經本卷九有咒語『那弭儞』,即此字所出。注文『弥氏』,《廣韻・紙韻》『弭』字音綿婢切,音同。

〔一〇〇〕媲,斯六四九、五一七〇、六六二五號、北一九〇八、一九二四、一九五六號同,其餘各敦煌本作『娓』,《大正藏》經本卷九有咒語『醫泥悉悉泥沓娓達沓娓』(『悉悉』二字疑衍其一,敦煌各本皆不重『悉』字),其中的『娓』字各敦煌經本同,《大正藏》校記引元《普寧藏》、明《嘉興藏》本作『媲』,『娓』實即『媲』的俗字,即此字所出。斯三八八號《正名要録》『正行者楷,脚注稍訛』類『媲』下脚注『娓』,可參。『媲』與下『睇』『梢』二字經本中所見順序爲『梢』『睇』『媲』,先後序次不一。注文『普詣』,敦研三三〇號作『並詣』,北一九〇三號作『着詣』(『着』字下部的『目』底卷作『日』),其他各本同底一;『着』爲『普』字形訛,『並』『普』則形音皆近。『媲』字《廣韻・霽韻》音匹詣切,與『普詣』反音同。

〔一〇一〕睇,《大正藏》經本卷九有咒語『揭睇健』句,即該字所出。注文『啼計』,斯六四九、五一七〇、六四一六、六六二五號、北一九〇八、一九二四、號本作『諦計』,北一九五六號本作『啼訐』,『訐』爲形誤字,其餘各本同底一。『睇』字《廣韻・霽韻》音特計切,與『啼計』反同音;『特』『啼』同屬定紐濁音,『諦計』反屬端紐清音,唐五代西北方音濁音清化,則『啼計』『諦計』讀音亦同。

〔一〇二〕梢,斯一八〇、二〇三八號、北一九五六號作『稍』,斯三五八七、五一七〇、六四三二號、北一九〇九、一九一一號作『捎』,斯六四九、六六二五號、北一九〇二號左部作『才』形,其字兼於『梢』『捎』之間,其餘各本同底一;《大正藏》經本有『若有生違逆,不善隨順者,頭破作七分,猶如蘭香梢』句,其中的『梢』字敦煌經本亦有作『梢』(如斯四七八六、六四一六號等)、『稍』(如斯一八〇、二〇三八號等)、『捎』(如斯五一七〇號、北一九〇三號等)之異,即該字所出;『稍』『梢』『捎』三字形音義皆近,其中後二字《廣韻・肴韻》皆有所交切一讀,與底卷音合。

〔一〇三〕『底』與下『沓』二條底一未見，兹據底九經文中注音校録，并以斯五〇、一八〇、六四九、一一七九、一五五一、二〇三八、二九六〇、三五八七、四七八六、六四一六、六四三二、六六二五、六七二四號，俄弗一三四號，俄敦一一九〇號，伯三六六八號，敦研三三〇號，甘圖一七號，北一八九九、一九〇〇、一九〇一、一九〇二、一九〇三、一九〇四、一九〇五、一九〇六、一九〇七、一九〇八、一九〇九、一九一一、一九一二、一九二三、一九二四、一九三五、一九三六、一九三七、一九三八、一九四二、一九四五、一九四六、一九五一、一九五二、一九五三號，《中國書店》三九號等《金光明最勝王經》經本注音參校。底九經本有咒語『闍底你，闍底你，闍底你』，其中前二『底』字下原注『丁里反。下同』，即本條所本。注文斯六四九、一一七九號，北一九〇一、一九〇三、一九〇七、一九〇八、一九〇九、一九二四、一九三五、一九三七、一九三八、一九四二、一九五三號同，斯六六二五號作『丁里。下同』，無反字；其他各敦煌本及《大正藏》本此字下無注音，但宋《資福藏》、元《普寧藏》、明《嘉興藏》本及日本宫内省圖書寮本有。參看上文校記〔七〕。

〔一〇四〕沓，底九經本有咒語『醫泥悉泥沓娓（媲）沓達娓（媲）』，其中前一『沓』字下原注『徒洽。下同』，即本條所本。注文『徒洽』，北一九〇三、一九〇九、一九三八號本作『徒合反』，北一九五三號存左行『徒合』二字，北一九〇四號本作『徒給』，其他各本同底九。『沓』字《廣韻》入聲合韻音徒合切，『洽』字在入聲洽韻，二字俱屬咸攝，讀音相近；而『給』則疑爲『洽』字形訛。

〔一〇五〕第十卷經音據底一校録，并以斯七一二、一〇二五、一一〇八、一六二二、二一〇〇、二二九七、二三〇三、五一二九、五二八四、六三七一、六三八九、六六七四、六六七七、六六八八號，俄弗一三二號，北一九六〇、一九六四、一九六五、一九六六、一九六七、一九六八、一九七〇、一九七一、一九七二、一九七四、一九七五、一九七六、一九七七、一九七八、一九八〇、一九八一、一九八三、一九九四、一九九六、一九九七、一九九八、二〇〇〇、二〇〇二、二〇〇三號《金光明最勝王經》經本卷十之末所附經音參校。所摘難字經本所見依次爲『憩、航、瘠、鶵、哽、拉、擒、鋌』，序次有所不同。『憇』字各參校本有作『憇』（如斯五一二九、六三七一號、北一九九六號）或『憩』（如斯二一〇〇號、俄弗一三三二號、北一九六五號等）之不同，爲一字之異寫；《大正藏》經本卷十有『至大竹林，於中憩息』句，其中的『憩』字敦煌經本亦有作『憇』的（如斯五二八四、六三七一、六六七四號），即此字所出。注文『去例』，斯七一二一號作『去倒』，『倒』應爲『例』字形訛，俄弗一三三二號、北一九六五、一九七六號作『去列』，其他各本同底一。『憩』字《廣韻·祭韻》音去例切，與底一切語同。『列』字《廣韻》音良薛切，薛韻山攝，而『憩』字在蟹攝，音異；但『列』字古亦用同『例』，《集韻·祭韻》音力制切，則與『憩』字同韻。慧琳《音義》出『憩息』條，注云『卿乂反，《毛詩傳》曰：憩即息也。會意字也』，『卿乂反』屬溪母廢韻，與『去例』反紐同韻異，但同在蟹攝，音亦相近。

〔一〇六〕航，此字底一本作『航』，斯六三七一、六三八九、六六七四、六六八八號，北一九七一、一九七二、一九七五、一九七七號同，斯七一二一、一一〇八、二一〇〇、二三九七、五二八四、六六七七號，俄弗一三三二號，北一九六〇、一九六五、一九六六、一九六七、一九七〇、一九七四、一九七六、一九七八、一九八〇、一九八一、一九八三、一九九七、一九九八、二〇〇三號作『航』，斯二三〇三、六三七一號，北一九九六號作『航』，斯一〇二五、一六二二號，北一九六四、一九六八、二〇〇〇、二〇〇二號作『航』，北一九九四號作『航』，斯五一二九號作『航』；『航』即『航』字手寫的變體，而其他各形又爲『航』進一步訛變的結果；《大正藏》經本卷十有『當使此身修廣大業，於生死海，作大舟航』句，其中的『航』字敦煌經本亦有作上揭各形者，即此字所出，茲徑録正。注文『胡郎』，《廣韻·唐韻》切語同。慧琳《音義》出『舟航』條，注云『下鶴剛反』，音同。

〔一〇七〕鶵，北一九六〇號作『鶵』，北一九六六號作『鶵』，皆爲『鶵』的簡俗字；斯七一二一號作『鶵』，斯二二九七號作『鶵』，北一九九六號作『鶵』，則又爲上揭三形之變；其他各本大抵同底一。《大正藏》經本卷十有『便於夢中見不祥相，被割兩乳，牙齒墮落，得三鴿鶵』句，其中的『鶵』字敦煌經本多作上揭前三形，即此字所出。注文『仕于』，北一九七五、一九九八號作『化于』，『化』爲形訛字。『鶵』同『雛』，《廣韻·虞韻》音仕于切，切語同。慧琳《音義》出『鴿鶵』條，云『下牀于反』，音同。

〔一〇八〕擒，《大正藏》經本卷十有『又夢三鴿鷂，一被鷹擒去』句，即此字所出。注文『巨今』，斯六三七一、六三八九、六六七七號、北一九六七、一九六八、一九七四、一九七五、一九八一、一九九八號作『臣今』，『臣』爲形訛字。『擒』字《廣韻·侵韻》音巨金切，與『臣今』反同音。慧琳《音義》出『擒去』條，注云『上音禽』，音同。

〔一〇九〕鋌，此字右側構件『壬』底一作『手』形，各參校本略同，俗寫；注文『庭』或『廷』所從的『壬』各卷寫法近似，兹徑録正，不一一標注説明。《大正藏》經本卷十有『鼻高修直，如截金鋌』句，即此字所出。注文『庭頂』，斯一〇二五號作『廷頂』，北一九七五、一九九八號作『亭頂』，紐同，其餘各本大抵同底一。『鋌』字《廣韻·迥韻》音徒鼎切，音同。慧琳《音義》出『金鋌』條，云『鋌』字『亭郢反』，『郢』在静韻，與迥鄰韻音近。

〔一一〇〕瘠，斯六三八九號、北一九六八、二〇〇二號作『脊』，俗省，其餘各本同底一。《大正藏》經本卷十有『虎今羸瘦，不能食我』句，其中的『瘦』字校記引宋《資福藏》、元《普寧藏》、明《嘉興藏》本及日本宮内省圖書寮本作『瘠』，按敦煌各經本亦皆作『瘠』，應即該字所出。注文『精昔』，斯二一〇〇、二三九七、六三七一號、俄弗二三二號、北一九六五、一九七六、二〇〇三號同，斯一六二三、二三〇三、五一二九、五二八四、六三八九、六六七四、六六七七、六六八八號、北一九六〇、一九六六、一九六八、一九七〇、一九七一、一九七二、一九七四、一九七五、一九七七、一九七八、一九八〇、一九八一、一九八三、一九九四、一九九六、一九九七、一九九八、二〇〇〇、二〇〇二號作『情昔』，北一九六七號作『倩昔』；『瘠』字《廣韻·昔韻》音秦昔切，『情』『秦』從紐濁音，『情昔』『秦昔』音同；『精』、『倩』係精紐與清紐，分屬全清聲母與次清聲母，唐五代西北方音濁音清化，故清濁聲母可以混切。慧琳《音義》出『羸瘠』條，注云『下情亦反，《左傳》瘠瘦也』，『情亦』與『情昔』反音同。

〔一一一〕『哽』以下二條有兩個系統，底一與斯七一二、一〇二五、一一〇八、一六二二、二二九七、五一二九、六三七

一、六六七四、六六七七號、北一九六四、一九六六、一九七五、一九八一、一九九八、二〇〇三號爲一個系統，字頭作『哽』和『抆』；斯二一〇〇、二三〇三、五二八四、六三八九、六六八八號、俄弗一三二號、北一九六〇、一九六五、一九六七、一九六八、一九七〇、一九七一、一九七二、一九七四、一九七六、一九七七、一九七八、一九八〇、一九八三、一九九四、一九九七、二〇〇〇、二〇〇二號爲另一系統，字頭作『捫』和『鯁』。另外北一九九六號字頭作『哽』和『捫』，當屬前一系統的變體。經文先後順序與前一系統合。《大正藏》經本卷十有『驚惶失所，悲哽而言』句，其中的『哽』字存有該句經文的前一系統各本及後一系統斯二三〇三、五二八四、六六八八號、北一九六〇、一九六七、一九六八、一九七〇、一九七二、一九七四號同，後一系統斯二一〇〇號、俄弗一三二號、北一九六五、一九七一號作『鯁』，即此字所出。注文『古杏』，斯七一二號、北一九八一號作『吉杏』，前一系統其餘各本與底一略同；後一系統字頭『鯁』下斯二三〇三號作『庚杳』，斯六六八八號作『庚柰』，其餘各本大抵作『庚杏』；『杳』『柰』當皆爲『杏』字形訛，『古杏』『吉杏』『庚杏』則皆在見紐，音同。《廣韻・梗韻》『鯁』『哽』皆音古杏切，與前一系統切語同。慧琳《音義》出『悲哽』條，注云：『《考聲》：硬即氣噎塞也。』按諸經文，本條當以作『哽』字爲典正，而作『鯁』者當讀作『哽』，二字同音通用。參下校。

〔一三〕抆，《大正藏》經本卷十有『即便抆淚慰喻夫人』句，其中的『抆』字存有該句經文的前一系統斯一〇二五、五一二九號、北一九六四、一九七五號作『抆』，斯一六二三、二一九七、六三七一、六六七四、六六七七號、北一九六六號及後一系統各本作『捫』，即此字所出。注文『拭』字各參校本皆無，與文例較合。又切語『無粉』前一系統斯一〇二五、五一二九號、北一九六六、一九七五、一九八一、一九九八號同，斯六六七七號作『无粉』，斯六六七四號作『無粉反』，斯一六二三號作『无粉反』，『反』字不必有；斯七一二、二一九七、六三七一號、北一九六四號作『無紛』，北二〇〇三號作『无紛』，『紛』『粉』異調。後一系統各本本條字頭皆作『捫』，注文除北二〇〇〇號誤作『胡昔』外（『昔』字承前條『瘠』字注文『情昔』而誤），其餘各本皆作『胡本』。北一九九六號字頭作『捫』，注文作『無粉』，兼於二系統之間。『拟』字《廣韻·吻韵》音武粉切，與『無粉』反音同。『捫』字《廣韻·魂韻》音莫奔切，明紐臻攝，後一系統『胡本』反在混韻，匣紐臻攝，二讀韻近紐異。玄應《音義》卷三《金剛般若經》音義：『捫淚，莫奔、亡本二反，《聲類》：捫，摸也。《字林》：捫，持撫也。經文有作拟，亡粉反，《字林》：拟，拭也。』『捫淚』『拟淚』義皆可通。本條慧琳《音義》無。參上校。

（本篇由張涌泉、李玲玲合撰）

月光童子經等佛經難字

俄敦一一〇一九

【題解】

本篇底卷編號爲俄敦一一〇一九。底卷係一長方形紙片，正面前部殘泐，有界欄，凡七行，但僅第一行抄有難字六個（該行上部略有殘泐，從所缺位置推斷，上部應殘缺一字），其中一字下注有直音。卷背前部亦有殘泐，無界欄，抄有難字一行又大半行。《俄藏》均未定名。按底卷正背面所抄應均爲佛經難字，但正面六字具體出處待考，卷背所抄則大多見於西晉月氏三藏竺法護譯《月光童子經》，唯『鶡鴟（鴨）』『忪』二條未見，但前一條可於《月光童子經》同本異譯的《申日兒經》中見到（參看校記〔一二〕），應即出於該經可以無疑，故據以擬定今名，并與正面難字合併校録。

《月光童子經》一卷，又名《申日經》（《貞元新定釋教目録》卷二七『申日經一卷』下云『右一經，與大乘藏中《月光童子經》文同名異。父名申日，子號月光，約此不同，立經名别。』），竺法護譯。今《大正藏》中又有同本異譯之《佛説申日經》（題竺法護譯）、《申日兒本經》（劉宋天竺三藏求那跋陀羅譯）等，但底卷所摘難字多未見於後二本，當非底卷所出。

本篇未見前人校録。兹據《俄藏》影印本并參《大正藏》本《佛説月光童子經》（校記中簡稱『經本』）及玄應《音義》卷八該經音義校録如下。底卷正面每個難字下都留有約一字空格，背面難字則均接抄不分，此一律按字詞句斷，正面原有的空格則不再保留。

（前缺）

□。〔一〕颰。僥。實。旗。盧。峨蛾。（底卷正面抄寫至此止）

（前缺）

□。□。〔二〕▨（挺）。〔三〕机。〔四〕摸。翳。〔五〕旌旗。曀。躯（軀）。源。〔六〕栖。鷙。慴竄。蜂。〔七〕蝿（蝿）▨（蛾）。〔八〕緹。縠。〔九〕樑。〔一〇〕鶡鴨。〔一一〕忪。〔一二〕恕。蒴。（底卷背面抄寫至此止）

【校記】

〔一〕此行抄於底卷正面，行端略有殘泐，茲據所缺空間擬定一缺字符。

〔二〕底卷背面行端略有殘泐，茲據所缺空間擬定二缺字符。

〔三〕「挺」字右上部底卷略有殘損，按經本有「長者有子，名曰月光，厥年十六，天姿挺特，儀容端正，博通群籍，貫綜神摸，天文地理靡不照焉」等句，當即此字及下「摸」字所出，故據擬定作「挺」字。

〔四〕机，經本有「申日見諸師來，即下正殿，迎爲作禮，施好榻机，飯食畢盥，拱手對坐」等句，即此字所出；經本此字在「挺」「摸」二字之前，字序略有不同。「榻机」同「榻几」，「机」爲「几」的增旁俗字（《大正藏》校記引元《普寧藏》本、日本宫内省圖書寮本正作「几」）。

〔五〕翳，此字經本未見，但有「帶甲億萬，旌旗曀日，光曜蔽天」句，玄應《音義》引出「翳日」條，云「於計反，《廣雅》：翳，障也。《方言》：翳，奄（掩）也」，「翳」「曀」音同義通，蓋「曀日」古寫本亦有作「翳日」者，故底卷既出「翳」字，下又出「曀」字。慧琳《音義》卷四五《文殊悔過經》「翳其」條下云「上翳計反，《廣雅》云：翳，障也。郭璞注云：翳，掩也。《説文》從羽，殹聲。經從日作曀，非也」，可參。

〔六〕源，經本有「海水波蕩，踊沸六原」句，其中的「原」字《大正藏》校記引宋《資福藏》、元《普寧藏》、明《嘉興藏》本及日本宫内省圖書寮本作『源』，當即此字所出。

〔七〕蜂，經本相應位置有『譬如蚊虻之勢欲墜大山，蠅蟻之翅欲障日月，徒自毁碎』等句，其中前句『欲』字《大正藏》校記引宋《資福藏》、元《普寧藏》、明《嘉興藏》本作『蜂』，當即此字所出。

〔八〕蠅蟻，『蟻』字右部底卷略有殘損，按經本有『蠅蟻』一詞（經文見上條引），當即此二字所出，故據擬補。

〔九〕經本有『樹間皆懸羅縠緹繡』句，當即『緹』『縠』二字所出；底卷字序略有不同。

〔一〇〕橾，經本有『垂天瓔珞互相連結，風起吹之，轉相振觸』句，『橾』『振』古異體字（説詳張涌泉《漢語俗字研究》附録《棖字源流考》一文），當即此字所出。

〔一一〕鶡鴨，『鴨』字字書不載，疑爲『鴨』字之訛，『鶡鴨』今傳《佛説月光童子經》經本及同本異譯的《佛説申日經》、《申日兒本經》俱未見，但玄應《音義》在《月光童子經》音義下接出《申日經》音義，其中有『鶡鴨』條，云『胡葛反，下又作鶴，同，於甲反，鶡似雉而大，青色，有毛角，鬬死乃止』，當即本條所出。頗疑底卷所據《佛説月光童子經》經文本有『鶡鴨』一詞，今見經文相應位置有『其七寶樹上則有群鳥，孔雀、鸚鵡、金翅鳥王、赤觜神鳥、鳳皇吉鳥、拘耆那羅吉祥鳥，比數百千種，光色顯赫群飛樹間』一段，疑此段中古本或有『鶡鴨』等詞，爲今本所無。玄應《音義》『鶡鴨』條前爲『拘耆』條，而該條却不見於其前的《月光童子經》音義，疑玄應所見《申日經》當即《月光童子經》的異本，二本文句互有參差，故玄應别出音義解釋之。

〔一二〕忪，此字經本亦未見，疑底卷所據古寫本有此字。

不空羂索神呪心經音

伯三九一六（底卷）

伯三八三五（甲卷）

【題解】

底卷編號爲伯三九一六。該卷大抵係佛教陁羅尼的匯集，依次爲《佛説七倶胝佛母准泥大明陁羅尼念誦法門》、《大陁羅尼末法中一字心呪經》（大唐三藏寶思惟等奉敕於佛授記寺譯）、《佛説七倶胝佛母心大准提陀羅尼經》、《不空羂索神呪心經》（沙門玄奘奉詔譯）、《佛頂心觀世音菩薩大陁羅尼經》三卷、《諸星母陁羅尼經》（沙門法成於甘州脩多寺譯）、《无垢浄光大陁羅尼經》（三藏沙門弥山共法藏等奉敕譯）、《大佛頂如來頂髻白蓋陁羅尼神呪經》、《觀自在菩薩如意輪念誦儀軌》（首略缺）、《觀自在如意輪菩薩瑜加法要》（南天竺三藏金剛智譯），册葉子，凡一三一頁，每頁十行，兩面書，每面五行。全卷字體相同，當出於同一人之手。本篇在四十九至五十頁，附在《不空羂索神呪心經》之後，凡八行，兹據内容擬定今題。其前經文『天、地、正、人、日、證、月、國、聖』諸字用武后新字，但前後其他各篇皆未見用武后新字者，可見其用新字者當屬照抄前代寫經。

甲卷編號爲伯三八三五，正面依次爲《觀世音菩薩秘蜜藏無障礙如意心輪陁羅尼經》一卷（後有『戊寅年八月五日清信弟子楊願受寫此經記之耳也。後代流傳，利益衆生，莫墮三塗』題記二行）、《不空羂索神呪心經》（沙門玄奘奉詔譯）、《佛説觀經》，卷背爲《水散食一本》、《火部禁方》、戊寅年五□十日殘狀、《佛説大輪金剛總持陁羅尼法》等，字體不一，似係把相近内容的寫經連綴而成，其中亦僅《不空羂索神呪心經》經文用武后新字。本篇同樣附列在《不空羂索神呪心經》之後，内容與底卷全同，甚至一些俗訛字的寫法也大同小異，可知二卷應同出一源，或皆出於某一武周時期的經本。

《不空羂索神咒心經》一卷，唐玄奘於唐顯慶四年（六五九）譯出，各藏經皆收入，其中《金藏》、《磧砂藏》、

《永樂南藏》、《清藏》經後皆附有注音，除少數反切用字有所不同外，内容亦與上揭敦煌寫本基本相同。另外慧琳《音義》卷三九、可洪《藏經音義隨函録》第柒册亦載有該經音義（簡稱慧琳《音義》、可洪《音義》）。可洪《音義》（可洪《音義》作於後唐長興二年至後晉天福五年）在音釋時曾引用過本篇的内容，稱爲『釋文』，則本經音之作，可能在五代以前。

本篇未見各家校録，兹據《法藏》影印本并參考《金藏》本注音（簡稱《金藏》本）及慧琳、可洪《音義》校録如下，所引《不空羂索神咒心經》經文一般據伯三九一六號寫本，簡稱經本，必要時亦參考伯三八三五號寫本及《金藏》、《大正藏》本等。另附底卷、甲卷圖版於首，以資比勘。

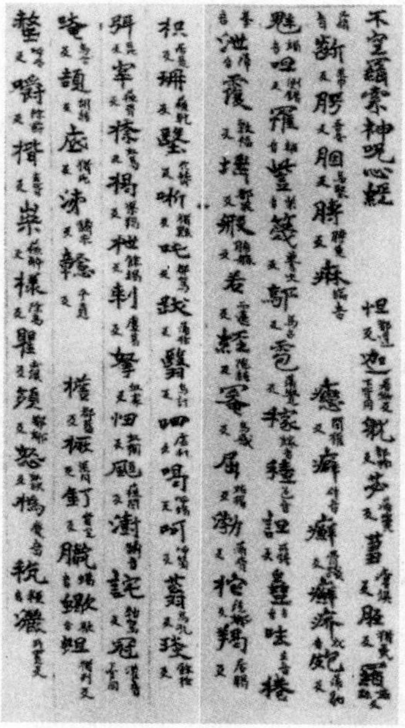

伯三九一六號《不空羂索神呪心經音》圖版

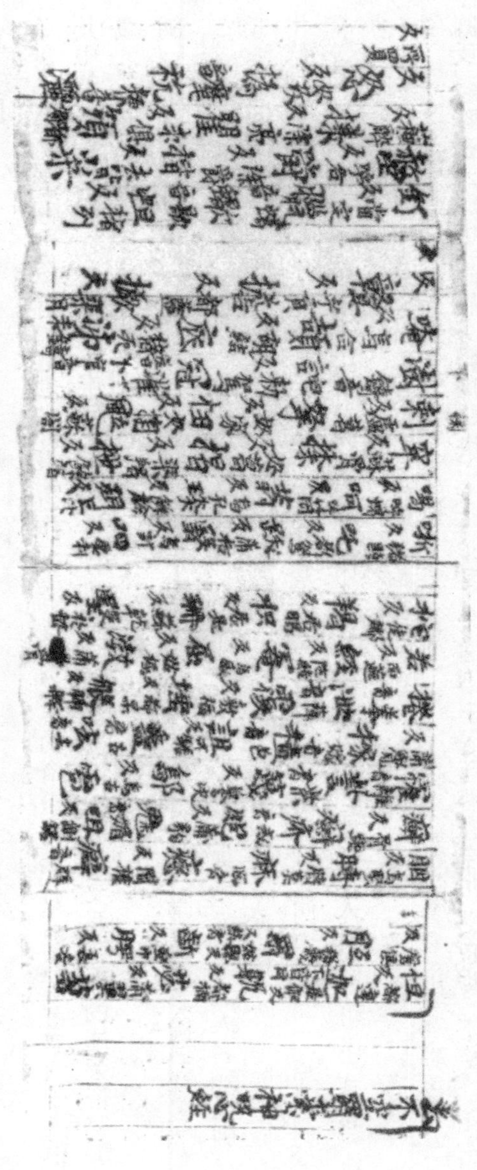

伯三八三五號《不空羂索神呪心經音》圖版

怛都達反。迦居伽反。下皆同。躭都楠反。〔一〕苾蒲翼反。菌瘡俱反。〔二〕胝（胝）猪夷反。羂姑縣反，又絹音。齗魚巾反。腭吾各反。胭烏堅反。〔三〕膊膊莫反。〔四〕痳臨音。癧閻權反。〔五〕癖辟音。癬胥踐反。〔六〕癬疥戒音。〔七〕皰蒲豹反。魅媚音。咀側鋸反。罹離音。〔八〕呰紫音。篾蒼決反〔九〕。鄔烏古反。雹蒲覺反。稼嫁音。穡色音。詛所鋸反。〔一〇〕蠱古音。呿去音。卷拳音。泄薛（薛）音。霞敷福反。〔一一〕埵都果反。般脯槃反。〔一二〕若而蔗反。〔一三〕絰陁結反。〔一四〕罨烏感反。〔一五〕屈姑掘反。渤蒲骨反。〔一六〕挖徒娜反。〔一七〕羯居喝反。〔一八〕枳居是反。珊蘇乾反。〔一九〕塈於嵇反。〔二〇〕唽猪黠反。吒都駕反。跋蒲括反。翳烏計反。呬虚利反。喝呼蝎反。呵呼箇反。蓊烏孔反。琰餘檢反。弭亡比反。窣蘇骨反。捺奴葛反。〔二一〕揭渠羯反。抴餘竭反。〔二二〕剌盧葛反。〔二三〕拏奴家反。忸奴掬反。颯蘇合反。〔二四〕澍鑄音。詑勑駕反。〔二五〕冠灌音。下官同。〔二六〕唵烏合反。〔二七〕頡胡結反。〔二八〕底猪死反。〔二九〕沸鑄未反。〔三〇〕贛乎貢反。〔三一〕擔（擔）都藍反。撅渠月反。〔三二〕釘當定反。臘蠟音。〔三三〕蠍歇音。蛆猪列反。螫呼各反。嚼（嚼）除爵（爵）反。揩去皆反。祟蘇醉反。樣除亮反。〔三四〕瞿求俱反。須都娜反。怒奴故反。搗麾音。秔粳音。〔三五〕灑所買反。〔三六〕

【校記】

〔一〕躭，甲卷及《金藏》本作『躭』，經本有『躭摩羅樹』，其中的『躭』字《金藏》本同，伯三八三五號經本亦作『躭』，即此字所出；『躭』即『躭』字俗寫，而『躭』又爲『耽』的換旁俗字，《大正藏》本經文作『耽』，或係刻印者録正。

〔二〕萓，甲卷及《金藏》本作『萓』，可洪《音義》引作『萓』，皆『蒭』字的俗寫，經本有『與大苾萓衆八千人俱』句，其中的『萓』字伯三八三五號經本同，《金藏》本作『萓』，即此字所出；『蒭』又爲『芻』的增旁俗字，《大正藏》本經文作『芻』，或係刻印者録正。

〔三〕胭，經本有『或胭項痛，或肩膊痛』句，即此字及下『膊』字所出；『胭』爲『咽』字異體，玄應《音義》卷二五《阿毗達磨順正理論》第三十一卷『鬼胭』條云：『（胭）又作咽，同，一千反，胭喉也，北人名頸爲胭。』『胭項』爲近義複詞，謂頸項也。

〔四〕本條切音上字與被切字同，切語的作用主要在於提示韻調，古人反切自有此例。如伯二八三三號《文選音·美新》：『治治吏。思思吏。』是其比。《金藏》本注音作『脯莫反』，或係後人所改；可洪《音義》作『音博』，可參。

〔五〕癧，經本有『或遭癧癖白癩重癩及諸疥癬』句，即此字及下『癖』字所出；慧琳《音義》出『癵癖』條，云『上劣圓反，顧野王云病也，謂病身體拘曲也；下匹亦反，《聲類》云宿食不消者也』；可洪《音義》又引作『癧癖」，云「上力員反」；按「𤻮」「𤺺」「癵」皆古異體字，《大正藏》據《麗藏》本作「戀」，則疑傳刻之誤。

〔六〕注文切音上字「胥」底卷及甲卷皆近似「骨」形，乃「胥」俗寫「肙」的訛變形，玆徑録正；「癬」字可洪《音義》音息淺切，與「胥踐反」同音。

〔七〕癬疥，「癬」字已見上條，此不當重出，且上下文皆未見以此二字作字頭者，經本「癬」字亦僅一見（已見校記〔五〕引），故此「癬」字爲衍文當删，《金藏》本正只作一「疥」字。

〔八〕「罹」字經本未見，相應位置有「復審思惟此呪章句，不毁謗故，不取相故，無分别故，無等起故，不遲行故，無爲作故，離染汙故，平等心故，無增減故，離五蘊故，由此方便，於諸佛所復修隨念」句，「離」「罹」古通用（《字彙・隹部》：「離，遭也。與罹同。」），疑即此字所出。可洪《音義》出「思惟」條，云「音維，念也。後釋文作罹，力知反，憂也，此經無罹字也，惟字正彼謬也，亦謬」，則以「罹」爲「惟」字之謬，似不確。

〔九〕篾，甲卷及可洪《音義》引同，《金藏》本作「蔑」，經本有「譬如有人採沈取麝，或復栴檀、龍腦香等，種種誹謗，輕賤毁呰，而復擣磨用塗身體。然沈麝等不作是念，彼淩篾我，不與其香」句，其中的「篾」字伯三八三五號經本同，《金藏》及《大正藏》本作「蔑」，當即此字所出；「篾」字當讀作「蔑」。

〔一〇〕注文「所鋸反」甲卷同，《金藏》本作「側鋸反」；按經本有「或被呪咀，或被毒藥」句，又有「十六者厭魅呪詛蠱道不著」句，底卷於上文出「咀側鋸反」條，此「咀」實爲「詛」的借字（《大正藏》校記引明《嘉興藏》本「咀」字正作「詛」），「呪咀」即「呪詛」；上文同「詛」的「咀」既音「側鋸反」，則此「詛」不得音「所鋸反」，宜當據《金藏》本改正。可洪《音義》出「呪咀」條，又出「呪詛」條，俱注「阻疏反」，可參。

〔一一〕覆，「覆」的俗字，《金藏》本正作「覆」，經本有「五者當命終時，不覆面死」句，即此字所出。

〔一二〕般，經本有「言菩提者所謂般若，言薩埵者即是方便」句，即此字及下「若」字所出。注文「脯槃反」《金藏》本作「膊槃反」；按般若的「般」《龍龕・舟部》音「撥」，幫紐，「脯」字《廣韻・麌韻》音方矩切，非紐，上古無重脣輕脣之别，故「脯」可切「般」聲；唐代以後輕重脣漸趨分化，「脯」「般」異紐，故《金藏》本改作與

『般』同屬幫紐的『膊』（『膊』字《集韻》有伯各切一讀，爲幫紐）。

〔一三〕注文『而蔗反』《金藏》本作『而遮反』，按『蔗』字字書或以爲『蔗』的俗字，般若的『若』《廣韻》音人者切，在上聲馬韻，『蔗』、『遮』則分別在去聲禡韻和平聲麻韻，調異。參上條。

〔一四〕經，底卷及甲卷皆作『経』，經本有咒語『怛経他闍』，其中的『経』字伯三八三五號經本同，當即此字所出；就字形而言，此形通常爲『經』字俗寫，但據切音，則當是『絰』字俗訛；《金藏》本經文作『怛姪他闍』（《大正藏》本經文同，但校記稱『姪』字明《嘉興藏》本作『絰』），而其後所附注音正作『絰』，兹據録正；可洪《音義》出『怛絰』條，云『上多達反，下田結反，梵言怛絰他，唐言所謂，謂入呪入初也，亦作姪』，可參。

〔一五〕罨，經本有咒語『罨沛莎訶』、『罨杜耶薏莎訶』，但此二咒語經本在下文『底』（出自經文『唵鉢剌底喝多』句）之後，字序不合，而相應位置有『怛絰他闍』，可洪《音義》出『他闍』條，云『烏紗反，後釋文作罨，烏感反，隋譯本作唵吽，經文作闍，悞也』，可洪以『闍』即『罨』字之誤，近是。

〔一六〕渤，甲卷作『渤』，《集韻·没韻》以『渤』爲『渤』字異體；經本有咒語『渤経渤経』，即此字所出。

〔一七〕拕，甲卷同，《金藏》本作『柁』，經本有『柁婆拕婆』句，伯三八三五號經本及《金藏》本作『拕婆拕婆』，《大正藏》本亦作『拕婆拕婆』，但校記稱『拕』字明《嘉興藏》本作『柁』；可洪《音義》出『柁婆』條，云『上徒可反，隋譯本作陁婆』；按俗書從木從扌不分，故『拕』『柁』相亂，但作爲譯音用字二字應皆可用。

〔一八〕注文『居喝反』《金藏》本作『居謁反』，切音同。

〔一九〕珊，底卷作『珊』，甲卷及《金藏》本作『珊』，皆爲『珊』字俗寫，經本有咒語『珊折邏珊折邏』，其中的『珊』字伯三八三五號經本同，《金藏》本作『珊』，《大正藏》本作『珊』，即此字所出，兹據録正。又注文『蘇』甲卷作『蘇』，下『窣』字、『颰』字注文『蘇』甲卷亦作『蘇』，『蘇』即『蘇』的俗字。

〔二〇〕竪，甲卷及《金藏》本作『竪』，經本有咒語『竪哳吒竪哳吒』，其中的『竪』字伯三八三五號經本同，《金藏》本及《大正藏》本作『醫』，『竪』『竪』『醫』同音，咒語用字主要起表音作用，故上揭三字同用無別。

〔二一〕捺，甲卷作「捺」，經本有「稽首薩捺童子」句，其中的「捺」字伯三八三五號經本作「捺」，即此字所出；「捺」「捺」爲一字之變，猶「柰」字隸變亦作「奈」。

〔二二〕抴，經本有咒語「抴洛抴洛」（《金藏》本同），《大正藏》本作「杜洛杜洛」，《大正藏》校記稱「杜」字明《嘉興藏》本和日本平安時代寫仁和寺藏本作「抴」；按「抴」字《廣韻》音羊列切，以紐薛韻，底卷音「餘竭反」（《金藏》本作「餘偈反」，切音同），以紐月韻，切音相近，據底卷，可知「杜」必爲「抴」字之誤。

〔二三〕刺，經本有咒語「刺洛刺洛」，即此字所出；《大正藏》本作「刺洛刺洛」，誤。可洪《音義》出「刺洛」條，云「上郎割反，隋譯本作囉羅」，可參。

〔二四〕颯，經本有咒語「颯摩颯摩」，即此字所出；《大正藏》本作「颯摩颯摩」，「颯」即「颯」的偏旁移位字。可洪《音義》出「颯摩」條，云「上桑合反」，可參。

〔二五〕經本有「吒吒吒吒，詑詑詑詑，置置置置，澍澍澍澍」，即「詑」和上「澍」字所出；經文「詑」在「澍」前，字序略有不同。

〔二六〕注文「下官同」甲卷及《金藏》本作「下官音」，是，當據正；經本有「首冠花鬘寶冠，於寶冠中當于頂上有一切智像」句，即本條所出；前一「冠」字爲動詞，《廣韻·換韻》音古玩切，與「灌」字在同一小韻，故底卷稱「灌音」；後二「冠」字爲名詞，《廣韻·桓韻》音古丸切，與「官」字在同一小韻，故底卷稱「下官音」。

〔二七〕注文「烏合反」《金藏》本作「烏唅反」；可洪《音義》出「唵暮」條，云「上烏感反」；按三切異調。

〔二八〕經本有咒語「闍頡利怛賴路迦毗，闍邪唵暮伽播」，即「頡」和上「唵」字所出；經文「頡」在「唵」前，字序略有不同。

〔二九〕底，甲卷同，《金藏》本作「底」，經本有「唵鉢刺底喝多」句，其中的「底」字《金藏》本作「底」，即此字所出；「底」當是「底」的訛字。「底」字《龍龕·广部》或作「庢」，「旨、止二音」，底卷音「猪死反」，音近。

〔三〇〕沛，甲卷同，《金藏》本作「沛」，經本有咒語「罨浦莎訶」，其中的「浦」字甲卷同，《金藏》本及《大正藏》本作

「沛」,「㳡」「沛」「沛」蓋一字異寫,即此字所出。注文「鑄末反」甲卷同,《金藏》本作「鋪末反」,可洪《音義》出「罨沛」條,云「下普末反」,「鋪末」「普末」切音相同,底卷「鑄末反」則疑有誤。

〔三一〕「韂」字甲卷同,《金藏》本作「𩏩」,經本有咒語「罨杜耶韂莎訶」,其中的「韂」字伯三八三五號經本同,《金藏》及《大正藏》本作「𩏩」,即此字所出;「韂」「韂」應皆爲「𩏩」字俗訛。

〔三二〕撅,經本有「其結界法,取灰或水或白芥子或擔山撅,呪七遍已遺釘四方」句,又有「其結界法,呪五色縷二十一遍,纏擔山撅釘著四隅,即得無畏」句,其中的「撅」字伯三八三五號經本及《金藏》本同,《大正藏》本作「橛」,即此字所出;「撅」「橛」古通用,此以作「橛」字爲是。「擔山撅」即紫橿木,木質堅硬,適宜於作橛釘之屬。可洪《音義》出「誓山橛」條,云:「上都南反,下巨月反,上正作擔也。隋譯本云紫橿木,《陁羅尼集》云佉陁羅,亦亦(云?)竭地羅,唐言紫橿木。」慧琳《音義》卷六〇《根本説一切有部毗奈耶律》第三卷音義:「竭地羅木,蹇孽反,梵語西方堅硬木名也,古譯曰佉陀羅,堪爲橛釘也。」唐天竺三藏阿地瞿多譯《陀羅尼集經》卷九烏樞沙摩調突瑟吒呪第三十八:「是一法呪,欲調伏前人喚來,去不來時,即突瑟吒,取黑羊毛而作呪索。以紫橿木削作橛子,長横八指,取前呪索纏穀樹上,呪橛及索一百八遍,釘其樹上,即著鉢囉(梵言,丹云病癩)。若欲令愈,拔去其橛,呪於牛乳一百八遍,内其孔中,即得還服。」《龍樹五明論》卷一:「若有人欲結界時,可取紫橿木,如一指大,長一把作四栓,呪之一百八遍,打著四角,諸惡魍魎無得近者。」

〔三三〕臘,經本有「諸欲解他厭禱呪詛,取泥或麵或蜜臘等作彼形像」句,即此字所出;「臘」蓋當讀作「蠟」(注音字「蝎」即「蠟」的俗字),《中華大藏經》校記引《磧砂藏》、《永樂南藏》、《徑山藏》等本正作「蠟」。

〔三四〕様,甲卷及《金藏》本作「㨾」,經本有「健陁畢利㨾瞿藥」,其中的「㨾」字伯三八三五號經本、《金藏》本同,「㨾」即「様」的俗字,《大正藏》本正作「様」,即此字所出;注文「除亮反」《金藏》本作「餘亮反」,可洪《音義》出「㨾瞿」條,云「上羊亮反」,「様」字《集韻·漾韻》音弋亮切,與「餘亮反」「羊亮反」同音,底卷「除」

字當誤。

〔三五〕 秔，甲卷作「秔」，《金藏》本作「秔」，經本有「著新净衣，食三白食，所謂乳、酪及白秔米」句，其中的「秔」字伯三八三五號經本略同（唯左部訛作「礻」），《金藏》本作「秔」，皆爲「秔」的俗字；注音字「粳」即「秔」的後起形聲字，《中華大藏經》校記引《磧砂藏》、《永樂南藏》、《徑山藏》、《高麗藏》本經文作「粳」，當係傳刻者所改。可洪《音義》出「秔米」條，云「上古盲反」，可參。

〔三六〕 本條《金藏》本在「穡色音」「詛所鋸反」二條之間，考「灑」字經本凡六見，其中首見爲「十者若有稼穡災横所侵，以此呪心呪灰或水經七遍已，於其田中八方結界上下散灑」句，其字正在「穡」後「詛」前，當即《金藏》本所出；底卷蓋文中抄脱而補綴於篇末，宜據《金藏》本移正。

大佛頂經音義

斯六六九一（底卷）　伯三四二九＋伯三六五一（甲卷）

【題解】

本篇底卷編號爲斯六六九一。底卷正反兩面抄，一面抄《般若波羅蜜多心經》、《金剛般若波羅蜜經》，另一面爲本篇和《金光明最勝王經音》、《般若波羅蜜多心經》。以前都把只抄佛經的部分定作正面，而把抄録佛經音義的部分定作背面。我們則認爲佛經音義部分是先抄的，爲正面。後來利用卷尾及背面空白來抄寫佛經，其中《金剛般若波羅蜜經》的後部夾抄有『舐，食帋反，或作䑛，或此舓』、『紙，諸氏反，与此帋同』兩條佛經音義，占了兩到三行位置，字體與正面佛經音義同（而與佛經部分不同），這是抄寫佛經音義的人因正面文字有誤，而在卷背加以補正寫上的（參看校記〔九〕、〔三六〕）。正因爲這兩條佛經音義抄寫在先，所以抄寫佛經的人抄到這裏，只能避開這兩三行再接抄。所以我們認爲以前對本卷正背面的判定是不對的，應當加以改正。本篇底卷首部略有殘缺，有無題目已不可知，前有小序，存六行，且上部大半已殘泐。正文部分基本完整，上下有欄綫，凡二二八行，後接抄《金光明最勝王經音》。《索引》擬題『佛經字音』，并作説明云：『殘片，有反切，如影爲于景反，乳爲而主反。有直音，如狐音胡，揮音暉。』《索引新編》擬名同。日本慶谷壽信指出《金光明最勝王經音》之前部分为《首楞嚴經》音義，擬題作《首楞嚴經音》（見《敦煌出土の音韻資料（上）——Stein 6691v について》）。《寶藏》定作『大佛頂如來密因修證了義諸菩薩萬行首楞嚴經音義』，《英藏》同。按：本篇底卷注文既有注音，也有釋義、辨字或提示句讀的，和後面《金光明最勝王經音》部分幾乎單純注音的體例有所不同，屬音義性質，故此參酌俄敦五一二號《大佛頂經難字》寫卷經題的簡稱擬題《大佛頂經音義》。

甲卷分裂爲甲一和甲二。甲一編號爲伯三四二九（國家圖書館藏王重民、向達所攝照片標注爲伯二四二九，存疑），首尾殘缺，存中部經本卷三至卷六部分條目，凡六十六行。甲二編號爲伯三六五一（據國家圖書館藏王重民、向達所攝照片），首殘尾全，存後部經本卷六至卷十部分條目，凡八十二行。按甲一、甲二皆有界欄，字體行款相同，乃一卷之分裂，可以綴合。（李德範已指出此點，見《敦煌西域文獻舊照片合校》二五二頁，北京圖書館出版社二〇〇七）縮微膠卷伯三六五一號内容空缺，而於伯三四二九號下標注加伯三六五一號字樣，《寶藏》、《法藏》略同，但所謂伯三四二九號加伯三六五一號，只有本篇甲一部分，寫卷上完全看不出分裂爲二片的痕迹，很可能伯三六五一號并没有真正被併入，就不知去向，幸虧王重民、向達爲我們留下了該卷的照片。《索引》伯三四二九號擬題『佛經音義殘卷』，伯三六五一號擬題『佛經音義（殘無題）』，應該是王重民根據没有丢失内容的照片擬題的。本卷内容，《寶藏》擬題『大佛頂如來密因修證了義諸菩薩萬行首楞嚴經音義』，《索引新編》、《法藏》同，是。甲一背部有『▨略難□』、『經音一卷□』字樣。卷背另有散抄的『齖（齗）』、『闤闠下胡對反』、『貿』、『罄盡苦定反』、『舐食紙反』等字樣，係用以改正正面文字之誤。請參看校記〔九九〕、〔一〇〇〕、〔一八二〕、〔二〇三〕、〔二八二〕、〔三一九〕條。

底卷和甲卷所見部分多數條目相同，甚至連錯誤也相同（參看校記〔一四六〕）。比較而言，底卷條目略少於甲卷（底卷不見的多爲甲卷原注『如字』或上文已有音義的條目），注文有時亦較甲卷簡略（如第三卷『離汝』條底卷注『力智反。下同』，甲一『下同』作『下「汝離」、「離三」同也』），大概底卷抄録時曾有所删略；偶爾也有底卷有而甲卷無的情況。另外在文字正誤方面二卷也各有優劣。這些情況説明，二本應同出一源，但它們既非底卷抄甲卷，亦非甲卷抄底卷，而是各自根據某一祖本抄録的。至於這兩個卷子的具體抄寫年代，底卷正面《般若波羅蜜多心經》末署『福王寫』字樣，土肥義和指出『福王』亦見於伯三三三六號《寅年瓜州節度轉經付諸寺唯那曆》，乃報恩寺唯那，『寅年』大約爲公元八二二年或八三四年，『福王』九世紀前半在世，這兩個『福王』有可能是同一個人。底卷《大佛頂經音義》、《金光明最勝王經音》的抄寫時間應在其後的《般若波羅蜜多心經》之前，慶谷壽信據此推斷底卷《大佛頂經音義》的抄寫時代，應在九世紀前半以前（《敦煌出土の音韻資料（中）——〈首楞嚴經音〉の文獻學的考察》）。今考上揭《大佛頂經音義》寫卷『丙』（底卷）、『秉』（底卷）、『世』（底卷、甲二）、『遺（遺）』（底卷、甲一）、『渫』（底卷）、『旦』（底卷、甲一）等字不避唐諱；但『愍』字或作『愍』，或其左上部的『民』缺末筆（底卷）、『遣』或作『遣』（底卷）、『葉』或作『葉』（底卷、甲一）、『緤』或作『緤』（底卷）、『但』或作『但』（甲二），則顯然與避唐諱有關。從多數唐代諱字不避的情況來看，這兩個卷子有可能是五代以後的抄本。至於出現個別避唐諱的字，一是可能所據音義底本（或即作者稿本）爲唐代人所抄，二是可能所據經本爲唐代寫本，這少數避唐諱的字，不過是唐人寫經的孑遺而已。至於《般若波羅蜜多心經》末署的『福王』，與《寅年瓜州節度轉經付諸寺唯那曆》的『福王』未必爲同一人，慶谷壽信據以推斷底卷《大佛頂經音義》的抄寫時代應在九世紀前半以前，其説亦未必可靠。

《大佛頂如來密因修證了義諸菩薩萬行首楞嚴經》一般簡稱《楞嚴經》、《大佛頂經》，又稱《首楞嚴經》、《大佛頂首楞嚴經》等，傳本署大唐神龍元年中天竺沙門般剌蜜帝譯，凡十卷。慧琳《音義》卷四二載有該經的音義。與慧琳《音義》相比，本篇條目較多而注文較簡。注釋以注音、釋義、辨字爲主，偶亦有提示句讀的。注音以切音爲主，直音爲輔；有些字下不止一條切語，或既有切語又有直音，而其讀音則相同，這大概與作者注音採集自不同韻書有關。切語及釋義往往與《切韻》系韻書相合（切音用字與慧琳《音義》多有不同）。舉底卷經文第一卷前十條以反切注音的條目爲例，其中與古寫本《切韻箋注》或《刊謬補缺切韻》反切用字完全相同的達六條（與《廣韻》相同的有五條）；切語不同而切音相同的有三條（與《廣韻》相同的有四條）；另有一條『最』底卷音『子内反』，精紐隊韻；故宫本王仁昫《刊謬補缺切韻》音『作會反』，《廣韻》音祖外切，精紐泰韻，切語不同而切音相近。另外還有不少直音字就是《切韻》系韻書的小韻字，如經文第一卷『屬』字底卷直音『燭』，『惶』字底卷直音『黄』，『舒』字底卷直音『書』，等等，皆是。這些情況表明該音義的注音與《切韻》系韻書有著十分密切的關係。

又考底卷經文第一卷下『⿱竹軓(範)』字下注『无反無韻，上聲呼之』；第六卷『⿱竹軓(範)』字下注『法，亦是模。無反，上聲呼』(甲一此字作『範』，音『凡之上声』)。斯二〇七一號《切韻箋注》上聲范韻『范』字下注云『無反語，取凡之上聲』，其下列『範』、『犯』等四字，與上揭音義的説法相合。但到了《刊謬補缺切韻》以後的韻書，『范』、『範』就有了『符凵反』、『防鋄切』等反切。這樣看來，該音義所依據的可能還是較早的《切韻》系韻書。但也有少數切音與正統韻書不合，透露出唐五代口語的特點，對此，慶谷壽信《敦煌出土の音韻資料(下)——〈首楞嚴經音〉の反切聲類考》一文有詳論，此不贅述。

本篇所依據的經本當是唐代前後的古寫本，時間上較傳世的宋以後的刻本早了許多，保存著古寫本的原貌。據以與敦煌遺書中所見的經本相比較，本篇所引經字或標出的異文往往與敦煌經本相合，可以糾正宋以後刻本在文字上的不少錯誤。對本篇進行研究的，較早有日本學者慶谷壽信，他在上個世紀七十年代初先後發表《敦煌出土の音韻資料(上)——Stein 6691v について》、《敦煌出土の音韻資料(中)——〈首楞嚴經音〉の文獻學的考察》、《敦煌出土の音韻資料(下)——〈首楞嚴經音〉の反切聲類考》系列論文(分別見東京都立大學中國文學科《人文學報》七八、九一、九八號，一九七〇年三月、一九七三年二月、一九七四年三月出版)對斯六六九一號《大佛頂經音義》的来源、音韻系統進行了較爲深入的研究。張金泉、許建平《敦煌音義匯考》曾對本音義作過初步校勘(校記中簡稱《匯考》)。筆者在撰寫《敦煌俗字研究》下編《敦煌俗字匯考》時，也注意到了本音義在辨析俗字異體方面的價值。今以斯六六九一號爲底卷，伯三四二九號爲甲一，國家圖書館藏王重民、向達所攝照片伯三六五一號爲甲二，以《大正藏》本《大佛頂如來密因修證了義諸菩薩萬行首楞嚴經》(校記中簡稱『經本』)、敦煌卷子中所見經本及慧琳《音義》卷四二所載音義爲參校，校録於後。寫卷標目字用大字，注文用雙行小字，兹改注文爲單行，而用比標目字小一號的字録排。

（上缺）

▯▨[一]▯▨▨▨[二]和有情入▯本種性修曼荼羅授灌頂▯花宮受佛灌頂於此義▯窮編録要門[三]▯惠者方可採入。

□（第）一[四]

室羅筏城正言室羅勿悉底，昔有此王仙居彼地，因立城爲名。　祇桓正言逝多，此翻勝地，亦曰國主王子之名。　弘範上胡肱反，下无反無韻，上聲呼之。　範，範摸（模）也。[五]　塵累累，羸僞反，以累字去聲呼。　拘（拘）絺絺，丑脂反，細葛也。　属（屬）諸音燭。　諱許費反，名忌。　清拂本或作請仏，應是筆誤。[六]　掖音亦。　飯僧扶晚反。　佇直侶反，望。　先受上蘇前反。下同。　遑音黄，遑暇（暇）。　循乞上循，循環，音巡。[七]　最子内反，好。　惶音黄。[八]　整之郢反，或作此整。[九]　摩登伽女外道女也。　婆薄波反毗迦羅正言勿尸逝羅，此翻名攝伏。下同。[一〇]　提搼上音題，下搼，搼訓。[一一]　奢摩他此翻爲能寂，能寂心，故名等侍。[一二]　三摩禪那正言毗鉢舍那，即止觀也。　同氣同兄弟之義，本一宗枝，骨氣既同，故曰同氣。　天倫匹即兄弟者，天與倫次，故曰天倫。　阿難，仏弟。[一三]　映徹上於敬反，下直列反，下同。　交遘（遘）古候反，遇也。[一四]　朦下遭反。[一五]　剔落上他歷反。[一六]　研五賢反，磨。[一七]　酬酬，晉儲（音讎），報。[一八]　降伏户江反。　爲賊于僞反。下同。　討他浩反，伐也。　咎音舊。　祇在上音岐。[一九]　重閣上直容反，下音各。　矚視，音屬。[二〇]　[牖][音]酉，窓牖也。下同。[二一]　豁呼栝反，豁達也。　舒舒展，音書。　三摩提正言三摩地，此云等持者，定之別名。　▨（肝）音干。[二二]　脾頻卑反。　胃音謂。　爪側絞反。　髮長之張反。[二三]　筋音斤。[二四]　脉搖上音麥；下遥，摇動也。[二五]　庭際際，本或院。　從我從，去聲呼。　摶音團，摶握也。　兜當侯反羅綿兜羅者，此云蒲花；綿者絮。　忖倉本反。　椀烏管反。　竅穴苦吊反，穴。　閇眼上博計反。[二六]　焦府上音椒，人身有上中下三焦六府。　已知上音已。下同。[二七]　窒陟栗反。下同。[二八]　一躰音之，躰體。下並同。[二九]　混乱。胡本反。　物非體知成敵絶句。　兩立云何爲中如字，絶句。[三〇]　兼二不成非知絶句。　不知即无體性絶句。　中何爲相如字。　兔角上他故反。　猶恃下音侍，恃，怙恃也。　折伏上旨熱反。　溺奴歷反。　隳許規反。　弥滅卑反戾盧結反車昌耶反，弥戾車者，此云邊人戎狄之類也。翹渠遥反。恶(惡)叉聚恶叉者，梵言用，有四種：一阿摩勒，二毗梨勒菓，三眼等諸根，四雙六子。此除眼等，通用三名。聚者埴聚，言其多也。〔三一〕嘉饌上音加，［下］士變反。〔三二〕元清上音原，元本也，下元明、元常、元根元並同用。〔三三〕拳耀上音擢。〔三四〕懲陟陵反，詰也。〔三五〕咄當没反，訶也。矍許縛反，驚視皃。又一音作者钁。認音刃。離此力智反。怖恐。普故反。縷結上力主反，成合作線，恐筆誤。〔三六〕詰去吉反。恪音藺。〔三七〕覺觀音貫。猶爲。〔三八〕揣度量。初委反。誤音悟。誤錯。下並同。萬字正言室里勿嗟，此翻德子，有德種智，故稱德子，謂如來胷前金剛形像，表斷習氣，非是千万及文字義，學者詳之。〔三九〕涌音勇。昱音育。昱，日光也。絶許力反。屈握烏角反。例力剃反。試詩之去聲。矚視。之欲反。詢息倫反。齮去爲反。〔四〇〕挍音教，或作較，同。〔四一〕兾(冀)几利反。誨勒二字或作与勅，義同。〔四二〕解名上胡買反。旅(旅)亭上音吕，下音庭，亭，客舘。俶裝上始，昌六反，下音莊，裝束。攸音由。霽音濟。清暘清暘日也。𡺸綺戟反。〔四三〕右辦攀之去聲，白眼視也。或改作盼，盼，美目也，此義甚乖。卷終並同。〔四四〕舒卷居轉反。洎其器反，洎，及，與曁同。

第二

影於景反。乳而主反。旃音之氈反。〔四五〕毗羅胝陟移反。〔四六〕值直吏反。狐音胡。揮音暉。朽許久反。殯于尹反。〔四七〕齡年。音靈。孩孺上胡來反，下而注反，並童幼也。〔四八〕膚腠上音夫大丈之夫；下倉候反，肥。〔四九〕頹杜迴反，毁也。迫音百，近也。耄人八九十曰耄。莫報反。枯悴上苦胡反，下疾醉反。皺側救反。下同。〔五〇〕逮及。徒戴反。宛於院［反］。下同。殂死。非胡反。或作徂，徂，往也。〔五一〕紀音身己之己。沉思上直林反。携户珪反。謁於列反。耆(耆)年。音祁反。〔五二〕元無上音原。末伽梨正言末悉羯梨，是外道名，此云莫作。輩音背，等類也。顛倒都導反。〔五三〕洗蘓礼反。臂手。母陁羅此云印。竪殊主反，立也。換改。胡段反。倍薄亥反。瞪瞢上丈證反，悶，或作鄧；下武亘反，目不明。或作瞪懵平聲呼之。〔五四〕瞬音舜，或作眴。哀愍音敏，合作愍，愍，憐也。〔五五〕潮音朝。擾擾音遶。弃足詰利反，正作棄也。〔五六〕 浮漚下烏侯反。 目爲［上］音穆，下如字。 瀛渤上天海，以成反；下音渤，海名。〔五七〕 元所圓滿上音原。 本原同。〔五八〕 允所瞻上音尹。 徒音塗。 扷蒲八反。〔五九〕 若溭。〔六〇〕 摽方遥反。〔六一〕 便平聲呼。 拘舍梨外道師名，此云有善巧者。 梨或作此離。〔六二〕 宜(冥)莫經反。 明元音原。〔六三〕 洞穴。 徒弄反。 昇音升。 霧音務。 暝莫定反，夜。 墻宇上疾良反。 下並同。〔六四〕 擁手。 於隴反。〔六五〕 欝㶿上迂勿反，下音勃，㶿字或從土，今從火，詳。 欝㶿，塵侯(埃)皃。〔六六〕 之象象物也。 紆憶俱反，縈也。 氣芬，煙埃也。〔六七〕 不汝還者猶汝不還者。 悶莫困反。 喪息浪反。 菴烏含反。 漂匹遥反。〔六八〕 見源音原。 芥音戒，小草。 差［殊］上楚宜反，又音叉。〔六九〕 紛紛紜。〔七〇〕 性汝不真猶汝性不真。 簷廡上鹽，屋前；下武，堂下。〔七一〕 夹(夾)音甲。 敷音麩。 縮減。 所六反。 挽音晚。 築音竹。 穿音川。 竇音豆，水孔也。 跡音積，亦作迹，同。〔七二〕 迷己爲物于僞反，緣。 爲物所轉爲如字，被也。 元別音原。〔七三〕 分辯下音分辨，本作辨。〔七四〕 先所音霰。 難乃旦反。 纖豪上息廉反，下胡刀反。〔七五〕 披剥上芳宜反，下補角反。 折音錫，正作析，字從木。〔七六〕 見元音原。 剖普厚反。 林苑於院反，或作宛，非；菀者藥名。〔七七〕 茫莫郎反。 惶悚上音皇，下息勇反。 魂户昆反。 慴之涉反，伏也。 嬌(矯)憍(憍)之上聲呼。 忝他染反。 疇直由反。 尠少。 息淺反。 亦作鮮。 元是菩提原。 塞桑德反。 下並同。 措心七故反，寘也。〔七八〕 撖(撮)子括反，又七栝反。 淩奪(奪)上音淩，正作陵；下音脱，傾奪(奪)。〔七九〕 狹音洽，或作陿。 疲怠上音皮，下音待。 眚赤上所景反，目病生瞖。〔八〇〕 疊音牃(牒)。 見已音以。 離燈上力智反。 下離等同。〔八一〕 旁步光反。 餘旁同。 屏帳上音瓶，下音脹。 几筵上几，几杖，居履反；［下］筵，筵席。 下同。 捏所上音涅。 下同。 根元音原。 陸音六。 洲音州，水中可居處。 括古活反。 黨德朗反。〔八二〕 暈矞上音運，暈，日月氣暈；下其聿反，以錐穿物也，義取日月傍有色如矞焉，本多誤作適字。〔八三〕 珮(珮)玦上薄背反，下音決之類，亦日月之傍或似此者。〔八四〕 彗勃上囚(曰)歲反，掃帝(帚)也，字或從竹，亦惡星之名，俗云掃星；下蒲没反，亦妖星也。〔八五〕 負珥上音婦，負挽；下音耳去聲呼之，耳飾也，日月傍有氣如負艳者。〔八六〕 虹蜺上音紅，亦作降；下五奚反；並雲氣，雄曰虹，雌曰蜺。 例音勵，例，類也。 瘴惡(惡)上之亮反，或作障。 先音霰。 覺元音原，下同。爲與如字。下爲與、爲非並等臨文取義，下並同。〔八七〕畔音伴。乖桷音角。〔八八〕迥無户鼎反，或作此迴，非。〔八九〕目精上音穆，下音精。〔九〇〕狂渠王反。元翳音原。〔九一〕睛空音情。〔九二〕骸音諧。調適上音條，下音釋。澁滑上色立反，或作澀；下户八反。〔九三〕選擇息絹反，思兖反。酢梅上倉故反，下音媒。〔九四〕踏徒合反。〔九五〕崖五釵反。下同。酸素官反。暴音抱，急也。浪郎宕反。逾音臾，与踰同。〔九六〕非離力智反。下有離並同。淪溺上音倫，下奴歷反。擎擎舉。渠京反。餉餉食。式亮反。貯納。丁吕反。

弟三

吸許及反。離彼上力智反。下並同。畜丑六反，又丑救反。香臭尺救反，俗作臰。下同。〔九七〕齅許救反，鼻取氣。或從口，或從半死，並俗。〔九八〕舐吻上食帋反，下武粉反。〔九九〕甜甜甘。徒兼反。〔一〇〇〕離知上如字。離合、離當、此見離並同。〔一〇一〕元無自性上音原。［稱意上如字。有不音者可知。］〔一〇二〕銷音消。食辨薄幻反。銖音殊，重六十黍曰銖。〔一〇三〕藉慈夜反。下同。爇而雪反，本或作熱，恐誤。〔一〇四〕酪音落。醍醐上音題，下音胡。預音悆。〔一〇五〕噉徒敢反，食也。鹹音咸，或作醎，同。［誰爲如字。下能爲同。餘以意求之。］〔一〇六〕離心力智反。下同。〔一〇七〕知則名心異汝絶句。非塵同他心量絶句。冷煗下乃管反，正作暖，或作煖。〔一〇八〕中離凡對合者皆如字，離則之類同。〔一〇九〕爪足側絞反。伊蘭正云翳爛拏，此云葦麻。〔一一〇〕識不知香因界絶句。則非從香建立絶句。甘蔗之夜反。〔一一一〕合身即爲如字身自體性絶句。離身即是虛空等相息亮反。絶句。排擯上推排之排，下音鬢，擯弃也。〔一一二〕［所屬如字。］〔一一三〕汝先音霰。猒離上於艷反，下力智［反］。〔一一四〕纒繞上音纒，下音遶。〔一一五〕如旋下去聲。〔一一六〕汝元音原。循業上音巡。〔一一七〕計度徒各反。下同。〔一一八〕炊爨上音吹，下七乱反。〔一一九〕陽燧音遂。懮盧此云廣頻螺菓樹名，彼城住處有此廣菓林，因以名之。〔一二〇〕迦葉波姓也。瞿曇正言憍（憍）荅摩，此云上姓名。艾五盖反。焚音汾，焚燒也。鎔鑄。音容。〔一二一〕紆憶愚反。融泮冰泮。音判。泮銷。〔一二二〕斫音灼。月晝陟救反，明也。方諸蚌蛤去珠者，施於月下以致水。

有本改作方珠，深誤也。〔一二三〕珠中珠即方諸。中霄音消，霄，夜也。下並同。〔一二四〕陷溺上下減反，下如歷反。〔一二五〕陟竹力反。盤与槃同。披敷羈反。揺音遥，揺動。〔一二六〕離汝力智反。下同。〔一二七〕不叅（參）雜。倉含反。鼓動上音古，鼓動，非鍾鼔（鼓）也。宛於阮反。鑿音昨。迴無上户鼎反。〔一二八〕元無上音原。下元同。〔一二九〕相背音珮，珮玉。〔一三〇〕空頑鈍。五還反。瑩瑩浄。烏定反。循歷上巡。摽必遥反。〔一三一〕突然上徒忽反。无處昌慮反。麁浮上倉胡反。蕩徒朗反。罣圖畫反，又古賣［反］。〔一三二〕棄音弃。〔一三三〕含裹下音果。〔一三四〕［反觀上音□，下如字。］〔一三五〕巨海上音拒，巨大。〔一三六〕漚烏侯反。〔一三七〕爲證上于貴反。泥混上奴西反，下音渾。〔一三八〕舜若多此方空。〔一三九〕鑠室藥反迦羅鑠迦羅，此云潔白也，即無漏浄心。〔一四〇〕

弟四

推尺隹反。聾慮紅反。逾音臾。聆音靈，聽也。蚊蚋上音文；下而鋭反，或作芮。〔一四一〕紓縈。憶俱反。攸所。以周反。淩音陵。〔一四二〕令汝上呂貞反，本或作今。〔一四三〕熾尺志反。［渾濁上音魂。乾爲上音干。］〔一四四〕洲潬下音灘，沙潬也。劣火劣火者，言火被水所劣。［下］『劣水』義［同也］。〔一四五〕炎以念［反］，惜也。〔一四六〕抽拔。音惆。〔一四七〕藪源。音叟。〔一四八〕燒式遥反。〔一四九〕逓相上音弟，下如字。〔一五〇〕踰音臾。超色上勅遥反。憎音增。交遘下古侯反。交遘（遘）猶交接也。〔一五一〕羯攞［勒可反］藍落含反，羯攞者，此云赤白精血。〔一五二〕蒲曇音覃。遏蒲曇者，此云凝滑也。遏烏割反，制。〔一五三〕卵落管反，或縠。〔一五四〕［所應平聲。更相並平聲。易音亦。］〔一五五〕滋子之反。〔一五六〕互来上音護，互，更互。〔一五七〕債側賣反，負。業累力僞反，罪。〔一五八〕發相息亮反。〔一五九〕增減胡斬反，耗。倏疾。音叔。〔一六〇〕翳於計反。〔一六一〕空元音元。下元妄、元真、元明、心元並同。〔一六二〕鑛古猛反，金。〔一六三〕純常倫反。〔一六四〕暈相息亮反。〔一六五〕不拒逆。音炬。〔一六六〕揮音暉。雲乇（屯）所。徒魂反。〔一六七〕凝魚淩反，結也。霾莫皆反，音埋，風而雨土。〔一六八〕中宵音消，宵夜。〔一六九〕邀請。音胥。〔一七〇〕［先非音霰。］〔一七一〕難乃旦反。〔一七二〕背［音珮。下相背同。］〔一七三〕剎初鎋反。〔一七四〕［裹裹束。］〔一七五〕剌郎割［反］。〔一七六〕怛當割反，悲。闥窓。通割反。〔一七七〕離即非離並力智反。〔一七八〕測度上楚力［反］，下徒各反。〔一七九〕按指上音案。〔一八〇〕印於刃反。蔽必袂反，遮。演若達多正言演若耶達多，此祭施也。〔一八一〕劬勞上音衢，勤。挔(旅)泊音薄，泊，漂泊，客停。華户瓜反。捐捨上音緣。肯綮上苦等反，下苦挺反，肯綮，指委曲之也。〔一八二〕爛壞。〔一八三〕煖觸上奴管反，温也。〔一八四〕饒而招反。〔一八五〕何爲子僞反。〔一八六〕離力智反。下同。〔一八七〕不逮及。音袋。〔一八八〕潔古屑反，浄。〔一八九〕相循下巡。〔一九〇〕汩然上古没[反]，流皃；或本作混，通。〔一九一〕現摶下音團。下同。〔一九二〕知見每留於世間絶句。〔一九三〕業運每常遷(遷)於國土絶句。以湛旋甚虚妄絶句。〔一九四〕滅生伏還元原[覺絶句]。〔一九五〕元明上音原。下元同。〔一九六〕解結上古賣反。下同。〔一九七〕隳裂上許規(規)反；下音列，裂，毁壞。〔一九八〕空无相形相，息亮反。〔一九九〕媒娉。莫杯反。〔二〇〇〕[相成上如字。]〔二〇一〕貿貿易。莫候反。轉貨易。〔二〇二〕統他宋反。方分扶問反。涯五釵反。〔二〇三〕得循音巡。〔二〇四〕相倍上如字，下薄亥反。分劑在計反，限。奚何。胡西反。〔二〇五〕[無一無六音並同。]〔二〇六〕淪替他計反。叅(參)上七南反。下並同。〔二〇七〕爲汝于僞反。粘湛上女廉反，正作粘；下徒減反。下同。〔二〇八〕目爲上音穆，目，名目；下如字。下同。〔二〇九〕蒲陶或作萄。〔二一〇〕棰垂，丁果反。〔二一一〕映於敬反。卷遠居遠反。〔二一二〕垂爪側絞反，甲。恬静。徒廉反。〔二一三〕偃於蹇反，息。顙思朗反，額。〔二一四〕離暗離明並力智反。下並同。〔二一五〕元無上音原。下元真、元無同。〔二一六〕不循巡。下循循體、循環、循諸、不循並同。〔二一七〕隨拔蒲八[反]。下同。〔二一八〕發根根字有本作明，粗通，有作眼，誤。〔二一九〕互相上音護。〔二二〇〕[爲用上如字。]〔二二一〕跋(跛)蒲鉢反，涉。螢飾。烏定反。〔二二二〕殑其兢反。又殑殑。殑山矜反。〔二二三〕扸已已音以。〔二二四〕點於檻反。〔二二五〕彼雖不見頭足絶句。辯音弁知覺是同絶句。〔二二六〕緣見因明暗成絶句。元音原，下同見不明自發絶句。〔二二七〕名目音木。〔二二八〕先説上蘇前反。〔二二九〕忲力震反，惜。〔二三〇〕少選選，擇。思兖反。下並同。〔二三一〕有頃去穎反。橦鍾上宅江反，橦擊。〔二三二〕爲汝于僞反。下同。〔二三三〕[爲有爲無爲並如上字，下爲同。]〔二三四〕何恠古賣反。〔二三五〕離諸力智反。遠離同。〔二三六〕牀枕上或作此床，下之錦反。〔二三七〕擣音島，擣物。〔二三八〕舂米。書容反。〔二三九〕遄速。市緣反。〔二四〇〕杵昌与反，音處。〔二四一〕

弟五〔二四二〕

之元音原。下同。〔二四三〕　虐魚略反，病，或作瘧。〔二四四〕　［雨去聲，或如字。］〔二四五〕　翹渠遥反。　相相息亮反，並同。〔二四六〕　交蘆下音盧。　［無爲無並音無。］〔二四七〕　彈音壇。　祇夜上音祁。　滌音笛。　攬音覽。〔二四八〕　机案几。下同。〔二四九〕　刧波羅正言刧没羅，細氈布也。〔二五〇〕　綰烏板反，結也。〔二五一〕　氈布。　徒協反。〔二五二〕　先蘇前［反］。〔二五三〕　［汝曹音槽。］〔二五四〕　絹七入反。〔二五五〕　績則歷反。〔二五六〕　祇［音支，適。下祇許同］。〔二五七〕　循顧上音巡，下故。〔二五八〕　［汝畢義或作必。］〔二五九〕　鎽音峯。〔二六〇〕　掣尺折反。　縈繞。　於營反。〔二六一〕　牽牽引。　苦賢反。　下同。〔二六二〕　滴水。　都歷反。〔二六三〕　棘紀力反。〔二六四〕　鵠白鵠，鳥，胡沃反。〔二六五〕　［烏玄上音嗚。］〔二六六〕　快苦垥（恠）反。〔二六七〕　飄零上匹遥反，下音靈。　機居希反。〔二六八〕　冀（冀）望。　几利反。〔二六九〕　寘授上莫經反，下水秀反。　下同。〔二七〇〕　号正作號。〔二七一〕　倐（倏）音叔。　開士開合，士夫之士。　開士者，能惠眼具勇士行。〔二七二〕　樂見五教反。　循元上音巡，下音原。〔二七三〕　豁呼末反。　哃音詩，牛哨也。〔二七四〕　樂事五教反，或作音樂。〔二七五〕　瑳倉那反。〔二七六〕　毒刾此歐反，正作刺。〔二七七〕　疼徒冬反。　歸元音元，作無恐誤。〔二七八〕　螺落和反。　罣音畫。　烏茸下惻愚反。〔二七九〕　餤以念反，火。〔二八〇〕　隘烏賣反。　填音田。　闤闠上音還，；下音迴，市外門，胡對反，亦作闠。〔二八一〕　擎擎舉。　渠京反。〔二八二〕　詣五計反。　即旋迴。　音璿也。〔二八三〕　推輪上他迴反。　［無奪（奪）音脱。］〔二八四〕　涕唾上他礼反，下乞卧反。〔二八五〕　津液上子憐反，下音亦。〔二八六〕　［旋澓音服。〔二八七〕　此觀去聲。］　窺（窺）窓上去随反，下楚江反。〔二八八〕　瓦礫上五寡反，；下音歷，或作礰。〔二八九〕　激音擊。　［盿音麵。］〔二九〇〕　捷疾蓁（葉）反。〔二九一〕　貯丁吕反。　［蚊蚋已見上卷。］〔二九二〕　啾啾聲。　子由反。〔二九三〕　［鼓發鼓，動也。］〔二九四〕　鬧奴効反。〔二九五〕　［未幾幾多幾幾也。〔二九六〕　好遊呼▨。］〔二九七〕　相繼音汁。〔二九八〕　［爲憶上始字，下何爲同。］〔二九九〕　不假音賈。　染而琰反。

弟六〔三〇〇〕

二應於證反。　而爲于僞反。　樂爲上五教反。下樂持、［樂］出、樂度、樂［脱］並同。〔三〇一〕　愛生生本上或作主。〔三〇二〕

好學呼老反。［數術上色句反。］〔三〇三〕樂持五教反。下應与此聲韻同者，以意度之。〔三〇四〕侵暴上七林反，下薄報反。［旋復音服。下旋復、聞復、休復並同。］〔三〇五〕不能合合，開合也。〔三〇六〕離力智反。〔三〇七〕枷鎖上音加，下蘇果反。〔三〇八〕嶮路与險同。〔三〇九〕鈍遅鈍。阿顛（顛）迦正言阿贍迦，身病異名。誕生徒旦反。下同。範法，亦是模。無反，上聲呼。〔三一〇〕軓（軓）無反，在範字韻下，軓（軓），車前軾也，与笵同。〔三一一〕臂臂，手臂。〔三一二〕度垣下音園。隔垣同。〔三一三〕池沼下之少反。天雨雨或作落也。〔三一四〕紛糅上音芬，下女救反，雜也。〔三一五〕唄音敗。［誰當如字。〕〔三一六〕元妙音原。下歸元，元無、元生、元非、元依同。〕〔三一七〕能徹直列反。〔三一八〕伊於脂反，唯也。虧闕。去爲反。〔三一九〕涯音牙。〔三二〇〕先無定上蘇見反。〔三二一〕權機上音拳，下居希反，開機。一機、閒機同。〔三二二〕無緒心。音叙。〔三二三〕［爲有無上如字。〕〔三二四〕不爲于僞反。循聲巡。］畜聞許六反，又丑六反。〔三二五〕悞音悟，悞，錯悞。下疑悞同。〔三二六〕抽音瘳。唯然以水反。坑客庚反。［誨去聲。］〔三二七〕蒸炊。之承反。〔三二八〕飯或作飰。〔三二九〕［婬機居希反。］〔三三〇〕希冀（冀）望。几利反。〔三三一〕［不煞正作此煞。］〔三三二〕帥等上所類反，又所律反。〔三三三〕毳尺税反，又此芮反，細毛也。〔三三四〕身分扶問反。［皆爲如字。］〔三三五〕偷他侯反。潛匿上昨占反，下女力反。姧古顔反，或作姦，同。〔三三六〕謂己音紀。〔三三七〕詃誘。音涓。〔三三八〕耗散上呼到反。〔三三九〕循方上音巡。〔三四〇〕殘生上昨寒反。〔三四一〕挔（旅）泊已見弟四。〔三四二〕去已音以。裨販上音卑，裨益；下方願反，販，興販。〔三四三〕身燃燃与然同。〔三四四〕爇（爇）火。而雪反。〔三四五〕炷燈。音注。〔三四六〕長𣏌（挹）下伊入反，或作揖（揖），𣏌（挹）讓也。〔三四七〕［爲此如字。］〔三四八〕巵音之，圓器。〔三四九〕捶罵上之累反。〔三五〇〕［迴爲如字。］〔三五一〕已解上音紀，下胡買反。〔三五二〕以誤音悟。殞于愍［反］。〔三五三〕屠音途。泄音薛（薛）。［未學上音味。］〔三五四〕刻音剋。糞府問反。紆憶俱反。噬齊上音逝，齧齒也。下如字，腹臍也。《左傳》云噬齊何及。今引此文取不到之義也。〔三五五〕絃音賢，樂絃；若從弓，即弓弦也。〔三五六〕

弟七〔三五七〕

艱音間。澡浴上音早，下音欲。寐（寐）蜜二反。軏（軌）法。居水反。〔三五八〕肥（肥）賦上苻非反，下女利反。〔三五九〕 蚩与熏同。〔三六〇〕 ［和合音閤下合。］〔三六一〕 膠音交。 零陵上靈，下音綾。〔三六二〕 粉上聲。〔三六三〕 涅（泥）乃奚反。塗音圖。 鑪音盧。 間花上音澗，間斷。〔三六四〕 鋪普胡反。 沙糖下音唐。〔三六五〕 橴音床。〔三六六〕 兜樓婆。〔三六七〕 炭音歎。炎炎或作啖，啖火，兩音通。〔三六八〕 饗音享。 藍盧含反地迦正云藍迦護，道場法神之名也。 ［軍荼宅加反利金剛部忽▨神。］〔三六九〕 毗俱知金剛部明女，能降頻那夜迦。 覆敷祐反。〔三七〇〕 ［重重相涉本或作『重涉入』。］〔三七一〕 先有上蘇前反。〔三七二〕 重爲上上聲，下去聲。 髻頭髻。 音計。〔三七三〕 擎渠京反。〔三七四〕 杵音處。 恃怙上音市，下音户。〔三七五〕 神呪夫呪者真言，亦稱密語，一字之内，含衆妙門。 舊翻云呪，竊謂未精。 近号密言，條然得中。 且聲存梵語，字譯唐畫，若非解以方言，誰得免於疑義？ 名既不順，事乃何成；差之豪釐，失之千里。 僕自歎俗流，虚承餘論，雖逢大匠，終媿謏聞，將音真言，未之敢也。 希誦習者，請先擇師資，擬拔死生，無任胷臆。 推爲上尺隹反。〔三七六〕 遠諸上于眷反。〔三七七〕 樺皮上胡化反，木名。〔三七八〕 白疊音絛，布，与絛同。〔三七九〕 囊奴當反。 詛呪。 側慮反。〔三八〇〕 魘蠱上於琰反，魅也，与猒同；下音故。〔三八一〕 磣（磣）心初錦反，麁惡也。〔三八二〕 迦吒富單那迦吒者，正言羯羅，此云諍訟。 富單那者，漉人精氣鬼之别名也。〔三八三〕 飢荒穀不熟曰飢，菓不熟曰荒。〔三八四〕 疫癘上音役，下音例。〔三八五〕 ［横夭上横之去聲，下於矯反。 下『寬於』亦同。］〔三八六〕 杻械上［音］丑，下［音］解也。〔三八七〕 鬼帥下所類反。〔三八八〕 随從從上聲。〔三八九〕 樂修上五教反。〔三九〇〕 砕（碎）蘇對［反］。〔三九一〕 乾慧上音干。 行目上音衡。〔三九二〕 刳苦胡反，破。〔三九三〕 直滋音資。〔三九四〕 耎而兖反。〔三九五〕 氍幡。 蔽（蔽）尸必袂反。〔三九六〕 蠢蠕。〔三九七〕 蜕音税，又他卧反，此飛行。〔三九八〕 着成上張慮反，明也。〔三九九〕 沐咎音舊。〔四〇〇〕 枯槁上苦胡反，下音考。 以蝦音遐，水虫。〔四〇一〕 呪咀咀与此詛同。〔四〇二〕 迴手（互）音護。 蒲盧桑虫。〔四〇三〕 ［怨害怨或平聲。］〔四〇四〕 土梟下音驍。〔四〇五〕 塊苦對反，土塊。〔四〇六〕 ［爲兒並如字。］〔四〇七〕

弟八

揑音涅。 元所上音原。 下元同。〔四〇八〕 滌音笛。 貯丁吕反。 刳割破。 苦胡反，音枯。〔四〇九〕 啖喫，与噉同。〔四一〇〕 舐食紙［反］，正作舐、䑛。〔四一一〕 吻武粉反。 不飡倉干反。 ［負累累去聲。］〔四一二〕 所偶吾苟反。 下同。〔四一三〕 ［乾枯上音干。

下亦同。」〔四一四〕 氣分扶問反。 㣔（胤）繼。与晉反。〔四一五〕 已成上音以。〔四一六〕 缺苦穴反。〔四一七〕 拒音炬。〔四一八〕 顯羣異一絶句。 一異相各絶句。 [各見見同絶句。]〔四一九〕 純潔（潔）音結。 遠諸上于眷反。下『遠』以意求之。〔四二〇〕 於同佛絶句。 地中各各生清浄因絶句。〔四二一〕 [已心音紀。下已心同。]〔四二二〕 鑽火上借官反。〔四二三〕 餪乃管反，与此暖同。〔四二四〕 數量並去聲。 [所目音穆。下『亦目』、『名目』同。 遠行並如字。]〔四二五〕 雲覆敷祐反。〔四二六〕 覺已音以。 禪複上音丹，禪衣；下音福，複重；單重義。〔四二七〕 是觀去聲。下同。〔四二八〕 蝡而允反，又而蠢反。〔四二九〕 本元音原。下元地、元[□]亦同。〔四三〇〕 [爲誅陟輪反。 定處去聲。 分開上如字。]〔四三一〕 内分外分扶問反。〔四三二〕 愛涎（涎）叙連反，口中液。〔四三三〕 液音亦。 從墜直類反。 顧眄音麪。〔四三四〕 雄毅魚既反。〔四三五〕 [雖別如字。]〔四三六〕 綏音雖，綏安。〔四三七〕 鈍徒困反。 [重爲上去聲，下如字。]〔四三八〕 毛群獸也。 羽族上音雨，羽鳥。〔四三九〕 [王於王去聲。]〔四四〇〕 害己音紀。〔四四一〕 交過過如字，又去聲。 濫膺上盧檜[反]；下音鷹，膺胷。〔四四二〕 [色目音穆。]〔四四三〕 相吸許及反。 涷洌上音棟，下音列。〔四四四〕 縮所六反。 吒吒波波羅羅已上三種是寒冰地獄困苦有此聲，叫此名。〔四四五〕 瘴音障。 相侍音市。〔四四六〕 綿味上滅連反，綿，纏綿。〔四四七〕 相鼓音古，鼓動。〔四四八〕 巨溺上音炬。下[『巨海』同]。〔四四九〕 忤音忤（悟），忤，觸忤。〔四五〇〕 鑄音注。 鐵（鐵）撅上他結反，下其月反，俗作此埒。〔四五一〕 鎗鋸上七良反，下音據。 寃於袁反。 [斫之略反。]〔四五二〕 剉剌（刺）上七卧反，下七亦反。 搥擊上都迴反，或作此磓，又直追反。〔四五三〕 相調徒了反，調弄也。 絞挍上音攪，縛也；下[音効，枷之類也]。〔四五四〕 侵田作禁反。〔四五五〕 撾棒上陟瓜反。〔四五六〕 讒士咸反。〔四五七〕 犲狼上五皆反，下音郎。〔四五八〕 誑九妄反。 誣（誣）冈上音無。〔四五九〕 屎尿上音矢，下奴吊反。 擲音直。〔四六〇〕 踐疾演反。 虵虺許葦反，虵之類也。〔四六一〕 嫌心不平。户兼反。 投礰音歷，亦作此礫。〔四六二〕 匣貯上胡甲反，下丁吕反。 車檻胡斬反，匱之類，又火監反。〔四六三〕 甕盛上烏貢反，俗作此瓮；下音成。 囊撲上乃當反，下音雹。〔四六四〕 畜惡（惡）丑六反。 有投音頭。 [擊射]音石。〔四六五〕 抛椒上音□（泡）；下子[括]反，又七括反。〔四六六〕 鴆（鴆）酒直禁反，毒鳥名。 薩迦耶此云身見。 拒音炬。〔四六七〕 [相返以義合作

□。□文籍秦音反。]〔四六八〕 考訊訊音[信]，亦是問。〔四六九〕 推鞠音菊，窮鞠也。〔四七〇〕 文薄音部。〔四七一〕 毒蜇音郝。碾(碾)磑上尼展(展)反，下雨對反。〔四七二〕 耕磨音摩，磨，按摩。〔四七三〕 押捺上音鴨，下奴割反。〔四七四〕 搥按上直追反，下音案，按擊。〔四七五〕 蹙漉上迫，子六反；下音禄。 衡度上音行。〔四七六〕 霹靂上普歷反，下音歷。 藏覆下音副。〔四七七〕 [鑒見上革懺反，照也。下爲鑒同。 悪(惡)友音有。]〔四七八〕 洋音羊。〔四七九〕 紫焰焰与餤同。 燋丸上子堯反，下音園。〔四八〇〕 㸌音床。迸灑上北諍反，下所馬反。 煽火盛皃。失延反。〔四八一〕 濤音桃。 閙女教反。〔四八二〕 瞀莫候反。 膿音農。 爲畜畜生。 雹音殿。 雹音撲。 餧奴罪反。〔四八三〕 綻拆澗反。 [爛落旦反。]〔四八四〕 吓音迊。 熾裂上尺志反；下音列，亦合作此烈，烈，火盛也。〔四八五〕 挂古賣反，音与此卦同。〔四八六〕 凍裂上音棟；下音列，裂破。〔四八七〕 髓息委反。 [雨下雨或去聲。]〔四八八〕 鎗矟上七良反，下音朔。〔四八九〕 歷過也。 閒激反。〔四九〇〕 潰胡對反。 [爲觀去聲。]〔四九一〕 橦音幢，宅江反，或作此撞，撞突也。〔四九二〕 爲事側史反，又揷丑也。〔四九三〕 截昨結反。 炙之石反。 檻。〔四九四〕 魃鬼上蒲末反。〔四九五〕 遇畜丑六反。 蠱毒上音古。〔四九六〕 厲鬼上音例。〔四九七〕 魍(魍)魎上音綱(網)，下音兩。〔四九八〕 元負[音]原。 蛔蛔虫。〔四九九〕 [應類應去聲。 下應類同。 循音巡也。]〔五〇〇〕 償時掌反，酬償。 分越上扶問反。 [爲人如字。 反徵上音返，下之仍。]〔五〇一〕 剩音乘，乘車。 食陵反。〔五〇二〕 手爲上音護。〔五〇三〕 叅(參)合上七南反。 下同。 佷音恨。 餌粉餌。 仍吏反。〔五〇四〕 倫等。 力屯反。〔五〇五〕 [游行上音由，下如字。]〔五〇六〕 粹雖遂反。 鍊音練。 島海中山。 都晧反，音擣。〔五〇七〕 於己音紀。 戾音麗，乖也。〔五〇八〕 [横陳横去聲。]〔五〇九〕 嚼蠟上在略反，嚼蠟言無味。〔五一〇〕 已還音以。 齅以鼻取氣。 許救反。 擾而沼反。〔五一一〕

弟九

不假音賈。 侶音吕。 輔音父。 已盡音以。〔五一二〕 樂非音落。 相滅上息亮反。 [居處昌吕反。]〔五一三〕 機括上居希反，下古活反。〔五一四〕 獨行胡猛反。 下同。 陶鑄上音逃，下音注。 群幾居希反。〔五一五〕 [形累去聲。]〔五一六〕 迥無户鼎反。〔五一七〕 酬匹。 市流反，音讎。〔五一八〕 逮終上音大。〔五一九〕 補特伽羅此云數取，以煩惱業於六趣中數取身，故諸異生類名數趣。〔五二〇〕貶方染反，貶退也。〔五二一〕力洞音同。〔五二二〕旦遊德案反，旦，旦朝。〔五二三〕從卯落管反。〔五二四〕洎其器反。元音原。〔五二五〕緒音叙。〔五二六〕［反此音反。］〔五二七〕勖許玉［反］。〔五二八〕倍蒲亥反。〔五二九〕机居履反。〔五三〇〕澊倚上音澊，下於綺反。〔五三一〕認音刃。已畢音以。片普見反。點畫。多忝反。〔五三二〕裏音里。歸元音原。〔五三三〕振裂上音震。〔五三四〕飾音識。滔武盡反。〔五三五〕當處上丁浪反。〔五三六〕崩北騰反。坼丑格反。慴之涉反。訛謬。五和反。僉七占反，僉盛。〔五三七〕沸浪上府謂反，下郎宕反。〔五三八〕耎氣上奴管反，与暖、煗同。〔五三九〕徒恃上音啚（圖），下音市。［但爲如字。］〔五四〇〕其容容皃。〔五四一〕无柰奴箇反，那。〔五四二〕［心爲如字。］〔五四三〕眇小，亡沼反。〔五四四〕衹音［支］。〔五四五〕［宰昨亥反。］籍没上秦音反。］〔五四六〕處大上昌呂反。〔五四七〕區宇上音駈，下音雨。〔五四八〕織音軄。［少選並上聲。］〔五四九〕流溢音逸。〔五五〇〕［捨出捨以義當作拾。］〔五五一〕蟯蛔上音饒，人腹中短虫；下音迴，蛔虫，人腹中虫，正作此蚘。〔五五二〕遆（遞）相上音悌。〔五五三〕踞音據，坐也。抑（抑）按上於棘反，下音案。踰分上音臾，下扶問反。白晝陟救反。屑日列反。〔五五四〕併卑政［反］。華麗上户瓜反，或作花。〔五五五〕［於中如字。］〔五五六〕街巷上古柴反，下胡降反。厭人於琰反。〔五五七〕客邪上主客，下音斜。〔五五八〕內抑（抑）於棘反。下並同。〔五五九〕蚊蝱上音文，下音盲。〔五六〇〕淩繂（率）上音綾，下所律反。〔五六一〕誇苦瓜反。［中隳上如字。］〔五六二〕撮（撮）心上子括反。〔五六三〕已疑音以。下已定、已言並同。〔五六四〕易羊益反，又盈義反。〔五六五〕不耐乃代反。〔五六六〕處清上昌呂反。〔五六七〕［見騰去聲。］〔五六八〕碎蘇對反。好清音耗。〔五六九〕已能上音以。〔五七〇〕寱魚祭反，音藝，睡中語。〔五七一〕鋭以芮反。［精思去聲。］〔五七二〕某處上音母，下昌慮反。秏散上呼到反。〔五七三〕婬逸上音淫；下音溢，正作此泆。魃鬼蒲末反。〔五七四〕爽踈兩反。辨析上虔免，下音昔。〔五七五〕先不上音線，息箭反。〔五七六〕求元音原。厭勝上於琰反。〔五七七〕［先師並如字。］〔五七八〕粘女占反。膠膝上音交，下音七。〔五七九〕先度上音線。〔五八〇〕克己音紀。〔五八一〕樂處上五教反，下昌呂反。謐浄。音蜜。〔五八二〕已作音作以作。下已知同。〔五八三〕［勅使如字。］〔五八四〕踏徒合反。肇（肈）音趙，肈（肇）始。〔五八五〕誹音［□］（沸）。〔五八六〕訐居謁反。〔五八七〕譏居希反。〔五八八〕簡筞（策）惻革反，以義合作此珊。〔五八九〕符牘上音扶，下音讀。誘音酉。不凔倉寒反。〔五九〇〕嘉膳食。上音加，下音善。〔五九一〕匿女力反。川嶽窂（牢）嶽。〔五九二〕化元音原。手撖（撮）子括反，又七括反。瓶薄經反。處囊上昌呂反，下爲郎反。〔五九三〕越牖音酉。透垣上他候反，下袁。〔旁見古傍字。〕〔五九四〕猥渫上烏賄反，下音薛。〔五九五〕活胡括反。薄蝕上音薄，下音食。〔五九六〕活胡活反。〔五九七〕麟音隣。研幾微。居希反。〔五九八〕元佛上原。遮文荼荼，宅加反；頻那夜迦之類，神女也。〔五九九〕鬾魅上於高（喬）反，亦作此妖。〔六〇〇〕先已音以。〔六〇一〕殂殞上非胡反，下子尹反。〔六〇二〕忖倉本反。〔六〇三〕

第十

鑒照，亦是諸，亦是大盆也。〔六〇四〕黏女占反。〔六〇五〕〔過無上古卧反。〕〔六〇六〕照應於證反。了冈上盧鳥反，下音綱，冈，无。〔六〇七〕〔陳習上音塵。〕〔六〇八〕根元音原，下元性、元〔澄〕、生元並同。〔六〇九〕殫音丹，殫，盡。都寒反。〔六一〇〕野馬天地間遊氣，如野馬馳。熠熠爲立反，火皃。清擾音遶。爲浮。〔六一一〕灣烏還反，曲水也。〔六一二〕〔是解音蟹。〕〔六一三〕見末本末之末。鵠鳥。胡沃反。本竪殊主反。〔六一四〕摳恪侯反。〔六一五〕一澄元習以義合作無習。〔六一六〕瀾音蘭。凝水結。魚陵反。〔六一七〕動元音原。下有『元』同。〔六一八〕生機居希反。〔六一九〕四大元音原。〔下〕本元、想元、化元同。〔六二〇〕既盡想元生理絶句。更無留止運轉絶句。所度徒各反。分位上扶問反。〔過未過去未來。〕〔六二一〕籌度上直由反，下徒各反。乎（互）音護。下同。〔六二二〕境枝音之。〔六二三〕〔迴復音服。或復扶僕反。〕〔六二四〕於先蘇前反。〔六二五〕連綴陟衛反。勘挍音教。〔六二六〕訛五和反。措錯故反。瞢武亘反。滅已音以。〔無爲解音蟹。下狂解，爲解，餘並以意求之。〕〔六二七〕蘗（蘗）魚列反。下沉蘗（蘗）同。枝岐上音支，下音秖。〔六二八〕祈音其。〔六二九〕緪紐上音綱，綱紀；下女久反。〔六三〇〕脉音麥。〔東方東西之東。〕〔六三一〕元由音原。〔下〕執元、還元並同。〔六三二〕吠扶廢反。〔冈象上綱（網），下像。〕〔六三三〕虛無以義合作有無之無。〔六三四〕通溜曰忍反。下溜心並同。〔六三五〕〔勝解音蟹。〕〔六三六〕醘呼雞反。〔六三七〕〔無生滅解元字以義合作原音。〕〔六三八〕吒霰蕪見反。〔六三九〕乎（互）同上音户。下乎（互）通反（同）。〔六四〇〕樂水五教反。歿身音没。〔六四一〕〔命元原。」〔六四二〕媛音院，美女也。吒抧下諸氏反，抧，開也。〔六四三〕精麁倉胡反。中途上丁仲反。先習上音線。以下先因、先言並同。〔六四四〕秉持。音丙。〔六四五〕綏音雖。乾慧上音干。「分拆上如字。」〔六四六〕諳烏含反。褫（褫）池尔反，奪（奪）也。樂修上五教反。〔六四七〕「爲併上如字。爲次如字。」〔六四八〕斯元音原。下妄元、元無同。唌生上叙連反，正作此涎。〔六四九〕酸索官反。崖五皆反。「汝體必非虚妄通倫絶句。」〔六五〇〕口水如何因談酢出絶句。〔六五一〕澁所立反。〔六五二〕皺側救反。〔六五三〕䨱視上敷祐反。〔六五四〕不摇音遥。籌筭上直由反，下蘇管反。〔六五五〕恬靖。徒兼反。〔六五六〕「及離如字。」〔六五七〕蔭元音原。下振元同。〔六五八〕「詢相倫反。未學音味。」〔六五九〕百倍薄亥反。串古患反，俗作慣。〔六六〇〕

【校記】

〔一〕底卷前六行上部殘泐，如不殘缺，前四行如滿行每行約二十五字左右，其中第一行僅存末字的左半，似「末」字。這段似爲音義的「小序」。

〔二〕殘字底卷存左側殘畫，後二字似爲「所立」二字的左半。

〔三〕「要門」二字底卷在行末，底卷此行及下行「惠者方可採入」下部未抄滿（每行空七、八字），上部約殘泐十三四字。

〔四〕「二」字底卷右部略有殘泐，「苐」字比照下文「苐二」擬補。次第字古本作「弟」，「弟」俗寫可作「苐」形，俗書竹頭多寫作草頭，俚俗以「苐」上部爲竹頭俗寫，加以楷正，遂成「第」字；「第」字既已産生，按俗寫規律，反之亦可寫作「苐」形。敦煌寫卷中次第字「弟」、「苐」、「第」並出，其作「苐」者爲「弟」字俗寫抑或「第」字俗寫，難以決斷，故校録時一仍其舊，不求一律。

〔五〕弘範，字頭「範」字右下部的「凡」底卷作「凡」（注文後一「範」底卷作省書符），應皆爲「凡」旁的俗寫，兹徑録正；經本有「嚴浄毘尼，弘範三界」句，其中的「範」字斯四三五九、伯二三四九號寫本作「範」，斯三〇七七號寫本似作「範」形，即此二字所出。《集韻·范韻》：「軓，或作軳。」《説文・車部》「軓」字下段玉裁注：「其字蓋古文作軳，今字作軓。」故「䉒」字從竹、軓聲，即「範」的古異體字。注文「无反無韻，上聲呼之」，「上聲」前疑脱「凡」字或「取凡」二字；又《匯考》以「無韻」二字疑衍，近是。下文第六卷「䉒」字條注「無反，上聲呼」甲一作「凡之上聲」；又斯二〇七一號《箋注本切韻》上聲范韻「范」字下注「無反語，取凡之上聲」，其下列「範」、「犯」等四字，皆可爲校字之證。

〔六〕清拂，經本有「時波斯匿王爲其父王諱日營齋，請佛宮掖，自迎如來」句，殆即此二字所出，其中的「請佛」二字《金藏》廣勝寺本及伯二一五二、二三四九號、斯三〇七七、四三五九號等寫本同，據經義，似當據底卷校改作「清拂」爲長。

〔七〕循乞，「循」字及注文中的前一「循」字底卷作「㣥」形（注文中的後一「循」字底卷作重文符號），乃「循」字俗寫，此録正。下文「循」字底卷多作此形，皆徑録正，不再出校説明。但此處該字正文注文同形，或有一誤。經本有「即時阿難執持應器，於所遊城次第循乞」句，即此二字所出。

〔八〕惶，此字經本相應位置未見，而有「經彼城隍，徐步郭門」句，疑「惶」即「隍」字之誤。

〔九〕𣥺，與注文中的「𣥺」皆爲「整」字俗寫，經本有「嚴整威儀，肅恭齋法」句，即此字所出。

〔一〇〕婆毗迦羅，經本有「爾時阿難因乞食次經歷婬室，遭大幻術摩登伽女，以娑毘迦羅先梵天咒攝入婬席」句，「婆毗迦羅」應即「娑毘迦羅」的異文。

〔一一〕提𢴤，斯三〇七七號等經本有「提獎阿難及摩登伽歸來佛所」句，即此二字所出。「𢴤」爲「獎」的俗字，《大正藏》本作「奘」，誤。

〔一二〕注文「等侍」當作「等持」。慧琳《音義》卷二六《大般涅盤經》第三十卷音義：「奢摩他，亦云三摩地，亦云三昧，此云定也，止也，定有多名，此總稱也。或名三摩鉢底也。」《翻譯名義集》卷四：「三摩提，亦曰三摩鉢底，此云等持。」原注：「翻等持者，謂離沈掉曰等，令心住一境性曰持。」又本卷下文：「三摩提，正言三摩地，此云等持者，定之別名。」

〔一三〕天倫匹，經本有『佛告阿難：汝我同氣，情均天倫，當初發心，於我法中見何勝相，頓捨世間深重恩愛？』句，經文原無『匹』字。

〔一四〕交遘，經本有『欲氣麤濁，腥臊交遘，膿血雜亂』句，即此二字所出；慧琳《音義》出『交搆』條，云『搆』字『從木、冓聲，經作遘，與義乖也』。

〔一五〕臊，經本『臊』字在『交遘』二字之前，字序略有不同。

〔一六〕剔落，經本有『是以渴仰從佛剃落』句，其中的『剃落』伯二一五二、二三四九號、斯三〇七七、四三五九號等寫本皆作『剔落』，即此二字所出。又此條注文『上他歷反』四字底卷誤抄作單行（底卷注文皆作雙行小字），其下約半行空白未書，另行重出『落上他歷反』（注文『上他歷反』四字作雙行）以示改正，此不重複録出『落上他歷反』五字。

〔一七〕『磨』字應是釋『研』字，底卷與下『酬』字相連作大字排列，誤，此改正。《廣韻・先韻》五堅切：『研，磨也。』

〔一八〕酬，經本有『汝今欲研無上菩提真發明性，應當直心詶我所問』句，其中的『詶』字伯二一五二、二三四九號、斯三〇七七、四三五九號等寫本皆作『酬』，即此字所出。又注文『晉儲』二字費解，當是『音讎』二字之誤。

〔一九〕祇在，經本有『我今觀此浮根四塵秖在我面』句，其中的『秖在』斯三〇七七、伯二一五二號等敦煌寫本皆作『祇在』，即此二字所出。『秖』古或用同『祇』，實即『祇』的訛俗字。

〔二〇〕矚，經本有『如是外望方矚林園』、『阿難汝矚林園因何有見』句，即此字所出。注文『視』字底卷與『矚』字相連作大字排列，但經本相應位置并無『矚視』連屬者，茲以『視』字爲『矚』字注文，改排爲小字。同卷下文：『矚，視，之欲反。』又《廣韻・燭韻》之欲切：『矚，視也。』皆可參。

〔二一〕標目字『牖』和注文『音』字底卷脱，其下『酉窓牖也下同』六字接抄於上條注文『音屬』之後，茲據文義補正如上。經本有『此大講堂户牖開豁』、『户牖開豁，遠矚林園』句，即本條所出。

〔二二〕肝，此字底卷左部殘泐，經本有『縱不能見心肝脾胃，爪生髮長，筋轉脈摇誠合明了』句，應即本條及下『脾』、『胃』等字所出，故據定作『肝』字。

〔二三〕『長』字底卷音『之張反』，章紐；《廣韻·養韻》音知丈切，知紐；唐五代西北方音知紐、章紐可以互注。或疑『之』爲『丈』字之訛，恐不可從。

〔二四〕䈥，『筋』的俗字，《大正藏》本經文正作『筋』（見校記〔三〕條引），斯三〇七七、伯二一一五二號等敦煌寫本作『䈥』，又爲『䈥』字俗寫。

〔二五〕脉摇，《大正藏》經本作『脈摇』（見校記〔三〕條引），斯三〇七七、伯二一一五二號等敦煌寫本作『脉摇』，『脈』『脉』正俗字。注文『下』後當有一『音』字，亦或承上而省；『遥』下的『摇』字底卷作省書符，兹據文義定作『摇』字。

〔二六〕閇眼，經本有『今我對佛開眼見明名爲見外，閉眼見暗名爲見内』句，其中的『閉眼』斯三〇七七、伯二一一五二號等敦煌寫本作『閇眼』，『閇』即『閉』的俗字，即此二字所出。

〔二七〕注文『上音已』的『已』與被注音字同形，當是『以』字之誤，同卷下文有『見已』、『拔已』、『去已』、『已成』、『覺已』、『已還』、『已盡』、『已畢』、『已疑』、『已能』、『已作』、『先已』、『滅已』等條目，俱云『已』字『音以』，可證。

〔二八〕窒，經本有『如汝以手自挃其體』、『汝以手挃一躰時，四躰應覺』等句，其中的『挃』斯三〇七七、伯二一一五二號等敦煌寫本作『窒』，即此字所出。『窒』爲『挃』的同音借字。《廣雅·釋詁》：『挃，刺也。』《景德傳燈録》卷二八：『挃頭頭知，挃脚脚知。』

〔二九〕一躰，『躰』字《大正藏》本及斯三〇七七、伯二一一五二號等敦煌寫本同（經文見校記〔二八〕條引），即此字所出。『躰』乃『肢』的換旁俗字。

〔三〇〕注文「如字絶句」四字底卷雙行，前一行爲「如絶」，後一行爲「字句」，據本卷通例應讀作「如絶字句」，兹改按文義從右至左横讀作「如字絶句」。

〔三一〕注文「眼等諸根」的「根」疑當作「根」，佛教有所謂「五根」、「二十二根」等名目，「眼根」爲其一。

〔三二〕注文「士變反」的「士」字底卷作「土」形，敦煌寫卷土地的「土」字多加點作「圡」，此處「土」字底卷無點，實即「士」字手寫之變，故兹徑録作「士」字。「饌」字《廣韻·線韻》音士戀切，與「士變反」同音。

〔三三〕注文「元根元」的前一「元」字當是衍文應删，經本下文有「汝今者識精元明」、「認賊爲子，失汝元常，故受輪轉」、「乃至草葉縷結，詰其根元，咸有體性」等語，即注文「下元明、元常、根元並同用」所指。

〔三四〕注文「攉」字有兩種可能，一種可能此字乃「權」字俗訛，俗書從木從扌不分，故「權」字俗寫作「攉」；另一種可能此字不誤，據唐張參《五經文字·木部》「權」字下云「從手者古拳握字，今不行」，「攉」即「拳」字古或體。但作爲注音字，應以常見易讀爲原則，而同「拳」的「攉」字古書罕覯，據此，或以前一種可能爲大。

〔三五〕懲，當讀作「徵」，經本有「現今徵心所在」句，「懲」「徵」古通用，應即此字所出。

〔三六〕注文「成」字《匯考》謂當作「或」，近是。

〔三七〕悋，「悋」字的俗寫，經本有「若汝執悋，分别覺觀」句，即此字所出；斯三〇七七、伯二一五二號等敦煌寫本「悋」字作「恡」，爲一字之變。

〔三八〕猶爲，此條下底卷無注文，但留有相當於標目字大小二字的空格，疑屬留空以待補入注文者。

〔三九〕萬字，經本有「即時如來從胸卍字涌出寶光」句，其中的「卍」斯三〇七七、伯二一五二號等敦煌寫本作「萬」，「萬字」爲佛的三十二相之一，「卍」爲其形，「萬」爲其音。

〔四〇〕虧，經本有「前塵自暗，見何虧損」句，「虧」即「虧」字《説文》或體「虧」的訛俗字。

〔四一〕挍，經本有「二黑校量，曾無有異」句，其中的「校」字斯三〇七七、伯二一五二號等敦煌寫本作「挍」形，

〔四二〕『校』實即『校』的俗字。

〔四三〕誨勒，斯三〇七七、伯二一五二、伯二三四九號等敦煌經本有『爾時世尊舒兜羅綿網相光，手開五輪指，誨勒阿難及諸大衆：我初成道於鹿園中，爲阿若多五比丘等及汝四衆言，一切衆生不成菩提及阿羅漢，皆由客塵煩惱所誤』句，即此二字所出；《大正藏》本『誨勒』作『誨勑』，『勑』（正字爲『敕』）俗寫亦或作『勑』，即注文云或作『勑』字者所本。又注文『二字或作与勑』，《匯考》以『二』爲『下』字之訛，『与』爲衍文，近是。

〔四四〕隟，經本有『又如新霽清暘昇天光入隙中』句，其中的『隙』字斯三〇七七、伯二一五二號等敦煌寫本作『隟』，『隟』即『隙』的俗字。

〔四五〕右辨，『辨』當讀作『辯』，經本有『如來於是從輪掌中飛一寶光在阿難右，即時阿難迴首右辯。又放一光在阿難左，阿難又則迴首左辯』句，即此字所出。

〔四六〕注文『音之』二字底卷誤倒，茲據文義乙正。

〔四七〕毗羅胝，『胝』爲『胝』的俗字，經本有『迦旃延毘羅胝子』，即此三字所出。

〔四八〕殯，《廣韻》音必刃切，幫紐震韻，底卷音『于尹反』，以紐準韻，二者韻近紐異。經本相應位置亦未見『殯』字，『殯』當是『殞』字之誤。經本相應位置有『如火成灰，漸漸銷殞』句，應即此字所出。『殞』字《集韻》音羽敏切，云紐準韻，與『于尹反』韻同紐近，讀音相合。

〔四九〕孩𡥧，『𡥧』乃『孺』的俗字，經本有『我昔孩孺，膚腠潤澤』句，即此二字所出。

〔五〇〕注文『音夫大丈之夫』疑應作『音丈夫之夫』或『音大夫之夫』。下文『紀』字下注云『音身己之己』，可比勘。又『腠』字古書未見訓『肥』者，『肥』字似誤。

〔五一〕皺，『皺』的俗字，經本有『髮白面皺，逮將不久』句，即此字所出。

〔五二〕『殂』字慧琳《音義》音『祚胡反』，底卷音『非胡反』，『非』字疑爲『祚』字之誤。

〔五二〕注文『音祁反』的『反』字似爲衍文當删。

〔五三〕顛倒，『顛』爲『顛』的俗字，經本有『遺失真性，顛倒行事』句，即此字所出。

〔五四〕瞪瞢，『瞪』字慧琳《音義》引《埤蒼》訓『直視也』，又引《考聲》云『視不轉也』，底卷釋『悶』，古書未見，恐有誤。

〔五五〕哀愍，注文『愍』字底卷『民』旁缺末二筆，或與避唐諱有關，經本有『佛興慈悲，哀愍阿難及諸大衆』句，其中的『愍』字伯二一五二、伯二三四九號寫本同（『民』旁缺末筆），北七三九一（陽八〇）、七三九二（雨二五）號寫本作『慜』，即此字所出。

〔五六〕弃足，『足』當是『之』的訛字，經本有『譬如澄清百千大海，棄之唯認一浮漚體』句，其中的『棄之』伯二一五二、伯二三四九、北七三九一（陽八〇）、七三九二（雨二五）號等敦煌寫本皆作『弃之』，即此二字所出。『弃』字《説文》以爲『棄』字古文，唐人避李世民的嫌諱，多用『弃』字。

〔五七〕瀛渤，『瀛』爲『瀛』的俗字，經本有『目爲全潮，窮盡瀛渤』句，即此二字及上『目爲』二字所出。注文『天海』的『天』字上部的一横底卷極短，《匯考》認爲當作『大』。《廣韻·清韻》以成切：『瀛，大海。』可證。又注音字『渤』與標目字同形，《匯考》以爲是『勃』字之誤，可從。

〔五八〕注文『本原』當作『本元』，經本下文有『徒獲此心，未敢認爲本元心地』句，即『本元』二字所出，所謂『本元同』者，謂『本元』的『元』字同音『原』也。

〔五九〕抜，『拔』的俗字，經本有『拔我疑根，歸無上道』句，即此字所出。

〔六〇〕若復，『復』爲『復』的俗字，經本有『若復觀指以爲月體』句，即此二字所出。又此二字無注，底卷此二字接近行末，下有三個大字的空格，似屬留空以待補注者。

〔六一〕摽，『標』的俗字，經本有『以所標指爲明月故』句，其中的『標』字敦煌寫本有作『摽』者（如伯二一五二號），即此字所出。

〔六二〕拘舍梨，經本有『拘舍離等昧爲冥諦，離諸法緣，無分別性』句，應即此三字所出，字形與注文所稱或本合。

〔六三〕明元，『明』爲『明』的古異體字，經本有『如來説妙明元心云何無還』句，其中的『明』字伯二一五二、北七三九一（陽八〇）、七三九二（雨二五）號等敦煌寫本作『明』，即此二字所出。

〔六四〕墻，『牆』的俗字，經本有『牆宇之間則復觀擁』句，即此字及下『擁』字所出。

〔六五〕擁，《廣韻・腫韻》於隴反訓『手擁』，底卷『手』下疑脱一標目字的省書符號，當作『手擁』。

〔六六〕欝⿰火勃，經本有『欝⿰土孛之象則紆昏塵』句，其中的『⿰土孛』字伯二三四九、北七三九一（陽八〇）、七三九二（雨二五）號等敦煌寫本作『⿰火勃』，即此二字所出。就字形而言，『⿰火勃』應爲『㶿』的繁化俗字，『欝㶿』同『欝⿰土孛』，又作『欝勃』等，『㶿』、『⿰土孛』、『勃』、『悖』、『浡』等字音近義通。

〔六七〕注文『俟』字字書不載，當爲『埃』字之訛。

〔六八〕經本依次有『於生死中常被漂溺』、『如觀掌中菴摩羅果』句，底卷『菴』字列在『漂』前，與經本順序略有不同。

〔六九〕差殊，底卷無『殊』字，而注文以『差』爲上字，則其下應脱一字，經本有『諸有物性，雖復差殊』句，兹據以補一『殊』字。

〔七〇〕『紛紛紜』三字底卷旁記於下條『性汝不真』的『性汝』二字右側，經本『差殊』條、『性汝不真』條間有『體性紛雜，則汝與我』句，應即『紛』字所出，因據補於此。

〔七一〕簷廡，注文『鹽』字底卷左上部不甚明晰，略似『臣』形，右上部作『日』形，兹據字音定作『鹽』字，『鹽』與『簷』《廣韻・鹽韻》同音余廉切；下字『廡』底卷注『武』，亦爲同音字相注，可以比勘。據底卷大例，『上』、『下』二字後照例應有一『音』字。

〔七二〕跡，經本有『穿爲小竇，寧無竇迹』句，其中的『迹』字伯二三四九號寫本同，伯二一五二、北七三九一（陽八〇）、七三九二（雨二五）號等寫本作『跡』，即此字所出。

〔七三〕元別，經本相應位置無此二字，而有『而今身心分別有實，彼見無別，分辨我身』句，疑『元別』實即『無別』之訛（敦煌寫本『無』字多寫作『无』，與『元』字形近易訛；底卷屢屢爲『元』字注音，目的即在於防止與『无』字相亂），但底卷作者所據經本當已誤作『元』，故承訛誤音作『原』。

〔七四〕分辯，《大正藏》本經文作『分辨』（見上條引），伯二一五二、北七三九二號（雨二五）等敦煌寫本則皆作『分辯』，據經義，當以作『辨』字義長。注文『下音分辨』蓋指下字音『分辨』之『辨』，或以爲『分』字衍文，未必是。

〔七五〕纖豪，當讀作『纖毫』，經本有『如是乃至草樹，纖毫大小雖殊』句，即此二字所出；慧琳《音義》引亦作『纖毫』。

〔七六〕折，『析』的俗字，經本有『披剥萬象，析出精明』句，其中的『析』字伯二一五二、二三四九、北七三九一（陽八〇）號敦煌寫本作『折』形，即此字所出；北七三九二（雨二五）號寫本作『拆』，亦爲『析』的俗字。

〔七七〕林苑，注文『或作宛』的『宛』疑爲『菀』字之誤，經本有『汝與如來，坐祇陀林，更觀林苑』句，其中的『苑』字伯二三四九號寫本同，伯二一五二號、北七三九一（陽八〇）、七三九二（雨二五）號等寫本作『菀』，即此字所出。敦煌寫本中『苑』字多繁化寫作『菀』，與作爲藥名的『菀』同形異字。

〔七八〕注文『真』字下部的『真』底卷作『直』形（中少一横），乃俗書訛省（凡『真』、『具』形結構的字俗書往往省略下部的『八』形構件）。

〔七九〕淩奪，注文『音淩』的『淩』與標目字同形，當有一誤，經本有『若復二相自相敹奪』句，其中的『敹』字伯二一五二、二三四九、北七三九一（陽八〇）號等敦煌寫本皆作『淩』，而宋《資福藏》、元《普寧藏》等刻本作『陵』，即此二字所出，疑底卷標目字不誤，而注文『淩』當作『陵』。

〔八〇〕眚赤，經本有『如世間人，目有赤眚』句，慧琳《音義》亦出『赤眚』條，而別無『眚赤』連文者，疑底卷誤倒。

〔八一〕注文『下離等同』的『離』後疑脱一『見』字，經本『若此圓影離燈別有』句後有『離見別有應非眼矚』、『若能遠離諸和合緣」等句，注文所謂「下離［見］等同」，謂下文「離見」等「離」字同音力智反也。

〔八二〕黨，經本相應位置未見此字，而有「則彼小洲當土衆生，睹諸一切不祥境界」句，「黨」疑即「當」字之誤；「當」字《廣韻·唐韻》音都郎切，底卷音「德朗反」，乃「黨」字之音，蓋作者因字誤復又誤音。

〔八三〕暈矞，經本有「乃至暈蝕珮玦，彗勃飛流，負耳虹蜺，種種惡相」句，其中的「暈蝕」伯二一五二、二三四九、北七三九一（陽八〇）號等敦煌寫本及宋《資福藏》等刻本皆作「暈適」，慧琳《音義》亦出「暈適」條，即此二字所出。暈適，《史記·天官書》有「日月暈適」語，裴駰集解引徐廣曰：「適者，災變咎徵也。」又引孟康曰：「暈，日旁氣也。適，日之將食，先有黑氣之變。」宋釋子璿《首楞嚴義疏注經》卷四云：「暈適謂日月之暈適近也，近日月也。」本卷則謂「適」字誤，當作「矞」。《集韻·術韻》：「僪，日傍气也。呂不韋說。通作矞。」可參。又「矞」字《廣韻·術韻》音餘律切，底卷音其聿反，韻同紐異，「其」字疑誤。

〔八四〕珮玦，「珮」爲「珮」字之訛，經本正作「珮」（經文見上條引）。

〔八五〕彗勃，《大正藏》經本及伯二一五二、二三四九、北七三九一（陽八〇）號等敦煌寫本同，宋《資福藏》等刻本作「彗孛」，義同。注文「囚」字與「彗」字紐異，當是「曰」字之訛。《廣韻·祭韻》「彗」字音于歲切，與「曰歲切」同音。又「掃帝」的「帝」乃「帚」字形訛。

〔八六〕負珥，經本作「負耳」（見前引，敦煌各寫本亦同），宋釋子璿《首楞嚴義疏注經》卷四引亦作「負耳」，云：「氣負日邊，如耳之有珥也。」按《釋名·釋天》：「珥，氣在日兩旁之名也。珥，耳也，言似人耳之在兩旁也。」《後漢書·五行志》「日有暈抱，白虹貫暈」注引《春秋元命苞》曰：「陰陽之氣，聚爲雲氣，立爲虹蜺，離爲倍僪，分爲抱珥。」「負珥」猶言「抱珥」，則「負珥」「負耳」義皆可通。又注文「挽」疑爲「抱」字之誤，「袍」則應即「抱」字俗訛。

〔八七〕注文「並等」二字疑當互乙。

〔八八〕乖桷，經本有「若非明合，則見與明性相乖角，如耳與明了不相觸」句，其中的「角」字伯二一五二、二三四

九、北七三九二(雨二五)號等寫本作『捔』，北七三九五(雲五〇)號寫本近似『桷』，即此字所出；『桷』、『捔』皆當讀作『角』。

〔八九〕迴無，經本有『譬如有人以清淨目觀晴明空，唯一精虛，迴無所有』句，即此二字所出；注文『逈』即『迴』的常見俗字，上引經文中的『迴』字伯二一五二、二三四九、北七三九二(雨二五)號等寫本即作俗字『逈』。

〔九〇〕目精，注文『下音精』，注音字與標目字同形，當有一誤；查經本有『其人無故不動目睛』句，即此二字所出，其中的『睛』字各敦煌寫本及宋《資福藏》等刻本並同，據此，標目字或當以作『目睛』爲是。眼睛義字本作『精』，後來亦或借『眳睛』(目不悦貌)的『睛』爲之，『眳睛』的『睛』《廣韻·静韻》音七静切，爲上聲字，而眼睛的『精』爲平聲字，故當『睛』用指眼睛時，需要標注讀音以與『眳睛』的『睛』相區別。假如經文原文本作『目精』，這個注音就是多餘的了。經本同卷上文有『時阿難與諸大衆瞪瞢瞻佛，目精不瞬』句，其中的『目精』底卷無音，即是明證。

〔九一〕元翳，經本有『又見花時目應無翳，云何晴空號清明眼』句，其中的『無翳』北七三九二(雨二五)號寫本同，伯二一五二、二三四九、北七三九三(成四六)號等寫本作『无翳』，據底卷，『無』似爲『元』字之訛。參看上文校記〔七三〕條。

〔九二〕睛空，『睛』乃『晴』的訛俗字，《大正藏》本及伯二一五二號寫本作『晴空』(經文見上條引)，伯二三四九、北七三九三(成四六)號等寫本則訛作『睛空』。

〔九三〕澁滑，經本有『於二手中妄生澁滑冷熱諸相』句，即此二字所出；『澁』乃『澀』的俗字。

〔九四〕酢梅，經本有『譬如有人談説醋梅，口中水出』句，其中的『醋梅』伯二一五二、二三四九、北七三九三(成四六)號等敦煌寫本皆作『酢梅』，即此二字所出。表示味酸義字本作『酢』，後亦借『醋』爲之。

〔九五〕踏，經本有『思踏懸崖，足心酸澀』句，其中的『踏』字宋《資福藏》等刻本作『蹋』，慧琳《音義》出『思蹋』條，『蹋』字音談臘反，與『徒合反』的『踏』同音，『踏』實即『蹋』的俗字。

〔九六〕逾，經本有『譬如暴流，波浪相續，前際後際不相踰越』句，其中的『踰』字伯二一五二、二三四九、北七三九三（成四六）號等敦煌寫本皆作『逾』，即此字所出。『逾』『踰』二字音義皆同，蓋本一字之異。

〔九七〕香臭，經本有『如是乃至諸香臭氣』、『云何發明香臭等觸』等句，即此二字所出，其中的『臭』字伯二一五二、二三二九、二三四九、斯二三六六、北七四〇一（餘四七）號等敦煌寫本皆作『臰』，與注文中的俗作相合。

〔九八〕齅，『齅』的訛俗字，經本有『吸此塵象，名嗅聞性』、『是聞自當迴嗅汝鼻』句，其中的『嗅』字伯二一五二、二三二九、斯二三六六、北七四〇一（餘四七）號等敦煌寫本作『齅』，即此字所出。注文『或從口』指『嗅』字，『或從半死』指『齅』字，『嗅』、『齅』皆爲『齅』的後起俗字。甲一始於『取氣』二字，前缺。『或從半死』甲一作『或從死』。

〔九九〕注文『食㡋反』的『㡋』字甲一僅作『氏』形，似已圈去，該卷背面相應位置抄有『舐食紙反』字樣，蓋以改正正面注文之誤，『㡋』乃『紙』的俗字。又按：甲一正面文字有疏誤的，有時在當頁卷背相應位置加以補正。參看下文校記〔一〇〇〕、〔一八三〕、〔二〇三〕、〔二八二〕、〔三一九〕條。

〔一〇〇〕注文『甜甘』二字甲一無；又『徒兼反』的『兼』甲一作『並』形，已圈去，卷背面相應位置有字，疑即改正文字，但模糊不清。

〔一〇一〕注文『離合』前甲一多一『卜』字，疑爲『下』字之訛；『並同』後甲一有一『也』字。

〔一〇二〕『稱意』條底卷無，兹據甲一補。

〔一〇三〕注文『重六十黍曰銖』甲一『重』後多一『如』字。又古制一銖有重一百黍、九十六黍等不同，此云『重六十黍』，疑有誤。

〔一〇四〕爇，『爇』字俗寫，經本有『若生於空，空性常恒，香應常在，何藉鑪中爇此枯木；若生於木，則此香質因爇成煙』等句，其中的二『爇』字伯二三四九號同，北七四〇一（餘四七）號皆作『熱』，伯二一五二、二三二九、斯二二六六號則前字作『爇』，後字作『熱』。考《釋名・釋天》：『熱，爇也，如火所燒爇也。』『熱』、『爇』二字音義皆近，古多通用，然就焚燒義而言，仍以作『爇』爲典正。又甲一『恐誤』後有『下同』二字。

〔一〇五〕注文『悆』字的中部底卷訛作『米』形，茲據甲一録正。

〔一〇六〕『誰爲』條底卷無，茲據甲一補。

〔一〇七〕注文『下同』甲一作『下離同』。

〔一〇八〕冷煗，注文『煗』甲一作『煗』，其下又有一『俗』字；經本有『此塵既非色聲香味離合冷煖』句，其中的『煖』字伯二二二九、二三四九、斯二二六六、北七四〇一（餘四七）號等敦煌寫本作『煗』，伯二一五二號寫本作『燸』。就字形演變而言，『煗』爲温暖本字，俗寫作『煗』，又作『燸』；古亦借用『煖』字表示温暖，而『暖』又爲『煖』的換旁俗字。底卷以『暖』爲正字，不妥。參看《敦煌俗字研究》下編『暖』字條。

〔一〇九〕注文『之類』二字底卷誤倒，茲據甲一乙正；又甲一『同』後有一『也』字。

〔一一〇〕注文『萆麻』甲一作『萞麻』，同。

〔一一一〕注文『之夜反』前甲一有一『下』字。

〔一一二〕本條注文甲一存『上推』、『音』三字，以下殘泐。甲一此條起至『交遺（遣）』條止所在行列下部均有字數多少不等的殘缺，以下不一一注出。

〔一一三〕『所屬』條底卷無，茲據甲一補。

〔一一四〕猒離，經本有『汝先厭離聲聞緣覺諸小乘法』句，其中的『厭』字伯二一五二、二二二九、二三四九、斯二二六六號等敦煌寫本皆作『猒』，『猒』乃嫌厭之『厭』的古本字，後借用本爲壓榨義的『厭』爲之，喧賓奪主，『猒』字宋元以後遂不再行用。

〔一一五〕纏繞，標目字『纏』與注音字『纏』同形，當有一誤，經本有『妄想因緣而自纏繞』句，其中的『纏』字伯二一五二、二二二九、二三四九、斯二二六六號等敦煌寫本皆作『纒』，『纒』乃『纏』的俗字，據此，疑注音字

『緾』當作『纏』，係以注音的方式標示正字。

〔一一六〕注文『下去聲』甲一作『下或去聲』。

〔一一七〕注文『上音巡』後甲一有『下並同』三字。

〔一一八〕注文『下同』甲一作『下並同』。

〔一一九〕炊爨，『爨』乃『爨』的俗字，經本有『汝觀城中未食之家欲炊爨時』句，其中的『爨』字伯二一五二、二二二九、二二三四九號寫本作『爨』，即此字所出。

〔一二〇〕優盧頻螺，經本有『優盧頻螺迦葉波種』句，『優盧』『優盧』蓋梵文譯音用字之異。又注文『因以名之』後甲一有『也』字。

〔一二一〕本條甲一存『音容，銷也』四字，上缺。

〔一二二〕注文『冰泮。音判。泮銷』甲一作『下音判，銷泮也』。

〔一二三〕方諸，經本有『手執方諸承月中水』句，即此二字所出。經本下文又有『所經林木皆應吐流，流則何待方珠所出』句，即爲誤作『方珠』者（『方珠』伯二一五二、二二二九、二二三四九、斯二二六六號等敦煌寫本皆作『方諸』不誤）。又注文『蚌』乃『蚌』的俗字；『深誤也』甲一作『深爲誤也』。

〔一二四〕中霄，甲一同，『霄』當作『宵』，經本有『何待中宵承白月晝』句，正作『宵』字；伯二一五二、二二三四九號寫本『宵』作『霄』，誤與底卷同。又注文『下並同』甲一作『下同』。

〔一二五〕陷溺，『溺』字《廣韻·錫韻》音奴歷反，底卷音如歷反，紐異，《匯考》以『如』爲『奴』字之訛，可從。上文第一、第二卷下已見『溺』字，皆音奴歷反，可證。

〔一二六〕注文『摇動』甲一作『動』一字。

〔一二七〕注文『下同』甲一作『下「汝離」、「離三」同也』。

〔一二八〕注文『上户鼎反』甲一無『上』字。

〔二九〕注文『下元同』甲一作『下元如、元一、見元同』。又本條之後甲一有『相亡』條（經本相應位置有『明與暗二體相亡』句），注文雙行小字第一行存『上如字』，第二行存『相背』，下部殘缺。

〔三〇〕相背，經本有『明暗相背，云何或同』句，即此二字所出。又注文『音珮，珮玉』的後一『珮』字底卷作省書符號，按底卷通例，注文中的省書符號大抵爲標目字省書，但本條如作『背玉』實在説不通，因姑按重文省書例暫定作『珮』字，指前『珮』字乃『珮玉』之『珮』，而非訓釋標目字『背』字。

〔三一〕摽，經本有『汝識於中次第標指』句，其中的『標』字伯二一五二、二二二九、二三四九、斯二二六六號等寫本皆作『摽』形，乃『標』字的俗寫。

〔三二〕罣，《廣韻·卦韻》音古賣切，又音胡卦切，底卷前音圖畫反，紐異，『圖』字疑誤。又本條甲一僅存『古賣反』三字，茲據補『反』字。

〔三三〕棄，經本有『如觀掌中所持葉物』句，其中的『葉』字《金藏》廣勝寺本等刻本同，而伯二一五二、二二二九、二三四九、斯二二六六號等敦煌寫本皆作『棄』，即此字所出，『葉』字疑誤。

〔三四〕注文『下音果』甲一『果』作俗字『菓』，其下又有『苞（包）裹也』三字。

〔三五〕『反觀』條底卷無，茲據甲一補。

〔三六〕『巨海上音拒』五字甲一僅存左側殘畫，『巨大』甲一作『大也』。

〔三七〕『漚烏侯反』四字底卷旁記於下條『爲證』二字右側，茲據『漚』字在經文中的位置補於『巨海』與『爲證』條之間。經本有『如湛巨海流一浮漚』句，即『漚』字及『巨海』二字所出。

〔三八〕注文『下音渾』甲一作『下音恒』，『恒』字當誤。

〔三九〕舜若多，『舜』字下部底卷作『⿰尗寸』形，通常爲『叔』之俗寫，茲據甲一録正。

〔四〇〕鑠迦羅，經本有『舜若多性可銷亡，爍迦囉心無動轉』句，其中的『爍迦囉』敦煌各寫本及慧琳《音義》引同，宋《資福藏》等本作『爍迦羅』，皆爲譯音用字之異。甲一注文末另有『羅字無口也』五字。

〔一四一〕注文「而鋭反」甲一作「如雪反」，分屬祭韻和薛韻，唐五代西北方音可以互注；「或作芮」甲一作「或作芮音也」，是「芮」「蚋（蜹）」爲同音關係，而與字形無涉。

〔一四二〕淩，經本有「水火二性，俱遍虚空，不相⿰夌欠滅」句，其中的「⿰夌欠」字宋《資福藏》、元《普寧藏》等刻本作「陵」，而斯二七六二、伯二一五二、二三四九號敦煌寫本皆作「淩」，即此字所出。

〔一四三〕令汝，經本有「如來今日普爲此會，宣勝義中真勝義性，令汝會中定性聲聞，及諸一切未得二空迴向上乘阿羅漢等，皆獲一乘寂滅場地」句，其中的「令」字斯二七六二、伯二一五二、二三四九號敦煌寫本皆作「今」，與「或作」本合。甲一「本或作今」後有「義踈也」三字。

〔一四四〕「渾濁」、「乾爲」二條底卷無，兹據甲一補。「乾爲」條注文「上音干」後甲一卷另有「侣沙渾也」四字疑涉下條衍誤，故不録。

〔一四五〕注文「下」、「同也」三字底卷脱，兹據甲一補。

〔一四六〕炎，經本有「水勢劣火，結爲高山，是故山石擊則成炎，融則成水」句，即此字所出。又注文「反」字底卷脱，兹據甲一補；「惜」字誤，疑爲「焰」字形訛。玄應《音義》卷八《申日經》音義：「洪炎，借音，以贍反，正字作焰，又作燄，光焰也。」可參。

〔一四七〕注文「拔。音惆」甲一作「音惆，拔也」。

〔一四八〕藪，經本有「土勢劣水，抽爲草木，是故林藪遇燒成土，因絞成水」句，即此字所出。此字注文釋「源」，他書未見，疑爲「澤」字之訛。甲一注文無「源」字。

〔一四九〕注文「式遥反」後甲一另有「又去聲」三字。又「燒」和「遞相」條之間甲一別有一條，但僅存注文「味同」二字。

〔一五〇〕逸相，注文「上音弟」甲一作「上音悌」，其下又有「正作逸」三字，「正」字與標目字同形，正字當是「遞」，經本有「交妄發生，遞相爲種」句，即此二字所出。

〔一五一〕交遣，「遣」字的右上部乃「世」的避諱缺筆形（底卷注文同一字即寫作「世」），甲一此字作「遣」，乃「遘」字俗寫。經本有「交遘發生，吸引同業」句，即此二字所出。

〔一五二〕羯攞藍，經本有「故有因緣生羯囉藍、遏蒱曇等」句，即此三字所出，「攞」「囉」爲音譯用字之異。「羯攞」下底卷留有一個多大字的空格，甲一有「勒可反攞」四字，兹據補「勒可反」三字，甲一切音後的「攞」字似爲衍文。

〔一五三〕「遏」字條應移至「蒱曇」條之前，合作一條，經文有「遏蒱曇」（見上條引），斯二七六二號寫本同，伯二一五二、二三四九號寫本作「遏蒲曇」，「蒱」「蒲」爲音譯用字之異。

〔一五四〕注文「或觳」甲一無「或」字。

〔一五五〕「所應」至「易」三條底卷無，兹據甲一補。

〔一五六〕注文「子之反」後甲一多一「也」字。

〔一五七〕彑来，「互來」的俗書，經文有「以人食羊，羊死爲人，人死爲羊，如是乃至十生之類，死死生生，互來相噉」句，即此二字所出。注文「彑，更彑」甲一作「更彑也」，其後又有「或作出也」四字。

〔一五八〕業累，注文「力僞反」下甲一另有「累及之累。本或作累，合通。下同也」十三字，其中「本或作累」的「累」似當作「果」，經本有「唯殺盜婬三爲根本，以是因緣業果相續」句，其中的「業果」斯二七六二、伯二一五二、二三四九號敦煌寫本皆作「業累」，即此二字所出。又「罪」字底卷與下條「發相」相連作大字，甲一同，但經本「發相」前無此字，疑爲「累」字的釋文，故暫改作本條的小字注文。慧琳《音義》卷三《大般若經》第三百四卷音義「无累」條云：「累，力僞反，《韻詮》云罪相及也。」

〔一五九〕發相，此二字前底卷及甲一有「罪」字，但經本無「罪發相」連用者，兹改列「罪」爲前條釋文，詳上條；經本有「因了發相從妄見生」句，即此二字所出。

〔一六〇〕倐，經本有「彼之迷人正在迷時，倐有悟人指示令悟」句，即此字所出；「倐」乃「倏」的俗字。又注文「疾。

音叔』甲一作『音叔，速疾之也』，『之』字應爲衍文。

〔一六一〕『翳於計反』四字底卷旁記於下條『空元』二字右下側，兹據『翳』字在經文中的位置移置此處；經本有『亦如瞖人見空中花，瞖病若除華於空滅』句，其中的『瞖』字斯二七六二、伯二一五二、二三四九號敦煌寫本皆作『翳』，即此字所出。甲一無此條。

〔一六二〕注文『音元』甲一作『音原』，當據正；又『並同』後甲一多一『也』字。

〔一六三〕注文『金』甲一作『金也』，下又有『或作從石』四字。

〔一六四〕注文『常倫反』甲一作『音鶉，不雜也』。

〔一六五〕注文『息亮反』後甲一另有『諸「相」並同』四字。

〔一六六〕注文『逆。音炬』甲一作『音炬，逆也』。

〔一六七〕注文『徒魂反』後甲一另有『聚也』一訓。

〔一六八〕注文『莫皆反』與『埋』字同音，甲一無『莫皆反』三字。按：切音後又用直音以申明之，或直音後重之以切音，底卷下文尚見多例，古音義書中亦每有此例。又『風而雨土』後甲一有『曰霾』二字。

〔一六九〕中宵，經本有『云何中宵雲霧之時不生光耀』句，即此二字所出；甲一『宵』誤作『霄』。參看上文校記〔三四〕條。

〔一七〇〕注文釋義『請』字甲一在直音字之後。

〔一七一〕『先非』條底卷無，兹據甲一補。

〔一七二〕難，注文『乃旦反』甲一作『上乃旦反』，經本有『先無准的，不應難言』句，即本條所出；據甲一，標目字或當作『難言』二字。

〔一七三〕背，此條下底卷無注文，但留有相當於標目字大小二字的空格，當屬留空以待補入注文者，兹據甲一補入『音珮。下相背同』六字。

〔一七四〕剎，『刹』的俗字，經本有『於一毛端現寶王剎』句，即此字所出。

〔一七五〕『裹』字條底卷無，兹據甲一補。標目字『裹』甲一在行末，下半有殘泐，不知其下有無缺字，『裹束』二字在次行之首。經本相應位置未見『裹』字，而有『坐微塵裏轉大法輪』句，疑『裹』實即『裏』的誤字。

〔一七六〕注文『反』字底卷脱，兹據甲一補。

〔一七七〕注文釋義『窓』字（『窻』的俗字）甲一在切音『通割反』之後。

〔一七八〕離即非離，甲一作『離即離非』，當據正；經本有『離即離非，是即非即』句，即此四字所出；宋釋子璿《首楞嚴義疏注經》卷七云：『此約二門不二唯是一心。雙遮真俗，故曰離即離非；雙照真俗，故云是即非即。』可參。

〔一七九〕注文『楚力』後的『反』字底卷脱，兹據甲一補。

〔一八〇〕按指，甲一作『桉指』；『桉』當校讀作『按』；經本有『如我按指海印發光』句，即此二字所出。

〔一八一〕注文『演若耶達多』甲一作『演若耶闥多』，爲譯音用字之異；又『此祭施也』甲一作『此之祭施也』，疑當作『此云祭施也』。

〔一八二〕肯罄，標目字『罄』甲一下部有塗改（『肯』字右側甲一有一三角形標記，蓋抄手提示此條有誤），該行天頭注有二『罄』字，但上部已殘去，該頁卷背相應位置又有『罄盡。苦定反』一條，皆係改正正文中『肯罄』條之誤的，但注文『罄』字甲一下部作『糸』，經本相應位置又未見『罄』字，而與上文『劬勞』條相連有『勝淨明心本周法界，不從人得，何藉劬勞肯綮修證』句，疑即此字所出，則字或當作『綮』，慧琳《音義》引亦出『肯綮』條；『綮』字《集韻·徑韻》音詰定切，與『苦挺反』讀音略同。此下若干條先後順序多有與經文不盡相合者。

〔一八三〕爛，經本有『然終不聞爛壞虛空』句，應即此字所出；據經文順序，此條及下『煖觸』條應在上文『捐捨』條之後。注文『壞』甲一作『壞也』，其前又有『蘭之去聲』四字。

〔一八四〕煖觸，經本有「煖觸爲火，動摇爲風」句，應即此二字所出。又注文「温也」甲一無「也」字。

〔一八五〕饒，經本有「所願從心致大饒富」句，應即此字所出。據經文順序，此條及下「何爲」、「離」（「俱離」）、「不逮」條應在上文「劬勞」、「肯綮（綮）」條之後，「旅泊」條之前。又注文「而招反」後甲一多一「加」字。

〔一八六〕注文「子僞反」當據《廣韻》作「于僞」反；甲一作「如字，或子僞〔反〕也」，「子」字亦誤。

〔一八七〕離，甲一作「俱離」，經本有「合然俱離離合俱非」句，即本條所出。又注文「下同」甲一作「下免離、離塵、離覺並同」。

〔一八八〕不逮，經本有「多聞無功，不逮修習」句，即本條所出。又注文「及。音袋」甲一作「音袋，及也」。

〔一八九〕潔，經本有「譬如清水，清潔本然」句，即此字所出；據經文順序，此條以下應接在上文「煖觸」條之後。

〔一九〇〕注文「下巡」前甲一有「上如字」三字。

〔一九一〕汩然，經本有「有世間人，取彼土塵，投於浄水，土失留礙，水亡清潔，容貌汩然，名之爲濁」（「名之爲濁」《大正藏》本作「明之爲濁」，兹據斯二七六二、伯二一五二、二三四九號敦煌寫本改）句，即此二字所出。注文「古没」後的「反」字底卷脱，兹據甲一補；又「流皃」甲一在行末，僅見「流」字上部殘畫，其後有一「也」字；「或本作混，通」甲一作「本作混，亦通，然不如汩也」。

〔一九二〕注文「下同」甲一作「下摶觸同」。《大正藏》經本下文有「由離合等二種相摩，於妙圓中粘湛發覺，覺精映觸，摶觸成根」句，其中的「摶」當是「摶」字之誤（斯二七六二、伯二一五二、二三四九號敦煌寫本即作「摶」），即底卷、甲一「下同」所指。

〔一九三〕知見每留於世間，經本有「知見每欲留於世間，業運每常遷於國土」句，即此句及下句所出，據經本，「每」後應補一「欲」字。

〔一九四〕以湛旋甚虚妄，經本有「以湛旋其虚妄，滅生伏還元覺，得元明覺，無生滅性，爲因地心」句，即此句及下句所出，據經本，「甚」當作「其」。

〔一九五〕滅生伏還元［覺絶句］，『覺』、『絶句』三字底卷脱，兹據甲一補。參上條。

〔一九六〕注文『上音原』甲一僅一『音』字，有脱字；又『下元同』甲一作『下元根元並同』，當校讀作『下元［□］、根元並同』，前一『元』下亦有脱字，同卷下文依次有『元一元六』、『根元』、『元無』、『元真』等語，可參。

〔一九七〕注文『下同』甲一作『下並同』。

〔一九八〕隳裂，經本有『不聞虚空被汝墮裂』句，其中的『墮』字斯二七六二、伯二一五二、二三四九號敦煌寫本皆作『隳』，『隳』乃『墮』的後起俗字。注文『裂，毁壞』甲一作『毁壞也』。

〔一九九〕注文『相，息亮反』甲一『相』後有一『音』字，義較長。

〔二〇〇〕『媒』字條底卷旁記於上條『空無相形』四字的右上側，兹據其在經文中的位置補入『空無相形』條之後。甲一無此條。

〔二〇一〕『相成』條底卷無，兹據甲一補。

〔二〇二〕本條甲一作『貨，莫候反，正作貨，轉易也』，同卷該頁背面相應位置抄有一『貿』字，蓋指正面本條注文中的正字『貨』當作『貿』。底卷『轉貨易』的『貨』疑爲衍文當删。

〔二〇三〕注文『五釵反』後甲一有『音牙，水際也』五字。

〔二〇四〕注文『音巡』甲一脱『音』字。

〔二〇五〕注文『何』甲一作『何也』，在『胡西反』之後。

〔二〇六〕無一無六，此條底卷無，兹據甲一補；經本相應位置無此四字，而有『終不汝根元一元六』句，『元』字各本同，疑以『元』字爲是，甲一注云『音並同』，謂『元』字與前注同，亦同『原』音。寫卷上文已屢注云『元』字音『原』，却未見爲『無』字注音者，可資參證。

〔二〇七〕条，甲一作『条同』，據注文『上七南反』，則標目字應作二字爲是，但經本相應位置無『參同』連用者，而有『如太虚空參合群器』句，疑甲一『同』乃『合』字之誤。又注文『上七南反』甲一無『上』字，『下並同』作

『下相粲同』。

〔三〇八〕注文『正作粘』的『粘』與標目字同形，當有一誤，正字似當作『黏』。慧琳《音義》卷一〇〇《寶法義論》『黏外』條下云『黏』字『《説文》相著也，從黍、占聲。論作粘，俗字通也』。又『徒減反』甲一脱『反』字，『下同』甲一作『下並同』。

〔三〇九〕注文『目，名目』甲一作『名目也』；『下同』甲一作『下並同』。

〔三一〇〕蒲陶，經本有『因名眼體如蒲萄朵』句，其中的『蒲萄朵』斯二七六二、伯二一五二號寫本作『蒱陶桗』，伯二三四九號寫本作『蒲桃桗』，『蒲陶』、『蒲萄』、『蒱陶』、『蒲桃』皆爲譯音用字之異。注文『或作萄』前甲一多一『陶』字，義長。

〔三一一〕桗，此字底卷似從提手旁，甲一似作木旁，俗書此二旁相亂不分，兹暫定作木旁；《大正藏》等刻本此字作『朵』，敦煌寫本則皆作『桗』（見上條引）。《集韻·果韻》都果切：『桗，木聚生皃。』上揭佛經中的『桗』，蓋即『朵』的同音借字。又注文『垂』甲一在『丁果反』之後。

〔三一二〕卷遠，經本相應位置有『聽精映聲，卷聲成根』、『因名耳體如新卷葉』等句，而無『卷遠』連文者，疑『遠』字誤。

〔三一三〕注文『静』甲一作『静也』，在『徒廉反』之後。

〔三一四〕顙，此字左旁底卷作『桒』，甲一作『桒』，皆爲『桑』旁的俗寫，兹録正；經本有『因名身體如腰鼓顙』句，慧琳《音義》出『鼓⿰壴桑』條，云『⿰壴桑』字『桑朗反，《埤蒼》云：⿰壴桑，鼓瓦也。《字書》鼓材也。《古今正字》云鼓身也。從壴，桑聲。經本從頁作顙，非義』。據慧琳《音義》，『顙』應爲『⿰壴桑』的同音借字，指鼓身，寫卷釋爲『額』，似未確。

〔三一五〕注文『下並同』甲一作『離動、離静、離於、離明並同』，『離動』前似脱『下』字。

〔三一六〕注文『上音原』甲一僅一『原』字，有省略。

〔二七〕注文首『循』字後疑脱一『根』字，經本下文有『循根』、『循體』、『循環』、『循諸』、『不循』連文者，可證。

〔二八〕注文切音『反』字底卷脱，兹據甲一補；切音後甲一有『脱也』一訓；又『下同』甲一作『下應拔、圓汳（拔）同』。

〔二九〕發根，經本相應位置未見，而有『如是十二諸有爲相，隨拔一根，脱粘内伏，伏歸元真，發本明耀。耀性發明，諸餘五粘應拔圓脱』句，其中的『發明』伯二一五二號寫本同，斯二七六二、伯二三四九號寫本作『發眼』，即注文中所謂作『明』作『眼』者。又注文『有本作明』甲一作『有本或作明』，『有作眼』甲一脱『有』字。

〔三〇〕注文『上音護』後甲一有『下如字』三字。

〔三一〕『爲用』條底卷無，兹據甲一補。

〔三二〕螢，此字經本相應位置未見，而有『今汝諸根若圓，拔已内瑩發光』句，『螢』應即『瑩』的借字，底卷釋作『飾』，蓋以爲『鎣』字。慧琳《音義》卷九四《續高僧傳》第二十九卷音義：『鎣飾，上縈定反，《博雅》云鎣謂之飾。』可參。又此條甲一添補在下文『拔已』條之上的天頭（『拔已』條在行首），按經文順序，此條當在此下『殑』、『拔已』二條之後。

〔三三〕注文『又殑殑。殑山矜反』七字甲一無。

〔三四〕抶，甲一作『扷』，皆爲『拔』的俗字，經本即作『拔』（經文見〔三二〕條引，『拔已』斯二七六二、伯二一五二、二三四九號敦煌寫本皆作『伏已』，殆誤）。

〔三五〕點，甲一作『黯』，當據正，經本有『六根黯然，頭足相類』句，即此字所出；『黯』字《廣韻·豏韻》音乙減切，與『於檻反』紐同韻近。

〔三六〕辯知覺是同，『辯』前當補一『一』字，經本有『彼人以手循體外繞，彼雖不見頭足，一辯知覺是同。緣見因明暗成，無見不明自發』等句，即此處前後四句所出；《大正藏》本讀作『彼人以手循體外繞彼雖不見。頭足一辯知覺是同。緣見因明暗成無見不明自發」，斷句有誤。參下條。

〔二二七〕元見不明自發，「元」字《大正藏》經本作「無」（經文見上條引），斯二七六二、伯二一五二、二三四九號敦煌寫本作「无」，似以「元」字義長，作「无」者爲「元」字形訛，「無」則又由「无」字繁化而誤。又「元」字下注文「音原下同」甲一僅作一「原」字。

〔二二八〕注文「音木」甲一作「目音穆」。「目」與「穆」《廣韻·屋韻》同音莫六切，讀音更爲切合。

〔二二九〕先説，經本有「如來先説湛精圓常」句，即此二字所出；注文「上蘇前反」甲一作「上音霰」，「先」字《廣韻》有二讀，一音蘇前切，爲平聲先韻字；一音蘇佃切（與「霰」字同一小韻），爲去聲霰韻字；經文「先」似爲先後之「先」，應以讀作平聲蘇前切爲長。

〔二三〇〕忲，「恡（悋）」的俗字，甲一作「恡」形，經本有「惟垂大慈，開我蒙悋」句，其中的「悋」字伯二三四九號寫本作「恡」，伯二一五二號寫本作「忲」，即此字所出。

〔二三一〕注文「選，擇」甲一無「選」字；又「下並同」甲一誤作「並上同」。

〔二三二〕橦鍾，「橦」字甲一作「撞」，當據正；經本有「有頃羅睺更來撞鍾」句，即本條所出。又注文「橦（撞）擊」甲一作「擊也」，下有「復撞同」三字，「復」前當脱一「下」字。

〔二三三〕注文「下同」甲一作「下爲汝同」。

〔二三四〕「爲有爲無」條底卷無，兹據甲一補。

〔二三五〕何恠，經本有「何怪昏迷以常爲斷」句，其中的「怪」字斯二七六二、伯二一五二號寫本作「恠」，伯二三四九號寫本作「恠」，「恠」爲「怪」字隸變之異，而「恠」又爲「恠」的繁化俗字。又注文「古賣反」甲一脱「反」字。

〔二三六〕注文「遠離同」前甲一有一「下」字，義長，當據補。

〔二三七〕注文「上或作此床」甲一作「上或作床，俗」。

〔三三八〕注文『音島』甲一作『音倒』，音同；又『擣物』甲一作『扜物』，『扜』字義不合，或爲『扞』字之訛，『擣』『扞』古皆可訓作『觸』，其義略近。

〔三三九〕春，經本有『其家有人於彼睡時擣練春米』句，即本條所出。注文『米』字甲一無，此處『春』訓『米』，存在三種可能，一是注文『米』前脱『春』字；二是此處乃標目字與注文連讀成訓例，指標目字『春』乃『春米』之『春』；三是『米』乃標目字誤作注文，其中以第一種可能性爲大。

〔三四〇〕注文『速』甲一作『速也』，在切音『市緣反』之後。

〔三四一〕注文『昌与反』三字甲一無。

〔三四二〕弟五，甲一作『第五』。

〔三四三〕注文『音原』甲一無『音』字，『下同』甲一作『下元非、元正、元由同』。查經本同卷下文無『元非』、『元正』條，而有『自心取自心，非幻成幻法。不取無非幻，非幻尚不生』、『汝知此巾元止一條』句，當即甲一注文所本，『無非』、『元非』必有一誤；『元正』則猶『元止』，『正』『止』二字形義皆近，古多有相混者。

〔三四四〕虐，經本有『猶隔日瘧，唯願大慈哀愍淪溺』句，其中的『瘧』字北七四〇三(列二二)、斯三一四、三一〇二、伯二一五二號寫本皆作『虐』，即此字所出，『虐』當讀作『瘧』。

〔三四五〕『雨』字條底卷無，茲據甲一補。

〔三四六〕注文『息亮反，並同』甲一作『並息亮反』。

〔三四七〕無爲無，此條底卷無，茲據甲一補，標目字『無』與注文『無』字同形，當有一誤，查經本有『無爲無起滅』句，應即此條所出，其中的『無爲無』北七四〇三(列二二)、斯三一四、三一〇二、伯二一五二、二三四九號寫本皆作『无爲无』，疑標目字當據以作『无爲无』，寫卷注音『無』，蓋以免讀者誤認作『元』也。

〔三四八〕攬，經本有『覽七寶机，引手於机』句，其中的『覽』北七四〇三號等敦煌寫本皆作『攬』，即此字所出。又注文『音覽』甲一同，其後底卷似另有一『覺』或『覽』字，因字形黯淡，難以確認。

〔三四九〕注文「案几」甲一作「音義同案几之几，或作几」，「下同」二字甲一無。

〔三五〇〕注文「細氎布也」甲一作「細褋（牒？）之類，天布也」，經本有「取劫波羅天所奉花巾」句，即本條所出，所謂「天布」蓋指「劫波羅天」而言。

〔三五一〕注文「結也」甲一作「結▨▨」，「結」下二字模糊難辨。

〔三五二〕氎，此字經本相應位置未見，而有「於是如來綰疊花巾又成一結」等句，「氎」應即「疊」的增旁繁化字；經文「疊」乃折疊義，寫卷釋作「布」，蓋以爲疊布之「疊」（參下校記〔三七九〕），似不確。

〔三五三〕先，甲一作「先實」；注文「蘇前［反］」，甲一作「音霰」。按經本有「佛告阿難：『我初綰巾，汝名爲結。此疊花巾，先實一條，第二、第三云何汝曹復名爲結？』」句，即本條所出，此「先」爲早先、原先之「先」，應以讀作平聲蘇前切爲長。參看上文校記〔三三九〕。

〔三五四〕「汝曹」條底卷無，茲據甲一補。

〔三五五〕絹，甲一同，乃「緝」的俗字，經本有「此寶疊花緝績成巾」句，即此字及下「績」字所出。

〔三五六〕績，此條甲一未見，但上條「絹（緝）」字下甲一注云「上七入反，下字亦反」，則甲一蓋以「緝績」二字爲一條，「字亦反」即「績」字之音，底卷「績」字音則歷反，讀音略同。

〔三五七〕祇，經本有「何況此巾秖有六結」、「云何如來秖許初時」句，其中的「秖」字北七四〇三號寫本同，斯三一四、三一〇二、伯二一五二、二三四九號寫本則作「祇」，即此字所出。又此字下底卷無注文，下約空二字位置，茲據甲一補。

〔三五八〕注文「下故」甲一作「下音故」，當據補「音」字。

〔三五九〕「汝畢」條底卷無，茲據甲一補。經本有「汝必嫌此六結不成」句，即本條所出，「必」字與「或作」本合，「畢」乃「必」的音借字。

〔三六〇〕鋒，經本有「此結若存，是非鋒起」句，其中的「鋒」字斯三一四、三一〇二、伯二一五二、北七四〇三（列二二)號寫本同，伯二三四九號寫本作『鏠』，即此字所出，『鏠』乃『鋒』的繁化俗字。

〔三六二〕『縈』字條甲一補記於天頭之上，查經本有『此劫波羅巾六結現前，同時解縈，得同除不』句，即此字所出，據經本，此字在下文『鵠白』、『鳥玄』條後、『快』字條前，疑底卷所據底本『縈』字條本亦補記於天頭之上，底卷抄者移入正文，遂致次序舛亂。

〔三六三〕『牽』字條注文甲一作『音汧』，『牽』『汧』《廣韻·先韻》同音『苦堅反』，與『苦賢反』同音。

〔三六三〕注文『水』甲一作『水滴也』，在切音『都歷反』之後。

〔三六四〕棘，此字底卷及甲一皆作二『束』形，乃俗寫之訛，兹録正。又注文『紀力反』後甲一另有『小束束也。作棘甚俗』諸字，『束束』當是『棗』字之誤分，《廣韻·職韻》紀力切：『棘，小棗。』可證。又甲一注文『棘』字與標目字的寫法略同，疑爲『𣗥』字之訛，『𣗥』爲『棘』字俗寫，敦煌寫本中經見。

〔三六五〕注文『鵠，鳥』甲一作『鶴類』，在切音『胡沃反』之後。

〔三六六〕『鳥玄』條底卷無，兹據甲一補。

〔三六七〕注文『垖』字據甲一校正。

〔三六八〕機，底卷從提手旁形，兹據甲一録正，經本有『退藏密機，冀佛冥授』句，即此字所出。

〔三六九〕注文『望』甲一作『望也』，在切音『几利反』之後。

〔三七〇〕寘授，『寘』字甲一作『寘』，皆爲『冥』的俗字，經本即作『冥』（見上條引）。注文『莫經反』後甲一有一『暗』字，『下同』甲一作『與同』，『與』字誤。

〔三七一〕号，經本有『如來印我得香嚴號』句，其中的『號』字斯三一四、三一〇二、伯二一五二、伯二三四九、北七四〇三(列二二)號寫本皆作『号』，即此字所出。

〔三七二〕注文『開合，士夫之士』甲一作『上開合之開，下士夫之士』，義較完備。又『勇士行』後甲一有一『也』字。

〔三七三〕注文『上音巡』後甲一另有『下循空同』四字。

〔二七四〕呵，經本有『世世生生有牛呵病』句，即此字所出。『呵』爲『齝』字異體，注文『牛哨』的『哨』《匯考》校作『噍』，是。《玉篇・口部》：『呵，式之切，牛噍也。』

〔二七五〕樂事，經本有『數聞如來説諸世間不可樂事』句，即此條所出。據經本順序，此條應在下『瑳』字條之後。

〔二七六〕瑳，經本有『畢陵伽婆蹉即從座起』句，其中的『蹉』字伯二一五二、伯二三四九號寫本同，斯三一四、三一〇二、北七四〇三（列二二）號寫本作『𡍼』，『𡍼』字字書不載，疑即『瑳』字之訛，『瑳』『蹉』爲音譯用字之異。

〔二七七〕毒剌，經本有『不覺路中毒刺傷足』句，其中的『刺』字伯二一五二號等上條所引敦煌寫本皆從俗作『剌』，即此字所出。注文『此歐反』與『刺』字的讀音不合，《匯考》校『歐』作『豉』，可從。

〔二七八〕歸元，經本有『旋法歸無，斯爲第一』句，其中的『無』字斯三一四號寫本同，伯二一五二、伯二三四九、三一〇二、北七四〇三（列二二）號寫本作『无』，皆與『恐誤』者合。宋釋子璿《首楞嚴義疏注經》卷一〇引作『旋法歸無』，云：『無亦空也。』可參。又注文『音元』甲一作『音原』，當據正。

〔二七九〕烏𦬒，『𦬒』爲『蒭』字俗寫，『蒭』又爲『芻』的增旁俗字，經本有『烏芻瑟摩於如來前』句，其中的『芻』字伯二一五二、伯二三四九、三一〇二、北七四〇三（列二二）號寫本作『𦬒』，即此字所出。注文『下惻愚反』前甲一有『上音烏』三字，『烏』與標目字同形，疑當作『鳴』，上文『烏玄』條下甲一注『上音鳴』，可證。

〔二八〇〕燄，經本有『生大寶焰，登無上覺』句，其中的『焰』字伯二一五二號等上條所引敦煌寫本皆作『燄』，即此字所出，『焰』『燄』爲古異體字。

〔二八一〕注文『下音迴』以下甲一作『下迴之去声，市門也』。按『迴』字有平聲、去聲二讀，去聲一讀與『闠』字同音『胡對反』，故甲一稱『闠』字讀去聲的『迴』。甲一該頁卷背相應位置抄有『闤闠下胡對反』一條，可參。底卷始注『音迴』，但由於『迴』字有平聲、去聲的不同，故又音『胡對反』注明此字應作去聲讀。

〔二八二〕『擎』字注文甲一作『音鯨』，與底卷『渠京反』音同。

〔二八三〕即旋，此二字經本相應位置未見，而有「或有衆生，於闤闠處要人摯物，我先爲摯，至其所詣，放物即行，不取其直」句，其中的「行」字伯二一五二號等寫本皆作「從」，「從」字無義，應爲「旋」字之訛，應即本條所出。又注文「迴。音璿也」甲一作「音璿，迴也」，「也」字一般用在釋義之後，底卷在直音後，疑誤。

〔二八四〕「無奪」條底卷無，兹據甲一補。

〔二八五〕注文「乞卧反」甲一作「訖卧反」；「唾」字《廣韻·過韻》音湯臥切，紐異，疑「乞」、「訖」爲「託」字之訛。

〔二八六〕注文「下音亦」甲一作「下亦同」，似有誤。

〔二八七〕旋澓，此條及下「此觀」條底卷無，兹據甲一補。經本有「大小便利，身中漩澓」句，其中的「漩澓」斯三一四號寫本作「旋復」，伯二一五二號寫本作「旋澓」，慧琳《音義》出「旋澓」條，云「澓」字「馮福反，《考聲》云水回流也。亦作復。經文作伏，誤也」。「澓」乃「復」字俗寫，「澓」盖又「復」的後起分化字。

〔二八八〕窺窓，「窺窻」的俗字，經本有「我有弟子窺窓觀室」句，即此二字所出。

〔二八九〕瓦礫，經本有「童稚無知，取一瓦礫，投於水内，激水作聲，顧眄而去」句，其中的「瓦礫」斯三一四、伯二一五二、伯二三四九、三一〇二、北七四〇三（列二二）號寫本皆作「瓦礰」，與「或作」本合。又注文「下音歷」甲一脱「下」字，「或作礰」後甲一另有「誤也」二字。

〔二九〇〕「𣅜」條底卷無，兹據甲一補。《大正藏》本有「顧盻而去」句（參上條引），「盻」字誤，斯三一四、伯二一五二、伯二三四九、三一〇二、北七四〇三（列二二）號寫本皆作「𣅜」，「𣅜」乃「眄」的俗字，即此字所出。

〔二九一〕捷，此字底卷、甲一皆作木旁形，經本有「爾時童子捷來我前説如上事」句，即此字所出，因據録正。又注文「葉」字中部的「世」底卷及甲一皆作「云」形，當與避唐諱改寫有關。

〔二九二〕「蚊蚋」條底卷無，兹據甲一補。

〔二九三〕注文「聲」字甲一無。

〔二九四〕「鼓發」條底卷無，兹據甲一補。

〔二九五〕注文「奴効反」後甲一另有「或作吏」三字。

〔二九六〕「未幾」和下「好遊」條底卷無，兹據甲一補。注文「幾多幾幾也」第一、第三兩个「幾」字甲一作省書符號，原文含義不清，疑當作「幾多之幾也」。

〔二九七〕注文「呼」下甲一殘泐，其中第二字在雙行注文的左行，存上部的撇筆，原字似爲「反」字；據下文第六卷「好學」條「好」字音「呼老反」，則此條「呼」下的缺字或爲「老」字。

〔二九八〕「相繼」條甲一未見，但甲一「好遊」條下殘泐三字左右，所殘應即「相繼」條。注文「汁」字音不合，《匯考》以爲「計」字之訛，可從。

〔二九九〕「爲憶」條底卷無，兹據甲一補。注文「上始字」應爲「上如字」之訛。

〔三〇〇〕弟六，甲一作「第六」。下文「弟十」之「弟」甲二亦作「第」，不另出校説明。

〔三〇一〕「樂爲」二字甲一僅存左側殘畫，其下注文「上五教反。下樂持」諸字甲一殘缺。注文「樂出」的「樂」和「樂脱」的「脱」據甲一擬補。經本「樂爲」下依次有「樂持」、「樂出」、「樂度」、「樂脱」諸詞。又注文末甲一多二「也」字。

〔三〇二〕愛生，注文「生本上或作主」似有誤，甲一作「生本或作主」，義較順適；經本相應位置有「若諸衆生愛主族姓，世間推讓」句，其中的「愛主」斯二二七九、二三〇五、六六九六、北七四一〇(荒二四)號寫本同，斯一三六二號寫本作「愛生」，即此二字所出。

〔三〇三〕「數術」條底卷無，兹據甲一補。其中的「反」字甲一脱，兹據意擬補。

〔三〇四〕注文「下應与此聲韻同者，以意度之」甲一作「下應与此音同者，以意求之也」。

〔三〇五〕「旋復」條底卷無，兹據甲一補。

〔三〇六〕不能合，經本有「六者聞薰精明，明遍法界，則諸幽暗性不能全」句，其中的「全」字斯二二七九、六六九六號寫本作「合」，斯一三六二、二三〇五、北七四一〇(荒二四)號寫本作「令」，「全」、「令」似皆爲「合」字之訛。又注文『合開合合也』甲一作『開合合也』(甲一第二個『合』字本作重文符號)，疑當作『合，開合之合也』。

〔三〇七〕離，甲一作『離諸』。注文『力智反』後甲一有『餘字並以意求之』七字。

〔三〇八〕枷鏁，此條甲一殘泐(僅存『枷』字上部的殘筆)。經本有『能令衆生禁繫枷鎖所不能著』句，其中的『鎖』字斯一三六二號等敦煌寫本皆作『璅』，『鏁』乃『鎖』的俗字，『璅』乃『瑣』的俗字，而『鎖』又爲『瑣』的後起分化字。

〔三〇九〕注文『与險同』甲一作『嶮與險司(同)也』。

〔三一〇〕⿱竹軓，甲一作『範』，經本有『修法垂範，教化衆生』句，其中的『範』字北七四一〇號寫本作『⿱艹軓』，斯一三六二號寫本略同(右下部作『凡』抑或作『几』不太明晰)，北七四一一(菜八〇)、七四一二(菜六八)、七四一四(致一三)號、斯二三〇五、二二七九、六六九六號寫本作『⿱艹⿰車巳』，『⿱艹⿰車巳』爲『範』字俗寫，『⿱艹軓』則爲『⿱竹軓』字俗寫，『⿱竹軓』『範』古異體字。注文『法，亦是模。無反』六字甲一無；『上聲呼』甲一作『凡之上聲』，疑底卷『上聲』前脱『凡』字。參上校記〔五〕。

〔三一一〕軓，此條底卷抄在『⿱竹軓』條行下的地脚，兹暫添補於此處，但經本并無『軓』字，疑抄手參考《切韻》系韻書，因『⿱竹軓(範)』字連帶抄録同一小韻的『軓』字，而非經本既有『範』，其後又有『軓』字也。慧琳《音義》卷三〇《大方廣寶篋經》中卷音義：『師範，取凡字上聲，鄭注《考工記》云：範，法也。《説文》從車、笵省聲。《玉篇》或作軓。三字並通。經從草作⿱艹⿰車巳，非也。』可參。甲一『範』字條下殘泐約四個大字，其中第一字存上部殘畫，據殘存筆畫判斷，此字應非『軓』字；第三、四字應爲『分隔』二字，甲一次行雙行小字『上如字，下[音]革』，即『分隔』二字的注文，經本相應位置有『見聞覺知，不能分隔』句，即此二字所出。

〔三一二〕注文『手臂』甲一作『手之臂』。

〔三一三〕度垣，標目字及注文中『垣』字的提土旁底卷皆作一豎，不知何故，甲一皆訛作豎心旁，考經本有『如聲度垣不能爲礙」、「隔垣聽音響」句，即此字所出，兹據録正。又注文「下音圜」前甲一有「上如字」三字，「隔垣同」甲一作「下隔垣同」。

〔三四〕天雨，經本有「即時天雨百寶蓮華」句，即此二字所出；注文「雨或作落也」甲一作「雨或去聲，落也」，「落也」似爲釋義，則底卷「或作」後應脱「去聲」二字。

〔三五〕注文「音芬下女」、「雜也」六字甲一殘泐。

〔三六〕「誰當」條及下「元妙」條底卷無，兹據甲一補。

〔三七〕注文「元生」，《大正藏》經本相應位置無，而有「諸行是無常，念性無生滅」句，其中的「無生」斯二三〇五、北七四一〇號寫本同，斯一三六二、二三七九、六六九六號寫本作「元生」，宋釋子璿《首楞嚴義疏注經》卷一二引亦作「諸行是無常，念性元生滅」，并注云：「凡是有爲，皆屬行陰遷變，念性生滅，正是無常。」則似當以作「元生」義長。

〔三八〕注文「直列反」前甲一有一「徹」字，其後甲一有「字或從水。下明徹等並同」諸字。

〔三九〕齮，甲一此字有塗改，該頁卷背相應位置標有一「齮」字，表示加以改正；經本有「四維虧一半」句，其中的「虧」字斯二三七九、二三〇五、六六九六、北七四一〇號寫本作「齮」，「齮」即「虧」或體「虧」的訛俗字。

〔三〇〕注文「闕」甲一作「闕也」，在切音「去爲反」之後。

〔三一〕涯，甲一作「涯量」；注文「音牙」甲一作「上音牙，下去聲」。

〔三二〕注文「上蘇見反」甲一作「先蘇見反」，後另有「下先成同」四字。

〔三三〕權機，底卷二字皆作提手旁形，注文「機」字同，經本有「鼻想本權機」句，即此二字所出，兹據録正。又注文「開機」甲一作「機，開機也」；「一機、聞機同」甲一作「下一機也下一機息聞機同」，並當校正作「下一機、息〔機〕、聞機同」，經本「權機」句後有「要以一機抽，息機歸寂然」、「旋汝倒聞機」等句，即注文所出。

〔三三〕注文「心」字甲一無。

〔三四〕「爲有無」條及下「不爲」、「循聲」條底卷無，兹據甲一補。

〔三五〕注文「又丑六反」後甲一另有「下不畜同」四字。

〔三六〕悞，經本有「畜聞成過誤」、「由是疑誤無量衆生」句，其中的「誤」字斯一三六二、二二七九、六六九六號等寫本作「悞」，即此字及注文中「疑悞」的「悞」字所出。又注文「悞，錯悞」甲一無前一「悞」字，義較長。又此條下甲一有「聞復音服」條，但同卷上文「旋復音服」條下已注出「下旋復、聞復、休復並同」，則此處不必重出。

〔三七〕「誨」條底卷無，兹據甲一補。

〔三八〕蒸，底卷作「蒸」形，乃「蒸」的俗字，甲一作「烝」，爲《説文》「蒸」字的省體，經本有「如蒸沙石欲其成飯」句，其中的「蒸」字斯二二七九號寫本作「蒸」，即此字所出。又注文「炊」甲一作「炊也」，在切音「之承反」後。

〔三九〕注文「或作飰」甲一作「正作飰」，後另有「去聲」二字；按「飰」本即「飯」的改易聲旁俗字，唐人或以讀去聲作名詞用的「飯」寫作「飰」，分「飰」「飯」爲二（參《敦煌俗字研究》下編「飯」字條），故甲一云然。

〔四〇〕「婬機」條底卷無，兹據甲一補。

〔四一〕注文「望。几利反」甲一作「几利反，希冀望同」，似有誤。

〔四二〕「不煞」條底卷無，兹據甲一補；注文「正」字與標目字同形，疑當作「殺」，經本有「又諸世界六道衆生其心不殺，則不隨其生死相續」句，其中的「殺」字斯一三六二、二二七九、二三〇五、六六九六、北七四一〇號寫本作「煞」，即此字所出。

〔四三〕注文「又所律反」四字甲一無。

〔四四〕注文「細毛也」甲一在「尺税反」之後，「此芮反」甲一誤作「此芮也」。

〔四五〕「皆爲」條底卷無，兹據甲一補。

〔三三六〕 姧，『姦』的俗字，經本有『潛匿姦欺，稱善知識』句，其中的『姦』字斯一三六二、二一七九、二三〇五、六六九六、北七四一〇號寫本作『姧』，即此字所出。又注文『同』甲一作『下姧偷同』。

〔三三七〕 謂己，經本有『各自謂已得上人法』句，即此二字所出，據直音『紀』，則『已』當作『己』。

〔三三八〕 注文『誘。音涓』甲一作『涓之上聲，誘』，後者音較切合。

〔三三九〕 注文『上呼到反』甲一作『上呼到下反』（衍『下』字），後又有『下去聲』三字。

〔三四〇〕 甲二始『循方』條。注文『上音巡』甲二無『上』字。

〔三四一〕 甲卷注文無『上』字。標目字『殘生』、注文『反』字及『昨寒』二字左側大半在甲二，『昨寒』二字右側小半在甲一。

〔三四二〕 甲卷本條標目字及注文『弟四』二字在甲二，『已見』二字在甲一。標目字前一字甲二作正字『旅』。

〔三四三〕 標目字『裨』左上部在甲二，右下部在甲一。注文『裨益』甲一作『益也』，『販，興販』甲一作『裨販猶興販也』。

〔三四四〕 身燃，經本有『能於如來形像之前身然一燈，燒一指節，及於身上爇一香炷』句，即此二字所出，『燃』乃『然』的增旁俗字。本條甲卷在甲一。

〔三四五〕 『爇火』至『捶罵』條甲一僅存『巵』條注文『圓器』之『器』的右下部及『捶罵』條注文『上之累』三字（『累』後的『反』字存末捺筆的末梢，甲一止於此），其餘在甲二。『爇火』條注文『火』字甲二無。

〔三四六〕 注文『燈』字甲二無。

〔三四七〕 長挹，經本有『長挹世間，永脱諸漏』句，其中的『挹』字斯一三六二、二一七九、六六九六號寫本同，宋《資福藏》等刻本作『揖』，即此二字所出，『挹』乃『揖』的古通用字。又注文『下伊入反』前甲二有『上如字』三字，『下伊入反』後有『謹也』二字。『或作』甲二誤作『若作若作』。注文『梎（挹）』字底卷、甲二皆作省書符號，此處爲字頭『梎（挹）』省書抑或上一字『揖』字省書，兩可，茲暫定作字頭省書，存疑。本卷注文中的省書符號通常是對應字頭的，但偶爾也有重文省書的，如下文第八卷下有『熾裂』條，注云『下音列，亦合作此烈，烈，火盛也』，其中後二『烈』字底卷作省書符號，應即是前一字的省書符號。

〔三四八〕『爲此』條底卷無，兹據甲二補。

〔三四九〕本條甲二作『戹，音支，圓器也。又作巵』。

〔三五〇〕此條之下甲一殘泐，同頁後部（應係後來粘接於此）有『▨略難□』、『經音一卷□』字樣；背有散抄的『齵（齲）』、『闐闠下胡對反』、『貿』、『罄盡苦定反』、『舐食紙反』等字樣，係用以改正正面文字之誤，參看上文校記〔九九〕條。

〔三五一〕『迴爲』條底卷無，兹據甲二補。甲卷此條以下皆在甲二。

〔三五二〕己解，經本有『不將如來不了義説，迴爲已解，以誤初學』句，即此二字所出，據直音『紀』，則『已』當作『己』。宋釋子璿《首楞嚴義疏注經》卷一二云：『不了義説爲己解者，不將佛方便説，迴作自己心中獨悟之法，以此誑惑無識初學。』可以參證。注文『胡買反』甲二作『解買反』，切上字與被切字同形，或誤。

〔三五三〕注文『愍』字的『民』旁底卷、甲二皆缺末筆，或與避唐諱有關。參看上文校記〔五五〕。

〔三五四〕『未學』條底卷無，兹據甲二補。

〔三五五〕本條底卷誤作『噬（噬）臍臍，臆臍。《左傳》云噬（噬）臍何及。今引文取不到之義。噬（噬）音逝，噬（噬），齧齒也。』二條，兹改據甲二録文。經本有『求佛菩提，如噬臍人，欲誰成就』句，其下相應位置别無『噬』字，可證底卷之不確。『齊』通『臍』。注文『齧齒』《匯考》校作『齧』，極是，『齧齒』二字當是『齧』字之誤分。所引《左傳》出莊公六年：『若不早圖，後君噬齊。』杜預注：『若齧腹齊，喻不可及。』正以『齧』釋『噬』。

〔三五六〕注文『樂絃』後甲二多一『也』字；『即』字甲二無，後一『弓』字作省代符。

〔三五七〕弟七，甲二作『第七』。下文『弟八』、『弟九』之『弟』甲二亦作『第』，不另出校説明。

〔三五八〕軌，此處用作『軌』的俗字，甲二作『軓』，又爲『軌』的訛變形。注文甲二作『居水反，法也』。

〔三五九〕肥賦，甲二同，「賦」爲「膩」的換旁俗字，經本有「食其山中肥膩香草」句，其中的「膩」字斯三七八二、北七四一七號（闕九〇）寫本同，北七四一八號（柰九一）寫本作「賦」，即此字所出。

〔三六〇〕⿱关土，「糞」的俗字，注文中的「⿳十田共」乃「⿳十田共」字俗訛，後者爲「糞」的常見俗字。本條甲二標目字作「糞」，注文異體作「⿳十田共」，可比勘。經本有「此牛唯飲雪山清水，其糞微細」句，其中的「糞」字斯三七八二號寫本作「⿱关土」，即此字所出。

〔三六一〕「和合」條底卷無，兹據甲二補。注文有誤，似當從左往右讀作「下合音閤」（甲二「下合」「音閤」分别在雙行注文的左行、右行）；亦有可能「下合」下脱「同」字（經本下文有「和上栴檀沈水蘇合」、「合土成泥」、「和合相涉」等句）。「合」「閤」《廣韻·合韻》皆有古合切一讀。

〔三六二〕注文「上靈」甲二作「上音靈」。

〔三六三〕注文「上聲」甲二作「分之上聲」。

〔三六四〕注文「間斷」甲二作「上間斷同」，「上」應爲「下」字之誤，經本「十六香鑪間花鋪設」句下有「發菩薩願，心無間斷」句，即下「間斷」所出。

〔三六五〕注文「下音唐」甲二無「下」字。

〔三六六〕注文「床」乃「糜（糜）」的俗字。俄弗二三〇號玄應《一切經音義》卷二《大般涅槃經》第三十三卷音義：「粟床，字體作糜、糜二形，同，亡皮反，禾穄也。關西謂之床，冀州謂之穄。」下文「床」字同。

〔三六七〕兜樓婆，此條下底卷、甲二皆無音義，疑有脱漏。

〔三六八〕注文後一「餤」字底卷作省書符號，此處爲字頭「炎」省書抑或上一字「餤」字省書，兩可，兹暫定作「餤」字省書。注文甲二作「炎，餤，兩音並通」，可參。

〔三六九〕「軍荼利」條底卷無，兹據甲二補。注文「忽」後一字甲二中部有殘泐，原字似爲「愢」字。

〔三七〇〕注文甲二作「音副。又敷▨反」，其中缺字中部略有殘泐，似爲「福」字，「覆」字《廣韻》有芳福、敷救二切，分別與敷福切、敷祐切（與『副』同音）同音。

〔三七一〕本條底卷無，茲據甲二補。

〔三七二〕注文甲二作『音霰』。『先』字《廣韻》有蘇前、蘇田二切，分屬平、去二聲，後一讀音與『霰』同一小韻。按經本有『我毘奈耶先有願教』句，即本條所出，此『先』爲早先、原先之『先』，應以讀作平聲蘇前切爲長。參看上文校記〔三三九〕。

〔三七三〕注文甲二無釋義。

〔三七四〕注文甲二作『音鯨』，與『渠京反』同音。

〔三七五〕注文『下音户』甲二作『下户』，後有『依託也』釋義。

〔三七六〕注文『上尺隹反』後甲二另有『下如字』三字。

〔三七七〕注文甲二無末『反』字。

〔三七八〕注文『木名』甲二作『此木名也』。

〔三七九〕注文『布』前甲二有『西方』二字，『与』甲二作『字與』，『同』後甲二有一『也』字。按經本有『所有衆生，隨國所生樺皮、貝葉、紙素、白疊，書寫此咒，貯於香囊』句，即此二字所出；『疊』同『㲲』（《南史·夷貊下》高昌國『多草木，有草實如繭，繭中絲如細纑，名曰白疊子，國人取織以爲布，布甚軟白』，其中的『疊』《字彙·毛部》引作『㲲』，釋云『㲲，徒協切，音牒，細毛布。……今文㲲作疊』），又作『牒』（《後漢書·王符傳》：『且其徒御仆妾，皆服文組彩牒，錦繡綺紈。』李賢注：『牒即今疊布也。』）。注文『絏』爲『緤』字避唐諱改寫字（參上校記〔二九二〕），『緤』字《廣韻·薛韻》音私列切，此處釋『布』用同『疊』的『緤』乃『牒』的換旁俗字。

〔三八〇〕經本有『一切咒咀魘蠱毒藥』句，其中的『咀』字斯二三二六、三七八二、六六八〇、北七四一七號寫本皆作『詛』，即此字及下『魘蠱』二字所出；『咀』當校讀作『詛』。注文甲二作『側慮反，惡呪』。

〔三八一〕注文『与』甲二作『字與』;『猒』字左部甲二誤作『骨』形;『下音故』甲二作『下音古處也』,末字或爲『反』字之誤。

〔三八二〕⿰石叅(磣)心,經本有『一切惡星并諸鬼神磣毒心人,於如是人不能起惡』句,其中的『磣毒心人』《金藏》廣勝寺本同,斯一三六二、二三三二六、三七八二、六六八〇、北七四一七、北七四一八號寫本及宋《資福藏》等刻本皆作『⿰石叅(磣)心毒人』,即此二字所出;慧琳《音義》引作『慘心』,云『上測錦反,《説文》云:慘,毒也,從心,參聲。經作磣,俗字也』。

〔三八三〕注文『别名』後甲二多一『之』字,蓋抄手爲雙行對齊而添。

〔三八四〕飢荒,經本有『若諸國土州縣聚落饑荒疫癘』句,其中的『饑荒』上條所引敦煌各寫本皆作『飢荒』,『飢』當讀作『饑』。

〔三八五〕注文『下音例』甲二無『音』字。

〔三八六〕本條底卷無,兹據甲二補。注文所引『寬於』二字經本未見,疑有誤。

〔三八七〕注文『上丑下解』甲二作『上丑下⿰歹隹也』,『⿰歹隹』應爲『鎩』的簡俗字,『械』『鎩』《廣韻·怪韻》同在胡介切小韻,而底卷直音『解』則爲上聲蟹韻字,與『械』異調(唐五代西北方音濁上變去,則二字同音)。

〔三八八〕注文『下所類反』甲二無『下』字。

〔三八九〕注文『從』後甲二多一『之』字。

〔三九〇〕注文『上五教反』甲二無『上』字。

〔三九一〕注文『反』字據甲二擬補。

〔三九二〕注文『上音衡』後甲二另有『下音目』三字。

〔三九三〕注文甲二作『音袴』,『袴』字《廣韻》音苦故切,爲去聲暮韻字,與『刳』字異調(『刳』爲平聲模韻字)。又『刳』條亦見於下文第八卷下,彼處釋『割破』,此僅釋一『破』字,疑有脱漏。

〔三九四〕直滋，甲二作『真滋』，但『直滋』或『真滋』二字經本相應位置皆未見，而有『和合滋成八萬四千横豎亂想』句，疑寫卷『直』字『真』字皆有誤（經本相應位置既有『直』字也有『真』字，或原文該字下脱漏注文）。

〔三九五〕烎，甲二字形兼於『耎』或『烎』之間，考經本有『和合軟成八萬四千飜覆亂想』句，其中的『軟』字斯一三六二、二三二六、北七四一七、北七四一八號寫本作『烎』，斯三七八二、六六八〇號寫本作『耎』，『烎』乃『耎』的俗字，『軟』『耎』古通用。

〔三九六〕標目字前一字甲二作正字『蔽』，兹據校。

〔三九七〕蠢蠕，『蠕』爲『蠕』的俗字，經本有『如是故，有濕相蔽尸流轉國土，含蠢蠕動，其類充塞』句，其中的『蠕』字上條所引各敦煌寫本皆作『蠕』，即本條所出。

〔三九八〕蜕，經本有『轉蜕飛行，其類充塞』句，即此字所出：『蜕』字慧琳《音義》釋『蟬脱皮也』，底卷『此飛行』三字似就經文而言。注文甲二作『音税，又音唾』，『唾』字《廣韻·過韻》音湯卧切，與『他卧反』同音。

〔三九九〕着成，經本有『和合著成八萬四千精耀亂想』句，其中的『著』字北七四一八號寫本同，斯一三六二、二三三二六、三七八二、六六八〇、北七四一七號寫本作『着』，『着』乃『著』的俗字，即此字所出。

〔四〇〇〕沐咎，甲二同，當作『休咎』，經本有『休咎精明，其類充塞』句，即此二字所出；宋釋子璿《首楞嚴義疏注經》卷一三引亦作『休咎精明』，王氏疏云：『吉者爲休，凶者爲咎。』可爲校字之證。又注文甲二作『音臼』，『臼』『咎』《廣韻·有韻》同音其九切，而底卷直音字『舊』《廣韻》音巨救切，爲去聲宥韻字，異調（唐五代西北方音濁上變去，則『咎』當亦可讀作去聲）。

〔四〇一〕注文『水虫』甲二作『水蟲也』，『虫』即『蟲』的古混用字。

〔四〇二〕注文『与此』甲二作『與』一字，『与』『與』古通用，『此』字則疑爲衍文。

〔四〇三〕蒲盧，經本有『彼蒲盧等異質相成』句，其中的『蒲盧』上條所引各敦煌寫本皆作『蒲盧』，即本條所出。又注文甲二作『桑蟲也』，『虫』爲『蟲』的古混用字。

〔四〇四〕本條底卷無，兹據甲二補。

〔四〇五〕注文甲二作「上音土木之土，下音驍也」。

〔四〇六〕注文「土塊」後甲二多一「也」字。

〔四〇七〕本條底卷無，兹據甲二補。

〔四〇八〕注文甲二作「原。下「放元」同也」。

〔四〇九〕注文「割破。苦胡反」五字甲二無。

〔四一〇〕注文甲二作「與噉同。下「無啖」同」。

〔四一一〕舐，經本有「諸餓鬼等因彼食次，舐其唇吻」句，即此字所出；注文「正」字「舐」與標目字同形，該字原卷有塗痕，應爲誤字，《匯考》校作「䑛」，可從。底卷卷背《金剛般若波羅蜜經》後部夾抄有「舐，食帋反，或作䑛，或此䑛」、「紙，諸氏反，与此帋同」兩條佛經音義，字體與正面佛經音義同（而與佛經部分不同），這是抄寫佛經音義的人因正面文字有誤，而在卷背加以補正寫上的，其中前一條就是對這一條的補正，後一條正面無相應條目，大概是對前一條注文切語「紙」字的補充解釋。參看上文校記〔九九〕。「䑛」見《説文》，其或體作「䑛」，而「舐」爲其後起改易聲旁俗字。慧琳《音義》卷三九《不空羂索陀羅尼經》音義：「䑛脣，上時尒反，顧野王云以舌取食也，《説文》從舌、易聲，或作䑛，今經作舐，俗字。」可參。甲二本條注文僅「食紙反」三字，兹據擬補「反」字。

〔四一二〕本條底卷無，兹據甲二補。

〔四一三〕注文「吾苟反」後甲二作「合也。下「不偶」同」。

〔四一四〕本條底卷無，兹據甲二補。

〔四一五〕注文甲二作「與音反」，「音」字韻不合，當爲「晉」字之誤。

〔四一六〕注文「上音以」甲二無「上」字。

〔四一七〕注文『苦穴反』後甲二另有三字，但皆有殘泐，難以辨認。

〔四一八〕拒，底卷作『柜』，甲二略同，乃『拒』的訛字，經本有『自覺覺他，得無違拒，名無嗔恨行』句，即此字所出，兹據録正。

〔四一九〕本條底卷無，兹據甲二補。標目字後一『見』字甲二似有塗抹，或本已點去，可删。按經本云『則於同中顯現群異，一一異相各各見同，名善現行』，即此三條所本，原文似當讀作『則於同中顯現群異，一一異相各各見同，名善現行』。宋釋子璿《首楞嚴義疏注經》卷一四引同，釋云：『一中現無量，故云於同現異；無量中現一，故云異相見同。……以知一切法同一法性，能作種種異説，而不失一性一相之旨。』可參。斯一三六二、北七四一九（夜四六）號經本『顯現群異』作『顯群異相』，似誤。底卷及甲二所引文字有脱漏，斷句亦似未妥。

〔四二〇〕注文『上于眷反』甲二無『上』字，『遠』後甲二多一『字』字。

〔四二一〕於同佛，甲二同，經本有『於同佛地，地中各各生清浄因；依因發揮，取涅槃道，名隨順平等善根迴向』句，疑底卷及甲二『佛』後脱一『地』字。宋釋子璿《首楞嚴義疏注經》卷一四引上揭經文，《大正藏》本以『於同佛地地中』六字連讀，未妥。

〔四二二〕本條底卷無，兹據甲二補。

〔四二三〕注文『上借官反』甲二無『上』字。

〔四二四〕餪，『餪』字俗寫，經本有『猶如鑽火，欲然其木，名爲煖地』句，其中的『煖』字斯一三六二、北七四一九號寫本作『㬉（㬉）』，經文似指温暖之意，字當以作『暖』（古本作『煗』，亦借用『煖』）爲長。注文『与此暖同』甲二無『与』字。

〔四二五〕『所目』、『遠行』二條底卷無，兹據甲二補。

〔四二六〕注文『敷祐反』甲二作『音副』，音同。

〔四二七〕禪複，經本有『如是重重，單複十二，方盡妙覺，成無上道』句，其中的『單複』斯一三六二、北七四一九號寫本作『禪複』，即此二字所出，『禪』應讀作『單』。注文甲二作『上音丹，下音福，單重之義。或作禪複，未詳也』。

〔四二八〕注文『下同』甲二作『下「正觀」、「邪觀」同』。

〔四二九〕蠕，『蠕』的俗字，經本有『乃至大地草木，蠕動含靈』句，其中的『蠕』字斯一三六二、北七四一九號寫本作俗字『蠕』，即此字所出。又注文『而允反』、『而蠢反』同音（『允』、『蠢』《廣韻》皆上聲準韻字），甲二『而允反』作『而兖反』，或當據正，《集韻》『蠕』字有乳兖切一讀，正與『而兖反』同音。

〔四三〇〕注文後一『元』字下疑脱一字，經本同卷下文有『兼有元地』、『與元負人怨對相值』句，則所脱疑爲『負』字（底卷下文有『元負原』條）；然甲二注文作『原。下「元地」亦同』，據此，或底卷後一『元』字爲衍文亦未可知。

〔四三一〕『爲誅』、『定處』、『分開』三條底卷無，兹據甲二補。

〔四三二〕注文甲二作『分並扶問反』。

〔四三三〕愛涏，『涏』乃『涎』字俗訛，甲二正作『涎』字不誤，經本有『貪求財寶，心發愛涎，舉體光潤』句，即此字所出。又注文『口中液』甲二作『口液也』。

〔四三四〕顧盻，『盻』乃『眄』的俗字，經本有『顧眄雄毅，心欲生天，夢想飛舉』句，其中的『眄』字斯一三六二、北七四一九號寫本作俗字『盻』，即此字所出。

〔四三五〕注文甲二作『毅魚既反，猛』。

〔四三六〕本條底卷無，兹據甲二補。

〔四三七〕注文『綏安』甲二無『綏』字，『安』字下部略有殘泐，『安』字之下似有殘筆，或本有一『也』字。

〔四三八〕本條底卷無，兹據甲二補。

〔四三九〕注文甲二作「羽音雨，鳥也」。

〔四四〇〕本條底卷無，兹據甲二補。

〔四四一〕害已，經本有「身爲餓鬼，常被焚燒，水能害已，無食無飲，經百千劫」句，據本卷直音「紀」，「已」當是「己」之訛。宋釋子璿《首楞嚴義疏注經》卷一五釋云：「水能害己者，苦於無水也。」可參。

〔四四二〕注文甲二作「上盧塹[反]；下音鷹也」，底卷注文「檐」用同「擔」，「塹」「擔」與「濫」皆《廣韻》去聲闞韻字。

〔四四三〕本條底卷無，兹據甲二補。

〔四四四〕注文「下音列」後甲二另有「寒也。或作裂破」六字。

〔四四五〕吒吒波波羅羅，經本有「如人以口吸縮風氣，有冷觸生，二習相凌，故有吒吒、波波、囉囉、青、赤、白蓮寒冰等事」句，其中的「囉囉」斯一三六二、北七四一九號寫本同，宋《資福藏》、元《普寧藏》等刻本作「羅羅」，乃梵語音譯之異。注文「叫此名」甲二作「得此名也」。

〔四四六〕相侍，「侍」當是「恃」字之訛，經本有「三者慢習交凌，發於相恃，馳流不息」句，即此字所出，「恃」與「市」《廣韻》上聲止韻同音時止切，而「侍」則爲去聲志韻字，與「市」異調。

〔四四七〕注文「綿，緾綿」甲二作「緾綿也」。

〔四四八〕注文「鼓動」甲二無「鼓」字。

〔四四九〕注文「下」後底卷留有空格（「上音炬下」四字均寫於雙行注文的右行，左行空缺），兹據甲二擬補「巨海同」三字。

〔四五〇〕注文前一「忤」字據甲二校，「忤」「悟」《廣韻·暮韻》同音五古切；又「忤，觸忤」甲二作「觸忤也」。

〔四五一〕鐵（鐵）撅，「撅」當作「橛」，注文「垈」當作「栓」，經本有「心熱發火，鑄氣爲金，如是故有刀山、鐵橛、劍樹、劍輪、斧鉞、鎗鋸」句，其中的「橛」字斯一三六二號作「栓」，「栓」爲「橛」的會意俗字。慧琳《音義》引出

『鐵槩』條，云『經作栓，俗撰字也』。《大正藏》校記稱宋《資福藏》本『槪』字作『桎』，『桎』應是『栓』字之訛。注文末甲二多一『非』字。

〔四五二〕本條底卷無，茲據甲二補。

〔四五三〕塠擊，經本有『如人銜冤，殺氣飛動，二習相擊，故有宫割、斬斫、剉刺、搥擊諸事』句，其中的『搥』字斯一三六二、北七四一九號寫本作『塠』，即此字所出；『塠』當校讀作『搥』。注文甲二作『上都迴反，或作磓，落也；若作搥，直追反，▨▨』，殘字之後另有五字左右殘缺，但似本作空白。

〔四五四〕絞挍，經本有『五者詐習交誘，發於相調，引起不住，如是故有繩木絞挍，如水浸田，草木生長，二習相延，故有杻械、枷鎖、鞭杖、撾棒諸事』句，即此二字所出；『挍』當爲『校』字俗寫，『校』即下文『杻械』、『枷鎖』之屬，經文中指用刑具拘繫，宋釋子璿《首楞嚴義疏注經》卷一五引正作『校』，釋云：『繩木絞校，所感苦具也。』可參。注文『攬』《匯考》定作『攪』字之訛，可從。又注文『下』後底卷留有一個大字的空格，茲據甲二擬補『音効，枷之類也』五字。

〔四五五〕侵田，《匯考》校作『浸田』，是，甲二及經本即作『浸田』（經文見上條引）。

〔四五六〕撾棒，《大正藏》本及北七四一九號寫本經文同（見上文引），甲二及斯一三六二號經本作『檛棒』，『檛』與『棒』略同，義長。

〔四五七〕注文『士咸反』的『士』底卷作『圡』形，乃『土』的加點俗字（以區别於形近的『士』），但此處乃『士』字之訛，茲徑録正，《廣韻》『讒』字即音士咸切。

〔四五八〕犲狼，經本有『菩薩見詐，如畏犲狼』句，即此二字所出，『犲』乃『豺』的俗字；又注文『五皆反』《匯考》定作『士皆反』之訛，可從，《廣韻》『豺』字即音士皆切。

〔四五九〕誣冈，經本有『六者誑習交欺，發於相調，誣調不止』句，其中的『調』字斯一三六二、北七四一九號寫本作『冈』，宋釋子璿《首楞嚴義疏注經》卷一五引作『罔』，『冈』乃『网』字俗省，『网』『罔』古異體字，而『調』又爲『罔』的後起增旁字。注文『上音無』後甲二另有『下音網』三字。

〔四六〇〕擲，經本有『如塵隨風，各無所見，二習相加，故有没溺、騰擲、飛墜、漂淪諸事』句，即此字所出。注文甲二作『直炙反』。按『擲』字《廣韻·昔韻》音直炙切，『直』字《廣韻·職韻》音除力切，昔韻、職韻唐五代西北方音讀音相近，故『擲』『直』可以互注。伯二一九三號《目連緣起》：『目連蒙佛賜威雄，須臾直鉢便騰空。』其中的『直』字《敦煌變文集》校作『擲』，可以比勘。

〔四六一〕虵虺，『虵』爲『蛇』的俗字，經本有『菩薩見誑，如踐蛇虺』句，其中的『蛇』字斯一三六二、北七四一九號寫本作『虵』，即此字所出。

〔四六二〕投礰，經本有『七者怨習交嫌，發于銜恨，如是故有飛石、投礰、匣貯、車檻、甕盛、囊撲』句，即此二字所出；『礰』乃『礫』的同音借字，慧琳《音義》引作『投礫』，云『礫』字『音歷，《説文》云小石也，從石、樂聲。經文作礰，非也』。注文末甲二另有『砂礫也』三字。

〔四六三〕車檻，『檻』字底卷及甲二左旁作提手旁形，俗寫，此徑録正，經本有『七者怨習交嫌，發于銜恨，如是故有飛石、投礰、匣貯、車檻、甕盛、囊撲』句，即本条所出。

〔四六四〕囊撲，《大正藏》本及斯一三六二、北七四一九號寫本同（經文見上條引），《大正藏》校記稱元《普寧藏》本『撲』作『蹼』，宋釋子璿《首楞嚴義疏注經》卷一五引作『囊襆』，云『囊襆等，已上皆拘繫罪人之具，有作撲，字之誤也』。但據直音『雹』而言，底卷所據經本仍當是『撲』（『撲』、『雹』《廣韻》皆有蒲角切一讀）。

〔四六五〕擊射，底卷脱，茲據甲二擬補。經本相應位置有『如陰毒人，懷抱畜惡，二習相吞，故有投擲、擒捉、擊射、抛撮諸事』句，在『畜惡』、『抛撮』條間有『擊射』二字，『射』字《廣韻·昔韻》有食亦切一讀，與『石』字讀音略同（慧琳《音義》卷一八《十輪經》第四卷音義『射中』條云『射』字『虵夜反，又音石』，可參），可參。

〔四六六〕抛樶，『抛』字底卷訛作木旁，此據甲二録正；『樶』所從的木旁亦爲扌旁之訛，『撮』乃『撮』的常見俗字；《大正藏》經本作『拋撮』（見上條引），『拋』乃『抛』的俗字，斯一三六二、北七四一九號寫本及慧琳《音義》

引正作『抛撮』，即此二字所出。但宋釋子璿《首楞嚴義疏注經》卷一五引作『挽撮』，云：『挽撮皆牽繫罪人也。有作抛，亦字誤也。』可備一説。又注文『上音』後底卷空一格，當缺直音字，『子』下則應脱反切下字，兹並據甲二擬補。

〔四六七〕拒，底卷作『柜』，乃『拒』的訛字，經本有『發於違拒』句，即此字所出，兹據録正。

〔四六八〕『相返』至『文籍』條底卷無，兹據甲二補；其中『相返』條注文『作』下甲二殘缺，疑缺一『反』字；『相返』條與『文籍』條間甲二殘缺約兩個大字的空間。考經本有『八者見習交明，如薩迦耶見戒禁取邪悟諸業，發於違拒，出生相返，如是故，有王使主吏證執文藉（籍）』等句，即『薩迦耶』以下諸條所出，其中『相返』的『返』字《大正藏》校記稱元、明本作『反』，可參。又『籍』字《廣韻・昔韻》音秦昔切，甲二切下字『音』當是『昔』字之誤。

〔四六九〕注文『信』字據甲二補，慧琳《音義》卷七七《釋迦譜序》第一卷音義『博訊』條下云『訊』字『音信，《毛詩傳》曰：訊，問也』，可參。又『亦是問』甲二作『問』一字。

〔四七〇〕推鞠，通作『推鞫』，注文『鞠』字甲二正作『鞫』，經本有『故有勘問、權詐、考訊、推鞫、察訪、披究、照明』句，即本條所出。又注文『鞠』後的省書符疑爲『之』字之訛。

〔四七一〕文薄，當校讀作『文簿』（竹頭草頭俗書不分），經本有『善惡童子手執文簿，辭辯諸事』句，其中的『簿』字斯一三六二、北七四一九號寫本皆作『薄』，即本條所出。

〔四七二〕『磓』字《廣韻》音五對切，疑紐；底卷音雨對反，云紐；唐五代西北方音疑、云二紐同用。

〔四七三〕注文『磨，按摩』三字甲二無。

〔四七四〕押捺，『捺』字底卷從木旁，考經本有『如讒賊人逼枉良善，二習相排，故有押捺、搥按、蹙漉、衡度諸事』句，即此二字所出，因據録正。『押捺』猶云壓制。宋釋子璿《首楞嚴義疏注經》卷一五相關文句釋作『枉押良善，抑捺無辜』，可參。

〔四七五〕 掍按，底卷似皆從木旁形，兹據甲二及經本録正（經文見上條引）。注文『按擊』甲二作『皆擊也』。

〔四七六〕 衜度，『衜』爲『衡』的俗字，《大正藏》本經文作『衝度』（經文已見上引），乃『衡度』之誤，斯一三六二、北七四一九號寫本正作『衡度』，宋釋子璿《首楞嚴義疏注經》卷一五引同，釋云：『衡，權衡也；度，丈尺也。』可參。注文『上音行』後甲二另有『下音度』三字，注文『度』與標目字同形，當誤。

〔四七七〕 藏䨱，經本有『十者訟習交諠，發於藏覆』句，其中的『覆』字北七四一九號寫本作『䨱』，斯一三六二號寫本作『䨱』，『覆』、『䨱』皆爲『覆』字俗寫，即本條所出。注文『下音副』前甲二另有『上如字』三字。

〔四七八〕 『鑒見』、『惡友』二條底卷無，兹據甲二補。

〔四七九〕 洋，經本有『燒聽能爲鑊湯洋銅』句，即此字所出；『洋銅』敦煌寫本也作『烊銅』，『洋』乃同音借字。又此條下甲二有『黑燒聲』三大字（經本相應位置有『燒息能爲黑烟紫焰』句），含意不明，存疑。

〔四八〇〕 注文『音園』甲二作『音垣』，『園』『垣』《廣韻·元韻》同音雨元切，並與『丸』字音近。

〔四八一〕 注文甲二作『音扇』。

〔四八二〕 閙，經本有『聽種種鬧，精神瞀亂』句，其中的『鬧』字斯一三六二、北七四一九號寫本作『閙』，『閙』爲『鬧』的通行俗字。『鬧』字《廣韻·效韻》音奴教反，底卷切女教反，音同。

〔四八三〕 餧，經本有『衝味則能爲餒爲爽』句，其中的『餒』字斯一三六二、北七四一九號寫本作『餧』，即此字所出；『餒』爲『餧』的後起異體字。

〔四八四〕 本條底卷無，兹據甲二補。

〔四八五〕 熾裂，經本有『此味業交，則臨終時，先見鐵網猛炎熾烈周覆世界』句，其中的『烈』字斯一三六二、北七四一九號寫本作『裂』，即本條所出；『裂』應爲『烈』的音誤字。注文『亦合作此烈』甲二作『以義合作烈』。

〔四八六〕 挂，底卷從木旁形，經本有『亡者神識下透挂網，倒懸其頭』句，即此字所出，兹據録正。注文『音与此卦同』甲二作『音與卦同，懸』。

〔四八七〕 注文「裂破」甲二作「破也」。

〔四八八〕 本條底卷無，兹據甲二補。

〔四八九〕 鎗矟，經本有「牛頭獄卒、馬頭羅刹，手執槍矟」句，其中的「槍矟」斯一三六二、北七四一九號寫本作「鎗矟」，即本條所出；慧琳《音義》出「鎗矟」條，云：「上七羊反，俗字也，正作槍。」

〔四九〇〕 據經文所見，「歷」字條應在「鎗矟」條前或「潰」字條後。

〔四九一〕 本條底卷無，兹據甲二補。

〔四九二〕 橦，經本有「歷聽則能爲撞爲擊爲剸爲射」句，其中的「撞」字斯一三六二、北七四一九號寫本似皆作「橦」形，「橦」、「撞」形音皆近，古多混用不分。又注文「或作此撞」甲二無「此」字；後一「撞」字底卷及甲二皆作省書符號，此處爲字頭「橦」省書抑或上一字「撞」字省書，兩可，兹暫定作「撞」字省書，存疑。參看上文校記〔三六八〕條。

〔四九三〕 爲事，《大正藏》本經文作「爲剸」（經文見上條引），斯一三六二、北七四一九號寫本作「爲事」，宋釋子璿《首楞嚴義疏注經》卷一六引作「爲傳」。《廣韻·志韻》側吏反：「事，事刃。又作剸、傳。」注文「又」字甲二無，「揷丑」費解（「揷」字字書不載），《匯考》校作「傳刃」，可從。

〔四九四〕 「檻」字底卷旁記於上文「截」字左側行間，查經文有「火車火船火檻」句，殆即此字所出，兹按經文順序添補於「炙」字條下。

〔四九五〕 魃鬼，甲二作「魃鬼」，經本有「若於本因貪物爲罪，是人罪畢，遇物成形，名爲𩲡鬼。貪色爲罪，是人罪畢，遇風成形，名爲𩲡鬼」句，其中的前一「𩲡」字當是「怪」字刻誤，斯一三六二、北七四一九號寫本正作「怪」；後一「𩲡」字斯一三六二號寫本同，北七四一九號寫本作「魃」，乃「魃」的俗字。

〔四九六〕 蠱毒，甲二作「蠱毒鬼」；經本有「遇蠱成形名蠱毒鬼」句，即此詞所出。

〔四九七〕 厲鬼，經本有「貪憶爲罪，是人罪畢，遇衰成形，名爲癘鬼」句，其中的「癘」字斯一三六二、北七四一九號寫

〔四九八〕本作『厲』，即本條所出；『厲』『癘』古今字。注文『上音例』甲二無『上』字。

〔四九九〕注文二『音』字甲二並無。

〔五〇〇〕注文甲二作『音義未詳』。

〔五〇一〕『應類』、『循』二條底卷無，兹據甲二補；其中『循』條甲二小字接排於『應類』條注文之後，按經本有『和精之鬼和銷報盡，生於世間多爲應類；明靈之鬼明滅報盡，生於世間多爲休徵一切諸類；依人之鬼人亡報盡，生於世間多於（爲）循類』等句，應即此二條所出，故改以『循』爲標目字，另列一條。

〔五〇二〕『爲人』、『反徵』二條底卷無，兹據甲二補。

〔五〇三〕剩，經本有『從是畜生酬償先債，若彼酬者分越所酬，此等衆生還復爲人返徵其剩』句，即此字所出。注文後一『乘』字底卷作省書符，兹定作前一『乘』字的重文符號，『乘車』蓋爲『音乘』的進一步説明，指『音乘』的『乘』乃『乘車』之『乘』。『乘』字《廣韻》有平聲食陵切（駕也）、去聲實證切（車乘也）二讀，經文的『剩』乃剩餘之『剩』，與去聲的『乘』同音。但底卷又注『食陵反』，則與平聲的『乘』字同音，而與『剩』字音不合，或爲衍文當删。甲二注文作『音車乘同，餘也』，可參。

〔五〇四〕注文『上音護』後甲二另有『下如字』三字。

〔五〇五〕注文甲二作『仍吏反，服餌』。

〔五〇六〕經文『倫』字多見於『參合』、『佷』字前後，而不見於『餌』字以後，底卷『倫』字條的順序略有不合。

〔五〇七〕本條底卷無，兹據甲二補。

〔五〇八〕㠀，經本有『休止深山或大海島』句，『島』乃『㠀』字俗省。注文甲二誤作『音例』二字。

〔五〇九〕標目字甲二作『違戾』二字，經本有『有應觸來未能違戾』句，即本條所出。

〔五一〇〕本條底卷無，兹據甲二補。

〔五一一〕注文『上在略反』後甲二另有『下音』二字，『音』下當脱一字。

〔五一二〕『齅』、『擾』二條甲二無，『齅』字、『擾』字經本相應位置亦未見，而經本卷八中有『三者嗅報，招引惡果』（『嗅』字斯一三六二、北七四一九號寫本作『齅』）、『被諸惡氣薰極心擾』句，應即此二條所出。按經文順序，此二條當列於上文『雹』字、『餧』字條之間，蓋彼處漏抄而補抄於卷末者。

〔五一三〕注文『音以』甲二作『上音以』。

〔五一四〕機括，此二字底卷皆作提手旁形，前一字顯爲『機』字俗寫，茲徑録正；『括』指箭栝，本爲『栝』字俗寫，但箭栝字古書多有寫作『括』的，又經本有『機括獨行』句，即本條所出，其中的『括』字斯一三六二、五三〇二、伯二三五一、北七四二一（辰六八）號寫本並同，故此仍按原形作『括』。

〔五一五〕注文『居希反』後甲二另有『幾微也』三字。

〔五一六〕本條底卷無，茲據甲二補。

〔五一七〕注文『户鼎反』後甲二另有『同下』二字，『同下』蓋『下同』誤倒，經本有『十方寂然迥無攸往』句，即本條所出；同卷下文又有『智力衰微入中墮地迥無所見』句，即所謂『下同』也。

〔五一八〕注文甲二僅作『音讎』二字，『市流反』與『讎』同音。

〔五一九〕逮終，甲二作『逮終』，經本有『從此逮終，名無色界』句，『逮』即『逮』的古異體字；『逮』字《廣韻·代韻》音徒耐切，『大』字《廣韻·泰韻》有徒蓋切一讀，二字紐同韻近；甲二注文作『音岱』，『岱』字則與『逮』《廣韻》在同一小韻。

〔五二〇〕注文『數趣』甲二作『數取趣』，義長。玄應《音義》卷二二《瑜伽師地論》第一卷音義：『補特伽羅，案梵本補此云數，特伽此云取，羅此云趣，數取趣謂數數往來諸趣也。』可證。

〔五二一〕注文『貶退也』甲二無『貶』字。

〔五二二〕注文『音同』甲二作『同之去聲』，後者是；『洞』字《廣韻》在去聲送韻，而『同』則在平聲東韻，二字異調。

〔五二三〕注文『旦，旦朝』甲二作『朝也』。

〔五二四〕從卵，經本有『此阿修羅從卵而生』句，即此二字所出；據經本，此二字應列在『補特伽羅』條與『貶』字條之間，底卷字序略有不合。

〔五二五〕本條甲二作『元無，上原』。

〔五二六〕注文『音叙』甲二作『馭』一字，『馭』應爲『叙』字形訛。

〔五二七〕本條底卷無，兹據甲二補。

〔五二八〕勗，《龍龕·四部》有此字，『許玉反，勉也』，乃『勖』的俗字；經本有『汝朂修行，欲得菩提，要除三惑』句，其中的『朂』字伯二三五一號寫本作『勖』形，斯五三〇二號寫本作『勗』形，即此字所出，『朂』亦『勖』的變體俗字。

〔五二九〕標目字『倍』甲二作『倍加』二字。經本有『雖欲除妄，倍加虚僞』句，即本條所出。

〔五三〇〕注文『居履反』後甲二另有『與几同』三字。經本有『即時如來將罷法座，於師子床攬七寶机』句，即本條所出；其中的『机』字《大正藏》校記引宋、元、明本作『几』，『机』即『几』的後起增旁字。

〔五三一〕凴倚，標目字『凴』與注文中的『凴』同形，必有一誤；甲二標目字作『凭倚』，注文『下於綺反』前甲二作『上音凴，或作凭，非』，近是。經本有『迴紫金山，再來凭倚』句，即本條所出，其中的『凭』字斯一三六二、伯二二五一號寫本作『凴』形，斯五三〇二、北七四二一號寫本作『凴』形；依凭字《説文》本作『凭』，古亦假『凴』字爲之，『凴』和『凭』乃『凴』字俗寫，『凴』則是受『凴』、『凭』的交互影響産生的後起俗字，而『凴』又爲『凴』字俗省。慧琳《音義》引出『凭倚』條，云『凭』字『經作凴，俗字』，可參。

〔五三二〕注文甲二作『音玷』二字。

〔五三三〕歸元，『歸』爲『歸』的古異體字，經本有『汝等一人發真歸元』句，其中的『歸』字斯一三六二、北七四二一號寫本作『歸』，即此字所出。注文『音原』甲二無『音』字。

〔五三四〕注文『上音震』後甲二有『下音裂』三字，『裂』當作『列』，『裂』字直音『列』上文已數見。

〔五三五〕 溜，經本有『汝輩修禪飾三摩地，十方菩薩及諸無漏大阿羅漢，心精通溜，當處湛然』句，又有『又善男子，受陰虛妙不遭邪慮，圓定發明三摩地中，心愛綿溜，澄其精思，貪求契合』句，其中的『溜』字斯一三六二、五三〇二、伯二三五一、北七四二一號寫本皆作『溜』，宋《資福藏》本作『泯』，《金藏》廣勝寺本前一例作『湣』，後一例作『溜』。慧琳《音義》引出『通溜』條，云『溜』字『灰磑反，又音退，《考聲》云溜，潰也。今謂潰去色曰溜也』。《龍龕·水部》：『溜，《經音義》晦、退二音，云：溜，潰（潰）也。香嚴又音泯。』《字彙補·水部》：『溜，合也。《楞嚴經》「心愛綿溜」。』按：『溜』當是『溜』的訛字，底卷音『武盡反』，與香嚴『音泯』讀音相合，根據這一讀音及《字彙補》的釋義，此字疑即『泯』或『湣』的訛俗字（右部當與避唐諱『民』旁改寫有關）。甲二注文『武盡反』後另有『與泯音義同，下並同也』，是也。宋釋子璿《首楞嚴義疏注經》卷一八引皆作『淴』，非是，但其釋後例云：『綿，密也。淴，合也。澄，凝寂也。精思即前愛心也。夫亡機寂照，相念不生，理自冥會，若希求淴合，愛念潛增，疑心即差。』則可資參證。又本條底卷在行末，本條下部欄綫之外有二『兊（兑）』字，『兊（兑）』敦煌寫本中常用以指該頁作廢之意，此處不知何意。

〔五三六〕 注文『上丁浪反』後甲二另有『下去聲』三字。

〔五三七〕 注文『僉盛』二字旁注於下條『沸浪』二字右側，茲據文意移置此處，甲二無此二字。『盛』疑爲『咸』字之訛。《廣韻·鹽韻》七廉切：『僉，咸也。』

〔五三八〕 注文『下郎宕反』甲二作『下波浪』。

〔五三九〕 灭氣，『灭』爲『奂』的俗字，注文『燸』乃『焕』的俗字，經本有『煖氣漸鄰，不日銷殞』句，其中的『煖』字斯一三六二、五三〇二、伯二三五一、北七四二一號寫本皆作『灭』形，即此字所出；就温暖義而言，『焕』爲本字，『奂』、『煖』皆借用字，『暖』爲『煖』的換旁俗字。參看上文校記〔一〇八〕。

〔五四〇〕 本條底卷無，茲據甲二補。『但』同『但』，唐代避睿宗李旦諱，『旦』字或『旦』旁往往缺避『日』中一横。

〔五四一〕 其容，經本有『汝如沸浪，彼如堅冰，煖氣漸鄰，不日銷殞，徒恃神力，但爲其客，成就破亂，由汝心中五陰主人，主人若迷，客得其便」句，即此二字所出；「容」「客」二字俗寫相亂，據經意，此處似當以作「其客」爲是。

〔五四二〕注文「那」甲二作「那之去聲」，後者是；「那」字《廣韻》有平聲、去聲二讀，作去聲讀時音奴箇切，可用同「柰」。

〔五四三〕本條底卷無，兹據甲二補。

〔五四四〕注文甲二作「亡沼反，眇小也」。

〔五四五〕祇，經本有「八萬行中秖毁一戒」句，其中的「秖」字北七四二一號等寫本作「祇」，即此字所出，「秖」爲「祇」的俗字；又注文「音」下當脱直音字，兹據甲二擬補「支」字。

〔五四六〕「辛」、「籍没」二條底卷無，兹據甲二補；又切音下字「音」當是「昔」字之誤。參看上文校記〔四六八〕。

〔五四七〕注文「上昌吕反」甲二無「上」字。

〔五四八〕注文末甲二另有「下並同」三字。

〔五四九〕本條底卷無，兹據甲二補。

〔五五〇〕注文末甲二另有「下同」二字。

〔五五一〕本條底卷無，兹據甲二補。經本相應位置有「是人忽然於其身内拾出蟯蛔」句，應即此條及下條所出，今見經本作「拾出」不誤。

〔五五二〕注文「短虫」後甲二另有「若作蜱，無遥反」諸字，「下音迴」後甲二作「人腹中長虫，正作蚘」，底卷當據補「長」字。

〔五五三〕注文「上音悌」後甲二另有「下如字也」四字。

〔五五四〕屑，經本有「又以此心圓入虚融，四肢忽然同於草木，火燒刀斫曾無所覺，又則火光不能燒爇，縱割其肉，猶如削木」句，其中的「削」字斯一三六二、五三〇二、伯二一五一、北七四二一號寫本皆作「屑」，即此字所出，就字義而言，似以『削』字爲長；又『屑』字《廣韻·屑韻》音先結切，屬心紐，底卷注『日列反』，紐異，《匯考》謂『日』字誤。

〔五五五〕注文『上户瓜反』甲二無『上』字，『或作花』後甲二有一『非』字。

〔五五六〕本條底卷無，兹據甲二補。

〔五五七〕厭人，經本有『猶如魘人，手足宛然，見聞不惑，心觸客邪，而不能動』句，其中的『魘』字斯一三六二、五三〇二、伯二二五一、北七四二一號寫本皆作『厭』，即此字所出，『魘』爲後起本字。

〔五五八〕注文『上主客』後甲二多一『字』字，義長。

〔五五九〕注文『下並同』甲二作『下抑摧同』。

〔五六〇〕蚊蝱，經本有『乃至觀見蚊虻，猶如赤子』句，其中的『虻』字斯一三六二、五三〇二、伯二二五一、北七四二一號寫本皆作『蝱』，即此字所出；蚊虻字《説文》作『蟁』，而『虻』、『蝱』皆爲後起俗字。注文『上音文，下音盲』甲二無二『音』字。

〔五六一〕淩繂（率），經本有『此名功用淩率過越』句，其中的『淩率』字北七四二一號寫本同，斯五三〇二號寫本作『淩繂』，即此二字所出；『凌』『淩』二字古混用不别；又《集韻·質韻》載『率』字古作『繂』，『繂』即其省體。

〔五六二〕本條底卷無，兹據甲二補。

〔五六三〕注文『上子括反』甲二無『上』字。

〔五六四〕注文『已定』前甲二另有『已已上儔』四字，有誤；又『已定』經本相應位置未見，而有『又彼定中諸善男子，見色陰銷受陰明白，自謂已足，忽有無端大我慢起』句，疑『定』乃『足』字之訛。

〔五六五〕本條甲二作『易知，以豉反』。

〔五六六〕注文『乃代反』後甲二多一『忍』字。

〔五六七〕注文『上昌吕反』甲二無『上』字。

〔五六八〕本條底卷無，茲據甲二補。

〔五六九〕注文「音耗」後甲二另有「下「好言」同」四字。

〔五七〇〕注文「上音以」甲二無「上」字。

〔五七一〕寱，「寱」的俗字，經本有「譬如有人熟寐寱言」句，其中的「寱」字伯二二五一號寫本作「寱」，即此字所出。注文甲二無「魚祭反」三字，注末多一「也」字。

〔五七二〕本條底卷無，茲據甲二補。

〔五七三〕注文「上呼到反」後甲二另有「下去聲」三字。

〔五七四〕魃鬼，經本有「此名魃鬼，年老成魔，惱亂是人」句，其中的「魃」字斯五三〇二、伯二二五一、北七四二一號寫本皆作「魃」，即此字所出；「魃」、「魃」皆爲「魃」的俗字。參看上文校記〔四九五〕。

〔五七五〕辨析，經本有「心愛根本，窮覽物化，性之終始，精爽其心，貪求辯析」句，其中的「辯」字斯五三〇二、伯二二五一號寫本同，斯一三六二、北七四二一號寫本作「辨」，即此字所出。注文甲二作「上虔免反，下音錫」。「虔」字屬羣紐，與「辨」字紐異，「虔」或爲「皮」字之訛。

〔五七六〕注文甲二作「上音霰」，「線」「霰」音近。

〔五七七〕厭勝，經本有「此名蠱毒魘勝惡鬼，年老成魔，惱亂是人」句，其中的「魘」字斯一三六二、五三〇二、伯二二五一、北七四二一號寫本皆作「厭」，即此字所出，「魘」爲後起本字。參看上文校記〔五五七〕。

〔五七八〕本條底卷無，茲據甲二補。

〔五七九〕膠膝，「膝」應爲「漆」字之誤，經本有「別生法愛，粘如膠漆」句，即此二字所出。注文「上音交，下音七」甲二作「音交，下七」。

〔五八〇〕注文甲二作「上音霰，下如字」。

〔五八一〕注文甲二作「上音刻，下音紀」。

〔五八二〕注文甲二作「音蜜，浄也」。

〔五八三〕注文「音作以作」的二「作」字皆爲衍文當删。「已」字直音「以」本卷上文已屢見。

〔五八四〕本條底卷無，兹據甲二補。

〔五八五〕注文「肇始」甲二作「始也」。

〔五八六〕注文直音字底卷脱，甲二作「沸」，兹據擬補。

〔五八七〕注文「居謁反」後甲二另有「下同」二字。

〔五八八〕注文「居希反」後甲二另有「下同」二字。

〔五八九〕注文「珊」字甲二作「栅」，《匯考》校作「册」，可從，經本有「口銜其珠及雜珍寶、簡策、符牘諸奇異物」句，即本條所出，「策」「册」二字古書混用不分，上揭經文中的「策」字明《嘉興藏》本作「册」，可參。

〔五九〇〕不飡，「飡」爲「湌(餐)」的簡俗字，經本有「多食藥草，不飡嘉膳」句，即此字所出。注文末甲二另有「下「日飡」同」四字。

〔五九一〕注文甲二作「上音加，下市戰反」。

〔五九二〕川嶽，經本有「山林土地，城隍川嶽」句，即本條所出，「川」、「嶽」二字古無釋「牢獄」者，注文疑有誤。

〔五九三〕「囊」字《廣韻·唐韻》音奴當切，底卷音爲郎反，紐異，「爲」字疑誤。

〔五九四〕本條底卷無，兹據甲二補。

〔五九五〕猥渫，經本有「將諸猥媟以爲傳法」句，其中的「媟」字北七四二一號寫本同，斯一三六二、五三〇二、伯二二五一號寫本作「渫」，即本條所出；慧琳《音義》出「猥媟」條，云「孔注《尚書》云：媟，嫚也。《方言》狎也。《説文》嬻也。從女、枼聲」。「渫」「媟」音同義通。

〔五九六〕「薄」字底卷直音字與之同形，疑有誤，甲二注文「上音薄」作「上音厚薄之濤(薄)」，或當據改。

〔五九七〕「活」字注文反切下字與被切字同形，與常例不合。又經本「猥渫(媟)」「薄蝕」二條間有「活」字，而「薄蝕』條後并無『活』字，疑本條爲衍文當删，甲二正無此條。

〔五九八〕注文甲二作『居希反，微也』。

〔五九九〕遮文荼，經本有『使其眷屬，如遮文荼及四天王毘舍童子』句，其中的『荼』字斯一三六二、五三〇二、伯二二五一、北七四二一號寫本皆作『荼』，即本條所出。

〔六〇〇〕魃魅，經本有『口兼獨言，聽若魃魅』句，其中的『魃』字斯一三六二、五三〇二、北七四二一號寫本大抵作『魃』形，此處乃『魃』字俗寫（伯二二五一號寫本似即作『魃』。又注文中的『妖』右旁底卷作『夭』形，可資比勘），而『魃』又爲『妖』的换旁俗字，宋《資福藏》、元《普寧藏》等刻本正作『妖』。『魃』又用作『魅』的俗字，參看上文校記〔四九五〕、〔五七四〕。注文『亦作此妖』甲二作『合作妖』。

〔六〇一〕注文甲二作『上如字，下以音』。

〔六〇二〕『殂』字《廣韻·模韻》音『昨胡反』，慧琳《音義》音『祚胡反』，皆屬從紐，而底卷音『非胡反』，爲非紐字，『非』字疑誤。參看上文校記〔五二〕。又『殞』字《廣韻·模韻》音于敏切，底卷音『子尹反』，《匯考》謂『子』爲『于』字之訛，可從。

〔六〇三〕注文甲二作『上倉本反，下如字』，據此，或本條標目字本有二字，查經本有『衆生頑迷不自忖量』，或『忖』下脱一『量』字。

〔六〇四〕鑒，『鑒（鑑）』字俗省，經本有『觀諸世間，大地河山，如鏡鑑明』句，其中的『鑑』字斯一三六二、北七四二四（結八四）、七四二六（號九）號寫本作『鑒』，即此字所出。又注文『諸』前疑脱一字。《説文·金部》：『鑑，大盆也。一曰監諸。』古書中多稱爲『方諸』。甲二注文作『鑒照之鑒也』。

〔六〇五〕黏，經本有『來無所粘，過無蹤跡』句，『粘』即『黏』的换旁俗字。

〔六〇六〕本條底卷無，兹據甲二補。

〔六〇七〕了冈，經本有『虚受照應，了罔陳習』句，其中的『罔』字斯一三六二、北七四二四號寫本作『冈』，『冈』乃

「罓」字俗寫，「罓」爲「网」的古異體字，字亦作「罔」，但作「无」講時一般用「罔」字，亦或用「罓(罓)」，而不用「网」字。又注文中的「網」乃「網」的俗字。注文「罓，无」甲二作「无也」。

〔六〇八〕本條底卷無，茲據甲二補。

〔六〇九〕注文「澄」字據甲二擬補，經本「根元」句後有「若此清擾熠熠元性，性入元澄，一澄元習」、「於本類中生元露者」等句，應即注文所出。參下校記〔六一六〕。

〔六一〇〕注文甲二作「音丹，都寒反，盡也」。

〔六一一〕爲浮，經本有「爲浮根塵」句，即此二字所出。又「爲浮」條下有脱誤，此下「灣」至「本竪」四條按經文順序應在「生機」與「四大元」二條之間。

〔六一二〕「灣」字注文「曲水也」當作「水曲也」。《廣韻·删韻》：「灣，水曲。」

〔六一三〕本條底卷無，茲據甲二補。

〔六一四〕本竪，「竪」乃「豎」的俗字，經本有「人天本豎，畜生本橫」句，即此二字所出。

〔六一五〕注文「恪侯反」甲二作「昌末(朱)反」。按經本有「爲浮根塵，究竟樞穴，此則名爲行陰區宇」句，其中的「樞」字北七四二六號寫本略同，斯一三六二、北七四二四號寫本似作提手旁形，據注文「恪侯反」，此字當從扌作「摳」（「摳」字《廣韻·侯韻》音恪侯切）；然據「昌朱反」及經義而言，則又似當從木作「樞」。宋釋子璿《首楞嚴義疏注經》卷一九引作「樞」，云：「爲浮根塵究竟樞穴者，門簨曰樞，門臼曰穴，此皆動轉之要處也，根塵生滅，皆以行陰爲機紐處。」可參。

〔六一六〕一澄元習，今見各經本同（引文見校記〔六〇九〕條引）；宋釋子璿《首楞嚴義疏注經》卷一九引亦同，其疏解有「以觀行增勝，能純生滅根元習氣」句，似以「根元習氣」釋「元習」，則「元」字似不誤。

〔六一七〕「凝」字條底卷添補於上文皆在行末的「爲浮」條之「爲」字和「一澄元習」條之「一澄」二字間，茲據經文順序補入此處。經文有「諸善男子，凝明正心」句，當即此字所出。甲二無此條。

〔六一八〕注文甲二作『原。下圓元、擾＝元動元並同』。考經本相應位置有『於本類中生元露者，觀彼幽清圓擾動元；於圓元中起計度者，是人墜入二無因論』句，即本條及甲二注文『圓元』所出；經本下文又有『觀彼幽清常擾動元』(先後凡九見)、『本元』、『想元』、『生元』、『化元』、『根元』等詞句，底卷『下有元同』蓋謂下文凡有『元』字皆同音『原』也；甲二注文『擾＝元動元』疑衍『＝元』。

〔六一九〕生機，『機』字底卷及甲二作提手旁形，經本有『是人既得，生機全破』句，即此二字所出，兹據録正。注文『居希反』後甲二另有『下生幾音義同』六字，然今見經本未見『生幾』，而有『同分生機倏然隳裂』句，『生幾』宜當作『生機』。

〔六二〇〕注文『下』字據甲二擬補；『想元』後甲二多『生元』二字。參看上文校記〔六一八〕。

〔六二一〕本條底卷無，兹據甲二補。

〔六二二〕甲二標目字下有一重文符號，注文『音』後多一『並』字；按經本有『各各生處名之爲有，互互亡處名之爲無』句，當即本條所出。

〔六二三〕注文『音之』甲二作『音支』。

〔六二四〕『迴復』、『或復』二條底卷無，兹據甲二補。

〔六二五〕注文『蘇前反』甲二作『霰』一字。按經本有『觀彼幽清常擾動元，於先除滅色受想中生計度者』句，即本條所出，此『先』爲早先之『先』，應以讀作平聲蘇前切爲長。參看上文校記〔三三九〕。

〔六二六〕勘挍，經本有『因之勘校死後相無』句，其中的『校』字左旁斯一三六二、二八〇三、北七四二四、七四二六號寫本皆作『才』形，俗書木旁扌旁皆可作此形；『挍』本即『校』的俗字，但唐人檢校、勘校字多作『挍』，音教，而以『校』爲校尉字，音效，從木從扌似有區別字義的意圖。參看《敦煌俗字研究》下編『校』字條。

〔六二七〕本條底卷無，兹據甲二補。注文『爲解』後疑脱一『同』字。

〔六二八〕注文甲二作「上支，下祇」。

〔六二九〕注文「音其」甲二作「音畿」，「畿」「祈」《廣韻·微韻》同在渠希切小韻。

〔六三〇〕經紐，「經」即「綱」的俗字，經本有「沈細綱紐」句，即此二字所出。又注文後一「綱」字底卷作省書符號，此處爲字頭「經」省書抑或上一字「綱」字省書，兩可，兹暫定作「綱」字省書。

〔六三一〕本條底卷無，兹據甲二補。

〔六三二〕注文「下」字據甲二擬補；「還元」後甲二多「圓元」二字。

〔六三三〕本條底卷無，兹據甲二補。標目字「罔」同「罔」，經本有「觀其所由罔象虚無」句，即本條所出。參看上文校記〔六〇七〕。

〔六三四〕注文末甲二另有「下同」二字。

〔六三五〕通溜，標目字及注文「溜」字甲二皆作「溜」，按經本有「覺知通溜，能入圓元」、「迷佛菩提，亡失知見，是名第十圓覺溜心」句，其中的「溜」、「溜」斯一三六二、二八〇三、北七四二四、七四二七（雲二一）、七四二八（致八一）號寫本皆作「溜」，宋《資福藏》本皆作「泯」，《金藏》廣勝寺本皆作「溜」。按「溜」當是「溜」的訛字，而「溜」即「泯」或「湣」的訛俗字。説詳上文校記〔五三五〕。注文甲二「曰」字作「亡」，無「並」字，當據删正，上文第九卷下「溜」字底卷音「武盡反」，正與「亡忍反」讀音相同。

〔六三六〕本條底卷無，兹據甲二補。

〔六三七〕醖，經本有「摩醯首羅現無邊身」句，其中的「醯」字斯二八〇三、北七四二八號寫本作「醖」形，即此字所出；「醯」字或作「醓」，「醖」又「醓」字的俗寫。

〔六三八〕本條底卷無，兹據甲二補。據注文，似標目字「無」當作「元」；考經本有「作真常身無生滅解，在生滅中早計常住」句，當即本條所出，宋釋子璿《首楞嚴義疏注經》卷二〇注云：「妄認爲他是真是常，是無生滅。」則「無」字當不誤。

〔六三九〕注文『蕉見反』前甲二有『下』字，『下』前又有『上陟詐反，下吒抧同』八字。

〔六四〇〕手(互)同，經本相應位置未見，而有『若於圓融，根互用中，已得隨順』句，『同』疑爲『用』字之訛。注文『上音户』甲二作『上音護』，『互』字注音底卷上文已二見，皆直音『護』，『護』『互』《廣韻·暮韻》同在胡誤切小韻，而『户』則在上聲姥韻，異調(唐五代西北方音濁上變去，則二字同音)。又注文末『反』字無義，茲據甲二校作『同』，經本下文又有『觀命互通』句，故注文云『下互通同』。

〔六四一〕殁身，經本有『勤心役身，事火崇水，求出生死』句，其中的『役身』斯一三六二、二八〇三、北七四二四、七四二七、七四二八號寫本皆作『殁身』，即此二字所出；然就經文而言，似當以作『役身』義長。注文『音没』前甲二多一『上』字。

〔六四二〕本條底卷無，茲據甲二補。

〔六四三〕注文甲二作『下居以反』，『抧』字《廣韻·紙韻》音諸氏切，與『居以反』紐異。

〔六四四〕注文『上音線』甲二作『上音霰』，參上校記〔五七六〕。又『以下』甲二無『以』字。

〔六四五〕注文甲二作『音丙丁之丙，秉持』。

〔六四六〕本條底卷無，茲據甲二補。『扸』爲『析』的俗字，經本有『覺明分析微細魔事』句，即本條所出。

〔六四七〕注文『上五教反』甲二無『上』字。

〔六四八〕『爲併』、『爲次』二條底卷無，茲據甲二補。

〔六四九〕唌生，經本有『心想醋味，口中涎生』句，其中的『涎』字斯一三六二、二八〇三、北七四二四、七四二七、七四二八號寫本皆作『唌』，即此二字所出；『唌』即『涎』的換旁俗字；字書有『唌』字，訓『語唌嘆也』，則別爲一字。注文『正作此涎』甲二無『此』字。

〔六五〇〕本條底卷無，茲據甲二補。

〔六五一〕口水如何因談酢出，『酢』字斯一三六二、二八〇三、北七四二四、七四二七、七四二八號寫本及宋《資福藏》等刻本同，《大正藏》等本作『醋』；『酢』乃酒醋本字，而『醋』本指酬酢，大約唐代前後二字用法互易，然敦煌寫本酒醋字固仍多用『酢』字也。

〔六五二〕澁，『澀』的俗字，經本有『即此所説臨高想心，能令汝形真受酸澀』句，其中的『澀』字斯一三六二、二八〇三、北七四二四、七四二七、七四二八號寫本皆作『澁』，即此字所出。

〔六五三〕皱，『皺』的俗字，經本有『甲長髮生，氣銷容皺』句，其中的『皺』字北七四二八號寫本作『皱』，即此字所出。

〔六五四〕⿱雨復覩，上字甲二作『⿱雨澓』，按經本有『何因汝等曾於昔年睹一奇物，經歷年歲，憶忘俱無，於後忽然覆睹前異，記憶宛然曾不遺失』句，其中的『覆』字斯一三六二、二八〇三、北七四二四、七四二七、七四二八號寫本皆作『⿱雨復』，即此二字所出；『⿱雨復』『⿱雨澓』皆爲『覆』的俗字，而『⿱雨復』又爲『⿱雨澓』字訛變。參看上文校記〔四七七〕。注文『敷祐反』甲二作『芳福反』，甲二卷末又重出『⿱雨澓覩』條，注云『上敷祐反』，『覆』字《廣韻》有芳福、敷救二切，後者與敷祐反同音。參看上文校記〔三七〇〕。

〔六五五〕籌筭，經本有『念念受熏，有何籌算』句，其中的『算』字斯一三六二、二八〇三、北七四二四、七四二七、七四二八號寫本皆作『筭』，即此二字所出；『算』『筭』《説文》本有名動之别，但古人在實際使用時往往混用不别，大抵唐代以前多用『筭』字，宋以後刻本則多改作『算』字。

〔六五六〕注文『靖』字甲二無。甲二卷末另有『恬，徒兼反』一條（位置在此條左側），似屬隨意重寫性質。

〔六五七〕本條底卷無，兹據甲二補。

〔六五八〕蔭元，經本有『此五陰元，重疊生起』句，其中的『陰』字斯一三六二、二八〇三、北七四二四、七四二七、七四二八號寫本皆作『蔭』，即此二字所出；『蔭』『陰』音同義通。慧琳《音義》卷七六《無明羅刹集》音義『蔭魔』條下云：『色、受、想、行、識名五蔭，從草，陰聲。』又注文『振元』經本下文相應位置未見，而有『汝應將此妄想根元心得開通』句，疑『振』字乃『根』字之誤。

〔六五九〕『詢』、『未學』二條底卷無，茲據甲二補。

〔六六〇〕串，經本有『故汝現在見聞覺知中串習幾』句，即此字所出；按經本順序，此條應列在上文『恬』、『及離』二條之間。甲二無此條。

大佛頂經難字

俄敦五一二

【題解】

本篇底卷編號爲俄敦五一二。凡一紙，正背面抄。正面首爲『餉、貯』二字，然後爲大片空白，後部小半抄難字七行，其中首行題『大佛頂經第一卷』字樣。卷背全紙抄滿，凡十九行，其中第三行末有『弟二』字樣。《俄藏》正面題『大佛頂經第一卷難字表』，背面題『大佛頂經第二卷難字表』。考底卷所抄難字均見於《大佛頂如來密因修證了義諸菩薩萬行首楞嚴經》，其中正面後部七行和背面前三行（除『弟二』二字）均出於經本卷一，背面後十六行及正面頁首『餉、貯』二字均出於經本卷二，所抄難字先後順序與經本基本相同，正背面前後銜接，且字體相同，顯係出於一人之手，故合併校録，改定今名。《大佛頂如來密因修證了義諸菩薩萬行首楞嚴經》一般簡稱《楞嚴經》，又稱《首楞嚴經》、《大佛頂首楞嚴經》、《大佛頂經》等，傳本署大唐神龍元年中天竺沙門般剌蜜帝譯，凡十卷。本篇所抄難字僅見於前二卷，顯非完本。

本篇未見前人校録。兹據《俄藏》影印本録文，并以《大正藏》本《大佛頂如來密因修證了義諸菩薩萬行首楞嚴經》（校記中簡稱『經本』）、敦煌卷子中所見經本及慧琳《音義》卷四二、可洪《音義》第玖册所載該經音義爲參校，校録於後。另斯六六九一號、伯三四二九＋三六五一號《大佛頂經音義》、北一四五二號（秋二六）背《楞嚴經大寶積經難字音》所載部分難字與本篇重合，可以互勘。底卷字與字之間接抄不分，兹參酌經文於每字或詞下用句號點斷。另附載底卷影本於首，以資勘校。

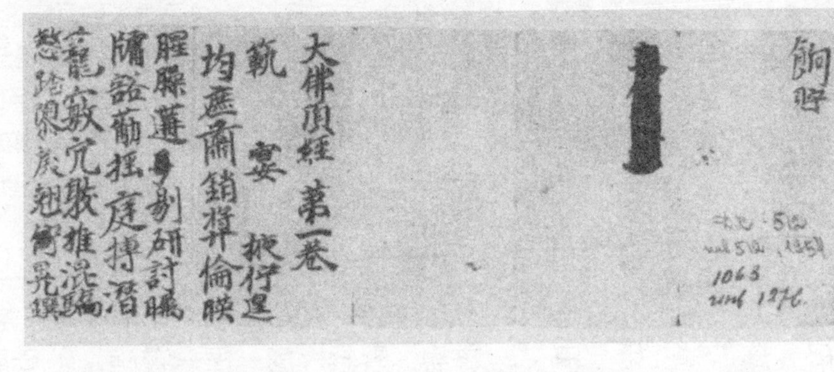

俄敦五一二號《大佛頂經難字》正面圖版

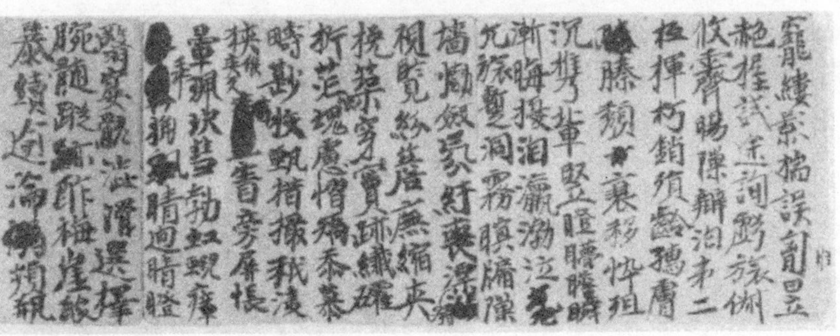

俄敦五一二號《大佛頂經難字》背面圖版

大佛頂經苐一卷〔一〕　範。〔二〕宴。〔三〕掖。佇。遑。均。遮。肅。銷。羿。〔四〕倫。暵。〔五〕腥臊。
遘（遘）。剔。〔六〕研。討。矚。牖。豁。葥。〔七〕摇。庭。摶。潛（潛）。籠。竅穴。〔八〕鼓。〔九〕推。
混。驕（驕）。慜。〔一〇〕踏。隳。戾。翹佇。晃。鏌。〔一一〕寵。〔一二〕縷。影。揣。誤。胷。〔一三〕昱。
艴。握。試。途。詢。齡。〔一四〕旅（旅）。俶（俶）。攸。霽。暘。隟。〔一五〕辮。泊。〔一六〕
弟二〔一七〕　拞。〔一八〕揮。朽。銷殞。齡。殐（孺）。膚腠。〔一九〕頹。〔二〇〕衰。移。悴（悴）。殂。
沉（沈）。携（攜）。輩（輩）。竪。瞪瞢。瞻。瞬。漸。〔二一〕晦。擾。泊。〔二二〕瀛渤。〔二三〕泣。
允。〔二四〕旅（旅）。塹。洞。霧。瞑。牖。隟。〔二五〕墻。㶿。〔二六〕斂（斂）氛。紆。〔二七〕喪。漂溺。視。
覽（覽）。紛。簷廡。縮。夾（夾）。〔二八〕挽。築。穿。竇。跡。纖（纖）。確（確）。折。〔二九〕茫。
悚。〔三〇〕魂。慮。慆。犒（矯）。忝。慕。疇。拗。投。〔三一〕甄。措。撮。秖。〔三二〕淩。〔三三〕狹（狹）候
夾反。眚。旁。〔三四〕屏帳（帳）。暈。珮玦。彗勃。〔三五〕虹蜺。瘴。乖捔。〔三六〕晴。迥（迴）。晴。瞪。
翳。宴。骸。澁滑。〔三七〕選擇。腕。髓。蹤跡。酢梅。〔三八〕崖。酸。暴。續。逾。〔三九〕淪。頻。瓶。
餉。貯。〔四〇〕（底卷抄寫至此止）

【校記】

〔一〕本卷下所列難字字序與經本全同。

〔二〕範，『範』字俗書，而『範』又爲『範』的古異體字，經本有『嚴浄毘尼，弘範三界』句，其中的『範』字斯四三五九號、伯二三四九號寫本作『範』，斯三〇七七號寫本似作『範』形，即此字所出。參看《大佛頂經音義》校記〔五〕。

〔三〕宴，此字下部的『安』底卷作草書『安』形，第二卷下『宴』字同此，兹俱徑予録正；『宴』爲『宴』的改換聲旁俗字，經本有『即時如來敷座宴安』、『譬如有人手足宴安，百骸調適』句，即此二『宴』字所出。

〔四〕 ⿱將廾，「獎」的俗字，經本有「有佛化身結跏趺坐，宣説神呪，敕文殊師利將呪往護，惡呪銷滅，提奬阿難及摩登伽歸來佛所」句，其中的「奬」字斯三〇七七號等經本作「⿱將廾」，《大正藏》校記稱宋《資福藏》、元《普寧藏》、明《嘉興藏》本作「獎」，即此字所出。參看《大佛頂經音義》校記〔一二〕。

〔五〕 暎，經本有「我見如來三十二相，勝妙殊絶，形體映徹，猶如瑠璃」句，「暎」「映」古異體字，當即此字所出。

〔六〕 剔，經本有「是以渴仰從佛剃落」句，其中的「剃」字伯二一五二號等敦煌經本作「剔」，可洪《音義》引亦作「剔」，音「他歷反」，當即此字所出。參看《大佛頂經音義》校記〔二六〕。

〔七〕 觔，「筋」的俗字，經本有「爪生髮長，筋轉脈搖」句，其中的「筋」字斯三〇七七、伯二一五二號等敦煌寫本作「觔」，即此字所出。參看《大佛頂經音義》校記〔二四〕。

〔八〕 竅穴，經本有「是衆生身府藏在中，竅穴居外」句，可洪《音義》引作「竅宂」，云「下玄決反」，此「宂」當是「穴」字的俗寫，即此二字所出。

〔九〕 ⿰身支，經本有「若一體者，則汝以手挃一⿰身支時，四⿰身支應覺」句，其中的「⿰身支」字斯三〇七七號等敦煌寫本同，即此字所出；「⿰身支」乃「肢」的換旁俗字。參看《大佛頂經音義》校記〔二九〕。

〔一〇〕 慜，經本有「唯願世尊，大慈哀愍」句，其中的「愍」字北七三九一（陽八〇）、七三九二（雨二五）號經本作「慜」，即此字所出。參看《大佛頂經音義》校記〔五五〕。

〔一一〕 鐉，此字經本未見，而卷一相應位置有「猶如煮沙欲成嘉饌，縱經塵劫終不能得」句，食旁金旁俗書相亂，「鐉」當即「饌」字之訛，即此字所出。

〔一二〕 竉，經本有「阿難白佛言：世尊，我佛寵弟心愛佛故令我出家」句，可洪《音義》引出「竉弟」條，云「上丑勇反，愛也。又力董反，悮」，此「竉」實即「寵」的換旁俗字，《顔氏家訓·書證》篇所謂鄙俗字「寵變成竉」是也。

〔一三〕 底卷「甞」字右側注有一小字，右側略有殘泐，據殘形可定作「堆」字，但經本未見「堆」字，疑此字與本篇正文無涉，故不録。

〔一四〕齡，經本有「前塵自暗，見何虧損」句，「齡」即「虧」字《説文》或體「虧」的訛俗字。參看《大佛頂經音義》校記〔四〇〕。

〔一五〕隟，經本有「又如新霽清暘昇天光入隙中」句，其中的「隙」字斯三〇七七、伯二一五二號等敦煌寫本作「隟」，可洪《音義》引出「隟中」條，云「上丘逆反，壁孔也」，「隟」即「隙」的俗字。參看《大佛頂經音義》校記〔四三〕。

〔一六〕洎，此字經本卷一未見，而相應位置有「從始洎終，念念生滅」句，疑「洎」即「洎」的形訛字。參看下文校記〔三二〕。

〔一七〕本卷下所列難字除「移」「漸」「紆」「夾」四字外，先後順序俱與經文相同。

〔一八〕扺，「抵」的俗字，經本有「我昔未承諸佛誨敕，見迦旃延毘羅胝子」句，可洪《音義》引出「扺子」條，云「丁兮、丁礼二反，或作坻，音遲，外道名」，《貞元經》作胒。或云毗盧持，或毗羅侲」，即此字所出；「扺」「胝」「坻（坻）」「胒（胝）」「侲（低）」爲音譯之異。

〔一九〕膚腠，「膝」文中當是「腠」的訛字，經本有「我昔孩孺，膚腠潤澤」句，即此二字所出。

〔二〇〕頽，經本有「而今頽齡，迫於衰耄，形色枯悴，精神昏昧」句，可洪《音義》引出「頽齡」條，云「上徒迴反」，「頽」爲「頽」的俗字，即此字及下「衰」「悴」二字所出。又下文「悴」字經本在「衰」後「移」前（經本有「變化密移，我誠不覺」等句），底卷字序略有不合。

〔二一〕「漸」字經本卷二凡五見，分别在底卷上下文「朽」字、「移」字、「覽」字之後，底卷字序有錯亂。

〔二二〕洎，經本有「昏擾擾相以爲心性，一迷爲心，決定惑爲色身之内。不知色身外洎山河虚空大地，咸是妙明真心中物」句，其中的「洎」字《大正藏》校記引宋《資福藏》、元《普寧藏》、明《嘉興藏》本作「洎」，即此字所出。參看上文校記〔一六〕。

〔二三〕瀛渤，經本有「譬如澄清百千大海，棄之唯認一浮漚體，目爲全潮，窮盡瀛渤」句，可洪《音義》引出「瀛渤」條，云「上羊清反」，「瀛」當是「瀛」的訛俗字，即此二字所出。參看《大佛頂經音義》校記〔五七〕。

〔二四〕允，此字底卷作「允」形，經本相應位置字形相近的有「允」和「元」字，「允」字經本僅此一見（「現以緣心允所瞻仰」），而「元」字經本上文已屢見，故此擬定作「允」字。

〔二五〕隟，「隙」的俗字，經本有「此大講堂洞開東方，日輪昇天則有明耀，中夜黑月雲霧晦暝則復昏暗，户牖之隙則復見通，牆宇之間則復觀擁」句，即此字及上下文「洞、霧、瞑、牖、墻」諸字所出。

〔二六〕㶿，經本有「欝埻之象則紆昏塵，澄霽斂（斂）氛又觀清淨」句，其中的「埻」字可洪《音義》引作「㶿」，云「步没反，煙起皃」，即此字所出。「㶿」同「焞」。參看《大佛頂經音義》校記〔六六〕。

〔二七〕「紆」字經文在「埻」後「斂氛」前（見上條校記引），底卷字序略有不合。

〔二八〕夾，經本有「若如汝問入室之時，縮見令小，仰觀日時，汝豈挽見齊於日面；若築牆宇，能夾見斷，穿爲小竇，寧無竇迹」句，即此字及下文「挽、築、穿、竇、跡（迹）」五字所出；據經文，「夾」應列在「築」字之後。

〔二九〕折，經本有「披剥萬象，析出精明」句，其中的「析」字伯二一五二號等敦煌寫本作「折」形，可洪《音義》引作「折」，云「上先擊反，分－也」，「折」「折」一字之變，皆爲「析」的俗字，即此字所出。參看《大佛頂經音義》校記〔七六〕。

〔三〇〕悚，此字底卷小字補注於「茫」「魂」二字右側，按經本有「於是大衆……聞佛此言，茫然不知是義終始，一時惶悚失其所守。如來知其魂慮變慴，心生憐愍」句，即底卷「茫、悚、魂、慮、慴」五字所出，故據擬補「悚」字於「茫」字之下。

〔三一〕投，此字底卷作「投」形，按經本有「投灰等諸外道種」，其中的「投」字可洪《音義》引與底卷略同，即「投」字俗寫，兹徑據録正。

〔三二〕秖，經本有「如以手掌撮摩虛空，只益自勞，虛空云何隨汝執捉」句，其中的「只」字《大正藏》校記引宋《資福藏》本作「秖」，可洪《音義》引出「衹益」條，云「上音只，適也」；「秖」古或用同「衹」，實即「衹」的訛俗字。

〔三三〕淩，經本有「若復二相自相敚奪」句，其中的「敚」字伯二一五二號等敦煌經本及斯六六九一號《大佛頂經音義》引作『淩』，可洪《音義》引作『凌』，斯六六九一號《大佛頂經音義》謂『正作陵』；按『陵』『淩』『凌』『夌』音同義通，其初文蓋本作『夌』。參看《大佛頂經音義》校記〔七九〕。

〔三四〕旁，經本有『若此圓影離燈別有，則合傍觀屏帳几筵，有圓影出，離見別有，應非眼矚』句，『旁』『傍』本一字之分化，應即此字所出。

〔三五〕彗勃，經本有『乃至暈蝕珮玦，彗勃飛流，負耳虹蜺，種種惡相』句，其中的『彗勃』可洪《音義》引同，即此二字所出；『勃』同『孛』，《大正藏》校記引宋《資福藏》、元《普寧藏》、明《嘉興藏》本正作『孛』。

〔三六〕乖捔，經本有『若非明合，則見與明性相乖角，如耳與明了不相觸』句，其中的『角』字伯二一五二、二三四九、北七三九二（雨二五）號等寫本作『捔』，可洪《音義》引亦作『捔』，云『音角』，即此二字所出；『捔』當讀作『角』。

〔三七〕澁滑，經本有『於二手中妄生澁滑冷熱諸相』句，即此二字所出；『澁』乃『澀』的俗字，慧琳《音義》引作『歰滑』，云『上所立反，正體字也，從四止，二正二倒。俗作澁，非也』，『歰』『澀』古今字。

〔三八〕酢梅，經本有『譬如有人談説醋梅，口中水出』句，其中的『醋』字伯二一五二號等敦煌寫本作『酢』，可洪《音義》引亦作『酢』，云『上倉故反。又音昨，非用』，即此二字所出；就酒醋義而言，『酢』『醋』爲古今字。參看《大佛頂經音義》校記〔九四〕。

〔三九〕逾，經本有『譬如暴流，波浪相續，前際後際不相踰越』句，其中的『踰』字伯二一五二號等敦煌寫本作『逾』，即此字所出。『逾』『踰』二字音義皆同，蓋古異體字。參看《大佛頂經音義》校記〔九六〕。

〔四〇〕『餉』『貯』二字底卷抄在正面之首，乃背面抄滿後因無餘紙復接抄於正面者，經本卷二末段有『譬如有人取頻伽瓶，塞其兩孔，滿中擎空，千里遠行，用餉他國……如是虛空，非彼方來，非此方入。……若彼方來，則本瓶中既貯空去，於本瓶地應少虛空；若此方入，開孔倒瓶，應見空出』云云，即此二字和底卷卷背末『頻』『瓶』二字所出，背面正面難字前後相承，其相銜接，可以斷言，故據以移置此二字於背面難字之末。

大佛頂經大寶積經難字音

北一四五二(秋二六)背

【題解】

本篇底卷編號爲北一四五二(秋二六)背。正面爲《金光明最勝王經》序品第一至如來壽量品第二。背面除本篇外,另有倒書的『辛亥年』便粟曆四行,其中的『辛亥年』《唐録》第二册疑爲公元九五一年,近是(其中有人名『法意』,亦見於斯四六一三號『庚申年八月至辛酉年三月前後執倉交割豆麥粟曆』,後者『庚申年』、『辛酉年』《唐録》分别定作公元九六〇、九六一年,可以比勘),本篇蓋亦同期所抄。原卷凡四行,字體與正面的佛經及其後的便粟曆均所不同,蓋另一人所抄。所抄難字計三十餘個(前三行每行正文抄難字八個,第四行『潰』字以下正文大字達九至十個,而有的難字下又無注文,似有衍誤,參看校記(二九)、(三〇)),多數難字下有小字注音,個别字下所注爲異體字或釋義。無題。《寶藏》題『帙袂輟綴等字詞辨别四行』;《索引新編》擬題『字詞辨别』;《匯考》附列在伯三二〇九號《諸雜難字》之後;《北敦》編號一八二六背,據《匯考》擬題『諸雜難字』。考底卷所抄難字均見於唐天竺沙門般刺蜜帝譯《大佛頂如來密因修證了義諸菩薩萬行首楞嚴經》(以下簡稱《大佛頂經》)、唐釋菩提流志譯《大寶積經》卷一、卷二及唐睿宗序,雖其中個别難字傳世刻本經文未見,但却與敦煌寫本、慧琳《音義》所引等古本經文相合(參看校記(五)、(二二)、(二三)),當即據此二經摘録,故據以改擬今名。底卷『帙』下注『袟』(《寶藏》録作『袂』,誤)、『輟』下注『綴』係標注異體或讀音(參看校記(一七)、(二七)),《寶藏》及《索引新編》擬題『字詞辨别』,不妥。文中注音有止攝字與遇攝字互注、佳韻字與麻韻字互注,濁聲母字與清聲母字互注,呈現出唐五代西北方音的特色。

張金泉、許建平《敦煌音義匯考》曾對本篇作過初步校勘。茲據《北敦》影印本并核以縮微膠卷,另參考《大正藏》本《大佛頂經》、《大寶積經》及慧琳《音義》所引，校録全文如下。

霽濟（濟）。〔一〕 [illegible]（俶）熟。〔二〕 旅意。〔三〕 矚屬。〔四〕 捔角。〔五〕 瘴幛。〔六〕 茫忙。〔七〕 涯芽。〔八〕 緊緊（緊）。〔九〕 鼓支。〔一〇〕 液亦。〔一一〕 圧底。〔一二〕 裨碑。〔一三〕 垣員。〔一四〕 寃。〔一五〕 趾至。〔一六〕 帙（帙）袟。〔一七〕 甿亡。〔一八〕 袠袟。〔一九〕 樞吹。〔二〇〕 玥朔。〔二一〕 羲虛。〔二二〕 [illegible]記。〔二三〕 晷鬼。〔二四〕 潰會。〔二五〕 鈞君。〔二六〕 輟綴。〔二七〕 褁（裹）杲（果）。 揣團。〔二八〕 昱餉。〔二九〕 餉。〔三〇〕 礭定。〔三一〕 慟慟。〔三二〕

【校記】

〔一〕『霽』字以下至『寃』字及下文『揣』字以下至『慟』字似皆出於《大佛頂經》，但與經本所見序次不一。其中『霽、俶、旅、矚、鼓、揣、昱』七字皆見於《大佛頂經》卷一，但經本所見依次爲『矚、鼓、揣、昱、旅、俶、霽』。經本有『又如新霽，清暘昇天，光入隙中』句，當即『霽』字所出。

〔二〕俶，《大佛頂經》卷一有『譬如行客投寄旅亭，或宿或食，食宿事畢，俶裝前途，不遑安住』句，當即此字及下『旅』字所出。『俶』字《廣韻·屋韻》音昌六切，昌紐清音，直音字『熟』《廣韻·屋韻》音殊六切，禪紐濁音，唐五代西北方音濁音清化，故『熟』字可以音『俶』。

〔三〕『旅』字《廣韻·語韻》音力舉切，來紐遇攝，直音字『意』《廣韻·志韻》音於記切，影紐止攝，唐五代西北方音止攝與遇攝讀音趨於一致，故『意』、『旅』韻近，但二字紐遠，《匯考》疑『意』爲『慮』字之訛，『旅』、『慮』音近，可備一説。

〔四〕矚，《大佛頂經》卷一有『方矚林園』、『遠矚林園』等句，當即此字所出。

〔五〕『捔、瘴（瘴）、茫』及下文『餉、礭、慟』六字似皆出於《大佛頂經》卷二，但經本所見依次爲『垮、障、確、茫、瘴、角、餉」，字序有別。經本有「若非明合，則見與明性相乖角，如耳與明了不相觸」句，其中的「角」字伯二一五二、二三四九、北七三九二(雨二五)號等寫本作「捔」，當即此字所出，「捔」應讀作「角」。

〔六〕 ⿸广章，《玉篇·广部》以爲同「障」，《大佛頂經》卷二有「承佛神力，見於初禪，得無障礙」句，或即此字所出；「障」與直音字「慞」《廣韻·陽韻》皆有諸良切一讀。

〔七〕 茫，《大佛頂經》卷二有「聞佛此言，茫然不知是義終始」句，當即此字所出。

〔八〕 「涯」與下「綮」字似出於《大佛頂經》卷四，但經本「綮」字在「涯」字之前。經本有「惟聖與凡，無不苞容，盡其涯際」句，當即此字所出；「涯」字《廣韻·佳韻》音五佳切，直音字「芽」在麻韻，音五加切，佳韻、麻韻相混敦煌文獻中常見。

〔九〕 綮，《大佛頂經》卷四有「何藉劬勞肯綮修證」句，當即此字所出；「綮」字《廣韻·薺韻》音康禮切，溪紐蟹攝，直音字「緊」在軫韻，音居忍切，見紐臻攝，二字鄰紐，蟹、臻二攝字敦煌文獻中有通用之例。

〔一〇〕 ⿰身支，《大正藏》本《大佛頂經》卷一有「汝以手挃一⿰身支時，四⿰身支應覺」等句，應即此字所出；「⿰身支」乃「肢」的換旁俗字。參看《大佛頂經音義》校記〔二九〕、俄敦五一二二號《大佛頂經難字》校記〔九〕。

〔一一〕 液，《大佛頂經》卷五有「津液精血，大小便利」句，當即此字所出。

〔一二〕 厈，《匯考》定作「厎(底)」字，近是；「厎」同「砥」，後者《集韻·薺韻》有典禮切一讀，與直音字「底」在同一小韻；但《大佛頂經》未見「厎」或「砥」字，存疑。

〔一三〕 「禪」與下「垣」字似出於《大佛頂經》卷六，但經本「垣」字在「禪」字之前；經本有「禪販如來造種種業」句，當即此字所出。

〔一四〕 垣，《大佛頂經》卷六有「如聲度垣」、「隔垣聽音響」等句，當即此字所出。

〔一五〕 寃，《大佛頂經》卷八有「如人銜寃殺氣飛動」句，「寃」爲「冤」的俗字，或即此字所出；但此字下底卷無注音字，與上下文例不合，疑有脱誤；也有一種可能是此字乃用以替換上條「垣」的直音字「員」，「垣」字《廣韻》在元韻，而『員』字在仙韻，二字異韻，故抄手改作亦在元韻的『寃（寃）』，然未及删去『員』字，而『寃』字又誤抄作正文大字耳。

〔一六〕『趾』字以下至『裹』字似出於《大寶積經》卷一及唐睿宗序。《大寶積經》卷一有『山地柔軟，無傷趾步』句，似即此字所出。

〔一七〕帙，應爲『帙』的訛俗字。『帙』字以下至『鈞』字當皆係出於《大寶積經》唐睿宗序，但順序與序文相反，底卷當係逆序摘録。序文有『聊題緗帙之前』句，當即此字所出。『帙』與注文『袟』爲古異體字（《説文》載『帙』或體作『袠』，『袟』又爲『袠』的偏旁移位字），慧琳《音義》卷一一引出『緗帙』條，云『下陳栗反，《集訓》云書衣也，從巾，失省聲也（泉按：『省』字當衍）。或從衣作袠，今作袟，一也』。

〔一八〕甿，《大寶積經》唐睿宗序有『億兆之甿恒逸』句，即此字所出：『甿』字《廣韻》平聲耕韻音莫耕切，明紐梗攝，直音字『亡』《廣韻》平聲陽韻音武方切，微紐宕攝，古（唐初之前）無輕重唇之别，故明紐、微紐同用，而梗攝、宕攝主要元音相近，可以旁轉。

〔一九〕袠，《大寶積經》唐睿宗序有『總其部帙一百二十卷成』句，慧琳《音義》卷一一引出『部帙』條，云『帙』字『陳栗反，《説文》云書衣也，從巾、失聲也。或從衣袠，或作袟也』，蓋『帙』字底卷所據經本作『袠』，爲此字所出，『帙』、『袟』、『袠』爲古異體字。

〔二〇〕樞，《大寶積經》唐睿宗序有『循機履運，配永登樞』句，即此字所出：『樞』字《廣韻》平聲虞韻音昌朱切，遇攝，直音字『吹』音昌垂切，支韻止攝，此亦止攝、遇攝不分之例。伯三三六一號背《難字音義》『樞』字直音『炊』，可以比勘。

〔二一〕玥，即『朔』的俗字，《大寶積經》唐睿宗序有『被正朔於蟠桃』句，慧琳《音義》卷一一引出『正朔』條，云『朔』字『經文作玥，俗字也，正體從屰作朔』，即此字所出。

〔二二〕羲，《大寶積經》唐睿宗序有『巢燧執鞭，羲農擁篲』句，即此字所出：『羲』字《廣韻》平聲支韻音許羈切，曉紐止攝，直音字『虚』在魚韻，音朽居切，曉紐遇攝，此亦止攝、遇攝不分之例。

〔三三〕 [illegible]，此字既可能爲『處』字的俗寫，也有可能爲『虙』旁的俗寫，查《大寶積經》唐睿宗序相應位置未見『處』字，而有『大業之末，遽(遽)即分崩』句，原字疑即『遽』字訛省，《匯考》定作『處』字，似不確；『遽』字《廣韻》去聲御韻音其據切，羣紐濁音，直音字『記』《廣韻》去聲志韻音居吏切，見紐濁音，唐五代西北方音濁音清化，故羣清化作見；又唐五代西北方音止攝字與遇攝字讀音趨於一致，故志、御二韻同用。

〔三四〕 晷，『晷』的訛俗字，《大寶積經》唐睿宗序有『慧晷耀於昏衢』句，即此字所出；慧琳《音義》卷一一引出『惠晷』條，云『晷』字『歸累反，《説文》云日景也，從日從咎。今俗用從田作晷，非也』。

〔三五〕 潰，《大寶積經》唐睿宗序有『甲冑無施，波旬潰旅』句，即此字所出。

〔三六〕 鈞，《大寶積經》唐睿宗序有『七十二君，先在陶鈞之内』句，即此字所出。

〔三七〕 『輟』字與下『裹』字似出於《大寶積經》卷二，經部有『或以衣物纏裹遊行』、『輟己資財及妻子分』句，似即此二字所出，但經文所見『裹』在『輟』前，字序不同，底卷或係逆序摘録。『輟』與注文『綴』字《廣韻》去聲祭韻皆有陟衛切一讀，入聲薛韻又皆有陟劣切一讀，讀音相同。

〔三八〕 『揣』下五字又出於《大佛頂經》。《大佛頂經》卷一有『但汝於心微細揣摩』句，當即『揣』字所出；『揣』字《廣韻・紙韻》音初委切，初紐止攝，『團』字在桓韻，音度官切，定紐山攝，二字紐、韻並異，但『揣』字《集韻》又有徒官切一讀，則與『團』字同音。

〔三九〕 昱，《大佛頂經》卷一有『其光晃昱有百千色』句，當即此字所出。『𩚵』字底卷字形比正文略小，茲姑定作注文小字。『昱』字《廣韻・屋韻》音余六切，以紐濁音，注文『𩚵』古亦用同『饇』，後者《廣韻》在遇韻，音衣遇切，影紐清音，唐五代西北方音濁音清化，則以紐讀同影紐；又遇韻、屋韻主要元音相同，唐五代西北方音入聲韻尾趨於消失，故『饇』『昱』二字音近。另一種可能是底卷『昱』下脱注文，而『𩚵』則爲下『𩚵』字誤書而未塗去者，存疑。

〔三〇〕餉，《大佛頂經》卷二有「千里遠行，用餉他國」句，當即此字所出；此字下底卷無注文，與上下文例不合，疑有脱誤。

〔三一〕確，《大佛頂經》卷二有「汝應以手確實指陳何者是見」句，慧琳《音義》卷四二引出「確實」條，云「確」字音「腔角反」，即「確」的俗字，當即此字所出；注文「定」《匯考》以爲釋義，義雖合，但與上下文例不合，存疑。

〔三二〕愂，《大正藏》本《大佛頂經》卷二有「欝⿰土孛之象則紆昏塵，澄霽斂氛又觀清浄」句，其中的「⿰土孛」字北七三九三號（成四六）、伯二一五二號寫本作「愂」，當即此字所出，伯二三四九、北七三九二（雨二一五）號等寫本作「⿰火勃」，就字形而言，「愂」應爲「悖」的繁化俗字，「⿰火勃」應爲「⿰火孛」的繁化俗字，「欝悖」、「欝⿰火孛」同「欝⿰土孛」，又作「欝勃」等，「悖」、「⿰火孛」、「⿰土孛」、「勃」、「浡」等字音近義通；注文「⿰食勃」字《匯考》録作「⿰石勃」，與原形不合，「⿰食勃」字其他字書不載，應爲「餑」的繁化俗字，「餑」與「悖」、「⿰土孛」《廣韻・没韻》同音蒲没切。

大莊嚴論經難字

伯三八九一

【題解】

本件底卷編號爲伯三八九一。原件凡二十八行，抄在一整頁中，首尾滿行，不知前後有殘缺否。原件無題。《索引》題作『習書雜字廿八行』，《寶藏》、《索引新編》、《法藏》皆同。考本篇所抄難字大抵見於後秦三藏鳩摩羅什譯《大莊嚴論經》，同一卷内所抄難字的先後順序亦基本相合，故改擬今題。卷中也有小部分難字與經本順序不盡一致（如卷三、卷四之間插入『喚』等卷一的六字，參看校記〔六〇〕）。少數難字爲今見經本所無，當與底卷所據經本不同有關（參看校記〔七八〕）。

卷中唐代諱字『炳』、『昞』、『泄』、『豫』、『純』等字皆不缺避，大約爲五代以後的寫本。

本件未見前人校録。《寶藏》印本多有漶漫不清，《法藏》印本則大致可辨，兹據《法藏》和縮微膠卷并請鄧文寬先生目驗原卷，另參考《大莊嚴論經》經本（據《中華大藏經》影印《金藏》廣勝寺本，以下簡稱經本）及玄應《音義》卷一〇《大莊嚴經論》（即《大莊嚴論經》）音義，校録如下。另附寫卷圖版於首，以資比勘。原卷接抄不分段，兹大致據所據經本卷數分段録出，以清眉目。

伯三八九一號《大莊嚴論經難字》圖版

嗤○〔一〕醠○〔二〕欽○叱○焚○殺○被○竪○懔○攘○厲○〔三〕袂○〔四〕裕○庯○〔五〕術○撫○燥○溺○偽○醉○踐蹈○披覽○黐○〔六〕彈○陶○函○廁○鈿○〔七〕愀○瓶○緯○瓨○鵄鵂○竄○佉○蔫○〔八〕牙○〔九〕胎○〔一〇〕迒○〔一一〕津膩○〔一二〕愆○點○黔○

蜂○〔一三〕玩○振○〔一四〕御○踈○〔一五〕翹○大○寇○〔一六〕鉤蛡○〔一七〕羂攙〔一八〕擺○祛○洝○啞唖○〔一九〕瓮○〔二〇〕讁○螫○〔二一〕膿○踖○緻○㔁○〔二二〕湝○〔二三〕

懟掠○〔二四〕剥○蝱○蠅○蚤○〔二五〕嬈○梟○鵻○叫○〔二六〕旱○〔二七〕暄○促○駃○〔二八〕偣○〔二九〕危脆○〔三〇〕私○返○耘○壚○〔三一〕脩○〔三二〕堪○均○〔三三〕貧○〔三四〕箄○曝○摑裂○〔三五〕捶○祠○〔三六〕搫○〔三七〕頓○村○窅○〔三八〕礜○舩舫○〔三九〕枚○洄○台○〔四〇〕跡○路○辯○〔四一〕甜○悅○苷蔗○〔四二〕遷○〔四三〕窯○〔四四〕稚○𡨴○〔四五〕蟒○逋○寬○葝○〔四六〕髓（髓）脉○悸○緩○務○尅○〔四七〕吒○罥○〔四八〕丐○㾓○龜○昒○〔四九〕規○〔五〇〕姿○斂○〔五一〕考○〔五二〕唉○酸○〔五三〕懊○〔五四〕欣○鴨○慼○塼○娶○矜○〔五五〕磋○〔五六〕耄○〔五七〕婚姤○〔五八〕骸○滓○〔五九〕

唆○〔六〇〕紐○〔六一〕掩○〔六二〕損○〔六三〕巾○〔六四〕犎○〔六五〕羌○〔六六〕邏○稅○紛紜○格○奪○〔六七〕衢○〔六八〕濃○揣○〔六九〕俓○〔七〇〕牢○蜜○密○〔七一〕建○〔七二〕裸○標○〔七三〕兜○謗○〔七四〕寘○〔七五〕幨○〔七六〕匱○沐○履○妖孇○〔七七〕逶迤○弄○拂○麾○綵○

閱○〔七八〕眪○怕○〔七九〕愽（博）○腋○〔八〇〕聳○翩○骿○〔八一〕殞○〔八二〕育○〔八三〕遲○〔八四〕詠○〔八五〕瑜○〔八六〕背○潮○〔八七〕

謔朝○〔八八〕拍〔八九〕弦○哮○昒○〔九〇〕奔○潛〔九一〕燿○傭○〔九二〕膚○糙耀○〔九三〕搔○臌○〔九四〕逗○〔九五〕頸○〔九六〕挺○珂○藕○〔九七〕綴○陷○頤○〔九八〕漱○溝○〔九九〕粗○肆○溢○脂○〔一〇〇〕翫○蠱○鶴○〔一〇一〕

葦。蠕。〔一〇二〕溷。澤。蘆。綖。〔一〇三〕涸。漂。熠燿。〔一〇四〕傭。膚。㷇燿。搔。矙(瞰)。頸(頚)。

嘲。指(指)。弦。哮。眄。珂。藕(藕)。遂。〔一〇五〕埃。衛。役。〔一〇六〕羣。〔一〇七〕榏〔一〇八〕莖。搜。

維。躬。〔一〇九〕殷。〔一一〇〕移。適。

楝。〔一一一〕折。瓮。牸。靮。瘀。〔一一二〕腹脹。腫。疢疾。〔一一三〕痦。〔一一四〕祀。巖。凍。編。

椓。〔一一五〕渡。〔一一六〕笁。〔一一七〕陣。坑。〔一一八〕途。忉。酷。芥。渕。〔一一九〕麋。䟽。〔一二〇〕估。凔。〔一二一〕

約。寄。喪。徑。穽。粮。訊。羈。啓。〔一二二〕踦。〔一二三〕寇。〔一二四〕距。〔一二五〕蚩。〔一二六〕歨。〔一二七〕歲。

貿。綷。〔一二八〕慘惻。〔一二九〕制。羹。〔一三〇〕罵。賣。臭。〔一三一〕萎。俻。〔一三二〕倫。訖。褻。〔一三三〕嫌。紛

紜。眴。俯。〔一三四〕眄。〔一三五〕僞。滑。脂髓。〔一三六〕陷。〔一三七〕峻。冐。〔一三八〕泡。腐。湛。娟。〔一三九〕

柔。〔一四〇〕淚。擗。〔一四一〕拘。〔一四二〕霤。〔一四三〕吸。淤。鞕。〔一四四〕熒。〔一四五〕撐。〔一四六〕轡。〔一四七〕禁。

鎖。〔一四八〕閉。挍。〔一四九〕摽。〔一五〇〕抽。的。蛆螫。〔一五一〕薪。雷。陣。魅魖。〔一五二〕犢。膾。怖。夢。

藪。〔一五三〕訴。〔一五四〕紕。〔一五五〕詿。〔一五六〕炭。劬。窪。泄。雄。瘠。謁。〔一五七〕揮。坑。〔一五八〕

滌。〔一五九〕懊。〔一六〇〕刃。〔一六一〕欬。〔一六二〕鵠。炳。縮。氈。櫺。〔一六三〕羣。匹。術。涼。〔一六四〕雅。坌。

鎧。猫。〔一六五〕虻。蜇。蝗。眊。〔一六六〕嗚。〔一六七〕屋。礙。栖遲。〔一六八〕掉。投。慟。號。尢。〔一六九〕劓。

鼈。〔一七〇〕屠。

姨。〔一七一〕嗹。〔一七二〕呪。迹。稠。闕。烶燎燭。〔一七三〕弈。訟。祕。潔。旋。奩。〔一七四〕綵。杵。

趺。閑。阻。〔一七五〕頽。〔一七六〕繒。膜餠。〔一七七〕寬。澆。掖。伺。錐。絞。血。勉。〔一七八〕送。滋。

任。〔一七九〕産。

衬。〔一八〇〕杴。捆。喘。虱蟣。〔一八一〕

窓牖〔一八二〕闚。〔一八三〕盭。〔一八四〕衣。誤。酊。〔一八五〕驗。市。恩。〔一八六〕渚。沾。策。酬。鹽。〔一八七〕
甕。〔一八八〕誰。〔一八九〕氍毹。〔一九〇〕諠譁。〔一九一〕硑。〔一九二〕碎。慱。〔一九三〕吁。秏。〔一九四〕駞。驢。馱。〔一九五〕
薮。〔一九六〕憇。〔一九七〕
討。〔一九八〕晳。〔一九九〕砕。〔二〇〇〕鶚。〔二〇一〕疫。怡悅。謀。〔二〇二〕扇。烹。〔二〇三〕屠。蓬。止。鞁。
慮。〔二〇四〕靬。點。〔二〇五〕酔。〔二〇六〕耕。輔。腰。筒。隶。〔二〇七〕麨。鉤。襲。暖。〔二〇八〕卉。峑。〔二〇九〕
趂。〔二一〇〕疼。
雹。〔二一一〕鉺。〔二一二〕穽。勘。諂佞。〔二一三〕憒丙。〔二一四〕瘙。〔二一五〕癢。〔二一六〕蓍。〔二一七〕鏝。〔二一八〕橐。〔二一九〕
濤。逝。淘。歸〔二二〇〕叙。瓶。〔二二一〕衝。〔二二二〕灌澆。撓攪。録。擇。纖。〔二二三〕議。携抱。〔二二四〕稚。
逋。郁。縫。掃。糞。〔二二五〕娶。礎。〔二二六〕
膜。〔二二七〕晦。悳。〔二二八〕閲。副。眪。〔二二九〕豫。〔二三〇〕祠祀。〔二三一〕庠。〔二三二〕膠。〔二三三〕裁。剋
彫。〔二三四〕捉。〔二三五〕稍。〔二三六〕跳。睛。震。溢。剉。〔二三七〕衹。涶。赴。膚。〔二三八〕皀。〔二三九〕鵞。羨。
美。〔二四〇〕軸。折。竽。耆。鄉。鞨。謙。嚚。〔二四一〕遲。〔二四二〕詠。譎。〔二四三〕觜。潮。燈。諾。漱。
囊。〔二四四〕澡。罐。削。拘。吠。胡。嚼。肺。駕。綦。〔二四五〕醎。〔二四六〕。詠。〔二四七〕

【校記】

〔一〕『嗤』字以下至『黔』字出於《大莊嚴論經》卷一。

〔二〕『醢』應爲『醯』的俗字，經本卷一有『爾今云何不識知彼摩醯首羅毗紐天等而爲致敬』句，應即此字所出。

〔三〕『厲』字經本作『癘』，當據本卷改正。參下條。

〔四〕經本卷一有『諸婆羅門聞是語已，竪目舉手懍癘（厲）攘袂瞋忿戰動』句，應即底卷『懍』『攘』『厲』『袂』四

字所出，唯次序略異。

〔五〕『帍』爲『虎』的俗字。《干禄字書》『虎』字通俗作『虒』，『虒』又爲『帍』之變（『虍』旁作『户』爲俗書通例）。經本卷一有『師子及虎狼』句，應即此字所出。

〔六〕『覽』爲『覽』的俗字（見《干禄字書》），『飜』爲『翻』字異體，經本卷一有『披攬翻覆』句，應即『披覽』以下三字所出，『攬』通『覽』。

〔七〕經本卷一未見『鈿』字，俟再考。

〔八〕『蔦』爲『篤』的俗字（見《干禄字書》），經本卷一有『吾今者敬信情篤』句，應即此字所出。

〔九〕經本卷一『篤』字『胎』字間有『譬如穀子衆緣和合故得生芽』句，應即『牙』字所出，『牙』『芽』古今字，敦煌卷子中多用『牙』字。斯六五五一號《佛説阿彌陀經講經文》後附：『妙因宿值，善牙發於今生；業過先停，道心堅於此日。』『善牙』即善芽，是其比。

〔一〇〕『胎』字左半底卷作『日』字形，應爲『月』旁俗訛，兹録正。經本卷一有『種子入母胎田』句，應即此字所出。

〔一一〕『迊』爲『匹』字俗寫，經本卷一有『世間無倫疋』句，乃此字所出，『疋』亦爲『匹』的俗字。

〔一二〕『津膩』指黏液，經本卷一有『如沈水香黑重津膩』句，應即此詞所出。

〔一三〕『蜂』字底卷重出，兹删去其一。『蜂』字以下至『尠』字出於《大莊嚴論經》卷二。

〔一四〕經本卷二有『世尊世間真濟，雖入涅槃，猶能以命賑賜於我』句，疑即『振』字所出，『振』爲『賑』字初文。

〔一五〕『踈』爲『疏』的俗字，經本卷二有『不存親踈』句，應即此字所出。

〔一六〕『宼』爲『寇』字隸變之異，經本卷二有『若有寇敵時』句，應即此字所出。

〔一七〕『蛪』爲『餌』的换旁俗字，經本卷二有『如魚吞鉤餌』句，應即『鉤蛪』一詞所出，字正作『餌』。

〔一八〕『摾』字見《集韻·漾韻》，古書又作『橿』，皆爲『弶』的俗字。經本卷二有『如魚吞鉤餌，如蜜塗利刀，亦如網羅擼，魚獸貪其味，不見後苦患』句，其中的『羅』應爲『羂』字之訛。玄應《音義》卷一〇該經第二卷下出『羂弶』二字，云：『（羂）又作罥，同，古犬反，《聲類》：罥，以繩係取獸也。下渠向反，《韻集》云：掩罥於道曰弶。今田獵家施弶以張鳥獸，其形似弓者也。論文作櫓，俗字也。』『擼』『櫓』顯即一字之變。

〔一九〕『唌』爲『涎』的換旁俗字，經本卷二有『脣舌燃然，無有唌唾』句（《頻伽藏》本『唌』字作『涎』），應即此字所出。

〔二〇〕經本卷二『唌唾』下文未見『瓫』字，而有『有大銅瓮滿中金錢』句，『瓫』『瓮』形義皆近，或『瓫』爲『瓮』字抄訛，抑或底卷所據經本本作『瓫』字，均屬可能。

〔二一〕『螫』爲『螫』字異體（《説文》載『赦』字或體作『赦』，可以比勘），經本卷二有『此寶毒螫害，劇彼黑毒蛇』句，應即此字所出。

〔二二〕『尠』爲『鮮』的後起會意俗字，經本卷二有『果報轉尠少』句，應即此字所出。

〔二三〕就字形而言，『湝』應爲『淄』的訛俗字（《魏司空穆泰墓誌》『淄』字正寫作『湝』），但經本『尠』『剽』之間未見『淄』字（全經似亦未見『淄』字），俟再考。

〔二四〕『剽』爲『剽』的俗字，『掠』爲『掠』的俗字，經本卷三有『爲賊剽掠』句，即此詞所出。『剽掠』以下至『滓』字出於《大莊嚴論經》卷第三。

〔二五〕『蝿』爲『蠅』字俗寫，『蚤』爲『蚤』字俗寫，經本卷三有『身無衣服，爲日所炙，蚊虻蠅蚤之所唼嬈』句，即『蝱』下四字所出，『虻』爲『蝱』字俗省。

〔二六〕『叫』爲『叫』的俗字，經本卷三有『惡聲啼叫』句，即此字所出。

〔二七〕以字形而言，『旦』應爲『旦』字俗寫，經本卷三『蚊虻蠅蚤之所唼嬈』句下有『從旦被縛至於日夕』一句，應即此字所出，但字序先後有異。

〔二八〕『駃』字所據當爲經本卷三『人命促短，如河駛流』句，『駃』『駛』形義皆近，蓋傳本之異。

〔二九〕「值」爲「值」字俗寫，《魏元鑽遠墓誌》「值」字作「值」，可以比勘；經本卷三有「佛法難值」句，應即此字所出。

〔三〇〕經本卷三有「云何吝惜如此危脆不定之命」一句，應即「危脆」一詞所出。

〔三一〕就字形而言，「塩」應爲「鹽」的俗字（斯三八八號《字樣》以「塩」爲俗字），但經本卷三相應位置未見「鹽」字，俟再考。

〔三二〕就字形而言，「偹」應爲「備」的俗字（《干禄字書》以「偹」爲「備」的通俗字），但經本卷三相應位置未見「備」字，俟再考。

〔三三〕「垧」字《玉篇》以爲同「垢」，但經本卷三相應位置未見「垧」或「垢」字（經本卷三下文有「垢穢則影醜」句，但字序不合），俟再考。

〔三四〕「貿」爲「貿」的俗字，見《干禄字書》，經本卷三有「以斯賤命當貿貴法」句，應即此字所出。

〔三五〕經本卷三有「假復諸惡狩（獸），摑裂我手足」句，應即「摑裂」一詞所出。「摑」字字書釋爲「掌耳」，與經意不合，經中的「摑」應爲「慖」的換旁字，「慖」又作「𤕎」，爲「攫」的俗字。慧琳《音義》卷九《摩訶般若波羅蜜經》第八卷音義有「𤕎裂」條，謂「𤕎」字宜作「攫」，可參。

〔三六〕經本卷三有「猶如鸚鵡翅，又如伺天羊」句，《中華大藏經》校記謂「伺」字諸本作「祠」，應即此字所出。

〔三七〕「犛」應爲「犛」的俗字，經本卷三有「犛牛爲尾死」句，應即此字所出。

〔三八〕「喪」爲「喪」的俗字（參《敦煌俗字研究》下編「喪」字條），經本卷三有「無德喪慧命」句，應即此字所出。

〔三九〕「舩」爲「船」的俗字，見伯二〇一一號王仁昫《刊謬補缺切韻》，經本卷三有「既至海中，舩舫破壞」句（「舩」字《頻伽藏》本作「船」），應即「舩舫」一詞所出。

〔四〇〕「旨」爲「旨」的俗字，蓋由「旨」的另一俗體「百」演變而來（參看《敦煌俗字研究》下編「旨」字條），經本卷三有「若不順聖旨」句，應即此字所出。

〔四一〕『辭』字又作『辤』，本爲辭讓字，後亦用同辭訟、辭説之『辭』，經本卷三有『言辤善巧妙』句，應即此字所出。

〔四二〕『苷』爲『甘』的增旁俗字，經本卷三有『甜如甘蔗漿』句，應即『苷蔗』一詞所出。

〔四三〕『遷』爲『遷』字俗寫，經本卷三有『無常所遷謝』句，應即此字所出。

〔四四〕『窯』字古與『陶』通用，義亦相近。慧琳《音義》卷一三《大寶積經》第二十四卷音義：『陶，《集訓》：窯也，音姚，窯，燒瓦器土室也。』朱駿聲《説文通訓定聲·孚部》：『陶，假借爲窯。』皆可證。經本卷三有『如彼陶家輪』句（未見『窯』字），疑異本『陶』字有作『窯』者，爲底卷所本。

〔四五〕『窳』字底卷重出，兹删其一。經本卷三有『窳墮自欺誑』句，應即『窳』字所出。玄應《音義》卷一〇『窳墮』作『窊惰』，『窳』『窊』蓋一字異寫。

〔四六〕『觔』爲『筋』的俗字（參看《敦煌俗字研究》下編『筋』字條），經本卷三有『皮肉及筋骨』句，應即此字所出。

〔四七〕『尅』同『剋』，此字經本卷三相應位置未見，而有『克獲解脱果』句，疑即此字所出，『剋』爲『克』的後起分化字。

〔四八〕『罫』應爲『罽（罽）』字俗訛，《四聲篇海·网部》載『罽』字俗體作『罫』，可以比勘；經本卷三有『我昔曾聞栴檀罽尼吒王將欲往詣罽尼吒城』句，應即此字及其上『吒』字之所出。

〔四九〕『眪』字字書不載，疑爲『眄』字俗訛，經本卷三相應位置有『眼目已上眄』句，或即此字所出。

〔五〇〕經本卷三有『此王聚積珍寶，願至後世』句，《中華大藏經》校記謂『願』字《麗藏》本作『規』（按《頻伽藏》本亦作『規』），應即此字所出。

〔五一〕『斂』爲『斂』的俗字；經本卷三有『如是集斂（斂）一國錢寶』句，應即此字所出。

〔五二〕『考』爲『考』的俗字，見《干禄字書》；經本卷三相應位置未見『考』字，而有『種種拷楚徵得錢處』句，疑本篇『考』即『拷』字省借。

〔五三〕『酸』字右部底卷不太明晰，似作『夋』旁俗書；經本卷三有『舉體酸痛如被針刺』句，應即此字所出。

〔五四〕『惸』爲『煢』字異體（斯三八八號《正名要録》以『惸』爲『煢』字『今』體），經本卷三有『孤煢無徒伴』句，應即此字所出。

〔五五〕『矝』應爲『矜』字俗訛（《唐孔宣公碑》『矜』字亦作此形），經本卷三有『自恃豪貴種姓色智以自矜高』句，應即此字所出。

〔五六〕以字形而言，『磋』應爲『磋』字俗寫（《干禄字書》載『差』字俗作『老』，可以比勘），但經本卷三相應位置未見『磋』字。參看下文校記〔三六〕。

〔五七〕『氂』字字書不載，疑爲『氂』的訛俗字，『氂』同『釐』，經本卷三相應位置有『毫釐無損減』句，應即此字所出。

〔五八〕『婚姻』爲『婚姻』俗書，『婚』爲『婚』的古體，經本卷三有『若欲爲婚姻』句，應即此詞所出。

〔五九〕『滓』字底卷作上下結構，『宀』頭在上，『氵』在左下部，『辛』在右下部而多一横，俗寫，經本卷三有『取汁棄其滓』句，應即『巾』字所出。

〔六〇〕『嗖』爲『喚』字俗寫，此字至『掔』六字經本卷三大多未見，而順序見於經本卷一，當是卷一難字補抄於卷三與卷四之間，經本卷一有『諸婆羅門見已喚言』句，應即『掩』字所出。

〔六一〕經本卷一『諸婆羅門見已喚言』句後有『爾今云何不識知彼摩醯首羅毗紐天等而爲致敬』句，應即此字所出。

〔六二〕經本卷一『爾今云何不識知彼摩醯首羅毗紐天等而爲致敬』句後有『以手掩耳』句，應即此字所出。

〔六三〕『掮』爲『損』字俗寫，經本卷一『以手掩耳』句後有『既不爲掮又不能益』句，應即此字所出。經本卷三有『毫釐無掮減』句，但所見字序與本篇有别，應非此字所出。

〔六四〕經本卷一『既不爲損又不能益』句後有『寶案妙巾衣』句，應即『巾』字所出。

〔六五〕經本卷一「寶案妙巾袠」句後有「無有譬喻可得明了如牛犎者」句，應即此字所出。

〔六六〕「羗」應爲「差」的訛俗字，經本卷四有「有羗老母入於林中採波羅樹葉」句，《中華大藏經》校記謂「羗」字諸本作「差」，應即此字所出。此字以下至於「綵」字大抵出於經本卷四。

〔六七〕「奪」應爲「奪」字俗寫，經本卷四有「云何更欲税奪於我」句，應即此字所出。

〔六八〕「衢」應爲「衢」字俗寫，六朝碑刻中「衢」字中間的二「目」多有訛變作二「刁」者，「彐」即「刁」的俗寫，經本卷四有「到彼城中四衢道頭」句，應即此字所出。

〔六九〕經本卷四相應位置未見「揣」字，而有「如似樹赤華，醉象以鼻⿰扌制，遠擲虛空中，華下被身赤」等句，《中華大藏經》校記謂「⿰扌制」字《麗藏》本作「端」（按《頻伽藏》本、《大正藏》本亦作「端」），「端」疑即「揣」字之訛。玄應《音義》卷一〇引「鼻⿰扌制」作「鼻掯」，云「掯」字「初委反，《通俗文》：捫摸曰掯。論文作揣，初委、都果二反，揣，量也，战揣也……揣非此用」。慧琳《音義》卷四九引玄應説略同，可見玄應所見經本（玄應《音義》引經名作「大莊嚴經論」，故文中稱引經文爲「論」文）正作「揣」字，與本卷所據經文相合。不過玄應把「揣」臆改作「掯」是不對的。經文中「揣」應是「⿰扌制」字俗訛。「⿰扌制」字又作「⿰扌剬」（見《龍龕·手部》，張守節《史記正義·論字例》謂「制」字古亦作「剬」，可參），乃「掣」的俗字。掣謂掣拽、牽挽，正與經義相合。倘用「掯」字，謂捫摸，則非「醉象」之狀矣。

〔七〇〕「俓」同「徑」，經本卷四有「而捨於正道，隨逐曲惡徑」句，應即此字所出。

〔七一〕上「蜜」字經本卷四相應位置未見，疑爲「密」字誤書而未塗去者，經本卷四有「心屋使緻密」句，應即「密」字所出。

〔七二〕經本卷四相應位置未見「建」字，疑爲「逮」字之訛，經本卷四有「精勤修定慧，逮證羅漢果」句，疑即此字所出。

〔七三〕「摽」應爲「標」的俗字，經本卷四有「不可以汝出家標式輕慢欺人」句，應即此字所出。

〔七四〕「謬」爲「謬」字俗寫,經本卷四有「邪正不定,所見錯謬」句,應即此字所出。

〔七五〕「寘」應爲「冥」字俗寫,經本卷四有「能然法燈,照除愚冥」句,應即此字所出。

〔七六〕「慘」爲「惨」字俗寫,經本卷四有「見母憂慘」句,應即此字所出。

〔七七〕「嬳」應爲「𡤜」字俗寫,經本卷四有「行步妖𡤜,逶迤弄姿」句,《中華大藏經》校記謂「𡤜」字《磧砂藏》、《普寧藏》、《龍藏》等本作「𡤜」,應即此字所出。「𡤜」應爲「𡤜」字之訛,而「𡤜」則爲「嬳」字異體,玄應《音義》卷一〇引正作「嬳」字。

〔七八〕「閔」字以下至「潮」字經本卷四相應位置未見,而大多見於第十一卷前後。其中「閔」、「博」、「聳翮」、「瀰」、「糈」諸字今傳經本未見,疑本卷抄手所見經本的部分内容爲今本所無。如「聳翮」二字,玄應《音義》卷一〇引第十卷下有(次序在「眪著」條後),與本卷合,而今本並無「聳翮」二字,便是明證。下字「眪」爲「炳」字異體,「炳」字見於經本卷七、一〇、一一、一三、一四等,卷一一有「三十二種大人之相炳著明了」句,其中的「炳著」玄應《音義》卷一〇引在第十一卷,作「眪著」,或即其字所出。

〔七九〕經本卷一三有「驚怕皆散走」句,不知是否爲「怕」字所出。

〔八〇〕經本卷一二有「於大衆前來入戶毘王腋下」句,不知是否爲「腋」字所出。又此下七字,除「聳翮」二字为今傳經本所未見外,順序見於經本卷一二,或即抄者所本。

〔八一〕「號」爲「號」字俗寫,經本卷一二有「輔相大臣號泣諫諍不能令止」句,或即此字所出。

〔八二〕「殞」爲「殞」字俗寫,經本卷一二有「舉身毒痛,迷悶殞絶」句,或即此字所出。

〔八三〕經本卷一二有「無有覆育者」句,或即「育」字所出。

〔八四〕「遅」爲「遲」字俗寫,經本卷一二有「遲速下不同」句,或即此字所出。

〔八五〕經本卷一二有「歌詠而讚譽」句,或即「詠」字所出。

〔八六〕「瀰」應爲「瀰」字俗寫。參看下文校記〔三五二〕。

〔八七〕經本卷七、卷九、卷一〇皆有『潮』字，其具體出處不詳。

〔八八〕『謔』字以下至『適』字又多見於經本卷四。經本卷四相應位置未見『朝』字，而有『歡笑戲謔，種種巧嘲』句，『朝』疑爲『嘲』字抄訛。此下十餘個難字下文重出，下文『指』前正作『嘲』字。

〔八九〕『指』爲『指』字俗寫，經本卷四有『亦復舉手指前指後』句，應即此字所出。

〔九〇〕『眄』字字書未見，疑爲『盻』字俗訛，經本卷四有『即便顧眄，心意不安』句，其中的『眄（眄）』字《頻伽藏》、《大正藏》本作『盻』，疑即此字所出。

〔九一〕『濳』爲『潛』的俗字，見《干禄字書》，經本卷四有『慧明未潛隱』句，應即此字所出。

〔九二〕經本卷四有『鼻膅眉如畫』句，『膅』爲『傭』字異體，應即『傭』字所出。

〔九三〕『熿耀』同『煒耀』，『熿』字《龍龕手鏡·光部》音于鬼反，熿光也，實爲『煒』的換旁俗字；經本卷四有『煒耀如金山』句，應即此詞所出。

〔九四〕『瞰』應爲『噭』（字又作『曒』）的換旁俗字，經本卷四有『淫女處中曒若明星』句，應即此字所出。

〔九五〕『頚』疑爲下『頚（頸）』字誤書而未塗去者，下文此段若干字重出時相應位置無『頚』字，可證。

〔九六〕『頚』文中應爲『頸』字俗寫，俗書『巠』旁多可寫作『至』形（參看《敦煌俗字研究》上編第三章例十六）；經本卷四有『乃以死尸而繫其頸』句，應即此字所出。

〔九七〕『藕』爲『藕』的俗字（參《敦煌俗字研究》下編『藕』字條），經本卷四有『形色如藕根』句，應即此字所出。

〔九八〕『陷』、『頷』應分別爲『陷』、『頷』的俗寫，經本卷四有『眼匡骨頷頰』句，校記謂『頷』字《資福藏》、《磧砂藏》等本作『陷』，玄應《音義》卷一〇引亦作『陷』，云『《廣雅》陷，坑也；陷，没也。經文作頷，非也』。本卷『陷（陷）』『頷（頷）』並出，蓋其一爲標記異文。

〔九九〕『溝』爲『溝』字俗寫，經本卷四有『兩頰如深溝』句，應即此字所出。

〔一〇〇〕『脂』爲『脂』字俗寫，經本卷四有『外假脂粉以惑愚目』句，應即此字所出。

〔一〇一〕「鸖」爲「鶴」的俗字(《干禄字書》載「鶴」俗作「鸖」,可參),經本卷四有「踰(喻)如白鸖王」句,應即此字所出。

〔一〇二〕「蠕」爲「蠕」的俗字,經本卷四有「譬如屠架所懸五藏,蠢蠢蠕動猶如狗肉」句,應即此字所出。

〔一〇三〕「綖」爲「綖」字俗寫(《干禄字書》載「延」俗作「延」,可參),經本卷四有「縛葦作機關,多用於綖縷」句,應即此字所出。

〔一〇四〕「燿」字以下至「藕」十六字上文已見,此處重出。

〔一〇五〕「篋」應爲「篋」字俗寫,經本卷四有「我以神足力,開汝不浄篋」句,應即此字所出。

〔一〇六〕「役」同「役」,經本卷四有「錢財叵得役力所獲」句,應即此字所出。

〔一〇七〕「鞌」後世多作「鞍」,經本卷四有「脱己衣服并諸瓔珞,及以鞍馬,盡賜彼人」句,應即此字所出。

〔一〇八〕「猛」應爲「猛」字俗寫(《敦煌俗字研究》下編「孟」字下載俗體有作「盂」者,可參),經本卷四有「勇猛能捨財」句,應即此字所出。

〔一〇九〕「躬」應爲「躬」字俗寫,經本卷四有「不待維那躬自慇懃起爲呪願」句,應即此字所出。

〔一一〇〕經本卷四有「慇懃」一詞(參上條),應即「殷」字所出,「殷」「慇」古字通用。

〔一一一〕「楝」字以下至「媢(媚)」字出於經本卷五。

〔一一二〕經本卷五有「汝頗見汝家内諸小兒等腶瘦、腹脹、面腫不」句,應即「腶」字所出。「腶」字玄應《音義》卷一〇作「菸」,云:「《韻集》乙餘反,今關西言菸,山東言蔫,蔫音於言反,江南亦言矮,矮又作萎,於爲反,菸邑,無色也,今取其義。論文作瘀,未詳字出。」「腶」「瘀」應即一字之變,皆爲「菸」的换旁俗字。

〔一一三〕「疥」應爲「疹」的俗字,經本卷五有「故令汝家諸小兒等有斯疾」句,校記謂「疾」字《資福藏》、《磧砂藏》、《麗藏》等本作「疹疾」,應即「疥疾」一詞所出。

〔一一四〕「寤」蓋「寤」字俗體,經本卷五有「心意解悟」句,「寤」「悟」古字通用,應即此字所出。

〔一二五〕『椓』應爲『橡』的俗字，經本卷五有『編橡及棘刺，寢卧於其上』句，應即此字所出。

〔一二六〕『渡』應爲『渡』字俗寫，《隋仲思那造橋碑》『渡』字亦作此形，經本卷五有『越山度大海』句，『度』字《頻伽藏》、《大正藏》本作『渡』，應即此字所出。

〔一二七〕『竺』爲『竺』的俗字，見《龍龕手鏡》；經本卷五有『中天竺』、『天竺國王』等語，應即此字所出。

〔一二八〕『坈』應爲『坑』字俗寫，經本卷五有『即作火坑』句，應即此字所出。

〔一二九〕『渕』應爲『淵』字俗寫，經本卷五有『投淵及赴火』句，應即此字所出。

〔一三〇〕『䟽』爲『疏』的隸變異體，經本卷五有『汝所有財悉疏示我』句，應即此字所出。

〔一三一〕『湌』爲『湌(餐)』的俗字，經本卷五有『施諸乞兒一湌之食』句，應即此字所出。

〔一三二〕『啓』爲『啓』的俗字，經本卷五有『當爲見啓王』句，應即此字所出。

〔一三三〕『羇』同『羈』，經本卷五有『五陰悉羈縶』、『輪迴羇縛中』句，『羇』同『羈』，但此二句經本在『當爲見啓王』句之上，而底卷上文已出『羈』字，不知『羇』字出於此二句否？

〔一三四〕『冦』爲『寇』字俗書，經本卷五有『寇難見拒違』句，應即此字所出。

〔一三五〕『距』字經本卷五相應位置未見，而有『拒違』一詞(參上條)，不知即此字所出否。

〔一三六〕『虽』應爲『蚩』字俗寫。此下三字經本卷五相應位置未見，而卷四有『他反蚩笑』句，或即此字所出。

〔一三七〕『歯』疑爲『齒』字俗寫，經本卷四有『丹脣齒齊密』句，或即此字所出。

〔一三八〕『𢆯』疑爲『率』字俗寫，經本卷五有『率土言教行』句，或即此字所出。

〔一三九〕『悇』爲『慘』字俗寫，經本卷五有『悇惻不樂』句，應即『悇惻』一詞所出。參看上文校記〔七六〕。

〔一四〇〕『𧂎』應爲『囊』字俗寫，經本卷五有『末此半果著僧囊中』句，應即此字所出。

〔一四一〕『臭』應爲『臭』字俗訛，經本卷五有『以臭惡草花』句，應即此字所出。

〔一四二〕『偹』爲『備』字俗寫，經本卷五有『莊嚴悉已備』句，應即此字所出。

〔一三三〕「褻」應爲「褻」字俗寫，經本卷五有「此無慚人，所爲鄙褻」句，應即此字所出。

〔一三四〕「俯」應爲「俯」字俗書，經本卷五有「令其視眴俯仰顧眄」句，應即此字所出。

〔一三五〕「眄」疑爲「眄」字俗寫，經本卷五有「顧眄」一詞（參上條引），應即此字所出。

〔一三六〕「脂髓」應爲「脂髓」二字俗寫，經本卷五有「脂髓皮肉髮」句，應即此字所出；「脂」「脂」爲一字之變。

〔一三七〕「陷」爲「陷」字俗寫（參看上文校記〔九八〕），經本卷五有「陷没諸凡夫」句，應即此字所出。

〔一三八〕「冐」爲「冒」的俗字，經本卷五有「冒犯分受死」句，應即此字所出。

〔一三九〕「媚」疑爲「媚」字俗訛，經本卷五有「諂僞邪媚説」句，應即此字所出。

〔一四〇〕「柔」字以下至「夢」字出於經本卷一二。又「柔」字以下至卷末所抄難字順序與經本不盡一致。參看下文校記〔一九八〕。

〔一四一〕「擗」字經本卷一二相應位置未見，疑爲「躃」的同音借字。經本卷一二云：「尒時尊者先是王子，身形柔軟，不更苦痛，舉體血流。宫人睹之，莫不涕淚。尊者娑羅那受是撾打，遺命無幾，悶絶躃地，良久乃蘇，身體遍破，如狗噬嚙。」「躃」字先後順序與本段所抄難字相合，應即底卷「擗」字所出。

〔一四二〕「拘」疑爲「狗」字寫訛，參上校。

〔一四三〕經本卷一二有「噬嚙」一詞，「嚙」爲「齧」的俗字，應即「齧」字所出。

〔一四四〕「鞕」應爲「鞭」字俗省（與用同「硬」的「鞕」字爲同形字），經本卷一二有「惡鞭如注火」、「莫起瞋恚鞭」等句，應即此字所出。

〔一四五〕經本卷一二有「熒火在中燋」句，應即「熒」字所出；「熒火」同「螢火」（《頻伽藏》、《大正藏》本正作「螢火」）。

〔一四六〕經本卷一二有「若少振觸時」句，「振」字《頻伽藏》、《大正藏》本作「棖」，「揨」、「振」、「棖」皆爲一字異寫，應即「揨」字所出。玄應《音義》卷一〇引正作「揨觸」，云「揨」字「又作棖，棖，觸也」。

〔一四七〕「緧」爲「緧」字俗省，經本卷一二有「猶如以鞦勒，禁制於惡馬」句，「鞦」古亦用同「緧」，應即「緧」字所出。

〔一四八〕「鎖」爲「鎖」字俗書，經本卷一二有「返還求枷璅」句，「璅」字《干禄字書》以爲「瑣」的俗字，「瑣」「鎖」古今字，《頻伽藏》、《大正藏》本正作「鎖」，應即此字所出。

〔一四九〕「挍」應爲「校」字俗書，經本卷一二有「汝宜深挍計」句，「挍」字《頻伽藏》、《大正藏》本作「校」，應即此字所出。

〔一五〇〕「摽」應爲「標」字俗書，經本卷一二有「出家之摽相」句，「摽」字《頻伽藏》本作「標」，應即此字所出。

〔一五一〕「蛆螫」應爲「蛆螫」的俗寫，經本卷一二有「蚊虻蠅毒草，皆能蜇螫人」句，其中的「蜇螫」玄應《音義》卷一〇引作「蛆(蛆)螫」，云：「(上)知列反，下式亦反，《字林》：蛆(蛆)，螫也。」應即此詞所出。「蛆」字蓋從虫、旦聲，與「蜇」爲古異體字。《廣韻・薛韻》：「蜇，螫也。亦作蛆。」「蛆」字《集韻・薛韻》作「蛆」，是也。

〔一五二〕「魁」爲「魁」字俗寫，「鱠」爲「膾」的俗字(涉上字類化换旁)，經本卷一二有「魁鱠摇作惡聲鈴」句，應即此詞所出；《中華大藏經》校記謂「鱠」字《徑山藏》本、《麗藏》本等作「膾」，該卷下文又有「時彼魁膾所執持刀猶如青蓮」句，正作「膾」字。

〔一五三〕「藪」字以下至「屠」字出於經本卷一三。

〔一五四〕「訹」爲「診」的俗字，經本卷一三有「復命良醫而重訹之」句，應即此字所出。

〔一五五〕「紞」爲「純」字俗寫，經本卷一三有「純金色相好」句，應即此字所出。

〔一五六〕「詐」疑爲「詐」字俗寫(「乍」旁古亦作「乍」)，經本卷一三相應位置有「心懷詐僞」句，應即此字所出。

〔一五七〕「謁」字經本相應位置未見，疑爲「竭」或「偈」字抄訛，經本卷一三有「身體羸瘠，骨肉乾竭。即説偈言」等句，或即此字所出。

〔一五八〕「坑」爲「坑」字俗書，經本卷一三有「所設火坑毒飯」句，「坑」亦爲「坑」字俗書，應即此字所出。

〔一五九〕『涂』爲『滲』字俗書，經本卷一三有『身體欲求没』句，校記謂『求』字《麗藏》本作『滲』，按《頻伽藏》、《大正藏》本及玄應《音義》卷一〇所引亦作『滲』，應即此字所出。

〔一六〇〕『懊』字經本卷一三相應位置未見，而有『誰見如此事，而當不苦惱』、『月入羅睺口，世人皆忿惱』等句，疑本卷所據經本『苦惱』或『忿惱』有作『懊惱』者，爲此字所出。

〔一六一〕『刃』當讀作『仞』，經本卷一三有『火坑深七刃』句，應即此字所本；《頻伽藏》、《大正藏》本『刃』字作『仞』，爲其本字。

〔一六二〕『𣢾』應爲『欬』字俗訛，經本卷一三有『謦咳目雨淚』句，『咳』爲『欬』字異體，應即此字所出。

〔一六三〕『氎』『櫑』二字經本卷一三相應位置未見，而有『如似金織納（網），卷牒在一處』句，《中華大藏經》校記云『牒』字《徑山藏》、《麗藏》等本作『疊』，『氎』疑即『疊』字抄誤，而『櫑』爲衍文當刪。

〔一六四〕『涼』爲『涼』的俗字，經本卷一三有『變火坑爲清涼池』句，應即此字所出。

〔一六五〕『猫』爲『犛』的後起形聲字，經本卷一三有『譬如彼犛牛，在林蛮蜇螫』句，應即此字所出。

〔一六六〕『眊』應爲『毦』字之訛，經本卷一三有『如鵠處花間，花毦遮遶佛』句，其中的『花毦』玄應《音義》卷一〇引作『花茸』，云『茸』字『而容反，《説文》草茸茸皃。論文作眊，而志反，稍上垂毛曰眊』。其中的『眊』亦爲『毦』字之訛，與本卷所據經本字形相合。《玉篇·毛部》：『毦，仁志切，以毛羽爲飾。』『眊』『毦』音義皆合。又《龍龕》卷二耳部：『毦，《隨函》而容反，毛飾也。郭迻俗妨非、千芮二反。』根據前一切音，『毦』蓋爲『茸』的俗字。『花毦』『花茸』義均可通。玄應改『眊（毦）』爲『茸』，似欠切當。

〔一六七〕『嗚』爲『嗚』字俗書，經本卷一三有『嗚噎垂泣』句，應即此字所出。

〔一六八〕『遅』爲『遲』的俗字，經本卷一三『行步栖遲』句，應即『栖遲』一詞所出。

〔一六九〕『尢』通常應爲『尤』字俗寫，但經本卷一三相應位置未見『尤』字，而有『左以利刀割』句，此字疑即『左』字俗訛。『左』字俗書作『尢』，與底卷字形相近。

〔一七〇〕『𨤲』應爲『釐』字俗體，經本卷一三有『作仙人時手足耳［鼻］悉爲劓毀，猶尚不起毫𨤲許瞋』句，應即此字所出。

〔一七一〕『姨』字以下至『産』字出於經本卷一四。

〔一七二〕『嗹』字經本卷一四相應位置未見，而有『爾時世尊四衆圍遶，在大衆中唓』句，此字疑即『唓』字俗訛。

〔一七三〕『烶』字經本卷一四相應位置未見，而有『然法庭燎燭』句，『烶』應即『庭燎』之『庭』的俗字。玄應《音義》卷一〇『庭燎』下謂『庭』字經本『作烶、鋌二形』，可知玄應所據經本亦有作『烶』者，可證。《龍龕·火部》：『烶、㶜、烶：三俗，音庭。』這三個字蓋皆『庭燎』之『庭』的俗字，可參。

〔一七四〕『奩』爲『匳』字俗寫，今字作『奩』，經本卷一四有『猶如香奩』句，應即此字所出。

〔一七五〕經本卷一四有『輪迴嶮岨中』句，校記謂『岨』字《麗藏》本作『阻』，應即『阻』字所出。

〔一七六〕『頮』爲『頽』的俗字，見斯三八八號《字樣》；經本卷一四有『猶如頽雲而作大雨』句，應即此字所出。

〔一七七〕『膜餙』應爲『暎飾』二字俗訛，『暎』同『映』；經本卷一四有『一切大地莊嚴映飾未曾有』句，應即此詞所出。

〔一七八〕經本卷一四相應位置未見『勉』字，而有『作何方便使諸鹿等得免此難』句，『勉』疑即『免』的音誤字。

〔一七九〕經本卷一四相應位置未見『任』字，而有『一牸鹿懷妊垂産』句，『任』『妊』古字通用，疑即『任』字所出。

〔一八〇〕『衬』字古書中或用作『災』的俗字。此字以下六字經本卷一四、卷一五相應位置未見，全經似亦未見，俟再考。

〔一八一〕『虱』爲『蝨』的簡俗字。

〔一八二〕『窓牖』爲『窗牖』二字的俗寫，經本卷一五有『有一婦人於窓牖中闚看世尊』句，應即此詞所出。此詞以下至『發』字出於經本卷一五。

〔一八三〕『闚』爲『闚』的會意俗字，後者與『窺』皆見於《説文》，爲古異體字。參上校。

〔一八四〕「盭」字經本卷一五相應位置未見，俟再考。

〔一八五〕「䶗」字字書不載，應爲「衄」（俗作「屻」）字俗訛；經本卷一五有「此人奉使既出門已，卒爾鼻屻」句，應即此字所出。

〔一八六〕「恩」字底卷本作「恩」，右旁又注一「恩」字，「恩」即「恩」的常見俗字；經本卷一五有「恩過於父母」句，應即此字所出。

〔一八七〕「鹽」爲「鹽」字俗書，經本卷一五有「賣䀋壞善行」句，「䀋」亦爲「鹽」的俗字，應即此字所出。

〔一八八〕「甕」爲「甕」字俗書，經本卷一五有「（猫）隱甕器間」句，應即此字所出。

〔一八九〕「雛」爲「雛」的俗字，經本卷一五有「雞雛高舉」句，「雛」亦爲「雛」的俗字，應即此字所出。

〔一九〇〕「氍」爲「氍」字俗寫，經本卷一五有「見其屋舍莊麗，嚴飾牀帳氍毹……金銀器物」句，應即「氍毹」一詞所出。

〔一九一〕「諱」爲「譁」的俗字，經本卷一五有「與一國王諠譁歡悦」句，應即「諠譁」一詞所出。

〔一九二〕「硑」爲「研」字俗寫，「研」爲「斛」的會意俗字，經本卷一五有「碎身舍利八斛四斗」句，校記謂「斛」字《麗藏》本作「研」，應即此字所出。

〔一九三〕「愽」爲「博」的俗字，經本卷一五有「竺叉尸羅國有博羅吁羅村」句，應即此字所出。

〔一九四〕「秏」爲「耗」的古字，經本卷一五有「先是長者子居室素富，後因衰耗，遂至貧窮」句，應即此字所出。

〔一九五〕「駞」、「馱」分別爲「駝」、「馱」的俗寫，經本卷一五有「乃在伴中駞驢馱上」句，應即此二字及「驢」字所出。

〔一九六〕「蔠」應爲「發」字俗寫，經本卷一五有「發此喻者」句，應即此字所出。

〔一九七〕「憩」爲「憩」字訛省，「憩」同「憩」；此字經本卷一五或卷六相應位置未見，而卷二、卷三分別有「憩駕止息處」、「無有暫憩息」句，其具體出處不詳。

〔一九八〕「討」字以下至「疼」字出於經本卷六。按經本順序，「討」字與上文出於卷五的難字「娟（媚）」相銜接。參看上文校記〔二四○〕。

〔二九九〕『𥡴』爲『稽』字俗寫，經本卷六有『爾時彼王以念如來功德之故，稽首敬禮』句，應即此字所出。

〔三○○〕『砕』爲『碎』的俗字，經本卷六有『塔即碎壞』句，應即此字所出。

〔三○一〕『虧』應爲『虧』的訛俗字，經本卷六有『未曾虧損一塵墮落』句，應即此字所出。

〔三○二〕『謬』爲『謬』字俗寫，經本卷六有『佛語真實，無有錯謬』句，應即此字所出。

〔三○三〕『寡』爲『寡』的俗字，經本卷六有『時有寡婦數數往來此比丘所』句，應即此字所出。

〔三○四〕經本卷六相應位置未見『慮』字，而有『濾水而後飲』句，『慮』疑即『濾』字抄誤。

〔三○五〕就字形而言，『黠』應爲『點』字俗書，但經本卷六相應位置未見『點』字，而有『有一田夫聰明黠慧』句，原字疑即『黠』字俗訛。

〔三○六〕『酔』爲『醉』的俗字，經本卷六有『譬如醉畫師』句，應即此字所出。

〔三○七〕『秉』爲『秉』字俗寫，經本卷六有『縛踌手秉弓』句，應即此字所出。

〔三○八〕經本卷六有『於其冬日在煖室中』句，『煖』『暖』古今字，應即『暖』字所出。

〔三○九〕『喪』爲『喪』的俗字，經本卷六有『彼寧喪身命』句，應即此字所出。

〔三一○〕『趂』爲『趁』字俗書，經本卷六相應位置未見『趁』字，俟再考。

〔三一一〕『雹』字以下至『磋』字出於經本卷七。

〔三一二〕『餌』字經本卷七相應位置未見，而有『如魚吞鉤餌』句，『餌』應即『餌』的俗字。

〔三一三〕、『謟佞』應爲『諂佞』二字的俗寫，經本卷七有『詐爲謟佞者』句，應即此二字所出。

〔三一四〕『内』字《龍龕·雜部》音奴教反，同『𠆸』；『𠆸』爲『鬧』的會意俗字；經本卷七有『親近憒𠆸亂』句，應即此字所出。

〔三一五〕『瘙』字經本卷七相應位置未見，而有『如似疥搔瘡』句，『疥搔』古亦作『疥瘙』，蓋即此字所出。

〔二一六〕「癢」古又作「痒」，經本卷七有「搔之痒轉增」句，應即此字所出。

〔二一七〕「荖」疑爲「差」字俗訛（《齊比丘道略造像》「差」字即作此形），經本卷七有「俱得漏盡教學差別」句，應即此字所出。

〔二一八〕「鏤」字右部底卷不太明晰，此姑如是録，存疑。

〔二一九〕「橐」同「韛」，經本卷七有「金師常吹韛」句，「韛」字《頻伽藏》、《大正藏》本作「橐」，應即此字所出。

〔二二〇〕就字形而言，「髯」似爲「鬃」字俗訛，但經本卷七相應位置未見「鬃」字，而有「髣髴似佛者」句，「髯」疑即「髴（髴）」字寫訛。

〔二二一〕經本卷七有「云何執糞缾」等句，「缾」爲「瓶」字異體，應即「瓶」字所出。

〔二二二〕「衝」本爲「衝」的古正字，但此字經本卷七相應位置未見，而有「糞缾撞壁」句，「衝」疑爲「撞」字之誤。

〔二二三〕「纖」爲「纖」字俗寫，經本卷七有「其指纖長」句，應即此字所出。

〔二二四〕「携」同「携」，爲「攜」的俗字，經本卷七有「屈臨見携抱」句，應即「携抱」二字所出。

〔二二五〕「粪」爲「糞」的俗字，經本卷七有「見一比丘坐大石上縫糞掃衣」句，應即此字所出。

〔二二六〕「磋」爲「磋」字俗寫（參看上文校記〔五六〕），經本卷七有「譬如伊蘭木，相瑳便火出」句，「瑳」爲「瑳」字俗寫，「瑳」即「磋」的古通用字，玄應《音義》卷一〇引正作「磋」字，與本卷合。

〔二二七〕「膜」字以下至「副」字以及下文「豫」等字出於經本卷八。又此下難字所出經本先後雜亂，有的字出處不詳，故不再分段及一一出校説明。

〔二二八〕「憲」爲「憲」字俗寫，經本卷八有「汝今欲違王憲法耶」句，應即此字所出。

〔二二九〕「閲」、「昞」二字底卷上文已見。參看上文校記〔七八〕、〔七九〕條。「昞」字以下至「跳」字大多見於經本卷一〇、一一。

〔二三〇〕經本卷一〇有「誰有一切智，而欲測豫者」句，或即「豫」字所出。

〔二三一〕經本卷一〇有『示種處已向天祠中爲天祀弟子』句，卷一一又有『韋陀與射術醫方及祠祀』句，或即『祠祀』二字所出。

〔二三二〕經本卷一一有『欺弄及庠序』句，或即『庠』字所出。

〔二三三〕『膠』爲『膠』字俗寫，經本卷一一有『機關與胡膠』句，應即此字所出。

〔二三四〕『剋』通『刻』，經本卷一一有『又善知裁割，刻雕成衆像』句，『雕』爲『彫』的古通用字，應即『剋彫』一詞及上條『裁』字所出。

〔二三五〕『挻』疑爲『旋』字俗寫，經本卷八有『迴旋不直行』句，疑即此字所出。

〔二三六〕『稍』爲『稍』字俗訛，經本卷一一有『調馬弄稍法，善知跳躑法』句，應即此字及下『跳』字所出。

〔二三七〕『恝』同『絜』，其出處俟考。

〔二三八〕『膚』字以下至『折』字大抵出於經本卷八。

〔二三九〕『皀』疑爲『皃』字俗訛，經本卷八有『容貌殊特妙』句，『貌』字古亦作『皃』，疑即此字所出。下文『鵞』、『羨』、『軸』、『折』諸字亦均見於經本卷八，可參。

〔二四〇〕『羙』字底卷上下部分略有間隔，不知是否爲『羹』字寫訛（經本卷八無此字，卷五、卷一三有），俟再考。

〔二四一〕經本卷九有『頑嚚違佛語』句，應即『嚚』字所出。

〔二四二〕『遅』同『遲』，此字與下『詠』、『背』、『潮』等字本卷上文已見，參看上文校記〔八四〕至〔八七〕。

〔二四三〕『諞』疑爲『譳』字俗寫，『譳』字見載於《集韻》，爲『譌』字或體；此字經本出處俟考。本篇上文有『蹁』字，應爲『蠕』字俗寫，其上下文分別爲『遅』、『詠』、『背』、『潮』，與『諞』字上下文相同，疑『諞』『蹁』爲一字之訛。參看上文校記〔八六〕。

〔二四四〕經本卷一〇有『猶如雙鞴囊』句，應即『囊』字所出。

〔二四五〕『暴』爲『暴』字俗寫，經本卷一〇有『貝者從海中出置捨陸地，日暴苦惱，經久乃死』句，應即此字所出。

〔二四六〕「醎」爲「鹹」的俗字，經本卷一〇有「好惡皆鹹味」句，應即此字所出。

〔二四七〕「詠」字底卷右半不甚明晰，兹姑定爲「詠」字，俟再考。底卷正面文字至此止，其右已無餘紙，不知原抄已完否。卷背有「逦硑廾（逮斛斗）文字」五字，不知是否與正面内容有關。

正法念處經難字

俄敦六九九

【題解】

本篇底卷編號爲俄敦六九九。前部有殘泐，存四十七行。無題，《孟目》定作『學習中文字的教材』，云『由彼此不相連貫的單字組成』；《俄藏》擬題『蒙書』。按本篇係《正法念處經》難字摘抄。《正法念處經》七十卷，元魏瞿曇般若流支譯。底卷所存部分見於該經卷八至卷七〇（内卷九、卷六四難字未見），除極少數難字出處待考外，絶大多數難字均可在該經中見到，故據以改定今題。經本每卷下的難字底卷大抵逆序摘録，如經本卷一八有『果實繁茂，衆花妙色，日月晶光，威德明浄』句，底卷摘録『晶、茂、繁』三字，字序正與經本相反。所録難字卷次先後大抵以經本爲序，但也有前後錯亂的；至卷六十一以後，則不再以卷爲序，而是各卷難字混抄在一起，但具體到某一卷難字而言，則仍大體依從逆序摘録的原則。

底卷每行抄二十六字左右，四周及行間有界欄，字體不太規整，摘字多有塗抹。其中有『鏶』、『岷』、『惽』等字，『世』旁『民』旁不避唐諱，疑爲五代以後寫本；《孟目》定作九至十一世紀寫本，時間跨度似太大。所摘難字一般無注音，但偶有在難字下接抄或旁注音近、形近或義近之字的，似屬注音或標注異文性質（參看校記〔八〕、〔一二〕、〔一三〕、〔一四〕、〔一六〕、〔一七〕、〔七三〕、〔一五四〕、〔二〇〇〕、〔二〇二〕、〔二〇三〕、〔二七四〕），故改排後者作注文小字。所摘難字多有與《房山石經》本、日本宫内省圖書寮本及玄應、可洪《音義》所引古本相合的（參校記〔一四九〕、〔一五三〕、〔一六七〕、〔二六二〕、〔三六〇〕），可據以糾正《大正藏》等傳世刻本的不少錯誤（參校記〔一五四〕、〔一五五〕、〔二七九〕、〔三一四〕）。

玄應《音義》卷十一有《正法念處經》音義（慧琳《音義》卷五六轉録，内容略有不同）；可洪《音義》拾肆册亦有該經音義，音注字詞較玄應《音義》更多。茲據《俄藏》影印本并參《大正藏》卷一七所載《正法念處經》經本

俄敦六九九號《正法念處經難字》圖版

（校記中簡稱『經本』）、《中華大藏經》影印《金藏》本（校記中簡稱《金藏》本）及玄應、可洪《音義》校録如下。底卷各難字接抄不分，兹參酌經文於每字或每詞下用句號句斷。鑒於底卷字多俗寫，校録時難以俱依原樣造字，故另附原卷圖版於前，以便讀者比勘。

（前缺）

▨▨▨□▨▨▭〔一〕尅。〔二〕荒榛。〔三〕軀。〔四〕蜫。〔五〕颵。〔六〕腌。〔七〕薪。沫。咀嚼沮，▨（祖）。〔八〕▨▭〔九〕埠。〔一〇〕拞。〔一一〕彰障，鄣。〔一二〕屎尿屍，戻。〔一三〕蜂縫，峯、峰。〔一四〕標。〔一五〕漂瀏。〔一六〕曚鈍託，純。〔一七〕賦税。▨（嫖）。〔一八〕▨。▨。〔一九〕鍛。毱。〔二〇〕闊。恾（恾）。〔二一〕脉脹。幕。擁。〔二二〕燦（燥）。墜。〔二三〕醎。鹽（鹽）。叢。螁。〔二四〕蜣蜋。盪。〔二五〕腰。寬。〔二六〕虫。〔二七〕刷。〔二八〕牧。〔二九〕礕。〔三〇〕蜀。〔三一〕牝猪。鼠。飄。誘。弩弦。涕泣。絞。筒。秉。雪。縷。豬。〔三二〕揩。▨。〔三三〕嚌嚌。〔三四〕浚。沸。辜。逕。〔三五〕踝。〔三六〕髀。脾。毱。掬。〔三七〕犬。攣縮。墜。〔三八〕跗（踿）。穴。柳。涎。戰。燥。粥。抒。跳。踦。〔三九〕▨（塚）。〔四〇〕嫁。家。〔四一〕▨。▨。〔四二〕煖。家。〔四三〕浣。完。〔四四〕嚇。〔四五〕笛。惓。倦。〔四六〕璪。〔四七〕鈧（鈧）。〔四八〕膾。艧。𣫍（縠）。〔四九〕鼸。〔五〇〕阡陌。踹。脛。脬。巒。〔五一〕蟬。換。膾。肫。蚓。斵（鼎）。犂（犂）。〔五二〕棓。〔五三〕擘。劈。劈。〔五四〕▭。〔五五〕鉾戟（戟）。〔五六〕檮。〔五七〕衢。〔五八〕拭。鏶。〔五九〕儉。儉。〔六〇〕雞。兔。梟。〔六一〕跳。償。儻。〔六二〕樛（樛）。〔六三〕▨（葦）。〔六四〕▨。〔六五〕▨（墜）。〔六六〕▨（蠟）。〔六七〕▨（壃）。〔六八〕醎。胃。▨（譯）。〔六九〕□。□。〔七〇〕惆。尪。疫。獐。〔七一〕妖孽（孽）。〔七二〕萎委，餧。〔七三〕役。〔七四〕瓟。〔七五〕鵶。鵰。〔七六〕蠱。歐。蛆。廁。匍匐。穴。竅。段。鼉。〔七七〕唅。〔七八〕筞（策）。遁。〔七九〕鹵（鹵）。憧。釀。螽蟲。〔八〇〕黤黮。〔八一〕勁。夭。悴（悴）。但。▨（高）。□。〔八二〕哀。濬。▨（涌）。图圄。滕（臊）。衰。〔八三〕戮。著。〔八四〕嗜。〔八五〕

𨽻(隸)。矣。蚩。〔八六〕瞢。▨(囉)。〔八七〕區。灆。〔八八〕饉。〔八九〕詭。單。魏。〔九〇〕飃飃。〔九一〕䶬鼈鼁鼉。
鯢。嗜。〔九二〕▨。〔九三〕估。〔九四〕瓠。榮。畚馥。溢。唅。〔九五〕虹。紺。翻(翱)翔。翅。〔九六〕翼。楯。皃
(皃)。嘉。蝕。逝。鉀胄。〔九七〕▨(晃)昱。〔九八〕▨。〔九九〕蔽。䶩。〔一〇〇〕奮。耀。〔一〇一〕潦。澍。諶。
颷。〔一〇二〕夭。〔一〇三〕稼。晶。茂。繁。〔一〇四〕頑。閈。鷂。蟒。蜥蜴。吸。櫟。〔一〇五〕觳。岍。〔一〇六〕蟹。
蜯。酢。▨(蠶)。▨(繭)。〔一〇七〕鼬。鵲。鴻。㩜。〔一〇八〕▨。▨。▨。▨。〔一〇九〕▨礰。〔一一〇〕殁。
胸。〔一一一〕佉。釪。〔一一二〕佐。䶩䴵。〔一一三〕叅(參)。〔一一四〕矛。稍。〔一一五〕樸撲。〔一一六〕▨。▨。〔一一七〕厲。
討。▨。〔一一八〕赫。〔一一九〕魏。澇。亢(亢)。〔一二〇〕弥(殄)。虧。▨(粤)。〔一二一〕堰。署(罟)。鹽
(鹽)。〔一二二〕孕。嵋。嵠。〔一二三〕單。緯。綖縷。菀。〔一二四〕眴。▨。〔一二五〕濬。渥。菌。〔一二六〕蕩。龕。
峻。佰(低)。〔一二七〕軀。朽。墜。▨。〔一二八〕遁。〔一二九〕釪稍。〔一三〇〕排。〔一三一〕掟(旋)。蹌。〔一三二〕擒。扠。
撲。䍧。〔一三三〕恃。駃。塡。〔一三四〕喑噎。薤。嘯。絡。罷。慾。〔一三五〕嵴。〔一三六〕躁。潮。傿。〔一三七〕
頤。〔一三八〕弦。〔一三九〕簫笛。廁。虹。〔一四〇〕粤。〔一四一〕鱗鮔。〔一四二〕翼。側。排。奏。后。嫌。隟。〔一四三〕
戮。▨(粗)。〔一四四〕▨。▨。〔一四五〕藕(藕)。岷。雞。訇。〔一四六〕紺。伐。補。栖。蹈。殁。銷。〔一四七〕
玟(玫)。涌。〔一四八〕棠。〔一四九〕辞。矜。〔一五〇〕階陛。蜘蛛。燧。探。翻。〔一五一〕□。□。▨。〔一五二〕
酟。〔一五三〕貿。袥之。〔一五四〕抱。履。屣。緝。〔一五五〕魁膾。姦。飧。〔一五六〕疫。輾。繩。羣。〔一五七〕笙。
惓。詳。〔一五八〕緯。暴。〔一五九〕注。溺。戾。蛟。蛟。〔一六〇〕閈。〔一六一〕適。濬。哆。〔一六二〕潨。〔一六三〕懌。
緻。繩。轢。蚘。槃。〔一六四〕完。顆。鞞。〔一六五〕暢。湧。騁。惽醉。〔一六六〕暉。弄。鎖。巢。▨
(桼)。〔一六七〕榛。勃。磐。擒。〔一六八〕盧。叛。螯。顩頷。〔一六九〕榮。〔一七〇〕▨。〔一七一〕漉。素。嶺。刻鏤。
列。勉。嗜。黎。〔一七二〕帒。〔一七三〕佰(低)。窯。〔一七四〕蠍。犺。〔一七五〕仇匹。掘。翱翔。翻。〔一七六〕▨

（皃）。〔一七七〕▨（燥）。〔一七八〕霧。剖。市肆。幃。裹。宛。瞳。▨。〔一七九〕▨。▨。〔一八〇〕資。〔一八一〕恣。
躁。態。〔一八二〕迷。蜥蜴。眴。酬。罥弶。〔一八三〕罟。捕。▨。▨。〔一八四〕瑩。躡。菀。〔一八五〕單。珂。
蜯。▨（釀）。〔一八六〕縷。緯。底。般。〔一八七〕陷。蚰蜒。栅（栅）。祰。〔一八八〕雜（雜）。鄙。逃。
嘶。〔一八九〕尠。逆（遞）。〔一九〇〕鄙。溢。棓。〔一九一〕劇。蹽（躁）。奮。矛矟。枷瑮。〔一九二〕杻械。舒緩。
麢麈。〔一九三〕雄雌。藝。譁。〔一九四〕攢（攢）燧。〔一九五〕囊。囊。〔一九六〕悴（悴）。塚（塚）。涓。澍。嫌
恨。〔一九七〕栅（栅）。務。勞。狗。妨。髀。映。易。〔一九八〕躁。纔。式。積。〔一九九〕塚（塚）。家。家。
冢。〔二〇〇〕縟。〔二〇一〕悼。枯怙。〔二〇二〕彫零。踈。衰襄。〔二〇三〕嵬。〔二〇四〕蜎。龜鱉。蝦蟇。收。犺。〔二〇五〕
兜（兕）。鴟（鵄）。〔二〇六〕鵰。〔二〇七〕豺。貍。〔二〇八〕鸜鵒。〔二〇九〕猫。猪。勉。電。〔二一〇〕垂。藕（藕）。
炷。函。滞。〔二一一〕差。烟。〔二一二〕咽。脉。嬉。〔二一三〕駁。〔二一四〕疊。〔二一五〕乳。攬（攬）。舉。〔二一六〕哀。
泣。啼。舉。〔二一七〕怡。暖。雜（雜）。捺。〔二一八〕係。〔二一九〕猗。蔄擇。〔二二〇〕酢。醎。淡。澀。〔二二一〕滑。
傒。〔二二二〕舡捍。〔二二三〕筏。〔二二四〕險（險）。溪。〔二二五〕稴秸。圵（兆）。欣。暎。〔二二六〕征。韡。〔二二七〕
穴。〔二二八〕寬。髣髴。暇。〔二二九〕瞚。〔二三〇〕蔫。楞。〔二三一〕葙。〔二三二〕味。〔二三三〕崖。燥。感。牽挽。愸
（整）。猗。啓（啓）。膩。〔二三四〕窟。〔二三五〕悶。臂釧。邀。〔二三六〕裸。巔（巔）。頸。秉。嗽。閃。
慇。〔二三七〕聲。〔二三八〕醉。梡。〔二三九〕幘。髣髴。〔二四〇〕頷。崖。〔二四一〕矚。傴。棗。〔二四二〕滓。坏脆。
垂。〔二四三〕伍（低）。澡浴。[illegible]。〔二四四〕邀。改。[illegible]。〔二四五〕涉。〔二四六〕滋。委。稍。祟。慺。訪。裁。
測。慠。〔二四七〕脛。〔二四八〕貿（貿）。誣（誣）。枉。返。戴。蝕。礔礰。〔二四九〕坎。萎蔫。丐。〔二五〇〕
洟。〔二五一〕麗。栅（栅）。蹌。〔二五二〕台。〔二五三〕運。運。〔二五四〕卯。蝕。蹋。〔二五五〕揩。侯。櫞。〔二五六〕採。
炤。〔二五七〕曚。〔二五八〕衰。鼠。〔二五九〕▨。〔二六〇〕嚼。頞。甜。舐。〔二六一〕約。〔二六二〕閉。市肆。貿（貿）。〔二六三〕

踦(蹻)。〔二六四〕糴。儲。軀。蜥蜴。翹。曉。菴。祧。〔二六五〕暴(暴)。〔二六六〕匍匐。稠概。裸。冢(寂)。〔二六七〕▨(喚)。〔二六八〕喙。〔二六九〕牝。〔二七〇〕瀆。簾。晨。〔二七一〕形。催。隃(險)。嵠嵋。〔二七二〕插。笛。扠。嶋。〔二七三〕僚。恃。負。〔二七四〕賦稅。私。蘗。峻圻。〔二七五〕

盿(眄)。〔二七六〕戟(戟)。府。騁。階陛。腐。償。牝牡。嗚呼。環。▨。〔二七七〕螯。〔二七八〕笐筣。甄。卒暴(暴)。壓。傴僂。傴。戾。鯢。鱸。〔二七九〕糴。劇。適。〔二八〇〕蚤。〔二八一〕楚。〔二八二〕尾。〔二八三〕箭。〔二八四〕爵。懕。〔二八五〕誘。〔二八六〕濤。鈿。焚。〔二八七〕駿。〔二八八〕紺。睫。瞼。愕。〔二八九〕燗。〔二九〇〕佉。叩呼。〔二九一〕膖。噎。腫。疽。癩(癩)。欬。〔二九二〕攄(摅)呴。黔黮。〔二九三〕聲。〔二九四〕菟。〔二九五〕攻伐。敀。〔二九六〕抵捍。〔二九七〕鯢。〔二九八〕攸。〔二九九〕吱。秏。〔三〇〇〕短。陋。蜀。〔三〇一〕苣(芒)。穗。擊。壓。攬。衝。蛔。竅。抒。〔三〇二〕洟。〔三〇三〕愈。〔三〇四〕鶴。〔三〇五〕戻。〔三〇六〕疼。咁(咤)。〔三〇七〕▨。▨。〔三〇八〕鯖悴(悴)。〔三〇九〕癖。痔。甄。〔三一〇〕粘。淋。游。〔三一一〕鱗。亶(喪)。跨。頤。膇。髀。脇肋。鏠。〔三一二〕橈。〔三一三〕蹲。〔三一四〕洗沐。搔。▨。▨。▨。〔三一五〕翼。魏。嵋。〔三一六〕▨。▨。▨。〔三一七〕登秪。〔三一八〕祴。〔三一九〕濤。傴。鬐(鬢)。〔三二〇〕柘。躡。瘠。貌。撥(撥)。〔三二一〕歐。〔三二二〕嗹。〔三二三〕臆。〔三二四〕臆。▨。〔三二五〕嚙。瞤。▨。〔三二六〕衝。〔三二七〕採。〔三二八〕封。蚩。〔三二九〕唼。瘕。〔三三〇〕著。〔三三一〕樤。〔三三二〕貸(貿)。瘓。鳩。殖。〔三三三〕鹵(鹵)。凹窠。〔三三四〕肪。〔三三五〕窳(窳)。〔三三六〕戓。〔三三七〕齎。鷹。▨。▨。〔三三八〕招。籌。苗。蔚。屘。〔三三九〕滓。株。〔三四〇〕脹。瘙。瘭。享。〔三四一〕柳。奚。荅。〔三四二〕鬪。〔三四三〕▨。〔三四四〕砌。均崘。〔三四五〕舊。瘖。〔三四六〕俯。叛。棬。〔三四七〕頑。輔。〔三四八〕掣縮。癭。皰。痳。〔三四九〕濽。澆。悚。揵。〔三五〇〕搏擊。互。係。詷(調)。曝。□。湏。瀾。匍匐。櫻。▨。〔三五一〕貸(貿)。〔三五二〕璅。〔三五三〕創。〔三五四〕腭。芬。迸。〔三五五〕淋瀝(瀝)。痿。寢。〔三五六〕揣。〔三五七〕愇。膱。構。〔三五八〕膈。〔三五九〕

臈。〔三六〇〕蘱。〔三六一〕檻。鍼。踼。〔三六二〕圮。瀑。澍。〔三六三〕鵰。鵲。喙。〔三六四〕胜。〔三六五〕▨。〔三六六〕蜂蛤。〔三六七〕監。〔三六八〕皰。埠弇。〔三六九〕凹凸。環釧。〔三七〇〕脯。〔三七一〕噫。忪。〔三七二〕村。▨。▨。〔三七三〕渧。臠躃。〔三七四〕▨(傴)。〔三七五〕▨。〔三七六〕▨。▨。〔三七七〕▨(瞬)。〔三七八〕▨(蚤)。〔三七九〕喘。鍼鋒。亶(喪)。攢。揣。〔三八〇〕錍。〔三八一〕髖。瞼。涆。〔三八二〕▨(嘔)。〔三八三〕▨。〔三八四〕▨。〔三八五〕▨。〔三八六〕鯨悴。〔三八七〕燋。〔三八八〕▨。▨。〔三八九〕液。鼾。惽。▨。〔三九〇〕烝。〔三九一〕搔。劚。忽。〔三九二〕臠。〔三九三〕脂。〔三九四〕稗。收(收)。〔三九五〕蛤。霞。〔三九六〕鴿。〔三九七〕吱。〔三九八〕

【校記】

〔一〕第一行上部六字底卷殘泐，其中前三字、後二字存左側殘畫，此六字之下至行末殘缺。

〔二〕『尅』爲『剋』的俗字，經本卷八有『復更執之，以利鐵刀削其身體，削已復割，割已復剋，剋已復劈』句，疑即此字所出。

〔三〕『荒榛』以下至『賦税』多出於經本卷一〇，先後順序則大抵與經本相反。

〔四〕『軀』字經本卷一〇未見，唯卷一一『自爲此惡，令無量阿修羅衆喪失軀命』句有此字，字序不合，存疑。

〔五〕蜫，此字經本未見，而卷一〇相應位置有『自身他身，有虫虱等，本殺彼虫，或殺蟻子，或黑虫等，或殺蜱等』句，其中的『蜱』字《大正藏》校記稱宋《資福藏》、元《普寧藏》、明《嘉興藏》本及日本宮内省圖書寮本作『螕』，『蜫』即『螕』的俗字，應即此字所出；玄應《音義》出『螕等』條，云上字『補兮反，《通俗文》狗虱曰螕。經文作蜱，扶卑反，螗蜋子也，蜱非此義』，又可洪《音義》出『煞蜱』條，云下字『邊兮反，正作螕也』，皆可參。

〔六〕䬁，此字字書不載，疑爲『蝨』的俗字，《字彙補·虫部》載『虱(蝨)』字或體作『𧍢』，可以比勘；經文卷一〇相應位置有『虱(蝨)』字(見上條引)，應即此字所出；可洪《音義》出『虫䬁』條，云下字『所櫛反』，『䬁』

亦爲『蝨』的俗字，可以比勘。

〔七〕 [illegible]，應爲『臘』字的俗寫，經本有『一切身分，如蜜蠟摶，不可分別』句，其中的『蠟』字《大正藏》校記稱宋《資福藏》本、日本宮内省圖書寮本作『臘』，應即此字所出；據經義，『臘』當讀作『蠟』。

〔八〕 注文『祖』字底卷右下部略殘，茲據殘形擬定。又『沮』『祖』二字底卷作正文大字，考經本卷一〇有『彼人如是半在魚口，常被咀嚼』句，當即『咀嚼』二字所出；但經本未見『沮』字，卷一〇亦未見『祖』字（卷九有『彼兄弟者，或同一父，或同一祖』句，但字序不合），疑此二字皆爲『咀』的注音字；『咀』『沮』二字《廣韻·語韻》皆有慈吕切一讀，又『祖』字《廣韻·姥韻》音則古切，『咀』字《廣韻·語韻》又音子與切，二字紐同韻近，故據以改作注文小字。

〔九〕 缺字存左下部殘畫，其下至行末底卷殘缺約十二字左右。

〔一〇〕 埠，此字俚俗或用作『阜』的增旁俗字，文中則應爲『堆』的俗字，經本相應位置有『譬如屎堆，人雖未到，已聞其臭』句，其中的『堆』字《中華大藏經》校記稱《房山石經》本正作『埠』，應即此字所出。

〔一一〕 [illegible]，此字通常用作『短』的俗字，經本『一切身分常被熱燒，貧窮短命』句正有『短』字，但該句經本在下文『鈍』字句之前，字序不合（按底卷逆序摘録的體例，『短』應列在下文『鈍』字之後），存疑待考。

〔一二〕 注文『障』『鄣』二字底卷本作正文大字，但經本相應位置此二字均未見（經本卷八、卷一一有『障』字，但字序不合；『鄣』字則經本全書未見），而有『諸根戰動，狀相外彰，失屎失尿』句，當即『彰』字所出，而『障』『鄣』或即『彰』的直音字或異文（《中華大藏經》校記稱《房山石經》本『彰』字作『鄣』），故姑據改作注文小字。

〔一三〕 注文『屍』『戾』二字底卷本作正文大字，但經本相應位置此二字均未見（經本卷一一『於三百世生食死屍餓鬼之中』句有『屍』字，但字序不合；『戾』應爲『屎』字俗訛，『屎』又爲『屎』的古異體字，然經本未見徑作『戾』者），而有『失屎失尿』句（參上條引），當即『屎尿』二字所出，而『屍』『戾（屎）』或即『屎』的直音字，故姑據改作注文小字。

〔一四〕注文『縫』『峰』二字底卷本作正文大字，但經本卷一〇及相鄰數卷此二字均未見，而卷一〇相應位置列舉十六處大地獄有『十六名金剛嘴峰』，當即上『蜂』字所出，而『縫』『峰』二字或即『蜂』的直音字或異文，故姑據改作注文小字；『峰』上底卷本有一『峯』字，但似已點去（『峰』即『峯』的偏旁易位字），故不録。

〔一五〕標，此字經本卷一〇未見，而相應位置列舉十六處大地獄有『十三名黑鐵繩，摽刃解受苦』句，其中的『摽』字《大正藏》校記稱宋《資福藏》、元《普寧藏》、明《嘉興藏》本及日本宫内省圖書寮本作『摽』，『標』疑即『摽』字異文（『標刃』或『摽刃』指刃端），即此字所出。

〔一六〕注文『瀱』底卷本作正文大字，考經本相應位置列舉十六處大地獄有『六名血河漂』，當即上『漂』字所出，而『瀱』或即『漂』的直音字或異文（『瀱』爲『漂』的增旁俗字，慧琳《音義》卷四三《僧伽吒經》第一卷『漂没』條云『上匹遥反，顧野王云流也；《説文》浮也，從水、票聲。經作瀱，通俗字也』），故姑據改作注文小字。

〔一七〕注文『託』『純』二字底卷本作正文大字，但經本卷一〇及相鄰數卷此二字均未見，而卷一〇相應位置有『性甚愚癡，懵鈍醜陋』句，其中的『懵』字《大正藏》校記稱宋《資福藏》、元《普寧藏》本及日本宫内省圖書寮本作『朦』，底卷『曚』蓋即『朦』字異文（『曚』『朦』形音皆近，古字通用），當即『曚鈍』二字所出；『託』或爲『訰』字俗訛，而『訰』『純』或即『鈍』的直音字或異文，故姑據改作注文小字。

〔一八〕『媆』字右下部底卷殘泐，兹據殘形擬補；『媆』字以下至『虫』字蓋皆出於經本卷一一，先後順序大抵與經本相反；經本有『過蓮華葉，身復更生，更生軟嫩』句，其中的『嫩』字《金藏》本作『媓』，『媆』『媓』蓋皆『嫩』字異體（《玉篇·女部》：『媆，又奴困切，與嫩同。』），即此字所出。

〔一九〕二殘字上一字存左部『扌』形，下一字存左上部殘畫，待考。

〔二〇〕『毱』字經本相應位置未見，而有『如毬著地，即上不停』句，可洪《音義》引出『如毬』條，云『巨掬反，正作毱』，當即此字所出；『毱』『毬』古人皆可指『蹋蹴以爲戲』的球，二字異文同義。

〔二一〕恾，經本有『罪人見之，極大恾怖』句，即此字所出；『恾』爲『忙』的後起繁化俗字。又上『闊』以下四字經本所見依次爲『恾、闊、脈脹』，字序略有不同。

〔二二〕擁，經本有『大小便利，擁隔不通』句，即此字所出；《大正藏》校記稱『擁』字宋《資福藏》、元《普寧藏》、明《嘉興藏》本作『壅』，『擁』『壅』音同義通。

〔二三〕壓，『壓』字俗省，此字經本相應位置未見，而有『如新生酥，搏押磨打』句，『押』即『壓』的古通用字，當即此字所出。

〔二四〕蠍，經本有『於一百世生畜生中，作蛭作蝎若蜣蜋等種種諸虫』句，『蠍』即『蝎』字異體，即此字及下『蜣蜋』二字所出。

〔二五〕盪，經本有『於五百世生餓鬼中，食人所棄蘯器惡水』句，『蘯』即『盪』的繁化俗字，應即此字所出。

〔二六〕寬，經本有『閻魔羅人驅地獄人令上彼山，燒脚腰髖背臂頭項手足耳眼，乃至頭腦，燒已復生』句，《大正藏》校記稱『髖』字宋《資福藏》本、日本宮内省圖書寮本作『寬』，『寬』即『髖』字省借，即此字所出。

〔二七〕虫，經本有『若以虫蟻蛇蟒鹿馬而著火中』句，當即此字所出；『虫』爲『蟲』的古異體字。

〔二八〕『刷』以下至『逕』字大抵出於經本卷一二，先後順序大致與經本相反。

〔二九〕牧，經本有『有善比丘，持戒正行，於律無犯。種姓有事，故生怖畏，入所信家』句，其中的『故』字《金藏》本作『収』，可洪《音義》引出『牧生』條，云『上莫六反，使也』，當即此字所出，作『故』作『収』疑皆『牧』字之訛。

〔三〇〕礕，經本有『劈割燒煮，一切身分皆悉分離。内外火燒，受極苦惱。焰燃鐵杖，如是劈已，極受大苦』句，其中的二『劈』字《大正藏》校記稱日本宮内省圖書寮本作『礕』，當即此字所出；『礕』蓋『劈』的後起換旁俗字。

〔三一〕蜀，經本有「其身獨短，命則不長」句，《大正藏》校記稱「獨」字日本宮内省圖書寮本作「蜀」，當即此字所出；「蜀」蓋「獨」字訛省。

〔三二〕「豬」字右下部底卷略有殘泐，兹據殘形録定，經本有「彼如是處，多有可畏惡狗師子烏鷲猪蛇」句，「猪」即「豬」的後起换旁俗字，當即此字所出。

〔三三〕殘字底卷僅存下部殘畫。

〔三四〕「嚌」字底卷重出，蓋抄手習字而然；經本有「彼處名爲吒吒吒嚌」句，當即此字所出。

〔三五〕「逕」字經本相應位置未見，而有「乃經無量百千年歲」句，疑「逕」即「經」字異文；經本卷一三有「既呵責已，將向地獄極苦惡處，經無量時，業羂所縛」、「經二千年皆向下行」等句，其中的「經」字《大正藏》校記稱日本宮内省圖書寮本作「逕」，可以比勘；「逕」「經」音近義通。

〔三六〕「踝」以下至「艭」字大抵出於經本卷一三，先後順序大致與經本相反。

〔三七〕「毱」字經本未見，疑即下「掬」字誤書而未塗去者，存疑；經本有「如於大海中，唯取一掬水。此苦如一掬，後苦如大海」句，當即「掬」字所出。

〔三八〕⿱⿰阝犬土，「壓」字俗省，經本有「如兩石間壓水聚沫，如壓沙摶」句，當即此字所出。

〔三九〕齮，經本有「鼻則⿰奇皮倒，髮毛相著」句，「⿰奇皮」字下原注「去奇」反，《字彙補·皮部》以「⿰奇皮」爲「攲」字或體，「齮」字字書不載，當又爲「⿰奇皮」的换旁俗字。

〔四〇〕「塚」字右下部底卷略殘，兹據殘形擬補。

〔四一〕「嫁」字經本未見，存疑；「家」字經本卷一三有（見「所有出家決定受業」句），但按底卷逆序摘録的規則，「家」字以下依次應録作「煖、浣、嚇、笛、家、寂、惓、倦、鎖、完」，底卷字序略有不合。

〔四二〕二殘字底卷中部殘泐，待考。

〔四三〕家，「寂」的俗字，經本有「若心寂静，衆生解脱」句，當即此字所出。

〔四四〕經本有「澡浴浣衣而速有垢」、「遍身破壞，體無完處如米豆許」句，或即「浣」「完」二字所出，但經文此二字間隔以「嚇、笛、家、寂、惓、倦、鎖」等難字，字序不合，此「完」字徑接於「浣」字之下，也有可能爲注音字（「浣」「完」二字紐同韻近），存疑待考。

〔四五〕嚇，此字左部略有殘泐，兹據殘形録定；經本有「天常怖嚇，夢則心驚」句，當即此字所出。

〔四六〕經本相應位置有「見彼比丘，不惓精進」句，先後二見，下文又有「何故不疲倦」句，但後句經文在「掬」字句之後，字序不合；「惓」爲「倦」字或體，底卷「倦」或爲注音字，或經本後一「不惓精進」句的「惓」有作「倦」者亦有可能，存疑。

〔四七〕璅，經本有「惡相續鎖，破壞離散」句，其中的「鎖」字《金藏》本作「鏁」，「鏁」即「鎖」的俗字，「璅」則爲「瑣」的俗字，「鎖」爲「瑣」的後起分化字，當即此字所出。

〔四八〕鈂，經本有「惡業行人，若得脱彼爐中惡業，出彼銅爐，閻魔羅人置鐵鈂上鐵椎打之，如鍛鐵師椎打鐵塊」句，其中的「鈂」字《金藏》本作「鈂」，可洪《音義》引亦作「鈂」，云「竹林反。又直林反，非」，當即此字所出。根據可洪的切音并推之字形，「鈂」當是「鈂」字的俗寫，「鈂」字《廣韻・侵韻》音直深切，與「直林反」同音；但這一讀音的「鈂」指「臿屬」，與經義不合，故可洪以爲非，而定作「竹林反」，蓋讀「鈂」作「鍖」或「砧」字，《大正藏》校記引宋《資福藏》、元《普寧藏》、明《嘉興藏》本及日本宮内省圖書寮本正作「砧」；「砧」或「鍖」字韻書音「知林切」，指砧板之屬，音義皆合。《大正藏》本作「鈂」，蓋據「鈂」字回改而然，非是。

〔四九〕「縠」以下至「劈」字大抵出於經本卷一四，先後順序大致與經本相反。

〔五〇〕齅，經本有「不見不聞，不嗅不嘗」句，其中的「嗅」字《金藏》本作「齅」，即此字所出；「齅」「嗅」古今字。

〔五一〕經本有「有食脬者，有食髀者，有食踹者，有食脛者……彼復更有閻魔羅人，擘口出舌，以極利刀，臠臠碎割」句，即「踹」以下四字所出，底卷既非順序，亦非逆序，字序略有錯亂。

〔五二〕經本有「既得脱已，於一千世生餓鬼中，名鼎餓鬼。若脱彼處，生畜生中，作象犛牛肫徒魔邏鼠狼毒蛇守宫蚿蚓蚊子等虫，又復作牛。既脱彼處，若生人中同業之處，生膾子家，於二百世胎中而死」句，即「膾」以下五字所出，底卷字序亦有錯亂。

〔五三〕棓，經本有「閻魔羅人手執棒刀」句，其中的「棒」字《大正藏》校記稱宋《資福藏》、元《普寧藏》、明《嘉興藏》本及日本宫内省圖書寮本作「棓」，應即此字所出；「棓」「棒」古今字。

〔五四〕後一「劈」字下部底卷略有殘缺，經本有「阿鼻之人燒煮劈裂，又復更生，生已復裂，更劈更燒」句，當即此二「劈」字所出，故徑據録正。

〔五五〕此行下部底卷殘泐約二至三字。

〔五六〕「鉾戟」以下至「胃」字大抵出於經本卷一五，先後順序大致與經本相反。經本有「復執戟鉾」句，其中的「戟鉾」《大正藏》校記稱宋《資福藏》、元《普寧藏》、明《嘉興藏》本及日本宫内省圖書寮本作「鉾戟」，應即「鉾戟」二字所出；「鉾」文中爲「矛」的俗字。

〔五七〕檮，此字經本未見，而卷一五有「以熱鐵杵擣築其身并骨，碎散如蠟蜜塊」句，「擣」爲「擣」的後起俗字，底卷「檮」疑即「擣」字俗訛，即此字所出；但此字經文在下「壃(疆)」字之後、「蠟」字之前，字序不合。

〔五八〕衢，此字僅見於經本卷一六、卷一七，而卷一五未見，底卷此字夾廁於卷一五難字之間，或有錯亂。

〔五九〕鏶，經本有「取熱鐵鏶，廣五由旬，焰火甚熾」等句，其中的「鏶」字《金藏》本作「鏶」，「鏶」即「鏶」字的俗寫(承襲避唐諱改形字)，當即此字所出；「鏶」又爲「鏶」的增旁繁化俗字。

〔六〇〕「儉」即「儉」字俗寫，經本有「於儉時世，請喚比丘，作如是言。……時世復儉，信彼人故，更不餘求。……時世儉故，彼諸比丘，或有死者」等句，「儉」字相應位置凡三見，《金藏》本皆作「儉」，底卷「儉」「儉」連出，爲據經文分别摘録，抑或標注異文，不得而知。

〔六一〕梟，「梟」的繁化俗字，經本有「若作獯狐兔梟等鳥」句，其中的「梟」字《金藏》本作「梟」，即此字所出。

〔六二〕儻，此字經本未見，或爲上『償』的形近區别字；經本有『而是大賊食彼供養病人財物，用已不懺，心不生悔，不還不償』句，乃上『償』字所出。

〔六三〕椮，經本有『生畜生中，常有石墮壓摻之處，身如葦等』句，『椮』『摻』古通用，應即此字及下『葦』『壓』二字所出。

〔六四〕『葦』字左下部底卷略缺，兹據殘形擬補。

〔六五〕殘字存上下部分筆畫，俟考。

〔六六〕『壂』字中下部底卷略缺，兹據殘形擬補；『壂』爲『壓』字俗省，經本正作『壓』（經文已見上引）。

〔六七〕『蠟』字中部底卷殘缺，兹據殘形擬補；經本有『碎散如蠟蜜塊』句，即此字所出。

〔六八〕『壃』字左部底卷殘缺，兹據殘形擬補；經本有『所在國土，二王中間疆界之處』句，其中的『疆』字《金藏》本作『壃』，即此字所出；『壃』爲『疆』的簡俗字。

〔六九〕『嘷』字右下部底卷略有殘缺，兹據殘形擬補。『嘷』字以下至『妖蔞』大抵出於經本卷一六，先後順序與經本相反。經本有『呻嘷悲叫，奔突而走』等句，即『嘷』字所出；『嘷』爲『嗥』的俗字。

〔七〇〕缺字底卷在行末，比照左行，約殘泐二字，故暫擬補二空格。

〔七一〕獐，經本有『以諸衆生雜類牛羊麞鹿之肉，設會與人』句，其中的『麞』字《金藏》本作『獐』，當即此字所出；『獐』爲『麞』的後起換旁字。

〔七二〕妖蔞，經本有『如是餓鬼，作諸妖孽』句，其中的『孽』字《金藏》本作『蔞』，皆爲『蘖』字俗寫，即此二字所出；玄應《音義》出『妖蠥』條，云『五竭反，《説文》云：衣服歌謡草木之怪謂之妖，禽獸虫蝗之怪謂之蠥。經文作孽，庶子也；又作蘖，近字也』，可參。

〔七三〕『萎』字以下至『段』大抵出於經本卷一七，先後順序與經本相反。注文『委』『餧』二字底卷作正文大字，然經本卷一七及相鄰數卷此二字皆未見（經本卷一〇有『餧火令飽，當得生天』句，但字序不合），而卷一七相應位置有『身體萎熟，爲諸虫蟻，唼食其身』句，當即『萎』字所出，疑『委』『餧』即『萎』的直音字或音近區別字，故據改作注文小字。

〔七四〕役，『役』的古異體字，經本卷一七未見『役』或『役』字，卷一八有『觀是衆生，爲種種心之所役使』句，或即此字所出，但字序不合，存疑。

〔七五〕𠜾，經本有『摑裂破壞無全處』句，其中的『摑』字《金藏》本作『𠜾』，當即此字所出；其作『摑』者與摑耳的『摑』不同，與『𠜾』當皆是『攫』的俗字，玄應《音義》卷一九《佛本行集經》第二十六卷『摑裂』條下云『字宜作攫，力（九）縛反，《說文》攫扟也，《蒼頡篇》攫搏也。言獸瞋即攫也』，可參。

〔七六〕鵰，經本有『金剛利嘴啄我身，雕鷲烏鵄諸惡鳥』句，其中的『雕』字《金藏》本作『鵰』，當即此字及上『鵄』字所出；『鵰』『雕』古異體字。

〔七七〕『鼈』字以下至『鯢』字亦皆出於經本卷一六，按經文順序當接於上文『妖孽（孽）』二字之後，字序與經本相反。

〔七八〕哈，經本有『生惡道中，受於唫吒餓鬼之身』句，經本原注：『唫吒，魏言食唾。唫，區伊反。』『唫』當是從『企』得聲，而『哈』則應即『唫』字之訛。

〔七九〕『遁』字在行末，此字之下底卷略有殘缺，按空間，可抄半個多字，不知此處是否有缺字，存疑。

〔八〇〕螡蝱，經本有『蚊虻黑虫，從毛孔入，食其身肉』句，『螡蝱』即『蚊虻』的古異體字，即此二字所出。

〔八一〕黤黮，經本有『身色黤黮，猶如黑雲』句，即此二字所出；『黤』《龍龕·雲部》以爲『黤』的俗字，《大正藏》校記引宋《資福藏》、元《普寧藏》、明《嘉興藏》本及日本宮内省圖書寮本正作『黤』；玄應《音義》引亦作『黤黮』，云『烏感、敕感反，不明也，亦黑也，《纂文》云深黑也』，可參。

〔八二〕『但』下底卷殘缺約二字，其中前一字存上部『亠』形構件，考經本相應位置有『若在高原，若陂澤中』句，疑上一殘字即『高』字，故據以擬補。

〔八三〕衰，此字中部底卷作「田」字形，俗訛，經本相應位置有「無量衰惡，以爲嚴飾」句，當即此字所出，兹據以録正。

〔八四〕荖，此處當是「差」的訛俗字，經本有三十六種餓鬼，「三十四者毘利差，樹中住餓鬼」，當即此字所出。

〔八五〕嗜，經本有「見諸餓鬼，本爲人時，愛樂貪嗜血肉之食。……貪嗜血故，生囉訖吒餓鬼之中」等句，或即此字所出；但此數句經本在上「鼉」後、「妖蔞」前，底卷字序有錯亂。

〔八六〕經本稱三十六種餓鬼「十八者矣利提，神通餓鬼；十九者闍婆隸，熾燃餓鬼；二十者蚩陀羅，伺嬰兒便餓鬼」，即「隸、矣、蚩」三字所出，如逆序摘録，則當作「蚩、隸、矣」，底卷字序略有不合。

〔八七〕「囉」字底卷僅存右上部「罒」形構件，按經本相應位置有三十六種餓鬼「十二者囉訖吒，食血餓鬼；十三者曹娑婆叉，食肉餓鬼」，當即此殘字及上「曹」字所出，兹據以擬補殘字作「囉」。

〔八八〕灆，經本三十六種餓鬼「八者婆利藍，食水餓鬼」，《大正藏》校記稱「藍」字元《普寧藏》、明《嘉興藏》本作「濫」；按可洪《音義》引作「灆」，音「力甘反」，當即此字所出；「藍」「濫」「灆」當是譯音用字之異。

〔八九〕⿰飠蒦，此字經本未見，而相應位置三十六種餓鬼，其「一者迦婆離，鑊身餓鬼」，俗書「金」旁「食」旁相亂，疑「⿰飠蒦」即「鑊」字俗訛，即此字所出。

〔九〇〕經本有「伽他頌」，原注「偈者正音云伽他，單舉伽字，訛言爲偈，魏言頌」，其中的「訛」字《大正藏》校記稱日本宫内省圖書寮本作「詭」，當即「詭」字及下「單、魏」二字所出，唯字序略有不合。

〔九一〕「飃」字底卷重出，蓋抄手習字使然。經本有「貪欲瞋恚愚癡風力之所飄鼓，水浪濤波，洄澓相注」句，其中的「飄」字《金藏》本作「飃」，玄應《音義》出「飃鼓」條，字亦作「飃」；「飃」即「飄」的俗字，即此字所出。

〔九二〕「嗜」字經本卷一六凡二見（見上校記〔八五〕引），而卷一七、卷一八等相鄰各卷均未見，底卷此處重出，所本不詳。

〔九三〕缺字底卷字迹黯淡，難以辨認。

〔九四〕『估』字以下至『鴻』字大抵出於經本卷一八，先後順序大致與經本相反。

〔九五〕啥，此字經本未見，而相應位置有『咽喉含美（笑），如赤珠色』句，可洪《音義》引出『啥㗩』條，云『上户南反，下私妙反』，應即此字所出；『啥』當即『含』的增旁俗字。

〔九六〕翅，經本有『兩翅柔軟，如蓮華敷』句，或即此字所出，但經文此字在『含』後『溢』前，字序略有不合。

〔九七〕鉀冑，經本有『種種諸色，莊嚴其身，以爲鉀冑，光明晃昱』句，即此二字所出；『鉀』爲『甲』的繁化俗字，《大正藏》校記稱宋《資福藏》、元《普寧藏》、明《嘉興藏》本及日本宮内省圖書寮本正作『甲』。

〔九八〕『晃』字中部底卷有殘泐，按經本有『光明晃昱』句，當即『晃昱』二字所出，故據擬補作『晃』字。

〔九九〕缺字底卷字迹模糊難辨，俟考。

〔一〇〇〕黤，經本有『起大重雲，猶如黑山，黤黮垂布，掩蔽日光』句，即此字所出；『黤黮』應爲『黤黮』的俗字（可洪《音義》謂『正作黭黮也』，『黭』『黤』古通用），《大正藏》校記引宋《資福藏》本、日本宮内省圖書寮本正作『黤黮』。參看上文校記〔八二〕。

〔一〇一〕燿，經本有『或燿電光，遍滿世界』句，其中的『燿』字《大正藏》校記引宋《資福藏》、元《普寧藏》本及日本宮内省圖書寮本作『耀』，即此字所出；『耀』爲『燿』的後起换旁俗字。

〔一〇二〕颾，經本有『法行龍王，不以黑雲冷風飄颾如是四天下』句（『颾』字的『鼓』旁《中華大藏經》影印《麗藏》本作『鼓』，『皷』『鼔』一字之分化，古多混用無別），『颾』即『颾』字俗體，即此字所出；『颾』又爲『鼓』的增旁俗字，《大正藏》校記引宋《資福藏》、元《普寧藏》、明《嘉興藏》本及日本宮内省圖書寮本正作『鼓』。經本卷一六有『貪欲瞋恚愚癡風力之所飄鼓，水浪濤波，洄澓相注』句，其中的『飄鼓』《金藏》本作『飃颾』，玄應《音義》出『飃鼓』條，云『公户反，鼓動也，案凡動物皆謂之鼓。經文從風作颾，非也』，可參。

〔一〇三〕夭，經本有『以水濁因緣，食之夭命。順法龍王於彼世界不雨濁水，瞿陀尼人，食清水故，得無病惱』句，其中的『天』字《大正藏》校記引宋《資福藏》、元《普寧藏》、明《嘉興藏》本及日本宮内省圖書寮本作『夭』

（《中華大藏經》影印《麗藏》本實亦作『夭』，作『天』當是《大正藏》傳刻之誤），即此字所出。

〔一〇四〕閇，經本有『互共相殘害，或打縛繫閉』句，其中的『閉』字《麗藏》本『閇』，『閇』『閇』當皆即『閉』的俗字，即此字所出。

〔一〇五〕樔，經本有『復有衆鳥，樂住水中，依岸爲巢，或穿河岸，以爲窠窟』句，『樔』疑即『巢』字異文；慧琳《音義》卷七九《經律異相》第四十四卷『在巢』條下云『柴爻反，鳥窠也。象形字。經從木作樔，非也』，可參。

〔一〇六〕峅，『岸』的偏旁移位字，經本有『多處曠野嶮岸中生』句，當即此字所出。

〔一〇七〕底卷『蠶』字左下部有殘泐，『繭』字上部字迹不清，按經本有『爲求絲絹，養蠶殺繭』句，當即此二字所出，故據以擬補。

〔一〇八〕『摴』至『殁』字和『赫』至『詈』字大抵出於經本卷一九，先後順序大致與經本相反。經本有『相撲射戲，樗蒱圍碁，種種博戲』句，其中的『樗』字《金藏》本作『摴』，即此字所出；『樗蒱』亦作『摴蒱』，『樗』『摴』古書混用無別。

〔一〇九〕『摴』下四殘字底卷僅可見左部部分殘畫，右部似被粘合，難以辨認，其中第一字存『赤』形，第二字存『亻』旁；經本相應位置有『身出電光，赫焰大明』句，不知第一字是否爲『赫』之殘形。

〔一一〇〕『礰』上一字底卷存『辟』形，按經本有『震雷耀電，霹靂起火』句，其中的『霹靂』《金藏》本作『礔礰』，疑即此二字所出；慧琳《音義》卷三八《金剛光燗止風雨陁羅尼經》『霹靂』條下云『上僻壁反，下音歷，顧野王云：霹靂，大雷震也，《史記》云陰陽氣之擊動也。古今正字並從雨，形聲字。或從石作礔礰也，皆近代出，古文無也』，可參。

〔一一一〕『胸』字以下至『討』字大抵出於經本卷二〇，先後順序大致與經本相反。

〔一一二〕鉾，『矛』的增旁俗字，經本相應位置有『可以刀劍種種武器兵戈矛戟破彼諸天』、『雨諸器仗，矛稍刀戟』等句，蓋底卷所據經本『矛』有作『鉾』者，即此字所出。

〔一一三〕黤黮，經本有「雷電注雨，黑雲黤黮」句，即此二字所出；「黤黮」《大正藏》校記引宋《資福藏》本、日本宫内省圖書寮本作「黤黮」，爲其正字。參看上文校記〔一〇〇〕。

〔一一四〕參，經本有「雨刀雨石從空而下」句，其中的「而」字《大正藏》校記引宋《資福藏》、元《普寧藏》、明《嘉興藏》本及日本宫内省圖書寮本作「參」，當即此字所出。

〔一一五〕經本有「多諸伎術，刀稍矛劍」句，疑即「矛」「稍」二字所出；唯此句經文在上引「參」字句之後，與底卷逆序摘録之例略有不合，存疑。

〔一一六〕「樸」字經本未見，相應位置有「及其刀戟兵刃相撲，吾悉勝彼」句，當即下「撲」字所出，「樸」或即「撲」字誤書而未删去者。

〔一一七〕上一殘字右下部殘缺，其餘部分字迹黯淡，略似「幢」之殘字，經本相應位置有「如是法者，是天勝幢」等句，可參；下一殘字僅存一二殘畫，俟考。

〔一一八〕殘字左部作「酉」，右部中間有殘缺，全字似本作「醎」，後者字書未載，疑即「鹵」的增旁俗字（「鹹鹵」古亦作「醎鹵」，古書習見，如《大般若波羅蜜多經》卷五九四「今此衆會堅固清浄，無如瓦礫醎鹵等者」，是其例，「鹵」字受「醎」字影響，則或可類化增旁作「醎」），經本相應位置有「如以種子投之沙鹵」句，可參。

〔一一九〕「赫」以下至「罟」字又出於經本卷一九，與上文同樣出於經本卷一九的「搏」至「殁」諸字中間隔以「胸」以下十餘字，蓋抄手所據經文底本頁碼錯亂所致。

〔一二〇〕亢，《金藏》本經文有「或言水災，或言亢旱」句（「亢」字《大正藏》本誤作「元」），即此字所出。

〔一二一〕「咢」字下部底卷略有殘泐，按經本有「金山巖崿，山窟幽邃」句，其中的「崿」字《金藏》本作「咢」，當即此字所出，故據以擬補；「咢」爲「崿」的偏旁移位字。

〔一二二〕「鹽」以下至「峻」字多出於經本卷二二，先後順序大致與經本相反。

〔一二三〕經本有「種種園林，山嵠峪嵎，河池流泉，蓮華欝茂」句，當即「嵎」「嵠」二字所出；「山嵠峪嵎」當作「山溪谷澗」，後三字乃類化俗字，《中華大藏經》校記引《磧砂藏》等本作「山谷溪澗」，可證。

〔一二四〕 苑，當爲「苑」的俗字，經本有「一一華池，一一園苑，無量天女眷屬圍遶」句，當即此字所出。

〔一二五〕 殘字底卷左旁作「車」，右側略有殘泐，字迹難辨，經本相應位置從車旁的有「軟」字，但底卷此字右側似較「欠」更複雜，所以只能存疑。

〔一二六〕 「渥」「菌」二字經本未見，其出處不明。

〔一二七〕 「低」以下至「僞」字大抵出於經本卷二一，先後順序大致與經本相反。

〔一二八〕 「墜」字底卷在行末，該字下有二殘筆，應另有一字，故據以擬定一殘字符號。

〔一二九〕 經本依次有「令鉢呵娑墜墮殿下」、「羅睺阿修羅王，亦復逃遁」句，即「墜」「遁」二字所出；按底卷逆序摘録之例，則「遁」本應列在「墜」前。

〔一三〇〕 釪稍，經本有「以無量大山刀劍矛稍雨天王上」句，「釪」當即「矛」的增旁俗字，即此二字所出。參看上文校記〔一二三〕。

〔一三一〕 挊，「挵」的俗字，而「挵」又爲「弄」的增旁俗字，經本有「即時以鼻捉阿修羅，於虚空中迴旋轉之，如人弄鈴，垂死乃放」句，可洪《音義》出「挊鈴」條，云「上郎貢反」，當即此字所出。底卷下文經本二十五卷下又出「挊」字（出於經文「復有衆鳥，名曰遊行，於華池岸，口銜華鬚，遍於池側，舞弄遊戲，出妙音聲」句，可洪《音義》出「舞挊」條，「挊」字直音「弄」），用法同。

〔一三二〕 蹹，「踏」字的異體，經本有「或以脚踏，或以手鬪」句，當即此字所出。

〔一三三〕 臯，「觸」的俗字，經本有「百千山谷，互相打觸，碎爲微塵」句，當即此字所出。

〔一三四〕 填，經本卷二一未見，卷二五有「殿有千柱，其柱皆以金毘琉璃青摩尼寶之所成就，金剛廁填」句，疑即此字所出，底卷字序有錯亂。

〔一三五〕 慾，經本有「復有諸天，遊戲林間，聞擊鼓聲，走趣質多羅林，捨於欲樂」句，其中的「欲」字《大正藏》校記引宋《資福藏》、元《普寧藏》、明《嘉興藏》本及日本宫内省圖書寮本作『慾』，當即此字所出；『慾』即『欲』的後起繁化俗字。

〔三六〕峪，經本有『如是大衆，或有行空，有行山脊，有行山谷』句，其中的『脊』字《金藏》本作『嵴』，當即此字所出；『嵴』即『脊』的後起繁化俗字。

〔三七〕傷，『象』的俗字，經本有『我今亦自乘伊羅婆那象』句，當即此字所出。

〔三八〕『頤』以下至『戮』字大抵出於經本卷二五，先後順序大致與經本相反。

〔三九〕弦，經本有『毘琉璃寶以爲樂器，真金爲絃，衆寶鼓音，馬瑙雜寶，以爲簫笛』句，其中的『絃』字《大正藏》校記引宋《資福藏》、元《普寧藏》、明《嘉興藏》本及日本宫内省圖書寮本作『弦』，當即此字所出；『絃』『弦』古異體字。

〔四〇〕虹，經本有『百千天宫，猶如紅色』句，其中的『紅』字《大正藏》校記引元《普寧藏》、明《嘉興藏》本作『虹』，當即此字所出；『紅』當是『虹』的訛字。

〔四一〕嶀，經本有『其山莊嚴，七寶所成，以金剛身巉崿莊嚴』句，其中的『崿』字《金藏》本作『嶀』，當即此字所出。參看上文校記〔三三〕。

〔四二〕鱗鮔，經本有『真金爲魚，或白銀魚，毘琉璃魚，赤蓮華寶以爲其翼，車磲爲目；若瞋恚時，如赤蓮花；種種雜寶以爲鱗鮔』句，即此二字所出；玄應《音義》出『鱗鮔』條，云『又作鮔、距二形，同，渠吕、居吕二反，雞足距也。字從角也。從魚作鮔，非也』；作『鮔』者蓋涉『鱗』字類化换旁。

〔四三〕隟，經本有『若人持於七種之戒，不缺戒，不穿戒，不隟戒，堅固持戒，不可譏嫌』句，即此字及上『嫌』字所出；『隟』爲『隙』的俗字。

〔四四〕『粗』字以下至『探』字交錯出於經本卷二三、卷二四，其中『粗、藕、補、蹈、蜘蛛、燧、探』逆序見於經本卷二四，其餘所存各字逆序見於經本卷二三。『粗』字左下部底卷殘缺，兹據殘形擬補，經本卷二四有『粗略而說』句，當即此字所出。

〔一四五〕上一殘字底卷存右上角殘畫，下一殘字存右下角殘畫。

〔一四六〕『匐』字經本卷二三、卷二四均未見，卷二三相應位置有『非雞多花香，非摩盧占蔔』句，當即此字及上『雞』字所出；『占蔔』古多作『占匐』，『匐』『蔔』爲譯音用字之異。

〔一四七〕『銷』字經本未見，卷二三相應位置有『愛鎖縛衆生』句，『銷』疑即『鎖』字省訛。

〔一四八〕湧，經本卷二三有『與天女衆，常相娛樂，如山湧水，遊戲山峯，天青珠寶，珊瑚玫瑰，車磲馬瑙』句，當即此字及上『玫』字所出；『湧』爲『涌』的後起繁化俗字。

〔一四九〕棠，經本卷二三有『微風吹動，互相敦觸，出妙音聲』句，其中的『敦』字《中華大藏經》校記稱《房山石經》本作『棠』，當即此字所出；『棠』乃『敦』或『棖』的常見借字，慧琳《音義》卷六五《五百問事經》『棖食』條下云『上宅耕反，《韻詮》云：棖，觸也。從手（？）、長聲。經文從木從尚作棠，音唐，棠梨木名也，非經義也』，可參。

〔一五〇〕矜，經本卷二三有『善人常調伏，矜愍諸群生』句，其中的『矜』字《金藏》本作『矝』，『矜』『矝』爲古異體字，即此字所出。

〔一五一〕『翺』以下至『濬』字大抵出於經本卷二六，先後順序大致與經本相反。『翺』字底卷重出，但前一字『羽』旁似僅寫了一半，故不録；經本有『譬如飛鳥，翱翔於空』句，其中的『翱』字《金藏》本作『翺』，即此字所出；『翺』爲俗字，今字通常作『翱』。

〔一五二〕『翺』下底卷殘泐約兩個半字，其中後一殘字存左下部，左部似爲『彳』旁。

〔一五三〕酤，經本有『不與下賤屠兒魁膾販賣貿易，賣買質直，不誑衆生，不入酒肆』句，其中的『酒』字《大藏經》校記稱日本宮内省圖書寮本作『酤』，《中華大藏經》校記稱《房山石經》本亦作『酤』，當即此字及下『貿』字所出。

〔一五四〕祏，經本有「親近宿老，遵奉祇敬」句，其中的「祇」字《金藏》本作「衼」，「祏」「衼」皆爲「祇」字俗寫，即此字所出；「祇」疑《大正藏》傳刻之誤。　又注文「之」字底卷本小字注於「祏」字右側，此字當是「祏」的直音字，故改作注文排於「祏」字之下。

〔一五五〕緝，經本有「身服瓔珞，七寶所成，其光能照一百由旬，以金剛綎以爲帶緝，垂於胸前」句，其中的「緝」字《金藏》本作「緝」，當即此字所出；《大藏經》校記稱「緝」字宋《資福藏》、元《普寧藏》、明《嘉興藏》本及日本宮内省圖書寮本作「⿱艹毦」，玄應《音義》出「帶⿱艹毦」條，云「《字林》而鍾反，罽也，或作茸，草茸也」；按「⿱艹毦」當是「毦」的偏旁移位字，而「緝」爲「毦」的换旁俗字，「緝」則應爲「緝」的訛字。

〔一五六〕飧，此字經本未見，卷二六相應位置有「見大貧人，分餐惠施」句，其中的「餐」字《金藏》本作「湌」，疑此字底卷所據經本有作「⿰歹食」者，「⿰歹食」「湌（湌）」皆或用作「餐」的異體，即此字所出；底卷「飧」則爲「⿰歹食」的形近混用字。

〔一五七〕轝，經本有「因陀青寶，以爲箱輿」句，其中的「輿」字《金藏》本作「轝」，即此字所出；「轝」爲「輿」的後起改换聲旁字。

〔一五八〕詳，經本相應位置有「口意無惓，常懷歡喜；行步庠序，歌舞戲笑」句，其中的「庠」字《大正藏》校記引日本宮内省圖書寮本作「祥」；疑底卷所據經本有作「詳」者，「庠序」古亦作「祥序」「詳序」，即此字所出；經本同卷下文有「不壞威儀，進止庠序」句，其中的「庠序」《大正藏》校記引宋《資福藏》本、日本宮内省圖書寮本作「詳序」，是其證。

〔一五九〕暴，經本有「如是愛河，諸天没溺，無能渡者。……流注不絶，習爲甚深，行於三道，瀑流波注」句，其中的「瀑」字《大藏經》校記稱宋《資福藏》、元《普寧藏》、明《嘉興藏》本及日本宮内省圖書寮本作「暴」，即此字所出；「暴」應爲省借字。

〔一六〇〕蛟，經本有「諸有蛟龍，無量欲著」句，即此字所出；「蛟」字經本僅此一見，底卷重出，蓋習字使然。

〔一六一〕閅，『閉』的俗字，經本有『見諸衆生被縛幽閉』句，其中的『閉』字《金藏》本作『閅』，即此字所出。

〔一六二〕『哆』以下至『顆』字及『暢』字經本多未見，其出處不詳。

〔一六三〕漗，經本卷二四有『見病困者，其命臨終，咽喉之中，唿唿出聲，餘命未盡，施其漿飲』句，《大正藏》校記稱『唿唿』宋《資福藏》、元《普寧藏》、明《嘉興藏》本及日本宮内省圖書寮本作『歆歆』，玄應《音義》出『歆歆』條，云『於滑反，《通俗文》大咽曰歆；《説文》咽中氣息不利也。經文作唿唿，非也』；又經本卷六六有『或以天眼，見於傍風，若不調順，閉出入息，一切筋脈，皆令掣縮，或聚或散，或牽或挽，或鼻瞤動，或漗漗作聲，後得大苦』句，《大正藏》校記稱『漗漗』宋《資福藏》、元《普寧藏》、明《嘉興藏》本作『歆歆』，日本宮内省圖書寮本作『澁澁』；綜合兩條經文異文而言，疑『漗』乃『澁（澀）』的訛俗字，而『唿』又爲『漗』的換旁字，『澀澀』『歆歆』異文同義，皆指氣哽咽不暢貌。唐釋靖邁《古今譯經圖紀》卷四載陳真諦譯《僧漗多律》一卷，其中的『漗』字《大正藏》校記稱宋《資福藏》、元《普寧藏》、明《嘉興藏》本作『澁』，《大唐内典録》卷五、《開元釋教録》卷七、《大周刊定衆經目録》卷十並載『僧澁多律』一卷，《貞元新定釋教目録》卷十則作『僧澀多律』一卷，可見這個『漗』亦爲『澁（澀）』的訛俗字，可以比勘。

〔一六四〕『槃』字字書以爲『粲』字或體，然『粲』字古書罕覯，此或爲『榖』的常見俗字『槃』的換旁字。

〔一六五〕『鞞』字以下至『磐』字多逆序出於經本卷三〇，但『暉、弄、勃』三字逆序見於經本卷二八，另『暢』字經本未見，所出不詳。

〔一六六〕惛醉，經本有『心王結使，常行隨逐，隨心馳騁。在在所住，常爲惛醉』句，『惛』即『惽』字異體（猶『昬』字古亦作『昏』之比），當即此二字所出；《大正藏》校記稱『惛』字宋《資福藏》、元《普寧藏》、明《嘉興藏》本及日本宮内省圖書寮本作『昏』，『惛』『昏』音義皆近，故可混用。

〔一六七〕『桽』字底卷僅存上部『来』上半之形，按經本相應位置有『若棗若榛，種種林樹，於此樹上有諸鳥巢』句，其中的『棗』字《金藏》本作『桽』，當即此字及下『榛』字所出，故據擬補作『桽』。

〔一六八〕『擒』字以下至『鳧』字交錯出於經本卷二八、卷二七，其中『擒、叛、螢、漉、嗜、黎、佤、仇匹、翺翔、翽、鳧』諸字逆序見於經本卷二八，其餘所存各字逆序見於經本卷二七。

〔一六九〕顦顇，經本有『香氣損減，相貌憔悴』等句，『顦顇』疑即『憔悴』異文。慧琳《音義》卷六〇《根本説一切有部毗奈耶律》第十卷『憔悴』條下云『上齊遥反，下情遂反，《考聲》云：憔悴，瘦惡也。亦從頁作顦顇，《毛詩》從言作譙誶，班固從疒作癄瘁，《方言》從心作憔悴，漢武帝《李夫人賦》從女作嫶婞，《左傳》從草作蕉萃……亦無定體，諸儒隨意作之，並行於世，未知孰是』，可參。

〔一七〇〕『棨』字之上底卷另有一字，下部作『皿』，但原字似已點去，故不録。

〔一七一〕缺字中部殘泐，俟考。

〔一七二〕黎，此字經本未見，而卷二八相應位置有『須彌四面，有四種色，謂毘琉璃、白銀、黄金、頗梨之色』句，疑『黎』即『梨』字異文；『頗梨』亦作『頗黎』，爲梵語譯音用字之異。

〔一七三〕帒，經本卷二七有『譬如皮囊，滿中盛沙，不繫其口，有大力人，瀉之速出』句，《大正藏》校記稱『囊』字日本宫内省圖書寮本作『帒』，當即此字所出。

〔一七四〕窯，經本卷二七有『若陶師處』句，『窯師』古書亦作『陶師』，『陶』『窯』古通用，疑即此字所出。

〔一七五〕犺，經本卷二七有『若蠍若蟻，蝦蟆黄犺，種種衆生』句，其中的『犺』字《金藏》本作『狖』，即此字所出；上揭各形一字之變，右部皆從穴散之穴，其字《説文》從豸、穴聲（據段玉裁注本），從犬者係後起换旁俗字。

〔一七六〕經本卷二八相應位置有『如婆求鳥音，衆所樂聞，翺翔空中，遊戲自娱』、『復於陸地，翺翔遊戲』句，其中的『翺』字《金藏》本皆作『翽』；『翽』『翺』皆爲『翺（翱）』的常見俗字，底卷『翺翔』下又出『翽』字，是分别摘録底本原文，抑或標記『翺』字異體，不得而知。

〔一七七〕『鳧』字底卷僅存上部『鳥』頭（下部的四點不清晰），按經本卷二八相應位置有『毘琉璃寶，以爲鳧鴨』句，疑即此字所出；其中的『鳧』字《金藏》本作『鳧』，《大正藏》校記引日本宫内省圖書寮本作『鳥』，後二形皆省俗字，底卷確切字形不得而知，兹姑從正擬補作『皃』。

〔一七八〕『燥』字左上部底卷略有殘缺，按經本卷二七有『其象鼻水從空而下，去地遠故，爲風所吹，散而氣燥，故令露少』句，當即此字所出，故據以擬定；唯『燥』字句經文在下『霧』字前，與底卷上下文逆序排列之例略有不合。又『燥』字以下至『瞳』字皆出於經本卷二七，字序大抵與經本相反。

〔一七九〕殘字右下部殘泐，殘形與上『瞳』字近似，或即『瞳』字習書重出。

〔一八〇〕二缺字底卷在行首，原紙破裂粘合後筆畫有重疊，上一字近似『迷』形，下一字筆畫不清，存疑待辨。

〔一八一〕『資』以下至『躡』字大抵出於經本卷二九。經本有『以無貪心，減身資分，施初禪人衣服、飲食、臥具、醫藥、資生之具』句，或即『資』字所出，但該句經文在卷二九卷首，在下文『躡』字句之前，底卷該字當係順序摘録。又該卷此下各難字經本所見依次爲『躡、瑩、罟、罥弶、捕、酬、晌、蜥蜴、迷、恣態、躁』，底卷以逆序爲主，但個别字次略有參差。

〔一八二〕經本依次有『常思樂他人，懷慢情恣態』、『惡心無慈惠，躁擾心不定』句，當即『恣、躁、態』三字所出。

〔一八三〕罥弶，經本有『以惡方便，作諸羂弶，張設羅網，捕獵鳥獸』句，其中的『羂』字《金藏》本作『罥』，即此字所出；『羂』『罥』爲古異體字。

〔一八四〕上一殘字字迹不清，下一殘字左上部殘泐，所存部分近似『筑』字，但經本又不見『筑』字，只能存疑。

〔一八五〕『菀』以下至『溢』字大抵出於經本卷三一，先後順序大致與經本相反。經本有『莊嚴園苑，金樹銀葉』句，『菀』當即『苑』的俗字，即此字所出。參看上文校記〔三四〕。

〔一八六〕『釀』字右下部底卷略有殘泐，經本有『而自飲酒，或作麴釀』句，當即此字所出，故據以擬補。

〔一八七〕⿰舟發，經本有『若有衆生造作罝羅罟網機撥坑陷，殺諸虎狼禽獸之屬』句，其中的『撥』字《大正藏》校記引日本宫内省圖書寮本作『⿰舟發』，即此字所出；玄應《音義》出『機發』條，云『射發也。《説文》主發謂之機也。謂制動轉之⿰糸余也』（『⿰糸余』當是『⿰車余』字形訛，慧琳《音義》作『幹』，爲『⿰車余』的異體字），『機發』蓋指以機關制動的機械，作『撥』作『䥥』者疑皆爲借字。

〔一八八〕『袺』字經本未見，而卷三一相應位置有『有諸賊軍，破壞村柵；或畏官軍，逃避村柵，入此村中，乃至不取糠秸草葉』句，『袺』當即『秸』字俗訛，即此字所出。

〔一八九〕經本有『其聲嘶破，麁惡鄙濁』句，當即『嘶』及上『鄙』字所出；此二字間的『逃』字（『處處逃走』句）經文在前，底卷字序略有錯亂。

〔一九〇〕遞，經本有『互相殘害，迭相食噉』句，其中的『迭』字《大正藏》校記引宋《資福藏》、元《普寧藏》、明《嘉興藏》本作『遞』，當即此字所出。

〔一九一〕『棓』以下至『澍』二十餘字大抵出於經本卷三二，先後順序大致與經本相反。『棓』字經本卷三一、卷三二皆未見，卷三二相應位置有『繫撾打棒，斫刺罵詈』句，『棒』即『棓』的後起俗字，疑即此字所出。參看上文校記〔五三〕。

〔一九二〕枷璅，經本有『若枷鎖杻械，聖説非爲堅』句，其中的『鎖』字《金藏》本作『鏁』，『鏁』爲『鎖』的俗字，『璅』則爲『瑣』的俗字，『鎖』又爲『瑣』的後起分化字，疑即此字所出。參看上文校記〔四七〕。

〔一九三〕麚麈，『麈』字字書不載，《篇海》卷一五鹿部引《搜真玉鏡》有『麈』字，『憂、幽二音』，《漢語俗字叢考》以爲『麈』當是『麀』字俗訛，可從，而『麈』又當是『麈』字訛變；經本有『群鹿麚麀，相隨遊戲，亦爲麀鹿欲網所縛』句，當即此二字所出；玄應《音義》出『麚麀』條（『麀』字下部孫星衍校本誤作『主』，茲從慧琳《音義》引改正），云『下又作麔，同，於牛反，牝鹿也』，可參。

〔一九四〕經本有『時諸天女奉給天子，歌舞戲笑，種種吟詠，鄙褻調話，令此天子心意迷惑』句，《大正藏》校記稱『褻』字日本宮内省圖書寮本作『藝』，『話』字宋《資福藏》、元《普寧藏》、明《嘉興藏》本及日本宮内省圖書寮本作『譁』，當即底卷『藝』『譁』二字所出；據經義，前字當以『褻』字義長；玄應《音義》出『鄙褻』條，云『息列反，褻黷也』，可參。

〔一九五〕攢燧，經本有「火從自心起，由舌讚燧生」，其中的「讚」字《大正藏》校記稱宋《資福藏》、元《普寧藏》、明《嘉興藏》本及日本宮内省圖書寮本作「鑽」，「攢」「鑽」古通用，當即此二字所出。

〔一九六〕⿱代襄，此字底卷二見，蓋習字重抄；「⿱代襄」字字書不載，經本相應位置有「若以漉囊，漉諸水蟲還置水中，是名不殺生」句，其中的「囊」字《中華大藏經》校記稱《房山石經》本作「帒」，《説文新附・巾部》：「帒，囊也。」底卷「⿱代襄」疑爲「囊」受義近的（或異文）「帒」類化而成的訛誤字，當即此字所出。

〔一九七〕「嫌恨」以下至「衰」字大多出於經本卷三三，先後順序大致與經本相反。

〔一九八〕「男」字可能爲「男」或「易」的訛俗字，存疑；又「髀、映、易（「男」或「易」）」三字經本卷三三皆未見，其出處不詳。

〔一九九〕積，經本有「於塚間樹下，若草⿱艹積邊，若山澗邊，若住空舍，無所愛著，亦無親愛」句，即此字所出；「⿱艹積」應爲「積」的增旁俗字。慧琳《音義》卷二三引惠苑《大方廣佛華嚴經音義》經本第五十二卷「如乾草積」條下云：「積，即賜反，鄭玄注《周禮》：垍小曰委，垍大曰積。積字從艹者，俗也。」

〔二〇〇〕「冡」字《龍龕・冖部》云「知勇反，大也」，即「冢」字俗省（猶「塚」字俗省作「塜」）；經本卷三三未見作「冡」者，僅「塚」字一見（「塚」即「冢」的增旁俗字）；又「家」爲「寂」的會意俗字，經本卷三三有「寂」字，亦有「家」字，然字序皆不合，疑此處「家」、「家」、「冡」皆上文「塚（塜）」的形近比勘字或其異體，而非直接摘録經文難字。

〔二〇一〕「縟」字經本未見，而相應位置有「衣服床褥，臥具醫藥」句，「縟」當即「褥」字異文，「縟」「褥」古通用。

〔二〇二〕枯，經本有「樹葉萎黄，失其本相，彫零墮落，狀似枯死，蔭影希踈」句，即此字及下「彫零」「踈」三字所出；注文「怙」字底卷本作正文大字，但經本卷三三此字未見（卷三二有「恃怙大力慢心」句），當即「枯」的音近或形近比勘字，故據改排爲注文小字。

〔二〇三〕衰，經本有「以愚癡心而生貪著，必當衰壞」句，即此字所出；注文「襄」字中部的二「口」底卷本作一「厶」

形，應即『褱』字俗省。又此字底卷本作正文大字，但經本未見此字，當即『衰』的形近比勘字，故據改排爲注文小字。

〔二〇四〕『㲣』字字書不載，就字形而言，近於『莵』字，但經本未見『莵』字（亦無『莵』的古通用字『搜』），考『蝟』字以下至『雜』字大抵逆序見於經本卷三四，該卷經文有『驢鹿黿鼈（「鼈」字《金藏》本作俗字「鱉」），兔蝟山烏，鴈鳥蝦蟇，如是等比，名爲下瞋』句，即『蝟』以下五字所出，頗疑『㲣』即『兔』的古通用字『菟』字俗訛。

〔二〇五〕狖，經本卷三四有『所謂師子虎狼、狗蛇黄狖、兕豹熊羆、角鵄烏雕、失收摩羅及野猪等，如是衆生，瞋心偏多，是名第四心性界也』句，即『收』以下五字所出；其中的『狖』字《金藏》本近似於『狖』，即此字所出；『狖』『狖』一字之變（《説文》從豸旁），『狖』則爲其訛俗字，《大正藏》校記引元《普寧藏》、明《嘉興藏》本作『貁』，義同。參看上文校記〔一七五〕。

〔二〇六〕鵄，『䲻』的俗字，經本作『鵄』（經文見上條引），《中華大藏經》校記稱宋《磧砂藏》、元《普寧藏》、明《永樂南藏》、《清藏》本作『鴟』，『䲻』即『鴟』的訛字，『鵄』則爲『鴟』的後起異體字。

〔二〇七〕鵰，經本作『雕』（經文見校記〔二〇五〕條引），《説文》以『鵰』爲『雕』字籀文。

〔二〇八〕貍，經本有『所謂師子虎兕、狼狗熊羆、豺豹狐狸』句，『狸』即『貍』的後起换旁俗字。

〔二〇九〕鸜鵒，經本有『所謂猫狗猪牛、水牛駱駝、象馬騾驢、烏鵄雕鷲、鸜鵒鳥等，是名中欲』句，其中的『鸜鵒』當是『鸜鵒』刻誤，《金藏》本正作『鸜鵒』，即此二字所出。

〔二一〇〕電，此字字書不載，當是『電』的訛俗字，經本相應位置有『於此窟中，有赤電光，下垂如幡』句，當即此字及下『垂』字所出。

〔二一一〕渧，經本有『猶如渧於大海之水，令海枯竭。業海生渧，畜生業盡』句，即此字所出；此『渧』用同『滴』，《大正藏》校記引宋《資福藏》、元《普寧藏》、明《嘉興藏》本及日本宫内省圖書寮本正作『滴』。

〔二一二〕烟，經本『譬如鑽火，先見烟相，後乃見火』句有此字，但經文此句在下文『雜』字句之後，按逆序排列，『烟』

字應列在底卷下文『雜』字之前；而此處經本相應位置有『垂捨命時，氣不咽濁，脈不斷壞』句，即下『咽』字所出，底卷列『烟』於『咽』字之前，爲因二字形近，抑或『烟』即『咽』字誤書，不得其詳。

〔三二三〕嬉，此字經本卷三四未見，而相應位置有『受愛欲樂，憙遊山峯』句，疑『嬉』即『憙』的音誤字。

〔三二四〕駁，經本有『自見其父，猶如父馬，母如草馬』句，其中後一『父』字《金藏》本作『駁』，當即此字所出。

〔三二五〕疊，此字經本未見，而相應位置有『若閻浮提人命終，生於弗婆提界，則有相現，見青氎相，一切皆青，遍覆虚空。見其屋宅，悉如虚空。恐青氎墮，以手遮之』句，『疊』當即『氎』字省借，唐道世集《諸經要集》卷一二引正作『青疊』；晉失名譯《七佛八菩薩所説大陀羅尼神咒經》卷三『敷置法座正南而坐，以青疊覆我座上』，其中的『疊』亦用同『氎』，可以比勘。

〔三二六〕舉，此字底卷作『舉』形，應即『舉』字抄訛，兹徑録正，經本有『見虚空中有黄氎相，舉手攬之。親族兄弟，説言病人兩手攬空』句，當即此字及下『攬』字所出。

〔三二七〕舉，此字字書不載，當爲『舉』俗訛字『舉』進一步訛變的産物，經本相應位置有『則見細軟赤氎可愛之色，見之愛樂，即生貪心，以手捉持，舉手攬之，如攬虚空』句，當即此字所出。

〔三二八〕『捺』以下至『捍』字大抵出於經本卷三三，經本卷三三難字底卷上文已見，此十餘字逆序與上文『彫零、踈、衰』諸字銜接。經本有『根未熟者，如破生癰，破捺之時，捺已洗治，無所利益』句，『捺』當即『捺』字異寫。

〔三二九〕『係』字底卷無右上角一撇，蓋抄者省訛，兹徑録正；經本『云何名爲十三係念善修利益安樂』等句有此字，但經文在『捺』字句後，按逆序摘録原則，本應列在『捺』字之前，字序略有不合。

〔三三〇〕蕳擇，經本有『擇法覺分有何等相？以智慧簡擇』等句，『蕳』當即『簡』的俗字，即此二字所出。

〔三三一〕澀，經本有『其所食味，若甘若酢，若醎若苦，若辛若淡，若澁若滑，不知差別』句，爲『酢』以下五字所出；『澁』即『澀』的俗字。

〔二二二〕傒，此字經本未見，而經本卷三三相應位置有『十三念隨順係念知』句，疑『傒』即『係』字之誤。

〔二二三〕觗捍，經本有『如是之法，不可以力而觗捍之』句，其中的『觗』字《金藏》本作『觝』，即此二字所出；『觝』即『觗』的俗字。

〔二二四〕『筏』以下至『韡』字皆出於經本卷三五，先後順序與經本相反。

〔二二五〕溪，經本有『山窟嵠谷，崖岸河泉』句，『溪』『嵠』皆爲『谿』的後起換旁字，當即此字所出。

〔二二六〕暎，經本有『天子天女，於園林中互相映發，轉增妙好』句，『暎』即『映』的後起繁化字，當即此字所出。

〔二二七〕韡，經本有『於道行僧，布施靴鞋及施澡瓶』句，其中的『靴』字《中華大藏經》校記稱明《永樂南藏》、《清藏》本作『韡』，當即此字所出；『韡』『靴』古異體字。

〔二二八〕『宂（穴）』至『蔫』七字除『暇』字外皆出於經本卷三六，先後順序與經本相反。『宂』即今冗長之『冗』的古字，然其字經本未見，而卷三六相應位置有『彼花臺內，多有孔穴；彼孔穴中，出大光明』句，則此『宂』或當即『穴』的訛俗字。

〔二二九〕『暇』字經本未見，其出處不詳。

〔二三〇〕瞚，經本有『於一瞬頃，一切遍見而不疲惓』等句，『瞚』『瞬』古今字，當即此字所出。

〔二三一〕『楞』以下至『啓』字交錯出於經本卷三八、卷三七，其中『味、感、整』三字似皆逆序出於經本卷三七，其餘各字出於經本卷三八，亦大抵逆序排列。

〔二三二〕葙，文中當爲『箱』的俗字，經本有『又復如是，聚積崖山第六廂處，皆是金剛真寶之色。其光遍至五千由旬，楞間色出，如天虹色』等句，『廂』即『箱』的後起異體字，當即此字所出。

〔二三三〕『味』字經本卷三八凡三見，但字序不合，經本卷三七有『共諸天女遊行放逸，飲色香味天果美汁』句，該句與底卷下文『感』『整』二字逆序見於經文卷三七（『感』『整』二字經本卷三八未見），或即其字所出。

〔二三四〕『膩』字至『臂釧』條逆序見於經本卷四〇。

〔二三五〕 𥨊，經本有「若睡若𥨊㾕」句，其中的「𥨊」字《金藏》本作「𥨊」，「𥨊」當即「𥨊」字手寫之變，而「𥨊」「𥨊」又皆爲「覺」的俗字（「覺」佛經常借用作同音的「悎」，「悎」又受經常連用的「㾕」或「窹」（「㾕」的常見俗字）的影響類化增旁），《大正藏》校記引元《普寧藏》、明《嘉興藏》、《清藏》本正作「覺」。慧琳《音義》卷一一《大寶積經》第二卷「覺㾕」條下云「《説文》：覺，㾕也。經文從穴、從忄、從告作𥨊，謬也，撿一切字書及教字韻中並無此字，多是筆授或傳寫人隨情妄作，非也」，可參。

〔二三六〕 「遨」至「閃」七字皆出於經本卷三九，先後順序與經本相反。

〔二三七〕 「慇」至「頟」（經本作「額」，「頟」即「額」的古字）八字皆可在經本卷四二見到，除「醉」字外先後順序大抵與經本相反。「醉」字經本卷四二在「頟」字後「髣髴」前（參下校記〔二四〇〕），字序不合，底卷下文「垾」至「坏脆」七字唯「棗」字見於經本卷四二，餘六字皆出於卷四一，而前「醉」字亦見於經本卷四一，如果把「醉」字定作出於經本卷四一，把後「棗」字定作出於經本卷四二，則上揭各字分別逆序出於經本卷四二、卷四一。

〔二三八〕 「轚」字《説文》釋「車堅也」，《廣韻·耕韻》音口莖切，然其字經本未見，此處當爲「轂」的訛俗字，經本卷四二相應位置有「十二輻和合，聚在癡轂中」句，蓋即此字所出。

〔二三九〕 梡，當爲「栴」的訛俗字，經本卷四二有「彼天種種莊嚴其身，塗天栴檀」句，蓋即此字所出。

〔二四〇〕 髣鬑，「鬑」字經本未見，而卷四二相應位置有「海水波旋滿，髣髴有足義」句，可洪《音義》出「髣髴」條，云「上芳罔反，下費、弗、拂三音」，疑「鬑」即「髴」字形訛，即此二字所出。

〔二四一〕 垾，《龍龕·土部》「音岸」，《中華字海》以爲「同岸」，是；經本卷四一有「第二岸邊，有蓮花池，彼池名曰醉蜂」等句，蓋即此字及前「醉」字所出。

〔二四二〕 棗，此字經本卷四一未見，卷四二相應位置有「見先受樂境界過患，如食毒棗」句，或即此字所出。

〔二四三〕 「垂」至「遨」字多見於經本卷四四，先後順序大抵與經本相反。

〔三四四〕此字左部筆畫不清，筆形略似「礻」旁，但經本卷四四未見「祥」字，只能存疑。

〔三四五〕「改」以下二字出處不明；後一字底卷筆畫不清，存疑俟考。

〔三四六〕「涉」以下至「慠」字皆見於經本卷四三，先後順序大多與經本相反。經本依次有「不涉波鬘乘鳥遊戲」、「是故歡喜，得其滋味」句，當即「涉」「滋」二字所出；底卷此二字係順序摘録，與上下文皆逆序摘録者不同。

〔三四七〕慠，經本有「次謂傲慢，無時惺寤」句，其中的「傲」字《中華大藏經》影印《麗藏》本作「慠」，當即此字所出；「慠」爲「傲」的後起異體字。

〔三四八〕「脛」以下至「踰」字交錯出於經本卷四五、四六，其中「脛、誣、萎蔫、洟、柵」六字出於經本卷四五，其餘各字出於經本卷四六，字序大抵分別與經本相反。

〔三四九〕礕礳，「礳」字字書音mò，用於地名，此處疑爲「礰」字俗訛，經本卷四六有「不壞澤中水岸河坎，畏殺虫故，不呪霹靂雷電雨等令墮傷殺」句，「礕礰」爲「霹靂」異寫，當即此二字所出。

〔三五〇〕丐，經本卷四六有「常依他門，悕望乞匃」句，「丐」爲「匃」字隸變之異，當即此字所出。

〔三五一〕洟，經本未見，而卷四五相應位置有「鼻兩孔中，並皆流涕，兩目出淚」句，在鼻涕一義上「洟」「涕」爲古今字，疑即此字所出。

〔三五二〕踰，經本卷四六有「地不柔軟，脚踏不下」等句，其中的「踏」字《中華大藏經》影印《麗藏》本作「蹹」，「踏」「踰」皆爲「蹹」的後起異體字，當即此字所出。

〔三五三〕台，就字形而言，此字可定作「旨」的俗寫，但經本未見「旨」字，存疑俟考。

〔三五四〕「運」以下至「甛（甜）」字多交錯出於經本卷四九、五〇，其中「蹹、揩、櫞、採」四字逆序出於經本卷五〇，「炤」字出處不詳，「鼠」字似出於經本卷四七，其餘各字大抵逆序出於經本卷四九。經本相應位置有「或雨欲墮，蟻子運卵」、「雨欲墮故，蟻子運卵」句，當即「運」及下「卵」字所出；底卷「運」字重出，蓋抄手習字而然。

〔三五五〕蹋，經本卷五〇有『若洗浴時，不以脚足揩踏身體』句，其中的『踏』字《中華大藏經》影印《麗藏》本作『蹹』，『蹹』『踏』皆爲『蹋』的後起異體字，即此字及下『揩』字所出。

〔三五六〕樤，經本卷五〇有『於欲界中，復有枝條種種諸苦』句，『樤』應即『條』的俗字，即此字所出。

〔三五七〕炤，此字右部底卷兼於『占』『㕣（召）』二形之間，然經本卷四九、五〇『炶』『炤』二字皆未見，存疑。

〔三五八〕曚，經本卷四九有『有聰有蒙，有愚有智』句，《大正藏》校記稱『蒙』字宋《資福藏》本、日本宮内省圖書寮本作『曚』，『曚』當即『矇』字小誤，即此字所出。又該句經本在『衰』字句（『思惟彼事，則不能離衰老病死』）之前，底卷『曚（矇）』前『衰』後，與上下文多逆序摘録經字的體例不合。

〔三五九〕鼠，經本卷四七有『此閻浮提有佛出世，名甘蔗，胤種姓中生，一切悉知』句，其中的『胤』字《大正藏》校記引宋《資福藏》、元《普寧藏》本作『鼠』，疑即此字所出。

〔三六〇〕缺字底卷僅存左側殘點。

〔三六一〕甛，即上『甜』的古字（『甜』字後起），經本卷四九有『手捉彼食内於口中，以舌觸之，舌得食已，彼食名甜，即生美味』、『食味在舌，甜舌觸已，乃得其味』句，即此字及上『甜』字所出。

〔三六二〕『約』以下至『喙（啄）』字交錯出於經本卷四七、四八，其中『約、市肆、貿、蹻、驅、翹、曉、祧、㝒（寂）』諸字出於經本卷四八，其餘各字出於經本卷四七，字序大抵分別與經本相反。

〔三六三〕貿，『貿』字的俗寫，經本卷四八有『常在巷中多人之處，市肆貿易』句，即此字及上『市肆』二字所出；此三字底卷係順序摘録。

〔三六四〕蹻，此字經本未見，卷四八相應位置有『生於人中，則爲伎兒常戲之人，趬行擲絶力士，舞戲種種歌等，在他門傍處處行乞』句，《大正藏》校記稱『趬』字宋《資福藏》、元《普寧藏》、明《嘉興藏》本及日本宮内省圖書寮本作『蹻』，『趬』『蹻』『蹻』音同義近，蓋即此字所出。

〔三六五〕祧，經本卷四八有『莊嚴其身，天衣垂祧』句，即此字所出；《大正藏》校記稱『祧』字日本宫内省圖書寮本作『挑』，可洪《音義》引作『垂祧』，云『徒了反，按：祧，輕動皃也，正作挑也』，可參。

〔三六六〕暴，此字經本卷四七、四八未見，卷四七相應位置有『有寒有熱，風吹日曝，處處而行』句，『暴』『曝』古今字，蓋即此字所出。

〔三六七〕冡，當是『寂』的古會意字『家』字訛省，經本卷四八有『爾時彼處彌勒世尊，説寂静法』句，蓋即此字所出。

〔三六八〕殘字底卷存右下部大半，兹據殘形擬補作『喚』字，經本卷四七有『有金剛嘴夜摩天衆彼佛塔内，壁中而見，彼鬼叫喚』句，當即此字所出。

〔三六九〕喙，此字經本未見，卷四七相應位置有『烏鳥獯狐，嘴啄其面』句，『喙』應即『啄』的訛俗字，可洪《音義》引出『雋喙』條（『雋』爲『嘴』的古異體字），云『上即委反，下竹角反，正作啄』，可證。

〔三七〇〕『牝、瀆、簾』三字逆序出於經本卷五一。

〔三七一〕『晨』以下至『峻圻（岸）』條交錯出於經本卷五四、五三、五二，其中『晨、形、險、扠、僚、賦稅』諸字逆序出於經本卷五四，『催、嵠𡼏、插、笛、雌』諸字逆序出於經本卷五三，『恃、私、蘖、峻圻（岸）』諸字逆序出於經本卷五二；唯『負』字該三卷皆未見，或另有所本，參下校記〔三七四〕。

〔三七二〕嵠𡼏，經本卷五三有『見無量種山谷谿𡼏，各各差別』句，其中的『谿𡼏』《大正藏》校記稱宋《資福藏》、元《普寧藏》、明《嘉興藏》本及日本宫内省圖書寮本作『溪澗』，『嵠𡼏』即『溪澗』（『溪』《説文》作『谿』）的换旁俗字，即此二字所出。

〔三七三〕鴡，經本卷五三有『有銜蓮花，耳聽歌音周迴而行，雄雌相隨而遊戲者』句，『鴡』即『雌』的换旁俗字，即此字所出。

〔三七四〕負，此字經本卷五四、五三、五二皆未見，唯卷四〇、卷六九分別有『知夜摩天與兜率天有勝有負』、『次名負峯樹』等句，但序次相距較遠；頗疑此字即上『恃』字的釋義，慧琳《音義》卷六《大般若經》第五百十四卷『恃怙』條音義：『上時止反，《考聲》云：恃，依也。《集訓》云：恃，負也，乘負倚憑也。』可參。

〔二七五〕峻圻，『圻』應爲『圻』字手寫之小變，而『圻』爲『岸』俗字『岍』的換旁字（『岸』俗字亦作『垾』，『圻』亦可能爲『垾』字之省），經本卷五二有『有河峻岸』句，可洪《音義》引作『峻岍』，云『音岸』，『岍』爲『岍』字之變，亦即『岸』字，即此二字所出。又本條所在一行底卷僅存上半行，此條之下半行底卷殘泐。

〔二七六〕『眄』字以下底卷另頁，與上一頁間有殘缺，但從所摘録難字依據經本的卷數而言，前後大致銜接，所缺文字當不會太多（疑僅殘泐上一頁末行的下半行）。『眄』以下至『環』字一段除『府』字經本未見外，餘均交錯出於經本卷五九、卷六〇，其中『眄、騁、腐、饋』四字逆序出於經本卷五九；『戟、階陛、牝牡、嗚呼、環』各條大體逆序出於經本卷六〇。

〔二七七〕缺字底卷僅存右部殘畫。

〔二七八〕『螫』字以下至『箭』字除『適』字外均出於經本卷五八，字序大抵與經本相反。

〔二七九〕𦪷，經本有『或入大海，經於無量百千由旬，無量惡魚鯷彌鯢魚，洪波惡處，自捨身命，乘於䑲舟，而沈大海』句，可洪《音義》引出『𦪷舟』條，云『上力丁反』，當即此字所出；玄應《音義》引作『𦫖舟』，《集韻·青韻》以『𦪷』『䑲』皆爲『𦫖』字或體；《大正藏》校記稱『䑲』字宋《資福藏》、元《普寧藏》、明《嘉興藏》本及日本宮内省圖書寮本作『艫』，『艫』疑爲『𦪷』字形訛。

〔二八〇〕『適』和下文『爵、歷』二字逆序出於經本卷五五。

〔二八一〕蚉，經本卷五八有『身壞命終，墮於地獄，若非沙門現沙門像，内懷腐爛，猶如蚉聲』句，可洪《音義》引出『蚉聲』條，云『上洛禾反』，『蚉』『蚉』當皆爲『蠡』字俗省，即此字所出。『蠡』或作『螺』，《廣韻·戈韻》音落戈切，與『洛禾反』同音。

〔二八二〕皻，經本卷五八有『其手堅澁，皺裂劈圻，厭惡皻面，指甲長利，面目醜惡』句，可洪《音義》引出『皻面』條，云『上子六反，一頞，鼻齃促皃也，亦迫也，急也，愁皃也。正作顣、皻二形』，即此字所出；《龍龕·足部》

以『楚』爲『踧』的俗字，蓋『踧』换旁作『蹵』，而『楚』即『蹵』字俗寫；『踧』『蹙』古通用，然非『楚（蹵）』即『蹙』字也。

〔二八三〕尾，經本卷五八有『母食冷熱，則受痛苦，無力無救，不能叫喚，没屎尿中，受無量苦』句，『尾』爲『尿』字篆文的隸變俗字，應即此字所出。

〔二八四〕筩，經本卷五八有『若生胎中，以業煩惱因緣故住，生貧窮家，母食麁澁苦酢之食，膜衣筒中，薄少食味，入其臍中，令胎中子身羸惡色，氣力劣弱』句，其中的『筒』字當據《中華大藏經》影印《麗藏》本改正作『筩』，即此字所出；可洪《音義》引出『筩中』條，云『上大東反』，可參。

〔二八五〕慝，此字及上『適』『爵』二字逆序見於經本卷五五，經本有『有十三種功德具足……九者不匿。隨家所有，一切不隱；隨其所須，索者不悋』句，可洪《音義》引出『不慝』條，云『女力反，藏也，隱也。正作匿也。又他得反，非也』，即此字所出；《集韻·職韻》昵力切（與『匿』字同一小韻）稱『隱情飾非曰慝』，這一意義的『慝』實即『匿』的增旁俗字。

〔二八六〕『誘』字以下至『瞼』字皆見於經本卷五六，字序大抵與經本相反。

〔二八七〕焚，此字字書不載，經本相應位置有『能燒滅一切，如火焚乾薪』句，『焚』當即『焚』的訛俗字；可洪《音義》第叁册《大方等大集經》第十卷出『能焚』條，云『扶文反，正作焚』，又同書第柒册《不空羂索心呪王經》下卷出『焚灼』條，云『上扶文反，下之略反，上正作焚』，皆可證。

〔二八八〕駿，經本有『時法大勢力，是故名爲死，其行甚駿速』句，即此字所出；《大正藏》本校記稱『駿』字宋《資福藏》、元《普寧藏》、明《嘉興藏》本作『迅』，二字音同義通。

〔二八九〕『愕』字以下至『抵捍』條類皆見於經本卷五七，字序大抵與經本相反。

〔二九〇〕爓，經本有『或有龍王，熱沙所燒，猶如焰火，如佉陀羅炭入乾草聚』句，『爓』『焰』古今字，當即此字及下『佉』字所出。

〔二九一〕叫呼，底卷「呼」上有一「咮」字，疑爲「呼」字誤書而未塗去者，兹徑删；經本有「爾時天王爲利天衆，復示神化，示於羅睺阿修羅王、勇健阿修羅王等……大聲叫呼，既叫呼已，顛墜墮地」句，其中的「叫」字《金藏》本皆作「叫」，即此字所出；「叫」即「叫」的俗字。

〔二九二〕經本有「身中多有種種病起，所謂熱病、下痢、欬瘷、盛氣、噎病、脈（宋《資福藏》、元《普寧藏》、明《嘉興藏》本作「水」）腫、疽瘡、癩病」句，即「噎」以下五字所出，底卷字序略有錯亂。

〔二九三〕黚黮，經本有「身色黚黮，頭如大山，色相可畏」句，「黚」「黚」音同義通。

〔二九四〕犛，當爲「犛」的訛俗字，經本有「有無量種師子虎豹、野狐猪兔、牛驢象馬、駱駝猫牛」句，《大正藏》校記稱「猫」字宋《資福藏》、元《普寧藏》、明《嘉興藏》本及日本宫内省圖書寮本作「犛」，當即此字所出。

〔二九五〕菟，經本相應位置有「兔」字（見上條引），「菟」字佛經中多用同「兔」。

〔二九六〕敃，應爲「敃」字俗省，經本有「夜摩天王以憐愍心，利益他故，爲令一切諸實天衆離放逸故，化作帝釋」句，「敃」疑即「愍」字省借。

〔二九七〕「抵捍」條之上底卷另有一字（似即「抵」字誤書），但似已點去，故不録。

〔二九八〕「鯢」字以下至「洟」皆見於經本卷六七，字序大抵與經本相反。

〔二九九〕忟，《龍龕·心部》音「武粉反」，《中華字海》定作「忞」字，當是；但經本未見「忞」或其異體「忟」，此「忟」疑爲「收」的訛俗字，經本有「海中多有提彌魚、堤彌鯢羅魚、失收摩羅魚」句，疑即此字及上「鯢」字所出。可洪《音義》第陸册《大灌頂經》第六卷出「毗忟」條，云「書周反，又音獸」，這個「忟」即「收」的訛俗字，可證。

〔三〇〇〕秏，經本有「閻浮提人，皮肉脂骨，悉皆減少，一切身骨，矬陋短小。食味薄故，一切内外互相因緣，皆悉秏減」句，「秏」「耗」正俗字，當即此字及下「短」「陋」二字所出。又「秏」字之上底卷另有「禾」旁，蓋未寫成而棄去，故不録。

〔三〇一〕蜀，『蜀』字俗省，經本有『次名蜀賓稻』句，其中的『蜀』字《中華大藏經》影印《麗藏》本作『蜀』，可洪《音義》引亦作『蜀』，即此字所出。

〔三〇二〕抒，經本有『復次有十種蟲，行於咽喉……七名杼氣蟲。爲正跳風之所殺害』句，『杼』當爲『抒』字俗訛，即此字所出。經本卷六六有『復有十蟲。……八名抒氣蟲』句，正作『抒氣蟲』可證。

〔三〇三〕洟，經本有『觀於頭中有十種蟲……六名流涕蟲』句，『洟』『涕』在鼻涕一義上爲古今字，當即此字所出。可洪《音義》第壹册《大般若經》第四十九帙下出『涕唾』條，云『上吐計反，正作洟也』，可參。參看上文校記〔三五二〕。

〔三〇四〕『愈』字以下至末交錯出於經本卷六一至六三、六五至七〇，其中『愈、鸖、洗沐、魏、柘、躡、鳩、凹窠、蔚、柳、奚、荅、鬪、均崘、瀆、澆、悚』諸字出於卷六九，經本所見依次爲『均崙、鬪、荅、奚、柳、悚、瀆、澆、蔚、凹窠、愈、鳩、躡、柘、魏、洗沐、鶴』，底卷大體逆序摘録而略有參差。

〔三〇五〕鸖，『鶴』的俗字，經本卷六九有『有種種鳥，莊嚴其池，所謂鵝鴨，次名鴻鳥……次名鶴鳥』句，其中的『鶴』字《中華大藏經》影印《麗藏》本作『鸖』，即此字所出。

〔三〇六〕屎，『屎』的古字，《玉篇·尸部》：『屎，糞也，與矢同，俗又作屎。』經本卷六五有『屎尿閉塞，便利澁難』句，當即此字所出。又『屎』字和下文『疼、眊、顛悴、癖、痔、淋、喪、跨、頤、膇、髀、脇肋、蹲、搔、傴、瘠、貌、撥、歐、嚏、嗌、瞤、封、重、唼、瘕、荖、瘓、疝(瘕)、黶、苗、屘、滓、脹、瘙、瘭、瘻、皰、痳』諸字出於經本卷六五，經文所見依次爲『淋、皰、瘙、瘭、瘻、脹、尿、滓、苗、黶、疝(瘕)、瘓、癰、差、封、蝨、唼、嗌、瞤、嚈、嚏、撥、瘠、貌、傴、搔、蹲、髀、膇、頤、脇肋、跨、喪、淋、癖、痔、燋(憔)悴、眊、疼、屎』，底卷大抵逆序摘録而略有參差。

〔三〇七〕眊，經本卷六五有『或一眼一耳，半面疼痛，或目視眊眊』句，其中的『眊』字《大正藏》校記引元《普寧藏》、明《嘉興藏》本作『眊』，日本宮内省圖書寮本作『眊』，當即此字所出；『眊』當爲『眊』字俗訛，『眊』則當爲『眊』的訛字，可洪《音義》引出『眊眊』條，云『莫郎、虎光二反，目不明也。誤』；《龍龕·目部》以『眊』爲

「眡」的俗字，云「荒、忙二音，目不明也」，「𥆨」「眡」音義正合。

〔三〇八〕缺字底卷模糊難辨，俟再考。

〔三〇九〕顦悴，經本卷六五有「身體燋悴，生諸瘡病」句，其中的「燋」字《大正藏》校記引宋《資福藏》、元《普寧藏》、明《嘉興藏》本及日本宫内省圖書寮本作「憔」，「顦」「悴」古異體字，當即此字所出。參看上文校記〔一六九〕。

〔三一〇〕「甀」和下文「粘、游、鱗、鼇、橈、翼、登秖、袮、濤、鬢」諸字出於經本卷六八，經文所見依次爲「鬢、濤、栴、登秖、翼、撓、螺、遊、鱗、甀、粘」，底卷大抵逆序摘録而略有參差。

〔三一一〕「游」上底卷重出一「游」字，但其字右部訛作「字」形，故底卷棄去重書。經本卷六八有「於此河中多有金魚，遊洋曜鱗」句，可洪《音義》引出「游洋」條，「游」「遊」古通用，當即此字及下「鱗」字所出。

〔三一二〕鼇，經本卷六八有「見有大海，多有大魚，五千由旬，多有螺貝、摩伽羅魚……撓攪海水，風鼓大海，令魚亂行」句，其中的「螺」字《中華大藏經》影印《麗藏》本作「鼇」，可洪《音義》引亦作「鼇貝」，云「上洛戈反，下博蓋反，海中介虫也」，當即此字所出；「鼇」爲「蠡」字俗省，「蠡」「螺」古異體字。參看上文校記〔二八二〕。

〔三一三〕橈，應爲「撓」字俗訛，經本卷六八正作「撓」（見上條引）。

〔三一四〕蹲，經本卷六五有「見不覺風住於皮内，令蹲瘤瘤，以風力故，令蹲皮内猶如蟻行」句，《大正藏》校記引宋《資福藏》、元《普寧藏》、明《嘉興藏》本及日本宫内省圖書寮本「蹲」作「腨」；可洪《音義》引出「令蹲」條，云「市軟反」；按「蹲」當是「蹲」的訛字，而「蹲」則爲「腨」的古異體字；《玉篇・足部》：「蹲，腓腸也。正作腨。」

〔三一五〕缺字底卷模糊難辨，其中中間一字略似「焰」字，但所出不詳，姑存疑。

〔三一六〕嵎，「澗」的俗字，經本卷七〇有「山澗住國」，不知是否爲此字所出。

〔三一七〕缺字底卷模糊難辨，俟再考。

〔三一八〕登秖，經本卷六八有「有一大河，名登祇尼」句，「秖」即「祇」的俗字，應即此二字所出。

〔三一九〕 祴，應爲『栴』或『旃』的訛俗字，經本卷六八有『摩羅耶山，多有栴檀』句，『栴檀』古亦作『旃檀』，應即此字所出。參看上文校記〔二三九〕。

〔三二〇〕 鬂，應爲『鬘』字訛省，經本卷六八有『多有諸天，乾闥婆王，鬘持天，三箜篌天』句，其中的『鬘』字《大正藏》校記引日本宫内省圖書寮本作『鬘』，疑即此字所出。

〔三二一〕 此字底卷筆畫不太明晰，似應爲『撥』字，經本卷六五有『或以天眼見散汁蟲住在身中，爲消食故，於汁流處，撥令分散』句，當即此字所出。

〔三二二〕 歐，經本卷六五有『若塞生藏，不能歐吐，亦不能嚏』句，《大正藏》校記引宋《資福藏》、元《普寧藏》、明《嘉興藏》本及日本宫内省圖書寮本『歐』作『嘔』；嘔吐義古字本作『歐』（如經本同卷上文有『鼻塞歐吐，不憶飲食』句，是其例），後或换旁作『嘔』，『歐』當是『歐』『嘔』交互影響的結果，當即此字所出。

〔三二三〕 嚏，經本卷六五有『亦不能嚏』句（詳上條引），其中的『嚏』字《中華大藏經》引《麗藏》本作『嚏』，可洪《音義》出『能嚏』條，云『音帝』，當即此字所出；《廣韻·霽韻》都計反：『嚏，鼻氣也。嚏，俗。』

〔三二四〕 『臆』和下文『髖、衝（衝）』二字接於上文『鯢』至『洟』一段之後，大抵逆序出於經本卷六七。經本有『身曲傴脊，凸臆戾髖』句，其中的『髖』字可洪《音義》引作『髖』，『髖』爲『髖』的换旁俗字，當即『臆』『髖』二字所出。又『臆』上底卷另有一字，但似已點去，故不録。

〔三二五〕 缺字底卷略顯模糊，似作『鬠』形，然其字經本未見，只能存疑。

〔三二六〕 缺字底卷右部作『夭』形，左部略顯模糊，存疑俟辨。

〔三二七〕 衝，經本卷六七有『能令臭氣從毛孔出，從於熟藏上衝生藏』句，『衝』『衝』古今字，當即此字所出。

〔三二八〕 『採』字和下文『砌、舊、叛、揵、塼墼、互、傢、匍匐、璅、迸、檻、鋮』諸字出於經本卷六二，經文所見依次爲『鋮、檻、逃、傢、鎖、匍匐、塼墼、互、乾（犍）、叛、舊、砌、採』，底卷大體逆序摘録而略有參差。

〔三二九〕 蚉，『蝱』字俗省，經本卷六五有『衆蠅封著，蚊蝱唼食』句，當即此字及上下文『封』『唼』二字所出。

〔三三〇〕瘢，經本卷六五有『或年少時，被傷瘡瘢，雖復除差，至老猶發』句，『瘢』應即『瘢』的繁化俗字，當即此字所出。

〔三三一〕荖，『差』的俗字，經本卷六五正作『差』（經文見上條引）。參看上文校記〔八四〕。

〔三三二〕『樤』字和下文『貿、殖、鹵、齎、招、籌』諸字出於經本卷六三，經文所見依次爲『籌、招、齎、殖、鹵、貿、條』，底卷大抵逆序摘録。『樤』應爲『條』的增旁俗字，經本卷六三有『其一切花，從根至條，青黄赤白』句，疑即此字所出。參看上文校記〔三五六〕。

〔三三三〕殖，經本卷六三有『是人無命果，如殖種沙鹵』句，當即此字及下『鹵』字所出；《大正藏》校記引宋《資福藏》、元《普寧藏》、明《嘉興藏》本及日本宫内省圖書寮本『殖』字作『植』，二字古通用。

〔三三四〕凹窠，經本卷六九有『有衆寶鹿，次名鞞那娑鹿……次名行林鹿，次名珊瑚鹿，次名凹窠鹿』句，當即此二字所出。玄應《音義》云：『凹窠，宜作扇，苦篁反。未詳名義所出。』可洪《音義》云：『凹窠，上烏狹反，下宜作淚、窻，二同，其魚反，鹿名也。』未詳孰是。

〔三三五〕舫，此字字書不載，伯三八三六號《南歌子》：『知他心在舫阿誰邊，天天天，因何用以（意）偏。』其中的『舫』應爲『於』的訛俗字（内部類化所致），可參。

〔三三六〕寙，經本卷六五有『或寙或睡，或心陰瞢瞢，或身疼強，或復多唾，或咽喉病』句，玄應《音義》引出『或窳』條，云『臾珇（『珇』字《麗藏》本作『乳』）反，惰懶之謂也。《爾雅》：窳，勞也。……字從穴從胍』，可洪《音義》引出『或寙』條，云『余主反』；按『寙』當爲『窳』字俗訛，『窳』字或换旁作『寙』，而『寙』又爲『窳』字俗訛。

〔三三七〕或，此字字書不載，疑爲『或』字寫訛，『或』字經本屢見（參上條校記引）。

〔三三八〕缺字底卷模糊不清，俟再考。

〔三三九〕屎，『尿』字篆文的隸變俗字，經本卷六五有『取人糞穢，汁則成尿，滓則爲糞』句，應即此字及下『滓』字所出。

出。參看上文校記〔二六三〕。

〔三四〇〕 株，此字左部底卷字形在『木』旁『礻』旁之間，兹暫定作『木』旁，經本卷七〇有『人住海高山者，名遮株羅』句，不知是否爲此字所出。

〔三四一〕 『享』字經本未見，存疑。下文『諷（讕）、曝、滇、瀾、櫻、芬、憻、朧』等字亦俱未見於《正法念處經》經本，不知是否爲其他經文文字闌入者。

〔三四二〕 荅，經本卷六九有『入此林中，林名斑葉樹，次名龍華樹……次名菴婆羅（『羅』後宋《資福藏》、元《普寧藏》、明《嘉興藏》本有『樹』字）……次名奚多羅樹……次名楊柳樹』句，《大正藏》校記稱『菴』字日本宫内省圖書寮本作『荅』，可洪《音義》引出『荅婆』條，云『上之廉反。又尸占反，非用』，當即此字及上『柳』『奚』二字所出。

〔三四三〕 鬪，經本卷六九有『見鬪歡喜鳥』句，當即此字所出；『鬪』爲『鬭』的俗字。

〔三四四〕 缺字底卷模糊不清，俟再考。

〔三四五〕 均崘，經本卷六九有『泥均崙陀鳥』，可洪《音義》引出『均崘』條，當即此二字所出；『崘』『崙』一字異寫。

〔三四六〕 『瘖』字和下文『俯、棬、頑、輔、掣縮、創、腭、淋瀝、痿、寑、胜、皰、埠弇、凹凸、噫、忪、戀、躃、傴、瞬、喪、喪、攢、揣、鞞、髖、瞼、涆、嘔、顦悴、燋、液、鼾、惛、烝、搔颭、怨、臠、脂』諸字出於經本卷六六，經文所見依次爲『癵、髀、澁、搔颭、蒸、惛、鼾、液、焦、憔悴、歐、汗、瞼、髖、鞞、摶、攢、喪、眴、攣躄、傴、忪、噫、皰、堆阜、凹凸、髀、寑、淋瀝、痿、瘖、腭、掣縮、捲、頑、轉（輔）、俯』，底卷大抵逆序摘録而略有參差。

〔三四七〕 棬，經本卷六六有『見轉筋風，若不調順，令手筋脚筋、大小便筋、背筋遍身諸筋皆悉捲并，合爲一處，堅急頑鈍，無所覺知。若風調順，則無如向所説諸病。觀轉筋風已，如實知身』句，其中的『捲』字可洪《音義》引作『卷』，『捲』『卷』古通用，『棬』則應爲『捲』字俗訛，當即此字及下『頑』『轉』二字所出。

〔三四八〕 輔，上條校記所引經文『轉筋風』之『轉』，《金藏》本皆作『輔』，當即此字所出，然仍以作『轉』字義長。

〔三四九〕痳，經本卷六五有「若在汗脈，令人一切毛孔無污；若在尿脈，令人淋病」句，「痳」「淋」在淋病一義上爲古異體字，即此字所出。慧琳《音義》卷七六《阿育王傳》第六卷「痳漏」條下云「上立金反，《聲類》小便數也。《説文》從疒、林聲。經從水作淋，是水澆也，非經義也」，可參。

〔三五〇〕揵，經本卷六二有「境界無定實，如乾闥婆城」句，其中的「乾」字《大正藏》校記引宋《資福藏》、元《普寧藏》、明《嘉興藏》本及日本宮内省圖書寮本作「犍」，「揵」「犍」形音皆近，當即此字所出。經本卷五七有「天龍阿修羅，揵闥緊那羅」句，即用「揵」字。

〔三五一〕缺字底卷字形不明晰，俟再考。

〔三五二〕「貿」字經本卷六一、六三等卷有其字，但具體出處不詳。

〔三五三〕璅，「瑣」的俗字，後起分化字作「鎖」，經本卷六二有「無量骨鎖」句，其中的「鎖」字《金藏》本作「璅」，當即此字所出。參看上文校記〔四七〕。

〔三五四〕創，經本卷六六有「脣口生瘡，上腭生瘡」句，「創」「瘡」古今字（《玉篇·疒部》：「瘡，瘡痍也。古作創。」），當即此字及下「腭」字所出。

〔三五五〕迯，經本卷六二有「智者常念死，無有逃避處」句，可洪《音義》引出「迯避」條，云「上徒刀反」，「迯」即「逃」的俗字，當即此字所出。

〔三五六〕寑，「寝」字的俗寫，經本卷六六有「病之所起，因於晝寝，風不調順」句，「寑」爲「寝」的異體字。

〔三五七〕「揣」字和下文「構、膞、臈、蘱、踢、圮、瀑、澍、鵰、鵲、喙（啄）」諸字出於經本卷六一，經文所見依次爲「瀑、漂、鵰、鵲、啄、圮、踢、钃、獷、搆、暖、揣」，底卷大抵逆序摘録而略有參差。

〔三五八〕構，經本卷六一有「麁獷心人，亦復如是。不生善法，如搆角乳，如月中暖」句，其中的「搆」字《中華大藏經》校記引宋《資福藏》、《磧砂藏》等本作「穀」；按「搆」「構」皆「穀」的音借字。《漢書·敘傳上》「楚人謂乳穀」唐顔師古注引如淳曰：「穀音構。牛羊乳汁曰構。」可參。

〔三五九〕 臑，上條校記所引經文「暖」字《中華大藏經》影印《麗藏》本作「暎」，「暎」爲「㬉」字俗寫，「㬉」俗字又作「曘」，而「臑」即「曘」字俗訛，當即此字所出；「㬉」「暖」爲古異體字，《説文》正字則作「煗」。參看《敦煌俗字研究》下編「暖」字條。

〔三六〇〕 臈，「臘」字的俗寫，經本卷六一有「軟心之人，心如白鑞，修行善業，衆人所信。麁獷之心，如金剛石」句，其中的「鑞」字《中華大藏經》校記引《房山石經》本作「臘」，「臘」爲「鑞」的音誤字（可洪《音義》第拾叁册《正法念經》第五卷音義：「白鑞，音臈〔臘〕。」可參），當即此字所出。

〔三六一〕 黋，經本卷六一有「令麁獷者心調柔故」、「麁獷之心，如金剛石」等句，可洪《音義》引出「麁穬」條，云「古猛反，正作穬也；《玉篇》音黃，非此呼；郭氏音獷，是也」，又出「麁𪏰黋」條，云「二同上，此正」，蓋「麁獷」之「獷」古寫本有借用「黋」「𪏰」等形者，即此字所出。

〔三六二〕 踢，經本卷六一有「四面馳走，互相搪突」句，其中的「搪」字《大正藏》校記引宋《資福藏》、明《嘉興藏》本作「踢」，可洪《音義》引亦作「踢突」條，云「上徒郎反，下徒骨反」，當即此字所出；據可洪的切音及「搪」字的異文，「踢」當是「踼」字之訛，慧琳《音義》卷四六《大智度論》第十八卷「踼突」條云「今作逿，同，從〔徒〕郎反，《説文》搶也；《蒼頡篇》驅馳皃也。……案字宜作搪揬二形也」，可證。

〔三六三〕 ⿰氵⿰票寸，「漂」的繁化俗字，經本卷六一有「難度瀑河，漂没衆生；鵰鷲烏鵲之所啄食」句，即此字及「鵰」以下三字所出。

〔三六四〕 喙，此字經本未見，而卷六一相應位置有「啄」字（見上條引），可洪《音義》引出「喙食」條，云「上音卓，正作啄」，則「喙」即「啄」的訛字。

〔三六五〕 胜，「髀」的俗字，經本卷六六有「若蹲若髀，若髖若背」句，其中的「髀」字《金藏》本作俗字「胜」，當即此字所出。

〔三六六〕 缺字底卷上部與「監」字上部同形，下部有殘泐，構形不清，存疑。

〔三六七〕『蜯蛤』和下文『監、環釧、村、㳌、蚉、鍼鋒、稗、收、蛤、霎、鴿、吱』諸字出於經本卷七〇，經文所見依次爲『吱、命、雙、蛤、稗、收、螺、鍼鋒、村、㳌、環玔（釧）、鹽、蜯蛤』，底卷大抵逆序摘録而略有參差。

〔三六八〕監，此字經本未見，而卷七〇相應位置有『有一大海，名曰鹽』句，疑『監』即『鹽』的訛字。

〔三六九〕埠㚘，『埠』爲『堆』的俗字（參看上文校記〔一〇二〕），『㚘』則疑爲『阜』的訛字，經本卷六六有『若不調順，令脂增長，身生皰肉，高下不平，堆阜凹凸』句，或即此二字及下『凹凸』二字所出；可洪《音義》出『埠阜』條，云『上都迴反，下浮久反』，可參。

〔三七〇〕環釧，經本卷七〇有『圍遶五山，猶如環玔』句，《大正藏》校記引宋《資福藏》、元《普寧藏》、明《嘉興藏》本及日本宫内省圖書寮本『環玔』作『環釧』，即此二字所出；『玔』爲『釧』的後起換旁俗字。

〔三七一〕脯，經本僅卷一四『如打乾脯』、『如食乾脯』句有此字，不知是否爲此字所出。

〔三七二〕忪，此字底卷左上部似有殘泐，所存部分近似『亻』形，按經本卷六六有『若不調順，口中味甘，其心忪忪，不憶飲食』句，當即此字所出，故徑據録定。

〔三七三〕二缺字底卷前一字存右上部，後一字存右下部。

〔三七四〕戀躄，經本卷六六有『若不調順，手足攣躄，身傴曲脊』句，其中的『攣躄』《金藏》本作『戀躄』，《大正藏》校記引元《普寧藏》、明《嘉興藏》本作『攣躄』，可洪《音義》引亦作『攣躄』，按『躃』『躄』爲一字異寫，『戀』則爲『攣』或『攣』的俗字。慧琳《音義》卷五六《正法念經》第十三卷『攣縮』條下云『力泉反，《爾疋》：攣，病也。亦拘攣也。經文作戀、㜻二形，並非體』，可參。

〔三七五〕『傴』字左部僅存上部殘點，按經本相應位置有『傴』字（見上條引），當即此字所出，故據以擬補。

〔三七六〕缺字底卷左側略有殘泐，據殘形原字近似『甜』字，經本卷六六有『六名甜醉蟲』句，正有『甜』字，但按底卷逆序摘録的通例，據經文字序，『甜』字應列在下文『涆（汗）』字後，字序不合，存疑俟考。

〔三七七〕二缺字底卷僅存右側殘筆。

〔三七八〕『瞬』字底卷左側殘泐，兹據殘形擬補；經本卷六六相應位置有『見視眴風住在身中』句，其中的『眴』字可洪《音義》引作『瞬』，當即此字所出。

〔三七九〕『蚉』字底卷左側略有殘泐，兹據殘形擬補；『蚉』爲『蠡』的俗字，經本卷七〇相應位置有『如是大海，名冷暖水，縱廣三千由旬，多有螺貝』句，『蠡』『螺』古異體字，當即此字所出。參看上文校記〔三一三〕。

〔三八〇〕揣，經本卷六六有『男女精血和合共集鉀羅婆身，薄精之時，風吹令厚，而作肉團。作肉摶已，次生五胞』句，其中的『團』『摶』《金藏》本皆作『揣』，『摶』『團』古今字，而『揣』則爲其通用字，當即此字所出。

〔三八一〕錍，經本卷六六有『鉀羅婆身』（詳上條引），其中的『鉀』字《大正藏》校記稱宋《資福藏》、元《普寧藏》、明《嘉興藏》本及日本宫内省圖書寮本作『錍』，玄應、可洪《音義》引亦皆作『錍』，『錍』字是，當即此字所出。

〔三八二〕涆，經本卷六六有『復有常爲身火惱亂，令身流汗』句，其中的『汗』字《金藏》本作『涆』，當即此字所出；『涆』當爲『汗』的後起形聲俗字。同卷上文又有『或以天眼見一切身分冷風，令身臭汗，堅澁惡色，身體皺減，羸瘦毛竪，身生黑瘡』、『暖汗津液，出於毛孔』句，下文有『流汗多唾，不耐冷觸』句，其中的『汗』字《金藏》本亦皆作俗字『涆』。晉失譯《七佛八菩薩所説大陀羅尼神咒經》卷一『其中所有一切萬物皆作金色，浩汗滉瀁，悉不復現』，可洪《音義》第玖册引作『浩涆』，云『上胡老反，下寒按反』，亦其例。

〔三八三〕嘔，此字底卷僅存右部『區』旁，按經本卷六六相應位置有『飲食反胃，逆歐而出』句，其中的『歐』字《大正藏》校記引宋《資福藏》、元《普寧藏》、明《嘉興藏》本及日本宫内省圖書寮本作『嘔』字，疑即此字所出，故據擬補作『嘔』字。

〔三八四〕缺字底卷存右部『頁』，左部存殘筆，待考。

〔三八五〕缺字存右部『延』形，原字疑爲『涎』字，經本卷六六有『食涎蟲』，或即此字所出。

〔三八六〕缺字中部殘泐，據殘形近似『貌』字，存疑。

〔三八七〕顦悴，經本卷六六有『生顛倒見，近見爲遠，焦渴憔悴』句，『顦』『憔』古異體字，當即此字所出。

〔三八八〕燋，經本有『焦渴憔悴』句（詳上條引），其中的『焦』字《金藏》本作『燋』，當即此字所出；此『燋』爲『焦』的增旁俗字。

〔三八九〕缺字底卷右部殘泐，左部亦略顯模糊。

〔三九〇〕缺字底卷僅存上部殘畫。

〔三九一〕烝，此字蓋『烝』字俗省，經本卷六六有『或生赤瘡，或大蒸熱』句，其中的『蒸』字《金藏》本作『烝』，『烝』『蒸』古今字，當即此字所出。

〔三九二〕忽，『歰』的俗字，經本卷六六有『見一切身分冷風，令身臭汗堅澁惡色』句，『澁』爲『澀』的俗字，『歰』『澀』古今字，當即此字所出。

〔三九三〕臠，經本卷六六有『若不調不順，手指則癵，不得造作，手足皆癵，髀筋急痛』句，『臠』『癵』皆爲『攣』或『癵』的俗字，《金藏》本及《大正藏》校記引日本宫内省圖書寮本正作『攣』，可洪《音義》引則作『癵』。參看上文校記〔三七四〕。

〔三九四〕腊，《説文·肉部》有此字，『臞也。从肉，皆聲』，但文獻中無實際用例；竊謂此『腊』乃『髀』的訛俗字，『髀』俗字改换聲旁作『胜』（參看上文校記〔三六五〕），而『腊』又是『胜』進一步訛變的結果，經本卷六六有『手足皆癵，髀筋急痛』句（詳上條引），其中的『髀』字《金藏》本作『胜』，當即此字所出。經本卷七有『筋熟髀熟腨熟髖熟』句，其中的『髀』字《中華大藏經》影印《麗藏》本作『胜』，可洪《音義》引出『腊熟』條，云『上音胜。又音皆，悞』。又經本卷四五『次復觀察此身二髀，筋血脂肉骨等合成。……又復觀察此身二髀，於脛爲庵，多有筋肉，迭相纏縛』，其中的『髀』字《中華大藏經》影印《麗藏》本作『胜』，可洪《音義》引出『二腊』條，云『步米反。又音皆，誤』；又出『二胜』條，云『同上』。又劉宋僧伽跋摩譯《薩婆多部毘尼摩得勒伽》卷三『若手捉手，若脚踏脚，若髀觸髀』，可洪《音義》第拾柒册引出『腊觸胜』條，云『上下二同，步米反。上又音皆，悞也』，皆可證。

〔三九五〕收，當爲「收」字俗寫，經本卷七〇有「譬如種穀得穀，種麥得麥，稗子生稗；如以種子種於薄地，收果減少；若以種子種之良田，多收果實」句，應即此字及上「稗」字所出。可洪《音義》第捌册《演道俗業經》音義：「令收，尸由反，正作收。」可參。

〔三九六〕䨇，經本卷七〇有「雙鳥遊戲，啄食美果」句，「䨇」爲「雙」會意俗字「䨇」的訛變形，當即此字所出。可洪《音義》第壹册《大般若經》第五十五帙音義：「䨇足，上所江反，字從兩隻。」可參。

〔三九七〕䳟，《漢語大字典》據《篇海》引《搜真玉鏡》載此字，音「命」，《中華字海》稱「義未詳」，按經本卷七〇相應位置有「有諸林園，所謂吱多吱林，次名龍林，次名那梨吱羅林……次名命命鳥林」句，「䳟」當即「命命鳥」之「命」的增旁俗字，陸德明《經典釋文序録》所謂俗字「飛禽即須安鳥」是也。慧琳《音義》卷四《大般若經》第三百九十八卷音義：「命命鳥，梵音耆婆耆婆鳥，此云命命，據此即是從聲立名，鳴即自呼耆婆耆婆也。」可參。

〔三九八〕底卷抄寫至「吱」字止，其下空白未書。按《正法念處經》凡七十卷，「吱」字句（經文見上條引）經本在卷七〇前部，按底卷逆序摘録的體例，則該字爲該卷難字之末，據此推斷，底卷至此結束，其下應無殘缺。

佛本行集經難字

佛本行集經難字音

伯三五〇六

【題解】

本篇底卷編號爲伯三五〇六。全卷正面二十一行，背面三行。每行二十字左右不等。首行題『佛本行集經第二』。《索引》全卷擬題『佛本行集經難字』，《寶藏》改題『佛本行集經音義』。《索引新編》、《法藏》正面部分題同《索引》，背面部分《索引新編》題『雜寫三行』，《法藏》題『佛經地名人名』。今按：原卷背面部分無注音，正面部分近三百字，其中十四字下有注音，但無注音的字詞下底卷亦多留有約一字的間隔，蓋以備注音之用，不過全卷并無釋義，故《寶藏》擬題『音義』不妥。又卷背三行所抄地名人名亦皆見於《佛本行集經》，且字體與正面部分相同，當出於同一人之手，故此合併校録，擬定今題。

《佛本行集經》六十卷，隋開皇間闍那崛多譯。底卷所抄難字始於第二卷，止於第十九卷，第二十卷至第六十卷難字未見，卷背地名人名三行抄於末部，而其前空白未書，或係預留以備抄寫《佛本行集經》第二十卷以下難字之用，故原文應屬未完之作。原卷『丗』字、『堞』字的『世』旁不改避，抄寫時代或在晚唐五代以後。張金泉在《敦煌音義匯考》中曾對本篇作過初步校勘。兹據各影印本并參考《大正藏》本《佛本行集經》（校記中簡稱『經本』）、玄應《音義》卷一九《佛本行集經》音義（簡稱玄應《音義》），又慧琳《音義》卷五六轉載玄應的《佛本行集經》音義，文字略有不同，引録時簡稱慧琳《音義》），校録如下。另附原卷圖版於首，以資比勘。底卷摘字先後順序與經本基本相合，經本不同卷數的難字接抄不另行。兹按所據經本卷數分段校録；除經文相連成詞者外，每字下皆用句號點斷，底卷原有的空格則不再保留。另外伯二八七四號《佛經難字音（擬）》的後半部分亦爲摘録《佛本行集經》難字，雖所摘難字多有不同，然亦頗有相合而可資比勘者。

伯三五〇六號背面圖版

伯三五〇六號正面《佛本行集經難字音》圖版

《佛本行集經》第二　偃。兵戈。〔一〕鉤柱。〔二〕欝。〔三〕壍。〔四〕櫓。洞徹。溘音合。階級。飢渴。〔五〕鍾鈴。〔六〕鼜鼓。〔七〕琴瑟。箜篌。篳篥。笳簫。琵琶。箏笛。鸜鵒。鸚鵡。孔雀。枸翅〔八〕。慰喻。凔噉。〔九〕舐欶。〔一〇〕擎持。充溢。借倩。細刮拭。芭蕉。艾白。〔一一〕

伴偶。〔一二〕勸心。〔一三〕埏主。耘除。〔一四〕捷利。革屣。梪。〔一五〕噢。氈。軟。繒綵。惰（憜）奢。拙。稀。

窓牖。〔一六〕一掬。翘。稻田。佃熟。艱難。逍遥。

繼襲下音習。〔一七〕叜。〔一八〕坑坎。埠阜。〔一九〕陵谷。丘壑。溝（溝）渠。荆棘。塵埃。儵鑠。鸕鷀。〔二〇〕

囿音右。〔二一〕岐居移反。〔二二〕酷。軏。〔二三〕試音史。〔二四〕

佤（低）昂。〔二五〕嵬崖。峨嵯。唼嗽。〔二六〕啜。瘙。駿尾。〔二七〕鞦轡。韋鐙。〔二八〕勁。翆（翠）。屎屘。〔二九〕

暾。〔三〇〕黤黮。〔三一〕駇。扣。〔三二〕弼。忩遽。〔三三〕髀。〔三四〕轄。〔三五〕熇。〔三六〕屩屐。挑。〔三七〕稍。〔三八〕掃幕。〔三九〕笭提。〔四〇〕鶊。隟。〔四一〕翊。

瘢。〔四二〕腨。〔四三〕脛。〔四四〕髊䯉。睫。㕦。〔四五〕淹。腋音亦。挂音卦。〔四六〕眊。〔四七〕噢。躑躅。覩。液。兕。〔四八〕脬。〔四九〕靖。〔五〇〕

瑶。〔五一〕顱顙（顙）。歔欷。鯁。潸。瞼。慨。偝。〔五二〕賷。諳。據。愉。劈裂。呱。檎。〔五三〕九。〔五四〕

携（携）。〔五五〕飢儉。局。〔五六〕輆。〔五七〕鞾音靴。〔五八〕外。〔五九〕閔音悶。〔六〇〕剄。〔六一〕勦。靳。策。唊士甲反嗡魚連反。〔六二〕䴏芳面反。〔六三〕㭘恥皆反。〔六四〕拗。

嫩。〔六五〕𡐛。豸。矚盱。〔六六〕幹。揩拭。䖤。臛。〔六七〕覭。絮〔六八〕。睿。〔六九〕

拼。〔七〇〕鉁。〔七一〕陡。嘲。撲。〔七二〕偉。

讋。〔七三〕恤。筑。簷。〔七四〕沃。〔七五〕麓。鞬。䵷。鉺。〔七六〕釣。攪。毦。〔七七〕顱。

悖。〔七八〕裨。秝。〔七九〕臂。尪音光。〔八〇〕杠。〔八一〕墉。堞。闔。

㕍。〔八二〕滂沛。〔八三〕莖。廏。頤頷。瞳眏。〔八四〕侈。〔八五〕斛。𪘲。〔八六〕戛。〔八七〕諷。溷。

廐(廏)。〔八八〕櫪。刮刷。控轡。〔八九〕䩥。〔九〇〕瓟裂。〔九一〕征。〔九二〕

剗。〔九三〕掊。〔九四〕

擺。〔九五〕撫。慢。跣。躓。琅玕。㷀。〔九六〕抑。

天譬城。〔九七〕嵐毗尼。〔九八〕波羅叉樹。〔九九〕摩訶那摩大臣。〔一〇〇〕瞿多弥。〔一〇一〕

提婆陁訶之城。〔一〇二〕善覺長者。〔一〇三〕苷庶(蔗)王。〔一〇四〕大猫草王。〔一〇五〕

中天竺國那波城。〔一〇六〕

【校記】

〔一〕「偃」字以下至「艾白」出於經本卷二，順序基本相合。經本有「兵戈偃息，如法化人」句，即「偃」、「兵戈」三字所出。

〔二〕鈎柱，「鈎」乃「鉤」字俗寫，經本有「黄金鉤柱」、「白銀鉤柱」等句，即此二字所出。

〔三〕欝，經本有「彼樹枝葉花果，扶疏蓊欝敷榮」句，「欝」、「欝」皆爲「鬱」的俗字，即此字所出。

〔四〕 壍，「塹」的俗字，經本有「彼諸城外，有七重壍，周匝圍繞」句，即此字所出。

〔五〕 飢渴，經本相應位置有「諸鳥渴時，皆得平飲」句，而無「飢」字或「飢渴」二字連用者，「飢」字或爲衍文。

〔六〕 鍾鈴，經本有「常有種種微妙音樂，所謂鐘鈴、鼙鼓、琴瑟、箜篌、篳篥、笳簫、琵琶、箏笛諸如是等種種音聲」句，「鍾」「鐘」古字混用，即此二字所出。

〔七〕 螽皷，「鼙鼓」二字的俗寫，經本正作「鼙鼓」（詳上條引）。

〔八〕 枸翅，經本有「復有無量微妙鳥音，所謂鴝鵒、鸚鵡、孔雀、拘翅羅鳥、命命鳥等」句，俗書提手旁木旁不分，而譯音字往往不拘字形，故「枸翅」即「拘翅」，爲此二字所出。

〔九〕 飡噉，「飡」乃「餐」的俗字，經本有「其夜辦具種種美食，飡噉舐嗽可食之味」句，即此二字所出。

〔一〇〕 舐欶，經本作「舐嗽」（詳上條引），「嗽」乃「欶」的俗字，即此二字所出。

〔一一〕 艾白，「艾」字底卷作「艾」字形，俗寫，經本有「其色艾白柔軟」句，即此二字所出。

〔一二〕 「伴偶」以下至「稀」字出於經本卷三，順序完全相合。

〔一三〕 勌心，經本有「恒相伴偶，不曾暫離；日日相見，無厭惓心」句，其中的「惓」字《大正藏》校記謂宋《資福藏》、元《普寧藏》、明《嘉興藏》本作「倦」，「勌」、「惓」皆即「倦」的換旁俗字，即此二字所出。

〔一四〕 秐除，「秐」乃「耘」的俗字，經本有「所有雜穢，悉使秐除」句，即此二字所出。

〔一五〕 梪，同「豆」，俗書又用作「短」的俗字，但「梪」、「豆」、「短」經本相應位置皆未見，而有「別爲上座一婆羅門造於金柄上妙傘蓋，最勝革屣，純金爲杖，金三叉拒」句，疑「梪」乃「拒」字形訛。

〔一六〕 「窓牖」以下至「逍遥」出於經本卷四，順序完全相合。經本有「彼城樓櫓，却敵窓牖，皆爲白銀之所成就」句，即「窓牖」二字所出，「窓」乃「窻（窗）」的俗字。

〔一七〕 「繼襲」以下至「鸕鷀」出於經本卷五，順序完全相合。

〔一八〕 裒，「褎（褒）」的訛俗字，經本有「有一百一小轉輪王，悉皆住在褎多那城」等句，即此字所出。

〔一九〕 埠阜，『埠』此處爲『堆』的俗字，經本有『至山南面，見川寬平，無諸坑坎、堆阜、陵谷、丘壑、溝渠、荊棘、塵埃及沙礫等』句，即此二字及上下文『坑坎』、『陵谷』等字所出。北六三三五號（藏三六）《大般涅槃經》卷九：『如虛空中興大雲雨，注於大地，枯木石山，高原埠阜，水所不住，流注下田。』其中的『埠』亦爲『堆』的俗字，斯九三、五二四一號經本作『塠』，亦『堆』的俗字，《中華大藏經》影印《麗藏》本正作『堆』，可以比勘。

〔二〇〕 鸕鷀，『鷀』爲『鶿（鷀）』的繁化俗字，經本有『復有小鳥，所謂鳧鴈、鵝鴨、白鷺、鸕鶿及鴛鴦等』句，玄應《音義》引出『鸕鷀』條，云『鷀』字『又作鷀，同』，即此二字所出。

〔二一〕 『圊』至『軏（軌）』四字出於經本卷六，順序基本相合。

〔二二〕 岐，經本有『彼城有王，名歧（原注：居移反）羅耶』句，『岐』『歧』音同形近，應即此字所出。

〔二三〕 軏，『軏』的俗字，經本有『但彼國王，無有一法可軏之行，嚴酷暴惡，不信因果』句，即此字及上『酷』字所出。

〔二四〕 試，此字經本相應位置未見，出處不詳。

〔二五〕 『低昂』以下至『戾屌』出於經本卷七，順序完全相合。

〔二六〕 唼嗽，經本有『時王備辦無量餚膳，百味飲食，唼㗖舐啜諸粰果等』句，『嗽』、『㗖』皆爲『欶』的俗字，即此二字及下『啜』字所出。

〔二七〕 騣尾，底卷此二字連抄，經本有『復有一萬善好良馬，皆紺青色，頭黑如烏，皆悉被騣，尾垂著地，真金鞦韁，鞍鐙留羈，悉亦金飾』句，即此二字所出，推詳經文之意，此二字似不當連讀。

〔二八〕 鞍鐙，經本有『復有一萬善好良馬……真金鞦韁，鞍鐙留羈，悉亦金飾』句，即此二字所出；玄應《音義》出『搴隥』條，云：『（隥），同，都鄧反，馬鞅上隥也，登馬所躡者也。經作鐙，古燈字。』『鞍』爲『搴』的偏旁易位字。『隥』本梯隥義，引申當可作鞍鐙義，但由於鞍鐙多以金屬爲之，故字從金作『鐙』亦屬順理成章。

《廣韻·嶝韻》：「鐙，鞍鐙。隥，梯隥。」可見當時鞍鐙用金旁的「鐙」已非常通行，而不再限於作爲「燈」的古字。

〔二九〕屎尿，同「屎尿」，經本有「或屎或尿，黄白痰癊，或膿或血，皆不穢著」、「乃至膿血，屎尿臭處，不穢不染」等句，即此二字所出。

〔三〇〕「曒」字以下至「翊」字出於經本卷八，順序完全相合。經本有「清淨曒潔，無諸雲翳」句，「曒」乃「皦」的後起換旁字，即此字所出。

〔三一〕黤黮，經本相應位置未見，而有「一切諸方悉皆清淨，無有烟雲塵霧黮黮」句，「黮黮」應爲「黤黮」之訛，《麗藏》本正作「黤黮」，即此二字所出。玄應《音義》引出「黤黮」條，云「又作黭，同，烏感反，下也（他）感反，謂不明也。《纂文》云：黭黮，深黑也」，可參。

〔三二〕扣，此字底卷從木旁，經本有「在先撾打歡喜之鼓，盡其身力，而扣擊之」句，即此字所出，玆據録正。下文「攪」字底卷亦訛從木旁，玆徑予録正，不再出校説明。

〔三三〕忩遽，「忩」爲「悤」的俗字，字亦作「怱」，經本有「汝釋大臣，何故忽遽速疾而來，盡於身力，打歡喜鼓」句，「忽遽」《麗藏》本作「忩遽」，當據正，即此二字所出。

〔三四〕骿，「髀」的訛俗字，經本有「於往昔有一王，名留婆，從父䏶生」句，「䏶」乃「髀」的俗字，即此字所出。

〔三五〕輺，經本有「於往昔有王，名迦輤婆，從父臂生」句，「輺」「輤」一字之變，皆爲「輜」的訛俗字，玄應《音義》引出「迦輜」條，「輜」字音「側飢反」，可證。

〔三六〕熇，經本有「往昔一切轉輪聖王，無有如是諸奇特相，所謂甘蔗日種生王，尼拘羅王，憍拘羅王，瞿瞿羅王」句，玄應《音義》引出「熇拘羅王」條，云「呼酷、枯老二反，甘蔗王種也」，經本「憍」應爲「熇」字之訛，即此字所出。

〔三七〕挑，經本相應位置未見，而有「或懸虛空上繩而走，或復槃槊，或復跳（調音）刀」句，疑「挑」即「跳」字異文。

〔三八〕稍，經本有『槃槊』二字（詳上條引），『稍』『槊』爲古異體字，即此字所出。

〔三九〕掃幕，經本有『復有五百諸天玉女，各持諸天微妙掃箒』句，『幕』、『箒』皆爲『帚』的繁化俗字，即此二字所出。

〔四〇〕笭提，『笭』乃『筌』的訛俗字（『全』字俗書與『令』字形近相亂），經本有『各各執持多羅樹葉所作筌提』句，即此二字所出；玄應《音義》引作『荃提』，云：『或言遷提，謂可遷徙提挈也；或作荃提，言以荃草爲之也。非此方物，出崐崘中。』玄應《音義》卷一六《善見律》第一卷下亦出『遷提』條，云：『此仙反，言可遷徙提挈也；或作筌提，言以荃草爲之也。非此方物，出崐崘中。律文或作先提。』此物既『以荃草爲之』，則宜作『荃提』爲長；然『筌』、『荃』古多混用不分，『筌提』之『筌』殆即『荃』字或作也。

〔四一〕隟，『隙』的俗字，經本有『並好丈夫，有大筋力，能破怨隙』句，即此字所出。

〔四二〕瘕，此字字書不載，當爲『廏』的訛字。『廏』字以下至『靖』字出於經本卷九，順序完全相合。參看伯二八七四號《佛經難字》校記〔三五〕。經本有『淨飯王厩揵陟爲首』句，『厩』乃『廏』的俗字，即此字所出。

〔四三〕腨，經本記三十二種大人之相，『八者，太子踹如鹿王』，其中的『踹』字《大正藏》校記謂宋《資福藏》、元《普寧藏》、明《嘉興藏》本作『腨』，『踹』乃『腨』的換旁俗字，即此字所出。

〔四四〕胫，『脛』的訛俗字，經本有『十八，太子兩脛廣闊』句，即此字所出。

〔四五〕宂，同『闊』，經本有『時迦毘羅人民稠闊，處處遍滿』句，即此字所出。

〔四六〕挂，經本有『復掛種種妙寶衣裳』句，『掛』乃『挂』的後起繁化俗字，即此字所出。

〔四七〕眊，經本有『喻如飛天，手持花瓔，復懸雜色，朱紫紅黃，種種衆眊，諸如是等，挍飾精麗，莊嚴宮中』句，即此字所出；『眊』乃『毦』的訛俗字，玄應《音義》引正作『毦』。參看張涌泉《漢語俗字叢考》『眊』字條。

〔四八〕弝，『弝』字異寫，經本有『是童子腰猶如弓弝（原注：百雅切）』句，即此字所出；玄應《音義》引出『弓把』

條，云：『百稼反，單手爲把。《説文》：把，握也。把，持也。經作弝，近字也。』『弝』爲後起本字。

〔四九〕 脟，『腕』古字『掔』的訛變字，經本有『是童子手兩腕闊大』句，其中的『腕』字今本玄應《音義》引同，慧琳《音義》引玄應《音義》作『脟』，疑後者爲玄應《音義》原貌，爲此字所出。

〔五〇〕 靖，此字經本相應位置未見，而有『是童子面顔貌寂静』句，『靖』『静』古通用，或即此字所出。

〔五一〕 瑶，此字經本相應位置未見，卷一〇有『是童子耳穿環垂埵』句，疑『瑶』即『埵』的訛字。慧琳《音義》卷七四《僧伽羅刹集》卷中：『垂埵，下都果反，《考聲》：埵，高也，其形高故以爲名也。《説文》從土，垂聲。經從王作瑶，音姚，非。』可見『埵』字確有形誤爲『瑶』的。又此字以下至『尢（左）』字出於經本卷一〇，順序完全相合。

〔五二〕 偝，經本有『我自傷過不值此時，今當背彼，是故悲泣』句，玄應《音義》出『背彼』條，云『經文從人作偝，非也』（『偝』字《叢書集成初編》本誤作『偕』，兹據宋《磧砂藏》本正），即此字所出。

〔五三〕 橒，同『榻』，經本有『童子生時，有真金榻，坐童子身』句，即此字所出。

〔五四〕 尢，當爲『左』字俗訛，上文『峨嵯』之『嵯』的右下部底卷亦作近似形狀，可以比勘；經本有『即以右手執那羅陀童子左臂，從門隱身，騰虚而行』句，應即此字所出。

〔五五〕 『攜』字以下至『拗』字出於經本卷一一，順序完全相合。

〔五六〕 局，『局』的俗字，經本有『天舍廟堂，曹局省府』句，即此字所出。

〔五七〕 軫，『軫』字俗寫，經本有『時浄飯王，過軫宿辰，取角宿日』句，即此字所出。

〔五八〕 韡，經本有『靴履革屣，雜寶莊嚴』句，『韡』『靴』古異體字，即此字所出。

〔五九〕 外，應爲『升』的訛俗字，經本有『或復梵天所説之書（原注：今婆羅門書正十四音是）……摩那書（原注：斗升）』句，即此字所出。

〔六〇〕 閔，注文『門』乃『閉』的常見俗字，則這個音『閉』的『閔』當亦爲『閉』的俗字；經本相應位置有『唱伊字時，一切諸根門戶閉塞」句，應即此字所出。俗書又有以「閔」爲「關」字的，參看伯二八七四號《佛經難字音》校記〔五〇〕。

〔六一〕 剄，「勁」的俗字，經本有「所作輕便，勁捷勤勇」句，即此字及下「勤」字所出。

〔六二〕 唊噏，「唊」爲「唊」字俗寫，經本有「舞歌戲笑，騷（原注：士洽反）鹹（原注：魚洽反）漫談」句，《大正藏》校記謂「騷鹹」宋《資福藏》、元《普寧藏》、明《嘉興藏》等本作「唊噏」，即此二字所出；玄應《音義》出「騷驖」條（《大正藏》本的「鹹」疑爲「驖」字之訛），云「士洽、魚洽二反，騷驖，謂俳戲人也。經文作唊噏，唊音古協反，下噏音許及反，非此用也」（「許及反」原書誤作「許乃反」，兹據慧琳《音義》引改），可參。又「噏」字底卷音「魚連反」，「連」疑爲「匣」字之誤，「魚匣反」的「噏」乃讀同「驖」，「魚匣反」、「魚洽反」讀音略同。張金泉以「連」爲「疌」之誤，「連」、「疌」形近，「魚疌反」、「魚洽反」音近，亦可備一説；但「疌」爲生僻字，作爲切音字未必合適。

〔六三〕 驪，應爲「騙」或體「騗」的俗訛字；經本有「旋鞍騙馬」句，玄應《音義》引作「騗馬」，即此字所出。參看伯二八七四號《佛經難字音》校記〔五三〕。

〔六四〕 㧖，「搋」的訛俗字，經本有「相撲拗腕，捔力稱斤，按摩築擠（原注：恥皆反），拗脛搦臂」句，其中的「擠」即「搋」字之訛，玄應《音義》引正作「搋」字。參看伯二八七四號《佛經難字》校記〔五三〕。

〔六五〕 「嫩」字以下至「睿」字出於經本卷一二，順序完全相合。經本有「福德之手，細軟猶如芭蕉嫩葉」句，玄應《音義》引出「腝葉」条，云「《字苑》：腝，柔脆也。……又作嫩，近字也」。按：「嫩」、「嫩」一字之變，其字《説文》作「媆」，「腝」蓋「媆」的换旁字。

〔六六〕 矚眄，「眄」爲「眄」的俗字，經本有「是時太子，安庠矚眄，處處經行，欲求寂静」句，即此二字所出。

〔六七〕 經本有「皆悉餧以粳粮之飯，雜肉韲醬，或臛或羹」句，即「韲」、「臛」二字所出；底卷以「韲臛」連抄（中間無空格），欠妥。

〔六八〕 ⿱朋朩，伯二八七四號《佛經難字音》於《佛本行集經》第十二卷下出『⿱冊朩』字，這兩個字出現在同一經文的相同位置，應爲一字之變，就字形而言，前一形上部似爲『朋』字俗寫，後一形上部似爲『冊』字俗寫，但字書皆未見；經本有『時釋大臣即好莊嚴耶輪陀羅，爲上勝垛』句，其中的『垛』字玄應《音義》引作『⿰阝朵』，頗疑上揭二字皆即『垛』或『⿰阝朵』的訛俗體。參看伯二八七四號《佛經難字音》校記〔五七〕。

〔六九〕 睿，經本有『大王今生如是聰叡大福德子智慧之子』句，《説文》以『睿』爲『叡』字古文，即此字所出。

〔七〇〕 『拼』字以下至『偉』字出於經本卷一三，順序完全相合。

〔七一〕 釤，經本有『太子見此一束之竹，不謂其間有於鐵棒，不用多力，左手執劍，一下釤斷。……太子釤彼按摩鐵棒，謂言竹束，左手執劍，不用多力，一下斬斫』句，即此字所出；玄應《音義》引出『芟彼』條，云『所巖反，《詩》云「載芟」，傳曰：芟，除草也，亦斫也。經文作釤，所鑑反，大鎌也，釤非此用』。

〔七二〕 擈，『撲』的古異體字，經本有『今須相撲，得知誰能』句，即此字所出。

〔七三〕 『讋』字以下至『顱』字出於經本卷一四，順序完全相合。經本有『汝若見聞師子王，膽懾驚怖馳奔走』句，其中的『懾』字玄應《音義》引作『讋』，云『脂葉反，《説文》失氣也。讋，怖也。一曰言不止也』，即此字所出；『懾』、『讋』皆見於《説文》，二字音同義近。

〔七四〕 篪，『箎』字俗寫，經本有『一千具箎，一千具螺』句，即此字所出；『箎』又爲『篪』字俗省，玄應《音義》引正作『篪』。

〔七五〕 沃，經本有『乃至其中諸婇女等，巧解五慾，常能泼弱，令太子歡』句，《大正藏》校記謂『泼』字宋《資福藏》、元《普寧藏》、明《嘉興藏》等本作『沃』，即此字所出；『泼』當爲『沃』字之訛，玄應《音義》引出『沃弱』條，云『又作茯，同，於縛、烏梏二反，《詩》云其葉沃若，傳曰：沃若，猶沃沃然也。又云隰桑有沃，傳：沃，柔也，亦美也』。

〔七六〕 鉺，『餌』的訛俗字，經本有『如魚吞餌遇釣鉤』句，即此字及下『釣』字所出。

〔七七〕 毦，經本有『於羅網間，又復更懸白猫牛尾及雜毦等』句，『毦』即『毦』字之訛，乃此字所出。參看上文校記〔四七〕。

〔七八〕 『悖』字以下至『闥』字出於經本卷一五，順序完全相合。

〔七九〕 祁，此字字書未見，『祁』字俗書有作此形者，但經本相應位置又未見『祁』字，俟再考。

〔八〇〕 『尫』直音字『光』的下部底卷作『人』形，與『光』字寫法略異，今暫定作『光』字。『尫（尪）』字《廣韻·唐韻》音烏光切，『光』字古黄切，二字同韻異紐。張金泉把直音字定作『洸』字，音合，但與底卷字形不合。

〔八一〕 杠，經本有『見一死人，臥在床上，四人扛舁』句，俗書扌旁木旁不分，故『杠』即『扛』字俗寫，爲此字所出。

〔八二〕 胤，『胤』字俗寫。此字以下至『溷』字出於經本卷一六，順序完全相合。經本有『大王之子，善解諸事。汝等至心承事供奉，令於汝等生染著心，勿使其斷王之體胤』句，即『胤』字所出。

〔八三〕 滂沛，『沛』爲『沛』字異寫，經本有『降注大雨，霶霈灌洗彼帝釋幢』句，其中的『霶霈』玄應《音義》引作『滂沛』，即此二字所出。

〔八四〕 睍，『睆』字俗寫，經本有『或有婇女，目睫不交，睛瞳睆睆，熟視而睡』句，即此字及上『瞳』字所出。

〔八五〕 恀，經本有『倚諸瓔珞，垂𩑶而眠』句，其中的『𩑶』字《大正藏》校記謂《聖語藏》本作『恀』，玄應《音義》相應位置出『垂𩑶』條，云『𩑶』字『丁可反，《廣雅》：𩑶，醜皃。經文作恀，時紙反，《爾雅》：恀、恃，怙也。郭璞曰：江東謂母爲恀。恀非字義』。按《廣韻·哿韻》丁可切：『𩑶，垂下皃。』上揭經文用字疑以作『𩑶』爲典正，『𩑶』爲同音借字，『恀』又爲『𩑶』的換旁俗字（與時紙反的『恀』同形異字）。參看伯二八七四號《佛經難字音》校記〔七〇〕。

〔八六〕 齩，經本有『或有婇女齩齒鮚鮚嗚喚而眠，或有垂頭譋語而眠』句，玄應《音義》出『齩齒』條，云『《說文》作齩，同，五狡反，齩，齧也』，即此字所出。

〔八七〕 戛，經本有『鮚鮚』（詳上條引），玄應《音義》引作『戛戛』，云『古黠反，齒聲也』，『鮚鮚』、『戛戛』皆爲象聲詞，讀音亦近，然就齒聲而言，或以前者爲典正。

〔八八〕『廐(廄)』字以下至『佂(征)』字出於經本卷一七，順序完全相合。

〔八九〕控犢，經本有『發誓願已，控鞁即乘乾陟馬上』句，『鞁』字《説文》釋車束，俗又用同『犢』(伯二〇一一號王仁昫《刊謬補缺切韻·質韻》毗必反：『鞁，車束。俗用爲犢字。』)，即此字所出。

〔九〇〕艤，『艤』的訛俗字，經本有『牢裝方便智舟艤，濟度無量億天人』句，即此字所出：『艤』同『楫』，玄應《音義》出『舟楫』條，云『《通俗文》作艤，同，資獵反』(『艤』字據宋《磧砂藏》本，《叢書集成初編》本作『檝』)。

〔九一〕㕞裂，經本有『以手指爪，㕞裂四支，身體皮肉』句，『㕞』『㕞』一字之變，即此二字所出。

〔九二〕佂，『征』的俗字，經本有『遍告諸餘大征將言』句，即此字所出。

〔九三〕『剗』、『掊』二字出於經本卷一八，順序相合。經本有『如夢見快樂，寤後覓還無。猶如剗貫人』句，即『剗』字所出；玄應《音義》出『如弗』條，云『《字苑》初眼反，今之炙肉弗也。經文作剗削之剗，非體也』。

〔九四〕掊，經本有『其馬乾陟，在浄飯王宫門之外，欲入門内觀瞻太子，左右行動坐臥之處不見太子，淚下如流，爮地大鳴』句，其中的『爮』字《大正藏》校記謂宋《資福藏》、元《普寧藏》、明《嘉興藏》本作『跑』，《聖語藏》本作『掊』，玄應《音義》出『掊地』條，云『蒲交反，《通俗文》：手把曰掊』，即此字所出。

〔九五〕『擺』字以下至『抑』字出於經本卷一九，順序完全相合。

〔九六〕、㷀，經本有『彼我聖主，今何處停，使我孤煢獨居宫内』句，即此字所出；『㷀』乃『煢』的俗字，玄應《音義》出『煢獨』條，字正作『煢』。

〔九七〕此下三行抄於卷背末部，而其前空白未書，似係預留以備抄寫《佛本行集經》第二十卷以下難字之用。此三行《法藏》擬題『佛經地名人名』，《索引新編》擬題『雜寫三行』。按此三行所抄地名人名皆見於《佛本行集經》，故與正面部分合併校録。『天譬城』當作『天臂城』，經本卷五有『時迦毘羅，相去不遠，復有一城，名曰天臂。彼天臂城有一釋種豪貴長者，名爲善覺』句，卷八又有『彼天臂城嵐毘尼園，大王夫人在中遊戲』等句，皆有『天臂城』，可證。

〔九八〕嵐毗尼，經本卷七有『是時善覺大臣，有妻名嵐毘尼』、『以善覺婦名嵐毘尼，爲彼造立此園林故，以是因緣，即名之爲嵐毘尼園』等句，『毗』『毘』古異體字，應即此名所出。

〔九九〕波羅叉樹，經本卷七有『然其園中別有一樹，名波羅叉』、『時菩薩母摩耶夫人，立地以手攀波羅叉樹枝之時』等句，即此樹名所出。

〔一〇〇〕摩訶那摩大臣，經本卷八有『王之大臣婆私吒，姓摩訶那摩』、『摩訶那摩大臣復言大王』等句，即此大臣名所出。

〔一〇一〕瞿多弥，『弥』爲『彌』的俗字，經本卷一三有『時彼波尼有於一女，名瞿多彌。彼女端正，可喜少雙』等句，即此人名所出。

〔一〇二〕提婆陁訶之城，經本卷七有『又有無量龍頭大鼓，無量小鼓，種種樂器，出微妙音，無量莊嚴，無量威德，向於提婆陀訶之城』句，即此城名所出。

〔一〇三〕善覺長者，經本卷七有『時彼摩耶大夫人父善覺長者，即遣使人，詣迦毘羅浄飯王所』等句，即此長者名所出。

〔一〇四〕苷蔗王，『苷』爲『甘』的俗字，經本卷五記大茅草王死後，『苷蔗生』繼位爲『苷蔗王』，即此王名所出。

〔一〇五〕大猫草王，『猫』似當作『茅』，經本卷五有『難勝王子，名爲茅草。茅草王子，名大茅草。大茅草王，世世相承』句，應即此王名所出。

〔一〇六〕中天竺國那波城，經本卷二〇有『（其馬乾陟）命盡之後，應時上生三十三天。既生彼天，後知如來得成道已，即從彼天，捨來下生中天竺國於那波城』句，即此城名所出。

佛本行集經難字

俄敦二八一三

【題解】

本篇底卷編號爲俄敦二八一三。存十行，但每行下部似均有殘缺。所見首行有『集經弟一二卷』字樣，《俄藏》據以擬題『佛本行集經難字表』。按所抄難字均見於《佛本行集經》卷二、卷三、卷五，因參酌《俄藏》改定今題。前二卷下難字字序與經文略同，第五卷下難字字序則大抵與經文相反。

本篇未見前人校録。兹據《俄藏》影印本并參考《大正藏》本《佛本行集經》（校記中簡稱『經本』）、玄應《音義》卷一九《佛本行集經》音義（簡稱玄應《音義》），校録如下。另附原卷圖版於首，以資比勘。原卷每個難字下均留有近兩個字的空間（經本『刮拭』『繼襲』連文，但底卷仍每字下留空，不連抄），大約是留備注音之用的，校録時每字下皆用句號點斷。伯三五〇六號《佛本行集經難字音》、伯二八七四號《佛經難字》相關部分所摘難字頗有與本篇相合而可資比勘者，請讀者留意。

俄敦二八一三號《佛本行集經難字》圖版

□集經第一二卷〔一〕

▨行集〔二〕　蓊。〔三〕　層。　欄。〔四〕　□。　箄。　笳。　▨（箏）。〔五〕　□。　刮。　栻。〔六〕　▨。〔七〕

□。　勸。〔八〕　奏。　▨。〔九〕　□。　裝。　嚫。〔一〇〕　▨。〔一一〕　□

第五〔一二〕　禮。　䳇。〔一三〕　▨（皃）。〔一四〕　□　蜯。〔一五〕　柯。　埃。　▨。〔一六〕　□。　按。　厈。〔一七〕

甥。　□。　鷌（鬘）。　繼。　襲。〔一八〕

（後缺）

【校記】

〔一〕「集」上底卷殘泐，按空間，約可抄二至三字，如缺三字，則應爲「佛本行」三字。又此段難字皆出於經本卷二、卷三，底卷「一」字疑爲衍文當删。

〔二〕「行」上底卷有殘畫，似應有一或二個缺字。但「行集」及其上字底卷位置在難字之上，似屬多餘，或爲衍文當删。

〔三〕「蓊」以下至「奏」字除「勸」字外皆出於經本卷二，先後順序與經文相同。

〔四〕欄，經本有「彼諸城門各各皆有却敵樓櫓，層閣飛欄，垂珠羅網，亦以七寶之所莊嚴」句，即此字及上「層」字所出；《大正藏》校記引宋《資福藏》、元《普寧藏》、明《嘉興藏》本「欄」字作「簷」，「欄」「簷」皆爲「檐」的後起異體字。

〔五〕「箏」字下部底卷略有殘泐，茲據殘形擬補；經本有「彼閻浮城常有種種微妙音樂，所謂鐘鈴、鼙鼓、琴瑟、箜篌、箄篥、笳簫、琵琶、箏笛，諸如是等種種音聲」句，當即此字及上「箄」「笳」二字所出。

〔六〕栻，此字經本未見，當校讀作「拭」，經本相應位置有「爾時比丘細刮拭看，即知清淨真琉璃寶，價數直於百千兩金』句，當即此字及上『刮』字所出。

〔七〕殘字底卷僅存上部，略似『羊』形，全字俟考。

〔八〕勌，此字經本卷二未見，但卷三有『恒相伴偶，不曾暫離；日日相見，無厭惓心』句，其中的『惓』字《大正藏》校記謂宋《資福藏》、元《普寧藏》、明《嘉興藏》本作『倦』，『勌』、『惓』皆即『倦』的換旁俗字，當即此字所出。唯底卷上『奏』字經本在卷二之末，而其下的『勌(倦)』字却在經本卷三，字序略有不合。參看伯三五〇六號《佛本行集經難字音》校記〔三〕。

〔九〕殘字底卷僅存上部殘畫，俟考。

〔一〇〕『裝』『覗』二字出於經本卷三，先後順序與經文相合。

〔一一〕殘字底卷存上部，外部作『門』旁，全字俟考。

〔一二〕『第五』當指經本第五卷，其下所抄難字均逆序出於經本卷五，可證。但何以其前未見經本第四卷難字，存疑。

〔一三〕鵅，經本有『所謂鳧鴈、鵝鴨、白鷺、鸕鷀及鴛鴦等一切諸鳥』句，其中的『鷺』字《金藏》廣勝寺本及玄應《音義》卷一九引皆作『鵅』，『鵅』即『鷺』的偏旁易位字，當即此字所出。

〔一四〕『鳧』字右下部底卷略有殘缺，按經本相應位置有『鳧鴈』一詞（經文見上條引），『鳧』字與殘形合，故據擬補。

〔一五〕蜯，經本有『池内復有種種諸虫，所謂魚鼈、黿鼉、龜鼊、螺蜂一切水性』句，其中的『蜂』當係『蜯』字之訛，《金藏》廣勝寺本正作『蜯』，即此字所出。

〔一六〕缺字底卷僅存左側殘畫，俟考。

〔一七〕厈，此處當爲『斥』的俗字，『斥』字《説文》本作『㡿』，隸變或作『庍』、『厈』等形（慧琳《音義》卷三四《如來師子吼經》音義：『㡿，經文作此厈，俗字也。』）；經本相應位置有『王今斥遣此四王子，令出國者。我等諸臣亦求隨去』句，當即此字所出。

〔一八〕經本有『我今更説彼轉輪王，種姓苗裔，世世相承；并餘小王，子孫繼襲』句，即底卷『繼』『襲』二字所出。

根本薩婆多部律攝第十三卷音

伯二一七五

【題解】

本篇底卷編號爲伯二一七五，附在《根本薩婆多部律攝》第十三卷之後。《根本薩婆多部律攝》十四卷，唐義浄譯。今見《根本薩婆多部律攝》刻本各本卷末俱無注音。除本卷外，敦煌寫本中另有斯四二三四號，爲《根本薩婆多部律攝》卷四，但該卷後部殘泐，其卷末是否附有注音無從得知。其有注音者或出於誦讀者之手。

本篇未見前人校録。兹據《法藏》影印本并參考同卷《根本薩婆多部律攝》原文（校記中簡稱『律文』）及可洪《藏經音義隨函録》第拾柒册該書音義校録於下。

斵丁角。〔一〕 墾康佷。〔二〕 剗初限。〔三〕 遍布顯 遞他嵇。〔四〕 獷古猛。〔五〕 閫苦本。〔六〕 翎郎丁。〔七〕 撤於列。〔八〕

【校記】

〔一〕 斵，律文有『時六衆苾芻手自和泥，斵掘生地』句，『斵』『斵』一字之變，皆爲『斲』的俗字；《大正藏》本此字作『斸』，校記引宋《資福藏》、元《普寧藏》、明《嘉興藏》本及日本宮内省圖書寮本作『斵』，『斵』亦爲『斲』的俗字，即此字所出。『斲』『斸』《説文》皆訓『斫也』，但前者通常指斧斤一類的木工工具，後者指鋤一類的農具，律文中與『掘』字連文，當與『掘』字義近，字或當以作『斸』爲典正（『斸』引申有『掘』義）。可洪《音義》出『斵掘』條，云『上音卓』，可參。

〔二〕 墾，律文有『若苾芻知是生地，不被火燒，未經耕墾，自掘教人掘，若打橛若剗削』句，即此字及下『剗』字所出」，可洪《音義》出「耕懇」條，云「音懇」，字頭「懇」當爲「墾」字之誤，「懇」「墾」《廣韻・很韻》同音「康很切」，與底卷「康佷」反同音。

〔三〕剗，可洪《音義》「剗削」條下云「初眼反」，與與底卷「初限」反同音。

〔四〕遍遞，律文有「言不端嚴相者，謂是非人及傍生等變形爲人，而來受戒……若遍遞，若多頭，若惡眼，若盲若痖」句，「遍遞」「遍遞」皆爲「匾虒」的俗寫，《大正藏》本正作「匾虒」，即此二字所出。可洪《音義》出「遍遞」條，云「上卑典反，下他兮反，正作遍遞（匾虒）也」，可參。又律文上揭引文在「斲」、「墾」、「剗」三字之前，字序有所不同。

〔五〕獷，律文有「心無哀愍，出麁獷言」句，即此字所出。可洪《音義》出「麁獷」條，云「下古猛反」，與底卷切語同。

〔六〕閫，律文有「言門閫者，有其三種：一城門閫，二王家門閫，三內宮門閫」句，即此字所出。可洪《音義》出「門閫」條，云「苦本反」，與底卷切語同。

〔七〕翎，律文有「其形如雞曲翎」句，即此字所出。可洪《音義》出「曲翎」條，云「力丁反，鳥羽也」，與底卷「郎丁」反音同。

〔八〕撤，律文有「若復苾芻以草木綿貯牀座者，應徹去」句，其中的「徹」字《大正藏》本作「撤」，應即此字所出。「撤」「徹」二字古通用（「撤」實即「徹」的後起分化字），《廣韻・薛韻》二字皆音丑列切，又皆音直列切，可洪《音義》出「撤去」條，云「上丑列、直列二反」，底卷音「於列」，紐異，「於」字當誤。

鼻奈耶難字

斯四六四背

【題解】

本篇底卷編號爲斯四六四背。底卷凡抄四行字，第一行僅一「纍」字，第二行抄「每行三十五字」及難字十一個，第三行抄「生」「香華供養佛」六字，第四行抄「我等便迴身背卿不諸」。《索引》、《寶藏》未標注，《英藏》題「經文録字」，《索引新編》題「雜寫三行」，《郝録》題「勘經題記、雜字及雜寫」。今謂底卷實際上包括三部分内容：一、「香華供養佛」六字字體殊異，當與其餘内容無關。二、「每行三十五字」、「生」、「我等便迴身背卿不諸」等字字體相同，當出於同一人之手，後十字屬於習字性質，其中「我等便迴身背卿不諸」出於姚秦涼州沙門竺佛念譯《鼻奈耶》卷二「向者獼猴來到此間，前舉目視卿，復視我等，便迴身背卿，見卿不語，不眄視，便起恚意」句，據經文，「諸」或爲「語」字之誤；「每行三十五字」當是指抄手所見《鼻奈耶》（又稱《鼻奈耶律》）寫本每行所抄的字數，敦煌文獻中有《鼻奈耶》寫本二種，即伯四六一二號《鼻奈耶律》序和斯五六六五號《鼻奈耶》卷三，每行所抄字數均在三十五字左右。《郝録》以爲「似爲正面「大乘百法明門論門宗義記」之勘校文字」，恐不確（正面《大乘百法明門論門宗義記》寫本每行字數多在三十五字以上）。三、第一行「纍」字和第二行難字十一個，皆見於《鼻奈耶》，且先後順序亦大抵相合，應即該書難字之摘録，故據以擬定今題。

《郝録》曾對底卷作過校録，但因未明具體出處，故校説尚有可議。兹據《英藏》影印本并參《大正藏》卷二四所載《鼻奈耶》及玄應《音義》卷十六該書音義重新校録如下。

纍。〔一〕 驧。〔二〕 踔。〔三〕 瓠。〔四〕 篅。〔五〕 讛。〔六〕 斃。 宥。 鼻。〔七〕 挃措。〔八〕

【校記】

〔一〕纍，《鼻奈耶》卷七有『堂上設不纍繩床，僞敷坐具』句，但『騆』以下十一字經本順序出於卷四至卷五，唯此字出於卷七，字序有問題，同書卷四另有『僧伽梨著頭前，右脇臥師子座，累膝互屈申脚』句，字序相合，『累』『纍』本即一字之分化，或即此字所出。

〔二〕騆，《鼻奈耶》卷四有『尊者比丘名陀騆末路子』，其中的『騆』字《金藏》本同，即此字所出；《龍龕・馬部》以『騆』爲『驃』的俗字。『騆（驃）』以下至『篅』字順序出於《鼻奈耶》卷四。

〔三〕睥，《鼻奈耶》卷四有『去不久身體生瘡，狀如芥子，漸漸長大，轉如蜱豆，行如大豆，轉如雌豆（原注：如棗核許。），轉如阿摩勒果，轉如勒路（原注：如百子瓠），潰爛一切身膿血流出』句，《大正藏》校記稱『蜱』字宋《資福藏》、元《普寧藏》、明《嘉興藏》及日本宮内省圖書寮等本作『睥』，應即此字所出。

〔四〕瓠，此字左部底卷誤作『奈』形，但下『篅』『讛』二字左側有一補寫的『瓠』字，似即用以糾正此誤字之意，故把『瓠』字移置於此，而徑删誤字，《鼻奈耶》卷四有一『瓠』字（見上條引），正在『睥』後『篅』前，字序相合；《郝録》此誤字徑録作『瓠』字，又於『篅』下録一『瓠』字，當非抄手本意。

〔五〕篅，《鼻奈耶》卷四有『胡麻子箄盛滿麻子，上使盛鋒』（『盛鋒』宋《資福藏》、元《普寧藏》、明《嘉興藏》及日本宮内省圖書寮等本作『成峯』，義長）句，《大正藏》校記稱『箄』字宋《資福藏》、元《普寧藏》、明《嘉興藏》本作『篅』，應即此字所出；玄應《音義》經本第四卷下引亦作『篅』，云『市緣反，《説文》判竹圓以成穀也』，可參。

〔六〕讛，應爲『讛』字俗省，《鼻奈耶》卷五有『時調達眠，首陁會天來下厭其身，甚欲得覺，竭力不能得覺，喘息麁惡，或時寱語，手脚不住捫摸四壁，作種種變，不能得覺』句，《大正藏》校記稱『寱』字宋《資福藏》、元《普寧藏》、明《嘉興藏》及日本宮内省圖書寮本作『讛』，應即此字所出；玄應《音義》於《鼻奈耶》第五卷下引出『囈語』條，『囈』『讛』皆即『寱』的後起俗字，可參。『讛（讛）』以下至『捁』字順序出於《鼻奈耶》卷五。

〔七〕 鳬，古或作『鳬』，應皆爲『鳧』的訛俗字（參看《敦煌俗字研究》下編鳥部『鳧』字條），《鼻奈耶》卷五有『牛吼，鳧雁、鴛鴦、孔雀、鸚鵡、白鵠、千秋鶴盡皆和鳴』句，即此字所出；《郝録》作『鳬』，誤。

〔八〕 挃捁，『桎梏』的俗寫，《鼻奈耶》卷五有『卿往以利劍削足下，勿令得行，重加桎梏』句，《大正藏》校記稱『桎梏』日本《聖語藏》古寫本作『挃捁』，即此二字所出；玄應《音義》於《鼻奈耶》第五卷下引出『桎梏』條，云『之日反，下古木反，在手曰桎，在足曰梏；《蒼頡篇》偏著曰桎，參著曰梏』，可參。

諸星母陁羅尼經音

伯三九一六

【題解】

本篇底卷編號爲伯三九一六。該卷大抵係佛教陁羅尼的匯集，凡十種（有關該卷的詳細内容，請參看《不空羂索神呪心經音》題解），其六爲《諸星母陁羅尼經》，首題『諸星母陁羅尼經　沙門法成於甘州脩多寺譯』，末附經音四條，即本篇，兹據擬定今題。

除底卷以外，伯二二八二、三五四八、四五八七號，斯三六八、五三三三、一二八七、二〇三九、二四二五、二七五九、二八二七、四〇八九、四一五一、四四九五、四六二一、五〇一〇、五一〇六、五三四五、六三六七、六七四六、六八〇八號，俄弗一一六號，北七五三二（宿六四）、七五三三（吕五五）、七五三四（李八九）、七五三五（始一五）、七五三六（收五七）、七五三七（號八）、七五三八（吕五）、七五四〇（翔七九）、七五四一（翔三二）、七五四二（吕五〇）、七五四三（金七八）、七五四四（海六三）、七五四五（闕五二）、七五四六（帝七九）、七五四七（鳥三）、七五四八（衣二五）、七五五〇（秋四二）、七五五一（始二一）、七五五三（珠四四）、七五五五（列三五）、七五六一（餘一五）號，敦研三四六號，甘圖一九、二〇號，上圖一二一號，津藝一一四、一一五、二一一號亦載有《諸星母陁羅尼經》并附有經音（斯六七四六號經文僅存後部約三分之一），兹皆取以比勘。其中伯四五八七號經題前有『大中十一年五月廿六日恩經此是陽英德書記』文字一行，『大中十一年』爲唐宣宗年號，相當於公元八五七年，該行文字書法草率，而經文文字頗爲規整，字體有明顯的出入，當非同一人所書，疑經文（卷末所附經音字體與經文相同，當出於同一人之手）抄寫在前，而經題前的一行文字則是『陽英德』後來利用原有的空行補寫的。如果這一推斷成立，則所附經音的撰作時代必在唐大中年間以前，或許即出於譯經者沙門法成之手（法成，吐蕃僧人，公元八四二年至八四六年間於甘州修多寺譯經，卒於八六九年）。又北七五六一號《諸星母陁羅尼經》卷端亦有『沙門法成於甘州脩多寺譯』字樣，卷末經題及經音後又有『壬戌年四月十六日於甘州脩多寺飜譯此經』一行文字，上圖一二一號《諸星母陁羅尼經》首缺，卷末經題及經音後有『壬戌年四月十六日於甘州脩多寺飜譯此經，定本』字樣，其中的『壬戌年』池田温《中國古代寫本識語集録》、《敦煌學大辭典》皆定作公元八四二年，該二卷有可能即當年所寫，如此，則本經音出於法成之手或可成定論。

本篇未見各家校録，茲據《法藏》、《敦煌寶藏》影印本和縮微膠卷并參考上揭各卷所載經文原文校録如下。

撈姉末反。[一] 紇胡吉反。[二] 哆得者反。[三] 羯許葛反。[四]

【校記】

[一] 撈，斯二七五九號、津藝二一一號作『撈』，斯四四九五、五一〇六號、北七五三二、七五三五、七五三八、七五四〇、七五四一、七五四五、七五五一、七五五三號作『橯』，伯三五四八號、津藝一一四號作『橯』，其餘各卷與底卷略同；伯三九一六號經文有咒語『南謨婆撈囉馱羅耶』，其中的『撈』字斯三六八、四四九五、六八〇八號作『撈』，斯二八二七號、津藝一一四號作『橯』，斯五一〇六號、伯三五四八號、北七五四五、七五五一號作『橯』，北七五三五號誤作『搯』，其餘各卷與伯三九一六號略同，即此字所出；按『撈』『撈』『橯』『橯』一字異寫，字當以作『撈』爲典正。注文反切上字『姉』底卷本作『姉』，各寫卷多同，乃『姉』（今作『姊』）字俗訛，斯二四二五、四一五一號、北七五四二、七五四七號、津藝二一一號等本正作『姉』，茲徑據録正；又反切下字北七五三七號作『妹』，蓋涉上『姉』字而誤（『姉妹』習語）；敦研三四六號切語作『婦末反』，誤。斯二〇七一號《切韻箋注·末韻》姉（姉）末反：『橯，逼橯。』伯二〇一一號《刊謬補缺切韻·末韻》姉末反：『撈，逼。』按『撈』『橯』亦一字異寫，亦即『撈』字。《玉篇·手部》：『撈，子葛切，逼撈

也。』字正作『掺』。

〔二〕 注文『胡吉反』北七五三五號作『胡末反』，『末』字蓋承上條切音下字而誤（上條注文『姊末反』的『末』北七五三四五號、敦研三四六號亦作『末』形）；斯二四二五號作『故吉反』，『故』蓋形誤字。

〔三〕 哆，經文有咒語『阿窒哆耶莎訶』，應即此字所出。注文『得者反』伯二三八二號、伯四五八七號、斯四〇八九、五〇一〇、五三四五號、斯六七四六號、甘圖二〇號、上圖一二一號、津藝一一四、一一五號同，斯六八〇八號、俄弗一一六號、北七五四三、七五四四、七五四六、七五六一號、甘圖一九號作『褐者反』，北七五四七號、津藝二一一號作『得吉反』；按《集韻·馬韻》『哆』字有丁寫切一讀，與『得者反』同音，作『褐』作『吉』者當誤（作『吉』者承上條切音下字而誤）。

〔四〕 羯，伯四五八七號、斯二〇三九、二四二五、四一五一、四六二一、五一〇六號、北七五三五、北七五三六、七五四一、七五四二、七五四七、七五四八、七五五三號、甘二〇號、津藝一一四、二一一號同，斯一二八七、二八二七、四〇八九、五〇一〇、六八〇八號、俄弗一一六號、北七五三三、七五三四、七五三六、七五四三、七五四四、七五四六、七五五〇、七五五一、七五六一號、甘圖一九號、上圖一二一號、津藝一一五號作『猲』，伯二三八二、三五四八號、斯二七五九、五三四五、六三六七、六七四六號、北七五三七、七五三八、七五五〇、七五五五號、敦研三四六號作『揭』形，斯三六八、四四九五號、北七五三二、北七五三五、七五四〇號作『楬』形；伯三九一六號經文有咒語『達奢耶猲麼喃』，其中的『猲』字伯二二八二、三五四八、四五八七號、斯五三三、一二八七、二〇三九、二七五九、二八二七、四〇八九、四一五一、四四九五、四六二一、五〇一〇、五一〇六、五三四五、六三六七、六七四六、六八〇八號、俄弗一一六號、北七五三三、北七五三四、北七五三六、七五三八、七五四〇、七五四一、七五四三、七五四四、七五四五、七五四六、七五四七、七五五一、七五五三、七五五五、七五六一號、敦研三四六號、甘圖一九、二〇號、上圖一二一號、津藝一一四、一一五、二一一號同，北七五三二號作『揭』形，斯三六八、二四二五號、北七五四二號作『糑』，應即此字所出（《大正藏》據敦煌本收此經，『猲』字録作『羯』，誤）。『糑』、『楬』、『揭』疑皆爲『猲』字之訛。『猲』字《廣韻・曷韻》正有許葛切一讀，切語相同。不過『糑』字《集韻・曷韻》有何葛切一讀，與『許葛反』讀音亦近。又注文反切下字斯二四二五號誤作『萺（蓊）』。又經文『猲』字句在『撈』後『紇』『哆』二字之前，字序略有不合。

佛經音義（一）

俄敦六〇三八

【題解】

本篇底卷編號爲俄敦六〇三八。前部殘缺，存八行，每行大抵抄四條，其中前二行僅存下部末條注文若干殘字。多數條目下有音義，没有音義的條目下亦存有若干空格，應係抄手留空以備注音釋義之用。音注體例與可洪《藏經音義隨函録》近似，其中『豚』條的音義與可洪《藏經音義隨函録》第拾册《佛藏經》第四卷『豚子』條的音義幾乎全同（參看本篇校記〔九〕），其是否即本於可洪書有待進一步研究。《俄藏》未定名。從其注釋體例來看，有可能是某一佛經音義，故暫定作今名。

本篇未見前人校録，兹據《俄藏》影印本校録如下。另附寫卷圖版於首，以資比勘。

俄敦六〇三八號《佛經音義》圖版

（前缺）

□▨衫□▨▨小子。[一] □▨足。具義反。[二] □。[三] 輪。程。[四] □。訢（訴）音素。羈籠上居宜反，下郎公反。□陷。[五] 膢腰。[六] 跛跛足。布火反。堅（壓）烏甲反。嚙五結反。蠒蚕。古典反。巢助交反。⿰扌舞。[七] 討治也，誅也，去也，羽也。他浩反。[八] 豚上徒門反，俗，豕子▨。[九] □▨上▨▨反；下▨▨反，睡新▨。[一〇] □朱反。[一一]

【校記】

〔一〕底卷第一行僅存行末雙行注文小字數個，其中『衫』上一字僅存左下部，『小子』上二字模糊不清。

〔二〕底卷第二行僅存行末注文左行小字數個，其中『足』上一字僅存左部撇形筆畫；反切上字略欠明晰，字形似『具』或『是』，兹姑定作『具』字，存疑。

〔三〕『輪』以下二條底卷在下半行，上半行底卷殘泐，約缺二至三條。

〔四〕『程』字字書不載，其右部爲『旦』旁的常見寫法，但字書亦無其字，此處原字或爲『租』字俗訛。

〔五〕『陷』上底卷約殘泐一條（包括注文）。

〔六〕膢腰，『膢』爲古代祭名，此處與『腰』連用，似當讀作『僂』，『僂』指佝僂病。慧琳《音義》卷六八《阿毗達磨大毗婆沙論》第三十八卷『背僂』條下云『録矩反，《廣雅》：僂，曲也。《説文》：尪也，周公背僂，從人，婁聲。論從肉作膢，非也』，可參。

〔七〕⿰扌舞，此字字書不載，疑爲『舞』的增旁俗字，『舞』俗字亦有增旁作『儛』者，可以比勘。

〔八〕『討』字注『羽也』他書未見，『羽』字疑有誤。

〔九〕『豚』文中當爲『豚』的訛俗字。注文殘字底卷僅存右部一小點，疑當爲『也』字；又字頭僅一字，而注文稱『上徒門反』，或字頭脱一字。可洪《藏經音義隨函録》第拾册《佛藏經》第四卷音義：『豚子，上徒門反，俗，豕子也。』其中的『腞』亦爲『豚』的訛俗字。《廣韻・魂韻》徒渾切（與『徒門反』同音）：『豚，豕子。』『腞』『豚』音義皆合，可證。

〔一〇〕字頭上一字底卷似補寫或改寫在本行右側，存上下部分殘畫；下一字存『[illegible]』形，原字待考。注文五缺字底卷皆模糊不清（後一字下部似略有殘泐，疑爲『覺』字之殘），存疑待覈。

〔一一〕本行底卷僅上部抄寫此殘條，其下空白未書，不知後面是否還有殘泐。

佛經音義（二）

俄敦六二三二

【題解】

本篇底卷編號爲俄敦六二三二及背面。正面三行，字頭下多用反切，偶用直音或標注通行字，部分條目有釋義，體例與五代後晉可洪的《藏經音義隨函録》相似，但後者與玄應、慧琳《音義》一樣，每條被釋的通常是雙音節的詞，而底卷每條被釋的均爲單音字。背面二行，字頭大多爲古字，下注直音或通行字，不用反切，無釋義，與正面部分體例略有不同。但正背面字體相同，應出於同一人之手，故此合併校録。底卷正面前後和背面後部均有大片餘紙，則原文應無殘缺。原卷無題，《俄藏》未定名。兹姑據内容暫擬今題，其確切音釋對象有待進一步查考。卷中『傑』字寫作『倈』，其爲抄者避唐諱改寫抑或承用唐代避諱字還有待進一步研究。

本篇未見前人校録，兹據《俄藏》影印本校録如下。另附圖版於首，以資比勘。

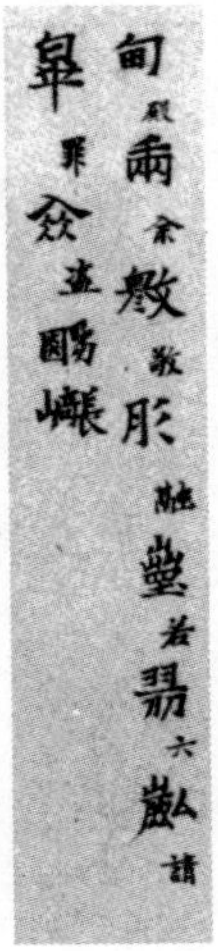

俄敦六二三二號《佛經音義》正面圖版

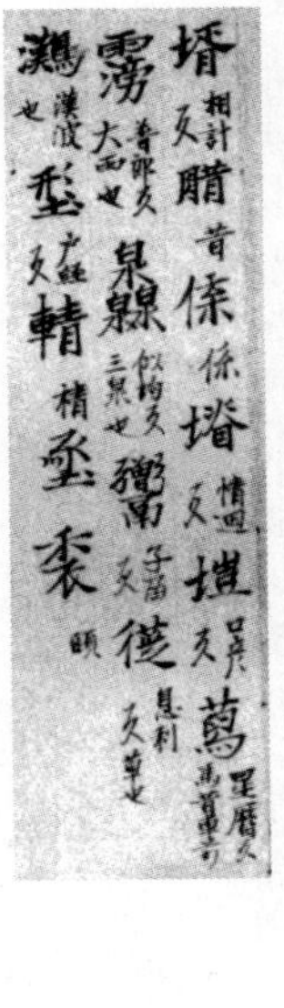

俄敦六二三二號《佛經音義》背面圖版

壻相計反。腊昔。倸係。〔一〕塉情迴反。〔二〕塏口亥反。〔三〕蒚星曆反，馬昔，車前。〔四〕霶普郎反，大雨也。灥似均反，三泉也。鸑子孕反。蓰息利反，草也。𤅩漢波也。〔五〕型户經反。輤𧜄。〔六〕𧰹。〔七〕衺頭。〔八〕（底卷正面抄寫至此止）

甸殿。〔九〕𠕒余。〔一〇〕敹敬。〔一一〕彤融。蘴若。〔一二〕𦏲六。〔一三〕𡽫請。〔一四〕皁罪。〔一五〕𠈌盜。〔一六〕鬫。嵻。〔一七〕

（底卷背面抄寫至此止）

【校記】

〔一〕『倸』同『偞』，似避唐諱改寫。『偞』字《廣韻·葉韻》音與涉切，又怗韻音呼牒切，而『係』字《廣韻·霽韻》音古詣切，二字聲、韻、調皆所不同。

〔二〕『塉』應爲『塉』字俗訛，但『塉』字《廣韻·昔韻》音秦昔切，與『情迴反』紐同韻異。

〔三〕注文『亥』字底卷近似『彦』，俗書『亥』『彦』二字每多混用不分，兹徑據文義録正。《廣韻·海韻》『塏』字音苦亥切，與『口亥反』同音。

〔四〕注文『昔』疑爲『蒚』字音誤（『昔』『蒚』《廣韻·昔韻》同音思積切）。《集韻·昔韻》：『蒚，馬蒚，艸名，車前也。』

〔五〕『𤅩』見《説文》，爲『灘』的正字，《廣韻·翰韻》音呼旰切（與『漢』同一小韻），『水濡乾也』；本卷注『漢波也』，未詳所出，當有脱誤。

〔六〕『𧜄』字底卷從礻旁，俗寫。『𧜄』與『輤』字同音，古亦借『𧜄』爲『輤』。《集韻·霰韻》：『輤，喪車飾，鄭康成説。通作𧜄。』

〔七〕『𧰹』字底卷約空半格下接『衺』字，其字字書不載，疑爲『墬』（『地』字籀文，俗又省作『埅』、『埊』等形）的俗字。

〔八〕『衺』應即『頭』的異體。《龍龕》卷三示部：『衺，古文，音頭。』《四聲篇海》卷一三衣部引《搜真玉鏡》：

「⿱大衣,音頭。」此二字當亦是「頭」的異體（參看張涌泉《漢語俗字叢考》「⿱大衣」、「⿱亦衣」二條）。

〔九〕「甸」字以下見於卷背。

〔一〇〕「⿱禾⿵冂从」字字書不載,其義不詳。

〔一一〕「⿰麥攵」疑爲「𣫃」字訛變,後者伯三三一五號《尚書釋文》以爲古「穆」字。底卷注文「敬」爲釋義而非注音。

〔一二〕「蠚」疑即「若」的訛俗字,「若」字古文有作「⿱艹⿰韋寸」、「⿱艹⿱吅巾」等形者,可參。

〔一三〕「⿱昜刕」字《集韻・屋韻》力竹切（與「六」字同一小韻）以爲「戮」的古字,同書蕭韻又以爲「勠」的古字。

〔一四〕「⿰⿱山⿱亠灬攵」字字書不載,其義不詳。

〔一五〕「⿱白丰」應即「罪」古字「辠」的訛變形。

〔一六〕「⿱夂从」應即「盜」字異構。《龍龕》卷一人部:「⿱癶人、⿱癶乂:二古文,音盜。」同書卷四雜部:「⿱亦从,古文,音盜。」《字彙補・人部》載後一字,定作古「盜」字。這四個字應爲一字之變。

〔一七〕「⿵門昜」、「⿰山長」二字字書不載,其義不詳。

佛經音義（三）

俄敦八六八八七

【題解】

本篇底卷編號爲俄敦八六八八七。係一殘片，存二殘行中間部分，可辨認的字頭僅四字，每字下有音義，注音釋義體例與可洪《音義》相仿，但後者與玄應、慧琳《音義》一樣，每條被釋的通常是雙音節的詞，而底卷每條被釋的均爲單音字。《俄藏》未定名。按所釋字有可能出於佛經，如玄應《音義》卷一六《善見律》第一卷有『一尗』條音義，同書卷一五《十誦律》第十七卷、第二十六卷分别有『酒澱』條和『臭煤』『菱芰』條音義，切音和釋義都和本篇有近似之處，但具體出處難以確指，姑暫擬定今名，有待續考。

本篇未見前人校録。兹據《俄藏》影印本校録如下。另附圖版於首，以資比勘。

俄敦八六八八七號《佛經音義》圖版

（前缺）

□〔一〕▨（尗）□大豆曰尗。〔二〕▨□□▨反，□。〔三〕澱殿音，滓。〔四〕臭（炱）徒來反，▨。〔五〕芰▨

▨▨(反)。〔六〕□

(後缺)

【校記】

〔一〕底卷上部殘缺，所存第一條僅存注文末一二字左部殘畫。

〔二〕字頭底卷右部略有殘泐，兹據殘形及注文擬補作『尗』字。注文右行殘缺，所缺疑爲『尗』字的反切。玄應《音義》卷一六《善見律》第一卷音義：『一尗，又作叔、𡭊二形，同，失六反，《廣雅》：大豆曰尗，小豆曰荅也。』可參。

〔三〕前一條字頭底卷僅存左部殘畫，其下和次行上部殘缺，後一條存注文右行『反』字及其上一字的下部殘筆，注文左行殘缺。

〔四〕澱，玄應《音義》卷一五《十誦律》第十七卷音義：『酒澱，徒見反，《爾雅》：澱謂之垽。郭注云：澱，滓也。』可參。

〔五〕注文缺字底卷左部殘泐，右部似作『奐』形，原字不明。玄應《音義》卷一五《十誦律》第二十六卷音義：『炱煤，徒來反，下莫杯反，煙塵也；《通俗文》積烟以爲炱煤。律文作𤎅炲，非體也。』可參。

〔六〕注文前二字底卷存左側殘畫，後一字存右部，據殘形擬定作『反』字。玄應《音義》卷一五《十誦律》第二十六卷音義：『菱芰，又作蔆，同，渠寄反，《爾雅》「菱，蕨攈（攗）」注云：即水中菱也。律文作芡，音渠儉反，芡，鷄頭也。』可參。

難字音義（一）

北二三三一（重三一）背

【題解】

本件底卷編號爲北二三三一（重三一）背。正面爲《地藏菩薩本願經》；背面有願文，僅前六行，未抄完。願文前後零星倒寫難字音義若干條，每條右上側多用『﹁』形符號以爲區隔。《敦煌劫餘録》稱『紙背有疏文六行及字義，内分三段』，《索引》未標出本篇，《寶藏》題『佛經音義』，《索引新編》同。按本篇所抄難字出處不詳，有的字詞在中華電子佛典協會編的《電子佛典集成》中也未見蹤影（如『砎硝』條），其是否出於佛經，仍屬疑問。但也有的字似確爲佛經譯音用字（參看校記〔一五〕、〔一六〕），疑不能決。少數條目下有注音或注音加釋義，而多數條目無注文。但無注文的條目下均留有一定的空間（通常留二三個正文大字的空間，但也有每行只抄一個條目，而其下整行留空的，下文校録時皆已用句號句斷，原有的空格則不再保留），應係以備注音釋義之用（比較有注文的條目與下一條間底卷往往無空格）。兹姑擬作今題，暫歸列於佛經音義之屬。

本篇未見各家校録，兹據縮微膠卷及《寶藏》影印本校録如次。

窀。〔一〕 儭。〔二〕 盥。 鬻羊六反，鬻賣也。 帑乃胡反。 拏。 礫良擊反，又力激反，礫砂。〔三〕 砧礪（礪）。〔四〕 砎硝上音朴，砎硝菓；下思焦反，硭硝菓也。〔五〕 硭礪。 砂礐。〔六〕 篚。 嚪。 贘貯。〔七〕 貯賑。〔八〕 桁栻（械）。 勖。 犛。〔九〕 絓。 毕。〔一〇〕 隤陂。〔一一〕 陂陷。 陵力澄反，大阜。〔一二〕 隟。 圡。〔一三〕 洮。 汰徒灰反。〔一四〕 絁。〔一五〕 繿。〔一六〕 绒。 绔。〔一七〕 棍古本反。 廓。〔一八〕 鄹。 畚。〔一九〕 氡。〔二〇〕 倩。 僜都陵反，僜▨也。〔二一〕 挨。 甖（甖）。 粲千旦反，粲然明鮮，米白察也。正粲。〔二二〕 昚。〔二三〕 稾。 场。〔二四〕 箕。

【校記】

〔一〕『穻』字《龍龕·穴部》音『空旱反』，義闕；漢碑中或作『罕』的俗字；敦煌寫卷中又或用作『牢』字；其中以後一種用法較爲常見，蓋『牢』字俗體上部換旁作穴，牛旁俗寫又或省寫一撇或進而訛變作『干』形，參看《敦煌俗字研究》上編三〇一至三〇二頁。

〔二〕『儎』字《龍龕·人部》先後二見，前云『息廉反，儎細也』，朝鮮本《龍龕手鏡》以爲即『纖』的俗字；後云『倉歷反，与戚同，憂懼也』；二者皆有可能。

〔三〕又音『力激反』與『良擊反』切音相同；《廣韻·錫韻》『礫』字音郎擊切，同音。

〔四〕『礪』應爲『𥗼』字的俗寫，此字字書不載，疑爲『钃』（古亦作『斸』、『欘』、『劚』）的換旁俗字；『钃』爲鋤一類的農具，與『砧』（砧板）皆爲日用器物之屬。

〔五〕『矷硝』即『朴硝』，亦作『朴消』，注文『硭硝』亦作『芒硝』、『芒消』，『矷』、『硭』皆爲後起專字；又注文『菓』字字書未見，疑爲『藥』的訛變字。《集韻·覺韻》匹角切：『矷，矷硝，藥石。』又陽韻武方切：『硭，硭硝，藥石，山石中採之，布於芒上，沃以水，以盎覆之，經宿飛著盎，故曰硭硝，其布於木皮曰朴硝。通作芒。』《玉篇·石部》：『硭，無方切，硭硝，藥也。』明李時珍《本草綱目·金石五·朴消》：『此物見水即消，又能消化諸物，故謂之消。生於鹽鹵之地，狀似末鹽，凡牛馬諸皮須此治熟，故今俗有鹽消、皮消之稱。煎煉入盆，凝結在下，粗朴者爲朴消，在上有芒者爲芒消，有牙者爲馬牙消。』皆可參。

〔六〕『曙』字字形有誤，俟考。

〔七〕𧸘貯，『𧸘』字字書以爲『購』的俗字（《龍龕·貝部》『𧸘』右上部作『廿』形，爲一字之變）；『貯』字《龍龕·貝部》以爲『貯』的俗字，《篇海類編·珍寶類·貝部》又以爲同『財』；按『貯』用同『貯』敦煌文獻中多見其例；至於『𧸘』字，也有可能爲『貫』的增旁繁化俗字。

〔八〕娉賑，就字形而言，「娉」可定作「聘」字俗寫，但「聘」字字書不載，存疑俟考。

〔九〕「氅」字字書不載，應爲「毿」字省訛；《龍龕·毛部》載「毿」字俗作「氅」、「氅」，可以比勘。

〔一〇〕「毕」字字書不載，存疑俟考。

〔一一〕隫陂，「陂」字字書不載，存疑俟考。

〔一二〕注文「阜」字底卷下部作「木」形，蓋俗書贅筆之誤，按《爾雅·釋地》「大阜曰陵」，兹徑據録正。

〔一三〕「烎」應爲「赤」的隸變俗字；「赤」字《説文》從大從火，「大」旁隸變作「土」（如「去」、「幸」上部的「土」），「火」旁隸變作「灬」，即成「烎」字。北六二八八號《大般涅槃經》卷一：「是諸寶車出種種光，青黄烎白，轅槅皆以七寶廁填。」其中的「烎」即「赤」字，是其證。

〔一四〕注文底卷字迹暗淡；「汰」字《廣韻》在去聲泰韻，音徒蓋切，底卷音「徒灰反」，讀異。

〔一五〕「紼」字《龍龕·糸部》「奢、他、陁三音」，疑爲佛經咒語音譯用字。

〔一六〕《龍龕·糸部》出「繿」「繿」二字，云「上音密，下音蜜，皆俗字，見舊經音」，疑亦佛經咒語音譯用字。

〔一七〕「絺」字字書不載，存疑俟考。

〔一八〕「廍」字的「羊」有可能爲「并」的俗寫，但「廍」、「廨」字書皆不載，存疑俟考。

〔一九〕「畚」爲「弇」字俗省，其字六朝碑刻中已見。

〔二〇〕「夎」爲「亢」的訛俗字，斯三八八號《正名要録》以「夎」爲「稍訛」字。

〔二一〕本條底卷字迹暗淡，注文「僜」下一字模糊不清，存疑俟考。

〔二二〕注文正字「粲」下部底卷作「禾」形，蓋手寫之訛，兹徑録正。

〔二三〕比照上一字，「督」當爲「瞀」字俗寫，但字書未載「瞀」字；考《説文·目部》有「瞀」字，從目、夗聲，原字上部或即「夗」之俗寫。

〔二四〕「坘」當爲「坻」的俗字，《龍龕·一部》載「氐」字或作「互」、「亙」，可以比勘。

難字音義(二)

斯五五四〇/四

【題解】

本件底卷編號爲斯五五四〇之四。其前爲《百行章》、《鷰子賦》、《長安詞》、《山花子詞》等斷片，後爲雜寫及契約殘片，其中有『懸泉張福田』、『天成肆年十月五日百姓姚義盈買姓』等字樣，『天成』爲後唐明宗年號，『天成肆年』爲公元九二九年，據此可以推斷本件大約亦爲五代間寫本。本件接抄在《山花子詞》之後，存二行，第一行上下部皆略殘，第二行僅存上部若干殘字。無題，《索引》、《索引新編》、《寶藏》均未標出本篇，《英藏》擬題『字音』。按底卷正文字頭大字單行，注文雙行小字，所存條目以注音爲主，亦有只釋義而無注音者；注音皆標直音，直音前又多標注一『名』字，頗爲特別，其作用有待進一步研究。所抄難字出處不詳，茲姑擬題作『難字音義』，暫歸之於佛經音義之屬。

本篇未見各家校録，茲據《英藏》影印本校録如下。

□名貴。〔一〕 耄名帽。〔二〕 [illegible]名離。〔三〕 抑名▨。〔四〕 檕蚪者木名。〔五〕 劬品音▨▨。〔六〕 ▨□。〔七〕 ▨名▨。〔八〕

▨□〔九〕

(後缺)

【校記】

〔一〕底卷行首殘泐，比照右行所抄《山花子詞》，行首應僅缺一字頭，故擬補一缺字符。比照下文，注文『貴』似爲直音字。

〔二〕注文『帽』字底卷右上部作『田』形，右下部作『日』形，俗訛，兹徑録正。『帽』應爲『耄』的直音字，『耄』『帽』《廣韻・号韻》皆音莫報切，讀音相同。

〔三〕字頭『[illegible]』字上部底卷不太明晰，原字應爲『釐』字俗書；『釐』字《廣韻・之韻》音里之切，注文『離』應爲『釐』的直音字，《廣韻》在支韻，音吕支切，之、支二韻《廣韻》同用。

〔四〕抑，『抑』的古異體字，注文缺字底卷不夠明晰，近似『益』字；『抑』字《廣韻・職韻》音於力切，影紐曾攝，『益』字《廣韻》在昔韻，音伊昔切，影紐梗攝，曾攝梗攝韻尾相同，主要元音相同或相近，唐五代以後此二攝趨於混同，故『抑』『益』可以互注。

〔五〕注文『㪷者木名』費解，疑爲『平㪷斛者木名』脱誤，《禮記・月令》『正權概』鄭玄注：『概，平斗斛者。』『概』即『槩』的偏旁易位字，可參。

〔六〕注文缺字底卷左部殘缺，右部不夠明晰，『品音』二字亦頗費解，存疑待考。

〔七〕字頭缺字底卷在首行行末，左下部残缺，所存部分亦不夠明晰；比照左行，注文缺字應在次行行首，所缺大約爲二字。

〔八〕字頭缺字底卷模糊不清（右部近似『頁』）；注文缺字底卷左部殘缺，右部亦不明晰。

〔九〕字頭缺字底卷模糊不清，其下底卷殘缺。

『撼揩』音義

斯三六六三背

【題解】

本件底卷編號爲斯三六六三背。正面爲《文選》卷第九（李善注本爲第十八卷）成公綏的《嘯賦》，其中難字旁有注音（反切上下字分注於被注字下部的左右二側），卷背有一後粘的長方形紙條，即本件，但内容與正面的《嘯賦》無關（『撼』『揩』二字《嘯賦》正文及注文皆未見，且《文選》全書未見『揩』字）。或以本件同『音隱』之例（『音隱』指注正文難字之音於卷背者），未確。《英藏》定作『撼揩音義』，兹從之，暫歸列於佛經音義之屬，并據校録於後。

撼揩下子感反，上胡感反，動，手動。〔一〕

【校記】

〔一〕撼揩，『揩』當爲『揝』字俗寫；《廣韻·感韻》『撼』字音胡感切，『揝』字音子感切；又《廣雅·釋詁》：『撼，動也。』《集韻·感韻》：『揝，手動也。』皆可參。

音義殘片

俄敦七七五八

【題解】

本件底卷編號爲俄敦七七五八背。係一殘片。正面爲鳩摩羅什譯《金剛般若波羅蜜經》三殘行，僅存十餘字。背爲本篇，二殘行，前後上下皆殘泐，可以識讀者僅八字。背面字體拙劣，與正面字體不同，當爲另一人所書。《俄藏》正背面皆未定名。從所存文字看，似屬佛經音義性質，但由於所存文字太少，難以確認，兹姑擬定作今名，暫歸入佛經音義類。

本件未見前人校録。兹據《俄藏》影印本校録於後。另附圖版於首，供讀者參酌。

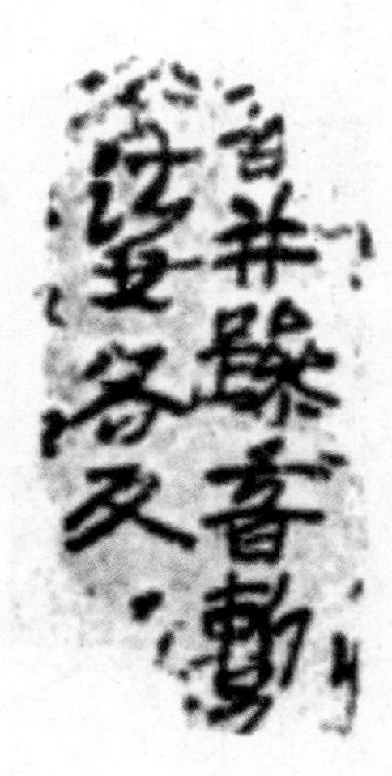

俄敦七七五八號《音義殘片》圖版

（前缺）

□▨并⿰足彖（躁）音壍□□□▨[illegible][一]女各反□

（後缺）

【校記】

〔一〕『[illegible]』字不識，其下『女各反』與『諾』字讀音相同，不知此字是否即『諾』字草書。

諸雜難字

伯三一〇九

【題解】

本篇底卷編號爲伯三一〇九，雙面抄。正面卷端抄『大寶積經』習字和雜字二十餘個，共五行，行款文字參差，似屬習字性質（參看校記〔一〕）；接抄『諸雜難字壹本　太平興國八年記』一行，方爲正文，其後爲難字五十五行，其中前九行與卷端五行習字字體較爲接近，頗拙劣，行款不整，似同爲一人所書，第十行以後與卷背部分字體相同，頗工整，爲另一人所書；正面難字第五十五行後再抄習字六行，係據釋智嚴《十二時普勸四衆依教修行》摘録，內容與本篇無關（參看校記〔一七九〕）。卷背續抄難字五十四行，最後題『庚寅年五月廿五日略雜難字壹册記』。『太平興國』爲宋太宗年號，『太平興國八年』即公元九八三年，大約爲正面正文前九行難字的摘抄年份。尾題『庚寅年』應爲公元九九〇年，當係正面正文第十行以後與卷背部分難字的摘抄年份。張金泉以爲『太平興國八年』是成書年份，尾題『庚寅年』是抄寫年份（《敦煌音義匯考》），也就是説，『諸雜難字壹本　太平興國八年記』爲原書所有，『庚寅年五月廿五日略雜難字壹册記』則係重抄時所加，疑未確。周祖謨以爲『所謂諸雜難字似抄自佛經』（《敦煌唐本字書敘録》），極是。卷中絶大多數難字均可在佛經中找到其具體出處。如底卷正面標題後前九行難字大多出於後魏瞿曇般若流支譯《正法念處經》、唐釋菩提流志譯《大寶積經》、南朝宋釋寶雲譯《佛本行集經》；正面後四十四行和背面前三十二行則大抵出於《大寶積經》；背面第三十三行起則大多出於失譯（附秦録）《毘尼母經》、菩提流志譯《大寶積經》和北涼曇無讖譯《大般涅槃經》。其中底卷正面末行與背面首行所抄難字均出於《大寶積經》卷五六，順序與經本所見對應難字略同（參看校記〔一七八〕、〔一八〇〕），可見底卷正面和背面內容先後相承，係同一書的接抄本。《索引》以爲底卷係『雙面接抄』，甚是。原題『諸雜難字』和『略雜難字』應係一書異稱，《索引》把正背面一併題作『諸雜難字壹本』（《索引》『雜難』二字誤倒，兹據原卷乙正），《匯考》定作『諸雜難字』，兹從之。《寶藏》、《法藏》正背面分題『諸雜難字壹本』、『略雜難字壹册記』（《索引新編》背題略去『記』字，餘同），分而爲二，不確。所抄難字往往與《房山石經》本、日本正倉院《聖語藏》本、日本宫内省圖書寮本等古本佛經經本及玄應、慧琳《音義》所引相合，頗有可據以糾正後世刻本傳刻之誤者。

原卷有界欄，每六行後往往中空一行，但與内容的起止無關。正文以每行抄十字或十一字爲主。正面少數難字及卷背末五行多數難字下有注音，其餘難字無注音，但每字下均留有約一字左右的空格（校録時改用句號句斷），似係留空以備注音之用。注音均爲直音，不用反切；個别字下所注爲異體字。注音與《切韻》系韻書多不合，顯示出西北方音的特色。注文字體較小，用筆較細，與正文應係同一人所書，周祖謨以爲『此類注音爲另一人所加』，似未必。

周祖謨《敦煌唐本字書敘録》曾爲底卷正面的五十五行難字作過敘録，但未及卷背部分，蓋所據照片不全之故。張金泉、許建平《敦煌音義匯考》曾對本篇作過初步校勘。

兹據《法藏》影印本并核以縮微膠卷，另參考《大正藏》、《中華大藏經》（據《金藏》本或《高麗藏》本影印，故文中徑稱《金藏》本或《麗藏》本）本所載上揭各佛經經文及玄應、慧琳《音義》所引，校録全文如下。底卷字多俗寫，校録時難以一一照原樣録排，故附原卷圖版於首，以供比勘。原卷不同經本難字接抄不分，兹按所據經本之起訖，分爲若干段，以清眉目。

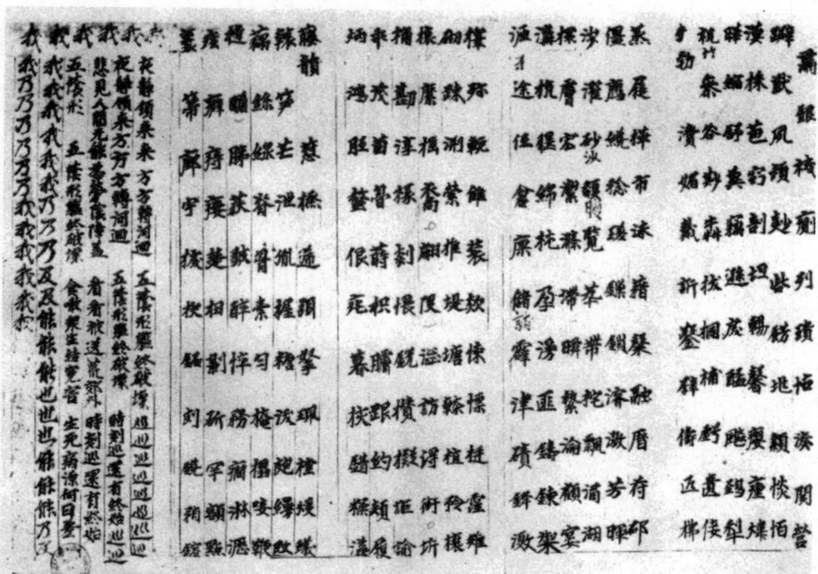

伯三一〇九號《諸雜難字》正面圖版

伯三一〇九號《諸雜難字》背面圖版

諸雜難字壹本〔一〕　太平興國八年記

蘇。〔二〕耻。〔三〕羞。捻。〔四〕姤。〔五〕䵝。薪。齅朽。〔六〕縷吕。啼。拏（牽）。逝。御。欄。拭。
悕。〔七〕村。板。伴。怯。涚。〔八〕灰（灰）。薰。〔九〕邀。粟。蔄。〔一〇〕窟。〔一一〕黠。槧。〔一二〕嶮。鞕。〔一三〕
勉。〔一四〕熏。〔一五〕寛（寬）。淚。膿。膾（膽）。〔一六〕唾。萎。蔦。〔一七〕鴨。鴛（鴛）。鴦央。潔。躁。蠅
（蠅）。翅。脛。誣（誣）無。忌巨。〔一八〕殞。〔一九〕莖。舒。邏。孩。嬰（嬰）。聡。〔二〇〕髑。髏。
蹌。〔二一〕搖。蘇。葙。〔二二〕泠。〔二三〕避。塊。滑。篋（篋）。漂。瑣（瑣）。〔二四〕燥。張。廋。〔二五〕峰。
蝨。〔二六〕森。沐。魁。驫。晶。貞。政。並。讓。畬。〔二七〕麓。
螢。〔二八〕跡。芥。錢。療。躑。躅。葡。暮。莖（莁）。鋒。〔二九〕鵶。〔三〇〕鶄。⿱夆龍。螺。鷗。〔三一〕
頻。疊。〔三二〕迮責。
鴝。〔三三〕鵒。〔三四〕皃。〔三五〕蓊。榮營。〔三六〕繁。甄。廾。〔三七〕霍歲。〔三八〕暎。〔三九〕甞。〔三九〕趾。陷（陷）。
鐸。填。蔽悶。〔四一〕髻。稠。倚。拱。脣（脣）。驗。谿。〔四二〕捶。叱。繫。蝦。蟇。冢衆。〔四三〕劒
（劍）。槍。趁。〔四四〕荷。追。朽。稱。背。債。逾。〔四五〕歿。〔四六〕危。澗。楊。〔四七〕慘（慘）。勵
礼。〔四八〕篋（篋）。笥。貯。〔四九〕箱。痒。〔五〇〕窟。窟。〔五一〕奪。疪。〔五二〕撫。輟。鬧。蝕。涎。緩。
噬。䵝。讁。蒲。桃。臂。〔五三〕劬。紛。餘。險。抱。擗。〔五四〕號（號）。咷。慟。適。伐。竄
（竄）。逃。殀。惶。策。吃。聡。〔五五〕貿。蒻茁。〔五六〕嬉。贈。曜。鄙比。陋。傴駈。〔五七〕黷。〔五八〕
維。鍼。〔五九〕奮。碪。慇回（因）。遥姚。浪。費。毯。枉。〔六〇〕鐃。鼓。〔六一〕橐。鍛。稟。鉗。
穀。〔六二〕敢。巨。壍。標。縠。〔六三〕槁。呬。〔六四〕折。〔六五〕尉。〔六六〕擾。〔六七〕旅（旅）。馱（馱）。奚。
邛。〔六八〕曉。〔六九〕遲。〔七〇〕癈。〔七一〕慕。庶。暢。辤。〔七二〕雅。恪。駭。肌。䘖（襪）。〔七三〕痍。瘵。〔七四〕

瘡。疽。痛。賁。〔七五〕瘵（瘳）。完。疣。〔七六〕域。寐。僉。鸞。鵲。柴主。〔七七〕鵶。鷗。鷄。麑。〔七八〕騾。驢。跛。塞。〔七九〕崎。〔八〇〕嶇。俳。鞕。〔八一〕愁。憒。枚。頋（顧）。錦。砶。〔八二〕收（收）。蹈。垓。凌。罽計。〔八三〕嘉。慌。奥。掜。踈（疏）。探。疊。〔八四〕晋（晉）。委。託。稍。朴。〔八五〕眴迅。〔八六〕矣。鏗。欬。唾。鷹。鸖。〔八七〕英。腨。徹。卿。仞。佐。〔八八〕洪。萌。〔八九〕黎。謵。〔九〇〕秦。焉。〔九一〕圍。鼈別。〔九二〕瘻。誼（誼）宜（宜）。甥。〔九三〕釭。秏。〔九四〕赭者。睒。蓖伏。〔九五〕芋。〔九六〕蕪。菁。鋪。〔九七〕構（構）。〔九八〕潼。〔九九〕糜。跳（跳）。〔一〇〇〕飦。〔一〇一〕肅。銀。〔一〇二〕袱。〔一〇三〕痸。〔一〇四〕列。璝。〔一〇五〕怙。湊。閡。營。〔一〇六〕躃。〔一〇七〕猷。夙。鎮。〔一〇八〕麨。呰。〔一〇九〕餝。〔一一〇〕坩（兆）。穎。〔一一一〕惔。〔一一二〕怕（怕）。漠。〔一一三〕株。苞。〔一一四〕窃（窈）。剖。坦。暢。〔一一五〕馨。瘿（癭）。瘇。煒。〔一一六〕曄。縮。舒。冀（冀）。竊（竊）。遜。戾。醢。〔一一七〕飈。〔一一八〕鵄。犁。祝竹。〔一一九〕条（參）。咎。劣。〔一二〇〕犇。拔。橱。〔一二一〕補。虧（虧）。匱。倿（佞）。勃。瀆。〔一二二〕媚（媚）。戴。訢。〔一二三〕鑿。辟（譬）。儔。匹。拂。〔一二四〕蒸（蒸）。〔一二五〕屣。樺。市。沫（沫）。〔一二六〕藉。〔一二七〕槃。〔一二八〕融。曆（曆）。〔一二九〕苻。〔一三〇〕爮。〔一三一〕僵。〔一三二〕鴈（鴈）。繞（繞）。稔。瑳。鏁。〔一三三〕鎖（鎖）。濬。〔一三四〕激。芳。暉。〔一三五〕渋（涉）。濯。砂沙。馥腹。〔一三六〕覽（覽）。萃（萃）。帶。柁。〔一三七〕飄。涌。湖。擐。膚（膚）。宏。潔。滌。滯。瞬。〔一三八〕縶。淪。顧。〔一三九〕宴（宴）。溝（溝）。抗。〔一四〇〕偃（偃）。綿。枕。孕。漫（漫）。匪。鑄。〔一四一〕鍊。禦。涯牙。〔一四二〕途。伍（低）。倉。廩。儲諸。〔一四三〕霹。津。〔一四四〕磧。鋒（鋒）。激（激）。擇。弥（殄）。〔一四五〕輒。雔。〔一四六〕裝（裝）。〔一四七〕欸。悚。慓。〔一四八〕挺。霔。雉。〔一四九〕砌。踈。洲。〔一五〇〕縈。推。堤。〔一五一〕塘。榦。〔一五二〕植。矜。〔一五三〕榱。〔一五四〕搽。麼。〔一五五〕摇。裔（裔）。翩。陵。〔一五六〕溢。〔一五七〕訪。淂（得）。

街。〔一五八〕圻。〔一五九〕桷。〔一六〇〕勘。〔一六一〕淳。椽。刻。〔一六二〕恨。〔一六三〕銳（鋭）。〔一六四〕攢（攢）。〔一六五〕擬。
詎。諭。〔一六六〕乖。〔一六七〕茂。茴（茵）。罥。〔一六八〕蒔。〔一六九〕枳。〔一七〇〕膅（膅）。〔一七一〕跟。約。頬（頰）。
履。炳。鴻。胝（胝）。螯。佷。疰。〔一七二〕暮。挾。〔一七三〕錯。糅。溢。藤。韻（韻）。懟。〔一七四〕
搋。〔一七五〕遆（遞）。弭。拏。珮。樘。煖。〔一七六〕蟻。〔一七七〕轅。笋。芒。泄。胤。握。糖。沃（沃）。
皰。縵（縵）。改。藕（藕）。絲。線。脊。胷。素。〔一七八〕匀。掩。榻。唛。鞭。撻。膽。〔一七九〕。
胏。〔一八〇〕荻。皷。〔一八一〕醉（醉）。悴（悴）。務。癎。淋。瀝（瀝）。痃。癖。痔。瘻。楚。杻。
劓。斫。罕（罕）。〔一八二〕額。點。裹（裹）。篝。廊。宇。捩（捩）。抉。鋸。刎。鐃（鐃）。稍。
鎔。〔一八三〕碓。〔一八四〕擣。〔一八五〕杌。燥。凹。凸。籬。梋。〔一八六〕鍋。熬。鞘。箸。蚯。蚓。鞋。椶。
苔。萁。〔一八七〕歼（歼）。滑。躄。揷（插）。醋。蘸。榆。夹（夾）。抽。孿。鎮。〔一八八〕酸。〔一八九〕
煗。〔一九〇〕潰。栝。〔一九一〕塩（鹽）。肚。〔一九二〕襁。褓。欬。嗽。劇。梼。〔一九三〕腎。咀。咬。枯。嘔。
頞。墨。〔一九四〕蝾。〔一九五〕蚤（蚤）。虱。〔一九六〕蛆。蟬。〔一九七〕蛭。蚌。〔一九八〕蛤。狢。鵰。蠅（蠅）。蟯
（蜣）。蜋。招。疱。腿。脆。箪。〔一九九〕鬲（鬲）。胃。遯。〔二〇〇〕翊。森。竦。屆。屍。骸。紹。
継（繼）。痆（疤）。栗。瞶。窶。〔二〇一〕睟。〔二〇二〕瀍。〔二〇三〕據。〔二〇四〕鑒（鑒）。謦。憒。〔二〇五〕羡
（羡）。〔二〇六〕潛（潛）。兹。棒。蕿（蔑）。絃。暑。粒。〔二〇七〕偃（偃）。〔二〇八〕繕。狻。猊。頷。鞔。
拉。跖。媚（媚）。耄。軛。〔二〇九〕式。試。蹶。均。洟。〔二一〇〕耀。燭。庭。襟。翠（翠）。毻。
阜。嵐。懺（懺）。〔二一一〕鄭。混。燼。傲。〔二一二〕琢。但。侮。〔二一三〕謇。亮。遺。魯。憚。鸝。
誼。〔二一四〕譁。懲。〔二一五〕矯（矯）。搏。嶧。〔二一六〕圂。叡。鍵。桎。梏。鬮。紆。〔二一七〕貶。邀。旁。
綫。癬。〔二一八〕濯。挻。〔二一九〕埴。敦。〔二二〇〕撥。喝。抑。役。〔二二一〕饕。〔二二二〕蝢。〔二二三〕頏（頏）。〔二二四〕愽

(博)。敏。駮。〔二二五〕稅。慿(慿)。犹。〔二二六〕蜫。潰。梓。〔二二七〕噤。矛。勍(勍)。〔二二八〕謀。店。
挫。薑。植。祈。〔二二九〕咸(臧)。〔二三〇〕賕。銜。䶩。吪。稚。屐。麗。誣(誣)。弔。景
(景)。〔二三一〕悴(悴)。〔二三二〕湁。〔二三三〕黷。〔二三四〕昵(昵)。〔二三五〕晧。〔二三六〕稸。〔二三七〕墟。樸(樸)。〔二三八〕
梗。〔二三九〕杜。〔二四〇〕諒(諒)。〔二四一〕。召。〔二四二〕鎚。〔二四三〕竆。〔二四四〕粘。〔二四五〕摸。〔二四六〕跓。〔二四七〕魂。翫。
膺。嗣(嗣)。鈋。悒。鶇。〔二四八〕鞦。轡(轡)。韡。帽。旒。佾。樞。鐍。〔二四九〕秉。〔二五〇〕踋。蹰。
鼜。〔二五一〕哂。〔二五二〕繮。鞚。緘。〔二五三〕啞。嘶。〔二五四〕熼。〔二五五〕瓠。〔二五六〕杓。〔二五七〕撓。哺。髀。
遜。〔二五八〕零。〔二五九〕效。虺。隘。〔二六〇〕鉾。衝。穚。〔二六一〕埃。〔二六二〕顧。慿(鶴)。嘲。〔二六三〕掣。賄。
愬。〔二六四〕蠒(蠒)。〔二六五〕綜。涸。〔二六六〕喍。〔二六七〕翱。〔二六八〕炫。〔二六九〕凍。窺(窺)。添。疱。〔二七〇〕鵲。誇
(誇)。〔二七一〕衒。穆。〔二七二〕穡(穡)。冰(冰)。躅。〔二七三〕碾(碾)。〔二七四〕鬐。〔二七五〕翔。〔二七六〕鼇。〔二七七〕
輦。〔二七八〕軒(軒)。棓。〔二七九〕銳。〔二八〇〕椑。攀。絳。劾(劾)。〔二八一〕杅。〔二八二〕埋。嫩。〔二八三〕榻。謔。
怜。〔二八四〕蹙。逶。迤。偶。嫡。羹(羹)。曜。〔二八五〕鞋。韉(韉)。靴。壓(壓)。爾。垢。〔二八六〕鷗。
圊。〔二八七〕覞。〔二八八〕妍。鏃。喘。喝。綟(綟)。〔二八九〕駿。栔(栔)。睦。〔二九〇〕叐(夭)。〔二九一〕稗。
綻。〔二九二〕佩。〔二九三〕淑(淑)。〔二九四〕暇。懿。粗。〔二九五〕冀(冀)。猗。〔二九六〕殆。泛。眇。〔二九七〕棲。〔二九八〕
莽。〔二九九〕蹲。賒。擡。旗。鯨(鯨)。鯢(鯢)。颶。奸。轄。轅。眺。檻。〔三〇〇〕氍。秔(杭)。
讌。潭。背。〔三〇一〕噏。驕(驕)。梅。〔三〇二〕氳。嚬。〔三〇三〕倨。邃。颮。〔三〇四〕
唅。〔三〇五〕炊。〔三〇六〕
疋(匹)。〔三〇七〕翁。〔三〇八〕誤。級。〔三〇九〕鈔。〔三一〇〕積。〔三一一〕槝。〔三一二〕鑛。〔三一三〕纖。〔三一四〕銼。〔三一五〕校。
濾。〔三一六〕料。鈹。〔三一七〕鐼。〔三一八〕紵。〔三一九〕複。橛。瓢。枡(椒)。喆。〔三二〇〕賴(賴)。〔三二一〕饋。

櫟。〔三二二〕憩。輿。街。〔三二三〕綣。賜。鏰。〔三二四〕屐。弶（弶）。〔三二五〕柹。〔三二六〕蹀。〔三二七〕琦。〔三二八〕

聆。〔三二九〕櫥。〔三三〇〕隧。〔三三一〕筋。〔三三二〕瘃。〔三三三〕晩（晩）。笁（竺）。

氈〔三三四〕。橑。遅（遲）。鞘。滝。〔三三五〕腭。役（殺）。隅。誚。屢。沖。獘（獎）。聒。阻。

釿。樸（樸）。拋。〔三三六〕莖。援。呻。蝙。蝠。斛。馳。駿。

秖。〔三三七〕宎。〔三三八〕囊。躑。翳。凝。失（失）。〔三三九〕陶。〔三四〇〕隟。粥。穳。肟。〔三四一〕堵。〔三四二〕

俛。鼉。展。檕。〔三四三〕鈌。〔三四四〕召。捫。酌。

坎。〔三四五〕殟。挖。〔三四六〕殑。〔三四七〕鋈。〔三四八〕翼。稚。隸（隷）。齷。霞。館。舘。〔三四九〕緋。迮。

溥。墒（墒）。鴟。斂（斂）。髆。鄔。〔三五〇〕愕。腭。袠（袞）。攜（攜）。饕。餮。黛。〔三五一〕舒。

瑟。笛。碑。〔三五二〕礫。闡。幕。翅。鵪。股。差（差）。罡（罔）。腐。聳。弩。卓。澹（澹）。

泊。杳。璪。侄。叩。捆。艱。岨。仇（仇）。整（整）。旌。

沉。〔三五三〕軟。〔三五四〕膠（膠）。鬱（鬱）。懸。繒。戴。〔三五五〕轅。輻。〔三五六〕填。駕。駿。臺（臺）。

箏。笛。箜。篌。簫。瑟。案。醋。備。〔三五七〕鹹。〔三五八〕欽。

閑。〔三五九〕葯。〔三六〇〕滋。淚（淚）。乳。斂（斂）。弱。僕（僕）。貯。栰。雔。巢。飴。蕖。

馳。蔽。股。

缶井。〔三六一〕黎令。〔三六二〕椎▨。〔三六三〕訇凶。裁才。〔三六四〕楊羊。階皆。鬱（鬱）郁。〔三六五〕軟耎。

欸▨。〔三六六〕峯風。企其。嚌浄。〔三六七〕享（辜）古。蛆吹。〔三六八〕沮住。咀住。映。〔三六九〕刦切。〔三七〇〕橐

託。〔三七一〕黿玩。蓬掤。〔三七二〕晡富（富）。〔三七三〕雌咨。訾資。僮同。燧水。斲（斲）斫。〔三七四〕呻身。疏（疏）

水。〔三七五〕睎虚。〔三七六〕搗到。〔三七七〕嫩論。〔三七八〕幕莫。盪湯。蜀熟。踦欺。〔三七九〕

庚寅年五月廿五日略雜難字壹册記

【校記】

〔一〕此標題之前，底卷另有『大寶積經』習字和『誰、唄（唄）、封、忿、葝（筋）、亡、脂、奔、奢、私、屎、枉、媚、慎、擾、垢（垢）、虫、吐、哭、沫、嗅、栅』等二十餘字，其中『奢』、『屎』二字重出一次，似亦係摘録佛經難字（多數字可在《大寶積經》中見到，或即摘抄《大寶積經》難字）。

〔二〕『蘇』字以下至『蕳（簡）』字皆出於後魏瞿曇般若流支譯《正法念處經》卷四四，但所見依次爲『簡、粟、邀、灰、浣、薰（熏）、妒、羞恥、蘇、瞖、薪、總、嗅、縷、伴、怯、啼、牽、村、逝、御、欄、板、悕』，字序頗有不同，蓋底卷原非按經本順序摘録（煌佛經難字寫卷每有逆摘的體例，此處近似）。《正法念處經》卷四四有『食時有見他天白須陀色』句，《中華大藏經》校記云『須陀』宋《磧砂藏》、元《普寧藏》、明《永樂南藏》本作『蘇陀』，《徑山藏》等本作『酥陀』，『蘇』『酥』古通用，應即此字所出。

〔三〕恥，此字右部底卷作『止』旁草書，兹加以楷正；『恥』爲『恥』的俗字；《金藏》本《正法念處經》卷四四有『天中則有五種羞恥』、『極生羞恥』等句，其中的『恥』字《大正藏》本皆作『恥』，即此字所出。

〔四〕捴，《金藏》本《正法念處經》卷四四有『惣一切苦，有三種因』句，其中的『惣』字《大正藏》本作『總』，『捴』、『惣』皆爲『總』的俗字，即此字所出。

〔五〕妬，此字《正法念處經》卷四四未見，而有『貪心嫉妬垢，唯親愛妻子』句，敦煌寫卷中『妬』常用作『妬（妒）』的俗字，應即此字所出。

〔六〕齅，《金藏》本《正法念處經》卷四四有『又復天衆，鼻識齅香』句，即此字所出；《大正藏》本作『嗅』，『齅』『嗅』古今字。『齅』字《廣韻》去聲宥韻音許救切，直音字『朽』在上聲有韻，音許久切，二字異調。

〔七〕悕，《正法念處經》卷四四有『天退之時，悕人善道；人死之時，悕天善道』句，即此字所出；按《玉篇·心部》：『悕，許祈切，念也，願也。』此字與希望的『希』音義全同，實即『希』的後起增旁字。

〔八〕 涗，『浣』的俗字，《正法念處經》卷四四有『譬如垢衣，灰汁洗浣』句，即此字及下『灰』字所出。

〔九〕 薰，此字《正法念處經》卷四四未見，《大正藏》本有『如是思熏，布施成就』句，其中的『熏』字《金藏》本作『勳』，『薰』、『熏』、『勳』三字音同義通，應即此字所出。

〔一〇〕 蕑，應爲『簡』的俗字，《正法念處經》卷四四有『簡擇心所敬重勝富伽羅而施與之』句，應即此字所出。

〔一一〕 『寤』字以下至『峰』字皆出於《正法念處經》卷四五，但經本所見依次爲『黠、寤、暫、嶮、鞕、免、糞、寬、淚、膿、膽(噉)、唾、萎蔫、鴨、鴛鴦、潔、躁、誣、忌、舒、脛、莖、蠅翅、蹌、摇、箱、冷、髑髏、塊、筵、避、滑、聰、蘇、邏、嬰孩、漂、鎖、張、瘦、燥、峰』，字序頗有不同。《麗藏》本《正法念處經》卷四五有『若睡若寤』句，『窹』、『寤』皆爲『寤』的俗字(《大正藏》本即刻録作『寤』)，即『寤』字所出。斯三八八號《正名要録》『本音雖同字義各別例』：『悟，感；晤，朗；寤，寢。』斯六二〇八號《時要字樣》下卷：『悟，度；晤，明；寤，覺。』『寤』本指睡醒，『悟』指心悟，二字音同義近，古多混用不分。『寤』字俗從穴旁作『窹』，『寤』、『寤』則又是『寤』、『窹』受『悟』字的影響産生的俗體字。

〔一二〕 蹔，《正法念處經》卷四五有『常隨繫縛，不曾暫離』句，『蹔』即『暫』的換旁俗字。

〔一三〕 鞕，《正法念處經》卷四五有『彼復更有希有之法，如是對治如是堅鞕垢惡之心』句，『鞕』即『鞕』的古異體字，《中華大藏經》校記引宋《磧砂藏》、元《普寧藏》、明《永樂南藏》等本正作『鞕』。

〔一四〕 勉，此字《正法念處經》卷四五未見，其相應位置有『於愛惡處，則能救免』句，『勉』或即『免』字音誤，即此字所出。

〔一五〕 糞，『糞』的俗字，《正法念處經》卷四五有『一切不浄糞屎等處』句，即此字所出。

〔一六〕 膽，《正法念處經》卷四五有『口中氣臭，或噉故臭，唾沫流出』句，《中華大藏經》校記引《房山石經》本『噉』字作『膽』，應即此字所出；《大正藏》校記引宋《資福藏》及日本宫内省圖書寮本作『瞻』，可參；據經義而言，似以『噉』字義長。

〔一七〕蔫，《匯考》以爲「蔫」的俗字，甚是；《正法念處經》卷四五有「又復如花，本一切香，與身相著，萎蔫氣臭」句，即此字所出。

〔一八〕「忌」字《廣韻》音渠記切，志韻止攝，直音字「巨」音其吕切，語韻遇攝，唐五代西北方音止攝、遇攝字往往可以互注。

〔一九〕飱，古書或用同「餐」（《爾雅·釋言》「粲，餐也」唐陸德明釋文云「餐」字「《字林》作飱」。「餐」字《説文》從食、𣦼聲，用同「餐」的「飱」蓋即「餐」的省聲字），《正法念處經》卷四五有「彼貪飲食餐垢滅故」句，應即此字所出。

〔二〇〕聡，《麗藏》本《正法念處經》卷四五有「身之與心，迭互相依，則善聰明」等句，即此字所出；「聡」爲「聰」的俗字，《大正藏》本正刻録作「聰」。

〔二一〕蹹，《麗藏》本《正法念處經》卷四五有「若舉一脚下蹹之時，如實觀察」句，即此字所出；「蹹」文中用同「踏」，《大正藏》本正刻録作「踏」。

〔二二〕葙，《正法念處經》卷四五有「大腸小腸，一切動轉，或從左廂去至右廂，或從右廂去至左廂。如是腸中，有風黄冷」句，其中的「廂」字《大正藏》校記云日本宮内省圖書寮本作「箱」，底卷「葙」應即「箱」的俗字，乃此字所出。

〔二三〕泠，此處當校讀作「冷」，《正法念處經》卷四五正作「冷」（經文見上條引）。

〔二四〕瑣，《正法念處經》卷四五有「復墮餘處同業衆中，業鎖繫縛」句，「鎖」即「瑣」的後起分化字。

〔二五〕廋，此字《正法念處經》卷四五未見，而有「飢渴羸瘦，身體枯燥」句，「廋」應即「瘦」字俗省。

〔二六〕「蝨」字以下至「麓」字出處未詳，俟再考。

〔二七〕窨，字書有「窨」字，原字可定作「窨」字俗省，「窨」爲「潘」字或體，但這一用法的「窨」古書罕見，此處疑爲「審」的换旁俗字；「宀」「穴」二旁换用爲俗書通例。

〔二八〕『螢』字以下至『蔔』字似出於《大寶積經》卷九九，經本依次有『有曾禮敬螢火虫不……而求牛跡聲聞人耶……而欲更求小芥子中空三昧力……如人求一錢……譬如大醫王，療治衆多人……猶如躑躅花……唯喜薝蔔花』等句，當即上揭難字所出。

〔二九〕『暮』、『莁』、『鋒』三字出處不詳。

〔三〇〕『鵁』至『頬』六字似出於南朝宋釋寶雲譯《佛本行集經》卷五，經本依次有『命命鵁鶄……所謂魚鱉黿鼉龜鼇螺蜂一切水性。復有小鳥，所謂鳬鴈鵝鴨白鷺鸕鶿及鴛鴦等一切諸鳥……復生一子，名師子頬』等句，當即上揭難字所出。

〔三一〕鷺，《佛本行集經》卷五有鳥名『白鷺』（經文見上條引），玄應《音義》卷一九引作『白鷺』，『鷺』即『鷺』的偏旁移位字。

〔三二〕『疊』及下『迮』字出處不詳。

〔三三〕從『鴝』字開始，底卷的絶大部分難字皆出於唐釋菩提流志譯的《大寶積經》。『鴝』字以下至『驗』字出於《大寶積經》第一卷。

〔三四〕鴿，《大寶積經》卷一有『復有無量百千衆鳥，所謂孔雀、鸚鵡、鴝鳴羅鳥、鳬鴈、鴛鴦、命命等類，依之而住』句，《大正藏》本校記稱『鳴』字宋《資福藏》、元《普寧藏》、明《嘉興藏》等本作『鴿』，即此字所出。

〔三五〕鳬，《金藏》本經文同，『鳬』的簡俗字，《大正藏》本正作『鳧』（出處見上條校記引）。

〔三六〕『榮』字《廣韻》平聲庚韻音永兵切，直音字『營』在清韻，音余傾切，《廣韻》庚、清二韻同用。

〔三七〕卝，『叔』的俗字，《金藏》及《大正藏》本經文卷一有『甄叔迦樹』，即此字所出，字正作『叔』。

〔三八〕『靃』字《廣韻》音息委切，紙韻止攝，直音字『歲』音相鋭切，祭韻蟹攝，唐五代西北方音止攝、蟹攝字可以互注。

〔三九〕暎，此字左部底卷作『目』，文中應爲『日』旁之訛，『暎』爲『映』的俗字（參看《敦煌俗字研究》下編『映』字條)，《金藏》本經文卷一有『而此山中生諸軟草，䨓靡右旋，色香具足，青緑暉暎』句，其中的『暎』字慧琳《音義》引同，即此字所出，而《大正藏》本經文作『映』。

〔四〇〕甞，『嘗』的俗字，《金藏》本經文卷二有『枝葉華果，繁榮茂盛，未甞有一不具足者』句，即此字所出，而《大正藏》本經文作正字『嘗』。

〔四一〕『敝』字《廣韻》去聲祭韻音必袂切，直音字『閇』爲『閉』的俗字，在霽韻，音博計切，《廣韻》祭、霽二韻同用。

〔四二〕谿，《匯考》以爲『谿』字之訛，極是，《大寶積經》卷二有『應住谿澗巖窟樹下』句，即此字所出。又此字以下至『桃』字出於《大寶積經》第二卷。

〔四三〕冢，《大寶積經》卷二有『譬如野干爲狗所逐，走趣塚間窟穴深坑』句，其中的『塚』字慧琳《音義》引作『冢』，『塚』即『冢』的後起增旁俗字，即此字所出。『冢』字《廣韻》上聲腫韻音知隴切，知紐通攝，直音字『衆』在去聲送韻，音之仲切，章紐通攝，知紐、章紐敦煌文獻中往往混用。

〔四四〕趍，《大寶積經》卷二在相應位置有『而於其中多犯禁戒，我説此等如趣塚間，身壞命終墮於惡趣，如趣窟穴；馳騁劍（『劍』字《大正藏》本如此，《麗藏》本作『劒』）葉刀刃槍林諸大地獄，如趣深坑；……虛荷僧名而無實德』等句，慧琳《音義》引於『冢間』、『馳騁』二條之間出『如趍』條，云『正體從走、從芻聲也，經文從多作趍，俗用字也』，疑上引經文的三個『如趣』慧琳《音義》所據經本皆作『如趍』，底卷『槍』後『荷』前的『趍』，從經文位置上來看應即『如趣深坑』的『趣』，『趍』爲『趨』的俗字，『趣』『趨』古通用，而經文中以作『趨』爲典正。

〔四五〕遆，『遞』的俗字，《大正藏》本經文卷二有『遞互相誹謗』句，其中的『遞』字《金藏》本近似『遆』形，慧琳《音義》出『遞互』條，云『遞』字經文作『遆』形，俗字也。

〔四六〕『殁』、『危』、『澗』三字及下文『痒』字《大寶積經》經本相應位置未見（『澗』字經本卷端『應住谿澗巖窟樹下』句有，但位置不合），俟考。

〔四七〕『楊』字《大寶積經》經本相應位置未見，而有『更相揚過失』句，或『楊』乃『揚』字俗訛。

〔四八〕勵，《大寶積經》卷二有『言詞麁獷，慘（『慘』字《麗藏》本作俗寫『㤓』）勵犨蹙』句，即此字及上『㤓』字所出，慧琳《音義》出『慘厲』條，云『厲』字『《毛詩傳》曰：厲，惡也；鄭玄注《禮記》云：厲，嚴也；《考聲》云氣不和也；杜預注《左傳》云：厲，猛也。……經文中從力作勵，非也，勵，勉也，勸也，非經義』。『勵』字《廣韻》去聲祭韻音力制切，直音字『礼』在上聲薺韻，音盧啓切，濁上變去，故『礼』『勵』音近。

〔四九〕貯，《龍龕·貝部》以爲『貯』的俗字，《大寶積經》卷二有『汝等不應多修貯聚箱篋等法』句，即此字所出。

〔五〇〕⿱穴⿰礻告，『⿱穴悎』字手寫之變，《麗藏》本經文卷二有『諸善比丘……獨處性根本，⿱穴悎⿱穴悎根本』句，即此字所出，『⿱穴悎』、『⿱穴⿰礻告』皆爲『覺』的俗字，慧琳《音義》引出『覺寤』條，云『《說文》：覺，寤也。經文從穴、從忄、從告作⿱穴悎，謬也，撿一切字書及教字韻中並無此字，多是筆授或傳寫人隨情妄作，非也』。蓋『覺』字古或借用作同音的『悎』（俄弗二三〇號玄應《一切經音義》卷二節抄本《大般涅槃經》第十五卷音義：『覺寤：上居效反……經文以覺爲悎，文字所無。』），而『⿱穴悎』、『⿱穴⿰礻告』又是在『悎』這個假借字的基礎上受經常連用的『寤』或『寤』、『窹』（『寤』的常見俗字）的影響產生的繁化俗字。《龍龕》卷四穴部以『⿱穴⿰礻告』爲『窖』的正字，未見實際用例，似不可從。

〔五一〕窹，《麗藏》本經文作『⿱宀悎』，皆爲『寤』的俗字，慧琳《音義》引正作『寤』（參上條引）。參看上文校記〔四〕。

〔五二〕疵，此字《大寶積經》經本相應位置未見，而有『由爲他人毀呰違逆，聞此等經倍增厭離』句，『疵』『呰』音近義通，應即此字所出。

〔五三〕『臂』字以下至『鉗』字大抵出於《大寶積經》第三卷。

〔五四〕擗，此字《大寶積經》經本相應位置未見，而有『躃踊而號咷』句（《麗藏》本），其中的『躃』字《大正藏》本作『躄』，《大正藏》校記稱日本宮內省圖書寮本作『擗』，應即此字所出：『擗踊』古亦或借用『躃踊』、『躄踊」，形容極度悲哀（「擗」指捶胸，「踊」指以脚頓地）。

〔五五〕聰，《麗藏》本經文卷三有「不瘂不吃不聾不失聡聽」句，即此字所出，「聡」爲「聰」的俗字，《大正藏》本即刻作「聰」。

〔五六〕「蒭」和注文「茧」皆爲「蒭」字的俗寫，《麗藏》本經文卷三有「若修學者如貿（負）蒭草」句，即此字所出，「蒭」爲「芻」的增旁俗字，《大正藏》本即刻作「芻」。

〔五七〕傴，《大寶積經》卷三有「受鄙陋女身，盲傴多衆罪」句，即此字所出；慧琳《音義》出「盲傴」條，云「傴」字「於宇反，《集訓》云不申也，《廣雅》：傴，曲也，背曲傴僂也」。「傴」字《廣韻》上聲麌韻音於武切（慧琳《音義》「於宇反」音同），影紐遇攝；直音字「駈」爲「驅」的俗字，「驅」字《廣韻》平聲虞韻音豈俱切，又去聲遇韻音區遇切，並溪紐遇攝，與「傴」字異紐，《匯考》疑「傴」字有誤，然經文固作「傴」字也。

〔五八〕黯，此字底卷右部有塗改，「音」下有一「土」旁，按《大寶積經》卷三相應位置有「黧黯目盲冥」句，原字應即「黯」字之訛，兹據録正。

〔五九〕「鍼」以下至「鉗」字在經文卷三出現的順序依次是「愍、遥、費、浪、毯、狂、饒、鍼、鼓、槖、奮、碪、鍛、稟、鉗」，底卷所抄字序略有舛亂。

〔六〇〕枉，此字《大寶積經》經本相應位置未見，而有「以成狂飲故，便爲饒語匠」句，「枉」「狂」形音皆近，「枉」或即「狂」字之誤。

〔六一〕鼓，「鼓」的俗字，《大寶積經》卷三有「爐前鼓槖囊」、「不能鼓風槖」句，應即此字及下「槖」字所出。

〔六二〕據順序，「穀」至「轂」六字應在《大寶積經》卷四，但「穀」、「壍（塹）」二字未見，有「敢」、「巨」、「標」、「轂」四字，但「轂」字在「敢」字前，字序略有不合。

〔六三〕轂，《大寶積經》有「破無明㲉，超於天人」句，《大正藏》校記云「㲉」字宋《資福藏》、元《普寧藏》、明《嘉興藏》本及日本宮内省圖書寮本作「轂」，即此字所出；「㲉」「轂」爲古異體字。

〔六四〕「槁」、「呬」二字出於《大寶積經》卷五。

〔六五〕折，《大正藏》本經文卷六有「若諸菩薩住神足中，以如虛空無所依想，善能分析大種積聚」句，其中的「析」字《金藏》本作「扸」，後者斯三八八號《羣書新定字樣》、《正名要録》皆以爲「析」的訛俗字，底卷「折」蓋亦即「析」字俗訛；慧琳《音義》出「分析」條，云「析」字「星亦反，《説文》破木也，從木；孔注《尚書》分也。經從手作折，非也」，慧琳所見經本作「折」，誤與底卷同。

〔六六〕尉，此字《大寶積經》經本卷六、卷七相應位置皆未見，卷六「折（析）」字後有「當以法施慰喻衆生」句，疑即此字所出，「尉」「慰」古今字。

〔六七〕「擾」以下至「邛（邸）」字出於《大寶積經》卷七。

〔六八〕邛，《金藏》本經文卷七有「譬如迦利邛迦月圓滿時」句，即此字所出，「邛」爲「邸」的俗字，《大正藏》經文正刻録作「邸」。

〔六九〕「曉」字以下至「塞」字大抵出於《大寶積經》卷八，該卷有「其意曉了，靡不通達」句，但在「庶」字之後，「暢」字之前，字序不盡相合。

〔七〇〕渥，此字底卷作左右結構，左部作氵，右部「尼」下作「土」，乃「涅」的偏旁移位字，《大寶積經》卷八相應位置有「心無所著，猶如蓮華生於污涅」句，即此字所出；慧琳《音義》引出「污渥」條，云「渥」字「鵶角反，《詩傳》：渥，厚也；《箋》云淳漬也。《説文》霑也，從水、屋聲也」，「渥」應爲「涅」字之訛。

〔七一〕癈，《大寶積經》卷八相應位置有「解衆癈亂顯示正真本無之法」句，「癈」當即「廢」字俗寫，即此字所出。

〔七二〕辤，《金藏》本經文卷八有「口無所説不妄有辝」、「使學若干音響言辤各令明了」等句，「辝」、「辤」古異體字，但此二句經文皆在本卷下文所摘經字「恪」字之後，字序略有不合。

〔七三〕祴，此字右部爲「戒」的俗寫，左部底卷字形不太明晰，字形在「ネ」、「木」二旁之間，考《大寶積經》卷八相應位置有「復變化華如須彌山，懷之祴上，成爲華蓋貢上如來」句，應即此字所出，因據校録作「祴（械）」；

《匯考》録原字作『摵』，不確。

〔七四〕 瘵，《大正藏》本卷八相應位置有『斯諸衆生有若干疾……金痍瘵瘡疽痛惡疾』句，其中的『瘵』字《金藏》本作『瘵』，慧琳《音義》引同，即此字所出；『瘵』『療』古異體字，《廣韻》音力照切，療治也；《集韻》又音式灼切，指疾病，經文中爲後一音義；慧琳云『瘵』字『傷灼反，《蒼頡篇》病消瘵也。《説文》亦音療字，今不與此音相應，故不取』。

〔七五〕 賷，《金藏》本卷八有『取其肌肉各賷來歸』句，即此字所出，『賷』爲『齎』的俗字，慧琳《音義》出『賷來』條，云『賷』字『正作齎，從貝、齊聲也』；《大正藏》本即刻録作『齎』。

〔七六〕 痳，字書以此字爲『痳』的訛字，《匯考》則定作『痳』的訛字，但《大寶積經》卷八相應位置皆未見，而有『未消心疾婬怒癡疭』句（《金藏》本），『痳』疑即『疭』字形訛。

〔七七〕 觜，《金藏》本卷八有『哀鸞鵠鴈，赤觜鵶音，山鳥孔雀，鸚鵡鵾鷄』等句，即此字所出，《大正藏》本作『嘴』，爲後起異體字；『觜』字《廣韻》音即委切，紙韻止攝；直音字『主』音之庾切，麌韻遇攝，唐五代西北方音止攝、遇攝字往往可以互注。

〔七八〕 麑，《大寶積經》卷八有『麑鹿騾驢』句，即此字所出；慧琳《音義》出『麋鹿』條，云『麋』字『美悲反，《説文》鹿屬也。……今經文作麑，非也，五奚反，狻麑，師子也，爲前文已有師子，不合更説狻麑，必知錯也，誤書麋爲麑字也』。

〔七九〕 塞，此字《大寶積經》經本卷八或卷九相應位置皆未見，卷八有『跛蹇無足』句，即上一『跛』字所出，『塞』或即『蹇』字抄誤；同卷有『尊卑豪賤明愚所行開塞達駃』句，有此字，但在上文『㤩』字後、『駃』字前，字序不合，存疑。

〔八〇〕 『崎』字以下至『朴』字出於《大寶積經》卷九。

〔八一〕 鞕，《大寶積經》卷九有『不堅硬，無有麤辭卒暴之性』句，慧琳《音義》出『堅鞕』條，云『鞕』字『或作硬，俗用字也』，即此字所出。

〔八二〕砡，《麗藏》本經文卷九有『地悉平等猶如砡掌』句，即此字所出；『砡』爲『砥』的俗字，《大正藏》本即刻録作『砥』。

〔八三〕『蜀』字左下部底卷作『久』形，《匯考》疑原字爲『罽』字之省；按原字應爲『蜀』字草書，而『蜀』又爲『罽』的簡俗字，《麗藏》本經文卷九有『供養無量勳寶蜀浄王如來』句，即此字所出；《大正藏》本作『罽』，爲其正字。『罽』字《廣韻》去聲祭韻音居例切，直音字『計』在去聲霽韻，音古詣切，《廣韻》祭、霽二韻同用。

〔八四〕疊，《麗藏》本經文卷九有『吾獨何疊，窮底得籌』句，即此字所出；『疊』爲『釁』的俗字，《大正藏》本即刻録作『釁』；慧琳《音義》出『阿（何）釁』條，云『釁』字『虚靳反、董鎮反，杜注《左傳》：釁，罪也。《考聲》瑕隙也。經文作疊，訛謬也。或作衅，古字也』。

〔八五〕朴，《大寶積經》卷九有『其道質朴而無諂諛』句，即此字所出；慧琳《音義》出『質樸』條，云『樸』字『普剥反，《考聲》：凡物未彫刻曰樸。經作朴，俗字也』。

〔八六〕『眴』字以下至『誼』字出於《大寶積經》卷一〇。『眴』字《廣韻》去聲稕韻音舒閏切，書紐，直音字『迅』同韻音私閏切，心紐，唐五代西北方音心、書二紐字可以互注。

〔八七〕鸖，《金藏》本經文卷一〇有『鸖鳴音』句，即此字所出；『鸖』爲『鶴』的俗字，《大正藏》本即刻録作『鶴』。

〔八八〕⿰忄左，《金藏》本經文卷一〇有『時諸菩薩得未曾有，⿰忄左之』句，『⿰忄左』、『恠』皆爲『怪』（字亦寫作『恠』）的訛俗字，即此字所出。

〔八九〕萠，『萌』字的異體，『明』字古或作『朙』，故『萌』字亦可從『朙』作『萠』；《大寶積經》卷一〇有『可一切萠類』句，即此字所出。

〔九〇〕謵，《金藏》本經文卷一〇載無量光諸天咒有『貫謵、俱供謵、謵滅盡、謵无量』句，即此字所出；此『謵』應即『習』的增旁俗字，《大正藏》本正作『習』字。

〔九一〕焉，此字《大寶積經》經本相應位置未見，而有『于闐、沙勒、禪善、烏耆』等地名，《大正藏》校記云『烏』字日本宮内省圖書寮本作『焉』，即此字所出，『焉』字是。

〔九二〕鼈，《金藏》本經文卷一〇有『衆蟲魚鼈』句，即此字所出；『鼈』爲『鼈』的換旁俗字，《大正藏》本經文正作『鼈』字。

〔九三〕『劈』字以下至『麨』字出於《大寶積經》卷一一。

〔九四〕秏，『秏』或『耗』字的俗寫，『耗』又爲『秏』的俗字；《麗藏》本經文卷一一有『建立聖威，未曾損秏』句，其中的『秏』字《大正藏》本作『耗』，即此字所出。

〔九五〕[艹眡]，《匯考》校作『菔』，甚是，『菔』與直音字『伏』《廣韻・屋韻》同音房六切；《大寶積經》卷一一有『或現食蘿菔若芋蕪菁』句，即此字所出。

〔九六〕芋，此字下部底卷訛作『干』，此徑據經文（見上條引）録正。

〔九七〕鋪，此字《大寶積經》經本相應位置未見，而有『或以食餔若食菜茹』句，疑『鋪』即『餔』字之訛。

〔九八〕構，《大寶積經》卷一一有『有彌迦女，名善蔭，搆千頭牛而取其乳』句，《大正藏》校記稱『搆』字日本宮内省圖書寮本作『構』，即此字所出；《漢書・敘傳》『楚人謂乳「穀」』句下顔師古注引如淳曰：『穀音構。牛羊乳汁曰構。』『構』或作『搆』，《廣韻》作『犛』，『取牛羊乳』也，三字同音古候切，音同義通。

〔九九〕潼，當作『湩』，《大寶積經》卷一一有『展轉相飲，取後淳湩，用作湩糜』句，即此字所出；慧琳《音義》出『淳湩』條，云『湩』字『誅徸反，《説文》云乳汁也。江南見今呼乳汁爲湩。去聲』。參看斯二一四二號背《大寶積經難字》校記〔三〕。

〔一〇〇〕跳，《大寶積經》卷一一有『展轉相飲，取後淳湩，用作湩糜，在釜跳上數十丈』句，即此字所出；『跳』當校讀作『銚』，慧琳《音義》引即作『釜銚』，云『下條弔反，《考聲》云燒器也，淺於釜，鬲屬也，顔公云温器也。施系而提之曰銚』。

〔一〇一〕飰，『飯』的俗字，《大寶積經》卷一一有『亦取一切六萬天龍鬼神揵沓和妻飯，示現皆食』句，即此字所出。參看上文校記〔七三〕。

〔一〇二〕餭，此字《大寶積經》經本相應位置未見，而有『白玉銀帳』句，『餭』應即『銀』字之訛。

〔一〇三〕袚，此字疑爲『裓』字俗省，《大寶積經》卷一一相應位置有『各以衣裓盛好天華』句，應即此字所出。參看上文校記〔七三〕。

〔一〇四〕㾕，《龍龕·疒部》注『俗，音廁』，即『廁』的俗字，《麗藏》本經文卷一一有『明月夜光，雜廁羅列，瓌奇之寶』，以用作鈴』句，即此字所出。

〔一〇五〕瓚，《麗藏》本經文卷一一有『瓚奇之寶』句，即此字所出：『瓚』爲『瑰』（字亦作『瓌』）的俗字，慧琳《音義》出『瓌奇』條，云『瓌』字或作『瑰』，同，公回反，『《考聲》云：瑰琦者，美大之皃也。經文從貴作瓚，俗用，非正體』。

〔一〇六〕營，此字《大寶積經》經本相應位置未見，而有『欲以螢火越日月光明』句，疑『營』即『螢』字之訛。

〔一〇七〕蹡，《麗藏》本經文卷一一有『魔今欲蹡大無極樹，以使摧折，拔其根本』句，即此字所出，慧琳《音義》出『欲蹡』條，云『昆亦反，蹡，倒也』；《大正藏》作『躄』，爲偏旁移位之異。

〔一〇八〕鎮，《匯考》以爲同『頓』，甚是，《大寶積經》卷一一有『現車馬頓』句，即此字所出。

〔一〇九〕『呰』字以下至『瘇』字出於《大寶積經》卷一二。《大正藏》本有『所濟衆生，豈可呰哉』句，即『呰』字所出；『呰』字《麗藏》本作『訿』，古通用字。

〔一一〇〕餝，『飾』的俗字，《大寶積經》卷一二有『若干種品，文飾微妙，衆珍嚴校』句，即此字所出。

〔一一一〕穎，『頪』的俗字，《大寶積經》卷一二有『悉欲稽頪諮受大道』句，即此字所出。

〔一一二〕惔，《大寶積經》卷一二有『其眼無行，惔怕寂寞』句，即此字所出：『惔』用同『憺』，慧琳《音義》引即作『憺怕』。

〔一二三〕漠，《大寶積經》卷一二有「惔怕寂寞」句，《大正藏》校記稱「寞」字日本宮内省圖書寮本、《聖語藏》本作「漠」，即此字所出。

〔一二四〕苞，《大寶積經》卷一二有「諸水河海毛髮之形，靡不苞之」句，即此字所出；「苞」用同「包」，《大正藏》校記引宋《資福藏》、元《普寧藏》、明《嘉興藏》本及日本宮内省圖書寮本正作「包」。

〔一二五〕暢，此字右部底卷作「易」形，《匯考》校作「暢」，是，但「暢」文中又爲「暢」的訛字，《大寶積經》卷一二有「以一句法暢若干慧」句，即此字所出。

〔一二六〕「煒」字以下至「拔」字出於《大寶積經》卷一三。《金藏》本卷一三有「散諸天花，若干品物，極好巍巍，光色煒曄」句，即「煒」字所出；「煒」字《大正藏》本作「暐」，慧琳《音義》引出「暐曄」條，云「韋鬼反，下炎劫反，《考聲》云：暐曄，光彩盛皃也。並從日，韋、華皆聲也」；按《説文》有「煒」而無「暐」，「暐」爲後起換旁字。

〔一二七〕醓，《金藏》本卷一三有咒語「醓黎」，疑即此字所出；「醓」「醓」蓋皆「醯」的訛俗字，「醯」又作「醯」（《龍龕·西部》：醯，俗；醯，正），《大正藏》本正作「醯」；《匯考》以此字爲「醓」的俗字，不確。

〔一二八〕颷，《大寶積經》有「其強颷聚」句，即此字所出；慧琳《音義》引出「颷聚」條，云「颷」字俾遥反，《説文》從風、猋聲也；「颷」即「颷」字的俗寫，而「颷」又爲「飆」的偏旁移位字。

〔一二九〕祝，《金藏》本卷一三「醓黎」等咒語後有「用説此祝故，攝伏外道……聞此呪已。諸天衆各各舉聲而歎曰……」等句，即此字所出；此「祝」爲「呪」的異體字（《集韻·宥韻》：「祝，職救切，詛也。古作祝，或從口（作呪）。」），《大正藏》本正作「呪」。「祝」字《廣韻·屋韻》有之六切一讀，章紐，直音字「竹」音張六切，知紐，知、章二紐敦煌文獻中往往混用。

〔一三〇〕尠，《匯考》以爲「尠」字之訛，甚是，《金藏》本卷一三有「少惱尠事」句，即此字所出；《大正藏》本作「尠」，爲《説文》正字。

〔二二一〕「㮯」字以下至「匹」字出於《大寶積經》卷一四。《金藏》本卷一四有「能食大㮯如須彌山，不能動是小金剛乎」句，即「㮯」字所出；「大㮯」蓋指未分剖的大木（《廣韻・魂韻》户昆切：「㮯，大木未剖。」）慧琳《音義》引作「大圂」，釋作猪廁，似未確。

〔二二二〕瀆，此字底卷作「漬」形，應爲「瀆」字之訛，《大寶積經》卷一四有「度于流波四瀆之難」句，當即此字所出。

〔二二三〕訢，《匯考》定作「訴」字，但《大寶積經》卷一四相應位置未見「訴」字，而有「若勤奉行，修平等訓，訢逮法門」句，原字應即「訢」字俗訛；慧琳《音義》引出「訢逮」條，云「訢」字「許殷反，賈逵注《國語》云：訢，樂也。《説文》喜也。或作欣字也」。

〔二二四〕拂，此字《大寶積經》卷一四、卷一五相應位置皆未見，所出不詳。

〔二二五〕「蒸」字以下至「沫」字出於《大寶積經》卷一五。

〔二二六〕沬，此字《大寶積經》卷一五相應位置未見，而有「若自見在濁水沫中行」句，「沬」應即「沫」字之訛。

〔二二七〕「藉」至「融」三字出於《大寶積經》卷一六。經本卷一六有「若夢得世俗典籍聲聞經法」句，「藉」即「籍」的俗字。

〔二二八〕⿱𣪊米，《龍龕・米部》以此字爲「粲」的俗字，但「粲」字《大寶積經》卷一六相應位置未見，而有「若夢中見五穀聚……若夢五穀聚熟是九地，若夢刈穀是十地」等句，疑此「⿱𣪊米」字即「穀」的俗字；《干禄字書・入聲》載「穀」字俗作「⿱𣪊米」，可以比勘。

〔二二九〕「暦（曆）」字以下至「鎖」字出於《大寶積經》卷一七。《金藏》本卷一七有「又見習學書計曆數聲明伎巧醫方養生符印」句，即「暦」字所出；「暦」爲「曆」的俗字，《大正藏》本即刻録作「曆」。

〔二三〇〕苻，「符」的俗字，《大寶積經》卷一七有「符印」一詞（見上條引），即此字所出。

〔二三一〕⿰爪卩，此字左部底卷字形不太明晰，兹定作「爪」，《匯考》認作「厘」，似不確；「⿰爪卩」當爲「印」異寫「⿰爪卩」（見《龍龕・爪部》）的訛變字；《大寶積經》卷一七有「符印」一詞，即此字所出。

〔三二〕僵，此字《大寶積經》卷一七相應位置未見，而有『成就無疆無量義門』句，疑此『僵』即『疆』字之訛。

〔三三〕鏁，即『鎖』的俗字，《金藏》本《大寶積經》卷一七相應位置有『有師子雲聚寶等以爲其鏁，飾諸寶柱。又以純金真珠雜寶鈴鐸以爲其網，莊嚴寶鎖，弥覆其上』等句，其中的二『鏁』字《大正藏》本皆作『鎖』，疑底卷所據經本分別作『鏁』、『鎖』，故抄手分別迻録之。

〔三四〕『濬』字以下至『淪』字出於《大寶積經》卷一八。

〔三五〕暉，《大寶積經》卷一八有『結實開花，芳輝可玩』句，『暉』應即『輝』字異體。

〔三六〕馥，此字右部底卷訛作『夏』形，按《大寶積經》卷一八有『有諸天香，世無能喻，隨風散馥』句，即此字所出，故徑據録正。『馥』與直音字『腹』《廣韻》皆在入聲屋韻，前者音房六切，奉紐，後者音方六切，非紐，濁音清化，故『馥』字讀與『腹』同。

〔三七〕柁，《大寶積經》卷一八有『譬如下賤半挓迦人，對於輪王則無可諭，威光德望悉皆無有』句，俗書扌旁木旁不分，『柁』『挓』應爲一字之變。《龍龕·木部》載『柁』字，『敕加反，亦他音』；『挓』字《集韻·麻韻》音陟加反，『敕加反』的『柁』與『挓』字韻同紐近。『半柁（挓）迦』慧琳《音義》引作『半擇迦』，或作『般荼迦』，爲梵語譯音詞，意譯曰黄門。

〔三八〕瞬，此字左部底卷訛從『日』，按《大寶積經》卷一八有『瞬息而出』句，即此字所出，兹據録正。

〔三九〕『顧』字以下至『匪』字出於《大寶積經》卷一九。

〔四〇〕抗，就字形而言，此字應爲『抗』字俗寫，但《大寶積經》經本相應位置并無『抗』字，此處應係『坑』字俗訛，經本卷一九有『地平如掌，而作金色，無有溝坑荊棘瓦礫』句，即此字所出。

〔四一〕『鑄』字以下至『霹』字出於《大寶積經》卷二〇。

〔四二〕『涯』字《廣韻》音五佳切，佳韻蟹攝，直音字『牙』音五加切，麻韻假攝，唐代以後佳韻的牙音字可與麻韻通押，蓋當時口語讀音相近。

〔一四三〕「儲」字《廣韻·魚韻》音直魚切，澄紐，直音字「諸」音章魚切，章紐，濁音清化，則「儲」字讀與「諸」字音近。

〔一四四〕「津」字以下至「擇」字出於《大寶積經》卷二一。

〔一四五〕「殄」以下三字出於《大寶積經》卷二二。

〔一四六〕雔，此字《大寶積經》經本相應位置未見，卷二二有「不爲怨故，不爲讎故」、「被斯大甲冑，不爲讎衆生」等句，「雔」應即「讎」字省借。

〔一四七〕「装」字以下至「霔」字出於《大寶積經》卷二三。

〔一四八〕慓，此字《大寶積經》卷二三相應位置未見，而有「覩斯事已，悚慄毛竪」句，「慓」應即「慄」字俗訛。

〔一四九〕「雉」字以下至「推」字出於《大寶積經》卷二四。

〔一五〇〕渊，「淵」的俗字，《匯考》以爲同「渆」，非是；《大寶積經》卷二三有「二十淵池，圍遶縈帶」句，即此字所出。

〔一五一〕「堤」字以下至「翩」字出於《大寶積經》卷二五。

〔一五二〕榦，《大寶積經》卷二五有「彼月燈王如來寶菩提樹，周五十由旬高一百由旬，珊瑚爲根，琉璃爲幹」句，「幹」即「榦」的俗字。

〔一五三〕矝，「矝」字省訛，「矝」爲「矜」的古字；《金藏》本經文卷二五有「斷慢絶矜高」句，其中的「矜」字《大正藏》本作「矝」，爲一字之異。

〔一五四〕榱，此字《大寶積經》卷二五相應位置未見，而有「以榱（原注：阿可反）字印印一切法」句，「榱」疑即「榱」字之訛。

〔一五五〕縻，此字《大寶積經》卷二五相應位置未見，而有「了知搓麼而相助故」句，「縻」疑即「麼」字之訛。

〔一五六〕隁，此字右部與下文「煖」字右部同形，但字書及《大寶積經》卷二五相應位置皆未見，存疑。

〔一五七〕『澁』字以下至『椽』字大多出於《大寶積經》卷二八。『澁』爲『澀』的俗字，經本有『不慳不澁不麁獷』句，即此字所出。

〔一五八〕衔，此字《大寶積經》卷二八相應位置未見，而有『合餘藥已，爲財利故，而衒賣之而不自食』句，『衔』疑即『衒』字之訛。

〔一五九〕圻，此字據字形可定作『坼』字俗寫，但《大寶積經》卷二八相應位置未見『坼』字，存疑俟考。

〔一六〇〕桷，此字《大寶積經》卷二八相應位置未見，而有『如來處處逐諸外道，論義捔勝』句，『桷』疑即『捔』字俗訛。

〔一六一〕勘，此字據字形可定作『勘』字俗寫，但《大寶積經》卷二八相應位置未見『勘』字，存疑俟考。

〔一六二〕『剡』字《大寶積經》卷二八未見，卷二九數見『閻魔』之稱，『閻魔』爲梵文譯音詞，亦作『焰魔』、『琰魔』、『剡魔』等，或即此字所出；《大寶積經》卷一九有『所謂地獄畜生剡魔王界』句，《大正藏》校記稱『剡』字明本作『閻』，可以比勘。

〔一六三〕『愄』字《集韻·東韻》音烏回切，釋『中善』，古書中未見用例，《大寶積經》亦未見其字；考《大寶積經》卷二九有『而生於怖畏』、『見貪生怖畏』等句，疑此『愄』字實即『畏』的俗字（涉前字『怖』類化增旁）。

〔一六四〕『銳』字及下『擬』、『詎』二字《大寶積經》卷二一至三〇均未見，所出不詳。但斯二一四二號《大寶積經難字》卷二九至三十間亦載有『詎、攢（攢）、諭』諸字，與底卷所處位置相類，或古寫本經文與今傳本有別，俟考。參下二條校記。參看斯二一四二號《大寶積經難字》校記〔八〇〕。

〔一六五〕『攢』字《大寶積經》卷二九至三〇未見，但卷二一有『假使飛箭量如須彌，攢鋒激射無能中者』、『假如須彌箭，攢鑽來中射』句，不知是否即此字所出。參上條校記。

〔一六六〕『諭』字《大寶積經》卷二九至三〇未見，但卷二一有『若見苦衆生，慰諭而告言』句，不知是否即此字所出。參上二條校記。

〔一六七〕『乖』字以下至『罥』字出於《大寶積經》卷三〇。

〔一六八〕罥，此字底卷作『䍐』形，上部不太明晰，應爲『罥』字俗訛，《匯考》疑『照』字異構，不確；《大寶積經》卷三〇有『彼則愚癡爲魔罥』等句，當即此字所出。

〔一六九〕蒔，此字出於《大寶積經》卷三一『或蒔於華果，不令人剪伐』句。

〔一七〇〕『枳』字以下至『韻』字出於《大寶積經》卷三二。經本有『拘抧羅聲殊勝類』句，慧琳《音義》引作『拘枳羅』，『枳』『抧』爲梵語譯音之異；慧琳云：『拘枳羅，梵語鳥名也，上音俱，次鷄以反，從聲立名；此鳥性好榮茂，不栖枯樹。』

〔一七一〕⿰月庸，《大寶積經》卷三二有『髀膊⿰月庸滿足跟長』句，『⿰月庸』字慧琳《音義》引作『傭』，『⿰月庸』即『傭』的換旁俗字。

〔一七二〕⿸疒乇，《匯考》引《龍龕·疒部》『⿸疒乇，當故反，乳病也』，謂『⿸疒乇』即『⿸疒乇』；按『⿸疒乇』字古書罕覯，頗可疑；查《大寶積經》卷三二相應位置有『諸蘊瘡疣想』句，疑『⿸疒乇』實爲『疣』字抄訛。

〔一七三〕挾，此字乃『挍』字手寫之訛，《大寶積經》卷三二有『百千萬種而校飾之』句，『挍』即『校』的俗字。

〔一七四〕『懟』字以下至『樘』字出於《大寶積經》卷三三。

〔一七五〕⿰扌烝，應爲『拯』的繁化俗字，《大寶積經》卷三三有『拯濟群生登彼岸』句，應即此字所出。

〔一七六〕煖，《大寶積經》卷三四有『修行惠施，入大智門，住於煖法』句，應即此字所出。

〔一七七〕『蟻』字以下至『斫』字出於《大寶積經》卷五五。此前經本第三十五卷至五十四卷的難字摘録在下文第六十卷難字之後。

〔一七八〕素，《大寶積經》卷五五有『譬如塑師及其弟子先以堅木後以繩纏造諸形狀，雖未有泥，如是之時名爲骨相』句，《大正藏》本校記稱『塑』字日本宮内省圖書寮本作『素』，即此字所出；『素』乃『塑』的借字，敦煌文獻中『塑』字多有借用『素』字的。

〔一七九〕膽，此字左部底卷不太明晰，似作『目』，按《大寶積經》卷五五有『有一户蟲，名曰黄色，依膽食膽』句，應即此字所出，因據録正。

〔一八〇〕胏，文中用同『肺』，《大寶積經》卷五五有『有一户蟲，名曰真珠，依胏食胏』句，應即此字所出。

〔一八一〕皷，《大正藏》本經文卷五五有『有四户蟲，一名應作，二名大作，三名碎末，四名臆皺』句，其中的『皺』字《金藏》本作『皷』，『皷』『皷』皆爲『皺』的俗字；慧琳《音義》出『臆皺』條，云『皺』字『經文作皷，謬略也，從芻、皮也』。

〔一八二〕『罕』字以下至『鎮』字出於《大寶積經》卷五六。

〔一八三〕『鎔』字行後底卷另行接抄習字六行，除去純係習字的『我乃及能也能乃及我』等字外，另有『夜静領来方轉河迴　悲見人間无能爲勞陰障盖　五蔭形軀終破壞　看看被送荒郊外　食噉衆生結寃害　時刻巡還有終始　生死病源何日差』等句，與敦煌寫本伯二〇五四號釋智嚴《十二時普勸四衆依教修行》文句多同，後者『人定亥』下：『後生時，恣癡愛，終日留情聲色内。三科法上没堅牢，五蔭形軀終破壞。不聰明，少知解，食噉衆生結究（寃）害。涅槃正路此時迷，生死病源何日差。弥陀佛，功力大，能爲勞生除障蓋。猛抛家務且勤求，看看被送荒郊外。』又『夜半子』下：『夜半子，時刻巡還有終始。或前或後即差殊，一例無常歸大地。夜即闌，天似水，斗轉河迴人整睡。有時却坐草堂中，悲見人間無限事。悲因徒，牢獄裏，夜静領來方拷捶。杖鞭繩縛苦難任，皮肉瘦疼連骨髓。』（參看《敦煌歌辭總編》一六五四至一六六一頁）其中底卷『夜静領来方轉河迴』即後者『夜静領來方拷捶』、『斗轉河迴人整睡』二句之摘抄，『悲見人間无能爲勞陰障盖』即後者『悲見人間無限事』、『能爲勞生除障蓋』二句之摘抄（底卷『陰』應爲『除』字之誤，而『勞』下則省抄『生』字），其餘則全係後者之成句。據此，這些句子很可能就是根據《十二時普勸四衆依教修行》摘録的。

〔一八四〕『碓』字以下見於卷背，前二十九字亦俱出於《大寶積經》卷五六，內容序次完全銜接。

〔一八五〕擣，《金藏》本經文卷五六有『碓擣石磨，銅柱鐵牀，受諸極苦』句，即此字所出；其中的『擣』字《大正藏》本作『搗』，俗字。

〔一八六〕 梢，《金藏》本經文卷五六有『初七日時，胎居母腹，如梢，如廱，臥在糞穢，如處鍋中』句，即此字所出；慧琳《音義》出『如梢』條，云『梢』字『先節反，《集訓》云木梢也，從木也』；《大正藏》本作『揟』，俗訛。

〔一八七〕 茣，此字底卷訛從竹字頭，按《大寶積經》卷五六有『如春降雨，茣草生枝』句，疑即此字所出，因據録正；但此句經本在上『苔』字（『或如水苔』）句之前，字序略有不合。

〔一八八〕 『攣』字殆出於《大寶積經》卷五六『手足攣躄，形如餓鬼』句，『鎮』字殆出於《大寶積經》卷五六『生物下鎮，熟物上刺』句，但『攣』字經本在『滑』字後、『躄』字前，『鎮』字經本在『躄』字後、『插』字前，字序略有不合。

〔一八九〕 『酸』字以下至『瞶』字出於《大寶積經》卷五七。

〔一九〇〕 烦，《金藏》本經文卷五七有『初生亦尒，以燸水洗，受大苦惱』句，『燸』應即『烦』的訛俗字，《大正藏》本作『煖』，爲『烦』的古通用字。《大寶積經》卷五六有『以煖蘇油』句，其中的『煖』字慧琳《音義》引作『烦』，云『奴管反，《韻詮》云：烦，温也。或作暝。有作暖、煖，俗字也』。可參。另參看《敦煌俗字研究》下編『暖』字條。

〔一九一〕 胠，此字《大寶積經》卷五七相應位置未見，存疑俟考。

〔一九二〕 垢，『垢』的俗字，《大寶積經》卷五七有『飲母血垢而得長大』句，即此字所出。

〔一九三〕 栲，『栲』字俗寫，《大寶積經》卷五七有『鞭打拷楚』句，其中的『拷』字《大正藏》校記引宋《資福藏》、元《普寧藏》本及日本宫内省圖書寮本作『栲』，慧琳《音義》引亦作『栲』，云『音考，捶打也』；這一意義的『栲』實爲『拷』的訛俗字。

〔一九四〕 墨，此字《大寶積經》卷五七相應位置未見，而有『如黑闇坑』句，原字或即『黑』字之誤。

〔一九五〕 蝾，『蝶』避唐諱形成的俗字，《大正藏》本經文卷五七有『所謂蜂蝶、蚊蟻、蚤虱、蛆蟲之類』句，即此字所出；慧琳《音義》引作「蝶」，云「經作蜍，俗字」。

〔一九六〕虱，「蝨」的俗字，《大正藏》本經文卷五七有「蚤虱」一詞（引文見上條），「虱」字《金藏》本作正字「蝨」；慧琳《音義》引出「蚤蝨」條，云「蚤」字「經從夂作蚤，謬略不成字」，「蝨」字「經文從半風作虱，非也」。

〔一九七〕蟬，《大寶積經》卷五七有「所謂魚鼈、黿鼉、蟬蛭、蚌蛤、蝦蟆之類」句，即此字所出；此「蟬」乃「鱓」的假借字，《中華大藏經》校記引《磧砂藏》、《徑山藏》等本正作「鱓」；慧琳《音義》引亦作「鱓」，云「襌展反，《山海經》云滑魚也，狀如蛐蟮。郭景純注《尒雅》云：鱓魚似蛇，有班（斑）。《説文》魚也，皮可以爲鼓。形聲字」。

〔一九八〕蚌，應爲「蚌」篆文隸定字「蜯」字俗訛，《大寶積經》卷五七有「蚌蛤」一詞（引文見上條），「蚌」字慧琳《音義》引作「蚌」，即此字所出。

〔一九九〕葦，用同「葦」，《大寶積經》卷五七有「脆危如葦舍」句，即此字所出。

〔二〇〇〕遷，「遷」的訛俗字，《大寶積經》卷五七有「遷流無暫停」句，即此字所出。

〔二〇一〕「寠」字以下至「懵（懵）」字出於《大寶積經》卷五八。經本卷五八有「飢渴遇珍膳，貧寠得資財」句，其中的「寠」字慧琳《音義》引作「寠」，引《説文》云「貧無財以備礼曰寠」，即「寠」字所出；「寠」字見《説文》，「寠」見《爾雅》，二字形音義皆近，古多混用不分；《匯考》謂「寠」當作「寠」，不確。

〔二〇二〕睟，《大寶積經》卷五八有「遥睹世尊，相好奇特，端嚴澄睟，諸根湛寂」句，即此字所出；慧琳《音義》引作「澄粹」，云「粹」字「雖醉反，《廣雅》：粹，純也。《周易》純粹精也。《字書》精微也。《説文》從米、卒聲也」；不空譯《大聖文殊師利菩薩佛刹功德莊嚴經》卷上亦有「端嚴澄睟」句，慧琳《音義》卷一六引作「澄睟」，釋云：「下雖翠反，《考聲》云視正皃也；《玉篇》潤澤皃也。《古今正字》云從目、卒省聲也」；「睟」疑爲「粹」字之借；《匯考》謂「睟」當作「睟」，不確。

〔二〇三〕㾷，「廛」的訛俗字，《大寶積經》卷五八有「往詣廛肆」句，即此字所出。

〔二〇四〕據，《金藏》本經文卷五八有『即於佛前，據卑床座』句，其中的『據』字慧琳《音義》引同，即此字所出；《中華大藏經》校記云《資福藏》、《磧砂藏》等本作『處』，《麗藏》本作『踞』，義近。

〔二〇五〕懫，《匯考》校作『㥯』，甚是；《大寶積經》卷五八有『悉能忍受罵辱、嫌恨、誹謗、惱亂、惡言、恐㥯，心如大地，不可動摇』句，即此字所出。

〔二〇六〕『羑』字以下至『紘』字出於《大寶積經》卷五九。

〔二〇七〕『暑』、『粒』二字出於《大寶積經》卷六〇。

〔二〇八〕『偃』字以下至『耄』字出於《大寶積經》卷三五，接於上文卷三四難字『煖』之後。

〔二〇九〕輒，此字《大寶積經》卷三五、卷三六均未見，卷三六相應位置有『屏除草穢、甎瓦、礫石、株杌、毒刺』句，『輒』疑即『甎』字省訛。如這一推斷成立，則此字以下至『均』字出於《大寶積經》卷三六。

〔二一〇〕『洟』字以下至『嵐』字出於《大寶積經》卷三七。

〔二一一〕幟，《匯考》校作『幟』，甚是，《大寶積經》卷三八有『若諸聖人更求邪師，受邪標幟，無有是處』句，即此字所出。又此字至下『燼』字出於《大寶積經》卷三八。

〔二一二〕『傲』、『琢』、『但』三字出於《大寶積經》卷三九。

〔二一三〕『侮』字以下至『鸝』字出於《大寶積經》卷四〇。

〔二一四〕『誼』字以下至『綫』字出於《大寶積經》卷四一。

〔二一五〕僁，『愆』的俗字，《麗藏》本經文卷四一有『而不見彼有諸僁犯』句，其中的『僁』字《大正藏》本刻録作『愆』（《干禄字書》載『愆』字俗作『僁』），即此字所出。

〔二一六〕噑，《大寶積經》卷四一有『譬如野干……窮途所逼，夜中嘷叫』句，《大正藏》校記稱『嘷』字日本宫内省圖書寮本、《聖語藏》本作『噑』，即此字所出；『噑』即『嘷』的俗字，説詳《敦煌俗字研究》下編『嘷』字條。

〔二一七〕紆，此字右部底卷訛作『干』形，按《大寶積經》卷四一有『不得利養，心無紆鬱』句，即此字所出，因據録正。

〔二八〕「癬」字以下至「戇(戅)」字出於《大寶積經》卷四二。

〔二九〕挻，《大寶積經》卷四二有「譬如陶師埏埴瓦器」句，其中的「埏」字慧琳《音義》引作「挻」，即此字所出；慧琳云「挻」字「商延反，宋忠注《太玄經》：挻，和也。如淳注《漢書》云擊也。從手，延聲。從土者非也」。今本《老子》有「埏埴以爲器」句，其中的「埏」字慧琳《音義》卷九三《續高僧傳》第十六卷音義引作「挻」，其作「埏」者，涉「埴」字類化偏旁所致也。

〔三〇〕敦，《金藏》本經文卷四二有「譬如大海及以衆流，有泡沫聚，一切不堅，其性虛弱，不可敦觸」句，其中的「敦」字宋《資福藏》本、日本宮内省圖書寮本同，即此字所出；「敦」當是「㪟」字俗訛，《麗藏》本及慧琳《音義》引正作「㪟」。

〔三一〕役，《金藏》本經文卷四二有「強抑驅役，供給於他」句，其中的「役」字慧琳《音義》引同，即此字所出；《大正藏》本作「役」，《説文》以「役」爲「役」字古文。

〔三二〕戇，《匯考》校作「戇」，甚是，《大寶積經》卷四二有「愚惷聾盲」句，其中的「惷」字慧琳《音義》引作「戇」，云「卓降反，又濁巷反，《音訓》云無知專愚曰戇。《考聲》云精神不爽皃也。《説文》愚也，從心，贛聲也」，「戇」亦爲「戇」的訛俗字，即此字所出。又此字經本在「役(役)」字句之前，字序略有不同。

〔三三〕蝢，此字《大寶積經》卷四二、卷四三相應位置未見，疑有誤。

〔三四〕「頪」、「博」、「敏」三字出於《大寶積經》卷四三。

〔三五〕「駮」字以下至「潰」字出於《大寶積經》卷四四。

〔三六〕犹，《大寶積經》卷四四有「心似山狖，心似猨猴，善能示現幻誑之術」句，其中的「狖」字慧琳《音義》引作「狖」，「犹」、「狖」皆爲「狖」字俗訛，猶今本《説文》「貁」段玉裁以爲「狖」字之訛；慧琳《音義》云「狖」字「由救反，《集訓》云：似猿，獮猴類也。《楚辭》云：猿狖之所居。《蒼頡篇》云：似狸，能捕鼠，出河西」，「狖」即「貁」的換旁俗字；《集韻·宥韻》以「犹」、「狖」爲「貁」字或體，可參。

〔三二七〕桲，當是《説文》「欁」字古文「枠」的俗寫；「伞」字《説文》又作「㚔」，故「枠」字或作「梓」（參看《説文》「欁」字段玉裁注），而「伞」或「㚔」用作偏旁隸定多作「幸」字形（如「達」字《説文》本從「㚔」），故「枠」或「梓」字隸定亦可作「桲」。《篇海》卷七引《川篇》：「桲，五割切，伐木也。又餘白切。」此字注文當校作「五割切，伐木餘也。又［博］白切」，正是「枠」或「梓」字的異寫（後一讀音係用同「檗」，古書「欁」字異體「櫱」或用作「檗」，《類篇》音博厄切，據此類推，「枠」或「梓」字俚俗亦或誤讀作「檗」音）。《大寶積經》卷四五有「又能善修對治貪瞋癡等栽枿根本」句，《集韻·曷韻》以「枿」爲「欁」字或體，正是此字所出。又此字與下「噤」、「矛」二字出於《大寶積經》卷四五。

〔三二八〕「勍」字以下至「植」字出於《大寶積經》卷四六。

〔三二九〕「祈」字以下至「景」字出於《大寶積經》卷四七。

〔三三〇〕臧，《麗藏》本經文卷四七有「令多有情生怖畏，若納臧財若損害，興造如斯惡業已，終不奉值人中尊」句，《中華大藏經》校記引《房山石經》、《磧砂藏》等本「財」字作「賕」，即「臧」字及下「賕」字所出；慧琳《音義》引出「臧賕」條，云「臧」字「佐郎反，顧野王云：納受財貨曰臧。《説文》：臧，善也，從臣、戕聲也。或作贓」；「臧」「贓」古今字。

〔三三一〕景，《大寶積經》卷四七有「從陰影處至光景處」句，或即此字所出；但此字經本在「誣」（「或以不實事用加誣謗」）、「弔」（「數數瞻視躬行慶弔」）二字所在文句之前，字序略有不合。

〔三三二〕「悴」字以下至「皓」字皆見於《大寶積經》卷四七之前，似屬補摘性質。「悴」、「𣶒」似皆出於《大寶積經》卷三七，經本卷三七有「無萎悴心」句，蓋即「悴」字所出。

〔三三三〕𣶒，此字《集韻·侵韻》以爲「瀶」字或省，但「瀶」字古書罕用，《大寶積經》經本亦未見；就字形而言，此字亦可能爲「漚」字的俗寫，查《大寶積經》卷三七有梵語數法名「漚波摩分」（在「無萎悴心」句後），正有「漚」字，殆即此字所出。

〔三三四〕贖，《大寶積經》卷四〇有『離塵贖語』句，殆即此字所出。

〔三三五〕『昵』及下『晧』字似出於《大寶積經》卷四一。經本卷四一有『由彼昵近諸惡友故』句，殆即此字所出；慧琳《音義》引出『暱近』條，云『暱』字尼栗反，『杜注《左傳》：暱，親也。……經作昵，亦遍（通）也』。

〔三三六〕晧，《大寶積經》卷四一有『成就如來晧齒齊列、不缺不疏平等之相』句，慧琳《音義》引出『晧齒』條，云『經從日，俗字通用』，殆即此字所出；『晧』見《説文》，『皓』實爲『晧』的後起換旁字。

〔三三七〕『稸』、『墟』二字出於《大寶積經》卷四八。經本有『我亦不爲餚膳飲食、衣服卧具、病緣醫藥及餘資蓄行身肉施』句，其中的『蓄』字《中華大藏經》校記云《房山石經》、《資福藏》等本作『稸』，即此字所出；慧琳《音義》引出『資稸』條，云『稸』字『《考聲》：稸，積也。舊音義釋云貨也，資財也。《古今正字》聚也，從禾、畜聲。或作蓄』。

〔三三八〕樸，『樸』的俗字，《大寶積經》卷四九有『如是隨念性無魯樸』句，殆即此字所出。

〔三三九〕梗，經本卷五一有『無梗澀言辯』句，殆即此字所出。

〔三四〇〕杜，《大寶積經》卷五二、卷五三皆有『……杜多功德』句，殆即此字所出。

〔三四一〕諒，《大寶積經》卷五三有『第一義解諒難思』句，殆即此字所出。

〔三四二〕召，此字其他字書不載，出處亦不明，俟考。

〔三四三〕鎚，《大寶積經》卷五六有『或以鐵鎚粉碎』句，卷六八又有『或復鎚擣猶如甘蔗』句，疑後例爲此字所出，因卷五六難字上文已抄，而此字文中又與可能出於經本卷六九的『粘』、『寱』二字連抄也。參下二條校。

〔三四四〕寱，『寱』的換旁俗字，《大寶積經》卷六九有『譬如有人於其夢中受樂，喜笑囈語遊戲』句，其中的『囈』字慧琳《音義》引作『寱』，云『有從穴作寱，非也』，疑即此字所出。又『寱』、『粘』二字之下的難字又出於經本卷六一以後，字序不合，存疑俟考。

〔三四五〕粘，《大寶積經》卷六九有『猶如獼猴膠所粘』句，疑即此字所出。參上條校。

〔二四六〕『摸』字以下至『悒』字大抵出於《大寶積經》卷六一。

〔二四七〕跓，此字其他字書不載，出處亦不明，俟考。

〔二四八〕『鞹』字以下至『蹰』字大抵出於《大寶積經》卷六二。

〔二四九〕鑰，此字應爲『鑰』字俗省，而『鑰』字字書不載，應又爲『鑰』的繁化俗字（『蘥』與『鑰』字讀音相同）；但《大寶積經》卷六二未見『鑰』字，而卷五一有『無關鑰言辯』句，然字序又不合，存疑。

〔二五〇〕秉，此字『彐』旁之下底卷作『氺』形，俗訛，按《大寶積經》卷六二有『如來秉持諸善根』句，應即此字所出，茲據録正；《匯考》定作『康』字，不確。

〔二五一〕『轚』以下至『鞚』四字出於《大寶積經》卷六三。經本卷六三有『化作八億六千萬殿堂……金爲曲轚……頗梨爲轚……毘琉璃轚』等句，慧琳《音義》引出『曲檽』條，云『檽』字『歷亭反，《説文》：楯爲欄檻也，檽爲楯間子也。俗呼揔名鉤欄也』；『轚』即『檽』的異體字。

〔二五二〕哂，《大寶積經》卷六三有『譬如唖羅婆那象王，於三十三天頂戴諸天乘空而遊』句，其中的『唖』字《大正藏》校記引《聖語藏》本作『哂』，即此字所出；慧琳《音義》引出『唖羅婆那』條，云『上嬰奚反，經作哂，誤也。梵語白象王名也，天帝釋常所乘，具足神通，知機變化，善隨天主之意也』。

〔二五三〕『緘』、『唖』二字出於《大寶積經》卷六四。

〔二五四〕嘶，《大寶積經》卷七二有『嘶破騾聲』句，應即此字所出。

〔二五五〕熼，此字《大寶積經》卷七二、七三、七四相應位置均未見，但斯二一四二號背《大寶積經難字》經文卷七二下所録難字『嘶』下亦有『熼』字，順序同，或底卷所據經文與今傳本有異。參看斯二一四二號背《大寶積經難字》校記〔一三〇〕。

〔二五六〕瓠，《大寶積經》卷七四有『如人夢中爲飢所逼，遇得苦瓠并拘奢得子』句，應即此字所出。

〔二五七〕『杓』以下至『髀』四字出於《大寶積經》卷七六。

〔二五八〕遜，《大寶積經》卷七七有「菩薩謙遜，其心柔軟」句，應即此字所出。

〔二五九〕「零」、「效」、「虺」三字出於《大寶積經》卷七八。

〔二六〇〕「隘」字及下「鉾」、「衝」二字出於《大寶積經》卷七九。

〔二六一〕穪，文中應爲「黐」字俗省，《大寶積經》卷八〇有「猶如黐膠縛獼猴」句，應即此字所出。

〔二六二〕「埃」字及下「顧」、「鶴」二字出於《大寶積經》卷八一，但經本「顧」字句（「迴顧如象王」）在「鶴」字句（「鴛鴦及鴻鶴」）之後，字序略有不同。

〔二六三〕「嘲」、「掣」、「賄」三字出於《大寶積經》卷八二。

〔二六四〕「懇」、「蠒」、「綜」三字出於《大寶積經》卷八三。

〔二六五〕蠒，《金藏》本經文卷八三有「如蠶處蠒自縈縛者」句，即此字所出；「蠒」爲「繭」的俗字，《大正藏》本及慧琳《音義》引正作「繭」。

〔二六六〕涸，《大寶積經》卷八五有「能令彼水悉皆枯涸」句，應即此字所出。

〔二六七〕喍，《大寶積經》卷八八有「譬如有狗，前至他家，見後狗來，心生瞋嫉，嘊喍吠之」句，應即此字所出。

〔二六八〕翱，《大寶積經》卷九〇有「又如大力金翅鳥王翱翔運動」句，應即此字所出。

〔二六九〕「炫」以下至「添」四字出於《大寶積經》卷九一，但經本「炫」字句（「身自炫曜」）在「凍」字句（「匱乏飢凍」）之後，字序略有不同。

〔二七〇〕疱，《大寶積經》卷九二有「七者體生瘡疱」句，應即此字所出。

〔二七一〕誇，《大寶積經》卷九六有「誇衒伎藝如婬女」句，即此字及下「衒」字所出。

〔二七二〕「穆」、「穡」、「冰」三字出於《大寶積經》卷九七。

〔二七三〕躅，《大寶積經》卷九九有「猶如躑躅花」句，應即此字所出。

〔二七四〕磈，此字《大寶積經》經本相應卷數均未見，俟考。

〔二七五〕鬆，《大寶積經》卷一〇〇有『剃髮被袈裟』句，其中的『剃』字慧琳《音義》引作『鬆』，應即此字所出。

〔二七六〕翔，《大寶積經》卷一〇一有『異類衆鳥翔集和鳴』句，應即此字所出。

〔二七七〕釐，《大正藏》本經文卷一〇二有『乃至不知如毫釐相』句，其中的『釐』字《金藏》本作『氂』，『氂』、『釐』皆爲『氂』的俗字，應即此字所出。

〔二七八〕葦，《大寶積經》卷一〇三有『葦軒具足』句，應即此字及下『軒』字所出。

〔二七九〕棓，《大寶積經》卷一〇五有『汝今若能斷除一切衆生命根，然不執刀不持杖，不把棓不捉塊』句，應即此字所出。

〔二八〇〕『鋭』以下至『剼』五字出於《大寶積經》卷一〇七。

〔二八一〕剼，此字《大寶積經》卷一〇七相應位置未見，而有『誰剃我子髮，我當誅戮』句，『剼』『戮』二字古通用，應即此字所出。

〔二八二〕『杅』與下『埋』字出於《大寶積經》卷一〇八。《大正藏》本經文有『旃遮婆羅門女以木杅繫腹誹謗如來』句，應即此字所出；『杅』字《金藏》本作『杆』，慧琳《音義》引出『木盂（盂）』條，云下字『宇俱反，《考聲》：盂，椀之大者。一云椀無足曰盂。經作杇（杆），非也，是浴器也。外道女假以木盂繫腹謗佛，不應用澡浴之器大杇（杆）也』。據慧琳所釋，是此字經文本作『杅』，而『杅』字古亦用同『盂』，底卷及《大正藏》本作『杆』者，實爲『杅』字之訛。

〔二八三〕『嫩』字以下至『鷗』字出於《大寶積經》卷一〇九。《麗藏》本卷一〇九經文有『身體柔軟，猶如初出新嫩花枝』句，即此字所出；『嫩』同『嫩』，《大正藏》本正刻録作『嫩』。

〔二八四〕怜，『憐』的俗字，《大寶積經》卷一〇九有『各各爲其夫婿別憐愛故』句，其中的『憐』字《大正藏》校記引宋《資福藏》等本作『怜』，即此字所出。

〔二八五〕曜，《匯考》校作『驩』，甚是；《大寶積經》卷一〇九有『又其長者欲食之時，則有六萬雜種羹驩飯食』句，即此字所出；『臛』又『脽』的俗字，慧琳《音義》引正作『脽』，云『訶各反，王逸注《楚辞》云：有菜曰羹，無菜曰脽。《説文》從肉、隺聲也。隺音涸。經中作曤，謬也』。

〔三八六〕坘，此字通常爲『丘』的增旁俗字，但文中則應爲『坻』的俗字，《麗藏》本經文卷一〇九有『爾時彼衆中有一長者童子，名曰蘇摩浮坘（原注：坘音多尼反，隋言真月）』句，慧琳《音義》引出『蘇摩浮坘』，云『下音知，梵語也，經中自注解云隋言真月』，『坘』亦爲『坻』的俗字，凡『氐』旁俗書皆可作『互』或『丘』。參看《敦煌俗字研究》下編『坻』字條。

〔三八七〕『圕』字以下至『槊』字出於《大寶積經》卷一一〇。

〔三八八〕覙，《大寶積經》卷一一〇有『恒常乏少，覙求他物』句，『規』字古字作『覭』，『覙』即受『覭』『規』的交互影響形成的訛俗字。

〔三八九〕緳，《大正藏》本經文卷一一〇有『見鼻不喎緳』句，即此字所出；『緳』借用作『戾』，慧琳《音義》引出『喎戾』條，云『下憐結反，《説文》云曲也。犬出户下，身必曲戾，故從犬。經文從糸作緳，非也，緳，結也，紐也，黄色綵也，非經義』。

〔三九〇〕睦，《大寶積經》卷一一一有『乃至眷屬不相和睦』句，應即此字所出。

〔三九一〕『夭』、『稗』二字出於《大寶積經》卷一一三。

〔三九二〕綻，《大寶積經》卷一一四有『莫令綻壞』句，應即此字所出。

〔三九三〕佩，《大寶積經》卷一一五有『身佩種種衆莊嚴具』句，應即此字所出。

〔三九四〕『淑』字以下至『眇（拗？）』字大抵出於《大寶積經》卷一一七，其中『冀』字經本在『懿』、『粗（麁）』二字之前，字序略有不同。

〔三九五〕粗，《大寶積經》卷一一七有『又若聞人發麁獷辭』句，『粗』『麁（麤）』古字通用不別，應即此字所出。

〔三九六〕猗，《大寶積經》卷一一七有『若能忍辱，身心無倚』、『不倚今世及與後世』、『不倚言辭』、『倚著因緣』等句，《大正藏》於前一句下出校記云『倚』字宋《資福藏》、元《普寧藏》、明《嘉興藏》及日本宮内省圖書寮本作『猗』，下同；慧琳《音義》引出『猗著』條，云『猗』字『於議反，古人僻見，錯用字也，準據前後經文，合是依字，經云「身心無依」，又云「無所依著」，又云「不依今世」，又云「不依言辤」等，今並書猗字，錯之甚也；《説文》云猗者犗犬也，殊非此義，多是筆授之流寡學文典，避私諱借，書此字身，宜改從依，正也』。

〔二九七〕 眇，此字其他字書不載，疑爲『尠』字之訛，《大寶積經》卷一一七有『則令道心静然無穢，所思薄尠』句，或即此字所出。

〔二九八〕『棲』字以下至『颱』字出於《大寶積經》卷一二〇。

〔二九九〕 莽，『莽』的俗字，《大正藏》本經文卷一二〇有『棲止林莽』句，其中的『莽』字《金藏》本作俗字『莽』，即此字所出。

〔三〇〇〕 檻，此字其他字書不載，應爲『檻』的繁化俗字，《大寶積經》卷一二〇有『眺望軒檻，相與娛樂』句，當即此字所出。

〔三〇一〕 觜，《金藏》本經文卷一二〇有『其鳥毛羽猶如雜寶，天吠琉璃以爲其觜』，即此字所出；其中的『觜』字《大正藏》本作『嘴』，『觜』『嘴』古今字。

〔三〇二〕 梅，此字通常可定作『梅』字俗寫，但《大寶積經》卷一二〇相應位置并無『梅』字，文中實應爲『栴』字俗訛，經本有『栴檀心』、『栴檀沈水』句，當即此字所出。

〔三〇三〕 嚬，《金藏》本《大寶積經》卷一二〇有『曾无瞋恚鬪諍嚬妬』句，即此字所出；《大正藏》本『嚬』字作『顰』，後者爲《説文》正字。

〔三〇四〕 颱，《金藏》本《大寶積經》卷一二〇有『頭上花鬘颱便萎頓』句，即此字所出；《大正藏》本『颱』字作『颯』，『颱』爲『颯』的偏旁移位字；慧琳《音義》引出『颱便』二字，云『颱』字『或作颯也』。

〔三〇五〕 唅，此字《龍龕·口部》注『俗，音企』，《龍龕》同部又有『唫』字，注『俗，驅馳、丘尒二反』，『唅』應即『唫』

的訛變字；『唸』蓋梵文譯音用字，《正法念處經》卷一六有三十六種餓鬼之名，『十者唸（原注：區伊反）吒，食唾餓鬼』；又云『如是惡人，身壞命終，生惡道中，受於唸吒餓鬼之身（原注：唸吒，魏言食唾；唸，區伊反）。爲飢渴火常燒其身，於不浄處，若壁若地，以求人唾，食之活命。餘一切食，悉不得食』，不知是否即『唸』字所出。

〔三〇六〕 炊，《毘尼母經》卷四有『炊』字（見下引），不知是否爲此字所出。

〔三〇七〕 『匹』字以下一段大抵出於失譯（附秦録）《毘尼母經》，但底卷經本每卷難字多逆序摘録。《毘尼母經》卷一有『自妻顔容瑰瑋，世之無匹』句，疑即此字所出。

〔三〇八〕 『翁』以下四字出於《毘尼母經》卷三，但經本此四字出現的順序爲『鈔（抄）、誤、級、誤、翁、誤』，字序不同。

〔三〇九〕 級，《金藏》本《毘尼母經》卷三有『錦級鬘花如此等衣不中畜』句，應即此字所出；『級』當爲『紋』的訛字，《大正藏》等本即作『紋』。

〔三一〇〕 鈔，《毘尼母經》卷三有『若往者恐惡人抄略』句，《大正藏》校記引日本《聖語藏》本『抄』字作『鈔』，應即此字所出。

〔三一一〕 『積』以下至『校』字出於《毘尼母經》卷三，但經本所見難字依次爲『校、傘、鐲（鉎）、[illegible]、積、搗、積』，底卷似係逆序摘録。《金藏》本經文卷三有『復取種種香木聚積成積，復搗種種末香著於積上』句，即『積』字所出。

〔三一二〕 槝，當爲『搗』字俗訛，《金藏》本《毘尼母經》卷三相應位置正有『搗』字（引文見上條）；『搗』字《大正藏》本作『搗』，皆爲『擣』的改换聲旁俗字。

〔三一三〕 [illegible]，《大正藏》本《毘尼母經》卷三有『瓦鐵所作應可分物，鐵杓、鐵鐲[illegible]、斤斧、五尺刀、户鉤、針筒、刀子、剪刀、鐵杖、香爐、火爐、槃、傘蓋、蓋莖、香筩，如是等廣知；大銅盂、小銅盂、鐲[illegible]、銅杖，如是等名數，皆如鐵也』句，《大正藏》校記引日本《聖語藏》本『鑹』字夾注『力禾反』，『鑹』、『鑹』皆爲『鑹』字俗訛，玄應《音義》卷一六引正作『鑹』；此字《金藏》本作『䥯』，爲『鑹』字俗省，『鑹』又借用作『鑹』。

〔三一四〕繖，《毘尼母經》卷三有『傘蓋』一物（經文見上條引），《大正藏》校記引日本《聖語藏》本『傘』作『繖』，『傘』『繖』古異體字，應即此字所出。

〔三一五〕銼，《毘尼母經》卷三有『鐲鑹（鑹）』一物（經文見〔三〇九〕條校記引），《大正藏》校記引日本《聖語藏》本『鐲』作『銼』，夾注音『似禾反』，應即此字所出。

〔三一六〕『濾』以下至『喆』字出於《毘尼母經》卷四，但經本所見難字依次爲『哲、椒、瓢、橛、料、複、紵、濾、餐、饙、料』，底卷似係逆序摘録。《毘尼母經》卷四有『作漿法，先研米與水和濾著一器中』句，即此字所出；玄應《音義》卷一六引出『漉著』條，云『漉』字『或作渌，同，力木反，水下皃也，漉浚也。律文作濾，近字也』。

〔三一七〕鋚，此字當是『䭀』字之訛，《大正藏》本《毘尼母經》卷四有『作漿法，先研米與水和濾著一器中，後炊飯餐饙取飯汁著一處』句，『䭀』即『餐』的偏旁移位字；玄應《音義》卷一六引出『餐饙』條，云上字思流反，下字府云反，『《字書》蒸米；《廣雅》饙謂之餐；《爾雅》：饙，稔也，亦餾也』。

〔三一八〕鐼，此字當是『饙』字之訛，上條所引《毘尼母經》卷四經文有『餐饙』一詞，即此字所出；《金藏》本作『餐鐼』，『鐼』字誤與底卷所據經本同。

〔三一九〕紵，『紵』的俗字（比較『貯』字《龍龕・貝部》載俗字作『貯』），《毘尼母經》卷四有『復聽著複衣，若用羊毛、駱駝毛，乃至綿紵之聽著』句，即此字及下『複』字所出。

〔三二〇〕喆，《毘尼母經》卷四有『若有一人聰哲高才』句，玄應《音義》引出『聰喆』條，云『又作哲、悊二形，同』，即此字所出。

〔三二一〕『賴』以下至『屐』字出於《毘尼母經》卷五，但經本所見難字依次爲『屐、盔、䳱、綣、挂、輿、憩、磔、饋、賴』，底卷似係逆序摘録。

〔三二〕榤，《毗尼母經》卷五有『作帶法，廣一磔手，長短隨身量作，是名襌帶』句，《中華大藏經》校記云『磔』字《資福藏》、《磧砂藏》等本作『搩』，底卷『榤』當又爲『搩』字俗訛；慧琳《音義》卷二四《方廣大莊嚴經》第四卷音義：『一磔手，張革反，《廣雅》：磔猶開也，又張也。一磔手者，張其手，取大指、中指所極爲量也。《古今正字》從石、桀聲。經本作搩，音傑，非義也。』『一磔手』爲手量所得之長度，義與手相關，俗書因或換旁作『搩』。

〔三三〕𢓭，《匯考》校作『掛』，極是；《毗尼母經》卷五有『庭中立高幢，挂絡幢頭』句，『掛』即『挂』的改換聲旁俗字。

〔三四〕鐗，『魁』的俗字，《金藏》本《毗尼母經》卷五有『施僧六種物：一者刻漏好床，二者銅鐗……』句，玄應《音義》引出『銅魁』條，云『魁』字『苦迴反，《説文》羹斗也。律文作橺，又作鐗，皆非』。《大正藏》據《麗藏》本作『盔』，『盔』可指容器，與『魁』音同義近。參看《漢語俗字叢考》『鐗』字條。

〔三五〕弶，《毗尼母經》卷六有『汝入聚落時不生著心，如著弶鹿得脱不』句，應即此字所出。

〔三六〕『柿』、『蹀』二字似出於《毗尼母經》卷七，説詳下條。

〔三七〕蹀，《毗尼母經》卷七有『齊量者，長二修伽陀搩手半，廣一修伽陀搩手半。重制者，不應畜上色尼師壇錦尼師壇帛尼師壇革尼師壇，不得用尼師壇裹木柿奈乃至裹土』句，《大正藏》校記引日本《聖語藏》本『搩』字作『蹀』，應即此字及上『柿』字所出；『搩』、『蹀』皆爲『磔』的訛俗字。慧琳《音義》卷二〇《寶星經》第四卷音義：『一磔手，張革反，《廣雅》云：磔，張也，開也。《古今正字》云從石、桀聲。經本從足作蹀，非也。』《龍龕·足部》以『蹀』爲『磔』的俗字。參看上文校記〔三二〕。

〔三八〕『琦』字及下『樹』、『隧（墜？）』二字似皆出於《毗尼母經》卷六，但經本所見依次爲『墜、標、琦』，底卷似係逆序摘録。《毗尼母經》卷六有『若見珍琦異寶不起盜心不』句，當即『琦』字所出；此『琦』乃『奇』的增旁俗字。

〔三一九〕『聆』字所出不詳。

〔三二〇〕欌，疑爲『標』的俗字（慧琳《音義》卷四三《僧伽吒經》第一卷音義載『漂』通俗字作『[illegible]』，可以比勘），《毘尼母經》卷六有『應當問大界標相處所』句，疑即此字所出。

〔三二一〕隧，此字《毘尼母經》卷六相應位置未見，而有『能使正法不墜於地』句，『隧』『墜』古字通用（《集韻・至韻》：『墜，《爾雅》落也。或作隧。』可參），疑即此字所出。

〔三二二〕筯，此字應爲『筯』字稍訛，《毘尼母經》卷八有『藥箭、藥楮、藥器』等名物，《中華大藏經》校記云『楮』字《磧砂藏》、《永樂南藏》等本作『筯』，《徑山藏》本作『箸』；按『楮』爲『櫡』字俗寫，『櫡』爲『箸』的增旁俗字，『筯』爲『箸』字異體，應即此字所出。又『筯』以下至『竺』四字應皆出於《毘尼母經》卷八，但經本所見依次爲『竺、晚、瘃、筯』，底卷似係逆序摘録。

〔三二三〕瘃，《毘尼母經》卷八有『爾時諸比丘雪山中夏安居，身體剥壞來到佛所』句，《中華大藏經》校記云『剥』字諸本作『瘃』，即此字所出；玄應《音義》卷一六引出『體瘃』條，云『瘃』字『知録反，謂手足中寒作瘡也』。

〔三二四〕『毻』字以下至『騣』一段出處不詳。『毻』字其他字書不載，俟再考。

〔三二五〕[illegible]，就字形而言，此字可定作『[illegible]』字俗寫，但字書并無『[illegible]』字，《匯考》疑原字爲『淹』字，近是。

〔三二六〕抛，此字俚俗用作『抛』和『挽』的俗字，敦煌文獻中以用作前者居多。

〔三二七〕『舐』字以下一段又出於《大寶積經》。其中『舐』字以下至『凝』字似皆出於《大寶積經》卷五五，但經本所見依次爲『凝、囊、窯、翳、囊、躑、舐』，底卷似逆序摘録而又有參差。

〔三二八〕窯，此字其他字書不載，《匯考》以爲同『窯』，極是；《大寶積經》卷五五有『譬如窯師及其弟子，善能調泥』句，應即此字所出。

〔三二九〕『失』字以下至『肟』字皆出於《大寶積經》卷五六，但經本所見依次爲『失、昞、穳、粥、隟、陶、失』，底卷似逆序摘録。

〔三四〇〕 隟，《金藏》本《大寶積經》卷五六有「猶如藕根有多孔隟」句，即此字所出；「隟」字《大正藏》本經文作「隙」，慧琳《音義》引出「孔隙」條，云「隙」字「經從巢作隟，非也」。

〔三四一〕 肟，字書有「肝」字，「于」「亐」隸變之異，則「肟」「肝」應爲一字異寫，但「肝」字指地名或用同「吁」，古書罕覯，此處「肟」疑爲「眄」字俗訛，《金藏》本《大寶積經》卷五六有「左右顧眄，於果樹下見雌獼猴」句，慧琳《音義》引出「顧眄」條，云「下音麪，《韻英》云斜視也，從目、丏聲。……經文作眄，非也」，「肟」「眄」形近；《大正藏》本「顧眄」作「顧盼」，義亦可通。

〔三四二〕 「堵」以下至「槩」六字皆出於《大寶積經》卷五七，但經本所見依次爲「槩、展、鼉、俛、堵」，底卷似逆序摘録。

〔三四三〕 槩，《金藏》本《大寶積經》卷五七有「梗槩大位略説如是」句，「槩」字慧琳《音義》引同；《大正藏》本作「概」，爲後起偏旁移位字。

〔三四四〕 「鈌」以下至「酌」五字皆出於《大寶積經》卷五八，但經本所見依次爲「鈌、酌、召、捫、召、鈌」，底卷似逆序摘録。「鈌」字左部末畫底卷作「凵」形，俗寫，兹録正；《金藏》本《大寶積經》卷五八有「戒浄無鈌大丈夫」、「云何無慳戒無鈌」句，即此字所出（其中前例「鈌」字左部末畫原本亦作「凵」形），「鈌」爲「缺」字異體，《大正藏》本即作「缺」。

〔三四五〕 「坎」下一段部分字可在《大寶積經》中見到，但較之經本序次先後參差，難以一一確指，故不一一出校標注。

〔三四六〕 挓，《大寶積經》卷一八有「譬如下賤半挓迦人」句，卷一一三又有「生此中已，以百千釘釘挓其身」句，或即此字所出；後例「挓」字慧琳《音義》引作「磔」，云「張革反，據經合是磔字，今經中書挓字，諸字書並無此字，未詳其音，且書磔字也」。

〔三四七〕 ⿰歹尧，據字形而言，此字當是「⿰歹堯」字俗省，但「⿰歹堯」本身又爲「殑」的訛俗字；蓋「殑」字與「⿰歹堯」俗書形近，

『殑』字誤書或誤認作『殑』字俗書，據以楷正，遂成『殑』字。《大寶積經》卷四一、四五、五四皆有『殑伽沙』一名，或即此字所出。

〔三四八〕『鋈』以下至『舘』字字似皆出於《大寶積經》卷四七，但經本所見依次爲『館、𪘔、隷、稚、翼、鋈、霞、翼』，底卷似逆序摘録而又有參差。

〔三四九〕舘，『館』的俗字，《大寶積經》卷四七有『依附村城郊野館舍國邑王都』句，慧琳《音義》引出『舘舍』條，云『舘』字『《説文》從食、官聲，或作舘，俗字』；底卷『舘』、『舘』並出，或係標列别本異文。

〔三五〇〕鄥，此字『烏』旁右上部底卷本作三横，應爲『烏』旁俗寫；《匯考》定原字作『鄥』，亦有可能（參看上文校記〔一七〕）。

〔三五一〕《大寶積經》卷六一有『面滿廣黛眉』、『美音箏笛及簫瑟』句，不知是否爲『黛』及下『瑟』、『笛』二字所出。

〔三五二〕『硨』以下至『翅』五字似皆出於《大寶積經》卷六二，但經本所見依次爲『翅、幕、閫、車渠』，底卷似逆序摘録。經本卷六二有『一一門户，金門銀扇，雜寶彫飾，其諸門閫一一皆用毘琉璃寶，一一門樞皆用車渠』句，慧琳《音義》引出『硨磲』條，云『上音車，下音渠』，『硨磲』、『車渠』實皆即『車渠』的增旁、换旁繁化形。

〔三五三〕『沉』字以下至『欽』字似皆出於北凉曇無讖譯《大般涅槃經》卷一，除個别字外，先後順序均與經本相合。『沉』爲『沈』的俗字，《大般涅槃經》卷一有『各取香木萬束，栴檀、沉水……等』句（據《麗藏》本，下同），應即此字所出。

〔三五四〕軟，《大般涅槃經》卷一有『諸木皆以種種香塗，欝（鬱）金、沉水及膠（膠）香等。散以諸花，而爲莊嚴，優鉢羅花，拘物頭花，波頭摩花，分陀利花。諸香木上懸五色幡，柔軟微妙，猶如天衣，憍奢耶衣，芻摩繒綵』等句，『軟』字在『懸』後『繒』前，下『欝（鬱）』字在『膠』字前，字序略有不同。

〔三五五〕戴，此字《大般涅槃經》卷一相應位置未見，而有『是諸香木載以寶車』句，『戴』『載』二字古通用，疑即此字所出。

〔三五六〕 輞，《大般涅槃經》卷一有『是諸寶車出種種光，青黄赤白，轅輞皆以七寶廁填。是一一車駕以四馬，是一一馬駿疾如風』句，即此字所出；『輞』爲『楇』的俗字，玄應《音義》卷二引出『轅楇』條，云『經文從車作輞，傳寫誤也』。

〔三五七〕 備，《大般涅槃經》卷一有『辦諸食具，種種備足』句，應即此字所出；經本此字在『案』後『醋』前，字序略有不同。

〔三五八〕 醎，《大般涅槃經》卷一有『其食甘美，有六種味，一苦，二醋，三甘，四辛，五醎，六淡』句，『醎』爲『鹹』的俗字，應即此字所出。

〔三五九〕 『開』爲『關』的俗字，此字以下一段難字所出不詳。

〔三六〇〕 ⿱艹觔，『筋』的俗字，慧琳《音義》卷四三《僧伽吒經》第一卷音義：『筋，經本從艸從角作⿱艹觔，非也。』蓋『筋』字俗訛作『⿱竹觔』，俗書竹頭草頭相亂，故『⿱竹觔』俗書又作『⿱艹觔』。

〔三六一〕 𠙺，『正』的武后新字，見《集韻·勁韻》、《新唐書·后妃傳》等，《匯考》以爲『缶』字，不確；『正』字《廣韻》去聲勁韻音之盛切，章紐，直音字『井』在上聲静韻，音子郢切，精紐，二字同爲梗攝開口三等字，精紐、章紐唐五代西北方音可以同用。又『𠙺（正）』字以下至『軟』字皆見於《大般涅槃經》卷一，且先後順序全同，應即底卷所本。經本卷一有『今日如來應正遍知』句，應即『𠙺』字所出。

〔三六二〕 黎，《大般涅槃經》卷一有『青黄赤白頗梨馬瑙光』句，玄應《音義》卷二引出『頗梨』條，云『梨』字『力私反，又作黎，力奚反』，即此字所出；『黎』字《廣韻》音郎奚切，齊韻蟹攝，直音字『令』音郎丁切，青韻梗攝，唐五代西北方音蟹攝、梗攝主要元音相同，且梗攝各韻的鼻音韻尾趨於消失，故青、齊可以互注。

〔三六三〕 椎，《大般涅槃經》卷一有『舉手拍頭，搥胷叫唤』句，『搥』即『椎』的後起俗字，即此字所出；『椎』的注音字底卷字形漫滅（似僅寫了左半），俟再考。

〔三六四〕 直音字『才』底卷作『扌』形，應爲『才』字手寫之變，兹從《匯考》校録正。

〔三六五〕「鬱」字《廣韻》音紆物切，影紐物韻，直音字「郁」音於六切，影紐屋韻，二字異韻，但此二字自古通用，故俚俗或可徑視「郁」爲「鬱」的同音字。

〔三六六〕「欻」以下難字所出未詳。「欻」的注音字底卷字形漫滅（似僅寫了左半），《匯考》定作「月」字，似未確。

〔三六七〕「嚌」字《廣韻》音在詣切，霽韻蟹攝，直音字「浄」音疾政切，勁韻梗攝，此亦蟹攝、梗攝互注之例。參看上文校記〔三五七〕。

〔三六八〕「蛆」字《廣韻》音七余切，清紐魚韻，直音字「吹」音昌垂切，昌紐支韻，清紐與昌紐、支韻與魚韻唐五代西北方音均可同用。

〔三六九〕映，此字左部底卷字形在「日」、「月」二旁之間，原字可定作「映」或「胦」，而俗書「目」旁與「日」、「月」二旁相亂，故原字亦可能爲「眏」字俗訛，此處疑以後一種可能性爲大。

〔三七〇〕「刦」和注文「刧」實皆爲「劫」的俗字，蓋「力」旁俗書與「刀」旁相亂（如《干禄字書》載「功」俗作「切」之例），「劫」以武力脅逼或搶奪往往又與「刀」相關，故「劫」字俗書作「刧」，「刧」又改寫作「刦」，底卷以「刧」注「刦」，屬異體字相注之例；《集韻・業韻》以「劫」爲脅止，以「刦」爲強取，分爲二字，不妥。

〔三七一〕橐，《集韻・怪韻》以爲「韛」字或體，音步拜切，與直音字「託」讀音迥異，《匯考》謂「橐」當作「槖」，可備一説，「槖」、「託」《廣韻・鐸韻》同音他各切；但也不能排除注音字有誤的可能性。

〔三七二〕注音字「𠬛」爲「朋」的俗字，「蓬」字《廣韻》音薄紅切，東韻通攝，直音字「朋」音步崩切，登韻曾攝，六朝前後通攝與曾攝韻近可以互注。

〔三七三〕「晡」字《廣韻》音博孤切，模韻幫紐，直音字「富」音方副切，宥韻非紐；古無輕唇音，故非紐、幫紐不分；又唐五代時期尤侯韻的唇音字讀同魚、虞、模韻，故「富」「晡」二字可以互注。

〔三七四〕「斲」字《廣韻》音竹角切，覺韻知紐，直音字「斫」音之若切，藥韻章紐，唐五代西北方音知、章二系聲母同用，江攝、宕攝合流，故上揭二字可以互注。

〔三七五〕「疏」字《廣韻》音所葅切，魚韻生紐，直音字「水」音式軌切，旨韻書紐，生紐、書紐同屬正齒音，發音部位相同；魚韻、旨韻分屬遇攝、止攝，此二攝字唐五代西北方音可以互注。

〔三七六〕「睎」字《廣韻》音香靳切，焮韻曉紐，直音字「虚」音朽居切，魚韻曉紐，二字紐同，但韻母分屬臻攝、遇攝，敦煌文獻中罕見同用，疑「睎」爲「晞」或「睎」的訛俗字，後二字《廣韻》音香衣切，微韻止攝，止攝、遇攝字互注敦煌文獻中經見。

〔三七七〕搗，或作「搗」，皆爲「擣」的後起改換聲旁俗字。

〔三七八〕「嫩」同「嫩」，《廣韻》音奴困切，慁韻泥紐，直音字「論」音盧困切，慁韻來紐，泥、來二紐敦煌文獻中可以互注。

〔三七九〕䩑，《龍龕·皮部》以爲「䩑」的俗字，音「去奇反」，直音字「欺」《廣韻·之韻》音去基反，二字讀音略同。

佛經難字音（一）

斯五五二四

【題解】

本篇底卷編號爲斯五五二四。僅一行，無題。《索引》擬題作『雜字』，《寶藏》、《索引新編》同；《英藏》改題作『字音』。考北四七五九號（菜九七）《妙法蓮華經》卷二譬喻品第三、信解品第四依次有『牆壁圮坼，泥塗褫（北四七四六號《妙法蓮華經》寫本作『豨』）落』、『狖狸鼷鼠』、『鬬諍齟掣』、『孚乳産出』、『殘害兇險』、『今日世尊令我等思惟蠲除諸法戲論之糞』等語，本篇前九字有八字可在其中見到踪迹，且先後順序亦大致吻合，知此八字當即出於《妙法蓮華經》。但『態』、『衍』、『話』、『對』四字未詳所出，有待續考。因據内容改定今題。

本篇未見前人校録。兹據《英藏》影印本并參有關經本校録如下。

把。〔一〕　豨。〔二〕　鼷刑音。〔三〕　孚夫音。〔四〕　險（險）。　齟住音掣。〔五〕　態太音。〔六〕　蠲卷音。〔七〕　衍演音。〔八〕　話畫音。〔九〕　對住音。〔一〇〕

【校記】

〔一〕把，當是『圮』的訛俗字。俗書『已』『巳』形近相亂，故『圮』字俗書亦作『圯』形。《龍龕·土部》：『圯，皮美反，毀也，覆也；又與支反，土橋也。』前一讀音的『圯』即『圮』字。而『巳』俗書又與『巴』不分（如『肥』字又作『肥』之比），故『圮（圯）』又可進而訛變作『把』。《妙法蓮華經》卷二譬喻品有『牆壁圮坼』之句，其中的『圮』字北四七二九（收四九）、四七三三（巨四〇）、四七三四號（往五四）等經本作『把』，北四七三〇（宙六四）、四七三二（調五六）、四七三六（果四）、四七五九（菜九七）號等經本作『把』，『圯』、『把』正是『圯』的俗字，當即底卷此字所出。

[二] 豨，『𧲝』字俗寫，『𧲝』則爲『褫』字之訛，北四七五九（菜九七）號等《妙法蓮華經》卷二譬喻品經本作『𥘵』，正是『褫』字的俗寫；『褫』又當讀作『阤』或『陊』。說詳斯五五五四號《妙法蓮華經譬喻品難字音》校記[三]。

[三] 『鼷』字《廣韻》在齊韻，胡雞切；『刑』字在青韻，户徑切，二字同紐異韻。

[四] 『夫』字《廣韻·虞韻》防無切，又甫無切，與『孚』字（芳無切）韻同紐近。

[五] 『齟』字《集韻·麻韻》以爲『齇』字異體，經中當校讀作『摣』。玄應《音義》卷六《妙法蓮華經》第二卷下引正作『摣』，玄應云：『摣掣，又作抯，《字林》側加反，《釋名》云：摣，叉也，謂五指俱往叉取也。經文有作齇，《説文》齒不正也，齇非此義。』用同『摣』的『齟（齇）』當讀作側加反，本篇音『住』（『齟』字《廣韻》有牀吕切一讀，與『住』字音近），似不妥。參見斯五五五四號《妙法蓮華經譬喻品難字音》校記[五]。

[六] 『態』字底卷列於『齟（摣）掣』『蠲』二條之間，查《妙法蓮華經》經文『鬬諍摣掣』『今日世尊令我等思惟蠲除……』二句間未見『態』字，而有『父知子意漸以通泰』句，不知『態』是否爲『泰』的借音字。『態』『泰』『太』三字讀音相近。

[七] 『蠲』字《廣韻·先韻》音古玄切，『卷』字線韻音居倦切，又仙韻巨員切，二字讀音相近。

[八] 『衍』『演』二字《廣韻·獮韻》皆音以淺切，爲同音字。『衍』以下三字出處不詳。

[九] 『話』字《廣韻》在夬韻，下快切；『畫』字在卦韻，胡卦切，二字讀音相同。

[一〇] 『住』與『懟』讀音迥殊，『住』疑爲『隹』字寫訛。『隹』字《廣韻·脂韻》音職追切，與『懟』字（《廣韻·至韻》音直類切）讀音相近。

佛經難字音（二）

斯八四〇

【題解】

本篇底卷編號爲斯八四〇。正、背面雙面抄，正面存十五行，卷首有無殘缺不詳，第十五行後有殘畫隱約可見，則其後必有殘泐。卷背僅二行（第二行只抄了一字），字體與正面部分相同，前三字内容亦與正面有關聯，應係接抄正面部分，故兹合併校録。正背面計存難字字頭約一八六字，其中一百字下有注文。注文多係標注直音，偶亦有揭示字義的。没有注音的難字下亦留有約一字空格，大約以備添補注音之用。原卷無題。背面有『閒字一塊　内包▨（抨？）地破字一塊』字樣，當屬後加，蓋出於當年斯坦因的中文秘書蔣孝琬之手。《索引》、《索引新編》擬題『字書』，云原卷『首尾缺』。《寶藏》、《金目》擬目同。周祖謨《敦煌唐本字書敘録》稱作『雜字』，云『雜抄難字，書法笨拙』。《英藏》改題『字音』。《匯考》列在『諸難雜字』下。今考底卷正文字頭除極個别字外，皆見於北涼天竺三藏曇無讖譯《大般涅槃經》、唐若那跋陀羅譯《大般涅槃經後分》、後秦龜兹國三藏鳩摩羅什譯《妙法蓮華經》、東晉天竺三藏帛尸梨蜜多羅譯《佛説灌頂拔除過罪生死得度經》（以下簡稱《大灌頂經》），且其先後順序多有與經本相合者，應即據上述四部經文摘録，故據以改擬今題。底卷接抄不分段，兹據難字出處的不同分作三段：第一段大抵摘抄於《大般涅槃經》及《大般涅槃經後分》，第二段大抵摘抄於《妙法蓮華經》，第三段皆摘抄於《大灌頂經》卷一二。底卷注音多有與《切韻》系統不合的，如止攝字與遇攝字互注、流攝唇音字讀同遇攝、梗攝字與曾攝字互注、濁聲母與清聲母互注（濁聲母清化），等等，都透露出唐五代西北方音的特色。本卷大約是敦煌當地僧人讀經之難字摘録，爲五代或宋初抄本。

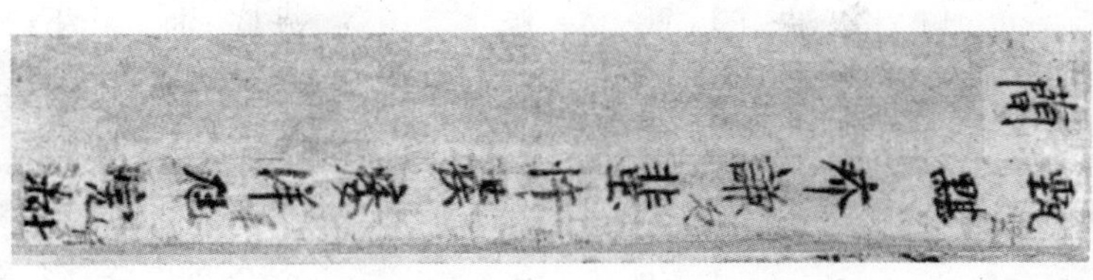

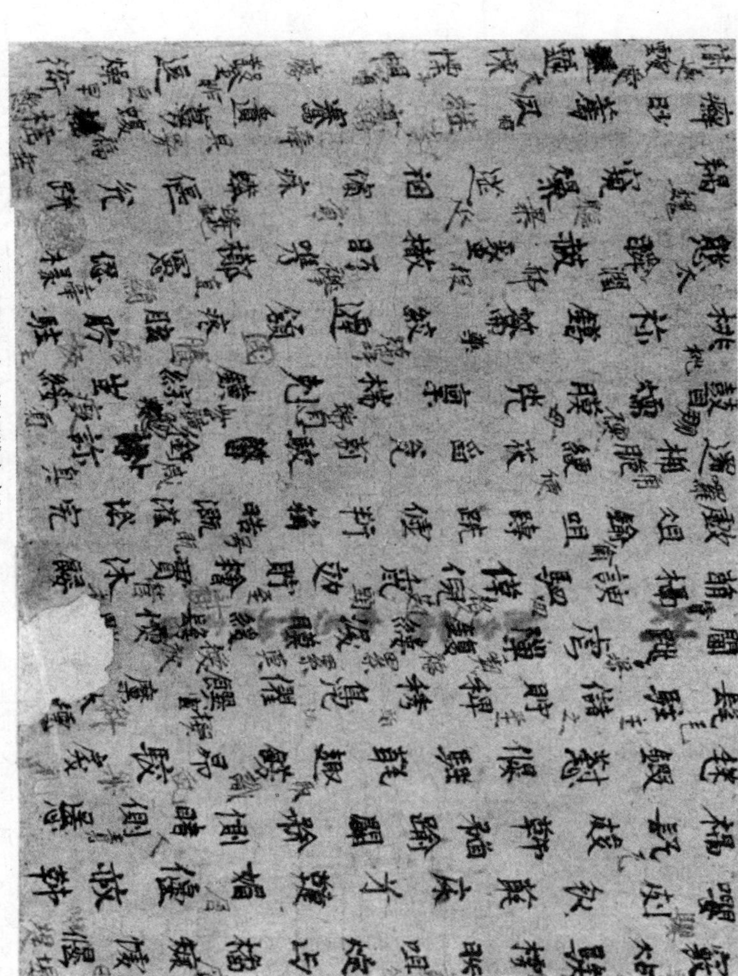

斯八四〇號《佛經難字音》

周祖謨《敦煌唐本字書敘録》(《敦煌語言文學研究》,北京大學出版社一九八八)對底卷有簡要介紹;張金泉、許建平《敦煌音義匯考》作過初步的校勘。　兹據《英藏》影印本録文,并取《中華大藏經》本《大般涅槃經》(前十卷據《麗藏》本影印,後三十卷據《金藏》廣勝本影印)、《大般涅槃經後分》(卷上據《金藏》廣勝寺本影印,卷下據《麗藏》本影印)、《妙法蓮華經》(第一卷據《麗藏》本影印,第四卷據《麗藏》大寶集寺本影印,其餘各卷據《金藏》廣勝寺本影印)、《大灌頂經》(據《金藏》廣勝寺本影印)經本及玄應、慧琳《音義》所載上揭各經音義(分别見玄應《音義》卷二、六、四,慧琳《音義》卷二五、二七、五九)參校,校録於後。　另附原卷圖版於前,以資比勘。底卷字頭正文大字,注文小字,兹依仍其舊;每條(字)下用句號點斷,底卷原有以備注音用的空格則不再保留。

竅要。〔一〕　炶炎。〔二〕　駃駃,倚。〔三〕　槬。〔四〕　昳試。〔五〕　咀組。〔六〕　烶。〔七〕　凷。〔八〕　橘貴厥[illegible]。〔九〕　㡘。〔一〇〕　懅己。〔一一〕　偃
(偃)堨(堨)堤。〔一二〕　嚶嚶。〔一三〕　剫。〔一四〕　釵。〔一五〕　毦。〔一六〕　床。〔一七〕　才。〔一八〕　[illegible]。〔一九〕　媚(媚)眉(眉)。〔二〇〕　偃(偃)
偃。〔二一〕　敒(敒)。〔二二〕　靲。〔二三〕　褐。〔二四〕　虺兀。〔二五〕　皴。〔二六〕　靳。〔二七〕　[illegible]。〔二八〕　踰。〔二九〕　闟。〔三〇〕　矜。〔三一〕　惻。　睹
人。〔三二〕　側責。〔三三〕　慝。〔三四〕　麴。〔三五〕　鍛。〔三六〕　懟。〔三七〕　偃。〔三八〕　駓(駓)。〔三九〕　毦。〔四〇〕　趣取。〔四一〕　鎊識。〔四二〕　昻
乱。〔四三〕　駮樂。〔四四〕　戾(戾)礼。〔四五〕　髦毛。〔四六〕　駐主。〔四七〕　儲之。〔四八〕　貯至。〔四九〕　稗。〔五〇〕　秀頭。〔五一〕　皃洗。〔五二〕
濯。〔五三〕　饌撰。〔五四〕　靡科。〔五五〕　▨。〔五六〕　▨(氈)。〔五七〕　闠。〔五八〕　跳渠。〔五九〕　虐。〔六〇〕　隟喫。〔六一〕　鍑福。〔六二〕　縷累。〔六三〕
淚累。〔六四〕　瞙莫。〔六五〕　緩換。〔六六〕　髣放。〔六七〕　慞(慞)。〔六八〕　▨□。〔六九〕　萠(萠)盲。〔七〇〕　槅。〔七一〕　諛。〔七二〕　駟四。〔七三〕　俾
格人。〔七四〕　倪刘。〔七五〕　秃頭。〔七六〕　効。〔七七〕　貯至。〔七八〕　檜斗概。〔七九〕　貫管。〔八〇〕　沐木。〔八一〕　[illegible]。〔八二〕　歔。〔八三〕　俎。〔八四〕　鍮
偷。〔八五〕　咀。〔八六〕　蹲。〔八七〕　跣。〔八八〕　傭。〔八九〕　斮。〔九〇〕　箱。〔九一〕　晧号。〔九二〕　漑既。〔九三〕　灌。　坻。〔九四〕　究。　邏囉。　桷
角。〔九五〕　脆。〔九六〕　綆便。〔九七〕　茯。〔九八〕　舀。〔九九〕　瓮。〔一〇〇〕　蒴。〔一〇一〕　駮。〔一〇二〕　銜咸。〔一〇三〕　診(診)真。〔一〇四〕　暬[illegible]
(朋)。〔一〇五〕　煹褉。〔一〇六〕　膜母。〔一〇七〕　[illegible](兕)。〔一〇八〕　禀。〔一〇九〕　椯瑞息。〔一一〇〕　剋。〔一一一〕　鑚紫鑚。〔一一二〕　綜惣。〔一一三〕　蚩

（蚩）癡。〔一一四〕 綏湏。〔一一五〕 桃䄻。〔一一六〕 祢。〔一一七〕 鏋。〔一一八〕 篇（籥）藥。〔一一九〕 絞矯吁。〔一二〇〕 遲。〔一二一〕 領國。〔一二二〕
疼騰。〔一二三〕 胲弦。〔一二四〕 肪放。 駐主。〔一二五〕 態太。〔一二六〕 瞬潤。〔一二七〕 赦郝。〔一二八〕 蚤役。〔一二九〕 撤。〔一三〇〕 旳襻。〔一三一〕
嘷。〔一三二〕 擲直。〔一三三〕 憲顯。〔一三四〕 㥶牽。〔一三五〕 椽。〔一三六〕 耦魏。〔一三七〕
窺軀。〔一三八〕 爆暴。 莚延。〔一三九〕 裀。〔一四〇〕 儐貧。〔一四一〕 疥。〔一四二〕 蟒蟒虵。〔一四三〕 傴。 瓮。〔一四四〕 跰。〔一四五〕 癬。 眇。
薦。 夙宿。〔一四六〕 繼▨。〔一四七〕 騫牽。〔一四八〕 匱具。〔一四九〕 蕶（蔓）曼（曼）。〔一五〇〕 蝮福。〔一五一〕 捶垂。〔一五二〕 澍遂。〔一五三〕 霎
愛。〔一五四〕 隸大。 悚。〔一五五〕 慓▨。〔一五六〕 暢唱。 廢。 鑿昨。〔一五七〕 逗豆。 燥早。 銜懸。〔一五八〕 □〔一五九〕 甄坚
（堅）。〔一六〇〕 黮。〔一六一〕 疥。
謙欠。〔一六二〕 蜚。〔一六三〕 忤。 蒺。〔一六四〕 瘘。〔一六五〕 洋羊。〔一六六〕 尪。〔一六七〕 完貟（員）。〔一六八〕 ▨
（料）。〔一六九〕 蔄。〔一七〇〕

【校記】

〔一〕『竅』與下『炶』字似出於《大般涅槃經》卷一，序次相合。經本有『是身如城……目爲竅孔，頭爲殿堂』句，疑即『竅』字所出；『竅』字《廣韻》音苦弔切，溪紐嘯韻，直音字『要』音於笑切，影紐笑韻，《廣韻》嘯、笑二韻同用，又唐五代西北方音見系聲母與影系聲母有同用的現象，故『竅』、『要』讀音相近。

〔二〕炶，《大般涅槃經》卷一有『睒婆利王而爲上首』句，『睒婆利』佛典亦作『閃婆利』，『炶』疑即『睒』字譯音用字之異（『炶』爲『煔』字俗省，而『煔』、『閃』爲古今字）；『炶（煔）』字《廣韻・豔韻》音舒贍切，書紐，直音字『炎』《集韻・豔韻》有以贍切一讀，以紐，二字韻同紐異。

〔三〕騃，《大般涅槃經》卷二有『方知舊醫癡騃無智』句，疑即此字所出；注文『騃』字底卷作『ケ』形，似爲字頭『騃』的省書符號，故據録，但就文例而言，此字或不當有，應刪；又『倚』字底卷在『ケ』之下、下條『樗』字

的右上側，此字應爲『駭』的直音字，《匯考》定作『樗』的直音字，似不確；『駭』字《廣韻·駭韻》音五駭切，疑紐蟹攝，『倚』字在紙韻，音於綺切，影紐止攝，唐五代西北方音有疑紐讀同影紐、止攝蟹攝同用的現象，故『倚』、『駭』讀音相近。

〔四〕樗，《大般涅槃經》卷四有『樗蒱圍碁，學諸工巧』句，疑即此字所出。

〔五〕昳，此字字書不載，出處亦不詳，就字形而言，疑爲『昳』、『胅』、『眣』一類的訛字，但就直音『試』而言，此字似又從『矢』得聲，疑不能決；《匯考》定作『眣』字之殘，可備一説。

〔六〕咀，《大正藏》本《大般涅槃經》卷二三有『如因聲，故名爲迦迦羅，名究究羅、咀咀羅』句，疑即此字所出；『咀』字《廣韻·語韻》音側吕切，『爼』字同韻音慈吕切，二字韻同紐近；但『咀咀羅』玄應、慧琳《音義》引皆作『呾呾羅』，分别音都達反、多達反，據此『咀』應爲『呾』字刻誤，而底卷直音『爼』者，蓋抄手據誤本經文而誤音也。

〔七〕烶，《大般涅槃經》卷二四有『所謂日月、星宿、烶燎、燈燭、珠火之明』句，其中的『烶』字斯二一七四、北六四三二號（來七八）經本同，疑即此字所出；『烶燎』同『庭燎』，『烶』是『庭燎』之『庭』的後起形聲俗字，宋《磧砂藏》等本正作『庭』。

〔八〕凷，《大般涅槃經》卷二五有『如犬逐塊，不逐於人』句，玄應《音義》引出『逐塊』條，云『塊』字『古文凷，同，苦對反』，疑古寫本經文『塊』字有從古文作『凷』者，即此字所出。

〔九〕橘，《大般涅槃經》卷二八有『譬如種橘，芽生子滅』句，疑即此字所出。注文『貰厥〻』前一字寫在『橘』字右側，後二字寫在『橘』字右下側，其意不明（『貰』字字書不載，疑爲『貫』字俗訛；『厥』和『橘』紐同韻近，『厥』有可能爲『橘』的直音字；『〻』爲重文或省書符號，文中功用不明）。

〔一〇〕糠，此字底卷作『糠』，兹暫定作『糠』，『糠』疑爲『穅』的訛俗字，《匯考》定原字作『糠』，亦有可能，『糠』即『穅』的後起俗字，元《普寧藏》等本《大般涅槃經》卷七有『淘糠飲汁，服毒斷食』句，或即此字所出。

〔一一〕 憒，《大般涅槃經》卷九有「是人即於夢中見羅剎像，心中怖憒」等句，疑即此字所出；注文「己」字底卷作「已」，兹據《匯考》校定作「己」；「憒」字《廣韻·御韻》音其據切，羣紐遇攝，「己」字在止韻，居理切，見紐止攝，唐五代西北方音濁音清化，又止攝字與遇攝字讀音趨於一致，故「憒」、「己」同音。

〔一二〕 「偃」至「床」等五字似皆出於《大般涅槃經》卷一一，順序相合。經本有「世有病者，身體羸損，若偃若側，臥著床褥」等句，疑即「偃」字所出；注文「堨」字字書不載，應爲「堰」的俗字，「偃」注「堰堤」，蓋指「偃」與「堰堤」之「堰」同音也。

〔一三〕 嚶，此字《大般涅槃經》經本未見，俟再考；注文「鸚」爲「鸚」的偏旁移位字，「鸚」「嚶」《廣韻·耕韻》同音烏莖切。

〔一四〕 剫，《大般涅槃經》卷一一有「所謂燒煮火炙、斫刺剫剥」句，疑即此字所出。

〔一五〕 [illegible]，此字筆畫不清，《大般涅槃經》卷一一有「豺狼虎豹猫狸猪豕及餘惡獸」句，原字與「豕」字略近之。

〔一六〕 氄，《大般涅槃經》卷一一有「赤銅白鑞……拘執毦衣」句，其中的「毦」字劉宋慧嚴、慧觀、謝靈運等據北本改譯的南本《大般涅槃經》卷一一作「氄」，玄應、慧琳《音義》引均作「𩋀」，玄應云「𩋀」字「《三蒼》而容反，《説文》毴毿飾也。亦作氄，而容反，或作毦，人至反，《廣雅》罽也……𩋀字三體通取任用，於義無失」，疑即此字所出。

〔一七〕 床，《大般涅槃經》卷一一有「一切穀米，大小麥豆，糜粟稻麻，生熟食具」句，「床」即「糜」字俗省，疑即此字所出。

〔一八〕 才，此字近似「兮」字俗寫，俟再考。

〔一九〕 韃，此字疑爲「韃」字俗訛，伯三八二三號《大般涅槃經難字》第十二卷下亦出「韃」字，查《大般涅槃經》卷一二有「惡口罵詈，撾打楚撻」句，其中的「撻」字斯四七八、五六一、四八六九、六五五三號經本作「韃」，疑即此字所出；「韃」即「撻」的俗字，因其字每與「鞭」字連文作「鞭撻」，「韃」蓋即受「鞭」字的影響而形成的偏旁類化俗字。

〔二〇〕「媚」與下「偃」字似皆出於《大般涅槃經》卷一三。經本有「而彼婬女巧作種種諂媚現親」句，疑即「媚」字所出。

〔二一〕偃，《大般涅槃經》卷一三有「譬如暴風，能偃山移岳，拔深根栽」句，似即此字所出。

〔二二〕「赦」與下「褐」字似出於《大般涅槃經》卷一六。經本有「有慈愍心，赦我愆咎」句，疑即此字所出。

〔二三〕鞆，此字其他字書未見，俟考。

〔二四〕褐，《大般涅槃經》卷一六有「衣麁麻衣塚間所棄糞掃氀褐欽婆羅衣麞鹿皮革蒭草衣裳」句，疑即此字所出。

〔二五〕兀，「髡」的俗字，此字與下「皴」字似出於《大般涅槃經》卷一九。經本有有「如秋髡樹，春則還生」等句，其中的「髡」字北六四〇三號（露九七）、六四〇四號（薑六八）經本作「兀」，當即此字所出；玄應《音義》引作「髡」，云「口昆反，《廣雅》：髡，截也。《字體》從兀聲」，《集韻·没韻》「髡」字又有五忽切一讀，與「兀」字在同一小韻，故底卷「髡」字可以直音「兀」。

〔二六〕皴，《大般涅槃經》卷一九有「顏色皴裂，將何所苦？」句，其中的「皴」字北六四〇五號（宿二三）經本作「皴」，疑即此字所出（「顏色皴裂」句經文在「如秋髡樹」句之前，字序略有不同）；「皴」爲「皴」的偏旁移位字。

〔二七〕鞆，底卷上文又有「鞆」字，疑爲一字之異，俟考。

〔二八〕𥎞，此字左部似「矛」旁，右部似「臽」的俗寫，但字書并無「𥎞」字，出處亦不詳，存疑俟考。

〔二九〕踰，《大般涅槃經》卷二〇有「以愁惱故身病踰增」句，卷二一又有「夜半踰城，至鬱陀伽阿羅邏等大仙人所」句，未詳具體所出。

〔三〇〕闢，《大般涅槃經》卷一六有「門自開闢無能制者」句，卷二九又有「佛神力故門自開闢」句，不知此字具體所出。

〔三一〕『矜』與下『惻』、『側』、『慝』、『䰲』諸字似皆出於《大般涅槃經》卷一九，先後順序與經文大抵相合。經本有『我父先王慈愛流惻，特見矜念』、『我父先王慈惻流念』句，不知是否爲此字及下『惻』字所出。

〔三二〕睹，《大般涅槃經》卷五有『譬如幻主機關木人，人雖覩見屈申俯仰，莫知其内而使之然』、『如秋滿月處空顯露，清浄無翳，人皆覩見』句，卷九又有『惡心之人，不喜瞻覩』句，『睹』、『覩』爲古異體字，不知是否爲此字所出。又此字下底卷注『人』，疑指此字爲『人』覩見、瞻覩之『覩』，而非注音。

〔三三〕側，《大般涅槃經》卷一九有『尒時如來在其河側鬱曇鉢林，坐一樹下』句，不知是否爲此字所出。『側』字《廣韻·職韻》音阻力切，莊紐曾攝，直音字『責』在麥韻，音側革切，莊紐梗攝，曾、梗二攝韻尾相同，主要元音相近，敦煌文獻中多可互注。

〔三四〕慝，《大般涅槃經》卷一九有『有長者子名阿逸多，婬匿其母』句，其中的『匿』字玄應、慧琳《音義》引並作『慝』，慧琳云『慝』字『他則反，《禮記》世亂則禮慝，傳曰：慝，邪也』，『匿』『慝』古今字，不知是否爲此字所出。

〔三五〕䰲，此字底卷作『[illegible]』，右部筆順不清，《匯考》疑爲『䰲』字，近是，《大般涅槃經》卷一九有『亦受長者尸利䰲多雜毒之食』句，不知是否爲此字所出。

〔三六〕鍛，《大般涅槃經》卷一九有『假使鍛金爲人』句，不知是否爲此字所出。

〔三七〕『懟』與下『偃』、『毦』字似皆出於《大般涅槃經》卷一一，字序與經本相合，但後二字底卷上文已見，此又重出，存疑。經本有『懟恨諍訟』句，疑即此字所出。

〔三八〕偃，《大般涅槃經》卷一一有『世有病者，身體羸損，若偃若側，臥著床褥』、『隨意偃側無人譏訶』等句，疑即此字所出。參看上文校記〔三〕。

〔三九〕⿰馬圭，此字其他字書不載，出處亦不詳，俟考。

〔四〇〕⿱艹毦，《大般涅槃經》卷一一有『赤銅白鑞……拘執毦衣』句，其中的『毦』字劉宋慧嚴、慧觀、謝靈運等據北本改譯的南本《大般涅槃經》卷一一作『⿱艹毦』，疑即此字所出。參看上文校記〔二六〕。

〔四一〕『趣』與下『昴』、『駮』、『戾』諸字似皆出於《大般涅槃經》卷二〇，順序相合。經本有『於三惡趣未得解脱』句，不知是否爲此字所出。

〔四二〕餝，『飾』的俗字，《大般涅槃經》卷六、一一、一四、二七等卷皆有『飾』字，未詳具體出處。

〔四三〕昴，《大般涅槃經》卷二〇有『火星金星昴星閻羅王星濕星滿星』句，不知是否爲此字所出；注文『乱』字《匯考》校作『卯』，近是，蓋『卯』訛作形近的『卵』，『卵』再訛作音近的『乱』。『昴』、『卯』《廣韻・巧韻》皆在莫飽切小韻，讀音密合。

〔四四〕駮，《大般涅槃經》卷二〇有『舉體斑駮，異色青黄』句（《大正藏》本『舉體斑駮』作『舉是班駮』），不知是否爲此字所出；『駮』與直音字『樂』《廣韻》皆在入聲覺韻，前者音北角切，幫紐，後者音五角切，疑紐，二字韻同紐異，《匯考》疑『樂』當作『⿰月樂』，近是，『⿰月樂』字《廣韻》亦音北角切，釋云『⿰月樂，⿰月樂犖，亂雜』，『⿰月樂犖』古書亦作『駮犖』、『駁犖』、『爍犖』（《集韻・覺韻》），爲同一連綿詞的不同書寫形式。

〔四五〕戾，《大般涅槃經》卷二〇有『我既罪戾，又無福德』句，不知是否爲此字所出。

〔四六〕髦，《大般涅槃經》卷二二有『次有馬寶，其色紺炎，髦尾金色』句，不知是否爲此字所出。

〔四七〕駐，此字下文又見，《大般涅槃經》卷二二有『依因足骨以拄踝骨』等句，其中的『拄』字斯四七八、五六一號經本作『駐』，不知是否爲此字所出；伯二一七二號《大般涅槃經音》第十二卷下出『駐，竹柱反』條，亦作『駐』字，可以比勘；『駐』當據玄應、慧琳《音義》引校讀作『柱』；《金藏》本作『拄』，音義同。

〔四八〕『儲』與下『貯』、『稗』、『⿰禾秀』諸字似皆出於《大般涅槃經》卷六、卷七，經文中所見的順序爲『儲、稗⿰禾秀、儲貯』（卷六）、『稗⿰禾秀、貯』（卷七），字序略有不合。經本有『儲君稚小未任紹繼』、『聽諸比丘儲貯陳宿』等句，疑即此字所出；『儲』字《廣韻》音直魚切，魚韻遇攝，直音字『之』音止而切，之韻止攝，二字紐近，敦煌文獻止攝與遇攝字可以互注。

〔四九〕貯，《大般涅槃經》卷六有『聽諸比丘儲貯陳宿』句，卷七有『一切種子悉聽貯畜』等句，疑即此字所出；『貯』字《廣韻》音知吕切（據音和切），語韻遇攝，直音字『至』音脂利切，至韻止攝，此亦止攝與遇攝字互注之例。

〔五〇〕稗，《大般涅槃經》卷六有『譬如田夫種稻穀等，芸除稗䅎』、『如彼稗䅎易可分別』等句，卷七有『譬如稗䅎悉滅無餘』句，未知具體所出。

〔五一〕䅎，《大般涅槃經》卷六、卷七皆有『稗䅎』一詞，『䅎』爲『莠』的換旁俗字（涉『稗』字類化），斯二八六四號經本正作『莠』（斯二三九三號經本前二例作『莠』）；『莠』《廣韻·有韻》音與久切，注文『頭』字在侯韻，音度侯切，二字韻近，但聲、調皆異，《匯考》謂『頭』字誤。

〔五二〕鳬，《大般涅槃經》卷一有『復有二十恒河沙等諸飛鳥王，鳬（鳧）鴈鴛鴦孔雀諸鳥』等句，不知是否爲此字所出；『鳬』字《廣韻》音防無切，奉紐虞韻，直音字『洗』音先禮切，心紐薺韻，二字聲韻調皆異，存疑，《匯考》録『洗』字作『既』，似未契原卷。

〔五三〕儸，此字《大般涅槃經》經本未見，疑有誤。

〔五四〕饌，《大般涅槃經》卷五有『譬如飢人，值遇甘饌，食之無猒』句，不知是否爲此字所出。

〔五五〕糜，此字其他字書不載，據直音字『科』，疑爲『窠』的訛俗字，但『窠』字《大般涅槃經》經文未見；經文在『譬如飢人，值遇甘饌，食之無猒』句後有『解脱不尒，如食乳糜，更無所須』句，『糜』與『糜』字略近，不知是否即此字所出。

〔五六〕缺字底卷僅存右上部殘筆，待考。

〔五七〕『氊』字左下部底卷略有殘泐。『氊』爲『氈』的偏旁移位字，其具體出處俟考。

〔五八〕『閫』與下『跳』字似出於《大般涅槃經》卷五，順序相合。經本有『譬如門閫風不能動』句，不知是否爲此字所出。

〔五九〕跳，《大般涅槃經》卷五有『譬如群鹿怖畏獵師，既得免離，若得一跳則喻一歸，如是三跳則喻三歸，以三跳故得受安樂』句，不知是否爲此字所出；注文『渠』與『跳』字音義皆殊，疑有誤。

〔六〇〕『虐』與下『隟』字似出於《大般涅槃經》卷六，順序相合。經本有『若臨終時，或值荒亂，刀兵競起，帝王暴虐，怨家讎隟之所侵逼』句，不知是否爲此字及下『隟』字所出。

〔六一〕隟，《麗藏》本經文及玄應《音義》引同（經文見上條引），慧琳《音義》引出『讎隙』條，云『隙，去逆反，璺也，裂也……作隟者正體字也』；『隙』字《廣韻·陌韻》音綺戟切，直音字『喫』在錫韻，音苦擊切，二字紐同韻近。

〔六二〕『鍑』與下『縷』字似出於《大般涅槃經》卷七。經本有『銅鐵釜鍑』句，疑即此字所出。

〔六三〕縷，《大般涅槃經》卷七有『有比丘見花貫中縷』句，疑即此字所出；『縷』字《廣韻》音力主切，麌韻遇攝，『累』字音力委切，紙韻止攝，此亦止攝與遇攝字互注之例。

〔六四〕淚，《大般涅槃經》經本卷一、二、十一、十二等卷皆有此字，但卷六、七、八未見，存疑。『淚』字《廣韻》去聲至韻音力遂切，注音字『累』《廣韻》有盧對、良僞、力委等切，二字紐同韻近。

〔六五〕瞙，《大般涅槃經》經本未見，而卷八有『是時良醫即以金錍決其眼膜』句，疑即此字所出；『膜』『瞙』二字古書中每見混用，如慧琳《音義》卷四〇《如意輪陀羅尼經》音義：『赤膜，茫博反，經從目作瞙，非經義也。』又遼釋希麟《續一切經音義》卷二《新花嚴經》第二卷音義：『瞖膜……下音莫，《考聲》云：皮内肉外曰膜。《說文》從肉、莫聲。經文作瞙，亦通。』皆其例。『瞙』字後起，或即『膜』的換旁俗字。

〔六六〕緩，《大般涅槃經》卷六有『如是等菩薩摩訶薩於戒極緩』句，疑即此字所出；但上下文『瞙（膜）』、『髣』、『愥』、『萠』諸字順序見於《大般涅槃經》卷八，而此字却見於卷六，序次有異。

〔六七〕髣，《大般涅槃經》卷八有『譬如仰觀虛空鵝鴈，爲是虛空，爲是鵝鴈，諦觀不已，髣髴見之』句，疑即此字所出。

〔六八〕 愞，《大般涅槃經》卷八有『譬如王子，身極懦弱，通夜遊戲』句，其中的『懦』字玄應、慧琳《音義》引皆作『愞』，疑即此字所出；『懦』、『愞』應皆爲『懦』的俗字。

〔六九〕 後一缺字底卷殘泐，兹據所缺空間擬補一注文的缺字符；前一缺字存上部小半，左上部殘形作『田』形，右上部殘形作『丷』形，原字疑爲『黔』字；《大般涅槃經》卷八有『嘢者謂如來義。復次，嘢者如來進止屈伸舉動，無不利益一切衆生，是故名嘢』句，其中的『嘢』字北六三三一號寫本及宋《資福藏》等本作『黔』，疑即此字所出。

〔七〇〕 萌，《大般涅槃經》卷八有『如是諸種，從其萌芽，乃至葉花，皆是无常』句，疑即此字所出。

〔七一〕 楄，此字與下『謏』、『駟』字似出於《大般涅槃經》卷一，經本有『是諸寶車……轅輻皆以七寶廁填』句，其中的『輻』乃『楄』的俗字，玄應、慧琳《音義》引正作『楄』，疑即此字所出；玄應云『經文從車作輻，傳寫誤也』。

〔七二〕 謏，《大般涅槃經》卷一有『我等今者不以諭諂説如是事』句，其中的『諭』字《中華大藏經》校記云《資福藏》、《磧砂藏》等經本作『謏』，疑即此字所出（但此字經文在下『駟』字之後）；玄應《音義》引皆出『謏諂』條，玄應云『謏』字經文有作『諭』，『諭』非經旨。

〔七三〕 駟，《大般涅槃經》卷一有『八萬四千駟馬寶車』句，卷二又有『譬如國王調御駕駟』句，底卷所據如爲前一句『駟』字，則該句經本在上『我等今者不以諭諂説如是事』句之前，字序略有不合；如爲後一句『駟』字，則底卷『楄、謏、駟、俾倪』的順序與經文相合。

〔七四〕 㑺，此字其他字書不載，疑爲『俾』字之訛，其下注『格』，蓋據誤字而又誤音（『格』與『革』音近），又注文『格』下的『人』字《匯考》以爲衍文，近是；《大般涅槃經》卷二有『云何莊嚴正法寶城？具足種種功德珍寶，戒定智慧以爲牆塹埤堄』句，其中的『埤堄』北六二九三號（餘二二）、六二九五號（收九七）等經本及玄應、慧琳《音義》引作『俾倪』，疑即此字及下『倪』字所出；慧琳云：『今詳此字有其二種，一者伺候，二者垣牆。垣牆不合從人，伺候豈宜從土？若是垣牆，應爲埤堄；若取伺候，應作俾倪，兩文二義，不失諸宗故也。』據《説文》，垣牆義本亦以作『俾倪』爲典正，作『埤堄』者爲其俗體。

〔七五〕『刘』應爲『刈』或『艾』的俗字（在除草一義上『艾』用同『刈』，而『刘』則當又是『刈』、『艾』交互影響的産物），『倪』與『刈』、『艾』音近。

〔七六〕秃，應爲『秃』的增筆繁化俗字；『秃』與下『効（效）』字似出於《大般涅槃經》卷三，經本有『當知是輩是秃居士』等句，疑即『秃』字所出；注文『頭』與『秃』紐近韻異，『頭』字或爲釋義，謂『秃』爲秃頭之『秃』也。

〔七七〕効，『效』的俗字，《大般涅槃經》卷三有『亦效是師貪求利養』句，疑即此字所出。

〔七八〕『貯』與下『糩』、『貫』字似皆出於《大般涅槃經》卷四，經本有『尒時復有諸沙門等，貯聚生穀，受取魚肉』句，疑即『貯』字所出；『貯』字直音『至』上文已見。

〔七九〕糩，《大般涅槃經》卷四有『如是高廣悉能令入葶藶子糩』句，疑即此字所出；注文『斗概』二字所指不明，《匯考》校作『快』一字，音合，但其間訛誤之迹不明，存疑俟考。

〔八〇〕貫，《大般涅槃經》卷四有『斷取十方三千大千諸佛世界置於針鋒，如貫棗葉，擲著他方異佛世界』句，疑即此字所出。

〔八一〕沐，《大般涅槃經》卷一二有『尒時頂生於十五日處在高樓沐浴受齋』等句，不知是否爲此字所出。

〔八二〕餧，此字疑爲『餧』的訛俗字，『餧』以下五字疑皆出於《大般涅槃經》卷一三，經本有『譬如有王以四毒蛇盛之一篋，令人贍養餧飼』句，當即此字所出；《匯考》校作『餒』字，恐不確。

〔八三〕歠，《大般涅槃經》卷一三有『何時當視，何時當觸，何時當嗽，何時當齧』句，其中的『嗽』字斯一一六、二一四八號經本作『歠』，當即此字所出；伯三〇二五號《大般涅槃經音義》第二十三卷下依次出『殂、歠』二字（該卷每卷下所録難字與經文中出現的先後順序往往相反），可以比勘。

〔八四〕 徂，《大般涅槃經》卷二三有『是故身心難可沮壞』句，其中的『沮』字北六四二四號（闕七七）、六四二五號（結五二）經本作『徂』，當即此字所出。參上校。

〔八五〕 鍮，《大般涅槃經》卷二三有『如摩鍮羅道人生摩鍮羅國，因國立名，故名摩鍮羅道人』句，當即此字所出。

〔八六〕 咀，《大般涅槃經》卷二三有『如因聲，故名爲迦迦羅，名究究羅、咀咀羅』句，『咀』應爲『呾』字刻誤，當即此字所出。說詳上文校記〔六〕。

〔八七〕 『蹲』及下『跣』字似皆出於《大般涅槃經》卷二八（該段經文《金藏》、《大正藏》等刻本在二十八卷尾部，斯二一三五號等敦煌寫本皆在第二十九卷），經本有『以是業緣得鹿王蹲』句，當即此字所出。

〔八八〕 跣，《大般涅槃經》卷二八有『見裸跣者施與衣服』句，當即此字所出。

〔八九〕 ⿰亻虛，此字疑爲『虛』的增旁俗字，『虛』至『溉』五字似皆出於《大般涅槃經》卷二九，順序相合。經本有『身體虛冷』句，其中的『虛』字斯二一三五號經本作『⿰忄虛』，當亦爲『虛』的增旁俗字，疑即此字所出。

〔九〇〕 斨，此字應爲『胖』字俗訛，《大般涅槃經》卷二九有『父母交會胖合之時』句，疑即此字所出；《匯考》校作『料』字，恐不確。

〔九一〕 箱，《大般涅槃經》卷二九有『如離箱輿輪軸輻輞，更無別車』句，疑即此字所出。

〔九二〕 晧，《大般涅槃經》卷二九有『譬如金師，從初習作，至于晧首』句，『晧』爲『皓』的後起換旁字，疑即此字所出。

〔九三〕 溉，《大般涅槃經》卷二九有『譬如衆生爲果實故，於種子中多役作業，糞治溉灌』句，疑即此字及下『灌』字所出。

〔九四〕 『坻』、『究』、『邏』三字《大般涅槃經》經本多見，但經本卷二九、三〇未見，具體出處俟考。

〔九五〕 桷，此字《大般涅槃經》經本未見，應爲『捔』字俗訛，《大般涅槃經》卷三〇有『惟願大王聽我等輩與彼瞿曇較其道力』句，其中的『較』字宋《磧砂藏》、元《普寧藏》本及北六四七八（調六六）、六四八五號（果三〇）

等經本作『捔』，疑即此字所出；『捔』爲『角』的後起增旁字，宋《資福藏》本正作『角』；斯二八二一號《大般涅槃經音》第四卷下出『捔』字，下注音『角』，可以比勘。『捔（角）』指比賽，作『較』爲古通用字。

〔九六〕脆，《大般涅槃經》卷三一有『不能深觀是身無常無住危脆，念念滅壞，是魔境界』句，疑即此字所出。

〔九七〕『綆』至『瓮』四字疑皆出於《大般涅槃經》卷三二。經本有『譬如有人行於曠野，渴乏遇井，其井幽深，雖不見水，當知必有，是人方便求覓罐綆，汲取則見』句，當即『綆』字所出；『綆』字《廣韻·梗韻》音古杏切，直音字『便』《廣韻·線韻》音婢面切，二字紐韻俱異，《匯考》謂『便』當作『挭』，近是，但也不能排除爲『梗』或『埂』字之誤，『挭』與『梗』、『埂』《廣韻》亦皆音古杏切。

〔九八〕茯，《大般涅槃經》卷三二有『王言：「象爲何類？」其觸牙者即言象形如蘆茯根，其觸耳者言象如箕，其觸頭者言象如石，其觸鼻者言象如杵，其觸脚者言象如木臼，其觸脊者言象如床，其觸腹者言象如甕，其觸尾者言象如繩。」』一段，疑即此字所出。

〔九九〕舀，此字《大般涅槃經》經本未見，當是『臼』字之訛，《大般涅槃經》卷三二正有『木臼』一詞（經文見上條引），當即此字所出；伯三四三八號《大般涅槃經音》第三十二卷下依次出『綆、茯、舀』三字，其中的『舀』亦爲『臼』字之訛，可以比勘。參看斯二八二一號《大般涅槃經音》（二）校記〔一二六〕。

〔一〇〇〕瓮，底卷作『瓫』，即『瓮』的俗字（《匯考》校同），《大般涅槃經》卷三二有『其觸腹者言象如甕』句，『甕』即『瓮』的後起異體字。

〔一〇一〕莂，《大般涅槃經》卷三三有『聲聞緣覺所記莂者』句，疑即此字所出。

〔一〇二〕駮，《大般涅槃經》卷三三有『復記牸牛當生白犢，及其産時乃産駮犢』句，疑即此字所出。

〔一〇三〕衒，《大般涅槃經》卷三六有『四者衒物堅持』等句，疑即此字所出。

〔一〇四〕訡（診），《大般涅槃經》卷三七有『譬如醫師先訡（診）病脈』句，疑即此字所出。

〔一〇五〕『瞽』及下『燸』字似皆出於《大般涅槃經》卷三一，但字序略有不合。經本卷三一有『永爲盲瞽』等句，疑即此字所出；「朞」與直音字「朋」讀音迥異，《匯考》以「朋」爲「股」字之訛，近是，「朞」、「股」《廣韻・姥韻》俱音公户切，讀音相合。

〔一〇六〕燸，《大般涅槃經》卷三一有「常以漿水飲食冷煖調適將養」句，其中的「煖」字宋《資福藏》等本作「暖」，北六四八七號（闕二五）、六四八八號（露八六）、斯六七〇五號經本作「曘」，伯二一七二號《大般若涅槃經音》第三十二卷下引作「燸」，下注「暖」，疑即此字所出；「燸」爲「煗」字俗寫，「曘」則爲「㬉」字俗寫，「㬉」又爲「煗」的換旁俗字，温暖字古本作「煗」，後亦借用「煖」，「暖」則又爲「煖」的後起換旁字。又注文「䙇」字字書不載，《匯考》以爲「稬」字之訛，亦有可能，因俗書「禾」旁「衤」旁形近相亂也；但更可能爲「䙇」字之訛，因俗書「衤」旁類皆寫作「衤」旁也；上海古籍出版社影印述古堂影宋鈔本《集韻・緩韻》乃管切（與煗、煖、煗、稬同一小韻）：「䙇，短襦也。」其中的「䙇」亦正「䙇」字俗訛，可以比勘。

〔一〇七〕「膜」、「兕」二字疑皆出於《大般涅槃經》卷三八。經本有「云何十時？一者膜時，二者泡時，三者皰時……」句，當即「膜」字所出；「膜」字《廣韻》入聲鐸韻音慕各切，又平聲模韻音莫胡切，直音字「母」《廣韻》上聲厚韻音莫厚切，二字同屬明紐，「膜」字後一切音屬遇攝，「母」屬流攝，流攝唇音字讀同遇攝爲六朝以來中古音的通例。

〔一〇八〕兕，《大般涅槃經》卷三八有「或爲師子虎豹豺狼」句，其中的「豹」字宋《資福藏》、《磧砂藏》等本及玄應、慧琳《音義》引作「兕」，疑即此字所出，斯二三一一號、北六五一六號等經本作「𠒋」，與底卷字形略同，即「兕」的俗字。

〔一〇九〕「稟」至「蚩」六字似皆出於《大般涅槃經》，《金藏》本在卷三九，斯二三一一、三四三九號等敦煌寫本及玄應、慧琳《音義》引在卷三八。經本有「或言從彼欝頭藍弗阿羅邏等稟承未聞」句，疑即「稟」字所出。

〔一一〇〕椯，《大般涅槃經》卷三九有「揣食識食思食觸食」句，「椯」疑即「揣」字俗訛，但此句經本在上文「兕」字句之後，「稟」字句之前，字序略有不合；注文「瑞息」與「揣」或「椯」音義皆不合，且與注例不合，疑有誤。

〔一二一〕 剋，《大般涅槃經》卷三九有『或時説言我不至樹無所剋獲』句，疑即此字所出。

〔一二二〕 鐄，據注文而言，此字似爲『礦』字俗省，『紫礦』爲樹脂名，但『鐄』或『礦』《大般涅槃經》卷三九相應位置皆未見，而有『言語柔軟，初無麤獷』句，玄應《音義》引出『麤獷』條，云『獷』字『古猛反，獷，強也；《説文》：獷，犬不可附也。經文作穬，穀芒也，穬非字體也』，『鑛』、『獷』同音，疑『鐄（鑛）』即『獷』的音誤字。

〔一二三〕 綜，《大般涅槃經》卷三九有『生長深宫，不綜外事，唯可軟語』句，疑即此字所出；直音字『惣』爲『總』的俗字，『總』字《廣韻》在上聲董韻，音作孔切，『綜』字在去聲宋韻，音子宋切，二字異調。

〔一二四〕 蚩，《大般涅槃經》卷三九有『愚人聞之，即生嗤笑』句，其中的『嗤』字斯二三三一號寫本、宋《資福藏》本、元《普寧藏》本及玄應、慧琳《音義》引作『蚩』，疑即此字所出；『蚩』『嗤』古通用。

〔一二五〕 『綏』至『祢』四字似皆出於《大般涅槃經》卷三九。經本有『譬如酥麵、蜜薑、胡椒、蓽撥、蒲萄、胡桃、石榴、桵子』句，其中的『桵』字北六五一九號（露七一）、六五二〇號（柰九四）、斯二一五〇號等寫本及日本宫内省圖書寮本作『綏』，應即此字所出，『綏』爲記音字，伯二一七二號《大般涅槃經音》引作『荾子』，上字直音『綏』，可以比勘，慧琳《音義》出『桵子』條，云『桵，汝吹反，《玉篇》云：桵木，果樹，小藂生，有刺，子亦可食』，可參。又注文『湏』字《集韻·隊韻》音呼内切，又此字唐代前後多用作『須』的俗字，後者《廣韻·虞韻》音相俞切，遇攝，『綏』與『桵』字在脂韻，止攝，止攝、遇攝唐五代西北方音讀音趨於相同。參看斯二八二一號《大般涅槃經音》校記〔三三〕。

〔一二六〕 桃，此字《大般涅槃經》卷三九經文在『綏（桵）』字之前（經文見上條引），字序略有不合；注文『桃』乃『桃』的俗字（上文『跳』字右部的『兆』底卷與『桃』字右部同形），此係以俗字爲正字注音之例。

〔一二七〕 祢，《大般涅槃經》卷三九有『我既惡人，觸犯如來祢瞿曇姓』、『我先有慢因，慢因緣故，稱如來祢瞿曇姓』等句，其中的『祢』字斯二一五〇、二三三一、四二三〇號、北六五一九號（露七一）等寫本同，當即此字所出；此字即『你』的早期寫法。參看伯二一七二號《大般涅槃經音》校記〔三七六〕。

〔二八〕鑞，「鑞」的俗字，《大般涅槃經》卷四〇有「白鑞鉛錫銅鐵金銀」等句，當即此字所出。

〔二九〕籥，《大般涅槃經》卷四〇有「曲是户鑰，直是帝幢」等句，玄應《音義》引出「户鬮」條，云「鬮」字「古文鑰同，余酌反，《方言》：關東謂之鍵，關西謂之鬮。經文作籥，《字林》書僮笘也，《纂文》關西以書篇爲書籥，籥非此義」，「鑰」字玄應所見經本作「籥」，當即此字所出。

〔三〇〕「絞」至「疼」四字似出於唐若那跋陀羅譯《大般涅槃經後分》卷上，經文「絞」在「遷」字之後，字序略有不同。今見各藏經本《大般涅槃經》與「後分」分部别行，但古似有合作一部者，如敦煌寫本斯二三一一號、北六五九九號（號四三）、六六〇〇號（珠六三）以「後分」二卷作爲《大般涅槃經》第四十一、四十二卷，故敦煌寫本多有把《大般涅槃經後分》難字接抄在《大般涅槃經》難字之後者。經本有「一切寶絞莊嚴其車」等句，疑即「絞」字所出。「絞」字《廣韻·巧韻》音古巧切，注文「矯」字在小韻，音居夭切，二字紐同韻近，「矯」當即「絞」的直音字；但底卷「矯」下又有一「吁」字，不知何意。

〔三一〕遷，《匯考》定作「遷」字，當是，《大般涅槃經後分》卷上有「我年老邁，餘命無幾，未脱衆苦，行苦遷逼」句，疑即此字所出。

〔三二〕頷，此字底卷作「頷」形，當爲「頷」字之訛，《大般涅槃經後分》卷上有「我今與汝右邊上頷一牙舍利」句，疑即此字所出；但此字底卷注「國」，與「頷」字音義皆殊，存疑。

〔三三〕疼，《大般涅槃經後分》卷上有「我今時至，舉身疼痛」句，疑即此字所出。

〔三四〕「胲」至「撤」八字似皆出於《大般涅槃經》卷一二，除「肪」字經本在「胲」字之前外，其餘各字順序亦與經本相合。經本有「肪膏腦膜骨髓膿血腦胲諸脉」句，疑即「胲」字及下「肪」字所出；注文「弦」與「胲」音義皆殊，「弦」字疑誤，《匯考》「胲」字録作「眩」，與原卷字形不合。

〔三五〕駐，《大般涅槃經》卷一二有「依因踝骨以拄腨骨」句，其中的「拄」字斯四七八、五六一號經本作「駐」，當即此字所出。參看上文校記〔四七〕。

〔二二六〕態，《大般涅槃經》卷一二有『二姿態欲』句，當即此字所出。

〔二二七〕瞬，《大般涅槃經》卷一二有『視瞬喘息』句，當即此字所出。

〔二二八〕赧，《大般涅槃經》卷一二有『童子聞已赧然有愧』句，當即此字所出；『赧』爲『赧』的後起俗字，注文『郝』與『赧』音義俱殊，《匯考》校『郝』作『赧』，甚是，此爲注明正字之例。

〔二二九〕蚉，『蚉』字的俗寫，《大般涅槃經》卷一二有『蟻王蚉王』句，當即此字所出；『蚉』又爲『蠡』的俗字，『蠡』經文中當讀作『螺』，玄應、慧琳《音義》引正作『螺王』；注文『役』字與『蠡（螺）』字音義俱殊，疑誤。

〔二三〇〕撤，底卷左側從木旁，俗訛，兹録正，《大般涅槃經》卷一二有『破壞浮囊，撥撤橋梁』句，當即此字所出；『撤』爲『撤』的俗字。

〔二三一〕盻，《大般涅槃經》卷一四有『顧盻遍視，觀於四方』句，就字形而言，『盻』爲『盻』字俗寫，『眄』則爲『眄』字俗寫（參看張涌泉《敦煌俗字研究》下編『眄』字條），玄應、慧琳《音義》引出『顧眄』條，慧琳云『眄』字『眠見反，《説文》邪視也。《方言》：自關而西秦晉之間曰眄』，字正作『眄』；注文直音『襻』，蓋誤以原字爲『盼』的俗字，『襻』字《廣韻·諫韻》音普患切，『盼』字在襉韻，音匹莧切，二字紐同韻近（諫、襉二韻《廣韻》同用），『眄』、『盻』、『盼』三字俗書形近相亂，但就經意而言，仍當以作『眄』字爲是，伯二一七二號《大般涅槃經音》經本第十四卷下出『盻』字，直音『麵』，『盻』亦正是『眄』的俗字。

〔二三二〕『嗺』至『耦』六字似皆出於《大般涅槃經》卷一六。經本有『假使蚊嗺能盡海底』句，疑即『嗺』字所出；『嗺』爲『觜（嘴）』的俗字，玄應、慧琳《音義》引正作『觜』。參看伯二一七二號《大般涅槃經音》校記〔三七〕。

〔二三三〕擲，底卷左側從木旁，俗訛，兹録正，《大般涅槃經》卷一六有『假使擲罥能繫縛風』句，當即此字所出；『擲』字《廣韻》音直炙切，昔韻梗攝，『直』字音除力切，職韻曾攝，梗、曾二攝讀音相近，敦煌文獻中多可互注。參看上文校記〔二三〕。

〔一三四〕 憲，《大般涅槃經》卷一六有「譬如父母唯有一子，愛之甚重，犯官憲制」句，當即此字所出。

〔一三五〕 僁，《大般涅槃經》卷一六有「是大神王具大威德，有慈愍心，赦我僁咎」句，當即此字所出；「僁」爲「愆」的俗字，「愆」與直音字「牽」紐同韻近。

〔一三六〕 椽，《大般涅槃經》卷一六有「常臥灰土、棘刺、編椽、樹葉、惡草、牛糞之上」句，當即此字所出。

〔一三七〕 「耦」與注文「魏」音義俱殊，「耦」疑爲「藕」字省訛，而注文「魏」則爲「耦」字之誤，「耦」爲「藕」的直音字（「藕」與「耦」《廣韻・厚韻》俱音五口切）；《大般涅槃經》卷一六有「茹菜噉草藕根油滓牛糞根果」句，疑即此條所出。

〔一三八〕 「窺」以下至「黰」、「疥」三十餘字大抵出於《妙法蓮華經》，底卷與上文接抄不分，兹另段校録。「窺」以下至「薦」字皆見於《妙法蓮華經》卷二，字序與經本所見相合。「窺」字《廣韻》音去隨切，支韻止攝，直音字「軀」音豈俱切，虞韻遇攝，此亦止攝與遇攝字互注之例。

〔一三九〕 莚，《妙法蓮華經》卷二有「災火蔓莚」句，當即此字所出；「莚」字注「延」，「莚」實即「延」的增旁俗字（涉上「蔓」字類化）。北四七〇三（來六七）、四七二一（閏八一）、四七二九（收四九）、四七三三（巨四〇）號等經本正作「延」。

〔一四〇〕 裀，《妙法蓮華經》卷二有「柔軟繒纊，以爲茵蓐」句，《大正藏》本校記引東京帝室博物館本「茵蓐」作「裀褥」，當即此字所出，伯二九四八號《妙法蓮華經難字》第二卷下亦出「裀褥」條，可以比勘；「裀褥」同「茵蓐」，慧琳《音義》引出「茵蓐」條，云「茵」字「有作裀」，玄應《音義》引作「茵褥」，義同。

〔一四一〕 「儐」字《廣韻・真韻》有必鄰切一讀，幫紐清音，直音字「貧」《廣韻・真韻》音符巾切，並紐濁音，唐五代西北方音濁音清化，則「貧」與「儐」同音。

〔一四二〕 疥，《妙法蓮華經》卷二相應位置有「若狗野干，其影頷瘦，黧黰疥癩，人所觸嬈」句，又有「有作野干，來入聚落，身體疥癩」句，後一句疑爲此字所出，而前一句疑爲下文「黰」、「疥」二字所出。

〔一四三〕 蟒，《妙法蓮華經》卷二有「於此死已，更受蟒身」句，當即此字所出；「蟒」爲「蟒」的俗字，玄應、慧琳《音義》引正作「蟒」。

〔一四四〕 瓫，底卷作「兊」形，即「瓫」的俗字（《匯考》校同），《妙法蓮華經》卷二有「諸有所須，盆器米麵鹽酢之屬」句，其中的「盆」字宋《資福藏》本、《麗藏》本作「瓫」，當即此字所出。

〔一四五〕 跰，《妙法蓮華經》卷二有「此是我子，我之所生，於某城中捨吾逃走，跉俜辛苦五十餘年」句，其中的「跉俜」北四七四三號（雲四七）等經本作「跉跰」，北四七〇三號（來六七）等經本及玄應、慧琳《音義》引作「伶俜」，玄應云：「伶俜，歷丁反，下匹丁反，《三蒼》云：伶俜猶聯翩。孔案：伶俜亦孤獨皃也。經文多作跉跰。《字林》力生反，下補諍反，字與迸同；跉，不正也；迸，散也；二形並非今用也。」慧琳《音義》卷二七説略同。按：「跰（迸）」「俜」音近，「跉跰」蓋「伶俜」的又一語音記録形式。

〔一四六〕 夙，此字似亦見於《妙法蓮華經》卷二，經本有「而年朽邁，益憂念子，夙夜惟念，死時將至」句，或即此字所出；但此字經本在「跰」後「癖」前，順序略有不同。

〔一四七〕 「繼」與下「騫」字《妙法蓮華經》卷二未見，卷一依次有「佉羅騫馱阿修羅王」、「相繼得成佛」句，不知是否爲此二字所出。參下條。

〔一四八〕 騫，此字底卷重出，但上一字字迹黯淡，似已塗去，故不録，《妙法蓮華經》卷一有「佉羅騫馱阿修羅王」句，「佉羅騫馱」爲梵語音譯，「騫」或譯作「騫」（《金光明經》卷三有「佉羅騫陀」，即其異譯），不知是否爲此字所出。參上條。

〔一四九〕 「匱」以下四字似又出於《妙法蓮華經》卷二，經本中出現的順序依次爲「匱」、「蝮」、「蔓」、「捶」，字序略有不同。經本有「以我此物周給一國，猶尚不匱」句，疑即此字所出；「匱」字《廣韻》音求位切，至韻止攝，直音字「具」音其遇切，遇韻遇攝，此亦止攝與遇攝字互注之例。

〔一五〇〕 蔓，《妙法蓮華經》卷二有「災火蔓莚（延）」句，疑即此字所出；但「蔓」後的「莚」字底卷已見於上文，此又另出『蔓』字，前後參差，存疑俟考。

〔一五一〕蝮，《妙法蓮華經》卷二有『蚖蛇蝮蠍』句，疑即此字所出。

〔一五二〕捶，《妙法蓮華經》卷二有『若作駱駝，或生驢中，身常負重，加諸杖捶』句，疑即此字所出。

〔一五三〕『澍』以下至『廢』字似皆出於《妙法蓮華經》卷三，先後順序與經本相合。『澍』字《廣韻・遇韻》音常句切，禪紐遇攝，直音字『遂』在至韻，音徐醉切，邪紐止攝，二字紐近，韻母則爲止攝與遇攝字互注之例。

〔一五四〕靉，《妙法蓮華經》卷三有『靉靆垂布，如可承攬』句，當即此字及下『靆』字所出。

〔一五五〕悚，《妙法蓮華經》卷三有『尒時大目犍連、須菩提、摩訶迦栴延等，皆悉悚慄，一心合掌瞻仰尊顔，目不暫捨』句，當即此字及下『慄』字所出。

〔一五六〕慓，《匯考》校作『慄』，當是，經文正作『慄』（參上條引）；注文缺字底卷字形不太明晰，疑爲『栗』字草書，『慄』『栗』《廣韻・質韻》同在力質切小韻，讀音相同。

〔一五七〕『鑿』與下『逗』、『燥』二字似皆出於《妙法蓮華經》卷四，先後順序與經本相合。

〔一五八〕衒，《妙法蓮華經》卷五有『衒賣女色』句，疑即此字所出。

〔一五九〕上『衒』字條底卷在行末，該行左側殘泐，但有殘畫隱約可見，則『衒』字以下原卷應有殘缺，故暫擬不能確定字數的缺字符。

〔一六〇〕甄，《妙法蓮華經》卷六有『復聞是《法華經》八百千萬億那由他、甄迦羅、頻婆羅、阿閦婆等偈』句，疑即此字所出；『甄』字《廣韻・仙韻》有居延切一讀，與『堅』字（《廣韻・先韻》音古賢切）讀音略同。又『甄』字以下底卷抄於卷背，但字體相同，前三字内容亦與正面部分關聯，故合併校録。

〔一六一〕䵳，《妙法蓮華經》卷二有『黧䵳疥癩，人所觸嬈』句，當即此字及下『疥』字所出；參看上文校記〔四二〕。

〔一六二〕『謙』字以下各條似皆出於東晉天竺三藏帛尸梨蜜多羅譯《佛説灌頂拔除過罪生死得度經》（以下簡稱《大灌頂經》）卷一二，且先後順序全合。經本有『歡喜踊躍，更作謙敬』句，即此字所出。

〔一六三〕蜚，《大灌頂經》卷一二有「若夜惡，夢鳥鳴百怪蜚尸邪忤魍魎鬼神之所嬈者，亦當礼敬琉璃光佛」句，即此字及下「忤」字所出。

〔一六四〕蒺，《大灌頂經》卷一二有「若入山谷，爲虎狼熊羆蒺蔾諸獸……若有惡心來相向者，心當存念琉璃光佛」句，即此字所出。

〔一六五〕痿，《大灌頂經》卷一二有「其世間人，若有著牀痿黄困篤惡病連年累月不差者」句，即此字所出。

〔一六六〕洋，《大灌頂經》卷一二有「若洋銅灌口者」句，即此字所出。

〔一六七〕尪，《大灌頂經》卷一二有「若族姓男女，其有尪羸著床痛惱無救護者」句，即此字所出。

〔一六八〕完，《大灌頂經》卷一二有「又持戒不完，横爲鬼神之所得便」句，即此字所出；「完」字《廣韻》音胡官切，匣紐桓韻，直音字「員」音王權切，云紐仙韻，二字紐韻俱近。

〔一六九〕「料」字底卷在行末，下部略有殘泐，兹據殘形擬定；《大灌頂經》卷一二有「五官料簡，除死定生」句，即此字及下「蕳（簡）」字所出。

〔一七〇〕蕳，文中爲「簡」的俗字，《大灌頂經》卷一二經文正作「簡」（見上條引）。又底卷摘抄至此字止。

佛經難字音(三)

伯三二七〇背

【題解】

本篇底卷編號爲伯三二七〇背。凡一紙。正面爲『兒郎偉』五首，其中第五首未抄完，接抄於背面。卷背接抄『兒郎偉』五行；隔一行有『陽生讀自是』五字，該五字下又有『眗舊槃(穀)國酸▨』諸字，似屬雜抄性質；又下一行爲『兒郎偉驅儺』五字，行末有『毳䭢(脆)』條；再以下爲本篇十五行，字體與《兒郎偉》部分略同，或即出於同一人之手。原本無題，《寶藏》該號下僅題『兒郎偉』。《索引》『兒郎偉驅儺文』下小字注『背有殘字書十五行』，《索引新編》略同；《法藏》改題『難字音義』。《匯考》附列於《諸難雜字》之後。按本篇所抄難字先後無規律可言，頗有含義相關的難字接抄在一起的(如『杞』與『梓』、『岧』與『嶤』、『璿』與『璣』、『獬』與『豸』、『闕』與『闔』)，又有前後重出的，體式與摘録佛經難字的寫卷相似；每個難字注一直音(少數條目係用常見俗字爲正字注音)，并無釋義，故改擬今題。

本篇所注直音帶有唐五代西北方音的特點，如止攝字與遇攝字互注，止攝、蟹攝字與梗攝字互注，濁音字與清音字互注等等，也許和前面的《兒郎偉》一樣，都出於敦煌當地人的手筆。《兒郎偉》中有『今遇明王利化，再開河隴道衢。太保神威發憤，遂便點緝兵衣。略點精兵十萬，各各盡擐鐵衣。直至甘州城下，迴鶻藏舉無知。走入樓上乞命，逆者入火墳(燌)屍』等語，其中的『太保』，榮新江以爲是指後唐莊宗時任河西歸義軍節度使的曹議金，所述出兵攻打甘州迴鶻應在其稱太保的公元九二五至九二八年間(《歸義軍史研究》頁一〇二、三二〇—三二三，上海古籍出版社一九九六)，其説可從。據此，本卷應亦爲同一時期所抄。

《敦煌音義匯考》曾對本篇作過初步校勘。今據《法藏》影印本并參考縮微膠卷重新校録如下。底卷各條接抄，校録時每條下皆用句號句斷。底卷書法粗劣，筆迹多有黯淡不清者，特另附圖版於前，讀者可與録文比勘。

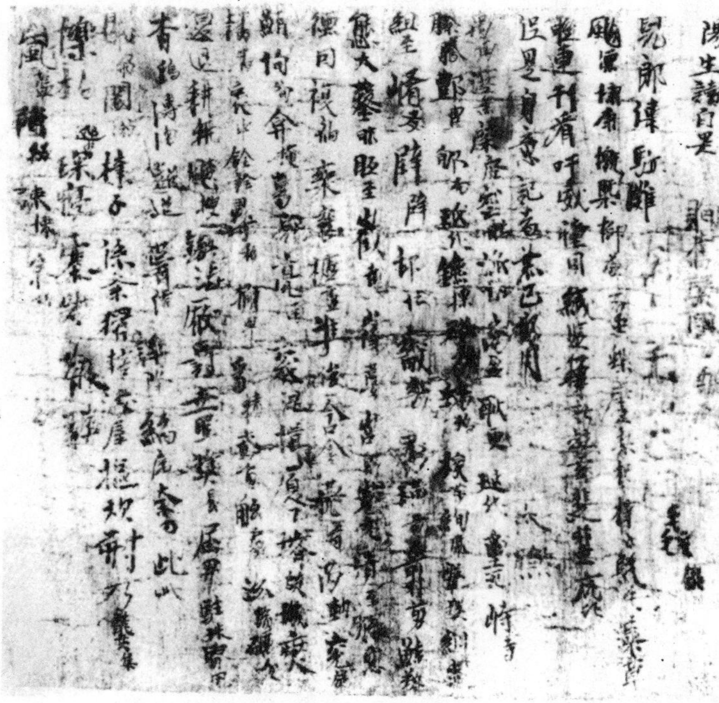

伯三二七〇號背《佛經難字音》

毳䬧。〔一〕飈漂。〔二〕慷康。慨槩。〔三〕抑益。〔四〕蝨螺。〔五〕盧梨。〔六〕杞其。〔七〕梓子。毦毛。〔八〕藻草。聯連。刊看。吁威。〔九〕憧同。〔一〇〕緘監。鐸託。玆玆。〔一一〕斐蜚。庇比。〔一二〕禹雨。溦無。〔一三〕棨啓。〔一四〕▨甿。〔一五〕派▨。〔一六〕裔盈。〔一七〕耿更。珽（玳）代。〔一八〕壐死。〔一九〕峙寺。滕騰。酆豊。〔二〇〕郇旬。珁（玳）代。鑣摽。婺務。螭鵄。梭莎。絢獻。〔二一〕鞶盤。紃▨。組至。〔二二〕崤爻。〔二三〕辟（璧）辟。邙忙。畿幾。裔。〔二四〕璜黄。翦剪。鯨▨。〔二五〕態太。鑿昨。眰（眂）至。〔二六〕巀截。嶭（嶭）孼（孽）。岧▨。嶢堯。漬至。牕窗。〔二七〕禋囙（因）。複福。欒鸞。〔二八〕櫨盧。準（準）俊。〔二九〕含舍。〔三〇〕甍盲。芮蚋。究旋。〔三一〕鮪。〔三二〕恂旬。〔三三〕弇掩。葛▨。亮兩。衮混。揖（揖）▨。厦下。璿旋。璣。燹。〔三四〕轓潘。衷中。銓詮。彝移。〔三五〕獬界。〔三六〕豸積。〔三七〕鳶員。舡（舐）癡。〔三八〕汾墳。礪令。〔三九〕退退。〔四〇〕耕耕。〔四一〕颼搜。〔四二〕鐓澁。〔四三〕廒。罰。〔四四〕垚聖。〔四五〕奨長。届界。駐珠。贀鬼。〔四六〕杳鷚。濤淘。韶迢。葺（葺）緝（緝）。講降。〔四七〕▨屬。〔四八〕奈乃。此吪。〔四九〕闕開。〔五〇〕闔閤。梓子。係。紊。〔五一〕猾轄。沃屋。樞吹。〔五二〕耐（耐）乃。龔集。〔五三〕櫟▨。〔五四〕▨有。〔五五〕琛寝（寢）。寨砦。〔五六〕▨▨。嵐藍。稍▨。〔五七〕諫悚。〔五八〕梟▨。〔五九〕

【校記】

〔一〕『毳』字條底卷在前一行『兒郎偉驅儺』標題下方，其上下都留有較多空間（下『飈』條底卷另行），或屬補抄者，今添入篇首。注文『䬧』字古代字書未載，實爲『脆』的換旁俗字。伯三六四五號《季布詩詠》：『養兒只合知家計，四時八節供甜䬧。甜䬧由來總不供，抛却耶孃虚度世。』其中的『甜䬧』另本斯一一五六號同，乃『甘脆』的俗字，可以比勘。『毳』『脆』《廣韻·祭韻》同音此芮切。

〔二〕飈，『飈』字的俗寫，『飈』又爲『飄』的偏旁移位字。『飄』字《廣韻》音甫遥切，『漂』字音撫招切，二字同在宵韻，韻同紐近。

〔三〕「慨」字左部底卷字形兼於「木」旁「忄」旁之間，準上條，此當以從「忄」旁爲是，故徑録正。「慨」字《王二》音苦愛反，「槩」字音古礙反，二字同在去聲代韻，韻同紐近。

〔四〕「抑」爲「抑」字隸定之異，「抑」字《廣韻·職韻》音於力切，影紐曾攝，直音字「益」字在昔韻，音伊昔切，影紐梗攝，曾攝、梗攝韻尾相同，主要元音大抵相同，故此二攝字敦煌文獻中可以互注。

〔五〕「蚤」爲「蝝」字俗省，「蝝」又爲「蠡」字俗省；「蠡」字《廣韻·戈韻》有落戈切一讀，古或用同「羸」，而注文「螺」即「羸」的後起異體字。佛經中常見「法螺」，亦作「法蠡」，「蠡」、「螺」同音通用。

〔六〕「盧」字《廣韻·模韻》音落胡切，來紐遇攝，直音字「梨」在脂韻，音力脂切，來紐止攝，唐五代西北方音止攝、遇攝同用。

〔七〕注文「其」字底卷字形不太明晰，兹姑如是録，存疑；「杞」字《廣韻·止韻》音墟里切，溪紐止攝，「其」在之韻，音渠之切，羣紐止攝，二字紐分清濁，然唐五代西北方音濁音清化，故可互注。

〔八〕「毦」同「髦」，「髟」旁古本或作「镸」，故此二旁古多换用。「髦」「毛」《廣韻·豪韻》同音莫袍切。

〔九〕「吁」字《廣韻·虞韻》音況于切，曉紐遇攝，直音字「威」在微韻，音於非切，影紐止攝，此亦止攝、遇攝互注之例，曉紐、影紐則同屬喉音，發音部位相同。

〔一〇〕「憧」字《集韻·東韻》有徒東切一讀，與「同」字同音。

〔一一〕玆，此字《説文》從二玄，黑也，「兹」字從艸、絲省聲（據徐鍇繫傳），艸木多益也，但二字寫法古書或混同無別；「玆」字《廣韻·先韻》音胡涓切，《集韻·之韻》又音津之切，後一切音與「兹」字同音；《集韻》津之切「玆」字下云「《説文》黑也；…… 一曰蓐也，此也，亦姓」，後三義項的「玆」即用同「兹」；底卷「兹」字注「玆」，「玆」爲直音字或標注異體皆有可能。

〔一二〕「庀」條底卷接近行末，其後另行有「但是身意記者兼已即用」「太噭」一行文字，當與本篇無關，故不録。

〔一三〕「溼」爲「澨」字俗寫，「澨」字《廣韻·祭韻》音時祭切，與「無」字讀音迥異，或注音者誤讀從「巫」聲，「巫」

〔一四〕『無』《廣韻・虞韻》皆音武夫切，爲同音字。

〔一五〕『檾』字字書不載，當是『𣐇』字之訛，而『𣐇』又爲『棨』的俗字（猶『啓』字俗作『启』之比）；『棨』和直音字『啓』《廣韻・薺韻》同音康禮切，讀音相合。

〔一六〕字頭底卷作上下結構，下部作『亡』，上部模糊不清（近似於『必』），存疑俟考。

〔一七〕注音字底卷略有殘泐，模糊難辨。此類情況以下一般不再出校説明。

〔一八〕『裔』字《廣韻・祭韻》音餘制切，以紐蟹攝，『盈』在清韻，音以成切，以紐梗攝，祭韻、清韻主要元音相同，唐五代西北方音梗攝各韻的鼻音韻尾漸趨消失，主要元音與蟹攝齊、薺、霽、祭韻相同，故此二攝字可以通押互注。

〔一八〕『𤥍』下文又作『𤣸』，皆爲『玳』的訛俗字；『玳』與直音字『代』同音。

〔一九〕『壐』字《廣韻》音斯氏切，心紐紙韻，『死』字音息姊切，心紐旨韻，紙、旨二韻《廣韻》同用。

〔二〇〕『鄷』爲『酆』的簡俗字，猶注文『豊』爲『豐』的簡俗字。

〔二一〕『絢』，《廣韻・霰韻》音許縣切，直音字『獻』《廣韻》在願韻，音許建切，二字並屬曉紐山攝，讀音略同；《匯考》直音字『獻』録作『厭』，不確。

〔二二〕『組』字《廣韻・姥韻》音則古切，精紐遇攝，直音字『至』在至韻，音脂利切，章紐止攝，此亦止攝、遇攝互注之例，又精、章紐近（同爲齒音），唐五代西北方音亦可通用。

〔二三〕『崤』字右上部的『乂』形構件底卷作『又』形，注文『爻』字的『乂』形構件似又皆作『叉』形，皆俗寫，兹徑録正。

〔二四〕『裔』字上文已見，直音『盈』，故此不再出注。

〔二五〕注音字底卷在行末，上部作『敬』，下半僅存上部殘畫，原字疑爲『驚』字；『鯨』字《廣韻・庚韻》音渠京切，『驚』字同韻音舉卿切，前者羣紐濁音，後者見紐清音，唐五代西北方音濁音清化，則二字同音。

〔二六〕『眡』爲『眡』字俗寫，《匯考》録作『眡』，定作『胝』字，不確；『眡』同『視』，《廣韻》上聲旨韻音承矢切，禪紐止攝，注音字『至』在去聲至韻，章紐止攝，唐五代西北方音濁上變去，故二字音近。

〔二七〕注文『窓』爲『窻』（字亦作『窗』，與『窗』爲古異體字）的俗字，而字頭『牎』爲『牕』（字亦作『牕』）的俗字，『牕（牕）』又爲『窻（窗）』的後起换旁字。

〔二八〕注音字『鸞』下部略感模糊，兹姑如是録；『欒』『鸞』《廣韻・桓韻》音落官切，讀音相合。

〔二九〕『準』字《廣韻・諄韻》音章倫切，章紐臻攝，直音字『俊』在稕韻，音子峻切，精紐臻攝，此亦精、章二紐互注之例。

〔三〇〕注文『啥』似即『含』常見俗字『含』之變。如是，則本條係以俗字注音之例。

〔三一〕『究』字《廣韻・獮韻》音以轉切，以紐山攝，直音字『旋』字在線韻，辝戀切，邪紐山攝，二字異紐。

〔三二〕『鮪』字單出無注，於例不合，或有脱字。

〔三三〕『恂』字左部底卷字形在『忄』旁『亻』旁之間（與上文『邙』字注文『忙』左旁底卷的寫法近似），今姑録作『忄』旁；『恂』『侚』皆從『旬』得聲，讀音相近。

〔三四〕『爕』爲『燮』的俗字，按例『爕』應爲注音字，但『爕』與上『璣』字底卷皆作正文大字，且此二字讀音迥異，故姑作兩條，存疑俟考。

〔三五〕彝，同『彝』，《廣韻・脂韻》音以脂切，以紐止攝，直音字『移』在支韻，弋支切，以紐止攝，二字讀音略同；《匯考》録『移』作『私』，誤。

〔三六〕獬，《廣韻・蟹韻》音胡買切，匣紐蟹攝，直音字『界』在怪韻，古拜切，見紐蟹攝，二字紐異，然『獬』字從『解』得聲，後者《廣韻》有佳買切、古隘切等音，與『界』字同紐。

〔三七〕『豸』字《廣韻・紙韻》音池爾切，澄紐止攝，『積』字在昔韻，音資昔切，精紐梗攝，止攝、梗攝互注亦與後者鼻音韻尾消變有關。

〔三八〕『觝』字《廣韻・薺韻》音都禮切，端紐蟹攝，『癡』字在之韻，音丑之切，徹紐止攝，唐五代時期止攝、蟹攝有合流的趨勢，但端紐（舌頭）、徹紐（舌上）互注唐五代罕見其例，存疑俟考。

〔三九〕『礪』字《廣韻・祭韻》音力制切，來紐蟹攝，直音字『令』字在勁韻，音力政切，來紐梗攝，此亦梗攝鼻音韻尾消變而與蟹攝混同之例。

〔四〇〕『𨓏』和注文『退』爲《説文》古文隸定之異。

〔四一〕注文『耕』即『耕』的常見俗字，此亦爲以俗字注音之例。

〔四二〕『颼』『搜』形音義均無涉，上文『颼』字注『漂』，《匯考》據以謂『搜』爲『摽』之訛，近是，『摽』與字頭『颼（颼）』音近。

〔四三〕『鐩』《集韻》以爲『鎩』字或體，『鎩』字《廣韻・怪韻》音所拜切，生紐蟹攝；『澁』爲『澀』的俗字，『澀』字《廣韻・緝韻》音色立切，生紐深攝，二字紐同韻異。

〔四四〕『厰』字字書不載，或有誤；『罸』爲『罰』的俗字；『厰』『罸』二字底卷皆作正文大字，不合文例，存疑俟考。

〔四五〕『卋』字《龍龕・十部》音『世』，蓋即『世』字篆文的隸定之異。『世』字《廣韻・祭韻》音舒制切，書紐蟹攝，注音字『聖』字在勁韻，音式正切，書紐梗攝，此亦梗攝鼻音韻尾消變而與蟹攝混同之例。

〔四六〕𧷒，『貴』字篆文的隸定形；『貴』與『鬼』音近。

〔四七〕講，此字右部底卷略感模糊，兹暫定作『講』字；『講』與『降』僅聲調上去之異。

〔四八〕字頭左邊作『糹』，右部模糊不清，似『裔』又似『𠂤』，然皆與注音字讀音不合，只能存疑。

〔四九〕注文『𣥐』即『此』的常見俗字，此亦爲以俗字注音之例。

〔五〇〕注文『閞』斯三八八號《正名要録》以爲『關』的『稍訛』字，《干禄字書》則以爲『俗』字，此亦爲以俗字注音之例。

〔五一〕『係』與『紊』形音義皆所不同，底卷二字似皆作正文大字，故此亦録作二條，存疑俟考。

〔五二〕 樞，此字左部底卷作「扌」形，兹從《匯考》校定作「樞」；「樞」字《廣韻・祭韻》音昌朱切，昌紐遇攝，「吹」字在㪍韻，音昌垂切，昌紐止攝，此亦止攝、遇攝同用之例。北一四五二（秋二六）號背《大佛頂經大寶積經難字音》「樞」字直音「吹」，可以比勘。

〔五三〕「襲」「集」形音義皆所不同，此以「集」字注「襲」，疑有一誤。

〔五四〕注音字左邊作「木」，右部模糊不清，存疑俟考。

〔五五〕字頭作辶旁，辶旁裹面部分模糊不清（近似「邸」），存疑俟考；注音字「有」底卷作草書，伯二一三三號《妙法蓮華經講經文》「有」字有類似寫法。

〔五六〕「寨」與注音字「砦」爲古異體字，古字亦作「柴」；《集韻・夬韻》：「柴，士邁切，籬落也。或作寨、砦。」

〔五七〕注音字左邊作「糸」，右部模糊，近似於「召」，但「紹」「稍」音不合，故只能存疑。

〔五八〕諫，底卷注「悚」，《匯考》稱「悚」《廣韻》在腫韻「息拱切」「怖也」；「諫」在燭韻「七玉切」「飾也」。音義俱異。從言從心有時相通，疑「諫」爲「悚」之俗字。按「諫」「悚」俱爲通攝合口三等字，前字屬清紐，後字屬心紐，並爲齒頭音，紐韻俱近，且二字皆從「束」得聲，故可互注。

〔五九〕底卷抄寫至此條止。

佛經難字音(四)

伯二二七一(底卷)

伯三七六五背+伯三〇八四背(甲卷)

【題解】

本篇存二本:底卷編號爲伯二二七一,正面凡五十一行,卷背零散抄録十餘行。甲卷被分裂爲二件,前面大部分在伯三七六五號背(下稱甲一本),後面一小部分在伯三〇八四號背(下稱甲二本)。兩卷的内容基本相同,但也有少數字條只見於底卷或只見於甲卷的,這説明這兩個寫卷應有共同的來源,而非底本與抄本的關係。原卷無題。底卷卷中依次有《光讚般若經》、《漸備經》、《長一阿含經》、《究竟大悲經》、《四分律》等經目,而甲卷無。底卷,《索引》擬題『一切經音義殘節』,《索引新編》同,《寶藏》作『一切經音義殘片』,《法藏》改題『佛經字音』。甲一本,《索引》在『諸雜齋文』後括注云『背有一段爲某佛經中難字』;《寶藏》作『某佛經中難字音義』;《索引新編》卷背内容單列,題作『某佛經中難字等』。甲二本,正面爲『開經文』、『散經文』,乃甲一本『諸雜齋文』的後一部分,應予綴合;背面難字十五行,《索引》、《寶藏》未予標列,《索引新編》、《法藏》題『字書』。按甲一本、甲二本字體相同,内容前後完全銜接,乃同一卷撕裂爲二,兹予以綴合(參下二頁所附圖版)。《敦煌音義匯考》把底卷和甲一本合併列在《一切經音義》之下,以爲:『主要是(玄應《音義》)卷七、卷一二和卷一六中字……所摘多條目中字,也有注文中字……亦有不見於玄應書中字,可能直接摘自經文,由於考索煩難,一時不能指明。然而,就總體而言,稱爲《一切經音義》摘字或難字,可以成立。』今按:上揭寫卷與玄應《音義》的關係,包含三種情況:(一)完全根據玄應《音義》摘録。如底卷『長一阿含經』以下的三十餘條,就是根據玄應《音義》卷一二《長阿含經》音義摘抄的,其中所列異體俗字不少是見於玄應《音義》注文之中的,反切用字也基本相同。(二)部分條目與玄應《音義》相合;也有部分條目雖見於玄應《音義》,但注音用字不同;另有部分條

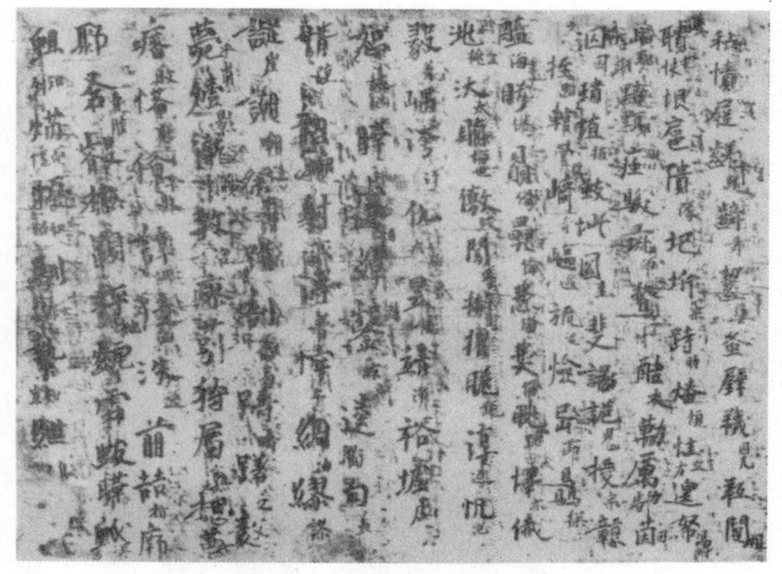

伯三七六五號背《佛經難字音》圖版（一）

伯三七六五號背《佛經難字音》圖版（二）

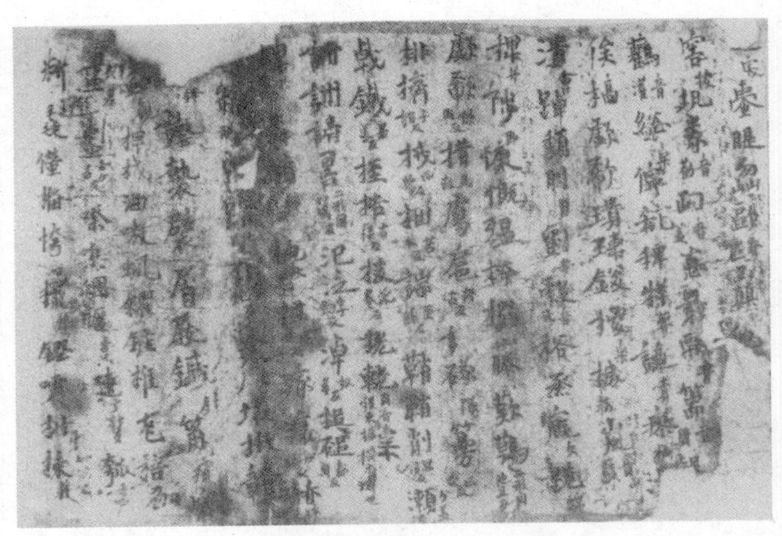

伯三七六五號背《佛經難字音》圖版(三)

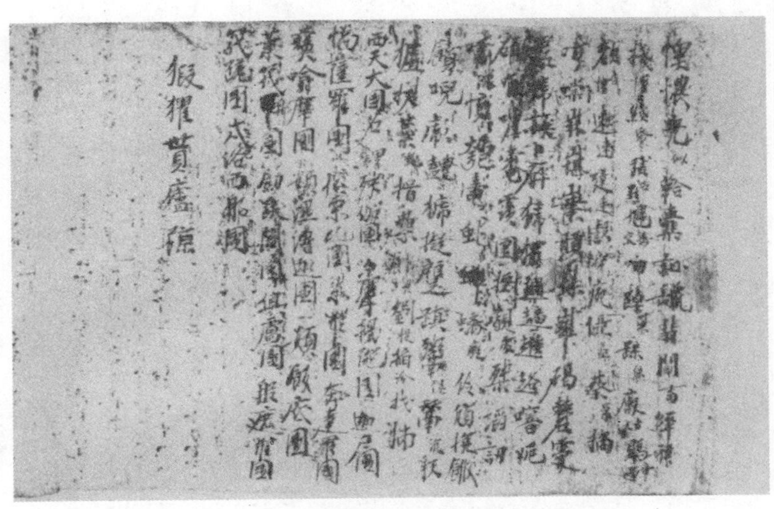

伯三〇八四號背《佛經難字音》圖版

目玄應《音義》未見，而直接摘自經文。如底卷卷首的一百二十多條大多爲《正法華經》中的難字，其中既有見於玄應《音義》而切語相合的，如『齮』切『丘奇』，『羠』切『囚几』，『聵』切『牛快』，等等，均與玄應《音義》同；又有見於玄應《音義》而注音不盡相同的，如『扈』字直音『户』，而玄應《音義》音胡古反，『彘』字音『浄』，而玄應《音義》音除例反，『薨』切『乎崩』，而玄應《音義》音呼弘反（據《金藏》廣勝寺本，《叢書集成初編》本作『呼宏反』，『宏』字蓋避清諱改），『齧』字注音『蘖』，而玄應《音義》未注音；另有五十多條則直接摘自《正法華經》經文，而爲玄應《音義》所未見。（三）全部直接摘自經文，而不見於玄應《音義》。如底卷尾部《究竟大悲經》第三卷以下的三十餘條。《究竟大悲經》未見宋至清代的藏經收録，玄應及慧琳《音義》亦未收列。《大正藏》始據敦煌寫本收録第二至第四卷的部分内容。現知存有該經第三卷的有斯二四九九號和斯六九三二號兩個殘卷，底卷相關的三十多個難字大多可在斯二四九九號寫卷中查到。綜上所述，我們認爲本卷是某一佛教徒閲讀佛典（包括直接讀玄應《音義》）時的難字録，他在讀經的同時參考了玄應的《音義》，所以他摘録的難字既有玄應《音義》中已有的，也有玄應《音義》中没有的，所注的讀音既有與玄應《音義》相同的，也有與玄應《音義》不同的，顯然不能把它直接當作《音義》的『殘節』或『殘片』，故據以改定今名。作者注音或用反切，或用直音，也有少數是用後世通行字（俗字）爲正字或古字注音的。注音多有與傳統韻書不合者，如止攝字與遇攝字互注等，透露出唐五代西北方音的特點。

甲卷正面爲『四門轉經文』等應用文範（《索引》稱作『諸雜齋文』）。底卷卷背抄有『甲寅年七月十五日就大乘寺納設曆』和倒寫的『庚戌年十二月』殘文書一件，又有『西天大國名』及散抄的佛經難字二十餘個（該部分字迹與正面部分相同，當出於同一人手筆，且甲二本該部分與前一部分難字接抄不分，可見底卷卷背所抄難字與正面部分前後相承，爲同一篇的有機組成部分，故此合併校録），其中的甲寅年《敦煌社會經濟文書真迹釋録》疑爲公元九五四年，如果這一推斷可信，則正面部分的抄寫時間當略早於這一年份。寫卷『世』旁或作『云』；又『濵』字注『父人反』（《金藏》廣勝寺本玄應《音義》同，而慧琳《音義》引作『必民反』），仍保留著避唐諱的殘迹。

《敦煌音義匯考》曾對底卷和甲一本作過初步校勘。兹據《法藏》影印本并參考《叢書集成初編》本玄應《音義》（簡稱『玄應《音義》』，如參考《金藏》廣勝寺本則直接注明），校録於後。底卷及甲卷出自不同經文的難字多接抄不分，兹除可相連成詞者外，逐一句斷，并按所出經文的不同分爲若干段（底卷卷背部分難字散抄不相連接，所出經本不詳，則按原本按行逐録），以清眉目。

秥。〔一〕 憤即。〔二〕 屣。 鬐蹉。〔三〕 鵸丘奇。〔四〕 鬔蘗。 蚤。〔五〕 壁。 銕囚几。〔六〕 瓩。〔七〕 鋮柴。〔八〕 闚視。〔九〕 瞶牛快。〔一〇〕 垠。〔一一〕 扈户。〔一二〕 壙。〔一三〕 隤隊。〔一四〕 圯。 坼策。〔一五〕 跱助。〔一六〕 燔煩。〔一七〕 恇丘方。〔一八〕 遑。〔一九〕 帑湯朗。〔二〇〕 騷▨。〔二一〕 訕所奸。〔二二〕 黯黖。〔二三〕 瘂。〔二四〕 駃。〔二五〕 彘浄。〔二六〕 鶩亡付。〔二七〕 酷哭。〔二八〕 湎。〔二九〕 勱靡辯。 厲力制。〔三〇〕 茵因。〔三一〕 席。〔三二〕 泅囚。〔三三〕 璝。〔三四〕 吒。〔三五〕 埴植。〔三六〕 蚑。〔三七〕 玭。 囧。〔三八〕 斐。〔三九〕 譎厥。 詭鬼。〔四〇〕 揔宗。〔四一〕 顬▨。〔四二〕 搥只。〔四三〕 輨管。 崎奇。 嶇區。〔四四〕 旒流。〔四五〕 曩。〔四六〕 熻。〔四七〕 昆節。〔四八〕 鸓標。〔四九〕 ▨（醢）海。〔五〇〕 昑襻。〔五一〕 鼂俻。〔五二〕 㬷俻。 悲俻。 㚸俻。 眺跳。〔五三〕 懌亦。〔五四〕 儀戚。〔五五〕 洮桃。 汏太。〔五六〕 佩倍。〔五七〕 賄悔也。〔五八〕 傚絞。〔五九〕 闖爲。〔六〇〕 掣。 攫。〔六一〕 脆跪。〔六二〕 淳巡。〔六三〕 帆氾。〔六四〕 毅義。〔六五〕 嵎。 洿汙。〔六六〕 仇求。〔六七〕 昱役。〔六八〕 靖浄。〔六九〕 裕。〔七〇〕 墟虚。〔七一〕 恕施。〔七二〕 瞱。〔七三〕 邃。〔七四〕 綽。〔七五〕 鑿昨。〔七六〕 逵衢。〔七七〕 匃蓋。〔七八〕 惰墮。〔七九〕 韶紹。〔八〇〕 射亦。〔八一〕 溥普。〔八二〕 忤午。〔八三〕 綢紬。 繆謬。〔八四〕 譺崖。〔八五〕 謿嘲。〔八六〕 粲七讚。〔八七〕 踖。〔八八〕 剖普苟。〔八九〕 躊疇。 躇之數。〔九〇〕 薨乎崩。 殪影。〔九一〕 儱隴。〔九二〕 孜咨。〔九三〕 瘳。〔九四〕 蒴。〔九五〕 狩。〔九六〕 屬熟。〔九七〕 摠。〔九八〕 蒠。〔九九〕 瘙敗。 慅敗。 僫敗。〔一〇〇〕 諄巡。〔一〇一〕 徙四。〔一〇二〕 泆逸。〔一〇三〕 萌。〔一〇四〕 喆折。〔一〇五〕 廓。〔一〇六〕 鄹責候。〔一〇七〕 吝。〔一〇八〕 叡。〔一〇九〕 擨。〔一一〇〕 跙。〔一一一〕 枰拖。〔一一二〕 齇▨。〔一一三〕 霖。〔一一四〕 蚑。〔一一五〕 暐。〔一一六〕 蚔渠支。 蛆知列。〔一一七〕 焫而悦。〔一一八〕 犪如昭。 馴似均。〔一一九〕 縶知立。 紲息列。〔一二〇〕 蟲（蠱）弋者。〔一二一〕 黤他感。 黮丁甚。〔一二二〕 瘂徒冬。 燥（燥）蘇倒。〔一二三〕 癘力帶。〔一二四〕 瘀於豫。〔一二五〕 喚哳陟黠。〔一二六〕

濺讚。〔一二七〕 橦音童。 梋、楔先結，二同。〔一二八〕 入椤▨▨▨▨▨〔一二九〕 罩爪。 罝罟古文罝、置，二同，子邪
反。〔一三〇〕 濱父人反。〔一三一〕 績胡對反。〔一三二〕 瞪矚直耕反。〔一三三〕 樚櫨、轒轤二同，力胡。〔一三四〕 摑、䤋古麥。〔一三五〕 糶。
輻。 埽。 哾。〔一三六〕 藺蕩莨蓎，力盎反。〔一三七〕 兕音似。〔一三八〕 矛莫侯反。 䵢。 矇。
《光讚般若經》弟一卷〔一三九〕 惒和。〔一四〇〕 悅。〔一四一〕 揣團。〔一四二〕 癉。〔一四三〕 呿。〔一四四〕 咤。 跎。〔一四五〕 詵
此。〔一四六〕 瞤閏。〔一四七〕 駈驉。 齘。 鶉陁。 嗄竹嫁。〔一四八〕 饜於焰反。〔一四九〕 轟、軥呼萌。〔一五〇〕 朧。 絓誇。 頑卧
▨。〔一五一〕 櫛真瑟反。 蚍蚖。〔一五二〕 抑。 犀西。 吁。 盆。〔一五三〕 饜飽。〔一五四〕 疰主。 炊吹。 蘭建。 栖垢。〔一五五〕 眩玄。
砏。〔一五六〕 磽去交反。 确去角反。〔一五七〕 隤隊音。〔一五八〕 氂狸。〔一五九〕 詘屈。〔一六〇〕 犇。〔一六一〕 跱至。〔一六二〕 榜彭。 甇。〔一六三〕
悸。〔一六四〕 荓音平。〔一六五〕 嶋音到。 逯音禄。 殆。〔一六六〕 薜百。 茘領。〔一六七〕 劇音極。〔一六八〕 閔音愍。〔一六九〕 吟。〔一七〇〕
唅。〔一七一〕 唸。 謱。〔一七二〕 紲。〔一七三〕 咃。〔一七四〕 虵。〔一七五〕 侜。〔一七六〕 怟。 紐。 綫前。 羺。〔一七七〕 《漸俻（備）經》弟
一〔一七八〕 炤。〔一七九〕 慺慺力俱。〔一八〇〕 瞢。 寓于甫反。〔一八一〕 籀溜。〔一八二〕 眇妙。〔一八三〕 篡叉患。〔一八四〕 算桑管。 弑
灑。〔一八五〕 恾萠莫荒。〔一八六〕 綩婉。 變力絹。〔一八七〕 篤。〔一八八〕 嗜。〔一八九〕 嫪盧到反。〔一九〇〕 贛。 侜。 倰音陵。 賦富。 菵。
唵。 諫。〔一九一〕 旦宊。〔一九二〕 蚤。〔一九三〕 隄。 盈。〔一九四〕 歐音嘔。 巔顛。〔一九五〕 他。〔一九六〕 剬痓。〔一九七〕 躄壁。〔一九八〕 繴被。
窖校。〔一九九〕 坻。 拳音勸。 丐音蓋。 悳。 戢。〔二〇〇〕 ▨。〔二〇一〕 篅音圖。〔二〇二〕 鑿音昨。〔二〇三〕 鸛音灌。〔二〇四〕 総
宗。〔二〇五〕 儜。〔二〇六〕 秕稗。〔二〇七〕 牂葬。〔二〇八〕 謫責。〔二〇九〕 瘳抽。〔二一〇〕 潰。〔二一一〕 俟。〔二一二〕 槁。 歔欷。〔二一三〕 璝
瑋。〔二一四〕 鋑。〔二一五〕 揔宗。 搣滅。〔二一六〕 嵐音藍。〔二一七〕 潰會。〔二一八〕 踔。〔二一九〕 頮。〔二二〇〕 刖月。〔二二一〕 劉等。〔二二二〕 穀音
式。〔二二三〕 裕。〔二二四〕 烝。〔二二五〕 廐久。 跣線。 稗并。〔二二六〕 陟即。〔二二七〕 慷慨。〔二二八〕 殟。 椊。〔二二九〕 搦。 藤。
《長一阿含經》弟一卷〔二三〇〕 嘆咤歎、鵽二形同，他旦反。〔二三一〕 轟轟軥同，呼萌反。〔二三二〕 歔欷欣既反。〔二三三〕
措且故。〔二三四〕 虜扈胡古反。〔二三五〕 硋隊。〔二三六〕 篣亡支反。〔二三七〕 排擠子詣反。〔二三八〕 挄而勇反。〔二三九〕 媟嬻息列

反。〔二四〇〕閫、梱苦本反。〔二四一〕諯至緣反。〔二四二〕檈、篹二形禹煩反。〔二四三〕鞘、鞘、削思誚反。〔二四四〕瀨力盖反。〔二四五〕戟、鐵君逆反。〔二四六〕桎梏古禄反。〔二四七〕援禹卷反。〔二四八〕桄、輄同音光，謂車及梯槩等横木名也。〔二四九〕詶譸、譶二形同，竹鳩反。〔二五〇〕氾、泛孚劍反。〔二五一〕淖奴孝反。〔二五二〕搥、磓都回反。碑（砰）於甲反。〔二五三〕犇驥補門反。〔二五四〕杝太何反。枻余世反。〔二五五〕瘃、瘃知録反。〔二五六〕嚇呼嫁反。〔二五七〕燎、爍力照反。〔二五八〕蹌踣七羊反。〔二五九〕仆蒲北反。〔二六〇〕斃音丿。〔二六一〕坫。〔二六二〕撳。〔二六三〕贑。茇鉢。〔二六四〕讍。〔二六五〕褺襞。〔二六六〕箭。〔二六七〕屑。屐。〔二六八〕鍼針。〔二六九〕箭痛。頣。〔二七〇〕宥有。〔二七一〕蠹覩。〔二七二〕椑。〔二七三〕杙。〔二七四〕油。嗽。據。▨。〔二七五〕颯。湍或云專或云〔□〕。〔二七六〕羅。〔二七七〕鏟。〔二七八〕椎。尨。掊。〔二七九〕劢領。掣。〔二八〇〕蕈勑芥反。蠆音力曷反。〔二八一〕嗏。〔二八二〕嗼。〔二八三〕㔶。〔二八四〕曬音只。〔二八五〕嚏丁計反。瓠音户。〔二八六〕析。〔二八七〕毳。〔二八八〕僜。〔二八九〕搖。〔二九〇〕悖。擺拜。鏗。嚷。〔二九一〕抖斗。捒藪。〔二九二〕懊憹。〔二九三〕兕似。〔二九四〕軨橐。〔二九五〕訨。恬甜。〔二九六〕鬣。翡。閾畜。〔二九七〕綷律。棧剪。綫帋。〔二九八〕秸古黠。〔二九九〕嫭喜交。呴吼音。〔三〇〇〕踔箂（策）。〔三〇一〕蹀牒。〔三〇二〕廄（廄）音九。賜音遇。〔三〇三〕欬音愷。〔三〇四〕遬速。噠達。〔三〇五〕謦啓。〔三〇六〕痴。〔三〇七〕侐亞。〔三〇八〕蔡菜。蹹。〔三〇九〕摘。

《究竟大悲經》弟三卷〔三一〇〕哼。喋。〔三一一〕淋。堪。〔三一二〕業。瞋。〔三一三〕㩘籬。〔三一四〕碣磬。〔三一五〕霎磊。〔三一六〕啼諫。〔三一七〕碎。〔三一八〕猇猘。〔三一九〕趣趟。〔三二〇〕趣趥。嚕。〔三二一〕呃。砌。〔三二二〕嘛嗺。〔三二三〕霍雯。〔三二四〕▨。〔三二五〕圜。〔三二六〕橱。〔三二七〕靦處。〔三二八〕

《四分律》弟六卷内〔三二九〕桀。〔三三〇〕株。〔三三一〕埳。〔三三二〕淹漬。〔三三三〕訒。〔三三四〕搗。〔三三五〕嘯巢。〔三三六〕慣。〔三三七〕匏。黿。虬求。〔三三八〕螭癡。伶。頡頏抗。〔三三九〕▨。〔三四〇〕皦饋。〔三四一〕晛。彪（彪）。軆。〔三四二〕猇（猇）。〔三四三〕擬。▨。〔三四四〕蹎。鸗偃。〔三四五〕鸗沉。〔三四六〕躿。樝。曧。〔三四七〕捃。泱。〔三四八〕

《□(陀)羅尼雜集》卷第一〔三四九〕　噢。〔三五〇〕　潢瀁胡廣反。〔三五一〕

俠。〔三五二〕　榻。　虁濡(濡)。〔三五三〕

揖。〔三五四〕　爨。〔三五五〕

西天大國名〔三五六〕，謂殃伽國〔三五七〕，摩揭陁國，迦尸國，憍薩羅國，佛栗氏國，末羅國，奔達嗟羅國〔三五八〕，蘇噏摩國，頞濕縛迦國，頞飯底國，葉筏那國，劍跋闍國，俱盧國，般遮羅國，筏蹉國，戍洛西那國。

飦是。〔三五九〕　斵捉。〔三六〇〕　掐洽。　杙。〔三六一〕　薑▨。〔三六二〕　鼉。

弶。〔三六三〕　斵。〔三六四〕　抻。〔三六五〕

蜂。〔三六六〕　桼。　▨▨。〔三六七〕　嚙。

羆熊。　猳玃。〔三六八〕　貰。　彔之郭反。〔三六九〕　廬。

傀。　紗。〔三七〇〕

【校記】

〔一〕『秥』字未詳所出。

〔二〕『憒』疑爲『幘』字俗寫，該字以下一百二十餘條大多出於《正法華經》，《正法華經》卷二有『冠幘履屣，世所希有』句，疑即該字與下『屣』字所本。注文『即』字甲一本無。『幘』字《廣韻》在麥韻側革切，『即』字在職韻子力切，二韻同用，二紐不同。玄應《音義》《正法華經》下未收『幘』與『屣』條。

〔三〕玄應《音義》卷七《正法華經》第二卷下出『攎掣』條，注文云『經文作齹，千何反』，即此字所出。

〔四〕注音字甲一本作『奇』一字，玄應《音義》卷七《正法華經》第二卷下出『齮齧』條，『齮』字音丘奇反。

〔五〕《正法華經》卷二有「蠅蚤壁虱，亦甚衆多」句，應即「蚤」字及下「壁」字所出。玄應《音義》《正法華經》下未收「蚤」「壁」條。

〔六〕玄應《音義》《正法華經》第二卷下出「羯羠」條，「羠」字音囚几反，即本條所出。

〔七〕「瓩」爲「瓺」的俗字，《正法華經》卷二有「羯羠瓩羊，不得奔走」句，應即此字所出。玄應《音義》《正法華經》下未收「瓩（瓺）」字條。

〔八〕「鍼觜」條甲一本無。《正法華經》卷二有「有鍼嘴蟲，及鐵喙鳥」句，應即本條所出，「嘴」乃「觜」的俗字。玄應《音義》《正法華經》下未收「鍼觜」條。按經本順序，此條應列在下文「扈」字之後。

〔九〕「闚」爲「闚」的俗字，《正法華經》卷二有「於斯闚看」句，應即此字所出。「闚（闚）」「視」義近，但讀音迥殊，此以「視」字音「闚（闚）」，殆誤。玄應《音義》《正法華經》第二卷下未收「闚（闚）」字條。按經本順序，此條應列在下文「壙」字之後。

〔一〇〕《正法華經》第二卷有「一切盲瞶，無有耳目」句，「瞶」即「聵」字俗訛，玄應《音義》出「盲聵」條，「聵」字音牛快反，即本條所出。按經本順序，此字應列在下文「追」字條後。

〔一一〕「垠」當作「埌」，《正法華經》卷二有「若有死者，皆埋冢埌」句，即本條所出。玄應《音義》出「冢埌」條，「埌」字音力宕反。

〔一二〕注音字「户」甲一本無。《正法華經》卷二有「拔扈自在」句，即本條所出。玄應《音義》出「跋扈」條，「扈」字音胡古反。

〔一三〕「壙」字甲一本無。《正法華經》卷二有「在丘壙間，見人死屍」句，即本條所出。玄應《音義》《正法華經》下未收「壙」字條。

〔一四〕《正法華經》卷二有「有大園觀，牆壁隤落」句，即本條所出。玄應《音義》《正法華經》下未收「隤」字條。

〔一五〕《正法華經》卷二有「室宅門户，圮裂破拆」句，校記稱「拆」字諸本作「坼」，即「圮」「坼」二字所出。玄應

《音義》《正法華經》下未收『圯』『坼』條。

〔一六〕《正法華經》卷二有『其人在裏，止頓居跱』句，即本條所出。玄應《音義》《正法華經》下未收『跱』字條。『跱』字注音『助』，二字紐、韻、調皆所不同。

〔一七〕《正法華經》卷二有『周迴四面，而皆燔燒』句，即本條所出。玄應《音義》出『燔燒』條，『燔』字音扶元反。

〔一八〕《正法華經》卷二有『無數鳩垣，框欀懷㦗』句，即本條所出。玄應《音義》出『恇孃』條（慧琳《音義》卷二八引作『恇欀』），『恇』字音丘方反。

〔一九〕《正法華經》卷二相應位置有『百千妖魅，憧遑馳走』句，即本條所出。玄應《音義》《正法華經》下未收『遑』字條。

〔二〇〕《正法華經》卷二有『當知如來等覺有無央數倉庫帑藏』句，即本條所出。玄應《音義》出『帑藏』條，『帑』字音湯朗反。按經本順序，此字應列在上文『屣』字條後。

〔二一〕『騷』字條甲一本無。《正法華經》卷三有『室藏騷散』句，但底卷上下文字皆出於《正法華經》卷二，此插入卷三文字，頗爲突兀，俟再考。注音字底卷模糊不清。玄應《音義》《正法華經》下未收『騷』字條。

〔二二〕《正法華經》卷二有『假使不應斯經卷者，則爲謗訕』句，即本條所出。玄應《音義》出『謗訕』條，『訕』字音所姧反。

〔二三〕《正法華經》卷二有『其色變異，黯黖如墨』句，即『黯黖』二字所出。『黖』爲『黕』字俗寫。玄應《音義》出『黯黮』條，稱『經文作黕，丁感、丁甚二反，垢濁也，黕非今所用』。

〔二四〕《正法華經》卷二有『軀形瘦燥』句，玄應《音義》出『瘦燥』條，即本條所出。玄應稱經文『瘦』字作『痩』，非也；今本『瘦』蓋即『痩』字訛變。

〔二五〕『騃』字底卷、甲一本本作『騃』形，疑爲『騃』字俗訛，兹録正。『騃』字《正法華經》多見。

〔二六〕《正法華經》卷三有『牛畜賭彘，鷄鶩羠羊』句，即本條所出。玄應《音義》出『賭彘』條，『彘』字音除例反，底卷音『浄』，聲韻俱別。

〔二七〕注音字『亡』底一本脱，兹據甲一本補。玄應《音義》《正法華經》第三卷下出『鶏鶩』條，第二卷下又出『奔鶩』條，『鶩』字並音亡付反。

〔二八〕《正法華經》卷二有『狐疑衆結，酷苦若是』句，殆即本條所出。玄應《音義》《正法華經》下未收『酷』字條。按經本順序，此字与下『湎』、『勸厲』、『茵』、『席』五條應列在上文『遑』字『瞶』字條後。

〔二九〕『湎』字條甲一本無。《正法華經》卷二有『今我諸子，耽媔音伎』句，校記稱『媔』字諸本作『湎』，殆即本條所出。玄應《音義》《正法華經》下未收『湎』字條。

〔三〇〕前字注文『靡辯』二字甲一本無。『厲』當作『勵』。《正法華經》卷二有『盡力勸勵』句，玄應《音義》出『勸勵』條，『勸』字音靡辯反，『勵』字音力制反，殆即『勸厲』二字所出。

〔三一〕《正法華經》卷二有『又復加施，柔軟茵褥』句，殆即本條所出。玄應《音義》《正法華經》下未收『茵』字條。

〔三二〕『席』字甲一本無。《正法華經》卷二有『無量綩綖，参席于車』句，殆即本條所出。玄應《音義》《正法華經》下未收『席』字條。

〔三三〕『泗』字未詳所出。

〔三四〕『瓃』爲『瑰』字異體，《正法華經》卷一卷三皆有『瑰』字。

〔三五〕『吒』字甲一本無，未詳所出。

〔三六〕《正法華經》卷三有『陶家埏埴作器』句，殆即本條所出。玄應《音義》《正法華經》下未收『埴』字條。

〔三七〕《正法華經》卷一有『於此衆會有無央數億百千載蚑行喘息蜎蜚蠕動群生之類』句，殆即本條所出。玄應《音義》《正法華經》下未收『蚑』字條。

〔三八〕『[illegible]』爲『囧』的俗字，注音『圭』與『囧』韻、调俱別。『囧』與上『玼』字未詳所出。

〔三九〕《正法華經》卷三有『言談斐粲』句，玄應《音義》出『斐粲』條，殆即本條所出。

〔四〇〕「譎」下注音字「厥」甲一本無。《正法華經》未見「譎」字，但有「詭」字。《金藏》廣勝寺本玄應《音義》卷五《超日月三昧經》上卷音義出「譎詭」條，「譎」字音公穴反，「詭」字音居毁反，不知是否爲此條所出。

〔四一〕「揔」至「輨」四條《正法華經》未見，未詳所出。玄應《音義》卷一二《别譯雜阿含經》第九卷下有「揔搣」條，「揔」字音子公反，「宗」字《廣韻·冬韻》音作冬切，二字紐同韻近。參看下文校記〔二六〕。

〔四二〕「顖」爲「顭」的簡俗字。

〔四三〕「挃」字條底卷無，兹據甲一本補。

〔四四〕《正法華經》卷六有「崎嶇以獻」句，殆即本條所出。玄應《音義》《正法華經》下未收「崎嶇」條。

〔四五〕「旈」爲「旒」的簡俗字。「旒」字《正法華經》未見，未詳所出。

〔四六〕「曩」字甲一本無。《正法華經》卷六有「曩昔如來，名曰藥王」句，殆即本條所出。玄應《音義》《正法華經》下未收「曩」字條。

〔四七〕《正法華經》卷二有「火𤎖然熾」句，殆即本條所出。玄應《音義》《正法華經》下未收「𤎖」字條。

〔四八〕《正法華經》卷五有「難得崖底」句，玄應《音義》「崖底」條下云「底」字「經文作坻……又作岊，子結反」，殆即本條所出。

〔四九〕玄應《音義》卷七《弘道廣顯三昧經》第四卷下有「輕屬」條，引《纂文》「屬」字音徒答反，又音風幽反，殆即本條所出。

〔五〇〕「醘」字底卷右上部殘泐，兹據甲一本補。玄應《音義》《正法華經》第四卷下出「䵅眄」條，云「經文作醘、昐二形，誤也」，殆即本條和下「昐」字條所出。

〔五一〕「昐」字底卷注音「襻」，乃是用同「盼」，「眄」、「昐」、「盼」三字古多混用不分。

〔五二〕玄應《音義》卷七《弘道廣顯三昧經》第四卷下有「力贔」條，稱「贔」字古文作「奰」、「𢙀」、「𡗝」三形，應即「贔」下四條所出。玄應「贔」字音皮冀反，與「俻(備)」字同音。

〔五三〕玄應《音義》《正法華經》第五卷下出『求眺』條，『眺』字音他弔反，與『跳』字同音，殆即本條所出。

〔五四〕《正法華經》卷五有『支體解懌』句，玄應《音義》出『解懌』條，『懌』字音以石反，與『亦』字同音，殆即本條所出。

〔五五〕『俄』爲『慽』字俗寫。『慽』字古書多用同『戚』。《正法華經》卷五有『亦懷悒慽』句，殆即本條所出。

〔五六〕『汏』後起字作『汰』，《正法華經》卷六有『洮汰通流諸所猗法』句，玄應《音義》在第五卷末出『洮汏』條，『洮』字音徒刀反，『汏』字音『太』，殆即本條所出。

〔五七〕『佩』字條甲一本無，《正法華經》卷五卷六皆有『佩』字，未詳所出。

〔五八〕注文『也』字當衍，注文『悔』應爲『賄』的直音字，『賄』『悔』《廣韻・賄韻》皆有呼罪切一讀。《正法華經》卷五有『窮無資賄』句（同書卷三亦有『賄』字），或即本條所出。

〔五九〕『儆』字條底卷旁記於『賄』字條右下側，玆據甲一本補入『賄』字條下。本條未詳所出。

〔六〇〕《正法華經》卷四有『加哀開闖』句，玄應《音義》出『開闖』條，『闖』字音于彼反，與『爲』音近。

〔六一〕『撝』『攫』二字底卷旁記於『開闖』條『脆』條右側，玆據甲一本補入『開闖』字條下。『撝』爲『掔』的俗字。該二字未詳所出。

〔六二〕《正法華經》卷五有『此諸衆生，脆劣懈廢』句，殆即本條所出。『脆』字《廣韻・祭韻》音此芮切，注文『跪』字在紙韻，音去委切，又音渠委切，二字紐、韻、調皆所不同，但二字同從『危』得聲。

〔六三〕《正法華經》卷五有『億數群生，被蒙淳化』句，殆即本條所出。玄應《音義》出『淳化』條，『淳』字音『時均反』，『巡』字《廣韻・諄韻》音詳遵切，二字同韻異紐。

〔六四〕『杋』爲『帆』字俗寫，《正法華經》卷五有『即奉教命一時上船，望風舉帆遊入大海』句，殆即本條所出。『帆』『氾』《廣韻・凡韻》皆有符咸切一讀，爲同音字。

〔六五〕《正法華經》卷五有『遊行採榖敬利所誼』句，殆即本條所出。

〔六六〕「嵎」「洿」二字《正法華經》未見，未詳所出。

〔六七〕《正法華經》卷五有「亦不誹謗。亦不仇怨意相待之」句，殆即本條所出。

〔六八〕《正法華經》卷一有「今此佛廟，昱鑠璨麗」句，殆即本條所出。玄應《音義》出「煜爚」條，稱「經文作昱鑠，非體也」。「昱」字《廣韻·諄韻》音余六切，「役(役)」字在昔韻，音營隻切，二字同紐異韻。

〔六九〕《正法華經》卷三有「如來所講我等靖聽」句，殆即本條所出。玄應《音義》出「靖聽」條，稱又作「静」等四形，音「自并反」，與「浄」字音近。

〔七〇〕《正法華經》卷四有「人民饒裕」句，殆即本條所出。

〔七一〕《正法華經》卷四、卷五、卷六皆有「墟」字，玄應《音義》卷六出「墟㙙」條，「墟」字音丘魚反，與「虚」字同音。

〔七二〕《正法華經》卷五有「導師寬恕」句，殆即本條所出。「恕」字《廣韻·御韻》音商署切，「施」字在支韻，音式支切，此乃止攝字注遇攝字之例。

〔七三〕「曄」字《正法華經》經本未見，而其書卷一有「悉遥睹見，煒曄煸爛」句，卷六有「巍巍無量，光燿煒曄」句，「曄」或即「曄」字俗訛。

〔七四〕《正法華經》卷六、卷八皆有「邃」字，未詳所本。

〔七五〕《正法華經》卷六有「名祚顯綽，最尊第一」句，殆即本條所出。

〔七六〕「鑿」字《正法華經》未見，未詳所出。

〔七七〕《正法華經》卷六有比丘尼「大敬逵」，殆即本條所出。「逵」字《廣韻·脂韻》音渠追切，「衢」字在虞韻，音其俱切，二字同紐異韻。

〔七八〕「匃」字今多作「丐」，未詳所出。

〔七九〕《正法華經》卷六有「所在當施與，佛知不令墮」句，「墮」「惰」古通用，殆即本條所出。

〔八〇〕《正法華經》卷七有「讚敘音韶」句，殆即本條所出。玄應《音義》出「音韶」條，云「韶」字音視招反，「舜樂名也。韶之言紹也」。

〔八一〕《正法華經》卷七有「魚獵弋射」句，玄應《音義》出「雉射」條，殆即本條所出。「射」「亦」《廣韻·昔韻》皆有羊益切一讀，爲同音字。

〔八二〕《正法華經》卷一、卷六、卷七皆有「溥首」菩薩名，殆即本條所出。玄應《音義》《正法華經》第一卷下出「溥演」條，云「溥」字「匹古反，此古文普字」。

〔八三〕「忤」應爲「忤」字小變，據直音「午」，「忤」似爲「忤」的俗字，《正法華經》卷二有「有所好忤，若如畜生」句，玄應《音義》出「好忤」條，云「忤」字音吾故反，與「午」字音近。但就字形而言，此字應爲「嫪」的俗字。《正法華經》卷五有「誰不愛身，不嫪父母，不顧妻子者」、「不嫪父母，不顧妻子」等句，卷七又有「菩薩大士不嫪家居宗室親屬」句，其中的「嫪」字《金藏》廣勝寺本前二例作「忤」，後一例作「悴」殆即本條所出。直音字「午」則當爲「牢」字之訛。玄應《音義》《正法華經》第五卷下出「不嫪」條，「嫪」字音力報反，與「牢」字讀音略同。

〔八四〕《正法華經》卷七有「常好燕坐，綢繆好習」句，玄應《音義》出「綢繆」條，殆即本條所出。

〔八五〕《正法華經》卷七有「調譺嘲話談」句，玄應《音義》出「調譺」條，「譺」字音吾戒反，「崖」字《廣韻·佳韻》音五佳切，二字異調。

〔八六〕《正法華經》卷七有「調譺嘲話談」句，其中的「嘲」《金藏》廣勝寺本作「謿」，殆即本條所出。「謿」爲「嘲」的換旁俗字。

〔八七〕「粲」爲「粲」的俗字，《正法華經》卷三有「言談斐粲」句，卷八又有「靡不粲麗」句，玄應《音義》《正法華經》第三卷下出「斐粲」條，殆即本條所出。「粲」字《廣韻·翰韻》音蒼案切，與「七讚」反切音相同。

〔八八〕《正法華經》卷七有「因想蹉踖」句，玄應《音義》出「蹉踖」條，殆即本條所出。

〔八九〕《正法華經》卷七、卷八皆有『剖』字，似即本條所出。

〔九〇〕《正法華經》卷七有『心爲躊躇』句，殆即本條所出。『㪟』字右部底卷略近『攵』，兹據甲一本作『父』；該字底卷與甲一本皆作大字，似誤。『㪟』字字書不載，疑爲『𣭈』的改易聲旁俗字，『之𣭈』二字切『躇』字，《廣韻·翰韻》『躇』字音直魚切，與『之𣭈』反讀音略同。

〔九一〕《正法華經》卷七有『今者薨殪』句，殆即『薨』『殪』二條所出。玄應《音義》出『薨殪』條，『薨』字音『呼弘反』（據《金藏》廣勝寺本，叢書集成初編本作『呼宏反』，『宏』字蓋避清諱改），與『乎崩』反讀音略同；『殪』字音於計反，『影』字《廣韻·梗韻》音於丙切，二字韻、調俱異。

〔九二〕《正法華經》卷六有『假使有人儱戾自用』句，殆即本條所出。

〔九三〕《正法華經》卷六有『悲喜孜孜』句，殆即本條所出。

〔九四〕《正法華經》卷六有『病得瘳除』、『病悉瘳愈』句，殆即本條所出。

〔九五〕『蒴』字未詳所出。《光讚經》卷一有『速得近於受蒴之地』句，但似不應竄於此處。

〔九六〕《正法華經》卷八有『飛禽走狩』句，殆即本條所出。

〔九七〕《正法華經》卷七有『或復無央數億百千菩薩眷屬而來至者』等句，殆即本條所出。

〔九八〕『揔』乃『總』的俗字，『總』字古又作『摠』，『揔』即『摠』的訛變形。《正法華經》卷七有『誦總持句』等句，殆即此字所出。參看斯五五〇八號《藏經音義隨函録》校記〔一二〕。

〔九九〕『葸』爲『愮』字俗寫，後者疑又爲『惡』的增旁俗字。玄應《音義》卷三《光讚般若經》第四卷音義稱『惡』字或『從草作葸』，可證。此字未詳所出。

〔一〇〇〕『瘸』『愮』『僋』分别爲『痡』『慵』『憊』的俗寫，《正法華經》卷四有『無數億人，創礙羸憊』句，玄應《音義》出『羸憊』條，稱『憊』字『又作痡、慵』，殆即此三字所出。

〔一〇一〕《正法華經》卷四有『諄諄宣喻，誘誨委曲』句，殆即本條所出。玄應《音義》出『諄諄』條，『諄』字『之閏、之純二反」,「巡」字《廣韻・諄韻》音詳遵切,與「之純」反一讀同韻異紐。

〔一〇二〕「徙」字寫卷似作「徒」形,乃俗書之訛,兹徑録正。《正法華經》卷四有「應時移徙諸天人民在他佛國」句,殆即本條所出。

〔一〇三〕「泆」字未詳所出。

〔一〇四〕「萌」字寫卷下部似作「朋」形,乃俗書之訛(下文「轟」等二字注「呼萌」反,「萌」字甲一本下部亦作「朋」),兹徑録正。《正法華經》一、四、五、七等卷皆有「萌」字。

〔一〇五〕「喆」爲「哲」字異體,《正法華經》一、五、七、八等卷皆有「哲」字,《正法華經》卷一「妙哉明哲」句,玄應《音義》出「明喆」條,云「喆」字「又作哲,同,知列反」;「折」字《廣韻・薛韻》音旨熱切,與「知列反」同韻異紐。

〔一〇六〕「廍」字底卷不太明晰,兹姑從甲一本録文;「廍」疑爲「厥」的俗字,「厥」字《正法華經》多見。

〔一〇七〕《正法華經》卷六有「國邑墟聚」句,玄應《音義》出「墟隟」條,云「隟」字「古文騘、聛二形,今作聚,同,才句反」,「鄹」即「騘」字異寫。「責候」二字底卷小字旁注在「鄹」和下「吝」二字間的右側,甲一本旁注在「吝」字的右下側,似誤。「鄹」字《廣韻・尤韻》有側鳩切一讀,與「責候」反紐同韻近。

〔一〇八〕「吝」疑爲「吝」的訛俗字,「吝」字俗作「吝」,「吝」又爲「吝」字訛變。此字未詳所出。

〔一〇九〕「叡」字右旁寫卷作「殳」形,俗寫。《正法華經》卷七有「斯叡哲者」句,殆即本條所出。

〔一一〇〕「擨」字字書不載,俟考。

〔一一一〕「踑」下四字未詳所出。

〔一一二〕「抛」字字書不載,俟考。

〔一一三〕「齷」《龍龕》以爲「齶」的俗字,玄應《音義》卷一《大方廣佛華嚴經》第三十四卷「齗齷」條下云「齷」又作「腭」,五各反。注文缺字右半存「来」形,左半模糊不清,此字甲一本無。

〔一一四〕《正法華經》未見『霖』字，出處未詳。玄應《音義》卷一《大方等大集經》第二十九卷有『霖雨』條，『霖』字音力金反。

〔一一五〕『蚑』及下『曄』字底卷無，兹據甲一本補。《正法華經》卷一有『無央數億百千載蚑行喘息蜎蜚蠕動群生之類』句，殆即本條所出。

〔一一六〕《正法華經》卷一、卷六皆有『曄』字，參上校記〔七二〕。

〔一一七〕《正法華經》卷二有『蚔蛆並出』句，玄應《音義》出『蚔蛆』條，云『蚔』字渠支反，『蛆』字知列反，殆即『蚔』、『蛆』二條所出。

〔一一八〕《正法華經》卷二有『得無爲火，而見燒爇』句，『爇』字《麗藏》本作『焫』，玄應《音義》出『燒焫』條（『焫』字叢書集成初編本訛作『炳』，兹據《金藏》廣勝寺本正），云『焫』字『又作爇，同，而悦反』，殆即本條所出。

〔一一九〕《正法華經》卷二有『象身高大，儀體擾（犪）馴』句，玄應《音義》出『犪馴』條，云『犪』字如小、如照二反，『馴』字似均反，即『犪』、『馴』二條所出。『昭』字《集韻》有之笑切一讀，則『如昭』『如照』切音相同。

〔一二〇〕《正法華經》卷二有『坐著愛欲，而自縶紲』句，玄應《音義》出『縶紲』條，云『縶』字知立反，『紲』字息列反，即『縶』、『紲』二條所出。甲一本『紲』下切字『列』下部殘泐。

〔一二一〕『蠱』應爲『蠱』字之訛，《正法華經》卷二有『爲狗蠱狐』句，玄應《音義》出『蠱狐』條，『蠱』字音弋者反，即本條所出。甲一本『蠱』字殘泐，注文『弋者』二字僅存殘畫。

〔一二二〕《正法華經》卷二有『其色變異，黯黕如墨』句，玄應《音義》出『黯黮』條，稱『上烏感反，下他感反……經文作黕，丁感、丁甚二反，垢濁也，黕非今所用』，即『黯』、『黕』二條所出。寫卷『黤』字音他感反，當據玄應《音義》作『烏感反』。

〔一二三〕『[火+彔]』爲『燥』字俗寫，《正法華經》卷二有『軀形瘦燥』句，『瘦燥』玄應《音義》作『痋燥』，云『痋』字『又作[月+冬]、疼二形，同，徒冬反』；『燥』字『蘇倒反』，即『痋』、『燥』二條所出。

〔二四〕《正法華經》卷二有『身疽癩瘡』句，『癩瘡』玄應《音義》作『癘瘡』，云『癘』字『又作癩，同，力帶反』，即本條所出。

〔二五〕《正法華經》卷二有『心常憂瘀』句，即本條所出。玄應《音義》出『憂瘀』條，『瘀』字音『於務反』，慧琳《音義》引作『於豫反』，作『務』疑爲避唐代宗諱改。

〔二六〕本條甲一本殘缺。《正法華經》卷二有『彼男子者，無黠無明，所在慳貪，性常嚵哳』句，《中華大藏經》影印《麗藏》本校記稱『哳』字諸本作『晰』，玄應《音義》作『喚晰』，云『晰』字『陟黠反』，即本條所出。

〔二七〕此條以下不再出於《正法華經》，出處多難以確考，以下凡出處不詳者，不再出校説明。玄應《音義》卷七《度世經》第三卷下有『唾濺』條，云『濺』字『又作灒、㳶二形，同，子旦反』；『讚』字《廣韻·翰韻》音則旰切，與『子旦』反切音同。甲一本『讚』字作正文抄列，似誤。

〔二八〕《金藏》廣勝寺本玄應《音義》卷七《入楞伽經》第三卷下有『因梋』條，云『梋』字『又作楔，同，先結反』，殆即本條所出。

〔二九〕『入楞』下底卷似有四至五字，模糊不清；但甲一本只有『入楞』二字。上下文難字多有出於《入楞伽經》者，或許此處缺字與此經經名有關。

〔三〇〕《金藏》廣勝寺本玄應《音義》卷七《入楞伽經》第八卷下有『罝罟』條，云：『罝罟，古文䍢、𦋺二形，同，子邪反，《爾雅》：兔罟謂之罝。注云：罝，遮也，遮取兔也。罟音古，網也。』應即本條所出。甲本注文『䍢』、『𦋺』作大字排列。

〔三一〕《金藏》廣勝寺本玄應《音義》卷七《楞伽阿跋多羅寶經》第三卷下有『海濱』條，云：『海濱，父人反，《字林》：濱，水崖也。』應即本條所出。『父人反』叢書集成初編本作『必人反』，慧琳《音義》引作『必民反』，紐有清濁之異，而『人』則應爲避唐諱所改。

〔三二〕玄應《音義》卷七《楞伽阿跋多羅寶經》第三卷下有『錯繪』條，云：『錯繪，胡對反，《論語》繪事後素也，鄭玄曰：繪，畫也，五彩也。』應即本條所出。

〔一三三〕『瞪矚』二字底卷左旁作『日』形，甲一本作『月』，俗訛，玆徑録正。玄應《音義》卷七《楞伽阿跋多羅寶經》第三卷下有『瞪矚』條，云：『瞪矚，直耕反，《通俗文》：直視曰瞪。』應即本條所出。

〔一三四〕玄應《音義》卷七《入楞伽經》第三卷下有『樚櫨』條，云：『樚櫨，又作轆轤，二形同，力木、力胡二反，即今用之汲水者也。』應即本條所出。

〔一三五〕玄應《音義》卷七《入楞伽經》第四卷下有『打摑』條，云：『打摑，書或作馘，同，古麥反，此亦假借耳。』應即本條所出。

〔一三六〕『⿰革羅』下四字底卷添補於上文『樚櫨』等字右側，玆據甲一本補入『摑馘』條下，其出處未詳。

〔一三七〕『莨蓎』二字底卷小字旁注於『⿱艹⿵門鬲⿱艹碭』右側，玆據甲一本移入注文。玄應《音義》卷七《入楞伽經》第九卷下有『⿱艹⿵門鬲⿱艹碭』條，云：『⿱艹⿵門鬲⿱艹碭，力益反，下徒益反，《埤蒼》毒草也。經文作蓎，非體也。』應即本條所出。

〔一三八〕『兜』爲『兕』的俗字，玄應《音義》卷七《大般泥洹經》第五卷下有『兜來』條，云『兜』字『又作冢、兕二形，同，音似，又徐姊反』，殆即本條所出。

〔一三九〕甲一本無『《光讚般若經》第二卷』八字。

〔一四〇〕以下若干條出於西晉三藏竺法護譯《光讚經》（全稱爲《光讚般若波羅蜜經》，亦稱《光讚般若經》），該經音義玄應列在卷三。《光讚經》卷二有『漚恕拘舍羅』語，應即本條所出。

〔一四一〕《光讚經》卷二有『不見名色而慌忽者』句，玄應《音義》出『慌忽』條，云『慌』字『又作怳』，應即本條所出。

〔一四二〕《光讚經》卷二有『揣食心食識食』句，應即本條所出。『揣』用同『摶』。『摶』『團』音同義通。慧琳《一切經音義》卷二六《大般涅槃經》第三十八卷音義：『摶食，徒官反，《説文》：摶，團也。《三蒼》飯也。經作揣，俗字，非也。』

〔一四三〕《光讚經》卷七有『一切諸法逮得擁護，是瘴之門』句，應即本條所出。玄應《音義》出『瘴之』條，『瘴』字音丁佐反。

〔一四四〕《光讚經》卷七有「一切諸法寂然不起，是呿之門」句，應即本條所出。

〔一四五〕《光讚經》卷七有「皆悉解結諸法所縛，是咤之門」句，玄應《音義》出「咤之」條，云「咤」字「竹嫁反，經中從足作跎，非」，應即「咤」「跎」二字所出。

〔一四六〕「訿」爲「呰」的異體字，《光讚經》卷七有「亦不毁呰於諸菩薩」句，應即本條所出。

〔一四七〕「瞤」甲一本作「眴」，二字古通用。《光讚經》卷七有「有三昧名不眴」句，應即本條所出。注文「閏」字甲一本無。

〔一四八〕此下有若干條出自《長阿含經》。「鷏」應作「鷬」，《長阿含經》卷二有「各振手歎咤」句，玄應《音義》卷一二《長阿含經》第二卷下出「歎咤」條，云：「嘆咤，古文歎、鷬二形，同，他旦反，嘆，吟也；吒又作喥（「喥」字《麗藏》本及慧琳《音義》卷五二引如此，叢書集成初編本誤作「嗻」），同，竹嫁反，《通俗文》：痛惜曰咤也。」應即「鷏」「喥」二條所出。前一字下注「陁」，與「鷏（鷬）」音義均所不同，當有誤。

〔一四九〕《長阿含經》卷二載一梵志名曰「并饕」，玄應《音義》出「并饕」條，云：「并饕，人名也，相承音飽，未詳所出，案古文餜、饕二形，今作飽，飽猶滿也，此應饕字誤作也，饕音於焰反。」應即本條所出。

〔一五〇〕《長阿含經》卷三有「車聲轟轟覺而不聞」句，玄應《音義》出「轟轟」條，云「轟」字今作「軥」，呼萌反，應即本條所出。

〔一五一〕「頑」下注文底卷模糊不清，甲一本作一「臥」字，「臥」應爲反切上字，其下應有一反切下字，故擬一缺字符。

〔一五二〕「虵」應即「蚖」的繁化俗字。

〔一五三〕「篕」爲「籢」的俗字，玄應《音義》卷一《大集月藏分經》音義：「籢鼓，力占反，謂以瓦爲鼗，革爲兩面，用杖擊之者也。經文作篕，非也。」不知是否即本條所出。

〔一五四〕『饕』即『飽』字古文『餥』的訛變字，參看上文校記〔一四七〕條。

〔一五五〕『桮』爲『杯』的俗字，『坯』爲『坯』的俗字，『杯』『坯』音近。

〔一五六〕『砎』爲『磺』的俗字。

〔一五七〕《長阿含經》卷七有『又如磽确薄地，多生荊棘』句，玄應《音義》卷一二《長阿含經》第七卷下出『磽确』條，音『苦交、枯角反』，與『去交反』『去角反』切音相同，或即本條所出。

〔一五八〕直音字『隊』甲一本右旁作『蒙』形，似誤。玄應《音義》卷六《妙法蓮華經》第二卷音義：『頹毁，古文頹、墤二形，今作隤，同，徒雷反，《説文》：隤，隧下也。《廣雅》：隤，壞也。』不知是否爲本條所出。

〔一五九〕『氂』應爲『氂』的俗字，『氂』與『狸』同音。

〔一六〇〕直音字『屈』甲一本無。

〔一六一〕《長阿含經》卷一九有『豺狼所食已，即便犇馳走上劍樹』句，玄應《音義》卷一二《長阿含經》第十九卷下出『犇馳』條，不知是否爲本條所出。

〔一六二〕『竚』爲『竚』的俗字，『竚』字《廣韻・語韻》直吕切，『至』字在至韻，音脂利切，此亦爲止攝字注遇攝字之例。

〔一六三〕『焭』爲『煢』的俗字。

〔一六四〕《大方等大集經》卷一八有『汝何以憂愁憔悴戰慄悚息』句，玄應《音義》卷一在《大方等大集經》第十六卷下出『焦悴』條，『悴』字音其季反，不知是否爲本條所出。

〔一六五〕『荓』應爲『蓱』字訛省。《四声篇海》卷九艸部：『荓，音瓶，草，無根，浮水生。』這個『荓』即『蓱』字。斯二〇七一号《箋注本切韻・青韻》薄經反：『萍，水上浮萍。或作蓱。』可參。但古又有以『荓』爲『荓』字的。上揭《箋注本切韻》同一小韻：『荓，馬帚，草，似蓍。』這個『荓』即『荓』字。據字形而言，當以前一説爲長。

〔一六六〕『殆』字字書未見，疑有誤。

〔一六七〕《大方等大集經》卷二三有『薜荔陀像』，玄應《音義》卷一在《大方等大集經》第二十二卷下出『薜荔』條，上蒲細反，下力計反，分別與『百』、『領』音近。又此字前後若干文字多見於《大方等大集經》，不知是否即由此經中抄出。

〔一六八〕《大方等大集經》卷二四有『於無量世受大劇苦』句，不知是否爲本條所出。

〔一六九〕玄應《音義》卷三《道行般若經》第五卷音義：『愍念，《字詁》古文愍，今作閔，同，眉殞反，愍，憐也。』又同書卷七《寶女經》下卷音義『鞠閔』條云『閔音眉殞反，閔，傷痛也』。本條未知所出。

〔一七〇〕《大方等大集經》卷二一有咒語『阿佉婆吟』等句，不知是否爲本條所出。

〔一七一〕甲一本『⿰口仚』字在『唸』字之後。《大方等大集經》卷一九有咒語『禪嘍羅茂⿰口仚』、『娑摩蛇膩⿰口仚』等句，不知是否爲本條所出。《龍龕·口部》：『⿰口仚⿰口企：二俗，音企。』

〔一七二〕《大方等大集經》卷一九有咒語『禪嘍梨』、『禪嘍羅茂⿰口仚』、『嘍濘』等，玄應《音義》卷一在《大方等大集經》第二十卷下出『嘍梨』條，云『嘍』字『力口反，經文作嘍，非也』，或即本條所出。

〔一七三〕『⿰糸⿰幺也』字字書未見，蓋佛經咒語用字。《大方等大集經》卷一一有咒語『奢摩⿰糸施』，卷一九又有咒語『阿波囉勿⿰糸也』，『⿰糸⿰幺也』與『⿰糸施』、『⿰糸也』或即同一咒語用字之異。

〔一七四〕吔《大方等大集經》卷一〇有『吔亦一切法門，吔者一切法是處非處』等句，不知是否爲本條所出。

〔一七五〕《大方等大集經》卷一九有咒語『薩陀婆囉呵』等，玄應《音義》卷一在《大方等大集經》第二十卷下出『薩陀』條，云『陀』字『徒多反，經文作⿰彐也，非也』，或即本條所出。《龍龕·彐部》載『⿰彐施』字，『絁、陁二音，在咒中』，『⿰彐也』『⿰彐施』當是一字之變。

〔一七六〕《大方等大集經》卷二一有咒語『娑羅究㑅』、『究㑅』等，玄應《音義》卷一在《大方等大集經》第二十二卷下出『究㑅』條，云『㑅』字竹流反，或即本條所出。

〔一七七〕『⿰⺶需』爲『羺』的俗字。

〔一七八〕甲一本無『《漸偹(備)經》弟一』五字。《漸備經》爲《漸備一切智德經》的略稱。此下十餘條出於《漸備經》及玄應該經音義。

〔一七九〕《漸備一切智德經》卷一有『威燿弘炤』句，應即本條所出。

〔一八〇〕《漸備一切智德經》卷一有『心常慺慺，欲濟一切』句，玄應《音義》卷一《漸備經》第一卷下出『慺慺』條，云：『慺慺，力俱反，《字書》：慺慺，謹敬之皃也。』應即本條所出。

〔一八一〕《漸備一切智德經》卷一有『大士屋宇，一切晃現』句，玄應《音義》出『屋宇』條，云『宇』字『古文寓，籀文作寓(《金藏》廣勝寺本及慧琳《音義》卷二四引後一『寓』字作『庽』)，同，于甫反……宇亦屋溜也，居也』，應即本條所出。

〔一八二〕『籀』條出於玄應《音義》出『屋宇』條音義『籀文作寓』句。注文『溜』《广韻·宥韻》力救切，『籀』字亦在宥韻，直祐切，二字同韻，但『溜』字來紐，『籀』字澄紐，相距較遠，疑『溜』字並非注音字，而應作正文，即『屋宇』條音義『宇亦屋溜也』之『溜』也。參上校。

〔一八三〕《漸備一切智德經》卷一有『有量無量，眇眇難名』句，玄應《音義》出『眇眇』條，云『眇』字『亡紹反，眇眇，遠也，亦深大也。經文作妙，非體也』，應即本條所出。

〔一八四〕《漸備一切智德經》卷一有『篡逆之行往返無休』句，玄應《音義》出『篡逆』條，云『篡』字『叉患反，《説文》：逆而奪取曰篡。字從厶，音私；算聲。算，桑管反。《蒼頡篇》：自營爲厶。弑君之法理無外聲，故字從厶也』，應即本條所出。

〔一八五〕『弒』爲『弑』字俗體。此條和上『算』字條皆出於玄應《音義》出『篡逆』條音義。參上校。

〔一八六〕《漸備一切智德經》卷四有『等攝志性，本浄惶慌』句，玄應《音義》出『惶恾』條，云『恾』字『又作朚，同，莫荒反，茫遽也。朚人晝夜作，無日用月，無月用火，常思明，故字從明。或曰朚人思天曉，故字從明也』，應即『恾』『朚』條所出。

〔一八七〕『婉』字底卷注在『綩』『孌』二字右側，疑有改『綩』爲『婉』之意。甲一本作注音字，似不妥。《漸備一切智德經》卷四有『婉孌道教』句，玄應《音義》出『婉孌』條，云：『婉孌，力絹反，《詩傳》曰：婉孌，美好皃也。又亦少皃也。』應即本條所出。

〔一八八〕《漸備一切智德經》卷一有『篤信以興』等句，卷四又有『篤信無違』等句，或即本條所出。

〔一八九〕《漸備一切智德經》卷一有『慕入嗜欲』句，或即本條所出。

〔一九〇〕《漸備一切智德經》卷一有『合會別離，而相戀嫪』句，或即本條所出。

〔一九一〕『䏿』當爲『膝』的俗字，參看张涌泉《漢語俗字叢考》『䜲』字條。此字甲一本僅存右上角殘畫。

〔一九二〕『㞢』疑爲『巳』字俗訛，『巳』『宊』音近。此字甲一本殘缺。

〔一九三〕『䖏』字字書不載，疑爲『𧆪』的訛俗字。

〔一九四〕『盌』爲『蹬』的訛俗字。《龍龕·止部》載『蹬』俗作『登』，『盌』又爲『登』之訛變。

〔一九五〕『巓』爲『巔』的俗字，注文『蒫』則爲『顛』的俗字。直音字甲一本無。

〔一九六〕『伅』爲『伸』的俗字。

〔一九七〕『㓡』字《廣韻·獮韻》音旨兗切，『痊』字在仙韻，逡緣切，讀音相近。『㓡』至『轡』三條甲一本殘缺。

〔一九八〕以下一段文字似多出於『阿含部』佛經。《增壹阿含經》卷一八有『世尊躬襞僧迦利』句，卷三六又有『世尊躬自襞僧伽梨四疊』句，不知是否爲本條所出。玄應《音義》卷一一《增一阿含經》第三十六卷下出『自襞』條，『襞』字音卑亦反，直音字『壁』《廣韻·錫韻》音北激反，二字紐同韻近。

〔一九九〕《增壹阿含經》卷三五有『家中有八窖珍寶』句，不知是否爲本條所出。玄應《音義》卷一一出『八窖』條，『窖』字音古效反；直音字『校』《廣韻·效韻》有古孝切一读，二字同音。

〔二〇〇〕《增壹阿含經》卷三五有『戢在心懷』句，玄應《音義》卷一一出『戢在』條，不知是否爲本條所出。

〔二〇一〕缺字底卷、甲一本左半作『票』形，右半底卷模糊不清，甲一本略有殘泐。甲一本下有一小字，略似

『青』字。

〔三〇二〕《長阿含經》卷一九有『喻如有箭受六十四斛』句，玄應《音義》卷一二《長阿含經》第十九卷下出『有箭』條，云『箭』字『《蒼頡篇》作圖，時緣反』，不知是否爲本條所出。寫卷『箭』下注『音圖』，係以異體字注音之例。

〔三〇三〕此下二十餘條大抵見於《别譯雜阿含經》。《别譯雜阿含經》卷三有『譬如獵師，鑿阱捕鹿』句，應即本條所出。玄應《音義》卷一二《别譯雜阿含經》第三卷下出『鑿穽』條，『鑿』字未注音。甲一本此條存『鑿』字上部殘畫。

〔三〇四〕《别譯雜阿含經》卷四有『如老鸛雀』句，不知是否爲本條所出。

〔三〇五〕『総』爲『總』的俗字，《别譯雜阿含經》卷三有『唯著麤布，五總疏弊』句，應即本條所出。玄應《音義》卷一二《别譯雜阿含經》第三卷下出『總布』條，『總』字音『忽』，云『《通俗文》輕絲絹曰總，總亦青白色也』。这一意义的『總』同『繱』，後者《廣韻·東韻》音倉紅切（與『怱』同一小韻），與『宗』字（《廣韻·冬韻》音倉紅切）音近。

〔三〇六〕《别譯雜阿含經》卷三有『是名爲儜者』句，應即『儜』字所出。

〔三〇七〕《别譯雜阿含經》卷三有『所可食者，秕稗雜糠』句，應即『秕稗』二字所出。

〔三〇八〕《别譯雜阿含經》卷三有『牂羖羊等，亦復數千』句，應即本條所出。玄應《音義》卷一二《别譯雜阿含經》第三卷下出『牂羖』條，『牂』字音祖郎反，本卷直音字『葬』《廣韻·宕韻》音則浪切，二字異調。

〔三〇九〕《别譯雜阿含經》卷三有『既紹王位已，法當行謫罰』句，『讁』爲『謫』字異體，應即本條所出。《廣韻·麥韻》『謫』字音陟革切，又丈厄切，『責』字音側革切，二字韻同紐近。

〔三一〇〕《别譯雜阿含經》卷一三有『此痛轉增無有瘳損』句，玄應《音義》卷一二在《别譯雜阿含經》第七卷下出『瘳損』條，『瘳』字音勑流反，與『抽』字同音，應即本條所出。

〔三一一〕『潰』條甲一本右下部殘缺。《別譯雜阿含經》卷一四有『身體爛潰，膿血流出』句，應即本條所出。

〔三一二〕《別譯雜阿含經》卷一四有『一分俟匱乏』句，應即本條所出。

〔三一三〕《別譯雜阿含經》卷一二有『歔欷而流淚』句，應即本條所出。

〔三一四〕《別譯雜阿含經》卷一有『容貌瓆偉，天姿挺特』句，『瓆瑋』應即『瓆偉』，應即本條所出。

〔三一五〕『鋑』應爲『鋑』字俗寫，《別譯雜阿含經》卷九有『端坐百年鋑』、『牟鋑及天女』等句，應即本條所出。

〔三一六〕《別譯雜阿含經》卷一三有『今我所患，譬如力士捉儜人髮搜搣揉捺』句，玄應《音義》卷一二在《別譯雜阿含經》第九卷下出『搜搣』條，『搜』字音子公反（『宗』字《廣韻·冬韻》音作冬切，紐同韻近），『搣』字音『滅』，應即本條所出。參看上文校記〔四一〕。

〔三一七〕《別譯雜阿含經》卷一四有『旋嵐不能壞』等句，應即本條所出。

〔三一八〕『潰』字上文已見（參校記〔三〇〇〕），此又重出，疑衍其一。但玄應《音義》卷一二《別譯雜阿含經》後接《賢愚經》音義，該經第十四卷下出『腹潰』條，『潰』字音胡對反（『會』字《廣韻·泰韻》音黄外切，二字紐同韻近），不知與本條有無關係。

〔三一九〕《別譯雜阿含經》卷一五有『神力駿疾過於日月，舉足一踔能渡大海』句，玄應《音義》卷一二在《別譯雜阿含經》第十一卷下出『一踔』條，應即本條所出。

〔三二〇〕『頽』爲『頹』的俗字，《別譯雜阿含經》卷一五有『頹墜莫由過』句，應即本條所出。

〔三二一〕《別譯雜阿含經》卷一六有『或被傷刖侵毁形體』句，應即本條所出。

〔三二二〕『劉』字字書不載，根據直音『等』，此字當是從『登』得聲。《字彙·刀部》：『𣃁，都騰切，音登，𣃁鉤。』或即一字。《龍龕·刀部》引香嚴『𣃁』字音『𧨎』，疑未確。此字《別譯雜阿含經》未見，其書卷一六有『從往世所受象身，爲他截鼻截耳，或時截足鐵鉤鄧頭及以斬項，所出之血無量無邊』，其中的『鄧』應爲『斲』字異體（《大般涅槃經》卷二五：『有調象師以大鐵鉤鉤斲其頂。』可參），疑『劉（𣃁）』即『鄧』（『斲』亦作

「劉」)字異文。

〔二二三〕《別譯雜阿含經》卷一六有「以細羅縠衣」句，應即本條所出。注文「式」應爲「或」字之誤，「縠」字《廣韻・屋韻》音胡谷切，「或」字在德韻，胡國切，二字紐同韻異。

〔二二四〕《別譯雜阿含經》卷一〇有「若有閑裕」句，或即本條所出。

〔二二五〕《別譯雜阿含經》卷一〇有「能令行人受鬱燃熱」句，「燃」爲「烝」的增旁俗字，或即本條所出。

〔二二六〕「稗」字《廣韻・卦韻》音傍卦切，「并」字勁韻音畀政切，又清韵音府盈切，二字紐近韻異。

〔二二七〕「陟」字《廣韻・卦韻》音傍卦切，「即」字職韻音子力切，二字紐近韻異。

〔二二八〕「慷慨」以下六字底卷無，兹據甲一本補，其出處未詳。

〔二二九〕「柠」爲「桍」字異寫。

〔二三〇〕「《長一阿含經》第二卷」八字甲一本無。「一」字疑爲衍文當删。以下三十餘條出於玄應《音義》卷一二《長阿含經》音義。

〔二三一〕「嘆咤」二字甲一本無，而以注文「歎、鷒」二字作大字抄列，似誤。「嘆咤」條見玄應《音義》卷一二《長阿含經》第二卷音義，注文「歎、鷒二形」刻本作「古文歎、鷬二形」，「鷒」乃「鷬」字俗省。參看上文校記〔一四八〕條。

〔二三二〕「轟轟」條見玄應《音義》卷一二《長阿含經》第三卷音義，注文「輷同」刻本作「今作軥，《字書》作輷，同」；切音玄應《音義》同。參看上文校記〔一五〇〕條。此條甲一本無。

〔二三三〕「歔欷」至「虜扈」三條出玄應《音義》卷一二《長阿含經》第四卷音義，切音玄應《音義》同。

〔二三四〕「措」條玄應《音義》作「終措」二字。

〔二三五〕「胡故反」前刻本玄應《音義》有「力古」二字，爲「虜」字的切音。

〔二三六〕「磣」「篛」二條出玄應《音義》卷一二《長阿含經》第四卷音義，「磣」字見玄應《音義》「隊隊」條注，原文作：『隊隊，古文䃈同，徒對反，言羣隊相隨逐也。』

〔三三七〕『篘』條玄應《音義》作『爲篘』二字，切音玄應《音義》同。

〔三三八〕『排擠』至『閫』條見玄應《音義》卷一二《長阿含經》第十一卷音義，『子詣反』爲『擠』字的切音，玄應《音義》同。

〔三三九〕『拔』字見玄應《音義》『排擠』條注，原文作：『排擠，子詣反，推拔謂之排擠。《廣雅》：擠，排也。經文作濟，誤也。拔音而勇反。』

〔三四〇〕『媟』爲『媟』的繁化俗字。『嬻』字底卷添注於『息列反』三字右側，乃玄應《音義》『不媟』條注文中字，玄應《音義》原文作：『不媟，息列反，相狎習謂之媟，亦媟嬻也，慢也。』甲一本無此條。

〔三四一〕『閫梱』甲一本無『閫』字，玄應《音義》作『門閫』，『梱』爲玄應《音義》『門閫』條注文中字，玄應《音義》原文作：『門閫，又作梱，同，苦本反，《禮記》外言不入於梱，梱，門限也。』

〔三四二〕『諯』『棲』二條出玄應《音義》卷一二《長阿含經》第十二卷音義，『諯』爲玄應《音義》『諦婆』條注文中字，玄應《音義》原文作：『諦婆，經中有作諯婆，依字充絹、至緣二反，謂相讓也。』

〔三四三〕『棲簑』條甲一本無。玄應《音義》作『棲頭』，『簑』爲玄應《音義》『棲頭』條注文中字，玄應《音義》原文作：『棲頭，或作簑，同，禹煩反，依字籰也，音于縛反。』

〔三四四〕『鞘』至『戟』三條出玄應《音義》卷一二《長阿含經》第十三卷音義，『鞘鞘削』條玄應《音義》作『鞘中』，『鞘』『削』爲玄應《音義》『鞘中』條注文中字，玄應《音義》原文作：『鞘中，《小爾雅》作鞘，《蒼頡篇》云（『云』字《麗藏》本及慧琳《音義》卷五二引皆無，當據删）作削，同，思誚反，盛刀者也。《方言》劍室也。』

〔三四五〕『瀨』爲『瀨』的俗字，本條玄應《音義》作『瀨悉』，切音玄應《音義》同。

〔三四六〕『君逆反』甲一本作『居逆反』，音同。『戟鐵』條玄應《音義》作『持戟』，『鐵』爲玄應《音義》『持戟』條注文中字，玄應《音義》原文作：『持戟，居逆反，戟稍也。《釋名》云：戟，格也，有枝兵也。經文從金作鐵，非也。』

〔二四七〕『桎梏』『援』二條出玄應《音義》卷一二《長阿含經》第十五卷音義，『古禄反』《麗藏》本玄應《音義》及慧琳《音義》卷五二引同，叢書集成初編本玄應《音義》作『孤祿反』，音同。

〔二四八〕『援』條玄應《音義》作『援助』，切音玄應《音義》同。

〔二四九〕『桄』至『淖』四條出玄應《音義》卷一二《長阿含經》第十八卷音義，『桄軖』條玄應《音義》作『金桄』，『軖』爲玄應《音義》『金桄』條注文中字，玄應《音義》原文作：『金桄，又作軖，同，音光，謂車及梯轝等橫木者也。』其中的『橫木者』似以底卷作『橫木名』爲長。注文『轝等』二字甲一本無。

〔二五〇〕『詶』條玄應《音義》作『佉詶』，『譸』『雩』二字原卷、甲一本皆作大字排列，茲據文義及玄應《音義》改作注文，玄應《音義》相應部分作：『佉詶，古文譸、雩二形，同，是由、竹鳩二反。』

〔二五一〕『氾』條玄應《音義》作『氾氾』，『泛』爲玄應《音義》『氾氾』條注文中字，《麗藏》本玄應《音義》原文作：『氾氾，古文泛，同，孚劍反，《廣雅》：泛泛，浮皃也。亦氾濫也。』

〔二五二〕『淖』條玄應《音義》作『泥淖』，切音玄應《音義》同。

〔二五三〕『搥』至『仆』八條出玄應《音義》卷一二《長阿含經》第十九卷音義，『磓』爲玄應《音義》『搥砰』條注文中字，『碑』應爲『砰』字之訛。玄應《音義》原文作：『搥砰，古文磓，同，都迴反，投下也；下於甲反，自上加下也。經文作推押，非體也。』

〔二五四〕『犇』條玄應《音義》作『犇馳』，『驞』爲玄應《音義》『犇馳』條注文中字，玄應《音義》原文作：『犇馳，古文驞，今作奔，同，補門反，疾走也。《釋名》：奔，變也，有急變奔赴之也。』

〔二五五〕『杝』當作『拕』，『栧』當作『抴』，《麗藏》本玄應《音義》出『拕抴』條，注云：『太何反，下又作曳，同，余世反，拕曳牽引也。』（叢書集成初編本『拕』作『拖』，同）即『杝』『栧』二條所出。

〔二五六〕『瘃』條玄應《音義》作『凍瘃』，『瘃』爲玄應《音義》『凍瘃』條注文中字，玄應《音義》原文作：『凍瘃，古文瘃，同，知録反，謂手中寒作瘡也。」

〔二五七〕『咻』爲玄應《音義》『哮呼』條注文中字，玄應《音義》原文作：『哮呼，又作唬，同，呼交反，《通俗文》：虎聲謂之唬咻。咻音呼嫁反。』（叢書集成初編本注文『咻』字不重，兹據《麗藏》本及慧琳《音義》引補）

〔二五八〕『鐐』字甲一本上部殘泐。本條玄應《音義》作『鐐身』，『爍』爲玄應《音義》『鐐身』條注文中字，《麗藏》本玄應《音義》原文作：『鐐身，又作爍，同，力鳥、力照二反，《字林》：鐐，炙也。』（『力鳥、力照二反』慧琳《音義》引同，叢書集成初編本玄應《音義》作『力鳥反』三字，當有脱誤。）

〔二五九〕『蹌』字甲一本右部殘泐。

〔二六〇〕『仆』爲玄應《音義》『蹌踣』條注文中字，玄應《音義》原文作：『蹌踣，七羊反，踣今作仆，同，蒲北反，蹌，動也；仆，前覆也。』

〔二六一〕『甃』條以下不再見於《長阿含經》音義，本條所出不詳。『甃』字《廣韻·祭韻》音毗祭切；『丿』字同韻餘制切，又屑韻普蔑切，前音與『甃』韻同，後音與『甃』紐近。

〔二六二〕『坫』字《漢語大字典》以爲『坫』的訛字，玄應《音義》卷一一《中阿含經》第七卷下出『店肆』條，云『店』字『今作坫，同』，不知是否爲本條所出。

〔二六三〕『擻』字字書不載，疑即『救』的增旁俗字。

〔二六四〕甲一本『茇』字殘缺。玄應《音義》卷一一《雜阿含經》第五卷有『拔茇』條，『茇』字音補達反，與『鉢』字音近，不知是否爲本條所出。

〔二六五〕以下十餘條大抵出於《鼻柰耶》（又作《鼻柰耶律》）、《善見律》等，玄應《音義》皆在卷一六。『讀』爲『讟』的俗字，玄應《音義》卷一六《鼻柰耶律》第五卷下有『囈語』條，『讟』即『囈』的換旁俗字，不知是否爲本條所出。

〔二六六〕玄應《音義》卷一六《善見律》第十六卷下出『卷褺』條，云『褺』字『徒頰反，襞也。《字林》重衣也』，不知是否爲本條所出。

〔三六七〕『箣』字下文重出，此處疑衍，甲一本此處正無『箣』字。

〔三六八〕《鼻柰耶》卷九有『入廁屋持如來一隻屐』句，不知是否爲本條所出。

〔三六九〕『針』爲『鍼』的俗字，此爲以俗字注音之例。《鼻柰耶》卷一、卷四、卷十皆有『鍼』字，未知所本。

〔三七〇〕『頣』字條甲一本無。

〔三七一〕玄應《音義》卷一六《鼻柰耶律》第五卷下有『赦宥』條，『宥』字音禹救反，與『有』音近，不知是否爲本條所出。

〔三七二〕玄應《音義》卷一六《鼻柰耶律》第六卷下有『蟲蠹』條，『蠹』字音丁故反，與『覩』音近，不知是否爲本條所出。

〔三七三〕玄應《音義》卷一六《鼻柰耶律》第一卷下有『榫桃』條，不知是否爲本條所出。

〔三七四〕《鼻柰耶》卷四有『瓦龍牙杙瓦衣架』句，不知是否爲本條所出。

〔三七五〕缺字底卷模糊不清。甲一本無此字和上『據』字。

〔三七六〕《鼻柰耶》卷六有『湍』字，玄應《音義》卷一六《善見律》第十一卷下亦有『上湍』條，云『湍』字音土桓反，未知所本。《廣韻·桓韻》『湍』字音他端切，又音專，底卷後一『或云』下疑有脱漏。此條甲一本無。

〔三七七〕《鼻柰耶》卷七有『至可聽少糴穀米以供賓客』句，不知是否爲本條所出。

〔三七八〕《鼻柰耶》卷四有『鏟治掃灑敷諸坐具』句，玄應《音義》卷一六《善見律》第十一卷『剗草』條下云『又作鏟』，未知所本。

〔三七九〕『掊』至『噤』條出於玄應《音義》卷一六《鼻柰耶律》第九卷音義，『掊』條玄應《音義》作『掊水』。

〔三八〇〕『劦』爲『劦』的俗字，甲一本無『掣』字。玄應《音義》出『劦掣』條，『劦』字音力計反，『領』字《廣韻·靜韻》音郎郢切，二字同紐異韻。

〔三八一〕『蠆』字直音『勅芥反』甲一本作『〼差』反，反切上字模糊难辨。『蠆』條玄應《音義》作『蛇蠆』，『[剌/虫]』爲玄應《音義》『蛇蠆』條注文中字，玄應《音義》原文作：『蛇蠆，勅芥[反]，《字林》皆行毒蟲也。關西謂蠍爲蠆[剌/虫]。[[剌/虫]]音他達、力曷反。』

〔三八二〕《鼻柰耶》卷九有『時尊者[口+蔡]偈妒平旦著衣持鉢』句，玄應《音義》出『茶揭』條，云『尊者茶揭妒，渠謁反，人名也』，慧琳音义卷六五引『茶』作『荼』，『嗏』當即『[口+蔡]』或『荼』之異。

〔三八三〕『[口+集]』、『[几+國]』、『暱』三條似皆出於玄應《音義》卷一六《鼻柰耶律》第十卷音義，『[口+集]』條玄應《音義》作『喃[口+集]』。

〔三八四〕玄應《音義》《鼻柰耶律》第十卷下有『攫飯』條，云『攫』字『律文作摑，非也』，『[几+國]』『摑』當是一字之變（字書以『[几+國]』爲『攫』字俗體，佛經中亦多以『摑』字爲之），當即本條所出。

〔三八五〕『暱』條玄應《音義》作『暱夜』，注云：『梵言暱夜泥，此言打杙封地也。』『暱』字《廣韻・質韻》音尼質切，『只』字在支韻，章移切，二字紐韻並異。

〔三八六〕《鼻柰耶》卷一〇有『如小百子瓠』句，不知是否爲本條所出。

〔三八七〕『[米+斤]』既可作『料』的俗字，又可作『斷』的俗字，此未詳所出。

〔三八八〕《鼻柰耶》卷六有『驅車策馬大載毳至舍衛國』等句，不知是否爲本條所出。

〔三八九〕『[亻+菑]』字字書不載，俟考。

〔三九〇〕『[扌+备]』甲一本作『[木+备]』，右側的『备』爲『備』的俗寫，此字當爲『韛』的俗字。斯四三五二號《究竟大悲經》卷二：『取金具者，爐冶、蒙炭（『蒙炭』北圖八二三五號作『薪炭』）、甘堝、料杖、[扌+备]及人功糧食資儲。』又云：『佛告遍敬菩薩摩訶薩曰：萬相俱融名爲甘堝，泯歸大寂名爲爐治，真際隨感以爲[扌+备]扇，鼓擊銷融，去煻金現。』其中的『[扌+备]』字北圖八二三六號（宙一五）皆作『[木+备]』，斯二三二四號前例作『[扌+𤰇]』，當亦皆爲『韛』的俗字。

〔二九一〕「嚷」字字書不載，俟考。

〔二九二〕玄應《音義》卷一一《正法念經》第三卷下有「斗藪」條，云「經文作抖揀二形」；又卷一四《四分律》第三十三卷下又有「抖藪」條，云「律文作抖揀二形」。本條未詳所本。甲一本至「藪」字止。

〔二九三〕甲二本從「懊憹」二字始。

〔二九四〕「兕」爲「兕」的俗字。斯一七二二號《毛詩·周南·卷耳》：「我姑酌彼兕觥。」「兕」亦俗「兕」字，可以比勘。「兕」字《廣韻》在旨韻，徐姊切；「似」字在止韻，詳里切，二字同音。

〔二九五〕《玉篇·革部》：「鞈，橐也。」「橐」字字書訓囊，又訓排橐（鼓風的風箱）。「橐」爲「韛」字或體，《集韻·怪韻》云「吹火韋囊也」。據此，「鞈橐」蓋同義複詞。玄應《音義》卷一一《正法念經》第五卷「排筒」條云「排」字「作橐同」；又卷一四《四分律》第五十二卷下有「橐囊」條。本條未詳所本。

〔二九六〕「恬」字條甲二本無。

〔二九七〕玄應《音義》卷一四《四分律》第九卷下有「門閾」條，「閾」字音許域反，「畜」字《廣韻·屋韻》音許竹切，二字同紐異韻。

〔二九八〕「綫」應作「紙」或「絺」，「絺」和直音字「帋」乃「紙」的俗字，以「帋」注「紙」，乃以俗字爲正字注音之例。

〔二九九〕玄應《音義》卷一四《四分律》第二卷下有「草秸」條，「秸」字音公八反，與「古黠」反同音。

〔三〇〇〕「𧇖」爲「虓」字俗寫，玄應《音義》卷一一《正法念經》第五十七卷下有「虓呴」條，「虓」字音呼交反，與「喜交」反同音。甲二本「呴」字下無「吼音」二字。玄應「虓呴」條的「呴」字無音，但同卷隔一條又有「呴喊」條，「呴」字音呼苟反，與「吼」同音（「呴」實即「吼」字）。

〔三〇一〕「踔」字《廣韻·效韻》音丑教切，又覺韻音敕角切，「策」字在麥韻，楚革切，二字紐韻俱所不同。參看上文校記〔二八〕。

〔三〇二〕「蹀」「牒」右上部的「世」底卷、甲二本皆作「云」，蓋避唐諱所改。

〔三〇三〕此下有數條似出於《四分律》。玄應《音義》卷一四《四分律》第十一卷下有「⿰貝爲金」條，「⿰貝爲」字音几僞反，「遇」字《廣韻·遇韻》音牛俱切，二字紐韻俱異。

〔三〇四〕玄應《音義》卷一四《四分律》第十一卷下有「謦欬」條，「欬」字音苦代反，與「愷」字音近。

〔三〇五〕玄應《音義》卷一《大集月藏分經》第十卷有「遮噠那」條，「噠」字音敕轄反，與「達」字音近。

〔三〇六〕空頂反，「啓」字《廣韻·薺韻》音康禮切，二字同紐異韻。

〔三〇七〕⿸疒宛，甲二本作「⿸疒宛」，《龍龕·疒部》二字皆音烏臥反，以爲「涴」的俗字。

〔三〇八〕玄應《音義》卷一四《四分律》第十一卷下有「俹臥」條，「俹」字音於嫁反，與「亞」字同音。

〔三〇九〕「蹽」字甲二本無。

〔三一〇〕《究竟大悲經》未見宋至清代的藏經收録，玄應及慧琳《音義》亦未收列。《大正藏》始據敦煌寫本收録第二至第四卷的部分内容。現知存有該經第三卷的有斯二四九九號和斯六九三二號兩個殘卷，其中斯二四九九號卷端殘缺，本卷下文所抄一段經字除前五字和後一字外大多可在該卷中查到。斯六九三二號仅存卷尾一小部分，本卷下文所抄經字皆不在其中。

〔三一一〕「喋」字《龍龕·口部》云「俗，都更反」，其正字俟考。

〔三一二〕「堪」字字書不載，疑爲「嵁」的繁化俗字。「嵁」「堪」《廣韻·覃韻》皆有口含切一讀，二字同音，故「嵁」可以從堪聲寫作「堪」。

〔三一三〕膭，《究竟大悲經》卷三有「頃遜丘墟平，膭重得自在」句，應即此字所出。但此字字書不載，其音義俟考。

〔三一四〕⿰忄桒⿱山離，《究竟大悲經》卷三有「⿰忄棄⿱山離碣⿱替石心性王，霙磊嘯諛決定吼」句，即「⿰忄桒」下八字所出。「⿰忄桒」字經本作「⿰忄棄」，字形略異；考《龍龕·山部》有「⿰忄棄」字，音輕利切，蓋從「棄」得聲，則當以作「⿰忄棄」爲長。「⿱山離」字《龍龕·山部》「離、利二音」。此二字字義俟考。

〔三一五〕碣⿱替石，「⿱替石」字經本作「礬」，蓋俗寫之變，此字字書不載，其音義俟考。

〔三一六〕 霎磊，「霎」應爲「霎」的俗字，《究竟大悲經》同卷下文有「阿梨耶龍引出雲，霎霳垂布遍十方」句，「霎霳」即「霎靆」，可證。

〔三一七〕 啸諓，「啸」字經本同，乃「唬」字俗寫。

〔三一八〕 《究竟大悲經》卷三有「是非碎爛作微塵」句，即「碎」字所出。

〔三一九〕 猇獹，《究竟大悲經》卷三有「猇獹違順情繼結」句，即此二字所出。「猇」乃「虓」字俗寫，「獹」字字書不載，此二字經中疑爲「虎罷（羆）」的俗字。

〔三二〇〕 趙趂，「趂」字右部甲二本作「商」形，蓋傳抄之訛；《究竟大悲經》卷三有「趙趂趏趨動不走，遍緣諸境不動寂」句，即「趙」下四字所出。

〔三二一〕 嚐，《究竟大悲經》卷三有「心王自在嚐呃瞋，忿怒作帳伏諸魔」句，即此字和下「呃」字所出。「嚐」即「噃」的俗別字，「噃」同「喑」，指緘默不語。

〔三二二〕 磡，《究竟大悲經》卷三有「大力神王吼，要先除嘛嗺。是非作微塵，安得更有磡」句，「磡」當是「磡」的訛字（「磡」從「解」得聲，文中與上聯「嗺」押韻）。「磡」或「磡」皆不見於字書所載，俟考。

〔三二三〕 「嘛嗺」同「謑啀」，出處見上條所引。

〔三二四〕 霍霙，「霍」爲「滹」字或體，《原本玉篇殘卷·水部》載之；「霙」字底卷上部作「雨」，下部存殘畫，甲二本作「霙」，下部與底卷所存殘畫相合，兹據補。《玉篇·雨部》：「霙，疾夷切，大雨。又七資切。」或即此字。但《究竟大悲經》卷三有「阿梨耶龍雲中遊，伊離淵淪霍霙色」句，當即此二字所出，則「霙」亦可能爲「霙」字俗訛。

〔三二五〕 缺字底卷字形不清，俟再考。甲二本無此字。

〔三二六〕 《究竟大悲經》卷三有「无量大衆乘實智駕性性龍圜本浄止緣功」句，當即此字所出。

〔三二七〕 樹，甲二本作提手旁，俗寫；《究竟大悲經》卷三有「且舉四名樹其義屬」句，當即此字所出。「樹」古書或作『㯹』，實皆爲『標』的繁化俗字。

〔二八〕『覷』字現存《究竟大悲經》經本未見，未詳所出。

〔二九〕『弟六卷』三字底卷旁記於『律內』二字右側，玆據補入正文。但此下所抄一段文字並無見於《四分律》第六卷者，不知何故。

〔三〇〕《四分律》中多見『搩』字，但未見『桀』字，此字出處俟再考。

〔三一〕《四分律》卷三有『應修治平地，若有石樹株荊棘，當使人掘出』句，或即『株』字所出。甲二本無此字。

〔三二〕『塪』字甲二本同，應爲『埳』字俗訛，《四分律》卷三有『若有埳溝坑陂池處，當使人填滿；若畏水淹漬，當預設隄防』等句，應即此字與下『淹漬』二字所出。

〔三三〕『淹漬』二字甲二本無。

〔三四〕訒，《四分律》卷三有『若地爲人所認當共斷』句（接於上條校記所引經文之後），玄應《音義》卷一四《四分律》第三卷下出『所認』條，稱『律文作訒、仞二形，非體也』，應即此字所出。

〔三五〕『撾』字甲二本無。

〔三六〕嘯，《四分律》卷五有『或嘯或自作弄身或受雇戲笑』句，不知是否爲本條所出。『嘯』字《廣韻・嘯韻》音蘇弔切，『巢』字在肴韻，鉏交切，二字韻近紐異。

〔三七〕『慎』爲『順』的異體。

〔三八〕『虬』爲『虯』的俗字，『虯』『求』音近。

〔三九〕頡頏，『頏』字底卷及甲二本左半作『冗』形，直音字『抗』字的右旁甲二本亦作此形，俗訛，玆録正。

〔四〇〕缺字底卷字形不清，甲二本無此字，俟再考。

〔四一〕餐饙，《毘尼母經》卷四有『後炊飯餐饙取飯汁著一處經一宿』句，玄應《音義》卷一六《毗尼母律》第四卷下收『餐饙』條，『餕』即『餐』的偏旁易位字，不知是否爲此二字所出。

〔三四二〕『𧯷』應爲『豔』的偏旁易位字。

〔三四三〕猇，底卷此字左半作『才』字形，通常爲『木』旁或『扌』旁的俗寫，但甲二本作『犬』旁，故據改。參看上文校記〔三二八〕。

〔三四四〕缺字底卷字形不太明晰，下部作『足』，右上部作『頁』，左上部字形在『雇』與『月』之間，俟再考。

〔三四五〕『鬻』字《廣韻·屋韻》音余六切，『傴』字在阮韻，於幰切，二字紐近韻異。

〔三四六〕『鬵』字《廣韻·侵韻》音徐林切，又昨淫切，『沉（沈）』字同韻音直深切，二字異紐。

〔三四七〕『勗』字甲二本無。

〔三四八〕底卷本行與前一行間約空一行，本行只抄『泱』一字，出處不詳。甲二本上一字『捃』字下接抄『蘻』字，中間無『泱』至『榻』十餘字。

〔三四九〕底卷本行與前一行間約空二行。『陀』字底卷殘泐，兹據文義擬補。以下『噢』、『潢瀁』二條見玄應《音義》卷二〇《陀羅尼雜集經》第一卷音義。

〔三五〇〕噢，玄應《音義》卷二〇《陀羅尼雜集經》第一卷『咻咻』條下云『虚流、許主二反，依字噢咻，痛念之聲也』，應即此字所出。

〔三五一〕潢瀁，玄應《音義》卷二〇《陀羅尼雜集經》第一卷下出『潢瀁』條，『潢』字音胡廣反，即本條所出。又底卷本行至此止，本行左側底卷殘泐，不知原抄止此抑或還有殘缺。

〔三五二〕『俠』以下難字散抄於伯二二七一号卷背。伯二二七一號卷背開端爲倒寫的『庚戌年十二月』殘文書和『甲寅年七月十五日就大乘寺納設曆』，接著分兩行散抄『俠』下六字，所據經文出處不詳。

〔三五三〕直音字『濡』甲二本作『乳』。『蘻』字《廣韻·紙韻》音如累切，日紐止攝；『濡』字在虞韻，音人朱切，『乳』字在麌韻，而主切，並日紐遇攝；唐五代西北方音止攝、遇攝可以互注。

〔三五四〕『捐』、『纍』二字甲二本接抄在『蘻』字條之後。『捐』字底卷右下部不甚明晰，兹從甲二本録文；就字形而言，『揖』『揟』俗書皆可寫作此形。《龍龕·手部》：『揖，伊入反，揖讓也，進也；又相居反，取水具（沮）也。』前一音義的『捐』爲『揖』的俗字，後一音義的『捐』即『揟』的俗字。

〔三五五〕『纍』字後底卷空四五行接抄『西天大國名』五行，甲二本『纍』下接抄『飰』、『釿』、『掐』、『杙』、『抺』五字，其後一行再接抄『西天大國名』。

〔三五六〕西天大國名，《阿毘達磨大毘婆沙論》卷一二四云：『十六大國者，謂泱伽國，摩揭陀國，迦尸國，憍薩羅國，佛栗氏國，末羅國，奔嗟羅國，蘇嗡摩國，頞濕縛迦國，頞飯底國，葉筏那國，劍跋闍國，俱盧國，般遮羅國，筏蹉國，戍洛西那國。』所記國名及先後順序皆與本篇大致相合，或即本篇所出。又底卷此段頗爲模糊，兹參酌甲二本録文。

〔三五七〕殃伽國，《阿毘達磨大毘婆沙論》作『泱伽國』，伯二一五七、二二八六号《梵網經述記》卷一引《長阿含經》作『央伽國』，斯五五四背『十六大國名目』作『怨伽國』，佛典亦或作『鴦伽國』，皆爲梵文音譯用字之異。

〔三五八〕奔達羅國，《阿毘達磨大毘婆沙論》作『奔嗟羅國』，伯二一五七、二二八六号《梵網經述記》卷一引作『奔達羅國』。

〔三五九〕底卷『西天大國名』後空五六行零星抄寫難字二十多個（難字下間標直音或反切），其中的『飰』、『釿』、『掐』、『杙』、『抺』五字甲二本接抄在『纍』字後、『西天大國名』前。『飰』爲『飤』字俗寫。『飤』字《廣韻·志韻》音祥吏切，『是』字在紙韻，承紙切，二字異紐。

〔三六〇〕『釿』應爲『斲』的俗字，《字彙補·斤部》載『斲』字或作『釿』，可參。『斲』《廣韻·覺韻》音竹角切，『捉』字同韻音側角切，二字異紐。

〔三六一〕杙，甲二本作『找』字形，蓋俗訛字。

〔三六二〕底卷『蕫』下有一小字，模糊不清，俟再考。『蕫』、『竉』、『斲』三條甲二本無。

〔三六三〕『琼』字甲二本在下文『爐』字之後。

〔三六四〕『釿』亦應爲『斵』的俗字，《五經文字·斤部》載『斵』字或作『斲』，可參。

〔三六五〕『抻』疑爲『抪』的增繁字。『抪』字《廣韻》音普活切，字書有擦拭、擊打等義，但古書罕用。甲二本此字接抄於『找(杙)』字之下。

〔三六六〕『蜂』字底卷重出。此字至『羆熊』諸字甲二本無。

〔三六七〕缺字底卷模糊不清，上一字從木旁，下一字似亦爲『嚙』字。

〔三六八〕『玀』爲『玃』的俗字。

〔三六九〕『勗』字《廣韻·燭韻》音許玉切，與『之郭反』紐韻俱異。甲二本『賁』下接抄『廬』、『弶』二字，而無『勗』字。

〔三七〇〕『傀』、『紗』二字甲二本無。

佛經難字音（五）

伯二八七四

【題解】

本篇底卷編號爲伯二八七四。全卷正面二十七行，前二十一行爲『沙弥七十二威儀一卷』，後六行除前二字仍屬前一部分内容外，餘均爲難字抄；背面十八行，亦爲難字抄，均無題。難字下間有直音（偶用反切）。其中正面部分末行的後三字與背面首行的前三字皆爲『品』字形結構，二者似有前後相接的關係，字體亦同，故此將正面、背面的難字部分作爲一個整體合併校録。正面有界欄。《索引》全卷題『沙彌七十二威儀一卷』，《寶藏》同；《索引新編》正面題『沙彌七十二威儀一卷』，卷背題『習字、雜寫』；《法藏》正面題『沙彌七十二威儀一卷』和『蒙書』，卷背題『蒙書』。

今按：該卷正面所抄難字除末一行半外大抵出於《大寶積經》卷一百、卷九九，背面所抄難字除首行前四字外大抵出於《佛本行集經》卷五至卷五十，每卷所摘難字與經文先後順序基本相合，據此可以推斷全卷所抄難字應均來自佛經，故據以改定今題。

本篇未見前人校録，兹據各影印本并參考《大正藏》本《大寶積經》、《佛本行集經》經文及玄應、慧琳《音義》校録如下。底卷所抄難字皆接抄不分，兹按所據經本卷數分段校録；除經文相連成詞者外，每字下皆用句號點斷。

另外伯三五〇六號《佛本行集經難字》所摘難字雖與本篇不盡相同，然亦頗有相合而可資比勘者。

伯二八七四號《佛經難字音》圖版

脞比。〔一〕腸。踝踝。〔二〕鉤溝。瑣。〔三〕輻福。倦圈。慼赤。羸(羸)驢。〔四〕墜隹。巖。虵闍。〔五〕瓦礫。察剎(剎)。〔六〕鼓故。棒。曇談。剃涕。叵。辭詞。〔七〕藪。荒黃。驎▨。〔八〕豫。疲。掉。栽。飾。訊信。彫刻。

廢肺。敷。追朱。〔九〕慮里。〔一〇〕漉虛。〔一一〕怡。雷。嬈。覲近。愬政。〔一二〕匹。〔一三〕並。屐。讓。愍。既。審。迎。螢。虫。跡。芥。錢。療。江。〔一四〕巧。訿

麻。〔一五〕秋陽。牛蹄。昇。躑躅。瞻蔔。〔一六〕辭。〔一七〕淺。卑。牽。澡。妓。叵。緋。倚。朝。暮。乾。鳴。鳴。葉(葉)。莖(筮)。羹(羹)。

託。姦間。森。矗畜。矚。〔一八〕晶。齪初角。鋒(鋒)。鵁鶄。〔一九〕鼈。螺。蜯。〔二〇〕鵼。〔二一〕奚形。〔二二〕囿有。雜雜。〔二三〕頞遏。昂。〔二四〕嵬崔摧。峨嵯。〔二五〕濃。浩。〔二六〕啜。阡陌下麥上千。魍(魍)魎下兩上冈(网)。痿。疥界。痤。

癬。癩。〔二七〕鏗鏘。勁。戟。斷。翠(翠)。虹。纖。〔二八〕曝。讒。〔二九〕詠。馭。扣。〔三〇〕弼。壃。〔三一〕屐。述。笭。〔三二〕嗟。〔三三〕葙。〔三四〕廄。〔三五〕睫。〔三六〕稠夾。〔三七〕挂。〔三八〕躑躅。覲。默。〔三九〕靖。〔四〇〕慴。〔四一〕祟。〔四二〕瞼。賚。諳。芸〔四三〕。挨。〔四四〕換。〔四五〕軫(軫)。璣。韡。〔四六〕愡。〔四七〕該。〔四八〕吒。簸。麼。〔四九〕閔。〔五〇〕捷。〔五一〕搭。羂。飼。搗。

斜。挽。謨。策。饟。〔五二〕掃。〔五三〕拗。掣。〔五四〕嚇。豸。鞅。痾。疣。〔五五〕唧。喧。飇。〔五六〕醬。覘。筌。粟。〔五七〕銖。啤。蟣。箇。〔五八〕甕。楮。話。築。

娟。〔五九〕羶。麓。籔。〔六〇〕贊。〔六一〕窯。〔六二〕銸。〔六三〕漚。怦。〔六四〕漂。砂。黮。稀。
肚。〔六五〕訮。〔六六〕宼。黛。躳。嫡。壘。穳(穳)。〔六七〕
鑰。〔六八〕娠。竿。窖。〔六九〕揭。榻。瞑。瞳。恀。〔七〇〕▨。〔七一〕宿。〔七二〕餌。
叛。〔七三〕壏。〔七四〕槽櫪。〔七五〕鞹。〔七六〕搦。橛。逗。拗。歐。
墜。〔七七〕剩。〔七八〕剡。彎。簾。
仆。〔七九〕喙。隊。脛。窖。〔八〇〕測。佩。榉。〔八九〕
早。〔八二〕尔。〔八三〕氈。〔八四〕喫。〔八五〕編椽。嘖。
沼。〔八六〕蛟。鋪。鎖。敏。
詔。〔八七〕𤠣。〔八八〕咬。〔八九〕劃。透。沈淪。
蝨。〔九〇〕攣。膍。〔九一〕屑。登。〔九二〕
卉。〔九三〕齩。削。捩。曬。湍。
鷗。〔九四〕髏。〔九五〕摑。毻。幟。蚌蛤。〔九六〕匿。〔九七〕駏。〔九八〕鯨鵠。貊。〔九九〕豺。貍。〔一〇〇〕
抽。〔一〇一〕蒺藜。〔一〇二〕蚍蜉。膊。〔一〇三〕髆。〔一〇四〕礕。〔一〇五〕捻。鵂鶹。鴞。樘。〔一〇六〕尻。鋌。〔一〇七〕
確。〔一〇八〕婈留。〔一〇九〕
景。〔一一〇〕榴。胷。蹲。〔一一一〕輝。孰。〔一一二〕臀。婀娜。妍。麾。雰霏。壅。霰。獺。挈。碓。
犀。〔一一三〕閼。欒。〔一一四〕誅。勃。〔一一五〕跱。〔一一六〕舶白。赫。翣。
泊。〔一一七〕蟄。
䡇。〔一一八〕庱。〔一一九〕嵩。芹。〔一二〇〕

抒。〔一二一〕滕。〔一二二〕糂。虬。〔一二三〕。 捆。〔一二四〕攤。〔一二五〕

腴。侄。〔一二六〕

崐崘。〔一二七〕釭。鐗。卉。晴。纑。〔一二八〕妄。

杴。〔一二九〕㓹。賽。〔一三〇〕蠅蛆。蹤。咋。〔一三一〕

幞。〔一三二〕廷。賔。〔一三三〕殯。

軥。覢。〔一三四〕

詺。〔一三五〕

詾。〔一三六〕踸。〔一三七〕蹇。〔一三八〕

唊。〔一三九〕襞。牒。〔一四〇〕肜。〔一四一〕

袥。〔一四二〕羞。〔一四三〕蚳。〔一四四〕

呹。〔一四五〕沿（沿）。料。

忤。〔一四六〕匣。〔一四七〕霖。〔一四八〕

黶。〔一四九〕虧。妳。〔一五〇〕穩（穩）。

蜇。〔一五一〕緝（緝）。〔一五二〕

柵。〔一五三〕姜。頡。

匡。竫。〔一五四〕

仍。〔一五五〕

貞。檻。〔一五六〕

【校記】

〔一〕 脞，『髀』的俗字。此字以下至『覲』字大多出於《大寶積經》（以下簡稱『經本』）卷一〇〇，先後順序基本相合；經本有『牖髀鹿踌腸，踝平鉤鎖骨。足平輪相現，千輻具分明』句，即此字及『腸』下五字所出。慧琳《音義》卷一四《大寶積經》第一百卷出『傭脞』條，『脞』字音『陛』，所據經本用字與本卷合。

〔二〕 『踝』下底卷注『踝』，『踝』字此處疑爲『踝』的俗字，《廣韻・馬韻》『踝』字訓『地名』，與『踝』字同屬胡瓦切小韻。《龍龕・阜部》以『踝』爲『隅』的訛字，則别爲一字。

〔三〕 琑，此字字書不載，應爲『瑣』字俗訛，經本有『鎖』字（見校記〔一〕引），《大正藏》校記謂宋《資福藏》本、日本宮内省圖書寮本作『瑣』，《聖語藏》本作『琑』，『鎖』即『瑣』的後起分化字，《聖語藏》本的字形與本卷合，即此字所出。

〔四〕 羸，『羸』的俗字，經本『王不覺家中，陰界入諸羸』句，即此字所出；『羸』字《廣韻・支韻》音力爲切，來紐止攝；『驢』字在魚韻，力居切，來紐遇攝，唐五代西北方音止攝、遇攝可以互注。

〔五〕 虵，同『蛇』，經本有『墜巖何望活，世相皆如是。如人處蛇間，何有睡與欲』句，即此字及上『巖』字所出。

〔六〕 『察』以下至『剃』字經本相應位置未見，出處俟考。

〔七〕 辤，經本有『願令舍衛城中衆生其見我者皆得辭辯』句，『辤』『辭』《説文》字别，但古人實際使用時多混用不分，應即此字所出。

〔八〕 驎，經本有『云何如飛鳥，亦如麟一角』句，其中的『麟』字《大正藏》校記謂日本宮内省圖書寮本作『驎』；『麒麟』古亦或作『騏驎』（慧琳《音義》卷一四《大寶積經》第一卷『麒麟』條下云『經文有從馬作騏驎，非此用』），應即此字所出。又『驎』下的注音字底卷模糊不清（右部似作『麦』），俟核。

〔九〕 『追』字《廣韻・脂韻》音陟隹切，知紐止攝；『朱』字在虞韻，章俱切，章紐遇攝，此亦止攝、遇攝互注之例。

〔一〇〕『慮』字《廣韻·御韻》音良據切，來紐遇攝；『里』字在止韻，良士切，來紐止攝，此亦止攝、遇攝互注之例。

〔一一〕『凞』，『熙』的增旁俗字，經本有『於時世尊，熙怡微笑』句，應即此字所出；『熙』字《廣韻·之韻》音許其切，曉紐止攝；『虚』字在魚韻，朽居切，曉紐遇攝，此亦止攝、遇攝互注之例。

〔一二〕『愸』，『整』的訛俗字，此字以下至『瞻蔔』二十餘字大多出於《大寶積經》卷九九，先後順序基本相合；經本有『於其晨朝整衣持鉢』句，應即此字所出。

〔一三〕四，底卷作『疋』，乃『匹』字俗寫，經本有『有女名無畏德，端正無比，無匹無雙，無並無類』句，應即此字所出。

〔一四〕江，底卷相應位置未見，而『審』、『迎』二字句（『不審大王，頗見頗聞轉輪聖王見諸小王，而起迎不』）後、『螢』、『虫』二字句（『日月光神，有曾禮敬螢火虫不』）前，有『大海之神，禮敬江河池等神不』句，或即此字所出，然字序略有不合。

〔一五〕蓖麻，經本有『大王蓖麻林，花香影不妙』句，『蓖麻』同『蓖麻』，即此二字所出。

〔一六〕瞻蔔，經本有『男女所不樂，唯喜檐蔔花』句，『瞻蔔』、『檐蔔』爲梵語音譯之異，即此二字所出。

〔一七〕『辭』字以下至『矗』二十餘字頗有見於《大寶積經》者（但字序先後雜出），亦有不見於該經者，故難以確指其具體出處。

〔一八〕『矗』字以下底卷在卷背，但『矗』下三字與底卷正面末『姦』等三字皆爲『品』字形結構，前後似相承接，故此予以接排。『矗』下四字出處亦不詳。

〔一九〕『鵁鶄』以下至卷末除極個別字出處待考外均出於《佛本行集經》（以下簡稱『經本』）卷五至卷五十，順序亦大致相合。『鵁鶄』至『鵽』五字出於經本卷五，順序完全相合。

〔二〇〕螺蜂，經本有『池内復有種種諸虫，所謂魚鼈、黿鼉、龜鼊、螺蜂』句，應即此二字及上『鼊』字所出，經本中的『蜂』當據本卷校正作『蜯』，《金藏》廣勝寺本作『蜯』不誤。

〔二一〕⿰路鳥，經本有『復有小鳥，所謂鳧鴈、鵝鴨、白鷺、鶬鵞及鴛鴦等』句，其中的『鷺』字玄應《音義》卷一九引作『⿰路鳥』，應即此字所出，『⿰路鳥』乃『鷺』的偏旁易位俗字。

〔二二〕『奚』至『頞』四字出於經本卷六，順序完全相合。『奚』字《廣韻》音胡雞切，齊韻；『形』字音户徑切，青韻，唐五代西北方音青、齊二韻可以互注。

〔二三〕『雑』和直音字『雜』皆爲『雜』的俗字，經本有『種類父母不浄，雜穢而生』句，即此字所出。

〔二四〕『昂』字以下至『虹』字出於經本卷七，順序大抵相合。

〔二五〕峨嵯，『嵯』字右半底卷作『𢀖』形，乃『差』旁俗寫，經本有『如是等山，悉皆震動，并及一切諸餘小山，湧没低昂，嵬崋峨嵯』句，即『峨嵯』二字及上『昂』、『嵬崋』三字所出。

〔二六〕經本有依次有『四千大海，及餘諸池，浩汗奔濤，洪波沸湧』、『一切時苗，皆悉肥濃』句，『濃』字在『浩』字句後，與本卷字序略有不合。

〔二七〕經本有『若體舊有諸餘雜病，或痿黄病，或風癲病，或痰癊病，或等分病；或餘諸病，所謂白癩、丁瘡、惡腫、疥瘙、消瘦、癰疽、癬瘻、瘿腫、寒熱』句，應即『痿』至『癩』五字所出，但字序略有不同。又經文無『痤』字，疑古本『癰疽』有作『癰痤』者（『癰痤』連文佛典中經見），爲底卷所本。

〔二八〕『纖』字以下至『葙』字大抵出於經本卷八，順序完全相合。

〔二九〕讒，此字經本相應位置未見，而有『狀如晝星，纔有形影，一切樹木，隨時開敷』句，疑『讒』即『纔』字抄訛。

〔三〇〕扣，此字底卷從木旁，俗訛，經本有『在先撾打歡喜之鼓，盡其身力，而扣擊之』句，應即此字所出，兹據録正。

〔三一〕壃，經本有『灑掃耘除一切荊蕀、沙礫、礓石』句，其中的『礓』字《大正藏》校記謂宋《資福藏》本作『壃』，應即此字所出。玄應《音義》引作『礓』，云：『礓石，居良反，形如薑也。《通俗文》：地多小石，謂之礓礫。字從石。經文從土，非也。』

〔三二〕笭，經本有『復有五百諸天玉女，各各執持多羅樹葉所作筌提』句，『筌』字玄應《音義》引同；『全』旁俗寫與『令』形近，『笭』應即『筌』字俗訛。

〔三三〕嗟，經本有『一切諸人，雖睹天色亦不驚嗟』句，應即此字所出；但此句經本在『葙（箱）』字句後，字序略有不合。

〔三四〕葙，經本有『復有無量無邊色界最大威德諸天衆等，在於菩薩右廂而行』句，其中的『廂』字《大正藏》校記謂宋《資福藏》本作『葙』，應即此字所出；『葙』乃『箱』字俗寫，『箱』『廂』古今字。

〔三五〕廄，此字底卷從广旁，俗寫，此字以下至『懾』字出於經本卷九，順序基本相合；經本有『浄飯王厩揵陟爲首』句，『厩』乃『廄』的俗字，即此字所出，茲據録正。

〔三六〕睫，此字右半底卷近似『連』（無左上部的點），俗寫，經本有『太子眉眼睫如牛王』句，即此字所出，茲據録正。

〔三七〕稠吏，『吏』同『鬧』，經本有『時迦毘羅人民稠鬧，處處遍滿』句，即此二字所出。

〔三八〕挂，經本有『復掛種種妙寶衣裳』句，『掛』乃『挂』的後起繁化俗字，即此字所出。

〔三九〕皯，經本有『大王是童子身，膚體清浄，無有黑皯（原注：古汗切）』句，即此字所出；玄應《音義》引作『奸』，云：『黑奸，古旱反，《通俗文》面黧黑曰奸也。經文從黑作皯，非。』

〔四〇〕靖，此字經本相應位置未見，下文『謂其皮不皺攝等』句後有『大王是童子面顔貌寂静』句，『靖』『静』古通用，或即此字所出。

〔四一〕懾，經本『大王是童子腹，無有破壞』句原注：『謂其皮不皺攝等。』其中的『攝』字《大正藏》校記謂宋《資福藏》、元《普寧藏》、明《嘉興藏》本皆作『懾』，應即此字所出；玄應《音義》引作『襵』，云：『皺襵，知躡、之涉二反，謂不申也。襵裙、襵疊皆作此也。』據玄應所云，則作『懾』作『攝』皆爲『襵』字之誤。

〔四二〕祟，《龍龕·出部》以爲『崇』的俗字；此字以下至『挨』字出於經本卷十，順序完全相合；經本有『爲自身崇』句，即此字所出，茲據録正。

〔四三〕芸，經本有『耘除一切荊棘、砂礫、種種糞穢』句，其中的『耘』字《大正藏》校記謂宋《資福藏》本作『芸』，元《普寧藏》本作『⿱艹耘』，『芸』通『耘』，『⿱艹耘』則爲『芸』、『耘』二字交互影響的結果，即此字所出。

〔四四〕挨，此處應爲『族』的俗字，經本有『我王種族，若爲嗣立，當大損減』等句，即此字所出。

〔四五〕『換』字以下至『拗』字出於經本卷十一，順序完全相合。

〔四六〕鞾，經本有『靴履革屣，雜寶莊嚴』句，『鞾』『靴』古異體字，即此字所出。

〔四七〕窻，經本有『或城樓上，或窓牖中』句，『窻』、『窓』皆爲『窗』古異體字『囪』的訛變體，即此字所出。

〔四八〕該，此字右半底卷作『产』，『彥』、『亥』二字俗書皆可寫作此形，此處當是『亥』旁的俗寫，經本有『自已該通一切論，復更來入我學堂』句，應即此字所出。

〔四九〕麽，經本有『唱摩字時，說諸生死一切恐怖最爲可畏』句，玄應《音義》引出『麽字』條，云『麽』字『莫可反』，『麽』應即『摩』字異文，爲此字所出。

〔五〇〕閔，《龍龕·門部》以爲『闢』的俗字，經本有『唱耶字時，開穿一切諸法之門爲人演說』句，其中的『開』字《大正藏》校記謂宋《資福藏》、元《普寧藏》、明《嘉興藏》等本作『闢』，或即此字所出；但敦煌佛經中又有以此字爲『閉』字的（經本同卷上文有『唱伊字時，一切諸根門户閉塞』，此句在『該』字後、『吒』字前，字序略有不合），參看伯三五〇六號《佛本行集經難字》校記〔五九〕。

〔五一〕捷，此字右半底卷近似『連』（無左上部的點），俗寫，經本有『所作輕便，勁捷勳勇』句，即此字所出，茲據録正。參看上文校記〔三五〕。

〔五二〕鶣，應爲『騙』或體『鶣』的俗訛字，經本有『旋鞍騙馬』句，玄應《音義》引作『鶣馬』，即此字所出。參看伯三五〇六號《佛本行集經難字》校記〔六三〕。

〔五三〕揥，『搋』的訛俗字，經本有『相撲拗腕，搦力稱斤，按摩築擠，拗脛搦臂』句，其中的『擠』字原注『恥皆反」，根據這一切音，「擠」應即「搋」字之訛（《廣韻·皆韻》「搋」字音丑皆反，與「恥皆反」同音），玄應《音義》引出「築搋」條，正作「搋」字；玄應云「以拳手挃曰搋也」。參看伯三五〇六號《佛本行集經難字》校記〔四〕。

〔五四〕「掔」字以下至「蟣」字出於經本卷十二，順序完全相合。

〔五五〕疣，經本有「世間所有生死痾，此大醫師能救療。既得如是微妙法，能治一切生死疣」句，即此字及上「痾」字所出。玄應《音義》引出「死肬」條，云「肬」字「于鳩反，《通俗文》：體肉曰肬。《廣雅》：肬，小腫也」；「肬」「疣」古今字。

〔五六〕軄，經本有「復有無量無邊諸人，各自職司侍衛太子」句，「軄」乃「職」的換旁俗字，即此字所出。

〔五七〕[illegible]，伯三五〇六號《佛本行集經難字》同卷下出「[illegible]」字，這兩個字出現在《佛本行集經》卷一二經文難字的相同位置，應爲一字之變，就字形而言，前一形上部似爲「册」字俗寫，後一形上部似爲「朋」字俗寫，但字書皆未見；經本有「時釋大臣即好莊嚴耶輸陀羅，爲上勝垜」句，其中的「垜」字玄應《音義》引作「挅」，頗疑上揭二字皆即「垜」或「挅」的訛俗體。參看伯三五〇六號《佛本行集經難字》校記〔六八〕。

〔五八〕「箇」、「甕」、「話」、「築」四字順序見於經本卷十三，但「甕」後的「楮」字經本相應位置未見，其出處不詳。

〔五九〕「娟」字以下至「稀」字出於經本卷十四，順序完全相合。

〔六〇〕藪，經本有「踰越出家，逃竄山藪」句，「藪」應即「藪」的訛俗字（蓋涉經本上文「山」字類化偏旁），爲此字所出。

〔六一〕賛，「贊」字俗寫，經本有「我今應當讚助其事」句，「讚」乃「贊」的後起字，爲此字所出。

〔六二〕窯，應爲「窯」的俗字，此字經本相應位置未見，而有「猶如陶師旋火輪」句，「窯」「陶」古通用，疑即此字所出。慧琳《音義》卷一三《大寶積經》第五十五卷音義：「窯師，音姚，陶師；窯，燒瓦竈也。從穴也。」慧琳《音義》卷五八載玄應《十誦律》第九卷音義：「窯師，羊招反，《字林》燒瓦竈也。又作陶，徒刀反，作瓦器者也。西國無窯，但於平地累坯燒成器也。』皆可參。

〔六三〕鉺，此字經本相應位置未見，而有『貪他財寶無厭足，如魚吞餌遇釣鉤』句，『鉺』應即『餌』的訛俗字。

〔六四〕怦，此字經本相應位置未見，而有『老壞華色爲悴色』句，『悴』字俗書或作『忰』，『怦』疑即『忰』字之訛。

〔六五〕『肚』字以下至『穳』字出於經本卷十五，順序完全相合。

〔六六〕訮，此字右部的構件『干』底卷作三横，蓋俗寫增畫，兹録正；『訮』爲篆文『訴』的隸定字，經本有『父母併亡，無處告訴』句，即此字所出。

〔六七〕穳，經本有『手執三叉弓箭長刀戟矟钃棒』句，其中的『钃』字《大正藏》校記謂宋《資福藏》、元《普寧藏》、明《嘉興藏》本作『穳』，即此字所出；『钃』『穳』音義皆近，蓋本一字分化。

〔六八〕『錀』字以下至『餌』字出於經本卷十六，順序完全相合。

〔六九〕窖，此字經本相應位置未見，而有『心生疑畏，忽然覺寤』，『窖』疑即『覺』的同音借字。佛經古寫本中『覺』字多有寫作『悎』的。俄弗二三〇號玄應《一切經音義》卷二節抄本《大般涅槃經》第十五卷音義：『覺寤：上居效反……經文以覺爲悎，文字所無。』可洪《新集藏經音義隨函録》第伍册《悲華經》第六卷音義：『悎悟，上古孝反，正作覺寤。』可以比勘。

〔七〇〕㑥，經本有『倚諸瓔珞，垂䩓而眠』句，其中的『䩓』字《大正藏》校記謂《聖語藏》本作『㑥』，玄應《音義》相應位置出『垂䫂』條，云『經文作㑥』。按《廣韻·哿韻》丁可切：『䩓，垂下皃。』上揭經文用字疑以作『䩓』爲典正，『䫂』爲同音借字，『㑥』又爲『䫂』的换旁俗字（與時紙反的『㑥』同形異字）。參看伯三五〇六號《佛本行集經難字》校記〔八五〕。

〔七一〕缺字底卷左半作巾旁，右半模糊不清，俟核。

〔七二〕寤，似爲『寤』的訛俗字，經本有『爾時太子忽然而寤』句，應即此字所出。

〔七三〕『叛』字以下至『歇』字出於經本卷十七，字序大多相合。

〔七四〕壃，『疆』的簡俗字，經本有『聖子今日無有怨讎，復無違逆反叛之人，四方安静；復無有人擾攘離亂，邊壃一切無有逃亡』句，即此字及上『叛』字所出。

〔七五〕槽櫪，底卷作扌旁形，下文『櫪』字底卷亦作扌旁形，俗書木旁扌旁相亂，兹皆據經本録正；經本有『爾時車匿即至廄中，於槽櫪上，搦取乾陟……牽出離槽，别繫餘櫪，刮刷其背，先以柔軟輕細之物履於脊上，以金所成七寶莊嚴鞍韉而被』句，即此字及下『韉』、『搦』、『櫪』三字所出。

〔七六〕韉，此字經本在『搦』、『櫪』二字之後，字序略有不合。參上條。

〔七七〕『墜』字經本卷一七、卷一八相應位置未見，卷一八有『不令一毛墜墮於地』句，但在『轡』字句後，字序略有不合。

〔七八〕『剩』至『簾』四字出於經本卷十八，字序相合。參上條。

〔七九〕『仆』以下至『榦』字出於經本卷十九，字序完全相合。

〔八〇〕窨，此字經本相應位置未見，而有『諸人睡覺』句，疑『窨』即『覺』的同音借字。參上校記〔六九〕。

〔八一〕榦，經本有『如樹無枝，唯根榦在』句，即此字所出；『榦』應爲『幹』的俗字。字書以『榦』同『杆』，釋爲柘樹，釋義欠周全。

〔八二〕早，底卷上部作『田』字形，蓋俗寫增畫字，兹據經本録正；此字以下至『嘖』字大抵出於經本卷二〇，字序相合。

〔八三〕尔，『尒』字俗寫，經本有『爾時彼等諸婆羅門，修習仙法』等句，『尒』『爾』古通用，即此字所出。

〔八四〕⿰毛延，經本有『或以故破皮作衣者，或亂髮作，或毛⿰毛逿作』句，其中的『⿰毛逿』字玄應《音義》引作『⿰毛延』，《集韻·蕩韻》以『⿰毛逿』爲『⿰毛延』字或作，即此字所出。

〔八五〕喫，經本有『譬如有人得美飲食，而和雜毒，誰樂欲噉』句，玄應《音義》相應位置出『欲喫』條，云『喫』字『口歷反，謂喫噉也』，『喫』應即『噉』字異文。

〔八六〕『沼』至『敏』五字出於經本卷二一，字序完全相合。

〔八七〕『詔』字經本卷二一、二二、二三相應位置未見，出處不詳。

〔八八〕獵，此字右部不太明晰，略近『獵』字（右下部不太像），經本卷二二有『或復捕獵』句，不知是否爲此字所出。

〔八九〕『晈』至『沈淪』五字出於經本卷二三，字序相合。經本有『頂額廣平，皎潔分明』句，『晈』即『皎』的換旁俗字，爲此字所出。

〔九〇〕『蝱』至『豋』五字出於經本卷二四，字序相合。經本有『兼絶蚊虻，及諸蟲蝎』句，『虻』乃『蝱』的簡俗字，爲此字所出。

〔九一〕䐉，『腦』的俗字，經本有『取好利斧，打棒他腦』句，即此字所出。

〔九二〕豋，經本有『或小豆䆐，赤豆、豌豆、緑豆䆐等』句，『豌』『豋』爲古異體字，即此字所出。

〔九三〕『卉』至『湍』六字出於經本卷二五，字序相合。

〔九四〕『鷗』以下至『貍』字出於經本卷二六，字序完全相合。

〔九五〕軆，『體』的換旁俗字，經本有『遍滿其體』句，即此字所出。

〔九六〕蚌蛤，『蚌』爲『蚌』的訛俗字，經本有『或有耳如羖羊，或如簸箕，或如蚌蛤』句，即此二字所出。

〔九七〕𠥼，經本有『或鼻匾𠥼』句，即此字所出；『𠥼』乃『𠥽』字俗省，玄應《音義》引正作『𠥽』、

〔九八〕駏，經本有『或作猪形，或驢騾形……犛牛、狟㺟、摩竭、鯨鷁、師子、虎狼、熊羆、禽狛、獼猴、豺豹、野干、狸狗，諸如是等種種形容』句，『狟㺟』乃『駏驉』的換旁字，即此字及下『鯨鷁』等五字所出。

〔九九〕貊，經本作『狛』（見上條引），玄應《音義》引作『貘』，『貊』、『狛』皆爲『貘』的後起異體字。

〔一〇〇〕貍，經本作『狸』（見前引），乃『貍』的後起換旁字。

〔一〇一〕『抽』字以下至『叏曾』二字出於經本卷二七，字序完全相合。

〔一〇二〕蒺蘺，經本有「又無一切砂礫、瓦石、蒺蔾、棘刺、諸惡草等」句，「蒺蔾」同「蒺蘺」，連綿字往往不拘字形也。

〔一〇三〕膞，此字與下文「蹲」右旁底卷皆作「専」形，應分别爲「専」、「尃」二旁的俗寫；經本有「我身髆上百臂生」句，其中的「髆」字《大正藏》校記謂《聖語藏》本作「膞」，「膞」乃「髆」的换旁字，即此字所出。

〔一〇四〕臂，經本作「臂」（見上條引），二字爲篆文隸變之異。

〔一〇五〕「譬」字經本相應位置未見，疑即涉上「臂」字而誤書者。

〔一〇六〕樘，此字經本相應位置未見，而有「如是仙人不可棖」句，其中的「棖」字玄應《音義》引作「撐」，「撐」、「樘」、「棖」佛典中通用（玄應《音義》《成實論》第五卷音義：「相棖，又作樘、敞、敦三形，同，丈庚反，棖觸也，亦㡯敞也。」），「樘」似即「棖」或「撐」字異文。

〔一〇七〕鋋，經本有「光焰顯赫，如融金鋋」句，其中的「鋋」乃「鋌」字之訛，《中華大藏經》影印《金藏》廣勝寺本正作「鋌」，即此字所出。

〔一〇八〕磪，「確」的俗字，經本有「如須彌山，確然不動」句，即此字所出。

〔一〇九〕崚嶒，經本有「如鐵圍山，峻嶒高峻」句，前一「峻」字當是「崚」字之誤，「崚嶒」即「崚嶒」的偏旁易位字（《中華大藏經》影印《金藏》廣勝寺本正作「崚嶒」），爲此二字所出。

〔一一〇〕「景」字以下至「碓」字出於經本卷二八，字序完全相合。

〔一一一〕蹲，經本有「兩脛正等纖而圓，清淨猶如鹿王蹲」句，應即此字所出。

〔一一二〕孰，經本有「爾時菩薩諦心熟視諸魔女，目不暫捨」句，「孰」「熟」古今字，應即此字所出。

〔一一三〕「犀」字以下至「翜」字除「勃」字外皆出於經本卷二九，字序完全相合。

〔一一四〕欒，經本有「展轉團圞」句，其中的「圞」字玄應《音義》引作「欒」，「欒」通「圞」，即此字所出。

〔一一五〕勃，此字經本相應位置未見，俟再考。

〔一一六〕峙，經本有「仁今清淨周匝，顯現峙立，猶如大鐵圍山牢固不動」句，其中的「峙」字《大正藏》校記謂宋《資福藏》、元《普寧藏》、明《嘉興藏》本作『跱』，即此字所出；『跱』、『峙』皆爲『峙』的後起分化字。

〔二一七〕『泊』、『蟄』二字出於經本卷三〇，字序相合。

〔二一八〕『軡』至『嵩』三字出於經本卷三一，字序相合。經本有『其餘轅軛、軸轄、轂輻、箱輞、欄板、鞅軡、勾心，或折或破』句，即『軡』字所出；『軡』字玄應《音義》引作『靬』，云『又作輨，同，胡犬反，謂車靬靬物，皆作此字；經文作軡，火見反，字與韅同，軡非此用』。

〔二一九〕痿，應爲『痿』的俗字，經本卷三一相應位置有『困篤著床，萎黃重病，不可療治』句，『痿』『萎』古通用，疑即此字所出；又經本卷三一有『其身羸瘦，痿黃宛轉』句（在下文『虬』字句後），『痿黃』即『萎黃』，可資比勘。

〔二二〇〕『芹』字經本未見，未詳所出。

〔二二一〕『抒』字以下至『攤（擁）』字出於經本卷三一，字序完全相合。底卷經本卷三一的難字在卷三二的難字之後，順序略有不合。

〔二二二〕滕，『臊』的俗字，經本有『有二兄弟鸚鵡之鳥，一名摩羅祁梨（隋言鬘山），二名滕陀祁梨（隋言彼與山）』，其中的『滕』字《大正藏》校記謂宋《資福藏》、元《普寧藏》、明《嘉興藏》本作『臊』，即此字所出；玄應《音義》出『臊陀』條，云『蘇勞反，梵言鸚鵡鳥名也』。

〔二二三〕虬，經本有『於大海中，有一大虬，其虬有婦』句，即此字所出；玄應《音義》出『大虯』條，『虬』即『虯』的俗字。

〔二二四〕拪，『栖』的俗字，經本有『時彼諸鳥，謂是樹枝，飛下來栖於其菴上』句，即此字所出。

〔二二五〕攤，『擁』的俗字，經本有『七重圍遶，擁蔽佛身』句，即此字所出。

〔二二六〕『腴』、『徑』二字出於經本卷三三，字序相合。經本有『如羸瘦人得脂腴』、『一切邪徑，盡皆捨離』句，『徑』乃『徑』字異體，即此二字所出。

〔二二七〕『崐崘』以下至『妾』字出於經本卷三四，字序完全相合。經本有『如地動聲、崑崙震聲』句，『崐崘』『崑崙』

乃一詞異寫，即此二字所出。

〔一二八〕纑，此字經本相應位置未見，而有『譬如浄衣，無有黑縷』句，其中的『縷』字玄應《音義》引作『纑』，云『勒胡反，《字林》布縷也』，『纑』『縷』音義皆近，『纑』應即『縷』字異文。

〔一二九〕『杦』字以下至『咋』字除『賽』字外皆出於經本卷三五，字序完全相合。

〔一三〇〕賽，此字經本相應位置未見，而經本卷三四有『謂言此樹能與我願，而彼人來，作大供養，而報賽之』句（在『無有黑縷』句之後），應即此字所出，但字序略有不合。

〔一三一〕咋，經本有『所謂舐嗽咋噉嚩（嚩）唼』句，即此字所出；玄應《音義》引作『齚』，云『經文作咋』，此『咋』即『齚』的換旁俗字。

〔一三二〕『幞』至『殯』字出於經本卷三六，字序相合。經本有『是時彼處主人比丘，或取鉢者，或衣襆者，内房中時，起大高聲』句，『幞』、『襆』正俗字，即『幞』字所出。

〔一三三〕賓，此字字書不載，疑爲『賓』字俗訛，而『賓』又爲下『殯』字誤書而未删去者。

〔一三四〕『鞫』、『覢』二字出於經本卷三七，字序相合。經本有『唏鞫婆論』、『猶如重雲出於閃電』句，後句『閃』字《大正藏》校記謂《聖語藏》本作『覢』（『覢』乃『閃』的同音借字），即此二字所出。

〔一三五〕詺，經本卷三八有『我今此子，在縣内生，今可立名還地地詺。是故此子，名娑毘耶（隋言縣官）』句，即此字所出。

〔一三六〕詾，《説文》以爲『訩』字或體，但經本相應位置未見此字，卷三九有『心生怨恨，瞋恚憤怒，無事唱响』句，疑此『詾』乃『响』的換旁俗字。玄應《音義》卷二一《十輪經》第四卷有『號响』條，而慧琳《音義》卷一八同一經下引作『號詾』，慧琳云『詾』字『吼遘反，杜注《左傳》云：詾，罵也。或誤爲吼、响、吽、㸴四字，亦通，皆上聲字，音呼苟反，案諸字書，並訓爲號鳴也，經意亦苞（包）二義，詾罵亦不妨，宜從詾字義正也』，可以比勘。

〔一三七〕跽，此字經本相應位置未見，出處俟考。

〔一三八〕蹇，經本卷三九「無事唱呴」句之後有「文句蹇澀」句，即此字所出。

〔一三九〕「吷」至「彤（肜）」四字出於經本卷四〇，字序相合。

〔一四〇〕牒，經本有「取僧迦梨襞作四疊，以鋪草上」句，其中的「疊」字《大正藏》校記謂宋《資福藏》、元《普寧藏》、明《嘉興藏》等本作「牒」，即此字及上「襞」字所出。

〔一四一〕彤，此字經本相應位置未見，而有「草堂彤然，如大火聚」句，「彤」疑即「彤」字之訛。

〔一四二〕祏，「祇」的俗字，此字經本卷四〇、卷四二間未見，未詳所出。

〔一四三〕羗，此字既可能爲「羌」的增點字，也可能爲「差」字的俗寫（同卷上文「嵯」字、「嗟」字右部底卷作近似形狀），「羌」字經本卷四〇、卷四二間未見，卷四一有林名「差梨尼迦」句，有「差」字，或即此字所出。

〔一四四〕蚳，此字經本卷四〇、卷四二間未見，未詳所出。

〔一四五〕「呹」、「沿」、「料」三字出於經本卷四二，字序相合。經本有「彼等諸物擲水中已，作種種聲，或呹呹（原注：子悉反）聲」句，即此字所出；玄應《音義》出「唧唧」條，云「咨栗反，《通俗文》：唧唧，鼠聲也。今取其義。經文作呹，非」。

〔一四六〕「忤」、「匣」、「霖」三字出於經本卷四三，字序相合。經本有「自行邪道復誤人」句，其中的「誤」字《大正藏》校記謂宋《資福藏》、元《普寧藏》、明《嘉興藏》等本作「忤」，即此字所出；玄應《音義》出「誤人」條，云「吾故反，《字林》謬誤也。經文作忤，非」。

〔一四七〕匣，經本有「不狎惡伴諸朋友」句，玄應《音義》出「不狎」條，云「下甲反，《字林》：狎，習也，近也，惕也。經文作匣，匱匣也，匣非此用」，底卷所據與玄應所見經本合。

〔一四八〕霖，經本有「地獄有手如霔霖」句，即此字所出；玄應《音義》出「注霖」條，云「霖」字「力金反，《爾雅》：久雨謂之淫，淫謂之霖。《左傳》：雨自三日已往爲霖。經文從雨作霔，非字體也」。

〔一四九〕『黶』、『虧』、『穩』三字出於經本卷四四，字序相合。

〔一五〇〕妳，『嬭』的俗字，經本卷四五有『爾時父母，與彼童子，各别安置四種嬭母』句，應即此字所出；據經文，此字應列在『穩』字之後。

〔一五一〕『蜇』、『緝』二字出於經本卷四六，字序相合；經本有『畏彼黑蛇蜇螫其手』句，即此字所出；玄應《音義》引作『蛆』，知列反，云『經文作蜇，非體也』。

〔一五二〕緝，經本有『修緝家内所有一切資生之業』句，即此字所出；其中的『緝』字《大正藏》校記謂元《普寧藏》、明《嘉興藏》本作『葺』。玄應《音義》出『修葺』條，云『葺』字『子立、且立二反，《説文》：葺，茨也。謂以草蓋屋爲葺，覆也，補治也』。『緝』當是『葺』的假借字。

〔一五三〕柵，當是『栅』字俗寫，『栅』字及下『姜』、『頡』二字出於經本卷四七，字序相合。經本有『去王舍城不遠，有一村棚，名那羅陀。彼村之中，有一巨富大婆羅門』句，其中的『棚』乃『栅』字之訛，《中華大藏經》影印《金藏》廣勝寺本作『柵』，與本卷同，即此字所出。玄應《音義》出『村栅』條，云『栅』字『初格反，《説文》：編竪木者也。《通俗文》：柴垣曰杝，木垣曰栅』，可參。

〔一五四〕『匡』、『竫』二字出於經本卷四八，字序相合；經本有『時彼二人，通達是已，於波離婆闍迦外道之所及五百眷屬爲教授師。時彼二人，如是次第，主領大衆雖復如此，而於内心，未得安静』句，其中的『主』字、『静』字《大正藏》校記謂宋《資福藏》、元《普寧藏》、明《嘉興藏》等本分别作『匡』、『竫』，即此二字所出；玄應《音義》出『匡領』條，云『丘方反，《周禮》「匡人掌建法則」，鄭玄曰：匡，正也；匡，救也』，可參。

〔一五五〕仍，經本卷四九有『仍將彼輩五百商人，安隱得渡大海彼岸』句，即此字所出。

〔一五六〕檻，底卷從扌旁，俗寫；『貞』、『檻』二字出於經本卷五〇，字序相合；經本有『志意清潔，言語貞良』、『今我被禁，如鹿入檻』句，即此二字所出。又此字後底卷另有零散抄録的『大執大大及執大及及及諸佘執』十四字，似屬習書性質，故不録。

佛經難字音（六）

斯四六二二背

【題解】

本件底卷編號爲斯四六二二背。該卷正面抄《毗沙門緣起》，背面除本件外，另抄有尼僧菩提心等狀、百姓富盈信狀、鎮守瓜州人户王康七等十人狀三通。其中的「富盈」又見於伯四五二五号《放妻書一道》。本件底卷無題，《索引》擬題「雜字」，《索引新編》同；《寶藏》題「雜字及注音」，《英藏》題「難字及注音」。

考本篇所抄字詞頗有見於《妙法蓮華經》者，亦多有見於北凉曇無讖譯《大般涅槃經》者，如底卷首行「⿰月扁⿰月弟、窪、⿰口謦（謦）欬」依次見於《妙法蓮華經》隋喜功德品及如來神力品，第七行「圮、䝤（褫—阤）、⿰齒盧（攎）、欻、黮、唼」依次見於《妙法蓮華經》譬喻品；又如「壜」、「呿」、「醪燸（煗）」、「⿰口雋」、「⿸疒習」、「僫」、「⿱艹耗」等難字均與古寫本《大般涅槃經》字形相吻合（詳下校記）。據此，可以推斷本篇當係摘抄佛經難字，加之部分難字下注有直音，因據以改定今題。

張金泉等《敦煌音義匯考》於《諸雜難字》後附載本篇，并有校記，指出本篇「止攝字與遇攝字互注、佳韻字讀同麻韻、流攝唇音字讀同遇攝等等，都與《切韻》不同，而與唐五代西北方音相合」。

兹據《英藏》影印本録文，以《中華大藏經》影印本《大般涅槃經》、《大般涅槃經後分》、《妙法蓮華經》和敦煌卷子中所見經本，以及玄應《一切經音義》卷二、卷六、慧琳《一切經音義》卷二五至二六、卷二七所載該三經音義（簡稱玄應《音義》、慧琳《音義》）爲參校，校録於後。底卷各字接抄，兹除經文相連成詞者外，皆用句號句斷，以清眉目。

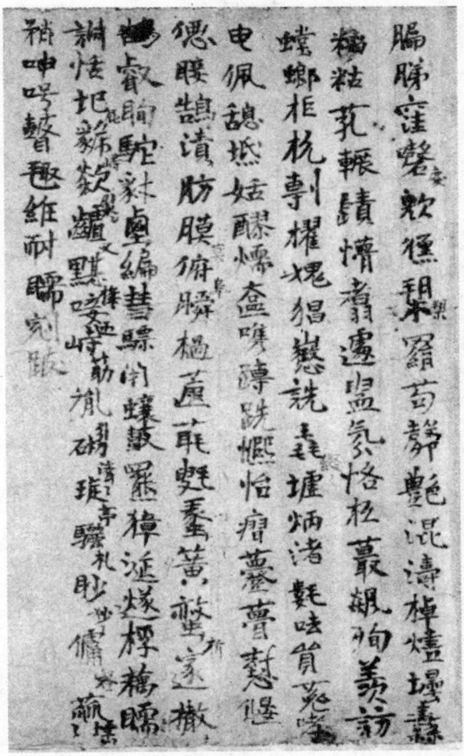

䐔䏲。〔一〕窪。嚳慶。〔二〕欸。僄。〔三〕栔（槊）。〔四〕羂。〔五〕苟。鼾。〔六〕艷。混。濤。棹。〔七〕熗。壜。〔八〕𡤮。
穲。粘。〔九〕芤。輾（輾）。蹟。〔一〇〕懵。翥。遽。盥。氛。恪。栢（柢）。蕞。飈（飆）。殉。羡。訪。
螳螂。拒。抗。剸。擢。媿。猖。懲。詵。毳綴。墟。〔一一〕炳。渚。毸。呿。〔一二〕貿（貿）。菀。〔一三〕哮。
电。〔一四〕佩。悤（悤）。抵（坻）。姡。〔一五〕醁燸。〔一六〕奩。〔一七〕嚆。〔一八〕蹲。〔一九〕跣。慨怡。〔二〇〕瘤。〔二一〕薹蓸。
慰（懟）。〔二二〕偃（偃）。〔二三〕僫（僫）。〔二四〕睃。鵖。〔二五〕漬。〔二六〕肪。〔二七〕膜莫。俯阜。瞬。〔二八〕撾。䖒。〔二九〕
蓖。〔三〇〕毸。〔三一〕鍪。〔三二〕簧。〔三三〕螫（螫）折。〔三四〕遂。〔三五〕撤。〔三六〕叡。〔三七〕眗。〔三八〕駝。〔三九〕豺（豺）。〔四〇〕
塈。〔四一〕編。〔四二〕彗。〔四三〕驃。〔四四〕閉。〔四五〕蠰。〔四六〕皷。〔四七〕羆。獐。〔四八〕涎。〔四九〕遂（燧）。〔五〇〕桴。〔五一〕藕。〔五二〕

斯四六二二號背《佛經難字音》圖版

瞤。〔五三〕 謅。〔五四〕 恬。〔五五〕 圯（圮）屁。〔五六〕 貕（䝞）峙。〔五七〕 欻▨。〔五八〕 齇叉。〔五九〕 黮▨。〔六〇〕 唼迊（匝）。〔六一〕 峙

筋。〔六二〕 胤引。 砌濟（濟）。 琁亭。〔六三〕 驪礼。 眇妙。 傭容。〔六四〕 蓏埵。〔六五〕 矟。〔六六〕 呻呺。〔六七〕 謦（謦）。 趣。〔六八〕

絍。〔六九〕 耐。 瞤。〔七〇〕 剜。 跛。〔七一〕

【校記】

〔一〕 𦟛䏲，同『匾㔸』。北五五九三號（霜三三）《妙法蓮華經·隨喜功德品》：『鼻不𦟛䏲，亦不曲戾；面色不黑，亦不狹長，亦不窊曲。』其中的『𦟛䏲』慧琳《音義》卷二七引作『匾㔸』，云『有作𦟛䏲，近字耳』。

〔二〕 嚳，『謦』的俗字（參看斯五六九〇號《妙法蓮華經難字》校記〔四七〕），『謦』『慶』音近。北五六五六號（河五七）《妙法蓮華經·如來神力品》有釋迦牟尼佛等『一時嚳欬』句，蓋即此字所本，而其中的『嚳欬』北五六五三號（烏七七）經本作『謦欬』。

〔三〕 『僄』字張金泉以爲『儵』字，近是。此字以下至『纛』字均見於《大般涅槃經後分》，北六六〇〇號（珠六三）《大般涅槃經後分》卷下有大迦葉『僄尔心驚』、『僄尔心戰大振驚』語，『僄』即『儵』字俗寫。

〔四〕 槊，北六六〇〇號《大般涅槃經後分》卷下有『各執持矛矟弓箭刀劍罥索一切戰具』語，『槊』『矟』古異體字。

〔五〕 『羂』字慧琳《音義》卷二六引《大般涅槃經後分》同，北六六〇〇號經本作『罥』（見上條引），古異體字。

〔六〕 鷇，『㲉』的俗字。北六五九八號（結九一）《大般涅槃經後分》卷上有『無明之鷇未出離』句，『鷇』亦即『㲉』字。

〔七〕 『棹』字《大般涅槃經後分》未見，疑爲『掉』字抄訛。《大般涅槃後分》卷上有一切大衆聞佛涅槃其中或有『身心戰掉者』句，字序正在『混』『濤』和『爐』字之間。

〔八〕 壜，北六六〇〇號《大般涅槃經後分》卷下有『八金壜』、『七寶壜』等語，慧琳《音義》卷二六引作『罎』，稱

「經作壜，俗字也」。

〔九〕「䊍」、「粘」二字疑出於《大般涅槃經》，北六四四七號（陽六二）《大般涅槃經》卷二六有「獵師純以䊍膠置之案上」、「觸已粘手」等句，「䊍」爲「黐」的俗字，《金藏》廣勝寺本及玄應《音義》卷二引正作「黐」，「粘」則疑爲「粘」的訛字。參看伯二一七二號《大般涅槃經音》（一）校記〔二九〕、斯三三六六號《大般涅槃經音》（六）校記〔三〕。

〔一〇〕「蹟」字張金泉以爲同「瞔」，但隋碑「蹟」字有作「蹟」者（《碑别字新編》四一七頁），則此字亦有可能爲「蹟」字俗訛。

〔一一〕墟，同「墟」。北六四六三號（芥九九）《大般涅槃經》卷二八有「所遊之處，丘墟皆平」句，應即此字所出（此句後數行有「悉達太子身相炳着」句，與底卷「墟」下接抄「炳」字字序相合）。

〔一二〕北六三四六號（珠五五）《大般涅槃經》卷一一、北六四六二號（河七九）《大般涅槃經》卷二七分别有「欠呿不樂」、「頻申欠呿」句，前例慧琳《音義》卷二六引作「欠㰦」，云「㰦」字「墟庶反，《通俗文》：口通氣也。有作呿，非此義也」。

〔一三〕菟，「菟」字俗寫，此「菟」字蓋用同「兔」。北六四六二號《大般涅槃經》卷二七有「未能渡十二緣河，猶如菟馬」句，蓋即此字所出，其中的「菟」字北六四六四號（光八二）同一經本正作「兔」字。

〔一四〕电，「申」字異寫（比較「電」字下從「申」）。北六四六二號《大般涅槃經》卷二七有「師子王晨朝出穴頻电欠呿」、「從聖行梵行天行窟宅頻电而出」等句，蓋即此字所出，其中的「电」字北六四六四號同一經本正作「申」。

〔一五〕姡，字書釋面醜及羞慚貌，此處疑爲「妒」字俗訛。「妒」字俗書有作「姡」者。北六四七五號（騰四四）《大般涅槃經》卷二八有「見他得利，不生姡心」句，其中的「姡」亦爲「妒」字俗書。而底卷接抄的「醪燸」二字亦本於《大般涅槃經》卷二八，似非偶然。

〔一六〕醁燸，當係『醪煗』二字的俗寫。北六四七五號《大般涅槃經》卷二八有『乳中醁燸亦復如是』等語，應即此二字所出。玄應、慧琳《音義》引皆作『酵煗』，慧琳云『上古孝反，謂起麵酒酵也。經多作醪，音洛高反，《說文》云濁酒也。醪非經意云也』。

〔一七〕奩，北六四七〇號(雲一〇〇)《大般涅槃經》卷二九有『足下平如奩底』句，應即此字所出，其中的『奩』字北六四七一號(鹹四九)經本作正字『匳』。

〔一八〕⿰口雋，『觜』(字亦作『柴』，今作『嘴』)的俗字。北六四七〇號《大般涅槃經》卷二九有『是疱不久必當生⿰口雋』、『是⿰口雋不久必當開剖』等句，蓋即此字所出，慧琳《音義》卷二六引前例作『柴』，云『茲隨反，鳥吻也。字體宜作柴、觜二體也』。

〔一九〕⿰足專，北六四七一號《大般涅槃經》卷二九有『以是業緣得鹿王⿰足專』句，應即此字所出。北六四七〇號、六四七三號(崑三三)同一經本『⿰足專』字作『膞』，換旁字，正字應作『腨』。

〔二〇〕『憮怡』以下至『僫』字皆出於《大般涅槃經》卷一一。北六三四六號(珠五五)《大般涅槃經》卷一一有『顔貌憮怡』句，蓋即『憮怡』二字所出。

〔二一〕⿸疒習，北六三四六號《大般涅槃經》卷一一有『膚體⿸疒習⿸疒習，其心悶亂』句，蓋即此字所出。玄應、慧琳《音義》引作『習習』，玄應《音義》卷二云『經文從疒作⿸疒習，書無此字，近人加之』。

〔二二〕懟，北六三四六號《大般涅槃經》卷一一有『放逸貢高，懟恨諍訟』句，蓋即此字所出。

〔二三〕偃，北六三四六號《大般涅槃經》卷一一有『病者身體羸損，若偃若側卧』句，蓋即此字所出。

〔二四〕僫(僫)，『惡』的增旁俗字。北六三四六號《大般涅槃經》卷一一有『尔時家室心生僫賤』句，蓋即此字所出。又北六三五三號(雨三一)同經卷一二有『及其萎黄，人所惡賤』句，慧琳《音義》卷二六於『恶賤』下云：『上烏故反，憎嫌也。亦作僫字，用同。』

〔二五〕『睫』『鵠』二字蓋分別本於《大般涅槃經》卷二八『如人眼睫壞故不見』、『如人遠見白物，不應生疑鵠耶』句。

〔二六〕瀆，《大般涅槃經》卷一九有『水性潤瀆』句，不知是否爲此字所出。

〔二七〕『肪』以下五字均出於《大般涅槃經》卷一二，且先後次序亦合。

〔二八〕『瞬』字字書不載，應爲『瞬』字俗訛。斯四七八號《大般涅槃經》卷一二有『屈申俯仰，視瞬喘息』句，蓋即『瞬』字所出。玄應、慧琳《音義》引皆作『瞚』，慧琳云：『尸閏反，《玉篇》云目動也。《列子》作瞬，《通俗文》作眴，音縣，並同。』

〔二九〕『蓮』爲『蓮』字俗書。北六三四六號《大般涅槃經》卷一一：『如鳥二翼，不畜根子、莖子、節子、蓮子。』其中的『蓮』字北六三四四號（月四九）經本略同，亦爲『蓮』字俗書，應即此字所出；北六三四五號（寒二四）經本作『揵』，則爲『捷』字俗書。『蓮』『捷』又皆當校讀作『接』，慧琳《音義》卷二六引正作『接』，云：『接子，姊葉反，謂梨柿之屬同類相接者也。有經作疌、連字，全非字體也。』又玄應《音義》卷二引作『疌子』，云：『姊葉反，案《字詁》曰交疌。今作接，謂接木之子也。』可參。

〔三〇〕『⿱艹毦』應爲『毦』的偏旁易位字，『毦』同『⿰革耳』。北六三四六號《大般涅槃經》卷一一有『拘執、⿱艹毦衣』等物，『⿱艹毦（毦）衣』慧琳《音義》卷二六引作『⿰革耳衣』，云：『《三蒼》而容反，《説文》毳毛飾也。亦作毦，而容反；或作毦，人至反……三體通取任用，於義無失。』

〔三一〕毤，北六三四六號《大般涅槃經》卷一一有『氍毤、毹毤』等物，應即此字所出；慧琳《音義》卷一一引作『毻』，古異體字。

〔三二〕⿱夆虫，卷中應爲『蠡』的俗字，『蠡』又作『蠃』、『螺』，指蚌蛤之屬。北六三五五號（海二三）《大般涅槃經》卷一二：『亦如魚王、蟻王、⿱夆虫王、牛王、商主在前行時，如是諸衆悉皆隨從，无捨離者……魚、蟻、⿱夆虫、牛、商主、病王亦復如是，常爲死衆之所隨逐』。其中的『⿱夆虫』亦即『蠡』字，應即底卷『⿱夆虫』字所出。上引經本『⿱夆虫王』的『⿱夆虫』北六三五三號作『螺』，玄應、慧琳《音義》引亦作『螺』，慧琳云：『勒和反，蚌也。古文正蠃同。』

經文有作蚉，力底反，借音用，非也。』慧琳稱經文有作字『蚉』又爲『蠡（蠡）』字俗省。

〔三三〕『簧』字蓋出於《大般涅槃經》卷一一『（牀上）不受畜妙好丹枕、安簧木枕』句。

〔三四〕『螫（螫）』字以下五字皆出於《大般涅槃經》卷一二。北六三五三號《大般涅槃經》卷一二有『毒蛇凡行蝎螫（螫），雖有良呪上妙好藥，无如之何』句，應即此字所出。又『螫』字《廣韻·昔韻》音施隻切，『折』字薛韻音旨熱切，二字韻紐俱異。玄應《音義》卷一四《四分律》第二卷『蛇螫』條謂『螫』字『式亦反，《字林》蟲行毒也，關西行此音；又呼各反，山東行此音；蛆，知列反，南北通語也』。張金泉據此以爲底卷是『誤以通語音注方音』。今按：底卷『螫』字音『折』，蓋即讀作『蛆』音，古人所謂訓讀是也。下文『唼』音『匝』，乃是訓讀作『咂』，與此同例。參下校記〔六二〕。

〔三五〕邃，應係『邃』字俗書。北六三五三號《大般涅槃經》卷一二有『深邃幽闇，无有燈明』句，應即此字所出。北六四〇三號（露九七）《大般涅槃經》卷一九：『其智高大，如須弥山；深邃廣遠，猶如大海。』其中的『邃』亦爲『邃』的俗字，可參。

〔三六〕『撤』爲『撤』字俗書，北六三五三號《大般涅槃經》卷一二有『破壞浮囊，發撤橋梁』句，應即此字所出。

〔三七〕叡，北六三五三號《大般涅槃經》卷一二有『心聰叡哲，有大智慧』句，應即『叡』字所出。

〔三八〕眴，北六三五三號《大般涅槃經》卷一二有『彼時二王形容相貌等无差别，唯有視眴爲别異耳』句，應即此字所出。『眴』同『瞚』、『瞬』，參上校記〔二八〕。

〔三九〕駝，《大般涅槃經》卷三二有『如駝食蜜，乃至於死，不顧芻草』句，不知是否爲此字所出。

〔四〇〕豺，《大般涅槃經》卷一五有『譬如有人遥見師子虎豹豺狼羅刹鬼等，自然生怖』句，疑即此字所出。

〔四一〕『室』爲『壐』字俗寫，而後者又爲『鹵』的增旁俗字。北六四九〇號（秋二七）《大般涅槃經》卷三三有『无諸沙室瓦石蕀刺』句，其中的『室』亦爲『壐（鹵）』字俗寫，疑即此字所出，北六四九二號（藏二三）同一經本作『鹵』，則正是『鹵』字。參看《大般涅槃經音》（一）校記〔三四六〕。

〔四二〕編，《大般涅槃經》卷一六有『常卧灰土蕀刺編椽樹葉惡草牛糞之上』句，不知是否爲此字所出。

〔四三〕彗，《大般涅槃經》卷一三有『善男子，云何彗星？譬如彗星，出現天下』云云，或即此字所出。

〔四四〕驃，《大般涅槃經》卷一三有『陁羅驃非陁羅驃』句，或即此字所出。

〔四五〕閉，《大般涅槃經》卷一二有『牢獄繫閉』語，卷一四又有『異閉户時』語，不知是否爲此字所出。

〔四六〕蠰，斯四八六四號《大般涅槃經》卷一五有『有王名曰蠰佉』句，其中的『蠰』字北六三八五號（鱗一八）經本同，蓋即底卷『蠰』字所出，玄應、慧琳《音義》引則皆作『儴佉』，玄應云：『（儴）爾羊反，又霜、傷二音，梵言餉佉，或言霜佉，此譯云貝也，亦云珂異名耳。』『蠰佉』、『儴佉』、『餉佉』、『霜佉』皆梵語譯音用字之異。

〔四七〕皷，『鼓』的俗字。《大般涅槃經》卷一五有『鳩留秦佛出世之時名甘露鼓』句（北六三八五號經本『鼓』字作『皷』），應即此字所出。

〔四八〕《大般涅槃經》卷一五有『我於過去作鹿作羆作獐作兔』句，或即底卷『羆』、『獐』二字所出。

〔四九〕涎，北六三七九號（巨一〇）《大般涅槃經》卷一四有『見他食果，口中生唌』句，其中的『唌』乃『涎』的換旁俗字，玄應、慧琳《音義》引正作『涎』字，或即此字所本。

〔五〇〕燧，『燧』的俗字，《大般涅槃經》卷一四有『譬如因燧因攢因手因乾牛糞而得生火，燧亦不言我能生火』語，應即此字所出。

〔五一〕桴，《大般涅槃經》卷一四有『譬如因鼓因空因皮因人因桴和合出聲』句，或即此字所出。慧琳《音義》卷二六引謂『桴』字『正合從包作枹』。

〔五二〕藕，『蕅』的俗字，北六三七九號《大般涅槃經》卷一四有『復有无量蕅根甘根青木香根』句，或即此字所出。

〔五三〕『暖』字《龍龕》定爲『暖』的俗字。北六三九二號《大般涅槃經》卷一七有『令得暖法頂法世第一法』句，其中的『暖』乃爲『暖』字之訛，『暖』爲『暖』字異體（北六三九四號同一經本『暖』字作『煗』，亦正『暖』字異體）。底卷的『暖』字似應同『暖（暖）』。參看下文校記〔七〇〕。

〔五四〕 謅，此字底卷作「[?]」，右半不甚明晰，兹姑定爲「謅」字。北六三七九號《大般涅槃經》卷一四有「心亂謅語」句，疑即此字所出。

〔五五〕 恬，北六三〇六號（收四六）《大般涅槃經》卷四有「譬如恬蘇，八味具足」句，不知是否爲此字所出。伯二一七二號《大般涅槃經音》（一）出「恬蘇」二字，云上音「甜」，實即「甜」的假借字。

〔五六〕 「圮」字以下至「唼」字依次見於《妙法蓮華經》譬喻品。

〔五七〕 豨，乃「䝗」字俗寫，「䝗」又爲「褫」字俗寫，「褫」經文中又當讀作「阤」或「陊」。説詳斯五五五四號《妙法蓮華經譬喻品難字音》校記〔三〕。

〔五八〕 「欻」下底卷注小字「[?]」，筆畫不清，俟再考。《妙法蓮華經》譬喻品有「欻然火起」句，應即此字所出。

〔五九〕 齇，當讀作「摣」，「摣」「叉」音義皆近。參看斯五五五四號《妙法蓮華經譬喻品難字音》校記〔五〕。

〔六〇〕 「黮」下底卷注一小字「[?]」，左半似作扌旁，右半筆畫不清，俟再考。《妙法蓮華經》譬喻品有「梨黮疥癩」句，應即此字所出。

〔六一〕 唼，《妙法蓮華經》譬喻品有「爲諸小蟲之所唼食」句，應即「唼」字所出。「唼」字韻書音色甲切，與「匝」字音異。但「唼」字佛典中多用同「咂」，「咂」與「匝」同音。慧琳《音義》卷二七「唼」字下云：「唼，子荅反，《字林》唼血也。蟲食曰唼。《通俗文》、《切韻》作咂。」「子荅反」的「唼」正用同「咂」。參上校記〔三四〕。

〔六二〕 「峙」字以下至「蓏」字出處不能確定。

〔六三〕 「琁」字右側、上條注文「濟」字之下底卷有一「[?]」形符號，其意不明。又「琁」「亭」音義均異，當有一誤。

〔六四〕 《妙法蓮華經》信解品有「眇目痤陋」句，其前又有「尔時窮子傭賃」句，不是是否爲底卷「眇」「傭」二字所出。

〔六五〕 蓏，《妙法蓮華經》提婆達多品有「採薪及果蓏」句，不知是否爲此字所出。「蓏」字《廣韻·果韻》音郎果切，「埵」字音丁果切，二者異紐。又「埵」字左側底卷有「[?]」形符號，不知何意。

〔六六〕『稍』字以下至卷末出於《大般涅槃經》卷三一至卷三三，字序亦大抵相合。伯二一七二號《大般涅槃經音》（一）於經本三十一卷下出『稍數。呻申。喝豪。瞽古』等條，可參。

〔六七〕喝，『號』或『号』的俗字，《大般涅槃經》卷三一有『我時患創，發聲呻號』句，應即『呻喝』二字所出。

〔六八〕『⿺毛邮』字字書不載，應爲『毦』字之訛。北六四八七號（闕二五）《大般涅槃經》卷三一有『猶如疾風吹兜羅⿺毛甚』句，其中的『⿺毛甚』字玄應、慧琳《音義》引並作『毦』，慧琳云：『毦，仁志反，《通俗文》云毛飾也，稍上垂毛爲毦。又作⿰耳毛，同用。』

〔六九〕絍，北六四八七號《大般涅槃經》卷三二有『如絍婆蟲樂絍婆樹』句，應即此字所出。『絍』同『紝』。玄應、慧琳《音義》引皆作『紝』。

〔七〇〕『⿰目需』應爲『曘』字之訛，北六四八七號《大般涅槃經》卷三二有『常以漿水飲食冷曘調適將養』句，應即此字所本。『曘』同『暖』。又『曘』以上四字經本依次爲『曘、耐（出『譬如坏瓶不耐風雨』句）、⿺毛甚（毦）、絍』，底卷次序與經本不盡一致。

〔七一〕《大般涅槃經》卷三三師子吼菩薩品依次有『菩薩爲法因緣剜身爲燈』、『如盲如聾如跛如癖』句，應即『剜』、『跛』二字之所出。

佛經難字音（七）

斯五七一二

【題解】

本篇底卷編號爲斯五七一二，凡九行，前二行似爲佛教七言殘詩，與本篇無關（詳下），後七行即本篇，後有殘泐。卷背有『伎亮札』、『洪潤百姓索保住』及『伏以保住』字樣。原卷無題。《索引》正面九行總題作『雜字』，《寶藏》、《索引新編》同；《英藏》前二行定作『閻浮男子女人身詩』，後七行改題『雜寫』。《索引》説明云：『不滿百字，兼有注音，如羼注以善，暨注以既。』《匯考》列在『佛經雜字』下，云：『注有直音八個，頗不同於《切韻》。經同慧琳《一切經音義》卷二一所載慧苑《新譯大方廣佛花嚴經音義》比勘，很像從此書摘録之難字。……唯寫卷之直音，慧苑爲反切；慧苑注濁音，此多用清音，更見其俗用。』今按：前二行第一行作『賓客賓客各各至心聽我誦若佛』，內容不詳；第二行作『閻浮男子女人身，同受四大兩般人。彼死結深城』，乃釋靈振《極樂欣猒讚》的殘句，全文載伯二二五〇號南岳沙門法照撰《淨土五會念佛誦經觀行儀》卷下，相關文句作：『閻浮男子女人身，同受四大兩般人。彼此結心成地獄，須臾萬劫永沈淪。』本卷所抄有脱誤。後七行爲佛經難字摘抄，其中『敒』至『戾』前十五字出處不詳；『肇』字以下部分則皆見於慧琳《音義》卷二一所載慧苑《新譯大方廣佛花嚴經音義》（以下簡稱慧苑《音義》），不但字序字形多密合無間，而且末尾『踣』以下五字乃慧苑《音義》序文中字，據此可以斷定這一部分係摘抄自慧苑《音義》，唯慧苑《音義》注音用反切，本卷則改用直音，爲不同耳。茲據以改定作今名。

張金泉在《敦煌音義匯考》中曾對本篇作過初步校勘。茲據《英藏》等影印本重新校録如下。另附原卷圖版於首，以資比勘。底卷所抄難字皆接抄不分（每字下有半個字左右的空間），茲按內容分成兩段，除可相連成詞者外，每字下皆用句號點斷。

斯五七一二號《佛經難音字》圖版

敊捨。〔一〕蘡。〔二〕狄。尪瘻。縷樓。贈。憒具。饍善。踴。跳躑。蜂（蜂）。桉。戾。

肇。〔三〕窻。〔四〕棟。聳。庇膜。〔五〕埿。〔六〕楯。牆。繚繞。洄澓。堞。〔七〕垷。〔八〕績。燒。〔九〕蜯捧。〔一〇〕

櫓。〔一一〕闔。〔一二〕獱。爪。〔一三〕駛。樵滛。〔一四〕芒。屝扇。〔一五〕盥。操。〔一六〕輿。〔一七〕峒。旅。〔一八〕罥巳。〔一九〕暨既。〔二〇〕曒。〔二一〕砧。莅。〔二二〕衮。〔二三〕廁。〔二四〕蘩乳。〔二五〕牖。榭。萃。幹。▨（覃）。〔二六〕緬。▨（覞）。▨（踳）。〔二七〕▨（榦）。▨（衹）。〔二八〕▨（遅）。▨（牆）。〔二九〕

（下缺）

【校記】

〔一〕赦，《説文》以爲『赦』字或體。『赦』字《廣韻·禡韻》音始夜切，直音字『捨』在上聲馬韻，書冶切，二字異調。

〔二〕虁，『虁』字的俗寫，『虁』又爲『孽』的換旁俗字。

〔三〕肇，『肇』字的俗寫，慧苑《音義》經序音義下出『肈』字，云『持繞反，始』；『肇』『肈』二字古書混用無别，不知是否即此字所出。

〔四〕窻，『窻』字的俗寫。此下五字俱見於慧苑《音義》經第五卷下，先後順序亦完全一致，其中有『綺麗窻』條，即此字所出。

〔五〕庇膜，『膜』爲『暎』字俗訛，慧苑《音義》經第五卷下出『庇映』条，云或有『從日邊作英者謬』，即此二字所出。

〔六〕『涇』以下七字俱見於慧苑《音義》經第八卷下，先後順序亦完全一致。

〔七〕堞，慧苑《音義》經第九卷下有『天城寶堞』條，即此字所出。

〔八〕『埧』以下四字俱見於慧苑《音義》經第十卷下，先後順序亦完全一致。

〔九〕『燒』字右下部底卷本作『九』形，該字右下側又小字注一『燒』字，蓋以示改正，故此不再重録。

〔一〇〕蚌，直音字『捧』疑爲『棒』字俗訛，慧苑《音義》出『海蚌』條，『蚌』字音『蒲項反』，《廣韻·講韻》『蚌』『棒』

同音步項切，爲同音字。

〔一一〕櫓，慧苑《音義》經第十一卷下有『樓櫓却敵』條，即此字所出。

〔一二〕『鬫』以下四字俱見於慧苑《音義》經第十二卷下，先後順序亦完全一致。

〔一三〕卬，慧苑《音義》經出『破卵』條，『卬』『卵』一字之變，即此字所出。慧苑釋云：『卵，於胤反，言苦報盡處方顯滅諦，故名滅諦爲破卵。有經本而云破卵，卵盧管反，謂由破於生死㲉卵，顯得滅諦故也。』按前一説，則『卬（卵）』即『印』字異寫；按後一説，則『卬（卵）』乃『卵』的俗字。《大正藏》本《大方廣佛華嚴經》卷一二：『所言苦滅聖諦者，彼離垢世界中，或名無等等，或名普除盡，或名離垢，或名最勝根，或名稱會，或名無資待，或名滅惑，或名最上，或名畢竟，或名破印。』唐澄觀《大方廣佛華嚴經疏》卷一三釋云：『破印者，世之陰苦若蠟印印泥，印壞文成，此陰纔滅，彼陰續生。今云破印，永不生也。』據此，或以定作『印』字爲長。

〔一四〕『樵溼』及下『芒』字條見慧苑《音義》經第十三卷下，先後順序一致。

〔一五〕『羼』、『盥』、『操』三字俱見於慧苑《音義》經第十四卷下，先後順序亦完全一致。『羼』字慧苑《音義》音『初莧反』，諫韻穿紐，此音『扇』，《廣韻》音式戰切，線韻審紐，紐韻俱近。

〔一六〕操，此字左旁底卷略近『牛』旁，乃手寫之訛，慧苑《音義》經第十四卷下出『操行』條，應即此字所出，兹據録正。

〔一七〕『輿』以下四字俱見於慧苑《音義》經第十五卷下，先後順序亦完全一致。

〔一八〕旅，『旅』的俗字，慧苑《音義》出『徒旅』條，『旅』字音力與反，亦即『旅』字。

〔一九〕罥，慧苑《音義》出『罥網』條，即此字所出。底卷直音字『[illegible]』略近『凶』字，但『凶』字《廣韻》音許容切，鍾韻曉紐，而『罥』字慧苑《音義》音古泫反，銑韻見紐，二字紐韻俱異，故只能照録存疑。

〔二〇〕暨，慧苑《音義》經第二十卷下有『暨于法界』條，即此字所出。『暨』字慧苑《音義》音『渠器反』，此音

〔二一〕「既」，讀音相同。

〔二二〕「瞰」、「砧」二字見於慧苑《音義》經第二十六卷下，先後順序一致。

〔二三〕莅，慧苑《音義》經第二十七卷下有「慈仁莅物」條，即此字所出。

〔二四〕衺，慧苑《音義》經第三十三卷下有「延衺」條，即此字所出。

〔二五〕廁，慧苑《音義》經第三十九卷下有「鈿廁其間」條，即此字所出。

〔二六〕「蘂」以下五字俱見於慧苑《音義》經第一卷下，先後順序與慧苑《音義》正好相逆。慧苑《音義》出「花蘂」條，「蘂」字慧苑音如捶反，紙韻日紐，此直音「乳」，《廣韻》音而主切，麌韻日紐，二字異韻。

〔二七〕「覃」以下八字底卷左側略有殘泐，兹據殘形并參酌慧苑《音義》録定，下同。「覃」以下三字見於慧苑《音義》經序音義，先後順序與慧苑《音義》相逆。

〔二八〕「踖」以下五字俱見於慧苑《音義》序，原文出現的順序依次爲「祇」、「遅」、「牆」、「榦」、「踖」。

〔二九〕「祇」字底卷存「祇」形，左側略有殘泐，慧苑《音義》序有「祇徊誤爲遅廻」句，應即此字及下「遅」字所出，故據定作「祇」字。

〔三〇〕「牆」字底卷存右部，慧苑《音義》序有「軾環遂作女牆」句，應即此字所出，故據録定。

佛經難字及韻字抄

伯三八二三

【題解】

本篇底卷編號爲伯三八二三。底卷係抄録佛經及韻書難字的小册子，凡十八頁，卷端有『大寶積經難字』字樣，卷中又有『大般涅槃經難字一本』及『賢愚經』等字樣。經查核，全卷主要包括以下幾方面的内容：一、《大寶積經》難字。主要見於該經卷八一至第九○，每卷下大抵逆序摘録經本難字。二、《賢愚經》難字。缺經本卷一至卷三難字。每卷下順序摘録經本難字。其中有切音一條。底卷所據《賢愚經》經本的分卷與傳世本的分卷多有不同，而與《高麗藏》本品題下夾注的『丹本』（契丹本）大抵相合，二者當是出於同一系統。三、《大般涅槃經》難字一本。所據經本爲北凉曇無讖譯的四十卷本，但底卷所摘難字僅至十三卷爲止，顯未抄完。前四卷順序摘録經本難字，第五卷以後則大抵爲逆序摘録。四、抄録《賢愚經》用紙數。五、《大方廣十輪經》難字。六、韻字摘抄。往往把同一小韻的字抄録在一起，多有直音或切音（偶有釋義），字序字頭與王仁昫《刊謬補缺切韻》較爲接近，反切亦同，應係某一《切韻》系韻書的韻字摘抄。七、抄録《大方廣十輪經》用紙數。全卷内容頗爲龐雜，而以摘抄佛經難字爲主體，故據以定作今題。《索引》僅題『大寶積經難字（小册子）』，《寶藏》同，不妥；《索引新編》改題『大寶積等經難字』，亦不可取。《法藏》分别題『雜寫』、『大寶積經難字』、『賢愚經難字』、『大般涅槃經難字』、『賢愚經紙數等』、『報恩經點勘録』、『佛經難字』、『佛經紙數』，可參。

張金泉《敦煌音義匯考》在『佛經難字』題下曾校録過本卷的三條反切。兹據《法藏》影印本及縮微膠卷校録如下。另附圖版於首，以資比勘。底卷同一經本的難字往往接抄不分，校録時盡可能按經本卷數加以分段，以清眉目。有關各佛經的參校本，一般在該佛經難字的第一條校記中加以交代。

伯三八二三號《佛經難字及韻字抄》圖版（一至三）

伯三八二三號《佛經難字及韻字抄》圖版（四至六）

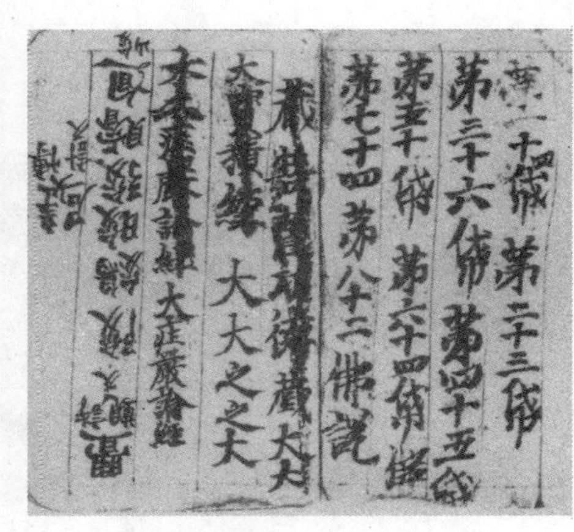

伯三八二三號《佛經難字及韻字抄》圖版（七至九）

大寶積經難字　九帙〔一〕

大寶積經難字〔二〕

拳。〔三〕誘。啖（餤）。〔四〕輝暎。〔五〕楚。稍。〔六〕稍。寤寐。〔七〕翱翔。哮。蔓（蔓）莚（莚）。〔八〕墨。筆。停。〔九〕

疊。〔一〇〕昑。〔一一〕殞。暉。〔一二〕洋。〔一三〕

劬。〔一四〕纔。膗膞。徹（徹）。肘。〔一五〕膗。〔一六〕瀋。〔一七〕術。〔一八〕怏。〔一九〕街衢。蜂（蜂）。顑頷（頷）。〔二〇〕踈。〔二一〕扶（扶）。獻。厨。〔二二〕鴻鶴。〔二三〕氈褥。輂。擬。〔二四〕犨。〔二五〕郭。菀。〔二六〕藝（藝）。

賜。〔二七〕嗟嗏。〔二八〕吠。崖。〔二九〕膩。盞。〔三〇〕

攔楯。〔三一〕

瑩。〔三二〕綜。蠶。蠒。〔三三〕愬。陸。

綿。〔三四〕宴（宴）。竄。嗥。驗。毫。

翫。〔三五〕躡。屣。〔三六〕

陣。〔三七〕障。〔三八〕俎。輞。〔三九〕鄙〔四〇〕討。檜。〔四一〕粃。蝙蝠。〔四二〕馳騁。〔四三〕新。〔四四〕戾。編椽。〔四五〕棘。詭。溢。闕。歧。淫。猴。〔四六〕蠕。〔四七〕喘。鬪。〔四八〕塢。疥。腥。蹝踵。〔四九〕繚。拾。矯（矯）。淤。掾。〔五〇〕潛。僭。篛。緪。陷（陷）。格。宍（肉）。栖。

皿。〔五一〕沿（沿）。畜（畜）。伍（低）。祗（祇）。响。咽。唧。料。泝（泝）。帆。〔五二〕

賢愚經第一卷〔五三〕

弟四　覇（覇）。〔五四〕恃。哺。握。悚。招禍。〔五五〕書。域。頑。距。稽遲。霍。〔五六〕秉。謁。扣。

彎。煥。〔五七〕霍。〔五八〕虐。〔五九〕冀。滋。榮。媒。險。狼。暮。熬。慕。葚。〔六〇〕師。〔六一〕茂。賦。〔六二〕騂。
搔。譖。瘙。硏。蒿。〔六三〕嗤。〔六四〕苟。〔六五〕
弟五　弟六不受〔六六〕裹。〔六七〕䏶。〔六八〕諱。羡。〔六九〕畢。〔七〇〕款。〔七一〕宴（宴）。〔七二〕舞（舞）。襆。〔七三〕
烈。例。〔七四〕怙。〔七五〕捷。夙。貿。〔七六〕遐。腹拍。〔七七〕矜恤。繚。颲裂。癊。〔七八〕
弟六　頑嚚。〔七九〕係。〔八〇〕征。〔八一〕磬。〔八二〕娌。〔八三〕隻。〔八四〕帆。〔八五〕股。虔。瓢杓。〔八六〕佐。廝。鄰。
畂（畝）。洞。溷。〔八七〕隘。屢。恍。〔八八〕省。敖。〔八九〕秉。
弟七　暇。〔九〇〕茸。〔九一〕揩。〔九二〕課。〔九三〕惋。呈。嗟覗〔九四〕。例。沛。摵。瀨（瀨）。敦〔九五〕。
拂。〔九六〕牀。操。苟。〔九七〕渾沌。〔九八〕悬。〔九九〕悚。〔一〇〇〕賦。靬。〔一〇一〕振。〔一〇二〕劵疏。〔一〇三〕試。估。〔一〇四〕矣。
警。〔一〇五〕伯。姪。鉫。〔一〇六〕暴。〔一〇七〕怠。〔一〇八〕广。〔一〇九〕鏃。衝。鑒（鑒）。拱。恔。
弟八　悍。〔一一〇〕稷。〔一一一〕賀。貲。牽。腹拍。降附。庶。僚。抒。〔一一二〕邁。宄。〔一一三〕嗜。儻。
預。邈。怡。薦。披。樊。冬。側。〔一一四〕婆。〔一一五〕妓。羐（縈）。恃怙。稍。〔一一六〕祖。犁。玺。〔一一七〕
役。吏。圃。估。紛紜。悒。灼。遼。貌惻。〔一一八〕禍。躬。僉。裝。贈。儔。啓。〔一一九〕毒。〔一二〇〕悇
（慘）。聊。〔一二一〕憑。捐。冒。憚。郡。〔一二二〕愴。帆。〔一二三〕岐。歇。嗽。〔一二四〕蹈（蹈）。讓。斟酌。副。
佐。舉。肴。〔一二五〕叙。恤耗。〔一二六〕技。〔一二七〕儲佚。坦。督（督）。沾。〔一二八〕
弟九　郯。〔一二九〕俟。〔一三〇〕灼惕。枚。髦。〔一三一〕者。〔一三二〕
弟十　樞。〔一三三〕撤。〔一三四〕操。苟。誤。〔一三五〕緩。排。賑。〔一三六〕卓。搔搔。〔一三七〕　弟十一〔一三八〕
情。〔一三九〕遐鑒（鑒）。欷許記反。〔一四〇〕欵（款）。訟。〔一四一〕評詳。掊。〔一四二〕絞。煥。〔一四三〕
［弟十一］〔一四四〕疊。疊。〔一四五〕挺。蜜。〔一四六〕拙。唄。傘。〔一四七〕屖。〔一四八〕履。〔一四九〕謦欬。隻。

巛。[一五〇]宴（宴）。[一五一]鍜。[一五二]駮。[一五三]撫接。始。澆浸。悖。[一五四]敖。恔。[一五五]權。[一五六]斵釿。[一五七]潰。牆。雉。輢。[一五八]暮。渠。恕。垍。[一五九]。

弟十二　姿。[一六〇]跳。渠。呰。瑟。踞。[一六一]紡。縷。盟約。[一六二]娊。[一六三]撓。[一六四]黎。[一六五]暉。眪。俳佪。[一六六]豎。

《賢愚經》弟十二不受[一六七]係。[一六八]挌[一六九]。吒。穆。[一七〇]侈。秏。罄。讓。羅。稗。縻。躬。褋。案。暇。[一七一]賖。[一七二]夭。[一七三]

《賢愚經》弟一[一七四]：卄四；弟二：卄四；弟三：十六；弟四：十卄五[一七五]；弟五：十七帋；弟六：卄三；弟七：卄四；弟八：卄一；弟九：卄一；弟十：十九；弟十一：卄二；弟十二：卄三；弟十三：卄二。計二百六十一。

《報恩經》第三在，第一在，第五在。[一七六]

大般涅槃經難字一本[一七七]

第一　鵠。[一七八]啅。[一七九]咤。[一八〇]抧。傷。[一八一]龜（龜）。列。軻。[一八二]喉。柏。[一八三]桂。[一八四]鈄。[一八五]鋒（鋒）。蝮。坵。[一八六]墟。

弟二　役。農。鹵（鹵）。矜（矜）。縻。鐲。澍。[一八七]蚤（蚤）。蠒（蠒）。爵（爵）。櫝。[一八八]賞。嗣（嗣）。抱。携。柰。[一八九]焦。坦。俾倪。頓。醉。竈竈。[一九〇]殯（殯）葬。點。蹤。赦。羇。[一九一]瘧。蔬（蔬）。酾酤。[一九二]麸。偶。拇。

第三　躬。痕。[一九三]杵。誅。㔁（㔁）。[一九四]徵。娊。[一九五]斫。宰。黠。詔。蔬（蔬）。厲。[一九六]抄掠（掠）。疣。[一九七]塨。[一九八]皷。[一九九]夆。[二〇〇]睧。[二〇一]攀。鎊。[二〇二]疽。汎漲。[二〇三]迮。弥。[二〇四]斫伐。〔二〇五〕勵。効。攢搖。〔二〇六〕鉾稍。〔二〇七〕秃（秃）。懶（懶）。蓏。弘（弘）。収（收）。邃。

第四　鼇（鼇）。盂。德。僫（僫—惡）。鼂。陸。貯（貯）。穀。栽。摴蒱。〔二〇八〕遅（遲）。森。〔二〇九〕憔。〔二一〇〕貫。葉（葉）。狂。〔二一一〕弈。掩。檜。

第五〔二一二〕蘋。〔二一三〕匹。跳。誤。濤。蜱。〔二一四〕幹（幹）。狹。隘。雕。曝。振。〔二一五〕爆。嘶。〔二一六〕役。没。臑。〔二一七〕捲縮。〔二一八〕鹽（鹽）。豉。藉。〔二一九〕

第六　梢。豹。豺。狼。恃。〔二二〇〕稻（稻）。粳。熙。拒。艱。饑。翼。稊。叛。儲。篡（篡）。豣。〔二二一〕躃。〔二二二〕什。緩。堤塘。〔二二三〕稻（稻）。芸。〔二二四〕秀。〔二二五〕衒。

第七〔二二六〕雄。钁。斲（斵）。箒。癃。跛。雇。扇。篋。春。娉。

第八　融。磺。〔二二七〕閔。〔二二八〕哂。洸。瓩（瓬）。羖。〔二二九〕祖。〔二三〇〕繁。帞。炮。〔二三一〕哩。黔。噁（噁）。掁（振）。〔二三二〕讕。傍。舶。髣髴。鹹（鹹）。〔二三三〕菟。〔二三四〕霸（霸）。兲（天）。

第九　蜀（蜀）。悴。〔二三五〕疱。𤸞。〔二三六〕晚。蒸。〔二三七〕餔。〔二三八〕緻。陂。塠。阜。彗。虧。映。〔二三九〕快。〔二四〇〕

第十　棲。〔二四一〕矛。脆。瘠。〔二四二〕詅（診）。豥。〔二四三〕貇（貌）。瓌。

第十一　懟（懟）。蟠。〔二四四〕駝。犬。猫。狸。豖。鐲。〔二四五〕鍮。氍毹。〔二四六〕毾毲。〔二四七〕刪。〔二四八〕眴。〔二四九〕岳。機。〔二五〇〕撍。〔二五一〕債。創。〔二五二〕膩（膩）。〔二五三〕毦。〔二五四〕鐵。攙（攙）。髏。噬（噬）。〔二五五〕芝。拍毱。壼（壺）。雞。雉。鎊。熅煨（煨）。劈裂。

[第十二]〔二五六〕騰。綠。睿（叡）。哲。紺。氉（氂）。艷。〔二五七〕匠。撤（撤）。挑（挑）。捕。軸。頼（賴）。瑋。萎。跌。膩。皴裂。〔二五八〕艾。肺。〔二五九〕鞬。〔二六〇〕蚤。虱（蝨）。的。瞬。姿。

駐。〔二六一〕髑髏。髆。脊。胲。

[第十三]〔二六二〕餔。埶(執)。喘。燭。愠。〔二六三〕紐。湛。佩。鉗璅。〔二六四〕濫。〔二六五〕稗莠。〔二六六〕晙。〔二六七〕埿。〔二六八〕墾。蹋。〔二六九〕擽。〔二七〇〕蹲。〔二七一〕舐。斛。〔二七二〕哀。〔二七三〕埃。唉。欸。⿰火矣。才。〔二七四〕材。豺。芽。灾。〔二七五〕栽。職。溨。孩。〔二七六〕⿰齒亥。〔二七七〕咳小兒笑。軆。頦。揩。⿺走豈。〔二七八〕鎧。豥。能年來反。〔二七九〕㾍。〔二八〇〕晨神。〔二八一〕蠡巡。〔二八二〕受到。〔二八三〕誥、郜、縞告。〔二八四〕嫽(嫪)、潦、癆勞。〔二八五〕蠡元。〔二八六〕垣袁。〔二八七〕釿斤。〔二八八〕欣。〔二八九〕訢。昕。邤。褚木名。丑呂反。〔二九〇〕煽、偏、蝙扇。〔二九一〕貰世。〔二九二〕税、説、祱、蜕、涚、銳、帨舒芮反。〔二九三〕瘀。〔二九四〕刷。鋻。疊。嬖博計反。〔二九五〕疊許覲反。〔二九六〕陖、鵔、晙、⿰弓夋、睃、逡〔二九七〕峻。〔二九八〕

第一〔二九九〕：十四帋；第二：十三帋；第三：十六帋；第四：十五帋；第五：十帒；第六：十四帋；第七：十四；第八：十二。佛説〔三〇〇〕大大之之大〔三〇一〕大莊嚴論經〔三〇二〕

【校記】

〔一〕佛典通常以十卷爲一帙，《大寳積經》凡一百二十卷，『九帙』當是經本第八十一卷至第九十卷。又此行前底卷另有『大』、『之』、『及』、『苾茍(蒭)尼』、『大德舍利子』、『阿』、『爲』、『輪』、『序』等習字六行，又有『大方廣十輪經序品第一』、『大方廣十輪經序品第一』、『大寳髑髑髑羅羅』、『兇兇險簡擇』雜寫四行，似皆屬習書性質，故不録。其中『兇險』、『簡擇』二詞《大寳積經》中均常見，或即係摘自於該經。以下凡稱引《大寳積經》，皆據《大正藏》本，簡稱『經本』。

〔二〕『字』上底卷有一『文』字(《正字通》以爲同『守』)，其左下部有一『字』字，字體略小，似有改字之意，故據改。

〔三〕『拳』字以下至『筆』字出於經本卷九十，底卷係逆序摘録經本難字，字序大抵相合。經本有『如以空拳誘小兒，示言有物令歡喜』句，即『拳』字及下『誘』字所出。

〔四〕餤，經本有『猶如分别諸幻焰，於此取捨悉皆空』句，『餤』『焰』爲古異體字，應即此字所出。

〔五〕輝暎，經本有『園林種種妙花敷，宫殿衆寶相輝映』句，『暎』『映』爲古異體字，應即『輝暎』二字所出。

〔六〕矟，此字底卷重出，兹删其一。經本有『刀杖鉾矟衆苦具』句，即此字所出。

〔七〕寤寐，『寤寐』二字的俗體，慧琳《音義》卷一四《大寶積經》第六十九卷『寐寤』條下云『或有從穴、或從忄作寐寤，皆非也』，是其必。經本卷九〇有『我説晝夜常精進，寤寐恒覺爲無上』句，即此二字所出。

〔八〕蔓莛，經本有『貪結能爲諸有種子，生死蔓莛，連持不絶』句，即此二字所出。『莛』乃『延』的類化增旁俗字。參看俄弗三六七號《一切經音義》卷第六校記〔八二〕。

〔九〕『停』字經本卷九〇、卷八九皆未見，未詳所出。

〔一〇〕『疊』字以下至『洋』字出於經本卷八九，底卷係逆序摘録經本難字，字序略有不同。經本有『爾時大精進菩薩，持畫疊像入於深山』句，即『疊』字所出。同卷上文又有『爾時有一比丘，於白疊上畫如來』句，慧琳《音義》『白疊』作『白氎』，云『經文單作疊，非本字，器物也』。

〔一一〕眄，經本相應位置未見，而有『汝當在家，以此財寶布施，自恣作福，與諸婇女共相娱樂。時大精進於大衆中，默然而住，曾不瞻眄』句，『眄』『眄』二字義近，古書多混用不分，應即此字所出。

〔一二〕經本有『汝當飲食，勿令殞絶。……時大精進不食七日，光明暉悦，顔色不變』句，即『殞』、『暉』二字所出。又此二字與上『眄（眄）』字在經文中先後相鄰，出現的次序是『眄』、『殞』、『暉』，爲順序摘録。

〔一三〕洋，經本有『吞噉鐵丸，飲洋沸鐵』句，即此字所出；慧琳《音義》云『洋』字『以章反，《集訓》云水流皃也。《毛詩傳》曰：洋洋，盛大皃』，經文中乃鎔化義，後起字作『烊』。

〔一四〕『劬』字以下至『藝』字出於經本卷八一，底卷係逆序摘録經本難字，字序略有不同。

〔一五〕『肘』下底卷有一字，似『臂』字，但字上有墨點去，故不録。參下校。

〔一六〕膔，此字底卷重出，兹删其一；經本有『肘臂膔過膝』句（下文又有『鹿王纖膔膞』句），即此字所出。

〔一七〕濬，經本有『咄哉壽命如濬流』句，即此字所出；慧琳《音義》出『浚流』條，云『或作濬』，『浚』『濬』二字音同義近。

〔一八〕『術』應爲『術』的訛俗字（『術』字漢碑中多有作『術』形者，可以比勘），經本有『歌舞音樂伎術等』句，即此字所出。

〔一九〕怏，經本有『愁憂悵怏何可住』句，慧琳《音義》出『悵怏』條，云『怏』字『殃亮反，《廣雅》：怏，強也。《説文》不服也』，其中的『快』、『怏』應皆爲『怏』的訛字，即此字所出。

〔二〇〕顦顇，經本有『顏色憔悴如枯花』句，慧琳《音義》出『顦顇』條，云『或作憔悴』，即此二字所出。

〔二一〕踈，經本有『花果枝葉鬱扶踈』句，『踈』、『疎』皆爲『疏』的變體俗字，即此字及下『扶』字所出。

〔二二〕厨，經本有『又復別爲王子建立厨饍』句，『厨』乃『廚』的俗字，即此字所出。

〔二三〕鴻鶴，『鶴』爲『鶴』的俗字，經本有『於彼園内復有諸鳥，所謂鸚鵡、鵁鶄、鴻鶴……』句，即此二字所出。

〔二四〕擬，經本有『更於處處安諸珍寶等聚，擬諸衆人之所受用；又於城中造作宫殿，擬爲王子遊戲之處』句，即此字所出。又經本上文有『復於巷首安置種種布施之具，所謂衣服、飲食、瓔珞、床敷、氈褥、車乘、輦輿、象馬、牛羊』句，即上文『氈褥』、『輦』三字所出。『氈褥』、『輦』、『擬』四字經文相鄰，爲順序摘録。

〔二五〕轝，經本作『輿』（見上條引），慧琳《音義》引作『轝』，『轝』爲『輿』的異體字。

〔二六〕菀，經本有『不入園苑，不樂眷屬，不貪王位，於資財城郭不生樂心』句，『菀』乃『苑』的俗字，即此字及上『郭』字所出。

〔二七〕『賜』字以下至『盞』字出於經本卷八八，底卷係逆序摘録經本難字，字序大抵相合。

〔二八〕嗺嗏，經本有『譬如有狗，前至他家，見後狗來，心生瞋嫉，嗺嗏吠之』句，即此二字及下『吠』字所出。慧琳

《音義》出「啀喍嘷吠」四字，云「上額皆反，次音柴……並俗用字也，正體並從齒……《聲類》作齷齜，《考聲》云：齷齜，狗鬬皃也」。

〔二九〕「崖」字經本相應位置未見，不知是否爲「啀」的直音字竄亂至此；經本卷八六有「山崖牆壁出入無礙」句，抑或該卷字竄亂至此亦有可能。

〔三〇〕盞，此字底卷重出，兹删其一；經本有「受一盞水」句，即此字所出；慧琳《音義》引作「醆」，云「正體從玉作琖……或作盞」。

〔三一〕攔楯，「攔」爲「欄」的訛俗字，經本卷八四有「造立八十俱胝寶塔，以赤栴檀而爲欄楯」句，即此二字所出。

〔三二〕「瑩」字以下至「陸」字出於經本卷八三，底卷係逆序摘録經本難字，字序大抵相合。

〔三三〕「蠶」爲「蠶」的俗字，「蠒」爲「蠒」的訛俗字，後者即「繭」的俗字，經本有「如蠶處繭自縶縛者」句，即此二字所出。

〔三四〕「綿」字以下至「毫」字出於經本卷八五，底卷係逆序摘録經本難字，字序完全相合。

〔三五〕「翫」以下三字出於經本卷八六，底卷係逆序摘録經本難字，字序大抵相合。

〔三六〕就字形而言，「屣」字的右下部通常爲「從」的俗寫，但底卷此字應爲「屣」的訛形，經本有「足不躡金屣，首不飾寶冠。不著天妙衣，不觀諸妓樂。不翫奇鳥獸，不從宮女人」句，即此字及上「翫」、「躡」二字所出。

〔三七〕「陣」字以下五十餘字雖大多可在《大寶積經》中找到字例，但前後參差，雜亂無序，難以確指其具體出處；另外也有一些字《大寶積經》中未見，如「俎」、「秕」、「編椽」等，故這些字究竟是否仍出於《大寶積經》亦有疑問。以下不再一一標示來源。經本卷八五有「亦如幻化者，現象馬軍陣」句，不知是否爲此字所出。

〔三八〕障，經本卷八六有「摧伏魔故，則無障礙」等句，不知是否爲此字所出。

〔三九〕輞，「輞」的俗字，經本卷八七有「破生死醫王，足下輞輪具」句，不知是否爲此字所出。

〔四〇〕鄙，經本卷八四有「於佛法僧不生敬信，慳吝鄙弊行餓鬼法」句，不知是否爲此字所出。

〔四一〕 檢，『榻』字或體，『榻』字經本多見，未詳所本。

〔四二〕 蝙蝠，經本卷三有『住於幽闇間，猶如蝙蝠類』句，『蝙蝠』一詞《大寶積經》中僅此一見，不知是否爲此二字所出。

〔四三〕 『馳騁』一詞經本多見，未詳具體出處。

〔四四〕 『新』字底卷重出，兹删其一。

〔四五〕 編椽，《大寶積經》中未見，《大方廣十輪經》卷五有『外道苦行，編椽棘刺，五熱炙身』句，不知是否爲此詞及下『棘』字所出。此下若干字皆可在《大方廣十輪經》中見到，如該經卷五有『毀禁失頭陀，詭語邪見持』句，卷七有『雪山消流，諸河充溢』句，又有『菩薩若成就此輪，於聲聞乘辟支佛乘無所闕失』句，先後次序與本卷『編椽』、『棘』、『詭』、『溢』、『闕』的順序相合。底卷之首抄有《大方廣十輪經序品第一》字樣及其習字，故卷中夾雜有若干該經難字亦是可以理解之事。但上下文難字又多不見於該經，故仍是疑問。

〔四六〕 『猴』字字書不載，疑爲『猴』字俗訛。

〔四七〕 蠕，《説文》作『蝡』，俗字作『蠕』，俚俗根據『需』旁俗書作『耎』的規律加以回改，故『蠕』又進而訛變作『蠕』，後世『蠕』字通行。

〔四八〕 闘，『闕』的俗字，詳見《敦煌俗字研究》下編『闕』字條。

〔四九〕 蹝踵，『蹝』字字書不載，此與『踵』字連抄，疑『蹝踵』乃『臃腫』的换旁俗字。玄應《音義》卷一一《正法念經》第八卷『脚瘇』條謂『瘇』字『經文作踵，非字體也』（『瘇』或作『尰』，與『腫』爲同源字），可以比勘。

〔五〇〕 掾，此形一般可認作『摻』字的俗寫，但俚俗『操』字亦多寫作此形，此處以後一種可能性爲大。

〔五一〕 『皿』字以下底卷另行抄録，兹從之，出處不詳。

〔五二〕 忛，《字彙補》有此字，以爲『帆』的誤字，可從。俗書『巾』旁『忄』旁不分，故『帆』字俗書作『忛』形。

〔五三〕 『《賢愚經》第一卷』六字底卷接抄在上文『帆』字之後，在頁末，查上文『皿』字以下十餘字大多不見於《賢愚經》，與《賢愚經》無關，故以此六字另行排録，至於其下無《賢愚經》第一卷至第三卷的難字，或係底卷有脱頁。底卷所據《賢愚經》經本的分卷與傳世本的分卷多有不同，而與《高麗藏》本品題下夾注的「丹本」（契丹本）則往往相合，二者當是出於同一系統。以下凡稱引《賢愚經》，一般説明某某本，以免歧義。

〔五四〕「覇」字以下至「彎」字除「霍」字外均見於《大正藏》本經文卷七大劫賓寧品第三十一，先後順序亦合，《大正藏》編者引《麗藏》本夾注：「丹本此品前在第四卷，爲十八」，底卷所據經本分卷與「丹本」同。

〔五五〕「招禍」二字底卷旁記於下文「距」字右側行間，兹按其在經文中出現的順序添補於「悚」字之後。《大正藏》本經文有「既睹大王，情甚驚悚。自念我君，無狀招禍」句，即此二字及「悚」字所出。

〔五六〕「霍」字底卷旁記於上「遅」字右側行間，位置在同樣添補於行間的「招禍」二字之下。此字底卷下文「虐」字前重出，查《大正藏》本經文大劫賓寧品無該字，而梨耆彌七子品第三十二有此字（參下校記〔五八〕），疑此「霍」字爲衍文當刪。

〔五七〕「焕」字底卷作「㶿」形（下文「焕」字略同），應爲「焕」字俗寫，但《大正藏》本經文相應位置無此字，俟再考。

〔五八〕霍，《大正藏》本經文卷七梨耆彌七子品第三十二（丹本此品在第四卷）有「時毘舍離，霍然情悟」句，不知是否爲此字所出；但此字經本在「譖」與「瘙」字所在經文之間，字序有問題。參下校記〔六二〕。

〔五九〕「虐」以下至「茂」字出於《大正藏》本經文卷三微妙比丘尼品第十六，先後順序亦合，《大正藏》編者引《麗藏》本夾注「丹本此品在第四卷，爲第十九」，底卷所據經本分卷與「丹本」同。

〔六〇〕塟，「葬」的俗字，經本有「時彼國法，若其生時有所愛重，臨葬之日，并埋塜中」句，即此字所出。

〔六一〕帥，「帥」的俗字，《大正藏》本經文有「爾時賊帥見我端正，即用爲婦」句，即此字所出。

〔六二〕底卷上文「頑」至「彎」字爲第四卷的第二行，「焕」至「狼」字爲第三行，「賦」以下至「瘙」五字添補於第二行與第三行的行間，考此五字出於《大正藏》本經文卷七梨耆彌七子品第三十二，先後順序亦合，《大正藏》編者引《麗藏》本夾注『丹本此品在第四卷，爲第二十』，底卷所據經本分卷與『丹本』同，故據以將此五字添補於『茂』字之下。

〔六三〕『⿰石斗』爲『斛』的會意俗字，『蒿』爲『篙』字俗寫，此二字見《大正藏》本經文卷七設頭羅健寧品第三十三(《大正藏》編者引《麗藏》本夾注『丹本爲二十二』)，經文云『復令算數倉篙現穀，知定斛斗』，即此二字所出。

〔六四〕嗤，《大正藏》本經文卷七梨耆彌七子品第三十二(丹本此品在第四卷第二十品)有『女人之身，相有好惡。褰衣入水。爲人所見，相好則可，不好嗤笑』句，但此句經文在底卷上文『賦』等五字所在文句前，字序有問題，不知是否爲此字所出。參上校記〔六三〕。

〔六五〕『苟』字底卷單獨爲一行，字體較小，抄在『荎』字右側，考《大正藏》本經文第三卷七瓶金施品第十八(《大正藏》編者引《麗藏》本夾注『丹本爲二十三』)有『蛇答人言：我苟懷惡，設汝不來，亦能作害』句，疑即此字所出，故暫列於此，但字序略有不合，存疑待考。

〔六六〕底卷『弟五』二字在行首，下空二格小字寫『弟六不受』四字，不知何意。其下至『癊』二十餘字《大正藏》本等今本或在卷六，或在卷五，疑底卷所據經本皆在卷五，其中『款』至『烈』五字《大正藏》本經文在卷五重姓品第二十八(《大正藏》編者引《麗藏》本夾注『丹本爲二十六』)；『例』字《大正藏》本經文在卷五散檀寧品第二十九(《大正藏》編者引《麗藏》本夾注『丹本爲二十七』)；『怙』字以下至『癊』字《大正藏》本經文在卷六月光王頭施品第三十(《大正藏》編者引《麗藏》本夾注『丹本此品却在五卷爲二十八』)，這三部分底卷難字順序與『丹本』合，應皆在卷五無疑。『裛(裔)』至『諱』三字《大正藏》本經文在卷六快目王眼施緣品第二十七，『羑』、『畢』二字《大正藏》本經文在卷六富那奇緣品第二十九，《麗藏》本無此二品，而底卷此五字列在出於『丹本』二十六品的『款』等五字之前，則所據經本應在卷五第二十二至二十五品之間(底卷第五卷前的『⿰石斗(斛)』等二字丹本在第四卷第二十一品)。『癊』字後底卷出『弟六』二字，其下纔是第六卷的内容。

〔六七〕『褭』字下部的『衣』底卷無上部的一點，當是俗寫之略；『褭』當爲『裔』的俗字，《集韻・祭韻》載『裔』字或作『褭』，可以比勘。此下三字出於《大正藏》本經文卷六快目王眼施緣品第二十七（《麗藏》本無此品），經文有『爾時邊裔，有一小國』句，即此字所出。

〔六八〕『耽』爲『耽』字俗寫，《大正藏》本經文有其王『躭荒色欲』句，『躭』即『耽』的俗字，即此字所出。

〔六九〕『羡』、『畢』二字似出於《大正藏》本經文卷六富那奇緣品第二十九（《麗藏》本無此品），經本記一長者，名『曇摩羡』，其二子名爲『羡那』、『比耆陀羡那』，又有『供養畢竟，即便過去』等句，疑即此二字所出。

〔七〇〕『畢』字底卷字形不太明晰，兹暫定爲『畢』字，所出經文見上條引。

〔七一〕『款』字至『烈』五字似順序出於《大正藏》本經文卷五重姓品第二十八（《大正藏》編者引《麗藏》本夾注『丹本爲二十六』）。經文有『禱祠神祇，求索一子。精誠款篤，婦便懷妊』句，即此字所出。

〔七二〕宴，《大正藏》本經文有『值時讌會，共相合集』句，校記稱『讌』字宋《資福藏》、元《普寧藏》、明《嘉興藏》本作『燕』，『燕』通『宴』，應即此字所出。

〔七三〕樸，就字形而言，此字應爲『樸』字俗寫，但經本相應位置無『樸』字，而有『而彼富家，恒令一奴捕魚販賣，僕輸大家。其奴日日捕魚爲業』句，疑『樸（樸）』爲『僕』字異文。

〔七四〕例，此字出於《大正藏》本經文卷五散檀寧品第二十九（《大正藏》編者引《麗藏》本夾注『丹本爲二十七』），經文有『吾等受請，汝不及例』句，即此字所出。

〔七五〕『怙』字以下至『瘖』字大抵出於《大正藏》本經文卷六月光王頭施品第三十（《大正藏》編者引《麗藏》本夾注『丹本此品却在五卷爲二十八』），先後順序亦合。

〔七六〕酹，『酹』字的俗寫，此處當是『膂』的訛字，《大正藏》本經文有『爾時山膂，有婆羅門，名曰勞度差』句，即此字所出。

〔七七〕腹拍，《大正藏》本經文有『爾時大臣擔七寶頭，來用曉謝，腹拍其前』、『一萬大臣皆身投地，腹拍王前，唯見哀愍矜恤我等』等句，即此二字及下『矜恤』二字所出。

〔七八〕癊，此字今見經本相應位置未見，《大正藏》本經文『矜恤』二字句後、『繚』字句前有『莫見忘捨，唯垂陰覆』句，其中的『陰』字《金藏》廣勝寺本作『蔭』，疑『癊』即『陰（蔭）』字異文，但字序略有不合。

〔七九〕頑嚚，《大正藏》本經文卷六快目王眼施緣品第二十七有『彼波羅陀跋彌頑嚚凶闇，縱逸荒迷，不識禮度』句，當即此二字所出。但上文出於同一品的『裹（裔）』至『諱』三字底卷又列在第五卷下，當有一誤。參看上文校記〔六六〕、〔六七〕。

〔八〇〕係，《大正藏》本經文卷六五百盲兒往返逐佛緣品第二十八有『欽仰於佛，係心欲見』句，當即此字所出。

〔八一〕『征』字以下至『洞』字出於《大正藏》本經文卷六富那奇緣品第二十九，先後順序亦合。

〔八二〕磬，《大正藏》本經文有『空將妻子，單罄來出，依餘家住』句，『磬』當即『罄』的借音字。

〔八三〕㛐，『嫂』的俗字，《大正藏》本經文有『時富那奇問其嫂曰：與我少錢，欲用買薪』句，即此字所出。

〔八四〕⿱隹去，『售』的俗字，《大正藏》本經文有『十段香木，悉皆售盡』句，即此字所出。

〔八五〕忛，『帆』字俗寫，《大正藏》本經文有『舉帆羅風』句，即此字所出。

〔八六〕瓢杓，《大正藏》本經文有『引作食具，瓢杓健支，百斛大釜』句，即此二字所出。

〔八七〕『溷』字以下至『秉』字大抵出於《大正藏》本經文卷六尼提度緣品第三十。經文有『爾時舍衛城中，人民眾多，居止隘迮，廁溷匙少』句，即『溷』字及下『隘』字所出；據經文，『溷』字應在『隘』字之後。

〔八八〕『屢』、『恍』二字經本相應位置未見，俟再考。

〔八九〕敖，《大正藏》本經文有『憍慠恃勢，不出便利』句，其中的『慠』字《金藏》廣勝寺本作『傲』，疑『敖』爲『慠』或『傲』字異文。

〔九〇〕睱，此字出處不詳，疑爲『暇』字之誤；『暇』下三字出於《大正藏》本經文卷四出家功德尸利苾提品第二十二(《大正藏》編者引《麗藏》本夾注「丹本此品在第七卷三十三」)，先後順序亦合；經文有「事簡閑暇」句，應即此字所出。參下校記〔七二〕。

〔九一〕茸，《大正藏》本經文有「譬如拘執及毹㲮茸」句，即此字所出。

〔九二〕揩，《大正藏》本經文有「身瘙痒故，揩頗梨山」句，即此字所出。

〔九三〕「課」字以下至「搣」字出於《大正藏》本經文卷五沙彌守戒自殺品第二十三(《大正藏》編者引《麗藏》本夾注「丹本此品在第七卷爲三十四」)，先後順序亦合。

〔九四〕噠嘅，《大正藏》本經文有「及竟達嘅種種珍寶」句，其中的「達」字宋《資福藏》、元《普寧藏》、明《嘉興藏》本作「噠」，應即此二字所出。

〔九五〕「瀨」、「敦」二字底卷補抄在行間(前字在「拂」字右側，後字在「操」字右側)，茲姑添補於此處，其出處不詳。

〔九六〕「拂」字以下至「姪」字大多出於《大正藏》本經文卷五長者無耳目舌品第二十四(《大正藏》編者引《麗藏》本夾注「丹本爲三十五」)，先後順序略有不合。

〔九七〕苟，《大正藏》本經文有「若苟是女，人財不遲」句，應即此字所出；此字及下「渾沌」二字經本在上文「拂」、「牀」、「操」三字所在經文之前，字序略有不合。

〔九八〕渾沌，《大正藏》本經文有「月滿生兒，其身渾沌，無復耳目」句，即此二字所出。

〔九九〕「悬」應爲「憲」字俗寫，此字經本相應位置未見，出處俟考。

〔一〇〇〕「悚」下三字係貧人夫婦疊施得現報品文字闌入，《大正藏》本經文卷五貧人夫婦疊施得現報品第二十五(《大正藏》編者引《麗藏》本夾注「丹本爲三十六」)有「大衆聞已，莫不悚然」句，即此字所出。

〔一〇一〕「膩」爲「膩」字俗訛，「䩭」爲「鞿」字俗訛，「鞿」同「羈」，《大正藏》本經文卷五貧人夫婦疊施得現報品第二十五有「夫人歡喜，即脱己身所著嚴飾瓔珞寶衣，送與陀膩鞿」句，即此二字所出。

〔一〇二〕『振』字以下至『姪』字又出於長者無耳目舌品，《大正藏》本經文有『常好布施，賑救貧乏』句，『振』『賑』古今字，疑即此字所出。

〔一〇三〕券踈，『踈』爲『疏』字俗寫，《大正藏》本經文有『舉貸取與，無有券踈（疏）』句，即此二字所出。

〔一〇四〕《大正藏》本經文依次有『時有估客將欲入海』、『今當試之』、『時估客來具告情狀』等句，即『試』、『估』二字所出。

〔一〇五〕警，此字經文相應位置未見，而有『估客驚言：我都不憶，何時負君？』句，疑『警』即『驚』字之誤。

〔一〇六〕『鉫』字以下至『⿰忄亥』字大抵出於《大正藏》本經文卷四出家功德尸利苾提品第二十二（《大正藏》編者引《麗藏》本夾注『丹本此品在第七卷三十三』），底卷所抄難字先後與經文大抵相反。此品難字底卷上文已出，按經文順序，應列在上文『課』字之前。參看上文校記〔九〇〕。《大正藏》本經文有『寒地獄中，受罪之人身肉冰燥，如燋豆散；腦髓白爆，頭骨碎破百千萬分；身骨劈裂，如⿱句灬箭鉫』句，其中的『鉫』字斯三六九三號經本及《金藏》廣勝寺本等作『鉫』。『鉫』字《龍龕·金部》音『尼主、而遇二反』，『鉫』字《龍龕》『音加，又古荷反』，其義俟考。《中華大藏經》校記稱《永樂南藏》本作『銛』，《徑山藏》、《清藏》本作『栝』，疑屬後人所改。

〔一〇七〕暴，此字經文相應位置未見，而有『爆』字（見上條引），下文又有『置此海邊，日曝雨澆』句（在『鉫』字句後），『曝』爲『暴』的後起增旁字，不知是否爲底卷所本。

〔一〇八〕⿱皀灬，《大正藏》本經文有『⿱句灬』字（見校記〔一〇六〕條引），應即『⿱皀灬』字之訛（《中華大藏經》校記引《高麗藏》本作『⿱皀灬』不誤）；斯三六九三號經本作『⿰句刂』，則應爲『刨』字之訛，《金藏》廣勝寺本正作『刨』；『⿱皀灬』爲『刨』或『掊』的同音借字。此品玄應《音義》卷一二所據經本在第四卷，其字作『掊』，玄應云：『如掊，蒲交反，《通俗文》：手把曰掊。字從手、音聲。經文作刨，近字也。』《中華大藏經》校記引《磧砂藏》、《普寧藏》等宋元以後刻本作『剖』，音義略同。

〔一〇九〕『仄』字經文相應位置未見，出處待考。

〔一一〇〕『悍』字以下至『僚』字出於《大正藏》本經文卷八蓋事因緣品第三十四（《大正藏》編者引《麗藏》本夾注『丹本爲三十八』），先後順序相合。

〔一一一〕稜，此字字書不載，應爲『授』的訛字，《大正藏》本經文有『父王所有，轉用授我』等句，應即此字所出。

〔一一二〕『抒』字以下至『沾』字出於《大正藏》本經文卷八大施抒海品第三十五（《大正藏》編者引《麗藏》本夾注『丹本爲三十九』），先後順序大致相合。

〔一一三〕宄，此字經文相應位置未見，當爲『究』字俗訛，《大正藏》本經文有『世尊究人情，能知仁堪任』句，應即此字所出。

〔一一四〕側，《大正藏》本經文有『世無此食，阿難嗜故，而來側近』句，應即此字所出；但此字經文在『嗜』字後、『儻』字句前，字序略有不合。

〔一一五〕『妛』字字書不載，應即下『妓』字誤書而未删去者（底卷此字右部有三點，似即删字標記），可删。

〔一一六〕稍，《大正藏》本經文有『見諸屠兒，剋剥畜生，削割枰賣』，其中的『削』字《磧砂藏》等本作『稍』，應即此字所出；『稍』當爲『削』的訛字，《説文·刀部》：『削，析也。』『削割』爲近義連文。

〔一一七〕墾，『墾』的訛俗字，《大正藏》本經文有『次見耕者，以犁墾地』句，即此字及上『犁』字所出。

〔一一八〕懇惻，『懇』爲『懇』的訛俗字，《大正藏》本經文有『禱祀諸天，精誠懇惻』句，即此字所出。

〔一一九〕𠺞，同『君』，唐武則天所造新字。

〔一二〇〕毐，當爲『毒』的訛俗字，《大正藏》本經文有『惡龍毒氣』句，應即此字所出。

〔一二一〕聊，《大正藏》本經文有『衆賈聞此，愁慘無憀』句，其中的『憀』字宋《資福藏》等本作『聊』，即此字及上『慘（慘）』字所出。

〔一二二〕郡，此字經文相應位置未見，當爲『群』字之訛，《大正藏》本經文有『涉海求珍，用濟群生飢乏之困』句，應即此字所出。

〔一二三〕帆，『帆』字的俗寫，《大正藏》本經文有『涕泣愴恨，辭別還國；斷索舉帆，還閻浮提』句，即此字及上『愴』字所出。

〔一二四〕曒，《大正藏》本經文有『見一銀城，白淨皦然』句，其中的『皦』字《金藏》廣勝寺本作『曒』，『曒』應爲『皦』的後起換旁字，即此字所出。又『曒』字底卷重出，兹删其一。

〔一二五〕肴，《大正藏》本經文有『爲設客會，辦具種種餚饍飲食。食訖，談敘行路恤耗』句，『餚』爲『肴』的增旁繁化字，即此字及下『叙』、『恤耗』三字所出。

〔一二六〕恤耗，《大正藏》本經文作『恤耗』（見上條引），『耗』爲後起俗字；『恤耗』費解，疑爲『息耗』音誤，『息耗』指消息、信息，辭書已載。

〔一二七〕拉，就字形而言，此字可定作『拉』字俗寫，但『拉』字經文相應位置未見，而有『若干種寶，挍飾其身』、『具五百白象，衆寶莊挍』句，疑此字乃『挍』字形訛。

〔一二八〕沾，《大正藏》本經文有『爾時一切閻浮提内，既蒙大恩慈澤霑潤，各思何方，仰酬至德』句，『沾』『霑』古通用，應即此字所出。

〔一二九〕『郯』字字書不載，出處俟考。

〔一三〇〕『俟』字以下至本卷末似出於《大正藏》本經文卷九善事太子入海品第三十七（《大正藏》編者引《麗藏》本夾注『丹本此品却在九卷爲四十二』），先後順序大致相合。

〔一三一〕髦，此字經文相應位置未見，而有『無有他意，大如毛髮』、『無有微恨，大如毛髮』句，疑底卷所據經本『毛』有作『髦』者（《廣雅·釋器》：『髦，毛也。』《大智度論》卷二五有『雙耳高上，髦髮光潤』句，可參），或爲此字所本。

〔一三二〕者，疑爲『看』字俗訛，《大正藏》本經文有『願王往看』、『披解看讀』等句，或即此字所出。

〔一三三〕樞，此字底卷從扌旁形，俗寫，兹徑録正。此字以下至『苟』字出於《大正藏》本經文卷一〇優婆斯兒所殺品第三十九（《大正藏》編者引《麗藏》本夾注『丹本爲四十四』），經文云『其兒懷恚，憤惱而死。後更受身，作毒蛇形，生彼道人户樞之中。毒心未歇，規當害之。户數開閉，撽身而死。既死之後，未能改操』，即此字及下『撽』、『操』二字所出。

〔一三四〕撽，《大正藏》本經文同（見上條引），玄應《音義》所據經本此品在第八卷，玄應出『覈身』條，云『覈』字『胡革反，覈，礙也。經文作撽，口弔反，撽，擊也，撽非此義也』，可備一説。

〔一三五〕『誤』、『緩』、『排』三字出於《大正藏》本經文卷一〇兒誤殺父品第四十（《大正藏》編者引《麗藏》本夾注『丹本爲四十五』），先後順序相合。

〔一三六〕『賑』字以下至『絞』字大抵出於《大正藏》本經文卷一〇須達起精舍品第四十一（《大正藏》編者引《麗藏》本夾注『丹本爲四十六』），先後順序基本相合。

〔一三七〕搔搔，後一『搔』字底卷作重文符號；《大正藏》本經文有『家内搔搔，辦具飲食』句，即此二字所出；玄應《音義》所據經本此品在第九卷，玄應出『騷騷』條，云『蘇勞反，《説文》：騷，擾也；又摩馬也。亦大疾也。字從馬。經文從手作搔，非體也』。

〔一三八〕『第十一』三字底卷單獨作一行，但下文近十個難字仍出於《大正藏》本經文卷一〇須達起精舍品第四十一，此三字夾在第十卷的難字之中，不合體例，疑當移至下文『疊』字之前。

〔一三九〕懎，就字形而言，此字當爲『懎』字俗書，但經文相應位置無『懎』字。玄應《音義》『騷騷』條後出『𣤩然』條，云『𣤩』字『所力反，《埤蒼》恐懼也。《通俗文》小怖曰𣤩也』。《説文·欠部》『𣤩』字訓『悲意』。『懎』字《廣韻·職韻》亦音所力切，訓『悲恨』，與『𣤩』字音同義近，『懎』疑即『𣤩』的後起異體字。但今見經本未見『𣤩然』二字，只能存疑。

〔一四〇〕欷，『欷』字的俗寫（猶『希』字俗書或作『帝』），但此字及下『款』字經文相應位置皆未見，俟考。

〔一四一〕『訟』字底卷在行末，其下欄線上又有一字，字形略小，不太明晰，似爲『弟』字，不知何意。

〔一四二〕掊，此字經文相應位置未見，而有『復作一牛，身體高大，肥壯多力，麤脚利角，爮地大吼，奔突來前』句，其中的『爮』字《資福藏》等本作『跑』，『爮』蓋即『跑』的換旁俗字（《漢語大字典》引《篇海類編》謂『爮』與『掊』同），『掊』、『跑』音義皆近，應即此字所出。慧琳《音義》卷七七《經律異相》第三卷音義：『捊地，自茅反，或作抱、掊，二同，以手指捊也。經從足作跑，非也。』可參。

〔一四三〕煥，此字經文相應位置未見，俟考。

〔一四四〕『弟十一』三字據此下難字實際所出經文卷次擬補。『疊』字以下至『揖』字似皆出於經本卷十一，上文『搔搔』下的『弟十一』三字或當移至此處。參看上文校記〔一三八〕。

〔一四五〕『疊』即下『疊』字的俗寫，其下接書『疊』字蓋示前字當予改正。『疊』至『澆浸』大多出於《大正藏》本經文卷一一無惱指鬘品第四十五（《大正藏》編者引《麗藏》本夾注『丹本爲五十一』），先後順序大致相合。經文有『號阿疊賊奇，晉言無惱』句，即『疊』字所出。

〔一四六〕蜜，此字經文相應位置未見，而有『時婦内喜，密自懷計』、『復作密計』等句，不知『蜜』是否即『密』字之誤。

〔一四七〕『傘』、『屖』、『履』三字經文相應位置未見，出處俟考。

〔一四八〕屎，『尿』的隸變俗字；《大正藏》本經文卷六尼提度緣品第三十、卷十須達起精舍品第四十一（丹本爲四十六）、卷十三頂生王品第五十七（丹本爲六十四）、汪水中虫品第六十一（丹本爲六十八）等品皆有『尿』字，但字序不合。

〔一四九〕履，《大正藏》本經文卷十須達起精舍品第四十一（丹本爲四十六）有『履地如水。履水如地』句，但字序不合。

〔一五〇〕巛，《大正藏》本經文有『劫數終極，乾坤洞然』句，其中的『坤』字《金藏》廣勝寺本作『巛』，『巛』即『坤』的古異體字。

〔一五一〕宴，《大正藏》本經文有『願爲我曹，作一宴會』句，即此字所出；該句經文在『乾坤洞然』句之前，字序略有不合。

〔一五二〕鍛，《大正藏》本經文有『鍛鐵爲舍，王且在中』句，其中的『鍛』字《金藏》廣勝寺本作『鍜』，即此字所出；『鍜』乃『鍛』的訛俗字。

〔一五三〕駮，《大正藏》本經文有『駮足雖猛，何所能耶』句，其中的『駮』字《金藏》廣勝寺本作『駁』，即此字所出；『駮』乃『駁』的古通用字。

〔一五四〕『悸』字以下至『揖』字出於《大正藏》本經文卷一一檀膩䩭品第四十六（《大正藏》編者引《麗藏》本夾注『丹本爲五十二』），先後順序相合。

〔一五五〕㤥，底卷上文第七卷下已見此字，但此處經文相應位置未見，俟考。

〔一五六〕權，底卷從扌旁，俗寫，兹録正；《大正藏》本經文有『如來權導，實難思議』句，其中的『權』字《金藏》廣勝寺本亦從扌旁，與底卷同，即此字所出。

〔一五七〕斵斪，『斵』爲『斲』字俗寫，『斪』乃『斤』的增旁俗字，《大正藏》本經文有『值一木工，口銜斲斤』句，即此二字所出。

〔一五八〕䩭，同『羈』，《大正藏》本經文有『次復前行，見有一雉住在樹上。遥問之曰：汝檀膩䩭，今欲那去』等句，即此字及上『雉』字所出。

〔一五九〕揖，『壻』的訛變俗字，《大正藏》本經文有『汝兒已死，以檀膩䩭與汝作壻，令還有兒』句，『壻』『婿』古異體字，即此字所出。

〔一六〇〕『姿』字以下至『瑟』字出於《大正藏》本經文卷一二師質子摩頭羅世質品第四十七（《大正藏》編者引《麗藏》本夾注『丹本爲五十四』），先後順序相合。

〔一六一〕『踞』字以下至『覞』字出於《大正藏》本經文卷一二檀彌離品第四十八（《大正藏》編者引《麗藏》本夾注『丹本爲五十五』），先後順序相合。

〔一六二〕盟約，『盟』乃『盟』的訛俗字，《大正藏》本經文有『有五比丘，共計盟要，求覓静處，當共行道』句，『盟要』同『盟約』，應即此二字所出。

〔一六三〕覞，『規』字的較早寫法（唐代人已多以訛變後的『規』爲正字），《大正藏》本經文有『本心所規，今已得之』句，其中的『規』字《金藏》廣勝寺本作『覞』，即此字所出。

〔一六四〕撓，此字經文相應位置未見，俟考。

〔一六五〕『黎』字以下至『豎』字出於《大正藏》本經文卷一二波婆離品第五十（《大正藏》編者引《麗藏》本夾注『丹本爲五十七』），先後順序相合。

〔一六六〕徘佪，同『徘徊』，《大正藏》本經文有『徘徊跡側，豫欽渴仰』句，其中的『徘徊』《金藏》廣勝寺本作『徘佪』，即此二字所出。

〔一六七〕底卷『豎』字後另行抄寫『大般涅槃經難字一本』，凡四十二行，其後另頁再接抄《賢愚經》第十二卷難字，內容與『大般涅槃經難字一本』前的《賢愚經》難字相銜接，因據以移至『大般涅槃經難字一本』之前。『不受』二字字形略小，不知何意，上文《賢愚經》第五卷難字下有『弟六不受』四字，同樣不得其解。參看上文校記〔六六〕。

〔一六八〕『係』字以下至『暇（暇）』字亦出於《大正藏》本經文卷一二波婆離品第五十，與上文難字『黎』字至『豎』字前後相承。

〔一六九〕挌，此字經文相應位置未見，俟考。

〔一七〇〕穆，此字底卷重出（二字寫法略有不同，重出之字右下部的三撇寫作『三』形），茲刪去其一；《大正藏》本經文有『內穆懃家，則財業日增』句，即此字所出。

〔一七一〕暇，當爲『暇』字之誤，《大正藏》本經文有『不暇得往朝覲大王』句，其中的『暇』字《麗藏》本誤作『暇』，應即此字所出。參上校記〔九〇〕。

〔一七二〕『賒』、『夭』二字出於《大正藏》本經文第十二卷鸚鵡聞四諦品第五十一（《大正藏》編者引《麗藏》本夾注『丹本爲五十八』），先後順序相合。

〔一七三〕夭，底卷右側多一撇一點，俗書增筆字，兹録正；《大正藏》本經文有『極天之壽，無有中夭』句，其中的『夭』字《麗藏》本形與底卷同，應即此字所出。

〔一七四〕此下二段底卷另頁，次序在《賢愚經》第十二卷難字後，以其内容相涉，亦改列在『大般涅槃經難字一本』之前。本段爲抄寫《賢愚經》經文各卷用紙記録，《法藏》擬題『賢愚經紙數等』，近是。

〔一七五〕十卄五：『十』、『卄』二字當衍其一。

〔一七六〕此行爲《報恩經》存佚情況記録。

〔一七七〕『大般涅槃經難字一本』底卷接抄在《賢愚經》弟十二卷難字『暨』字後，今改列在《報恩經》存佚情況記録一段之後。參看上文校記〔一六七〕、〔一七四〕。底卷所據《大般涅槃經》爲北涼曇無讖譯的四十卷本，以下稱引該經一般據《中華大藏經》本（前十卷據《麗藏》本影印，後三十卷據《金藏》廣勝本影印），校記中簡稱『經本』或『《麗藏》本』、『《金藏》廣勝寺本』，引用其他本子則徑予標明。

〔一七八〕鴿，經本有『白鶴』，『鶴』字亦有作『鴿』者，二字古通用。説詳《大般涅槃經音》（一）校記〔三〇〕。

〔一七九〕啅，右上部底卷作『十』字形，乃抄手筆誤所致，經本有咒語『啅抧』，即此字所出，兹據録正。

〔一八〇〕吒，經本有咒語『吒吒羅』，《大般涅槃經音》（一）引作『咤』，『咤』即『吒』的後起異體字。

〔一八一〕像，『象』的俗字，甘圖〇二八號經本有『復有二十恒河沙大香象王』句，即此字所出。

〔一八二〕軻，北六二八八號（珍九六）經本有『猶如聚墨在軻貝邊』，即此字所出，『軻貝』同『珂貝』，北六二八七號（海九八）等經本正作『珂貝』。

〔一八三〕柏，疑爲『楯』字之訛，經本相應位置有『周帀欄楯』句，蓋即此字所出。

〔一八四〕梐，斯一三一七號等經本有『各有十八黄金梯梐』，『梐』通『陛』，斯三七〇七號經本及《麗藏》本正作『陛』。

〔一八五〕鈄，疑爲『針』的訛俗字，經本相應位置有『所坐之處或如錐頭針鋒』句，蓋即此字所出。

〔一八六〕坵，北六二八七號（海九八）等經本有『无有丘墟』句，『坵』爲增旁俗字。

〔一八七〕澍，經本相應位置未見，疑爲『濎』字之訛，北六二九二號（餘五〇）、斯八二九號等經本『濁』『蠶』間有『苦水之所濎』句，蓋即此字所出，『濎』同『漂』，北六二九三號（餘二二）經本及《麗藏》本皆作『漂』。

〔一八八〕檟，此字經本未見，字書亦不載，疑爲『賞』字誤書而未塗去者。

〔一八九〕柰，《龍龕·木部》載此字，音葉，薄貌也，乃『枼』的俗字，但經本相應位置未見，此處疑爲『棄』字俗省，經本有『猶如棄涕唾』句，蓋即此字所出。

〔一九〇〕黿鼉，同『黿鼉』，北六二九六號（歲九五）、斯一〇四四號等經本即作類似形狀。

〔一九一〕羇，北六二九二號（餘五〇）等經本有『頓絶鞝鏁』句，『鞝』字《麗藏》本作『羈』，皆古異體字。

〔一九二〕酾酤，同『瞑眩』，説詳《大般涅槃經音》（三）校記〔三〕。

〔一九三〕瘬，斯六七四二號、北六二九九號（出五五）經本有『在屏瘬處盗聽説戒』句，『瘬』爲『㕟』的繁化俗字，『㕟』又同『隈』，謂隱蔽之處。

〔一九四〕剹，通『戮』，説詳《大般涅槃經音》（一）校記〔七〕。

〔一九五〕覞，北六二九八號（列一五）經本有『興兵而來，覞欲殄滅』句，『覞』字北六二九九號經本作『規』，古今字。

〔一九六〕厲，經本相應位置有『應當勸勵諸學人等』句，『厲』疑即『勵』字抄訛，底卷下文又重出此字作『勵』不誤。

〔一九七〕『疣』以下至『迮』凡十一字實見於經本第五卷，字序亦與經文相合。

〔一九八〕墎，斯五四七、五三八四號等經本卷五有『猶如城墎樓觀』句，『墎』同『郭』，斯一六一八號經本及《麗藏》

本正作『郭』。

〔一九九〕皷，斯五四七號經本卷五有『髮白面皷』句，『皷』爲『皺』的俗字，《麗藏》本正作『皺』。

〔二〇〇〕觕，斯五四七號、北六三一六號（宿三一）經本卷五有『冬日冷觕』句，『觕』爲『觸』字或體，斯一六一八、五三八四號經本及《麗藏》本正作『觸』。

〔二〇一〕甛，北六三一六號經本卷五有『夏日食甛』句，『甛』字斯五四七、一六一八、五三八四號經本及《麗藏》本作『甜』，爲後起偏旁易位字。

〔二〇二〕餝，北六三一六號、斯一六一八號經本卷五有『彩畫雕餝』句，『餝』爲『飾』的俗字，斯五三八四號經本及《麗藏》本正作『飾』。

〔二〇三〕汎涱，經本卷五有『其水汎涱』句，『涱』爲『漲』字或體。

〔二〇四〕『弥』字以下又見於經本卷三，『弥』字經文在『規』字之後，乃『殄』的俗字。

〔二〇五〕斫伐，『斫』字上文已見，此處重出。　經本有『即便斫伐』句，即此二字所出。

〔二〇六〕攅搖，斯四七二〇號經本有『不知攅搖，漿猶難得』句，『攅』爲『攢』的俗字，《麗藏》本正作『攢』。

〔二〇七〕鉾稍，斯一七二號經本有『應持刀劍、弓箭、鉾稍』句，『鉾』爲『矛』的俗字，斯四七二〇號經本正作『矛』。

〔二〇八〕摴蒲，『摴』字底卷重出，而上一字右下部的『亏』旁似訛作『予』形，故又重寫以示改正。

〔二〇九〕菻，北六三〇六號（收四六）、六三〇八號（淡八八）等經本有『如人噉菻』句，『菻』爲『蒜』的俗字，北六三〇五號（夜六一）、六三一一號（律七六）經本正作『蒜』。

〔二一〇〕憔，北六三〇五號等經本有『形容憔悴』句，其中的『憔悴』《麗藏》本作『顦顇』，音義同。　又底卷『憔』字重出，而上一字右上部作『圭』形，蓋誤書而未塗去者，兹徑删。

〔二一一〕𧰲，北六三〇八號（淡八八）、斯二一一五號經本有『久住冢間作大鷲身』句，『𧰲』即『冢』的俗字。　參看《大般涅槃經音》（三）校記〔六三〕。

〔二二〕本卷下所列難字除末『藉』字外，與經文中出現的次序大抵相逆。

〔二三〕藉字底卷又重出五次。

〔二四〕蜱，北六三一六號（宿三一）經本及《麗藏》本有『如竹葦蜱麻』云云，『蜱麻』同『蓖麻』。

〔二五〕振，斯五四七、五三八四號等經本有『出聲振爆』句，『振』字斯一六一八號經本及《麗藏》本作『震』，二字古通用。

〔二六〕嘶，通『𧫒』，説詳《大般涅槃經音》（一）校記〔二三〕。又底卷『嘶』字重出，而上一字右部有塗改，蓋誤書而欲删去者。

〔二七〕臑，當作『曘』，斯五四七、一六一八、一九六六號經本有『春月下諸豆子，得曘氣已，尋便出生』句，正作『曘』字。『曘』同『㬉（煗）』。

〔二八〕捲縮，北六三一六號經本有『舌則捲縮』句，『捲』字《麗藏》本及玄應、慧琳《音義》引作『卷』，二字古通用。

〔二九〕藉，底卷右下部作『苜』，少一横畫，乃手寫訛省，北六三一六號、六三一八號（辰三八）等經本卷五有『受持外道典藉書論』句，應即此字所出，『藉』爲『籍』字俗寫，《麗藏》本正作『籍』。又上揭經文北六三一六號等經本在卷五後部，北六三二二號（吕六〇）、六三二五號（生七五）等經本及《麗藏》本則在卷六前部。

〔三〇〕侍，疑爲『特』字之訛，經本相應位置有『甚奇甚特』句，或即此字所出。

〔三一〕⿰豸寸，疑爲『冠』的訛俗字，經本相應位置有『年在弱冠』句，蓋即此字所出。

〔三二〕『蹦』字底卷重出，兹删其一。

〔三三〕堤塘，底卷原抄作『塘堤』，而『堤』字右上側有一鈎形乙正符號，兹據乙正。經本有『如故堤塘穿穴有孔水則淋漏』句，正作『堤塘』。

〔三四〕芸，北六三二四號（騰七三）經本及《麗藏》本有『譬如田夫種稻穀等，芸除稗莠』句，『芸』通『耘』，北六三二五號經本作『秐』，正是『耘』字俗寫。

〔二二五〕秀，經本多見『稗秀』一詞（參上條引），『秀』爲『莠』的俗字。

〔二二六〕第七卷至第十卷所列難字先後與經文中出現的順序大抵相逆。

〔二二七〕磺，北六三三三號（爲五三）經本及《麗藏》本有『譬如金鑛消融之時』句，『鑛』爲『磺』的後起形聲字。

〔二二八〕『閡』字經本相應位置未見，而有『於一切法无㝵无著』句，『㝵』同『礙』，『閡』與『礙』同義，疑底卷所據經本『㝵』有作『閡』者。

〔二二九〕羝羖，經本相應位置有『喻如𤬪（羝）羊』句，而無『羖』字；經本卷七有『婆羅門字羖𤬪（羝）』句，或爲『羖』字所出。

〔二三〇〕祖，疑爲『祖』字之訛，説詳《大般涅槃經音》（二）校記〔五九〕。

〔二三一〕『炮』字底卷重出，兹删其一。

〔二三二〕振，斯一三〇號經本有『乃至不敢以手振觸』句，即此字所出，《麗藏》本作『搩』，俗字。

〔二三三〕『鹹』字底卷重出，兹删其一。

〔二三四〕菟，北六三三三號（爲五三）經本有『乳中何故不生菟角』句，『菟』同『兔』，《麗藏》本即作『兔』字。

〔二三五〕悴，北六三三五號（藏三六）等經本有『衆生如是久處愚癡生死大海，困苦窮悴』句，『悴』字《麗藏》本作『顇』，二字古通用。

〔二三六〕痡，『𤸎』的俗字，説詳《大般涅槃經音》（三）校記〔一五〕。

〔二三七〕蒸，蓋『蒸』字俗省，或作『烝』，二字古通用。參看《大般涅槃經音》（二）校記〔六二〕。

〔二三八〕餔，經本有『乳餔長養』句，應即此字所出，此字字序經本在『蒸』字之後，與上下文大多與經文逆序者不同。

〔二三九〕映，經本有『（衆星）所以不現，日光映故』句，應即此字所出；此字字序經文在『齗』字之後。

〔二四〇〕怏，經本卷九未見，卷一〇有『憂悲悵怏』句，或即此字所出。

〔三四一〕棲，經本有『同共一樹棲』句，應即此字所出；又此字字序與經文合，下抄『矛』字以下則與經文相逆。

〔三四二〕瘠，北六三四二號（律八六）經本有『如來六年苦行，身羸瘠者』句，應即此字所出，北六三四一號（珍五）等寫本及各刻本此字作『瘦』，義同。

〔三四三〕孩，字書及經本皆未見，疑爲『核』字之訛，經本卷一〇有『譬如有人食菴羅果吐核置地』等句，或即此字所出。

〔三四四〕蟠，北六三四四號（月四九）等經本有『蟠龍相結』句，『蟠』字《金藏》廣勝寺本作『盤』。

〔三四五〕鑴，北六三四四號（月四九）、六三四六號（珠五五）等經本有『赤銅白鑴，鍮石盂器』句，『鑴』爲『鑞』的俗字，《金藏》廣勝寺本作『臘』，借音字。

〔三四六〕氍毹，北六三四四號、六三四五號（寒二四）、六三四六號等經本有『氍毹榻（毾）㲪』句，『氍毹』《金藏》廣勝寺本作『氍毺』，義同。

〔三四七〕榻㲪，北六三四四、六三四六號經本有『氍毹榻㲪』句，『榻㲪』北六三四五號經本作『毾㲪』，『榻』同『毾』。

〔三四八〕『删』字以下至『膩』凡八字係由他卷闌入，『删』字出處俟考，『眴（眗）』字見經本卷一二及卷一三，『岳』下六字見經本卷一三，據經文，應接於本篇末『濫』字之後，字序與經文相反。

〔三四九〕眴，『眴』字俗訛或『旬』的增旁俗字，『眴』或作『瞬』，經本卷一二、一三皆有此字。參看《大般涅槃經音》（一）校記〔七七〕。

〔三五〇〕栽，斯二一五二號等經本卷一三有『譬如暴風，能偃山移岳，拔深根栽』句，『栽』即『栽』的增旁俗字。

〔三五一〕搼，斯二一五二號經本卷一三有『九如搼星』等句，『搼』爲『彗』字音借，斯一九三號等經本正作『彗』。

〔三五二〕創，斯二一五二號經本卷一三有『七如創中息肉』句，『創』字斯一九三號等經本作『瘡』，後起分化字。

〔三五三〕膩，經本卷一三有『譬如膩衣』句，即此字所出。

〔三五四〕毦，斯二七九九號等經本有『拘執毦衣』句，『毦』字玄應、慧琳《音義》引作『韝』，云或作『毦』、『毦』，『三形通取，於義無失』。

〔三五五〕噬，北六三四六號（珠五五）等經本有『而作卜噬』句，『噬』通『筮』，北六三四五號（寒二四）經本及《金藏》廣勝寺本正作『筮』。

〔三五六〕『弟十二』三字據下列難字所出經本實際卷數增補。本卷及下卷所列難字字序與經本大多相逆。

〔三五七〕艷，斯四七八、五六一號經本有『其色紺艷，髦尾金色』句，『艷』字斯六九三號等經本及《金藏》廣勝寺本作『炎』，借音字。

〔三五八〕𤿍裂，『𤿍』爲『皴』的偏旁易位字，說詳《大般涅槃經音》（一）校記〔一八八〕。

〔三五九〕胇，經本有『心悶肺脹』句，『胇』即『肺』字異寫。

〔三六〇〕韃，斯四八六九號等經本有『撾打楚韃』句，『韃』爲『達』的俗字，斯四四二六號等經本正作『撻』。

〔三六一〕駐，斯四七八號等經本有『依因足跟以駐踝骨』等句，『駐』通『柱』，玄應、慧琳《音義》引正作『柱』。

〔三六二〕『弟十三』三字據下列難字所出經本實際卷數增補。

〔三六三〕『愠』字經本相應位置未見，而有『寒者求温』句，『温』字或作『熅』（如北六三七二號經本），『愠』疑即『熅（温）』字之訛。

〔三六四〕鉗瑮，北六三六一號（珠九九）經本有『造作種種瓔珞，所謂鉗瑮、環玔、釵瑠』句，『瑮』字北六三六〇號（光八六）經本及《金藏》廣勝寺本作『鏁』，『瑮』『鏁』分別爲『瑣』『鎖』的俗字，『瑣』『鎖』古本一字之分化。

〔三六五〕灆，經本有『（水）或言紫利藍』句，『藍』亦作『灆』，皆爲譯音用字之異。參看《大般涅槃經音》（二）校記〔八七〕。

〔三六六〕『稗莠』至『斛』字大約係摘録《大方廣十輪經》難字，除『[illegible]』字出處待考外，其餘各字順序見於《大方廣十輪經》卷三、卷四。《大正藏》本《大方廣十輪經》卷三有『譬如瞿麥妨麥稗莠，根莖枝葉與麥相似，若未莠出時不可分别，穟既出已，田僑農士并根俱棄』等句，應即『稗莠』、『畯』三字所出。參下條。下引該經俱據《大正藏》本，簡稱『經本』。

〔二六七〕畯，此字底卷重出，兹刪去其一；經本卷三有『田儁』一詞（見上條引），慧琳《音義》卷一九引作『田畯』，即此字所出。

〔二六八〕⿱狠土，『墾』的俗字，經本卷四有『好讀外典，墾土種殖』句，即此字所出。

〔二六九〕蹋，經本卷四有『速疾踏彼身，斷除其命根』句，其中的『踏』字《麗藏》本及慧琳《音義》卷一九引作『蹹』，『蹹』『踏』皆爲『蹋』的後起異體字，即此字所出。

〔二七〇〕攥，此字右上部不甚明晰，如加以楷正，似可作『攥』形，『攥』應爲『攥』字的俗寫（『攥』又爲『攛』的改換聲旁俗字）；『攥』俗書又有作『攥』者（參看張涌泉《漢語俗字叢考》二八一頁『擦』字條），可以比勘。但此字經文相應位置未見，只能存疑。

〔二七一〕蹲，經本卷四有『而見此人著染色衣故，狂象即便安徐置地，不敢損傷，共對蹲坐，以鼻舐足，而生慈心』等句，即此字及下『舐』字所出。

〔二七二〕斛，經本卷四有『以是十輪而押油者，一輪一日一夜押油千斛』句，即此字所出。

〔二七三〕『哀』字底卷接抄在『斛』字之後，但此下一段係《切韻》系韻書韻字摘抄，性質與上不同，故另行校録。《法藏》自上文『稗莠』起至下文『疊』字止一併題作『佛經難字』，不妥。從每組同音字的情況來看，底卷摘字與王仁昫《刊謬補缺切韻》較爲接近（亦略有不同，參下校記），而與時代更早的《切韻》系韻書寫本及《廣韻》差别較大，據此可以斷定，底卷應是據王仁昫《刊謬補缺切韻》之後、《廣韻》之前的某一《切韻》系韻書摘抄的。自『哀』至『焌』五字《王一》、哈韻》皆在烏開反小韻，先後順序亦同（伯三六九五號《切韻》、斯二〇七一號《切韻箋注》同一小韻只有『哀』、『埃』、『唉』三字）。

〔二七四〕『才』至『茾』四字《王一·哈韻》皆在［昨］來反小韻，先後順序亦同（伯三六九五號《切韻》、斯二〇七一號《切韻箋注》同一小韻下無『茾』字）。

〔二七五〕『灾』至『溨』四字《王二·咍韻》皆在祖才反小韻（《王一》殘缺，以下一般只介紹存有相關内容的寫本，内容殘缺的則不再加以説明），先後順序亦同（故《王二》『栽』下多一『哉』字，伯三六九五號《切韻》、斯二〇七一號《切韻箋注》同一小韻只有『灾』、『栽』、『哉』三字）。

〔二七六〕『孩』至『豥』九字《王二·咍韻》除『⿰齒亞』字不見外，其餘八字皆在胡來反小韻，先後順序亦同（伯三六九五號《切韻》、斯二〇七一號《切韻箋注》同一小韻只有『孩』、『咳』二字）。

〔二七七〕⿰齒亞，此字《切韻》系韻書及《廣韻》咍韻下皆未見，《集韻·咍韻》何開切小韻有此字，與『孩』、『頦』等字同一小韻。

〔二七八〕⿺走黑，疑爲『⿺走里』的音變俗字，《王二》、《廣韻》、《集韻》咍韻皆作『⿺走里』；《説文·走部》『⿺走里』字『从走，里聲。讀若小兒孩』。

〔二七九〕⿱能小，伯三六九五號《切韻·咍韻》：『能，獸名。年來反。』斯二〇七一號《切韻箋注·咍韻》：『熊，獸名。年來反。又奴代、奴登二反。』《王二·咍韻》年來反小韻收『能』、『⿸疒來』二字，『能』字下云『獸。又奴代反』。《廣韻·咍韻》與《王二》略同，三書皆别無『⿱能小』字。《集韻·咍韻》無『能』或『⿱能小』字，去聲代韻乃代切小韻有『能』、『⿱能小』二字，後者訓『小能』。疑上揭音年來反訓『獸名』的『能』、『熊』與本卷的『⿱能小』實爲一字之變，蓋其字初作『能』，俚俗繁化作『⿱能小』（《爾雅·釋魚》謂『鼈三足』爲『能』，『⿱能小』下的『小』形或與『三足』有關），而『熊』又爲『⿱能小』的訛變形。又底卷切音『年來反』的『年來』二字右側注一小字『羊』，似有以『羊』改『年』之意，但『年來反』的切音與《切韻》系韻書相合，而『羊』字《廣韻·陽韻》音與章切，與『⿱能小』字異紐，故不取。

〔二八〇〕⿸疒來，《王二·咍韻》年來反小韻收此字，而伯三六九五號《切韻》、斯二〇七一號《切韻箋注》同一小韻皆不載。

〔二八一〕晨，《王二·真韻》：『神，食鄰反。精氣。二。晨，平旦。又时真反，通俗作晨。』斯二〇七一號《切韻箋注・真韻》音釋略同，底卷改以『神』爲直音字。又『晨』爲『曟』字之省，『曟』『晨』《説文》字别，前者爲星宿名，後者爲清晨本字，但『晨』與『曟』字省體『晨』音同形近，後世往往混而爲一。

〔三八二〕 灥，《王二・諄韻》『灥』、『巡』同音詳遵反，斯二〇七一號《切韻箋注》同一小韻有『巡』無『灥』。

〔三八三〕 受，《裴韻・号韻》都導反小韻載『到』、『禱』、『受』三字，『受』字下云：『姓，從文。』《王一》同一小韻只有『到』、『禱』二字，但《王一》号韻薄報反小韻有『受』字，《王二》同一小韻此字作『受』，皆云『姓』。《鉅宋廣韻》都導切小韻下出『受』字，云：『姓也，出河内。』又於薄報切小韻下出『受』字，云：『姓也，出《姓苑》。』《集韻》僅於刀号切小韻下出『受』字，云：『姓也，出河内。』又《玉篇・丈部》：『受，丁報切，姓也。』《龍龕》卷四雜部：『受，音到，人姓。』今按：都導反的『受』、『受』、『受』顯爲一字之變，疑以作『受』爲典正，故《玉篇》列其字在丈部；『受』、『受』乃『受』字之訛，《裴韻》注文『從文』乃『從丈』之訛，而周祖謨《廣韻校勘記》反據《裴韻》謂《廣韻》『受』當作『受』，恐不可從。近人胡吉宣《玉篇校釋》謂『受』字『形聲俱乖，後魏時僞造爲姓氏』，其説可參。至於『受』、『受』、『受』三形，顯然也是一字之變，疑亦『受』的訛變字。

〔三八四〕 《裴韻》去聲号韻古到切小韻依次收『誥』、『部』、『縞』、『告』四字，該小韻字數及先後次序與底卷合，底卷改以『告』爲注音字；《王一》、《王二》同一小韻『告』下另有『焅』字，《唐韻》同一小韻有五字，存前三字『誥』、『部』、『告』和第五字『膏』，字數字序不盡合。

〔三八五〕 《王一》、《王二》去聲号韻盧到切小韻有『嫪』（一）、『潦』（二）、『勞』（三）、『癆』（六）等六字（括號内的數字爲原書字序，下同），底卷改以『勞』爲注音字；《裴韻》同一小韻收『嫪』（一）、『潦』（二）等四字，無『勞』、『癆』二字。

〔三八六〕 『灥』及下『垣』《廣韻》皆爲平聲元韻字。《王二》平聲元韻愚元反小韻有『元』、『源』等字，『源』字下云：『泉始。亦作灥。』斯二〇七一號《切韻箋注・元韻》『源』字下無亦作字。『源』字《説文》本字作『厵』，

《廣韻》『源』字下云『《説文》本作厵』，『厵』即『厵』字訛变，底卷『灥』字音『元』，他書未見，亦應即『厵』字訛省。

〔二八七〕斯二〇七一號《切韻箋注》、《王二》平聲元韻韋元反小韻有『袁』、『垣』等十字，底卷改以『袁』爲注音字。

〔二八八〕『釿』至『邧』五字爲《廣韻》平聲殷韻字。《廣韻·殷韻》舉欣反小韻載『斤』、『釿』等四字，『釿』字下引《説文》云『劑斷也』；《集韻》同一小韻則以『釿』爲『斤』字或體。斯二〇七一號《切韻箋注》、《王二》同一小韻未收『釿』字。

〔二八九〕《廣韻·殷韻》許斤切小韻收『欣』（一）、『昕』（三）、『訢』（四）、『邧』（六）等六字，與底卷字序略有不同。斯二〇七一號《切韻箋注》同一小韻只有『欣』、『昕』二字，《王二》同一小韻有『欣』、『昕』、『邧』三字。

〔二九〇〕褚，當爲『楮』字之訛，斯二〇七一號《切韻箋注》上聲語韻：『楮，木。丑吕反。二。褚（褚），姓。』《王一》：『楮，丑吕反，木名。二。▨，姓。』可參。

〔二九一〕《王一》、《裴韻》去聲線韻式戰反小韻收四字，依次爲『扇』、『煽』、『傓』、『𧍯』，底卷改以『扇』爲注音字，其餘字序相合。

〔二九二〕《王一》、《王二》、《裴韻》去聲祭韻舒制反小韻收『世』、『勢』、『貰』三字，底卷改以『世』爲注音字。

〔二九三〕《王一》、《王二》去聲祭韻舒芮反小韻依次收『税』、『説』、『裞』、『蛻』、『涚』、『銳』六字，《裴韻》、《唐韻》同一小韻無後二字，但《唐韻》『蛻』後另有『帨』字；《廣韻》同一小韻凡收九字，上述七字皆有，其中『帨』字亦在『蛻』字之後，其餘字序與底卷同。

〔二九四〕『瘀』至『舋』四字底卷單獨爲一行，不知是否仍摘抄自韻書。

〔二九五〕『嬖博計反』四字底卷單獨爲一行。《切韻》系韻書及《廣韻》『嬖』字皆在去聲霽韻博計反小韻，切音正與底卷同。

〔二九六〕舋，『釁』的俗字，清澤存堂本《廣韻》去聲震韻許覲切小韻『衅』字後云：『釁，上同；又罪也，瑕釁也。舋，俗。』《王二》同一小韻云『釁』俗作『釁』，可參。

〔二九七〕迿，『旬』旁中的構件『日』底卷作『目』，蓋俗寫增筆字，兹徑録正。

〔二九八〕《王一》、《王二》去聲震韻私閏反小韻收『峻』（一）、『陖』（四）、『鵔』（六）、『晙』（七）、『蝬』（八）、『賰』（九）、『迿』（十）等十字，底卷改以『峻』爲注音字，其餘字序相合；《裴韻》同一小韻無『晙』以下四字。《廣韻》同一小韻收十三字，字序亦略有不同。

〔二九九〕『第一』至『大莊嚴論經』一段底卷作七行，倒書；前一部分疑爲抄寫《大方廣十輪經》用紙記録（《大方廣十輪經》的卷數與篇幅皆與底卷所記卷數及各卷用紙數的多寡吻合），後一部分似爲習書性質。《法藏》一並擬題『佛經紙數』，可參。

〔三〇〇〕『佛説』二字後底卷有『藏菩薩功德藏大大大寶積經』十二字，但已塗去，故不録。

〔三〇一〕『大大之之大』後底卷有『大大莊嚴論經』六字，但已塗去，故不録。

〔三〇二〕此後底卷另有『一切無智衆生』等雜寫殘片一，似與上文内容無關，故不録。

難字音（一）

伯四六九六

【題解】

本篇底卷編號爲伯四六九六，凡二行半。《索引》題『殘字（三行，每字下有反切）』，《寶藏》題『佛經音義』，《索引新編》題『佛經音三行』，《法藏》題『佛經音』。按本篇所抄難字出處不詳，其是否出於佛經，實不可必。多數條目下有反切或直音，少數條目無注音，但均留有可抄寫一二個正文大字的空間（本篇校録時已用句號句斷，原有的空格則不再保留），應係以備注音之用；但均無釋義。兹改題作『難字音』，姑且仍列之於佛經音義之屬。所注讀音均與《王二》《廣韻》等《切韻》系韻書相同或相近，而無注音的字則多不見於《切韻》系韻書（如『校、緇、咩、㵆、跲』諸字《切韻》系韻書均未見），可見作者注音時很可能參考過《切韻》系韻書。

本篇未見各家校録，兹據《法藏》影印本校録如次。另附原卷圖版於首，以資比勘。

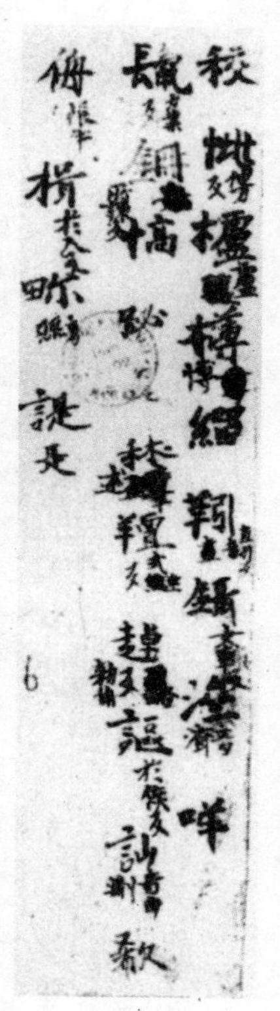

伯四六九六號《難字音》圖版

校。〔一〕怢(恌)他刀反。櫨盧。欂愽(博)。緇。〔二〕靷直引反。〔三〕鑷女輒(輙)反。湓音滓。〔四〕咩。鱲(鬣)力葉反。鉶(鉶)所諫反。犒。䟷。秫述。擅式連反。趠勅角反。謳於侯反。訕音刪。欷。〔五〕侔張牛▨(反)。〔六〕揖於入反。眎(眕)音賑。諟是。(底卷抄寫至此止)

【校記】

〔一〕『校』字字書不載,疑爲『校』字之誤。

〔二〕『緇』字《龍龕·糸部》以爲『緇』的誤字,當是;《康熙字典》據字形謂當是『縚』字之訛,合於俗書演變規律,但『縚』字《廣韻·尤韻》音力求切,『綺別名也』,此字未見文獻用例,恐抄手不會逐録這樣一個過於生僻的字。

〔三〕注文底卷本作『音▨』,點去下字,又在右側旁注『直引反』三字,兹據録正;『靷』字《廣韻·軫韻》音余忍切,與底卷『直引反』韻同紐異,此『靷』當讀作『紖』,『靷』『紖』古通用;玄應《音義》卷一二《别譯阿含經》第九卷『拘紖』條下云『下丈忍反,《説文》云牛系也。經文作倨靷,非體也』,即其通用之例。又《王一·軫韻》:『紖,直引反。牛紖。亦作縁(絼)、靷、絁。』是其確證。

〔四〕『湓』爲『濟』的隸變字,注文『滓』應爲『済』字手寫之變,而『済』則爲『濟』的簡俗字。

〔五〕『欷』字底卷在行末,其下不知有無殘泐,存疑。

〔六〕注文殘字底卷僅存右上角殘筆,兹據文意擬定。

難字音（二）

俄敦五九一二

【題解】

本件底卷編號爲俄敦五九一二。係一殘片，凡四行（另有旁注直音小字二行），前後有空白餘紙，或原件所抄僅此；上部似大體完整，前二行下部則略有殘泐（據第一行行末『鵂鶹』下有『鴝』殘條，但次行首字爲『督』，而第三、第四行重出時『鵂鶹』與『督』間僅『鴝』一條，可證前二行下部殘泐最多僅一字而已）。《俄藏》未定名。所抄文字出處不詳，或出於佛經，故暫定作今名，列入佛經音義之屬。

本篇未見各家校録，兹據《俄藏》影印本校録於後。另附寫卷圖版於首，以資比勘。

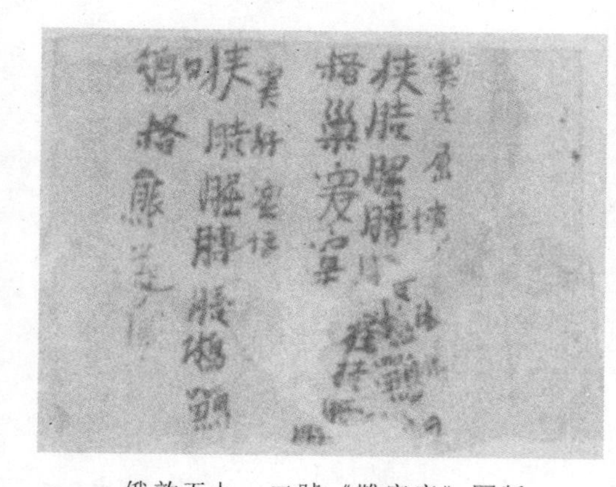

俄敦五九一二號《難字音》圖版

狹▨。〔一〕 䏿吉。〔二〕 腷屈。〔三〕 膊博。 ▨。〔四〕 鵂休鶹▨。〔五〕 ▨句。〔六〕 督（督）。巢。突。窠。挳。拮。

▨▨。〔七〕

狹▨。〔八〕 ⿰月吉▨。 ⿰月屈窟。 膊博。 [illegible]。 鵂鶹。 鴝句。 督（督）。 熊。 姜（美）。 ▨。〔九〕（底卷抄寫至此止）

【校記】

〔一〕『狹』字條底卷下文重出，注文上部作『宀』，下部則皆不甚明晰（參圖版），存疑俟考。

〔二〕『⿰月吉』字條底卷下文重出，注文前作『吉』，後出右部作『子』，左部不太明晰（參圖版），存疑。《龍龕·肉部》：『⿰月吉，俗，音結。』《直音篇·肉部》則直音『吉』，與底卷合。『⿰月吉』字字書有音無義，行均稱爲『俗』字，而未揭明其正字。考底卷此字與『⿰月屈』字連用，如果讀作『吉屈』，則『⿰月吉⿰月屈』疑爲連綿詞『蛣⿰虫屈』的異寫。參下條。

〔三〕『⿰月屈』字條底卷下文重出，注文前作『屈』，後作『窟』；音『屈』的『⿰月屈』字辭書未載，疑爲連綿詞『蛣⿰虫屈』之『⿰虫屈』的異寫（參上條）；然據後一讀音，則《集韻·没韻》以『⿰月屈』爲『朏』字或體是也。

〔四〕此字左部作『月』形，右部有殘泐，據殘形，當與下文『膊』下重出的『[illegible]』同字，但後者右部亦欠明晰，只能存疑。

〔五〕『鶹』字注文底卷不甚明晰（參圖版），左部近似『氵』旁，存疑。

〔六〕殘字底卷僅存上部殘畫，據殘筆及直音字，原字當是『鴝』字，下文重出文字『鶹』『督』二條間正是『鴝』字條，可證。

〔七〕二殘字底卷皆存上部，下部有殘泐，所存部分筆畫不太明晰（參圖版），存疑。

〔八〕此下至『督』九條底卷上文已見，但前三條的注文有所不同，説詳上文校記〔一〕至〔三〕。

〔九〕缺字底卷作『[illegible]』，字迹暗淡不清，存疑俟考。

難字音（三）

俄敦五四〇三

【題解】

底卷編號爲俄敦五四〇三。係一方形小紙片，反面爲『諮』字習字（計抄二十九次）。正面抄難字五行，計二十一字，其中四字下有注文，内三條爲直音，一條似爲釋義（參校記〔二〕）。《俄藏》未定名。所抄文字出處不詳，但從所抄文字雜亂無序來看，或出於佛經，故暫定作今名，列入佛經音義之屬。

本篇未見各家校録，兹據《俄藏》影印本校録於後。另附寫卷圖版於首，以資比勘。

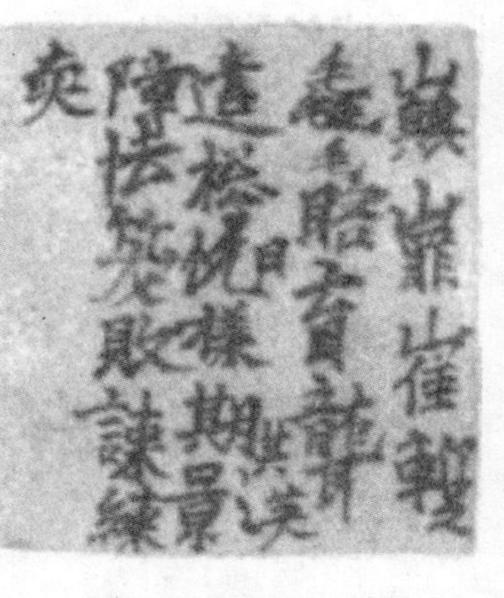

俄敦五四〇三號《難字音》及背面習字圖版

巔（巔）。崋。崔。蹔。毳毛。〔一〕瞎。盲。聾。遺。樬。悦曰。〔二〕搽（様）。期其。影英。障。怯。

笑。敗。諫。[三]練。耎。[四]

【校記】

[一]『毛』字底卷小字抄在『毳』字之下，不知爲『毳』字注文還是當與『毳』字連讀，兹暫定作前者。《廣雅·釋器》：『毳，毛也。』可參。

[二]注文『曰』字底卷小字注於『悦』字右側，當爲『悦』的直音字。下『其』、『英』仿此。

[三]『諫』字右部『口』形構件下底卷多一横畫，當係抄手贅增，兹徑删。

[四]底卷正面抄寫至此止，反面爲『諮』字習字（計抄二十九次），字體與正面相似，但内容或無關，故不録。

難字摘抄（一）

俄敦一八九八六（底一）

俄敦一八九八五（底二）

【題解】

底一編號爲俄敦一八九八六，六殘行，其中後一行僅存二字的右側殘畫。底二編號爲俄敦一八九八五，亦六殘行。《俄藏》均未定名。按此二卷皆係難字摘抄，字體相同，係出同一人之手，可以綴合。如下圖所示。二卷綴合後中間部分大體完整，但每行上下部殘泐情況仍不明了，故校録時只能用不明具體字數的缺字符來表示。從字詞内容看，所摘難字很可能出於佛經，但具體出處不明，茲暫定今題，列入佛經音義類。

本篇未見前人校録。茲據《俄藏》影印本校録如下。

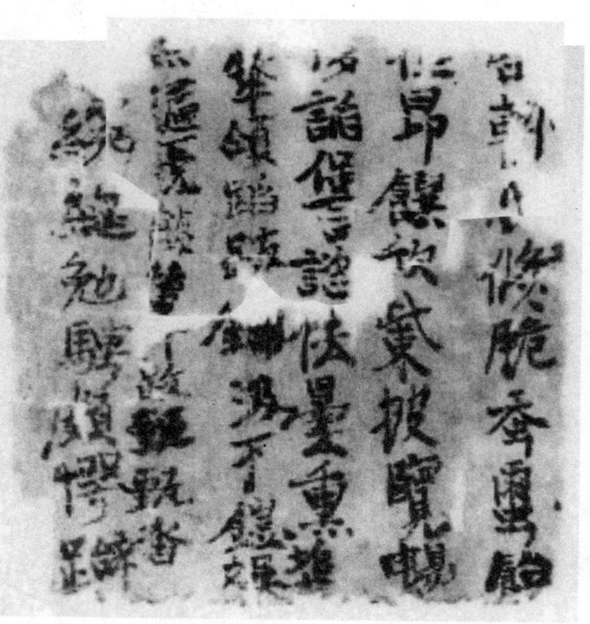

俄敦一九八六號（底一）（上部），俄敦一八九八五號（底二）（下部）綴合圖

□▨▨▨。[一] 倏（倐）。脃。蚕蠒。飴□。▨昂。[二] 饌▨。[三] 柴。披覽。暢

□▨諂。〔四〕僁。〔五〕諮。怯。曇。熏。塠□犖（犛）。〔六〕領。蹈。跋。▨

（鑰）。〔七〕汲。〓。〔八〕鎧。娛□▨。〔九〕匾虒（𠥩）。餤。謍。〔一〇〕跂。〔一一〕甄。〔一二〕沓。

□絖縱。〔一三〕勉。騁。頗。愕。蹡。〔一四〕□

【校記】

〔一〕三殘字一、三字底卷僅存左側部分筆畫，第二字左側作車旁，右部存殘畫。

〔二〕『昂』上殘字底一存下部，據殘形推斷，原字似爲『伍』字，即『低』的常見俗字。

〔三〕『饌』下殘字上部在底一，下部在底二，綴合後右部作『欠』，左部存上側的一撇和一横筆。

〔四〕『諂』上殘字底一存下部，右下部作『夕』形。

〔五〕僁，慧琳《音義》卷四一《六波羅蜜多經》第一卷音義以爲『愆』的古字，按此字實爲《説文》『愆』字籀文『諐』的訛變俗字。

〔六〕犖，應爲『犛』的俗字；伯二五五三號《王昭君變文》：『冬天野馬從他瘦，夏月犖牛任意肥。』其中的『犖』亦爲『犛』的俗字，是其比。

〔七〕『鑰』字『金』旁『人』形構件的起筆在底一，其餘部分在底二，二卷綴合後左部完整，右上部略有殘泐，兹據殘形擬定。

〔八〕『〓』不知何字，待考。

〔九〕殘字底一上部略有殘泐，近似『赤』字。

〔一〇〕謍，此字敦煌寫本中多用作『營』字，如斯五四三七號《漢將王陵變》：『三軍聞語，哽噎悲啼，皆負戈甲，去漢王三十步地遠下謍去。』是其例。

〔一一〕跂，《龍龕·足部》有『跂』字，以爲『跂』的正字，云『丘弭、去智二反，垂足也，《玉篇》又舉一足也』；按

「跂」見《説文》，從足、支聲，「跂」應爲「跂」的訛俗字，而「跂」又應爲「跂」字異寫。

〔一二〕「甄」字底二重出，但上一字上有濃墨，似已塗去，故不録。

〔一三〕綩縱，「綩」字左上部大半在底二，右下部的「㔾」形構件在底一，二卷綴合後原字完整無缺；又「縱」當爲「綖」的繁化俗字。

〔一四〕踤，此字字書不載，疑爲「躃」字形近之訛。

難字摘抄（二）

俄敦一一〇二一

【題解】

本篇底卷編號爲俄敦一一〇二一。前部殘缺，凡存八殘行，每行所存似僅爲中間部分，上下皆殘泐。有界欄，行與行之間有欄綫。字體稚嫩，似屬學童習字之作。出處不詳，但從所抄文字雜亂無序來看，有可能摘抄於某一具體文本（最大可能是佛經），故暫定作今名。

（前缺）

□補。補。盖。顯。密。建。□護。吼。降。㝵。惣。□示。達。

閞閇。豎。療。□吉祥。□吉。〔一〕□吉祥。居。慚。絅（網）。□

□浴。弓乚。〔二〕枝。□谷。嘆。綱。純。脩。□〔三〕

【校記】

〔一〕『吉祥』『吉』二條底卷各自占一行，其下空白，而上部殘泐，其屢屢重出者，或係抄手習字而然。

〔二〕弓乚，此字字書不載，疑爲『引』的訛俗字；『丨』形構件俗書可變體作『乚』，故『引』字或變作『弓乚』（《隸辨》卷三引《丁魴碑》『引』字作此形）。《龍龕》卷一人部：『伸，音申。』此字乃『伸』的俗字，可以比勘。

〔三〕此行後底卷另有六行，但皆空白無字。

後記

本書自二〇〇四年中主體完成，就陸續交給浙江時代出版服務有限公司排版。由於敦煌寫本多俗字，尤其是其中的小學書以及《古文尚書》寫本，異體俗字更是盈紙滿目，所以排版公司面對的堪稱是世界上造字最多的書稿（僅伯二〇一一號王仁昫《刊謬補缺切韻》一篇，造字就達六千七百三十六個，加上約有五分之一的造字需要返工，該篇實際造字約在八千個左右）。感謝録入員鄢聖瓊、蔣文豔、李琴、鄭慧珍的耐心，也感謝豐志偉董事長的支持。經過近四年的努力，這部排版之難可登吉尼斯的書稿終於要面世了，面對數米高的新舊校樣，令人油然有如釋重負之感。

中華書局是在傳統文化領域享有盛譽的權威出版機構，書局的歷任領導對浙江大學（原杭州大學）古籍研究所包括對我本人都給予了很大的支持和關愛。我個人的多部著作有幸在那裏出版，可以説我的成長是和中華書局緊緊聯繫在一起的。這次書局領導又慨然接受本書的出版，這對我們來説既是榮譽也是鞭策。李巖總經理曾多次過問書稿的有關情況，徐俊副總編和歷史編輯室主任于濤博士則親自協調安排有關事宜；柴劍虹編審不但經常督促我們，還和梁運華編審一起協助審讀了部分書稿；責任編輯李解民、徐真真二位盡心盡力：正是他們的關心支持和一絲不苟的工作態度，保證了本書的順利出版，也幫我們避免了不少疏誤。謹此表示我們最誠摯的敬意和謝意。

原杭州大學校長沈善洪教授是《敦煌文獻合集》項目的工作委員會主任，他把合集的編纂當作他校長任内未了的心願之一。近幾年，儘管身體欠佳，但他仍時時關心着《合集》的進展。然而由於種種意想不到的困難，現在十多年過去了，所完成的僅僅是一個小小的經部，我們爲此感到内疚和不安。希望本書的出版，多少能讓老校長得到些許的慰藉。

感謝項楚師破例爲本書賜序。這是項師迄今爲他人所寫的唯一的一篇序文，唯其『唯一』，更見珍貴。我把它當作老師對自己的期勉，細心收藏。

二〇〇五年起，我作爲教育部長江學者特聘教授曾在復旦大學出土文獻與古文字研究中心工作過一段時間，本書的完成也得到了復旦大學的支持，謹致謝忱。

要感謝的還有很多很多，紙短情長，只能一一記在心間。我們將把本書的出版當作一個新起點的開始，争取盡早完成整部合集的編纂，以報答所有給予過我們關心和支持的人們！

張涌泉

二〇〇八年六月五日

敦煌經部文獻卷號索引

張新朋　編

説　明

一、本索引所收爲《敦煌經部文獻合集》所校録文獻的所有底本及參校本。每條冒號前爲卷號,冒號後爲該號在本書題解或校記中的册數和首見頁碼。如:"北 231(重 31)背:11/5554"表示所校録文獻"北 231(重 31)背"見本書第 11 册第 5554 頁。

二、寫卷排列以俄羅斯科學院東方研究所聖彼得堡分所、法國國家圖書館、英國國家圖書館、中國國家圖書館四大藏家居首(按國别漢字拼音音序排列),其餘公私藏家殿後。各公私藏家皆用簡稱,相關説明詳全書凡例。

三、同一卷號下含有多種文獻者,於卷號後括注酌加説明。如:斯 388 號含《正名要録》、《羣書新定字樣》兩種文獻,前者見於本書第 8 册第 3822 頁,後者見於本書第 8 册 3810 頁,本索引著録作"斯 388(《正名要録》):8/3822"、"斯 388(《羣書新定字樣》):8/3810"。

俄羅斯科學院東方研究所聖彼得堡分所藏品

俄敦 12750:2/423
俄敦 12759:2/424
俄敦 12760:4/1603
俄敦 14675:10/4923
俄敦 16781:8/3902
俄敦 16870:7/3573
俄敦 18286:4/1527
俄敦 18944R:4/1526
俄敦 18950:8/3898
俄敦 18959:8/4030
俄敦 18960:8/4030
俄敦 18974:10/5137
俄敦 18976(右片):10/5136
俄敦 18976(左中2片):10/5136
俄敦 18977:10/5136
俄敦 18981(上片):10/5136
俄敦 18981(下片):10/5137
俄敦 18981(中片):10/5137
俄敦 18985:11/5780
俄敦 18986:11/5780
俄敦 19007:10/5136
俄敦 19010:10/5136
俄敦 19027:10/5136
俄敦 19033:10/5136
俄敦 19052:10/5137
俄敦 19083:8/4021
俄敦 19085:8/3896

法國國家圖書館藏品

伯 2011:6/2729
伯 2012 背:7/3594
伯 2014(第8頁):7/3331
伯 2014(第8頁除外):7/3331
伯 2014 碎:7/3543
伯 2015:7/3331
伯 2016(頁1):7/3331
伯 2016(頁2):7/3558
伯 2017:5/2675
伯 2018:7/3309
伯 2019:7/3550
伯 2026:11/5335
伯 2058:7/3713
伯 2059 背:8/3895
伯 2129:6/2723
伯 2172:10/5156
伯 2175:11/5557
伯 2224:11/5322
伯 2249:8/4037
伯 2271:11/5644
伯 2274:11/5345
伯 2331 背:8/4007
伯 2333:11/5332
伯 2457 背:8/3896
伯 2486:3/1408
伯 2487:8/4021
伯 2489:3/1190
伯 2494:9/4727
伯 2496:4/1766
伯 2499:3/1068

英國國家圖書館藏品

中國國家圖書館藏品

北231(重31)背:11/5574
北234(冬45):10/5130
北235(珍66):10/5130
北1437(河82):11/5327
北1439(律54):11/5327
北1441(官81):11/5327
北1443(玉8):11/5327
北1448(爲64):11/5327
北1451(夜39):11/5327
北1452(秋26)背:11/5461
北1456(宇33):11/5327
北1466(宙94):11/5327
北1471(月17):11/5327
北1472(吕32):11/5327
北1478(昃81):11/5327
北1479(冬67):11/5327
北1481(雲11):11/5327
北1482(致36):11/5327
北1485(潛8):11/5327
北1489(重65):11/5327
北1493(重81):11/5327
北1498(致68):11/5333
北1501(秋76):11/5333
北1502(崑88):11/5333
北1503(列75):11/5333
北1505(霜76):11/5333
北1506(洪81):11/5333
北1508(生93):11/5333
北1511(闕100):11/5333
北1513(暑69):11/5333
北1515(昃42):11/5333
北1516(洪87):11/5333
北1517(餘4):11/5333
北1518(盈85):11/5333
北1519(河63):11/5333
北1521(閏62):11/5333
北1522(列82):11/5333
北1524(日3):11/5333
北1526(宿93):11/5333
北1528(張33):11/5333
北1531(陽67):11/5333
北1555(宙38):11/5333
北1570(地69):11/5334
北1571(致34):11/5334
北1575(推2):11/5334
北1577(宇93):11/5334
北1589(月89):11/5335
北1590(號76):11/5335
北1591(重92):11/5335
北1592(珍23):11/5335
北1593(雲93):11/5335
北1595(鹹23):11/5335
北1598(昃73):11/5335
北1599(吕31):11/5335
北1600(珍94):11/5335
北1601(藏15):11/5335
北1603(夜60):11/5335
北1607(來17):11/5335

北 1610(昃 32):11/5335
北 1613(調 67):11/5335
北 1615(列 84):11/5335
北 1619(鹹 52):11/5335
北 1626(鹹 91):11/5335
北 1627(柰 90):11/5335
北 1628(月 83):11/5335
北 1630(騰 82):11/5335
北 1636(薑 78):11/5335
北 1642(稱 66):11/5335
北 1645(光 77):11/5336
北 1648(號 42):11/5321
北 1650(岡 83):11/5336
北 1652(秋 51):11/5336
北 1653(閏 78):11/5336
北 1656(淡 10):11/5336
北 1659(果 7):11/5336
北 1661(宇 25):11/5321
北 1662(地 50):11/5321
北 1663(列 40):11/5336
北 1666(珠 23):11/5336
北 1667(秋 19):11/5321
北 1668(閏 48):11/5336
北 1669(月 76):11/5321
北 1670(李 11):11/5321
北 1671(宿 54):11/5336
北 1675(寒 26):11/5336
北 1677(餘 78):11/5321
北 1681(雨 73):11/5321
北 1682(岡 85):11/5321
北 1684(鱗 44):11/5321
北 1685(往 89):11/5336
北 1689(秋 50):11/5321
北 1691(陽 33):11/5321
北 1692(地 68):11/5321
北 1693(水 26):11/5321
北 1694(鳥 41):11/5321
北 1695(藏 64):11/5321
北 1696(餘 44):11/5321
北 1697(餘 14):11/5321
北 1698(金 26):11/5321
北 1699(海 10):11/5336
北 1701(生 84):11/5321
北 1702(潛 11):11/5321
北 1703(騰 60):11/5336
北 1705(巨 39):11/5336
北 1706(龍 20):11/5336
北 1707(劍 85):11/5336
北 1710(成 50):11/5338
北 1711(月 6):11/5338
北 1713(宇 34):11/5338
北 1714(騰 13):11/5338
北 1715(月 71):11/5338
北 1716(辰 31):11/5338
北 1719(光 78):11/5338
北 1721(結 57):11/5338
北 1722(稱 14):11/5338
北 1723(宙 84):11/5338
北 1733(鱗 88):11/5338
北 1734(重 64):11/5338
北 1735(玉 5):11/5338
北 1737(盈 59):11/5338
北 1738(爲 26):11/5338
北 1745(岡 8):11/5338

其他公私藏品